和儒律师事务所
HERU LAW FIRM
证券与资本市场法律实务系列丛书

全面注册制时代上市板块选择及IPO全流程法律实务

刘海旭 著

法律出版社 LAW PRESS
北京

图书在版编目(CIP)数据

全面注册制时代上市板块选择及 IPO 全流程法律实务 / 刘海旭著. -- 北京 : 法律出版社, 2023
ISBN 978 - 7 - 5197 - 7516 - 2

Ⅰ. ①全… Ⅱ. ①刘… Ⅲ. ①上市公司－公司法－研究－中国 Ⅳ. ①D922.291.914

中国国家版本馆 CIP 数据核字(2023)第 015085 号

全面注册制时代上市板块选择及 IPO 全流程法律实务
QUANMIAN ZHUCEZHI SHIDAI SHANGSHI BANKUAI XUANZE JI IPO QUANLIUCHENG FALÜ SHIWU

刘海旭 著

策划编辑 邢艳萍
责任编辑 邢艳萍
装帧设计 贾丹丹

出版发行 法律出版社
编辑统筹 法律应用出版分社
责任校对 朱海波
责任印制 刘晓伟
经　　销 新华书店

开本 710 毫米×1000 毫米 1/16
印张 51.25 **字数** 900 千
版本 2023 年 3 月第 1 版
印次 2023 年 3 月第 1 次印刷
印刷 三河市兴达印务有限公司

地址:北京市丰台区莲花池西里 7 号(100073)
网址:www.lawpress.com.cn
投稿邮箱:info@lawpress.com.cn
举报盗版邮箱:jbwq@lawpress.com.cn

销售电话:010 - 83938349
客服电话:010 - 83938350
咨询电话:010 - 63939796

书号:ISBN 978 - 7 - 5197 - 7516 - 2
定价:168.00 元

凡购买本社图书,如有印装错误,我社负责退换。电话:010 - 83938349

自

2023年2月17日，中国证监会发布全面实行股票发行注册制相关制度规则，自公布之日起实施，标志着股票发行全面注册制的制度安排基本定型，这在中国资本市场改革发展进程中具有里程碑的意义。全面注册制改革本质上是股票上市发行制度的市场化、法治化、规范化。在此背景下，本书就上市板块的选择以及首发上市全流程的法律规范性疑难问题进行系统性总结。

本书总共分为三章。第一章上市板块及选择，结合不同上市板块的上市条件以及板块的差异，分析了选择上市板块时的主要关注因素及其影响。第二章上市准备，针对上市准备过程中关键人员的理念、公司业务的描述、实际控制人的持股比例过高的影响、上市主体的选择、控股型公司能否上市等事项进行了详细分析。第三章IPO法律实务，通过千余个首发上市案例，全面论述了上市过程中的法律疑难问题，在全面分析常见的法律实务问题基础上，重点总结其他场合较少分析的疑难问题，例如，在历史沿革中专门分析了公司分立、资产重组、现金分红等问题；关于股东，专门分析了控股股东的直接持股或法人持股的优劣性以及供应商、客户作为股东的关注事项等；关于股份制改制、业务合同、客户和供应商等事项，单设一节进行详细分析也是本书的一大亮点。

本书由专注于资本法律服务的北京和儒律师事务所资本研究院团队成员依据多年资本实务经验悉心整理而成，适合于从事证券业务的律师，券商投行人员，企业实际控制人及董事、监事、高级管理人员，拟从事证券相关业务的人群等，有助于全面和较深程度了解IPO过程中法律疑难问题的解决方法，也可作为上市辅导机构或者管理培训机构的辅导用书。

全面注册制改革后不适用的规则不影响本书案例的有效性以及相关问题的解决方法。

目录

第一章　上市板块及选择

第一节　境内证券交易所及 IPO 市场板块

一、中国境内的证券交易所

《证券法》(2019 修订)第 37 条规定:“公开发行的证券,应当在依法设立的证券交易所上市交易或者在国务院批准的其他全国性证券交易场所交易。非公开发行的证券,可以在证券交易所、国务院批准的其他全国性证券交易场所、按照国务院规定设立的区域性股权市场转让。”

可知,公开发行股票需要在依法设立的证券交易所或者国务院批准的其他全国性证券交易场所交易。目前中国境内设有 3 家证券交易所和 1 家经国务院批准的其他全国性证券交易场所。

(一)上海证券交易所

上海证券交易所成立于 1990 年 11 月 26 日,1990 年 12 月 19 日开业,注册地位于上海。截至 2020 年年底,上海证券交易所 IPO(Initial Public Offering 的简称,指首次公开募股)数量及融资金额均位列全球第一,已经成为全球第三大证券交易所和全球最活跃的证券交易所之一。

2018 年 11 月 5 日,习近平总书记在首届中国国际进口博览会上发表主旨演讲时表示,将在上海证券交易所设立科创板并试点注册制。2019 年 6 月 13 日,科创板在上海证券交易所开市。

目前,上海证券交易所具有主板和科创板两个资本市场板块,截至 2022 年 8 月 2 日,上海证券交易所共有 2105 家上市公司,其中主板 1662 家,科创板 443 家。截至 2021 年年末,上海证券交易所共有 2032 家上市公司,其中主板 1655 家,科创板377家,截至2021年年末,上海证券交易所的上市公司情况如表1所示。

表1 上海证券交易所上市公司截至2021年年末的基本情况

类别	主板	主板B	科创板
挂牌数	1655	47	377
市价总值(亿元)	462,494.6	898.2	56,305.56
流通市值(亿元)	412,091.3	784.16	22,590.87
成交金额(亿元)	1,034,173	411.2696	105,421.9
成交量(亿股/亿份)	84,266.27	78.7199	1950.555
平均市盈率(倍)	16.61	10.97	71.64
换手率(%)	235.2865	56.4918	236.3426

(二)深圳证券交易所

深圳证券交易所于1990年12月1日开始营业,注册地在深圳,是经国务院批准设立的全国性证券交易场所,受中国证监会监督管理。

2004年5月17日,经国务院批准,中国证监会正式批复深圳证券交易所设立中小企业板市场。2021年2月5日,经国务院同意,中国证监会正式批复深圳证券交易所合并主板与中小板,2021年4月6日,深圳证券交易所主板与中小企业板正式合并。

2009年10月,深圳证券交易所创业板设立,致力于服务国家创新驱动发展战略,支持创新型、成长型企业发展,是全球成长最快的服务创业创新的市场,创业板市值及成交金额在全球创业板市场居领先地位。2020年8月24日,创业板改革并试点注册制正式落地。

目前,深圳证券交易所拥有主板和创业板两个资本市场板块。

截至2021年12月31日,深圳证券交易所共有上市公司2578家,总市值约40万亿元;挂牌债券(含资产支持证券)9853只,挂牌面值2.9万亿元;挂牌基金540只,资产规模3351亿元;沪深300ETF期权累计成交1.5亿张,成交面值7.3万亿元。2021年,深市股票成交金额144万亿元,股票融资额7756亿元,固收产品融资额1.8万亿元。据世界证券交易所联合会(WFE)2021年12月31日统计,深圳证券交易所全年成交金额、融资金额、IPO公司家数分别位列世界第三位、第三位、第四位。

（三）北京证券交易所

2021 年 9 月 2 日，习近平总书记在 2021 年中国国际服务贸易交易会全球服务贸易峰会上的致辞中表示，将继续支持中小企业创新发展，深化新三板改革，设立北京证券交易所（以下简称北交所），打造服务创新型中小企业主阵地。

2021 年 9 月 3 日，北交所注册成立，是经国务院批准设立的我国第一家公司制证券交易所，受中国证监会监督管理。

2021 年 11 月 15 日，北交所揭牌并开市。

目前，北交所暂未明确区分上市板块。截至 2022 年 8 月 2 日，北交所共有 104 家上市公司；截至 2021 年年末，北交所共有 84 家上市公司。

（四）全国中小企业股份转让系统

全国中小企业股份转让系统是经国务院批准，继上海证券交易所、深圳证券交易所之后的第三家全国性证券交易场所，全国股转公司为其运营机构，注册地在北京。全国中小企业股份转让系统并非证券交易所，《证券法》（2019 修订）明确了新三板市场作为国务院批准的其他全国性证券交易场所的法律地位。

目前，全国中小企业股份转让系统与北交所具有股权关系，全国中小企业股份转让系统为北交所的全资股东，为北交所的母公司。

二、中国境内多层次资本市场的构成

我国境内的资本市场由主板、创业板、科创板、北交所、新三板和区域性股权交易市场构成，各市场板块之间已经基本形成定位清晰、协同互补、错位发展、有机互联的多层次资本市场格局。其中交易所板块指的是上海证券交易所、深圳证券交易所、北交所。

中国境内的资本市场板块如图 1 所示。

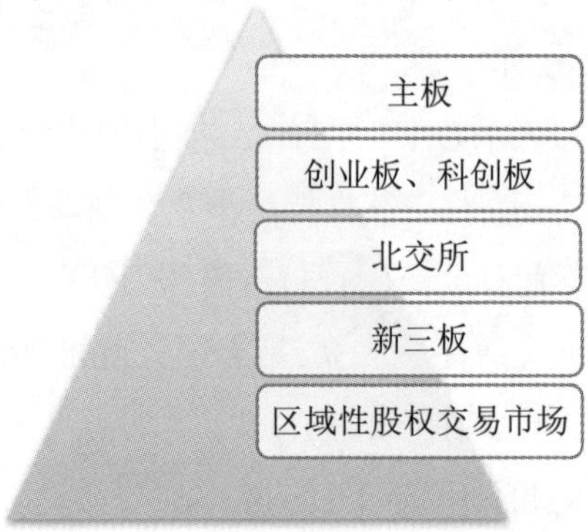

图 1　中国境内多层次资本市场的构成

（一）主板

上海证券交易所和深圳证券交易所均设有主板，主板主要是面向大型企业。

以上海证券交易所为例，截至 2022 年 6 月 2 日，主板市值排名前 10 位的公司如表 2 所示。

表 2　上海证券交易所主板市值排名前 10 位的公司

名次	股票代码	股票简称	市价总值(万元)
1	600519	贵州茅台	224,356,927.10
2	601398	工商银行	124,830,454.40
3	601288	农业银行	96,092,507.44
4	601857	中国石油	88,571,376.57
5	600036	招商银行	80,287,851.72
6	601988	中国银行	67,234,199.24
7	601088	中国神华	54,733,754.97
8	600900	长江电力	54,398,527.28
9	601628	中国人寿	52,308,707.36
10	601318	中国平安	47,663,723.79

（二）创业板

创业板设立在深圳证券交易所，主要面向符合创业板定位的创新创业企业。

2008 年 3 月 22 日，证监会正式发布《首次公开发行股票并在创业板上市管理办法》（征求意见稿），就创业板规则和创业板发行管理办法向社会公开征求意见。

2009 年 3 月 31 日，证监会正式公布《首次公开发行股票并在创业板上市管理办法》，该办法自 2009 年 5 月 1 日起实施。

2009 年 10 月，创业板设立，致力于服务国家创新驱动发展战略，支持创新型、成长型企业发展，是全球成长最快的服务创业创新的市场，创业板市值及成交金额在全球创业板市场居领先地位。

2020 年 8 月 24 日，创业板改革并试点注册制正式落地。

经过十余年的发展，创业板已经发展成为成熟稳定的资本市场板块，截至 2022 年 6 月 2 日，创业板市场的总体情况如表 3 所示。

表 3　创业板市场的总体情况

上市公司数量	1147
总股本（股/份）	541, 671, 436, 926
流通股本（股/份）	417, 399, 171, 949
总市值（亿元）	108, 605. 00
流通市值（元）	7, 733, 609, 458, 021
成交金额（元）	158, 493, 965, 180
成交量	9, 729, 802, 474
成交笔数	14, 000, 848
平均市盈率（倍）	37. 98

创业板也培育出大量的规模性企业，例如，截至 2022 年 6 月 2 日，创业板公司市值排名前 10 位的公司如表 4 所示。

表 4　创业板公司市值排名前 10 位的公司

序号	证券代码	证券简称	总市值（万元）	流通市值（万元）
1	300750	宁德时代	101, 811, 580. 42	89, 048, 516. 36
2	300760	迈瑞医疗	36, 130, 753. 54	36, 130, 724. 49
3	300059	东方财富	30, 167, 933. 09	25, 315, 436. 07

续表

序号	证券代码	证券简称	总市值(万元)	流通市值(万元)
4	300999	金龙鱼	24,511,015.33	2,453,307.53
5	300015	爱尔眼科	19,040,893.79	15,652,375.38
6	300124	汇川技术	16,898,599.52	14,657,733.90
7	300014	亿纬锂能	16,416,926.81	15,906,407.12
8	300122	智飞生物	13,536,000.00	7,829,114.75
9	300274	阳光电源	12,624,335.86	9,592,526.40
10	300896	爱美客	11,404,119.24	4,668,776.26

2022年1月1日至6月30日，创业板共受理首发上市申请180家，其中，2022年6月受理144家。2022年1月1日至6月30日，68家创业板公司完成发行上市，融资金额871亿元。

（三）科创板

科创板设立在上海证券交易所，科创板优先支持符合国家科技创新战略、拥有关键核心技术等先进技术、科技创新能力突出、科技成果转化能力突出、行业地位突出或者市场认可度高的科技创新企业发行上市。

2018年11月5日，习近平总书记在首届中国国际进口博览会上发表主旨演讲时表示，将在上海证券交易所设立科创板并试点注册制。

2019年1月23日，中央全面深化改革委员会第六次会议审议通过了《在上海证券交易所设立科创板并试点注册制总体实施方案》《关于在上海证券交易所设立科创板并试点注册制的实施意见》。

2019年1月28日，证监会发布《关于在上海证券交易所设立科创板并试点注册制的实施意见》。

2019年3月1日，证监会发布《科创板首次公开发行股票注册管理办法（试行）》和《科创板上市公司持续监管办法（试行）》。

2019年3月3日，《上海证券交易所科创板股票发行上市审核问答》正式发布，科创板配套规则进一步明晰。

2019年6月13日，科创板迎来开板；2019年7月22日，科创板开市。经过几年的发展，科创板从无到有，不断发展壮大，强磁场效应持续放大，硬科技成色更加突出，注册制试验田作用不断彰显。截至2022年6月2日，科创板公司市值排名前10位的公司如表5所示。

表5　科创板公司市值排名前10位的公司

名次	股票代码	股票简称	市价总值(万元)
1	688223	晶科能源	14,220,000.00
2	688599	天合光能	13,423,868.86
3	688303	大全能源	12,002,375.00
4	688111	金山办公	9,691,603.00
5	688981	中芯国际	8,630,037.28
6	688036	传音控股	8,035,348.39
7	688008	澜起科技	7,639,765.80
8	688012	中微公司	7,608,770.59
9	688396	华润微	7,372,713.04
10	688363	华熙生物	7,165,284.12

(四)北交所

北交所设立在北京，主要服务创新型中小企业，重点支持先进制造业和现代服务业等领域的企业上市。

北交所于2021年11月15日正式设立，属于新设的证券交易所。截至2022年6月2日，北交所上市公司数量为94家，总股本为137.23亿股，流通股本78.22亿股，总市值1919.12亿元，流通市值1189.74亿元。

(五)新三板

新三板是中国多层次资本市场的重要组成部分。关于新三板的概念并无官方的明确定义，全国中小企业股份转让系统官网公开的信息显示："新三板"是全国中小企业股份转让系统的俗称。全国中小企业股份转让系统是经国务院批准，依据《证券法》(2019修订)设立的继上海证券交易所、深圳证券交易所之后的第三家全国性证券交易场所，全国股转公司为其运营机构。

2013年12月13日，《国务院关于全国中小企业股份转让系统有关问题的决定》发布，进一步巩固了全国股转系统作为全国性公开证券市场的法制基础，明确全国股转系统主要为创新型、创业型、成长型中小微企业发展服务,境内符合条件的股份公司均可通过主办券商申请挂牌,公开转让股份,进行股权融资、债权融资、资产重组等。

在新三板(含基础层和创新层)挂牌交易,不属于在证券交易所上市,属于在国务院批准的其他全国性证券交易场所公开交易。

第二节　境内 IPO 市场板块条件及选择

一、各上市板块主要上市条件及差异

由前述可知,我国境内资本市场由主板、创业板、科创板、北交所、新三板和区域性股权交易市场构成,其中主板、创业板、科创板、北交所属于上市板块。

(一)各上市板块关于企业规模的定位

1. 主板关于企业规模的定位

(1)主板上市公司的规模定位

主板关于公司的定位无具体限制,主要要求发行人的生产经营符合法律、行政法规和公司章程的规定,符合国家产业政策。

(2)主板上市公司的平均收入和利润规模

主板对公司的规模要求高,公司应属于规模型的成熟企业。截至 2022 年 6 月 2 日,Wind 金融终端公开数据显示,主板上市公司 2021 年实现营业收入平均数为 198.89 亿元,中位数为 31.02 亿元;2021 年的净利润平均数为 16.58 亿元,中位数为 1.80 亿元。

2. 创业板关于企业规模的定位

(1)创业板上市公司的规模定位

创业板对企业的规模定位是成长型创新创业企业。

《创业板首次公开发行股票注册管理办法(试行)》第 3 条规定:"发行人申请首次公开发行股票并在创业板上市,应当符合创业板定位。创业板深入贯彻创新驱动发展战略,适应发展更多依靠创新、创造、创意的大趋势,主要服务成长型创

新创业企业,支持传统产业与新技术、新产业、新业态、新模式深度融合。”

(2)创业板上市公司的平均收入和利润规模

注册制后,前321家已发行上市的创业板公司,其首发上市前的股本平均为1.52亿元,中位数为0.81亿元;2021年实现主营业务收入平均为21.88亿元,中位数为7.24亿元;2021年实现净利润平均为1.79亿元,中位数为0.89亿元。

(3)申请创业板上市的公司的平均收入和利润规模

申请创业板上市的前879家公司(含撤回及终止等)的2021年平均营收为13.03亿元,2020年的平均营收为13.41亿元。

从归母净利润来看,申请创业板上市的前879家公司的2021年平均净利润为1.24亿元,2020年平均净利润为1.34亿元。

3.科创板关于企业规模的定位

(1)科创板上市公司的规模定位

科创板对企业的规模定位是具有较强成长性的科技创新企业。

《科创板首次公开发行股票注册管理办法(试行)》(2020修正)第3条规定:“发行人申请首次公开发行股票并在科创板上市,应当符合科创板定位,面向世界科技前沿、面向经济主战场、面向国家重大需求。优先支持符合国家战略,拥有关键核心技术,科技创新能力突出,主要依靠核心技术开展生产经营,具有稳定的商业模式,市场认可度高,社会形象良好,具有较强成长性的企业。”

(2)科创板已上市公司的收入和利润规模

科创板已上市的前424家企业,其首发上市前的平均股本为2.90亿元,中位数为9098.21万元;2021年实现的主营业务收入平均为19.56亿元,中位数为7.19亿元;2021年实现的净利润平均数为2.24亿元,净利润的中位数为1.08亿元(含亏损企业)。

(3)申请科创板上市的发行人的收入和利润规模

从营收来看,申请科创板上市的前707家公司(含已经上市、撤回及终止等)的2021年平均营收为13.21亿元,2020年平均营收为13.87亿元。从归母净利润来看,科创板前707家公司的2021年平均净利润为1.5亿元,2020年平均净利润为0.92亿元。

4.北交所关于企业规模的定位

(1)北交所上市公司的规模定位

北交所对企业的规模定位是创新型中小企业。

《北京证券交易所向不特定合格投资者公开发行股票注册管理办法(试行)》第3条规定:"北交所充分发挥对全国中小企业股份转让系统的示范引领作用,深入贯彻创新驱动发展战略,聚焦实体经济,主要服务创新型中小企业,重点支持先进制造业和现代服务业等领域的企业,推动传统产业转型升级,培育经济发展新动能,促进经济高质量发展。"

依据北交所披露的公开数据,北交所上市公司的总市值分布情况如表6所示。

表6 2021年年末北交所公司市值情况

总市值(亿元)	2021年年末	
	公司家数	占比(%)
10以下	14	17.07
10~20	42	51.22
20~50	18	21.95
50~100	4	4.88
100以上	4	4.88
合计	82	100.00

注:采用上限不在内原则,如10~20区间中不包含20。

(2)北交所已上市公司的收入和利润规模

北交所前94家已上市公司(含原新三板精选层平移企业),首发上市前的平均股本(注册资本)为1.04亿元,中位数为6776万元。2021年度实现的营业总收入平均为7.29亿元,中位数为3.70亿元,2021年实现的净利润平均为8030万元,中位数为4431万元。

5.各上市板块的企业规模定位对比

各上市板块关于企业规模均有一定的定位要求,具体的定位对比如表7所示。

表 7　各上市板块的企业规模定位对比

项目	主板	创业板	科创板	北交所
企业规模类型	大中型成熟企业	主要服务成长型创新创业企业，支持传统产业与新技术、新产业、新业态、新模式深度融合	符合科创板定位，面向世界科技前沿、面向经济主战场、面向国家重大需求。优先支持符合国家战略，拥有关键核心技术，科技创新能力突出，主要依靠核心技术开展生产经营，具有稳定的商业模式，市场认可度高，社会形象良好，具有较强成长性的企业	深入贯彻创新驱动发展战略，聚焦实体经济，主要服务创新型中小企业重点支持先进制造业和现代服务业等领域的企业，推动传统产业转型升级，培育经济发展新动能，促进经济高质量发展

(二)各上市板块关于企业行业性质的要求

1. 主板关于企业性质的要求

主板关于企业的主营业务或者行业性质的主要要求是符合产业政策。

2. 创业板关于企业性质的要求

《深圳证券交易所创业板企业发行上市申报及推荐暂行规定》(2022 修订)第 3 条规定："本所支持和鼓励符合下列标准之一的成长型创新创业企业申报在创业板发行上市：(一)最近三年研发投入复合增长率不低于 15%，最近一年研发投入金额不低于 1000 万元，且最近三年营业收入复合增长率不低于 20%；(二)最近三年累计研发投入金额不低于 5000 万元，且最近三年营业收入复合增长率不低于 20%；(三)属于制造业优化升级、现代服务业或者数字经济等现代产业体系领域，且最近三年营业收入复合增长率不低于 30%。最近一年营业收入金额达到 3 亿元的企业，或者按照《关于开展创新企业境内发行股票或存托凭证试点的若干意见》等相关规则申报创业板的已境外上市红筹企业，不适用前款规定的营业收入复合增长率要求。"

第 4 条规定："保荐人应当顺应国家经济发展战略和产业政策导向，准确把握创业板定位，切实履行勤勉尽责义务，推荐符合创业板定位的企业申报在创业板发行上市。"

第 5 条规定："属于上市公司行业分类相关规定中下列行业的企业，原则上不支持其申报在创业板发行上市，但与互联网、大数据、云计算、自动化、人工智能、新能源等新技术、新产业、新业态、新模式深度融合的创新创业企业除外：(一)农林牧渔业;(二)采矿业;(三)酒、饮料和精制茶制造业;(四)纺织业;(五)黑色金属冶炼和压延加工业;(六)电力、热力、燃气及水生产和供应业;(七)建筑业;(八)交通运输、仓储和邮政业;(九)住宿和餐饮业;(十)金融业;(十一)房地产业;(十二)居民服务、修理和其他服务业。禁止产能过剩行业、《产业结构调整指导目录》中的淘汰类行业,以及从事学前教育、学科类培训、类金融业务的企业在创业板发行上市。"

第 6 条规定:"本规定第五条第一款所列行业中与互联网、大数据、云计算、自动化、人工智能、新能源等新技术、新产业、新业态、新模式深度融合的创新创业企业,支持其申报在创业板发行上市。本所发行上市审核中,对按照前款规定申报的发行人的业务模式、核心技术、研发优势等情况予以重点关注,并可以根据需要向本所行业咨询专家库的专家进行咨询。"

3. 科创板关于企业行业性质的要求

发行人申报科创板发行上市的,应当对照《科创属性评价指引(试行)》和《上海证券交易所科创板企业发行上市申报及推荐暂行规定》(2022 修订)中的科创属性要求,对其是否符合科创板定位进行自我评估。保荐机构推荐发行人申报科创板发行上市的,应当对发行人是否符合与科创板定位相关的科创属性要求,进行核查把关,作出专业判断。

《上海证券交易所科创板企业发行上市申报及推荐暂行规定》(2022 修订)第 3 条规定:"科创板优先支持符合国家科技创新战略、拥有关键核心技术等先进技术、科技创新能力突出、科技成果转化能力突出、行业地位突出或者市场认可度高等的科技创新企业发行上市。"

第 4 条规定:"申报科创板发行上市的发行人,应当属于下列行业领域的高新技术产业和战略性新兴产业:(一)新一代信息技术领域,主要包括半导体和集成电路、电子信息、下一代信息网络、人工智能、大数据、云计算、软件、互联网、物联网和智能硬件等;(二)高端装备领域,主要包括智能制造、航空航天、先进轨道交通、海洋工程装备及相关服务等;(三)新材料领域,主要包括先进钢铁材料、先进有色金属材料、先进石化化工新材料、先进无机非金属材料、高性能复合材料、前沿新材料及相关服务等;(四)新能源领域,主要包括先进核电、大型风电、高效光电光热、高效储能及相关服务等;(五)节能环保领域,主要包括高效节能产品及设备、先进环保技术装备、先进环保产品、资源循环利用、新能源汽车整车、新能源汽车关键零部件、动力电池及相关服务等;(六)生物医药领域,主要包括生物制品、高端化学药、高端医疗设备与器械及相关服务等;(七)符合科创板定位的其他领域。限制金融科技、模式创新企业在科创板发行上市。禁止房地产和主要从事金融、投资类业务的企业在科创板发行上市。"

第5条规定:"支持和鼓励科创板定位规定的相关行业领域中,同时符合下列4项指标的企业申报科创板发行上市:(一)最近三年研发投入占营业收入比例5%以上,或者最近三年研发投入金额累计在6000万元以上;(二)研发人员占当年员工总数的比例不低于10%;(三)应用于公司主营业务的发明专利5项以上;(四)最近三年营业收入复合增长率达到20%,或者最近一年营业收入金额达到3亿元。采用《科创板上市规则》第2.1.2条第一款第(五)项规定的上市标准申报科创板的企业,或按照《关于开展创新企业境内发行股票或存托凭证试点的若干意见》等相关规则申报科创板的已境外上市红筹企业,可不适用前款第(四)项指标的规定;软件行业不适用前款第(三)项指标的要求,研发投入占比应在10%以上。"

第6条规定:"支持和鼓励科创板定位规定的相关行业领域中,虽未达到本规定第五条指标,但符合下列情形之一的企业申报科创板发行上市:(一)拥有的核心技术经国家主管部门认定具有国际领先、引领作用或者对于国家战略具有重大意义;(二)作为主要参与单位或者核心技术人员作为主要参与人员,获得国家自然科学奖、国家科技进步奖、国家技术发明奖,并将相关技术运用于主营业务;(三)独立或者牵头承担与主营业务和核心技术相关的国家重大科技专项项目;(四)依靠核心技术形成的主要产品(服务),属于国家鼓励、支持和推动的关键设备、关键产品、关键零部件、关键材料等,并实现了进口替代;(五)形成核心技术和应用于主营业务的发明专利(含国防专利)合计50项以上。"

第9条规定:"本所发行上市审核中,按照实质重于形式的原则,着重从以下方面关注发行人的自我评估是否客观,保荐机构的核查把关是否充分并作出综合判断:(一)发行人是否符合科创板支持方向;(二)发行人的行业领域是否属于《指引》和本规定所列行业领域;(三)发行人的科创属性是否符合《指引》和本规定所列相关指标或情形要求;(四)发行人是否具有突出的科技创新能力;(五)本所规定的其他要求。”

另外，符合《上海证券交易所科创板发行上市审核规则适用指引第 7 号——医疗器械企业适用第五套上市标准》规定的医疗器械企业可以适用科创板第五套标准上市。

综上所述，科创板对企业的科创属性要求很高，需要注意企业的行业性质，在通过交易所上市委员会审议后，在证监会注册阶段也存在问询企业的科创属性且在注册阶段终止注册申请的情况。

4. 北交所关于企业行业性质的要求

北交所主要服务创新型中小企业，重点支持先进制造业和现代服务业等领域的企业上市。

《北京证券交易所向不特定合格投资者公开发行股票并上市业务规则适用指引第 1 号》“1 –9 行业相关要求”规定：“发行人应当结合行业特点、经营特点、产品用途、业务模式、市场竞争力、技术创新或模式创新、研发投入与科技成果转化等情况，在招股说明书中充分披露发行人自身的创新特征。保荐机构应当对发行人的创新发展能力进行充分核查，在发行保荐书中说明核查过程、依据和结论意见。发行人属于金融业、房地产业企业的，不支持其申报在本所发行上市。发行人生产经营应当符合国家产业政策。发行人不得属于产能过剩行业（产能过剩行业的认定以国务院主管部门的规定为准）、《产业结构调整指导目录》中规定的淘汰类行业，以及从事学前教育、学科类培训等业务的企业。”

5. 各板块关于企业行业性质的要求对比

各上市板块关于企业行业性质的要求对比如表 8 所示。

表 8 各板块关于企业行业性质的要求对比

项目	主板	创业板	科创板	北交所
支持行业类别	符合产业发展政策	（1）符合高新技术产业和战略性新兴产业发展方向的创新创业企业。主要服务成长型创新创业企业；支持传统产业与新技术、新产业、新业态、新模式深度融合。 （2）原则上不支持属于农	申报科创板发行上市的发行人，应当属于下列行业领域的高新技术产业和战略性新兴产业： （1）新一代信息技术领域； （2）高端装备领域； （3）新材料领域； （4）新能源领域，主要包括先进	聚焦实体经济，主要服务创新型中小企业，重点支持先进制造业和现代服务业等领域的企业。 发行人不得属于产能过剩行业（产

续表

项目	主板	创业板	科创板	北交所
		林牧渔、农副产品加工、采矿、食品饮料、纺织服装、黑色金属、电力热力燃气、建筑、交通运输、仓储邮政、住宿餐饮、金融、房地产、居民服务和修理等传统行业，但仍支持上述行业与互联网、大数据、云计算、自动化、新能源、人工智能等新技术、新产业、新业态、新模式深度融合的创新创业企业	核电、大型风电、高效光电光热、高效储能及相关服务等； (5)节能环保领域等； (6)生物医药领域，主要包括生物制品、高端化学药、高端医疗设备与器械及相关服务等； (7)符合科创板定位的其他领域。 限制金融科技、模式创新企业在科创板发行上市。禁止房地产和主要从事金融、投资类业务的企业在科创板发行上市	能过剩行业的认定以国务院主管部门的规定为准)、《产业结构调整指导目录》中规定的淘汰类行业，以及从事学前教育、学科类培训等业务的企业。 发行人不得属于金融业、房地产业企业

另外，关于企业的性质应当结合公司的技术先进性以及研发费用投入进行定量分析。例如，从创业板企业的平均研发费用来看，申请创业板首发上市的前879家公司(含终止或者撤回等)在2021年的平均研发费用为0.36亿元。申请科创板上市的前707家公司(含终止或者撤回等)在2021年的平均研发费用为1.41亿元，其中，申请科创板上市的707家公司2021年平均研发人员数量为196人，平均研发人员占比16.79%。

(三)各上市板块关于企业的财务指标或市值要求

1. 主板关于企业的财务指标或市值要求

《首次公开发行股票并上市管理办法》(2022修正)第26条第1款规定："发行人应当符合下列条件：(一)最近3个会计年度净利润均为正数且累计超过人民币3000万元，净利润以扣除非经常性损益前后较低者为计算依据；(二)最近3个会计年度经营活动产生的现金流量净额累计超过人民币5000万元；或者最近3个会计年度营业收入累计超过人民币3亿元；(三)发行前股本总额不少于人民币3000万元；(四)最近一期末无形资产(扣除土地使用权、水面养殖权和采矿权等后)占净资产的比例不高于20%；(五)最近一期末不存在未弥补亏损。"

2. 创业板关于企业的财务指标或市值要求

《深圳证券交易所创业板股票上市规则》(2020年12月修订)第2.1.1条规

定:“发行人申请在本所创业板上市,应当符合下列条件:(一)符合中国证券监督管理委员会规定的创业板发行条件;(二)发行后股本总额不低于 3000 万元;(三)公开发行的股份达到公司股份总数的 25% 以上;公司股本总额超过 4 亿元的,公开发行股份的比例为 10% 以上;(四)市值及财务指标符合本规则规定的标准;(五)本所要求的其他上市条件。红筹企业发行股票的,前款第二项调整为发行后的股份总数不低于 3000 万股,前款第三项调整为公开发行的股份达到公司股份总数的 25% 以上;公司股份总数超过 4 亿股的,公开发行股份的比例为 10% 以上。红筹企业发行存托凭证的,前款第二项调整为发行后的存托凭证总份数不低于 3000 万份,前款第三项调整为公开发行的存托凭证对应基础股份达到公司股份总数的 25% 以上;发行后的存托凭证总份数超过 4 亿份的,公开发行存托凭证对应基础股份达到公司股份总数的 10% 以上。本所可以根据市场情况,经中国证监会批准,对上市条件和具体标准进行调整。”

第 2.1.2 条规定:“发行人为境内企业且不存在表决权差异安排的,市值及财务指标应当至少符合下列标准中的一项:(一)最近两年净利润均为正,且累计净利润不低于 5000 万元;(二)预计市值不低于 10 亿元,最近一年净利润为正且营业收入不低于 1 亿元;(三)预计市值不低于 50 亿元,且最近一年营业收入不低于 3 亿元。”

第 2.1.3 条第 1 款规定:“符合《国务院办公厅转发证监会关于开展创新企业境内发行股票或存托凭证试点若干意见的通知》(国办发〔2018〕21 号)等相关规定且最近一年净利润为正的红筹企业,可以申请其股票或存托凭证在创业板上市。”

第 2.1.3 条第 2 款规定:“营业收入快速增长,拥有自主研发、国际领先技术,同行业竞争中处于相对优势地位的尚未在境外上市红筹企业,申请在创业板上市的,市值及财务指标应当至少符合下列标准中的一项:(一)预计市值不低于 100 亿元,且最近一年净利润为正;(二)预计市值不低于 50 亿元,最近一年净利润为正且营业收入不低于 5 亿元。”

第 2.1.3 条第 3 款规定:“前款所称营业收入快速增长,指符合下列标准之一:(一)最近一年营业收入不低于 5 亿元的,最近三年营业收入复合增长率 10% 以上;(二)最近一年营业收入低于 5 亿元的,最近三年营业收入复合增长率 20% 以上;(三)受行业周期性波动等因素影响,行业整体处于下行周期的,发行人最近三年营业收入复合增长率高于同行业可比公司同期平均增长水平。”

第 2.1.3 条第 4 款规定:“处于研发阶段的红筹企业和对国家创新驱动发展战略有重要意义的红筹企业,不适用‘营业收入快速增长’的规定。”

第 2.1.4 条规定:“发行人具有表决权差异安排的,市值及财务指标应当至少符合下列标准中的一项:(一)预计市值不低于 100 亿元,且最近一年净利润为正;(二)预计市值不低于 50 亿元,最近一年净利润为正且营业收入不低于 5 亿元。发行人特别表决权股份的持有人资格、公司章程关于表决权差异安排的具体要求,应当符合本规则第四章第四节的规定。”

第 2.1.5 条规定:“本节所称净利润以扣除非经常性损益前后的孰低者为准,所称净利润、营业收入均指经审计的数值。”

3. 科创板关于企业的财务指标或市值要求

《上海证券交易所科创板股票上市规则》(2020 年 12 月修订)第 2.1.1 条规定:“发行人申请在本所科创板上市,应当符合下列条件:(一)符合中国证监会规定的发行条件;(二)发行后股本总额不低于人民币 3000 万元;(三)公开发行的股份达到公司股份总数的 25% 以上;公司股本总额超过人民币 4 亿元的,公开发行股份的比例为 10% 以上;(四)市值及财务指标符合本规则规定的标准;(五)本所规定的其他上市条件。红筹企业发行股票的,前款第二项调整为发行后的股份总数不低于 3000 万股,前款第三项调整为公开发行的股份达到公司股份总数的 25% 以上;公司股份总数超过 4 亿股的,公开发行股份的比例为 10% 以上。红筹企业发行存托凭证的,前款第二项调整为发行后的存托凭证总份数不低于 3000 万份,前款第三项调整为公开发行的存托凭证对应基础股份达到公司股份总数的 25% 以上;发行后的存托凭证总份数超过 4 亿份的,公开发行存托凭证对应基础股份达到公司股份总数的 10% 以上。本所可以根据市场情况,经中国证监会批准,对上市条件和具体标准进行调整。”

第 2.1.2 条规定:“发行人申请在本所科创板上市,市值及财务指标应当至少符合下列标准中的一项:(一)预计市值不低于人民币 10 亿元,最近两年净利润均为正且累计净利润不低于人民币 5000 万元,或者预计市值不低于人民币 10 亿元,最近一年净利润为正且营业收入不低于人民币 1 亿元;(二)预计市值不低于人民币 15 亿元,最近一年营业收入不低于人民币 2 亿元,且最近三年累计研发投入占最近三年累计营业收入的比例不低于 15%；(三) 预计市值不低于人民币 20 亿元,最近一年营业收入不低于人民币 3 亿元,且最近三年经营活动产生的现金流量净额累计不低于人民币 1 亿元;(四) 预计市值不低于人民币 30 亿元,且最近一年营业收入不低于人民币 3 亿元;(五) 预计市值不低于人民币 40 亿元,主要业务或产品需经国家有关部门批准,市场空间大,目前已取得阶段性成果。医药行业企业需至少有一项核心产品获准开展二期临床试验,其他符合科创板定位的企业需具备明显的技术优势并满足相应条件。本条所称净利润以扣除非经常性损益前后的孰低者为准,所称净利润、营业收入、经营活动产生的现金流量净额均指经审计的数值。"

第 2.1.3 条第 1 款规定:"符合《国务院办公厅转发证监会关于开展创新企业境内发行股票或存托凭证试点若干意见的通知》(国办发〔2018〕21 号) 相关规定的红筹企业,可以申请发行股票或存托凭证并在科创板上市。"

第 2.1.3 条第 2 款规定:"营业收入快速增长,拥有自主研发、国际领先技术,同行业竞争中处于相对优势地位的尚未在境外上市红筹企业,申请在科创板上市的,市值及财务指标应当至少符合下列标准之一:(一) 预计市值不低于人民币 100 亿元;(二) 预计市值不低于人民币 50 亿元,且最近一年营业收入不低于人民币 5 亿元。"

第 2.1.3 条第 3 款规定:"前款所称营业收入快速增长,指符合下列标准之一:(一) 最近一年营业收入不低于人民币 5 亿元的,最近 3 年营业收入复合增长率 10% 以上;(二) 最近一年营业收入低于人民币 5 亿元的,最近 3 年营业收入复合增长率 20% 以上;(三) 受行业周期性波动等因素影响,行业整体处于下行周期的,发行人最近 3 年营业收入复合增长率高于同行业可比公司同期平均增长水平。"

第 2.1.3 条第 4 款规定:"处于研发阶段的红筹企业和对国家创新驱动发展战略有重要意义的红筹企业,不适用'营业收入快速增长'上述要求。"

第 2.1.4 条规定:"发行人具有表决权差异安排的,市值及财务指标应当至少符合下列标准中的一项:(一) 预计市值不低于人民币 100 亿元;(二) 预计市值不低于人民币 50 亿元,且最近一年营业收入不低于人民币 5 亿元。发行人特别表决权股份的持有人资格、公司章程关于表决权差异安排的具体规定,应当符合本规则第四章第五节的规定。本规则所称表决权差异安排,是指发行人依照《公司法》第一百三十一条的规定,在一般规定的普通股份之外,发行拥有特别表决权的股份(以下简称特别表决权股份)。每一特别表决权股份拥有的表决权数量大于每一普通股份拥有的表决权数量,其他股东权利与普通股份相同。"

4. 北交所关于企业的财务指标或市值要求

《北京证券交易所股票上市规则(试行)》第 2.1.2 条规定:"发行人申请公开发行并上市,应当符合下列条件:(一)发行人为在全国股转系统连续挂牌满 12 个月的创新层挂牌公司;(二)符合中国证券监督管理委员会(以下简称中国证监会)规定的发行条件;(三)最近一年期末净资产不低于 5000 万元;(四)向不特定合格投资者公开发行(以下简称公开发行)的股份不少于 100 万股,发行对象不少于 100 人;(五)公开发行后,公司股本总额不少于 3000 万元;(六)公开发行后,公司股东人数不少于 200 人,公众股东持股比例不低于公司股本总额的 25%;公司股本总额超过 4 亿元的,公众股东持股比例不低于公司股本总额的 10%;(七)市值及财务指标符合本规则规定的标准;(八)本所规定的其他上市条件。本所可以根据市场情况,经中国证监会批准,对上市条件和具体标准进行调整。"

第 2.1.3 条规定:"发行人申请公开发行并上市,市值及财务指标应当至少符合下列标准中的一项:(一)预计市值不低于 2 亿元,最近两年净利润均不低于 1500 万元且加权平均净资产收益率平均不低于 8%,或者最近一年净利润不低于 2500 万元且加权平均净资产收益率不低于 8%;(二)预计市值不低于 4 亿元,最近两年营业收入平均不低于 1 亿元,且最近一年营业收入增长率不低于 30%,最近一年经营活动产生的现金流量净额为正;(三)预计市值不低于 8 亿元,最近一年营业收入不低于 2 亿元,最近两年研发投入合计占最近两年营业收入合计比例不低于 8%;(四)预计市值不低于 15 亿元,最近两年研发投入合计不低于 5000 万元。前款所称预计市值是指以发行人公开发行价格计算的股票市值。"

第 2.1.5 条规定:"发行人具有表决权差异安排的,该安排应当平稳运行至少一个完整会计年度,且相关信息披露和公司治理应当符合中国证监会及全国股转公司相关规定。"

5. 各上市板块主要财务指标对比

各上市板块关于企业的财务指标或市值要求具有一定的差异,同时相关的上市指标的理论值与实际上市审核过程的财务指标的平均值存在较大的差异,相关理论财务指标对比如表 9 所示。

表 9　各上市板块主要财务指标对比

项目	主板	创业板	科创板	北交所
财务或市值指标	发行人应当符合下列条件： (一)最近 3 个会计年度净利润均为正数且累计超过人民币 3000 万元，净利润以扣除非经常性损益前后较低者为计算依据； (二)最近 3 个会计年度经营活动产生的现金流量净额累计超过人民币 5000 万元；或者最近 3 个会计年度营业收入累计超过人民币 3 亿元； (三)发行前股本总额不少于人民币 3000 万元； (四)最近一期末无形资产(扣除土地使用权、水面养殖权和采矿权等后)占净资产的比例不高于 20%； (五)最近一期末不存在未弥补损失	发行人申请股票首次发行上市的，应当至少符合下列上市标准中的一项：(一)最近两年净利润均为正，且累计净利润不低于人民币 5000 万元；(二)预计市值不低于人民币 10 亿元，最近一年净利润为正且营业收入不低于人民币 1 亿元；(三)预计市值不低于人民币 50 亿元，且最近一年营业收入不低于人民币 3 亿元。本章所称净利润以扣除非经常性损益前后的孰低者为准，所称净利润、营业收入均指经审计的数值。营业收入快速增长，拥有自主研发、国际领先技术，同行业竞争中处于相对优势地位的尚未在境外上市红筹企业，申请发行股票或存托凭证并在创业板上市的，市值及	发行人申请在本所科创板上市，市值及财务指标应当至少符合下列标准中的一项： (一)预计市值不低于人民币 10 亿元，最近两年净利润均为正且累计净利润不低于人民币 5000 万元，或者预计市值不低于人民币 10 亿元，最近一年净利润为正且营业收入不低于人民币 1 亿元； (二)预计市值不低于人民币 15 亿元，最近一年营业收入不低于人民币 2 亿元，且最近三年累计研发投入占最近三年累计营业收入的比例不低于 15%； (三)预计市值不低于人民币 20 亿元，最近一年营业收入不低于人民币 3 亿元，且最近三年经营活动产生的现金流量净额累计不低于人民币 1 亿元； (四)预计市值不低于人民币 30 亿元，且最近一年营业收入不低于人民币 3 亿元； (五)预计市值不低于人民币 40 亿元，主要业务或产品需经国家有关部门批准，市场空间大，目前已取得阶段性成果。医药行业企业需至	发行人申请公开发行并上市，市值及财务指标应当至少符合下列标准中的一项： (一)预计市值不低于 2 亿元，最近两年净利润均不低于 1500 万元且加权平均净资产收益率平均不低于 8%，或者最近一年净利润不低于 2500 万元且加权平均净资产收益率不低于 8%； (二)预计市值不低于 4 亿元，最近两年营业收入平均不低于 1 亿元，且最近一年营业收入增长率不低于 30%，最近一年经营活动产生的现金流量净额为正； (三)预计市值不低于 8 亿元，最近一年营业收入不低于 2 亿元，最近两年研发投入合计占最近两年营业收入合计比例不低于 8%； (四)预计市值不低于 15 亿元，最近两年研发投入合计不低于 5000 万元

续表

项目	主板	创业板	科创板	北交所
财务或市值指标		财务指标应当至少符合下列上市标准中的一项：(一)预计市值不低于人民币100亿元，且最近一年净利润为正；(二)预计市值不低于人民币50亿元，最近一年净利润为正且营业收入不低于人民币5亿元。 存在表决权差异安排的发行人申请股票或者存托凭证首次公开发行并在创业板上市的，市值及财务指标应当至少符合下列上市标准中的一项：(一)预计市值不低于人民币100亿元，且最近一年净利润为正；(二)预计市值不低于人民币50亿元，最近一年净利润为正且营业收入不低于人民币5亿元	少有一项核心产品获准开展二期临床试验，其他符合科创板定位的企业需具备明显的技术优势并满足相应条件。 符合条件的医疗器械企业可以适用第五套标准。 符合相关规定的红筹企业，可以申请发行股票或存托凭证并在科创板上市。 营业收入快速增长，拥有自主研发、国际领先技术，同行业竞争中处于相对优势地位的尚未在境外上市红筹企业，申请在科创板上市的，市值及财务指标应当至少符合下列标准之一：(一)预计市值不低于人民币100亿元；(二)预计市值不低于人民币50亿元，且最近一年营业收入不低于人民币5亿元。 发行人具有表决权差异安排的，市值及财务指标应当至少符合下列标准中的一项：(一)预计市值不低于人民币100亿元；(二)预计市值不低于人民币50亿元，且最近一年营业收入不低于人民币5亿元	

二、各上市板块的主要差异

（一）关于主营业务、董事、高级管理人员、实际控制人的稳定性要求

各板块关于主营业务、董事、高级管理人员、实际控制人的稳定性要求在时间上存在一定的差异，具体对比如表 10 所示。

表 10　关于主营业务、董事、高级管理人员、实际控制人的稳定性要求

项目	主板	创业板	科创板	北交所
主营业务和董事、监事、高级管理人员及实际控制人变化要求	发行人最近 3 年内主营业务和董事、高级管理人员没有发生重大变化，实际控制人没有发生变更	主营业务、控制权和管理团队稳定，最近 2 年内主营业务和董事、高级管理人员均没有发生重大不利变化；控股股东和受控股股东、实际控制人支配的股东所持发行人的股份权属清晰，最近 2 年实际控制人没有发生变更，不存在导致控制权可能变更的重大权属纠纷	发行人主营业务、控制权、管理团队和核心技术人员稳定，最近 2 年内主营业务和董事、高级管理人员及核心技术人员均没有发生重大不利变化；控股股东和受控股股东、实际控制人支配的股东所持发行人的股份权属清晰，最近 2 年实际控制人没有发生变更，不存在导致控制权可能变更的重大权属纠纷	发行人应当保持主营业务、控制权、管理团队的稳定，最近 24 个月内主营业务未发生重大变化；最近 12 个月内曾实施重大资产重组的，在重组实施前发行人应当符合《北京证券交易所股票上市规则（试行）》第 2. 1. 3 条规定的四套标准之一（市值除外）；最近 24 个月内实际控制人未发生变更；最近 24 个月内董事、高级管理人员未发生重大不利变化

（二）投资者条件和数量的差异

1. 主板投资者条件

主板对投资者条件无特别限制，能够符合开具 A 股股票账户的条件即可。

据中国证券登记结算公司的公开数据，截至 2022 年 4 月末，A 股的投资者数量为 20, 370. 61 万户。

2. 创业板投资者条件

（1）创业板投资者条件

《深圳证券交易所创业板投资者适当性管理实施办法》（2020 修订）第 5 条规定："投资者参与创业板交易应当符合本办法相关规定。个人投资者还应当符合

下列条件:(一)申请权限开通前20个交易日证券账户及资金账户内的资产日均不低于人民币10万元(不包括该投资者通过融资融券融入的资金和证券);(二)参与证券交易24个月以上。本所可以根据市场情况对前款所述条件作出调整。"

(2)创业板投资者数量

据交易所公开新闻报道,截至2021年11月,开通创业板交易权限的投资者人数已达1667万人。

3.科创板投资者条件

(1)科创板投资者条件

《上海证券交易所科创板股票交易特别规定》第4条规定:"个人投资者参与科创板股票交易,应当符合下列条件:(一)申请权限开通前20个交易日证券账户及资金账户内的资产日均不低于人民币50万元(不包括该投资者通过融资融券融入的资金和证券);(二)参与证券交易24个月以上;(三)本所规定的其他条件。机构投资者参与科创板股票交易,应当符合法律法规及本所业务规则的规定。本所可根据市场情况对上述条件作出调整。"

第18条规定:"本所对科创板股票竞价交易实行价格涨跌幅限制,涨跌幅比例为20%。科创板股票涨跌幅价格的计算公式为:涨跌幅价格=前收盘价×(1±涨跌幅比例)。首次公开发行上市的股票,上市后的前5个交易日不设价格涨跌幅限制。"

(2)科创板投资者数量

根据公开数据,截至2021年12月,科创板的合格投资者数量超过800万人。其中,科创板市场专业投资人(专业机构投资者和年交易金额超1000万元的个人投资者)交易占比接近90%,达到89%,持股占比64%,而2019年12月时专业投资者占比为72%,持股占比61%。

4.北交所投资者条件

(1)北交所投资者条件

《北京证券交易所投资者适当性管理办法(试行)》第5条规定:"个人投资者参与本所市场股票交易,应当符合下列条件:(一)申请权限开通前20个交易日证券账户和资金账户内的资产日均不低于人民币50万元(不包括该投资者通过融资融券融入的资金和证券);(二)参与证券交易24个月以上。机构投资者参与本所股票交易,应当符合法律法规及本所业务规则的规定。经中国证券监督管理委员会批准,本所可以根据市场情况调整适当性准入条件。”

(2)北交所投资者数量

据公开数据,截至 2022 年 6 月初,北交所的合格投资者数量超过 500 万人(户)。

(三)股票主要限售规定

1. 主板主要限售规定

(1)上海证券交易所主板

《上海证券交易所股票上市规则》第 3.1.4 条规定:“发行人首次公开发行股票前已发行的股份,自发行人股票上市之日起 1 年内不得转让。”

第 3.1.5 条规定:“发行人向本所申请其首次公开发行股票上市时,其控股股东和实际控制人应当承诺:自发行人股票上市之日起 36 个月内,不转让或者委托他人管理其直接和间接持有的发行人首次公开发行股票前已发行的股份,也不由发行人回购该部分股份。发行人应当在上市公告书中披露上述承诺。自发行人股票上市之日起 1 年后,出现下列情形之一的,经上述承诺主体申请并经本所同意,可以豁免遵守上述承诺:(一)转让双方存在实际控制关系,或者均受同一实际控制人所控制,且受让方承继不转让股份的义务;(二)因上市公司陷入危机或者面临严重财务困难,受让人提出挽救公司的方案获得该公司股东大会审议通过和有关部门批准,且受让人承诺继续遵守上述承诺;(三)本所认定的其他情形。发行人没有或者难以认定控股股东、实际控制人的,按照相关规定承诺所持首次公开发行前股份自发行人股票上市之日起 36 个月内不得转让的股东,适用前款第(一)项规定。”

(2)深圳证券交易所主板

《深圳证券交易所股票上市规则》第 3.1.4 条规定:“发行人首次公开发行股票前已发行的股份,自发行人股票上市之日起一年内不得转让。”

第 3.1.5 条规定:“发行人向本所申请其首次公开发行的股票上市时,其控股股东和实际控制人应当承诺:自发行人股票上市之日起三十六个月内,不转让或者委托他人管理其直接或者间接持有的发行人首次公开发行股票前已发行的股份,也不由发行人回购其直接或者间接持有的发行人首次公开发行股票前已发行的股份。发行人应当在上市公告书中公告上述承诺。自发行人股票上市之日起一年后，出现下列情形之一的，经上述承诺主体申请并经本所同意，可以豁免遵守上述承诺：（一）转让双方存在实际控制关系，或者均受同一控制人所控制，且受让人承诺继续遵守上述承诺；（二）因上市公司陷入危机或者面临严重财务困难，受让人提出的挽救公司的方案获得该公司股东大会审议通过和有关部门批准，且受让人承诺继续遵守上述承诺；（三）本所认定的其他情形。”

2. 创业板主要限售规定

《深圳证券交易所创业板股票上市规则》（2020 年 12 月修订）第 2.3.1 条规定：“上市公司股东以及董事、监事和高级管理人员所持股份的限售、减持及其他股份变动事宜，应当遵守《公司法》、《证券法》、中国证监会相关规定、本所《上市公司股东及董事、监事、高级管理人员减持股份实施细则》（以下简称《减持细则》）、《上市公司创业投资基金股东减持股份实施细则》等相关规定及公司章程。上市公司股东可以通过向特定机构投资者询价转让、配售方式转让首次公开发行前已发行的股份（以下简称首发前股份），转让的方式、程序、价格、比例以及后续转让等事项，由本所另行规定，报中国证监会批准后实施。”

第 2.3.2 条规定：“上市公司股东持有的首发前股份，可以在公司上市前托管在为公司提供首次公开发行上市保荐服务的保荐机构，并由保荐机构按照本所业务规则的规定，对股东减持首发前股份的交易委托进行监督管理。”

第 2.3.3 条规定：“公司股东持有的首发前股份，自发行人股票上市之日起十二个月内不得转让。”

第 2.3.4 条规定：“上市公司控股股东、实际控制人及其一致行动人减持本公司首发前股份的，应当遵守下列规定：（一）自公司股票上市之日起三十六个月内，不得转让或者委托他人管理其直接和间接持有的首发前股份，也不得提议由上市公司回购该部分股份；（二）法律法规、中国证监会规定、本规则以及本所业务规则对控股股东、实际控制人股份转让的其他规定。发行人向本所申请其股票首次公开发行并上市时，控股股东、实际控制人及其一致行动人应当承诺遵守前款规定。转让双方存在控制关系或者受同一实际控制人控制的，自发行人股票上市之日起十二个月后，可豁免遵守本条第一款规定。”

第 2.3.5 条规定：“公司上市时未盈利的，在实现盈利前，控股股东、实际控制人及其一致行动人自公司股票上市之日起三个完整会计年度内，不得减持首发前股份；自公司股票上市之日起第四个和第五个完整会计年度内，每年减持的首发前股份不得超过公司股份总数的2%，并应当符合《减持细则》关于减持股份的相关规定。公司上市时未盈利的，在实现盈利前，董事、监事、高级管理人员自公司股票上市之日起三个完整会计年度内，不得减持首发前股份；在前述期间内离职的，应当继续遵守本款规定。公司实现盈利后，前两款规定的股东可以自当年年度报告披露后次日起减持首发前股份，但应当遵守本节其他规定。”

第2.3.6条规定："上市公司申请有限售条件的股份上市流通，应当按照本所相关规定办理，并在股份上市流通前三个交易日内披露提示性公告。"

第2.3.7条规定："上市公司控股股东、实际控制人在限售期满后减持首发前股份的，应当明确并披露未来十二个月的控制权安排，保证公司持续稳定经营。"

第2.3.8条规定："上市公司董事、监事和高级管理人员应当按照本所有关规定申报并申请锁定其所持的本公司股份。公司董事、监事、高级管理人员所持本公司股份发生变动的（因公司派发股票股利和资本公积转增股本导致的变动除外），应当及时向公司报告并由公司在本所网站公告。"

第2.3.9条规定："上市公司可能触及本规则第十章规定的重大违法强制退市标准的，自相关行政处罚事先告知书或者司法裁判作出之日起至下列任一情形发生前，公司控股股东及其一致行动人、实际控制人以及董事、监事、高级管理人员不得减持公司股份：（一）公司股票终止上市并摘牌；（二）公司收到相关行政处罚决定或者人民法院司法裁判生效，显示公司未触及重大违法强制退市情形。公司披露无控股股东、实际控制人的，其第一大股东及第一大股东的实际控制人应当遵守前款规定。"

第2.3.10条规定："投资者及其一致行动人在上市公司拥有权益的股份变动涉及《证券法》《上市公司收购管理办法》等规定的收购或者股份权益变动情形的，应当按照规定履行报告和公告义务，并及时通知公司发布提示性公告。公司应当在知悉上述收购或者股份权益变动时，及时对外发布公告。"

第2.3.11条规定："因上市公司减少股本，导致投资者及其一致行动人拥有权益的公司股份达到《证券法》《上市公司收购管理办法》等规定的股份权益变动情形的，公司应当自完成减少股本的变更登记之日起两个交易日内对外发布公告。”

第2.3.12条规定:“上市公司控股子公司不得取得该上市公司发行的股份。确因特殊原因持有股份的,应当在一年内消除该情形,在消除前,上市公司控股子公司不得对其持有的股份行使表决权。”

第2.3.13条规定:“持有上市公司5%以上股份的契约型基金、信托计划或者资产管理计划,应当在权益变动文件中披露支配股份表决权的主体,以及该主体与上市公司控股股东、实际控制人、董事、监事、高级管理人员是否存在关联关系。契约型基金、信托计划或者资产管理计划成为上市公司控股股东、第一大股东或者实际控制人的,除应当履行前款规定义务外,还应当在权益变动文件中穿透披露至最终投资者。”

第2.3.14条规定:“上市公司无控股股东、实际控制人的,上市公司第一大股东及其最终控制人应当参照适用本节关于控股股东、实际控制人的规定。发行人的高级管理人员设立的专项资产管理计划,通过集中竞价方式减持参与战略配售获配股份的,应当参照《减持细则》关于高级管理人员减持股份的规定履行信息披露义务。”

3. 科创板主要限售规定

《上海证券交易所科创板股票上市规则》(2020年12月修订)第2.3.1条规定:“下列股份符合解除限售条件的,股东可以通过上市公司申请解除限售:(一)发行人首次公开发行前已发行的股份(以下简称首发前股份);(二)上市公司非公开发行的股份;(三)发行人、上市公司向证券投资基金、战略投资者及其他法人或者自然人配售的股份;(四)董事、监事、高级管理人员以及核心技术人员等所持限售股份;(五)其他限售股份。”

第2.3.2条规定:“上市公司申请股份解除限售,应当在限售解除前5个交易日披露提示性公告。上市公司应当披露股东履行限售承诺的情况,保荐机构、证券服务机构应当发表意见并披露。”

第2.4.1条规定:“上市公司股份的限售与减持,适用本规则;本规则未规定的,适用《上海证券交易所上市公司股东及董事、监事、高级管理人员减持股份实施细则》(以下简称《减持细则》)、《上海证券交易所上市公司创业投资基金股东减持股份实施细则》及本所其他有关规定。上市公司股东可以通过非公开转让、配售方式转让首发前股份,转让的方式、程序、价格、比例以及后续转让等事项,以及上市公司非公开发行股份涉及的减持由本所另行规定,报中国证监会批准后实施。"

第 2.4.2 条规定:"公司股东持有的首发前股份,可以在公司上市前托管在为公司提供首次公开发行上市保荐服务的保荐机构,并由保荐机构按照本所业务规则的规定,对股东减持首发前股份的交易委托进行监督管理。"

第 2.4.3 条规定:"公司上市时未盈利的,在公司实现盈利前,控股股东、实际控制人自公司股票上市之日起 3 个完整会计年度内,不得减持首发前股份;自公司股票上市之日起第 4 个会计年度和第 5 个会计年度内,每年减持的首发前股份不得超过公司股份总数的 2%,并应当符合《减持细则》关于减持股份的相关规定。公司上市时未盈利的,在公司实现盈利前,董事、监事、高级管理人员及核心技术人员自公司股票上市之日起 3 个完整会计年度内,不得减持首发前股份;在前述期间内离职的,应当继续遵守本款规定。公司实现盈利后,前两款规定的股东可以自当年年度报告披露后次日起减持首发前股份,但应当遵守本节其他规定。"

第 2.4.4 条规定:"上市公司控股股东、实际控制人减持本公司首发前股份的,应当遵守下列规定:(一)自公司股票上市之日起 36 个月内,不得转让或者委托他人管理其直接和间接持有的首发前股份,也不得提议由上市公司回购该部分股份;(二)法律法规、本规则以及本所业务规则对控股股东、实际控制人股份转让的其他规定。发行人向本所申请其股票首次公开发行并上市时,控股股东、实际控制人应当承诺遵守前款规定。转让双方存在控制关系或者受同一实际控制人控制的,自发行人股票上市之日起 12 个月后,可豁免遵守本条第一款规定。"

第 2.4.5 条规定:"上市公司核心技术人员减持本公司首发前股份的,应当遵守下列规定:(一)自公司股票上市之日起 12 个月内和离职后 6 个月内不得转让本公司首发前股份;(二)自所持首发前股份限售期满之日起 4 年内,每年转让的首发前股份不得超过上市时所持公司首发前股份总数的 25%,减持比例可以累积使用;(三)法律法规、本规则以及本所业务规则对核心技术人员股份转让的其他规定。"

第 2.4.6 条规定:"上市公司控股股东、实际控制人在限售期满后减持首发前股份的，应当明确并披露公司的控制权安排，保证上市公司持续稳定经营。”

第 2.4.7 条规定：“上市公司存在本规则第十二章第二节规定的重大违法情形，触及退市标准的，自相关行政处罚决定事先告知书或者司法裁判作出之日起至公司股票终止上市并摘牌，控股股东、实际控制人、董事、监事、高级管理人员不得减持公司股份。”

第 2.4.8 条规定：“上市公司控股股东、实际控制人减持股份，依照《减持细则》披露减持计划的，还应当在减持计划中披露上市公司是否存在重大负面事项、重大风险、控股股东或者实际控制人认为应当说明的事项，以及本所要求披露的其他内容。”

第 2.4.9 条规定：“上市公司股东所持股份应当与其一致行动人所持股份合并计算。一致行动人的认定适用《上市公司收购管理办法》的规定。上市公司第一大股东应当参照适用本节关于控股股东的规定。发行人的高级管理人员与核心员工设立的专项资产管理计划，通过集中竞价、大宗交易等方式在二级市场减持参与战略配售获配股份的，应当按照本规则关于上市公司股东减持首发前股份的规定履行相应信息披露义务。”

4. 北交所主要限售规定

《北京证券交易所股票上市规则（试行）》第 2.4.1 条规定：“上市公司股东以及董事、监事和高级管理人员所持股份的限售、减持及其他股份变动事宜，应当遵守《公司法》《证券法》，以及中国证监会和本所关于上市公司股份变动的相关规定。”

第 2.4.2 条规定：“上市公司控股股东、实际控制人及其亲属，以及上市前直接持有 10% 以上股份的股东或虽未直接持有但可实际支配 10% 以上股份表决权的相关主体，持有或控制的本公司向不特定合格投资者公开发行前的股份，自公开发行并上市之日起 12 个月内不得转让或委托他人代为管理。前款所称亲属，是指上市公司控股股东、实际控制人的配偶、子女及其配偶、父母及配偶的父母、兄弟姐妹及其配偶、配偶的兄弟姐妹、子女配偶的父母以及其他关系密切的家庭成员。”

第 2.4.3 条规定：“上市公司董事、监事、高级管理人员持有的本公司股份，按照《公司法》规定，自上市之日起 12 个月内不得转让，在任职期间每年转让的股份不超过其所持本公司股份总数的 25%，离职后 6 个月内不得转让。”

第 2.4.5 条规定：“发行人高级管理人员、核心员工通过专项资产计划、员工持股计划等参与战略配售取得的股份，自公开发行并上市之日起 12 个月内不得转让或委托他人代为管理。其他投资者参与战略配售取得的股份，自公开发行并上市之日起 6 个月内不得转让或委托他人代为管理。”

第 2.4.6 条规定：“公司上市时未盈利的，在实现盈利前，控股股东、实际控制人、董事、监事、高级管理人员自公司股票上市之日起 2 个完整会计年度内，不得减持公开发行并上市前股份；公司实现盈利后，可以自当年年度报告披露后次日起减持公开发行并上市前股份，但应遵守本节相关规定。董事、监事、高级管理人员在前款规定期间内离职的，应当继续遵守前款规定。”

第 2.4.7 条规定：“上市公司申请有限售条件的股份解除限售，应当按照本所相关规定办理，并在规定期限内披露提示性公告。上市公司控股股东、实际控制人在限售期届满后减持公开发行并上市前所持股份的，应当明确并披露未来 12 个月的控制权安排，保证公司持续稳定经营。”

第 2.4.8 条规定：“具有下列情形之一的，上市公司控股股东和持股 5% 以上的股东（以下统称大股东）、实际控制人不得减持其所持有的本公司股份：（一）上市公司或其大股东、实际控制人因涉嫌证券期货违法犯罪，在被中国证监会及其派出机构立案调查或者被司法机关立案侦查期间，以及在行政处罚决定、刑事判决作出之后未满 6 个月的；（二）大股东、实际控制人因违反本所业务规则，被本所公开谴责未满 3 个月的；（三）中国证监会及本所规定的其他情形。大股东、公司实际控制人通过本所和全国股转系统的竞价或做市交易买入本公司股份，其减持不适用前款规定。”

第 2.4.9 条规定：“上市公司董事、监事、高级管理人员具有下列情形之一的，不得减持其所持有的本公司股份：（一）因涉嫌证券期货违法犯罪，在被中国证监会及其派出机构立案调查或者被司法机关立案侦查期间，以及在行政处罚决定、刑事判决作出之后未满 6 个月的；（二）因违反本所规则，被本所公开谴责未满 3 个月的；（三）中国证监会及本所规定的其他情形。”

第 2.4.10 条规定：“上市公司大股东、实际控制人、董事、监事、高级管理人员计划通过集中竞价交易减持其所持有本公司股份的，应当及时通知公司，并按照下列规定履行信息披露义务:(一)在首次卖出股份的15个交易日前预先披露减持计划,每次披露的减持时间区间不得超过6个月;(二)拟在3个月内卖出股份总数超过公司股份总数1%的,除按照本条第一款第一项规定履行披露义务外,还应当在首次卖出的30个交易日前预先披露减持计划;(三)在减持时间区间内,减持数量过半或减持时间过半时,披露减持进展情况;(四)在股份减持计划实施完毕或者披露的减持时间区间届满后及时公告具体减持情况。实际控制人、大股东通过本所和全国股转系统的竞价或做市交易买入本公司股份,其减持不适用前款规定。"

综上,北交所首发上市后,对于上市前的持股无统一12个月内不得转让的要求,仅要求上市公司的控股股东、实际控制人及其亲属,以及上市前直接持有10%以上股份的股东或虽未直接持有但可实际支配10%以上股份表决权的相关主体,持有或控制的本公司向不特定合格投资者公开发行前的股份,自公开发行并上市之日起12个月内不得转让或委托他人代为管理。对于持股10%以下股份的其他公众股东,在首发上市时相关的股份均可以流通。

但是,北交所上市公司的董事、监事、高级管理人员持有的本公司股份,按照《公司法》(2018修正)的规定,自上市之日起12个月内不得转让,在任职期间每年转让的股份不超过其所持本公司股份总数的25%,离职后6个月内不得转让。

(四)首次公开发行股票的最低发行比例的差异

1. 主板、创业板、科创板关于首发上市股票发行最低比例的规定

主板、创业板、科创板关于首次公开发行的比例要求一致,具体为:公开发行的股份达到公司股份总数的25%以上;公司股本总额超过人民币4亿元的,公开发行股份的比例达到10%以上。

2. 北交所关于首发上市股票发行最低比例的规定

北交所的公开发行比例要求:公开发行后,公司股东人数不少于200人,公众股东持股比例不低于公司股本总额的25%;公司股本总额超过4亿元的,公众股东持股比例不低于公司股本总额的10%。

公众股东,是指除以下股东之外的发行人股东:(1)持有发行人10%以上股份的股东及其一致行动人;(2)发行人董事、监事、高级管理人员及其关系密切的家庭成员,发行人董事、监事、高级管理人员直接或间接控制的法人或者其他组

织。关系密切的家庭成员,包括配偶、子女及其配偶、父母及配偶的父母、兄弟姐妹及其配偶、配偶的兄弟姐妹、子女配偶的父母。

北交所的首次公开发行比例可以不足25%或者10%(4亿元股本适用),但是仍要求发行后的公众股东持股比例不低于公司股本总额的25%;公司股本总额超过4亿元的,发行后的公众股东持股比例不低于公司股本总额的10%。所以,北交所上市公司对于首次进入北交所上市的发行比例具有一定的决定权。

三、选择上市板块时的主要考量事项

(一)公司的行业性质与板块定位的匹配

1. 对企业自身的科技属性或技术先进性有准确的认知

(1)不可夸大企业的技术先进性

企业实际控制人、高级管理人员或者主要核心技术人员,需要对公司的技术先进性、公司的科技属性等具有准确的认知,不可将公司的技术或产品径直无依据地认定为进口替代产品,不可无根据地认定公司的技术具有绝对的先进性等。

通过竞争对手以及商业上下游的产品和技术应用很容易理解技术的先进性。即使公司的利润率水平在一定程度上代表了技术的优势,但对于已经应用的技术以及代表公司未来发展方向的技术应当区分描述,同时对未来发展方向所代表的技术应当重点描述。不能将目前已经采用的技术和没有形成销售收入的技术混为一谈。

(2)区分工艺和技术

对于拟上市企业的技术与研发问题,首先要明确是否存在核心的技术以及核心技术是什么。有些类型的公司实际上不存在核心技术,但是可能存在先进的工艺、关键人员的优势、销售渠道优势、资金进入壁垒等,尤其是存在生产工艺优势的,不能坚持描述其具有核心的技术优势。实际上投资机构和审核机构多数对公司是否有技术优势具有更加客观的判断能力,过多地拼凑或者描述实际上不存在的技术优势,反而对自身的融资以及业务描述存在一定反向作用。

对于个别公司,可能技术先进性并不是很突出,但是在特定的时期,由于产品的竞争主体较少,则可能维持销售价格和利润率水平的绝对优势,对于此类公司应当不断地加强技术研发和巩固自身的行业地位,通过内延式和外延式相结合的方法巩固并扩大公司市场地位和竞争力水平。此类公司，可考虑凭市场进入先占优势，通过行业标准、协会标准、国家标准等制定以及技术更新换代等维持竞争地位等。

另外，应该注意核心技术描述及信息披露可理解性。例如，依据公开信息，二十一世纪空间技术应用股份有限公司的首发上市申请经过科创板上市委员会审核通过后，在证监会注册阶段终止注册申请。该公司描述的主营业务为基于自主运控遥感卫星的数据获取、处理分析及销售和空间信息综合应用服务，在证监会注册阶段问询意见："请发行人在招股说明书中进一步描述发行人核心技术内容及应用，增加信息披露的可理解性；请发行人在招股说明书中补充披露报告期内发行人研发支出资本化的相关信息。"

2. 对公司所处行业进行准确分类

(1)行业分类的依据

上市公司行业分类，以上市公司营业收入等财务数据为主要分类标准和依据，所采用财务数据为经过会计师事务所审计并已公开披露的合并报表数据。

①当上市公司某类业务的营业收入比重大于或等于50%，则将其划入该业务相对应的行业。

②当上市公司没有一类业务的营业收入比重大于或等于50%，但某类业务的收入和利润均在所有业务中最高，而且均占到公司总收入和总利润的30%以上(包含本数)，则该公司归属该业务对应的行业类别。

③不能按照上述分类方法确定行业归属的，由上市公司行业分类专家委员会根据公司实际经营状况判断公司行业归属；归属不明确的，划为综合类。

(2)不可刻意规避行业的类别

个别公司为了满足高新技术企业、软件企业、信息系统集成企业等资质要求，会对公司行业分类有不同的理解，在会计做账时也会有所侧重。实际上，公司应当按照客观情况对公司的行业进行分类。最实质的依据就是业务合同，以及审计报告对公司的业务收入的分类。收入和利润来源是最真实、最根本的行业分类基础。拟上市企业的实际控制人或者管理层不能仅仅因为公司的技术含量高就认定自身属于专业技术服务类或者软件类企业，不能违背依据收入和利润来源的事实。

上市审核过程中真实存在问询发行人的行业分类的准确性及影响的情况。例如,依据广东嘉元科技股份有限公司(嘉元科技、688388)首发上市时的审核问询意见,监管机构就“行业分类”向其问询,要求发行人比照中国证监会发布的《上市公司行业分类指引》(已失效)行业目录及分类原则,说明公司所属行业的分类是否准确,是否影响投资者的价值判断。发行人律师回复:“经核查,发行人的主要产品为电解铜箔,采取电解法生产,且产品主要用于锂离子电池的负极集流体,是锂离子电池行业重要的基础材料;同时,公司生产少量 PCB 用标准铜箔产品。根据中国证监会发布的《上市公司行业分类指引》(2012 年修订)[①]行业目录及分类原则,发行人所属行业为‘C39 计算机、通信和其他电子设备制造业’。根据国家统计局发布的《国民经济行业分类》(GB/T 4754—2017),发行人的主营业务属于‘3985 电子专用材料制造’。其中,‘3985 电子专用材料制造’具体指用于电子元器件、组件及系统制备的专用电子功能材料、互联与封装材料、工艺及辅助材料的制造,包括半导体材料、光电子材料、磁性材料、锂电池材料、电子陶瓷材料、覆铜板及铜箔材料、电子化工材料等。与发行人同行业的上市公司超华科技所属行业为计算机、通信和其他电子设备制造业。综上,律师经核查后认为,发行人行业分类准确,不影响投资者的价值判断。”

3. 对不同上市板块的定位准确理解和匹配

(1)交易所的定位概述

科创板强调的是“科技”,定位于服务“硬科技”类企业,科创板目前主要面向新一代信息技术、高端装备、新材料、新能源、节能环保以及生物医药六大领域的高新技术产业和战略性新兴产业的科技创新企业。

创业板强调的是“创新”,创业板从 2008 年开板至今其定位也是在不断修正,创业板支持传统产业与新技术、新产业、新业态、新模式深度融合的企业,行业属性上采用负面清单制,即不在负面清单的行业和商业模式原则上都可以接受,而且明确即使在负面清单的行业如果与互联网、大数据、云计算、自动化、新能源、人工智能等新技术、新产业、新业态、新模式深度融合的创新创业企业仍可以在创业板上市,现有创业板上市公司的行业分布则相对较为分散,从这一角度来看,创业

---

① 已失效,下同。

板可以针对“软科技”,能实现高增长但偏传统行业的企业试点注册制。

北交所聚焦实体经济,主要服务创新型中小企业,重点支持先进制造业和现代服务业等领域的企业。

(2)新模式能够符合创业板定位但并不必然改变行业性质

创业板原则上不支持下列行业企业申报在创业板发行上市:“(一)农林牧渔业;(二)采矿业;(三)酒、饮料和精制茶制造业;(四)纺织业;(五)黑色金属冶炼和压延加工业;(六)电力、热力、燃气及水生产和供应业;(七)建筑业;(八)交通运输、仓储和邮政业;(九)住宿和餐饮业;(十)金融业;(十一)房地产业;(十二)居民服务、修理和其他服务业。”

但是前述所列行业中与互联网、大数据、云计算、自动化、人工智能、新能源等新技术、新产业、新业态、新模式深度融合的创新创业企业,创业板也支持其申报在创业板发行上市。新模式等可能符合创业板定位,但是不必然改变企业所处的行业分类。例如,三只松鼠(300783)2021年年报披露的所属行业信息包括休闲零食行业、坚果炒货行业、婴童食品、宠物食品等。其通过互联网模式的新模式销售,在当时特定背景下符合创业板的申报要求,但是相关的商业模式的改变并不必然改变行业的性质和分类。

(3)区分产品的应用场景所处行业与产品或服务自身所处行业

纺织设备属于设备制造业,其应用场景涉及创业板限制的纺织业,但是其自身作为专业设备制造业并不属于创业板限制的行业范围,同类适用于矿山设备与矿山行业等。另外操作系统或者工控系统等应用于特殊限制行业的,其应用场景和自身的行业性质存在根本性区别,需要区分产品(服务)的应用场景所处行业与产品(服务)自身所处行业等。

(二)相关市场板块的市盈率

科创板的公司的科创属性较高,即使亏损的科技型公司也可上市。所以,科创板公司发行的市盈率较高。其次是创业板,创业板的发行市盈率相对较高,主板和北交所的企业发行的市盈率相对较低。

1. 主板市盈率

(1)上海证券交易所主板

依据上海证券交易所公告的“每日股票情况”,截至2022年6月2日,主板A

股公司的平均市盈率为 11.96 倍，换手率为 0.8447%。

另外，依据上海证券交易所公告的 2021 年统计年鉴，其中主板上市公司 A 股 2020 年、2019 年、2018 年的平均市盈率分别为 15.90 倍、14.28 倍、12.50 倍。

(2)深圳证券交易所主板

依据深圳证券交易所公告的数据，截至 2022 年 6 月 2 日，深圳证券交易所主板公司的平均市盈率为 19.97 倍。

另外，依据深圳证券交易所公告的 2021 年统计年鉴，2021 年深圳证券交易所主板上市公司的平均市盈率为 26.52 倍。

2. 创业板市盈率

(1)创业板公司首发市盈率

创业板实行注册制后，前 321 家已经发行上市的创业板公司的发行市盈率(摊薄)平均为 34.60 倍，中位数为 30.30 倍。其中，首发发行市盈率(摊薄)为 23 倍及以上的共 222 家，占比 69.15%；首发上市时发行市盈率(摊薄)在 50 倍(含因四舍五入接近)以上的共 49 家，占比 15.26%。

前 321 家注册制后的创业板上市公司，单个公司首发上市募集资金额平均为 9.08 亿元，中位数为 5.78 亿元。

(2)创业板上市公司的市盈率

依据深圳证券交易所公告的数据，截至 2022 年 6 月 2 日，创业板公司的平均市盈率为 37.98 倍。

另外，依据深圳证券交易所公告的 2021 年统计年鉴，2021 年深圳证券交易所创业板上市公司的平均市盈率为 59.99 倍。

3. 科创板市盈率

(1)首次发行的市盈率

科创板前 424 家已上市公司，剔除上市时亏损的企业，科创板发行市盈率(摊薄)的平均数为 69.21 倍(385 家科创板上市公司)，市盈率(摊薄)的中位数为 42.23 倍。首发市盈率(摊薄)大于 23 倍(未计算上市时亏损的企业)的企业共计 340 家，占上市时盈利企业的 88.31%；首发市盈率(摊薄)大于 50 倍的企业共计 147 家(未计算上市时亏损的企业)，占首发上市盈利企业的 38.18%，同时若合并亏损企业，合计占比 43.87%。

前424家科创板上市公司,单个公司首发上市募集资金额平均为14.24亿元,中位数为8.35亿元。

(2)科创板上市公司市盈率

依据上海证券交易所公告的“每日股票情况”,截至2022年6月2日,科创板上市公司的平均市盈率为42.78倍,换手率为1.318%。

另外,依据上海证券交易所公告的2021年统计年鉴,科创板上市公司2020年、2019年的市盈率平均为94.63倍、74.36倍。

4.北交所市盈率

(1)北交所首发市盈率

北交所推出后前94家(含精选层平移转入北交所)上市公司,首发上市时的发行市盈率(摊薄)平均为24.47倍,中位数为20.70倍。其中,首发市盈率(摊薄)大于23倍(含因四舍五入接近)共39家,占比41.49%;首发市盈率(摊薄)大于50倍的企业3家,占比3.19%,另外有1家亏损企业,合计占比为4.26%。

前94家北交所上市公司,单个公司在北交所上市时募集资金额平均为2.07亿元,中位数为1.73亿元。

(2)北交所上市公司市盈率

截至2022年6月2日,北交所94家上市公司(含亏损公司)的平均市盈率为24.98倍,市盈率中位数为20.15倍。

北交所上市公司(计算基数为82家)2021年的平均市盈率为46.66倍。

综上,市盈率需要综合考虑发行定价时的市盈率以及不同的交易所板块对同类公司的整体或平均市盈率,对于公司盈利规模较小但具有技术先进性的需要优先考虑市盈率较高的上市板块进行上市发行融资。

(三)相关市场板块的流动性

相关板块的流动性对公司的市值具有直接性影响,同一公司因所处的资本市场板块的流动性差异导致公司在不同板块的市值具有较大差异。可以参考在香港交易及结算所有限公司(以下简称港交所)和中国内地交易所同时上市的上市公司股价,能够明显看出相关的流动性对公司市值的影响。

从投资者人数和各板块的换手率可知,主板的流通性最高,其次是创业板,再次是科创板,最后是北交所。

（四）准确认识公司的客观情况

公司需要对自身的财务状况、成长性与上市板块的要求有客观、准确地认识，需要准确判断北交所、创业板、科创板的定位与公司自身匹配性。对公司自身的判断，不可过于盲目乐观，否则容易因上市目标不可实现反而贻误了公司自身业务发展。

对公司进行客观分析后，若中介机构认为公司近期暂时申请创业板或者科创板风险较大，可以优先考虑在新三板挂牌，挂牌满1年可以再选择在北交所上市或者在创业板等其他板块上市，新三板挂牌可增加一个在北交所上市的选择权。

另外，北交所已经建立了转板机制，已经实现了交易所板块的畅通机制，且不需要证监会再次注册。目前，观典防务（688287）已从北交所转板至科创板上市，泰祥股份（301192）、翰博高新材料（合肥）股份有限公司已从北交所转板至创业板上市。

第二章　上 市 准 备

第一节　上市准备的注意事项

一、关键人员的认知和理念

（一）实际控制人需要保持正确的认知和理念

实际控制人的认知和理念对整个公司的上市可行性具有决定性影响。实际控制人首先要避免从各种不规范的途径获取盈利、税务处理等技巧，切记需要充分依赖专业的正规证券服务机构进行规范，避免因小失大。

坚决摒弃不规范的技巧性处理，不可为了税务优惠，对公司的收入和利润、研发费用等进行调整，更不可通过频繁的关联交易或者虚假的交易等调节税务缴纳情况。

另外，坚决避免股份代持，不可为了解限售的考量进行大额股份代持等。股份代持属于上市审核的红线，如果存在相关的股份代持且被质疑会对整个上市审核造成重大不利影响。

（二）关键岗位人员的规范意识

公司的董事、监事和高级管理人员以及其他关键人员一定要有规范意识，不可用惯性思维和经验思维处理问题，需要严格按照规定如实反映和处理。公司的业务人员和财务人员需要具备基本的认识，对于重要事项需要沟通公司的董事会秘书或者证券管理部门履行相应的审议程序。

案例2-1 上市公司称其业务经理擅自对外提供信息,导致股价异常波动

2021年6月3日,上海证券交易所公布了《关于对上海妙可蓝多食品科技股份有限公司及时任董事会秘书予以监管警示的决定》,上海证券交易所查明:"2021年5月26日盘中,有媒体报道称,妙可蓝多5月25日的会议纪要显示,公司4月的销售有所放缓,5月销售数据不及预期,原因主要包括公司减少了近4000家网店、公司增量计划执行不到位、部分成熟市场的增长没有达到预期要求等。公司股价于5月26日跌幅为10.00%,收盘价为75.76元。对于上述涉及公司业绩的媒体报道事项,公司未及时核实并明确市场预期。公司直至2021年5月28日披露澄清公告称,上述信息系公司某区域经理通过电话会议接受第三方询问,将其个人理解的公司相关情况透露给第三方,公司其他人员未参与上述会议,公司的营业收入、利润及其他经营数据以法定媒体披露信息为准。2021年5月26日至5月28日,公司股价因连续三个交易日内收盘价格跌幅偏离值累计超过20%,触及交易异常波动。"

上海证券交易所认为:"公司的经营、业绩信息属于对公司股票交易及投资者决策可能产生较大影响的敏感信息,应当真实、准确、客观地通过法定披露渠道发布。但公司未对业务人员接受问询和交流信息内容严格管理,导致上述信息通过非法定信息披露渠道对外发布,信息披露不公平,其间公司股价出现较大波动。此外,公司也未及时核实澄清重大媒体报道事项。上述行为违反了《上海证券交易所股票上市规则》第2.1条、第2.3条、第2.4条、第2.8条、第2.15条等有关规定。公司时任董事会秘书(任期自2020年7月17日至今)作为信息披露事务的具体负责人,未能勤勉尽责,未做好信息发布管理工作并及时发布澄清公告,对上述违规行为负有责任,其行为违反了《股票上市规则》第2.2条、第3.1.4条、第3.2.2条等有关规定,及其在《董事(监事、高级管理人员)声明及承诺书》中作出的承诺。鉴于上述违规事实和情节,根据《股票上市规则》第16.1条和《上海证券交易所纪律处分和监管措施实施办法》的有关规定,上海证券交易所上市公司监管一部作出决定,对妙可蓝多及时任董事会秘书予以监管警示。"

（三）公司管理人员及主要人员需要有统一的目标和认识

上市过程是公司实际控制人、公司、各中介机构共同努力的过程，需要在公司内部统一思想和目标。公司内部不仅需要管理人员的配合和参与，而且需要业务、销售、生产、技术、行政、财务等人员积极参与，不可形成仅实际控制人个人具有上市的动力和意愿，而公司其他人员对是否上市漠不关心的局面。

二、业务描述的准确性

（一）结合收入来源对业务进行准确描述

公司应当结合报告期内业务收入分类，准确、具体地阐述公司的业务、业务分类的标准、产品或服务。

公司应当将自己的产品或服务精确到具体的内容，更可能地精细化，让审核机构和投资机构通过说明能够直观了解公司从事的业务以及具体的产品。对于未来拟开展的业务也可以适当地描述，对于是否形成收入也如实地披露。如果通过业务描述，无法让公众明白一个公司的业务或产品，则该公司的披露是存在一定问题的。

案例 2－2 业务描述要符合实质

原新三板公司博拉网络股份有限公司于2019年申请科创板被否，其把自身定位为大数据服务提供商。该公司在其招股书中对主营业务描述为："企业大数据服务提供商，基于自主研发的E2C（E-servicetoCompany）数字商业大数据云平台，通过'大数据＋技术产品＋应用服务'的业务模式，为企业客户提供技术开发服务和大数据应用服务。"第三轮问询中，科创板股票上市委员会（以下简称上市委）要求公司说明进一步论证发行人业务实质不为数字营销、广告投放业务，而将公司定位于"大数据服务提供商"不存在误导投资者的原因及合理性。

（二）公司的竞争情况和市场空间等描述应当客观

对于公司的行业地位和竞争力等描述应当客观公正，相关的情况描述尽量使用权威的机构提供数据，对相关的情况如实披露。不能定向地委托其他机构提供数据,以及使用定制的报告、一般性网络文章或非公开资料等缺乏权威性的数据。

另外,对于行业竞争地位应当客观,通过与其他竞争主体的收入和利润的对比,客观体现公司的竞争地位,避免不同公司之间的描述差异过大甚至相互冲突。

同理,对于公司所处行业的市场空间和市场容量等描述应当客观公正,相关数据的来源应当具有明确的依据。

案例2-3 因行业市场情况披露不实被行政处罚

依据证监会网站以及公开数据,2020年12月28日,常山药业(300255)及其公司实际控制人收到中国证监会河北监管局下发的行政处罚决定书(〔2020〕4号),主要内容为:(1)对常山药业给予警告,并处以60万元的罚款。(2)对常山药业的实际控制人给予警告,并处以30万元的罚款。

处罚原因:2018年5月16日,常山药业(300255)发布《关于全资子公司获得药品GMP证书的公告》(编号2018-28,以下简称28号公告),称"公司全资子公司常山生化药业(江苏)有限公司于近日收到江苏省市场监督管理局颁发的药品GMP证书",并称"枸橼酸西地那非适用于治疗勃起功能障碍(ED)。统计数据显示,国内ED患者人数约1.4亿人,假设其中有30%接受治疗,人数将达4200万人,假设接受治疗的ED患者每年都能多次使用药物,未来中国潜在的市场规模有望达到百亿元级别,市场空间广阔"。常山药业28号公告披露的上述内容,是常山药业通过互联网公开渠道检索到证券公司研究报告后,选择性引用部分数据,未注明数据来源及充分揭示市场风险,存在不准确、不完整的情形,致使或可能致使投资者对其投资行为发生错误判断,足以对投资者产生误导。

2018年5月17日,根据深圳证券交易所问询函的要求及有关规定,常山药业(300255)发布《关于全资子公司获得药品GMP证书的补充公告》(编号2018-29,以下简称29号公告),称"原公告中上述数据主要来源于国信证券2014年5月底发布的相关研究报告,公司证券部通过网络检索取得并节选了其关于枸橼酸西地那非市场空间的描述。此外,公司证券部亦查询到东吴证券2017年2月28日发布的关于枸橼酸西地那非市场空间的预测,报告中预测'中国ED患者人数约1.27亿'","对于上述关于枸橼酸西地那非市场空间的预测,公司证券部未向报告撰写方咨询其数据来源以及计算方法，未对其数据是否准确进行核实。请广大投资者注意投资风险”。

监管机构认为：“常山药业28号公告披露的上述内容，是常山药业通过互联网公开渠道检索到证券公司研究报告后，选择性引用部分数据，未注明数据来源及充分揭示市场风险，存在不准确、不完整的情形，致使或可能致使投资者对其投资行为发生错误判断，足以对投资者产生误导。”

分析：对于行业空间和市场数据需要客观、完整，不可片面引用市场数据或选择性引用部分数据，需要注明数据来源及充分揭示市场风险，避免存在不准确、不完整的情形。

三、持股比例过高是否影响上市及是否必须优化

对于控股股东持股比例过高或者实际控制人控制的股份比例过高的情况，是否需要减持或者稀释一部分股份是实际控制人经常关注的问题。

对于控股股东、实际控制人的持股比例问题，主要是能够有效地满足公司法人治理机构的需要，能够实现快速和稳步发展，能够有效地提升内控管理水平。对于夫妻二人或者直系亲属之间绝对控制的公司，优先选择引入外部的投资机构或者引进职业经理人等，争取降低实际控制人的持股比例，同时不断完善公司的法人治理机构。

但是，如果具有完善的公司治理机构以及有效的内控管理机制，对于控股股东或实际控制人持股比例过高的情形，根据具体情况，也并非一定要稀释或者引进外部机构。

案例2-4　实际控制人持股比例较高的众多案例

依据上海芯导电子科技股份有限公司申请科创板上市的招股说明书等文件，该公司申请上市时总股本4500万股，只有3家股东，其控股股东上海莘导企业管理有限公司持股51.00%、欧某华持股40.00%、上海莘慧企业管理服务中心（有限合伙）持股9.00%。上海莘导企业管理有限公司是欧某华的独资公司；上海莘

慧企业管理服务中心(有限合伙)的执行合伙人是欧某华,持有合伙企业份额 27.75%。因此,实际控制人一人合计控制公司 100% 的股份。

依据恒盛能源股份有限公司的招股说明书等首发上市材料,其实际控制人合计持有公司 99.04% 的股份,具体情况为:余某旭持有公司总股本的 42.41%,为公司的控股股东,杜某仙、余某、余某康分别持有公司总股本的 27.77%、14.61%、14.24%。余某旭、杜某仙、余某、余某康 4 人合计持有公司 99.04% 的股份。余某旭与杜某仙为夫妻关系,余某和余某良系余某旭和杜某仙之子。2017 年 3 月 15 日,4 人签署《一致行动协议》,4 人为公司实际控制人。

依据梦天家居集团股份有限公司的招股说明书等文件,截至招股说明书签署日,公司的控股股东梦天控股持有公司 75% 的股份,实际控制人直接和间接拥有公司 98% 的表决权。

依据华融化学股份有限公司的招股说明书等文件,刘某好通过其控制的新希望投资集团及新希望集团分别持有发行人控股股东新希望化工的 51.22% 股权及 48.78% 股权,实际控制人刘某好间接控制公司 95.50% 的股份。

依据美埃环境科技股份有限公司首发上市文件,美埃国际直接持有美埃科技 64.97% 股份,为公司控股股东,发行人实际控制人为蒋某,其直接或间接控制发行人合计 82.75% 的股份。

依据浙江亿力机电股份有限公司首次公开发行股票招股说明书等文件,台州亿力为发行人的控股股东,截至其招股说明书签署日,台州亿力持有发行人 16,759.80 万股,占本次发行前公司总股本的 93.11%。

依据隆扬电子(昆山)股份有限公司的招股说明书等文件,隆扬国际持有公司 92.05% 的股份,为公司的控股股东。实际控制人为傅某炫、张某琴夫妇,通过境外架构控制公司 92.05% 股权,并通过群展咨询间接持有公司 1.23% 股权。

分析:由前述案例可知,发行人的实际控制人持股比例较高对上市无实质性障碍,发行人在上市前可自主选择是否引进外部机构。

四、上市主体的选择

实际控制人或者集团公司控股的公司较多,且业务分散在不同的公司时,就会涉及上市主体架构的搭建及上市主体的选择问题。

(一)历史沿革清晰及合法合规

在对上市主体进行选择或者搭建架构时,首先需要考虑的是主体的历史沿革是否清晰,相关的业务是否合法合规,是否存在重大处罚或者重大违法违规行为等。

需要引起重视的是若涉及国有企业、全民所有制企业、集体企业改制等程序瑕疵且较难补正的,需要慎重选择其作为上市主体。

关注上市主体的选择并非毫无根据,上市前大量的上市审核案例表明,审核机构会关注发行主体选择的原因以及上市前业务重组的模式与确定上市主体的背景等。

案例2-5 吸收合并历史沿革复杂的公司后作为上市主体

依据《关于广东真美食品股份有限公司首次公开发行股票并在创业板上市申请文件的审核问询函的回复》,吸收合并真美集团并以发行人作为上市主体的原因回复如下:真美有限、真美集团均为庄某锐、庄某钿共同控制的从事肉类休闲食品研发、生产与销售的公司,因筹划IPO事项,为了简化管理架构、提高生产效率、节约规范成本,同时考虑到真美集团历史沿革较久,存在挂靠集体企业和出资实物资产无法过户的瑕疵问题,实际控制人决定选择真美有限作为拟上市主体,并对真美集团进行吸收合并。

案例2-6 发行人关于重大资产重组的解释主要为了明确上市主体范围

依据《浙江亿力机电股份有限公司首次公开发行股票招股说明书》,发行人的重大资产重组主要是为明确发行人上市主体范围,整合发行人业务资源,避免同业竞争并减少关联交易,确定以亿力机电(股改前为亿力有限)作为上市主体,对同一实际控制人控制的上海亿力、亿力电器及上海亿卡进行了重组。

案例2-7 问询选择上市主体的原因

依据《关于北京零点有数数据科技股份有限公司首次公开发行股票并在创业板上市申请文件的审核问询函的回复》(零点有数、301169),审核问询意见:"根据申报文件,发行人原系北京分析的子公司,说明未使用北京分析作为上市主体的原因。"反馈回复如下:"公司计划对接资本市场时,北京分析尚未改制为有限责任公司,而零点双维设立时即为有限责任公司,公司主体形式更加符合企业上市的相关要求;另外,零点双维设立时作为中国烟草市场监测系统项目的实施主体,在业务开展方面逐步探索结合多元化的数据逻辑体系,对传统调查类的服务内容进行升级换代,是代表公司未来发展方向的运营实体之一,业务具有创新性且更加符合咨询与调查行业的发展趋势。基于此,发行人未使用北京分析作为上市主体,而是选择零点双维作为挂牌/上市主体,具有合理性。"

另外,依据《江苏国茂减速机股份有限公司首次公开发行股票申请文件反馈意见》,审核问询意见:"(3)发行人重组前,减速机业务主要由国茂集团、国茂立德与国茂电机共同经营。请说明以国茂股份作为上市主体的原因,以及重组过程中未受让国茂集团与国茂电机股权的原因,请保荐机构核查是否符合证券期货法律适用意见第3号的相关规定。"

案例2-8 结合业务重组,审核机构重点关注选择发行主体的原因

山石网科通信技术股份有限公司(以下简称山石网科)(山石网科、688030)前身是山石网科有限公司,成立于2011年7月20日。发行人以山石网科有限公司经审计的净资产值折股整体变更为股份有限公司,于2018年12月24日取得苏州市工商行政管理局核发的营业执照,并于2019年1月7日取得了苏州国家高新技术产业开发区商务局出具的外商投资企业变更备案回执。

山石网科致力于为用户提供全方位、更智能、零打扰的网络安全解决方案,业务涵盖云计算安全、边界安全、内网安全、数据安全、安全运维,以及安全服务,为来自政府、金融、运营商、互联网、教育等行业的超过15,000家客户提供高效、稳定的安全防护。山石网科在北京、美国硅谷均设有研发和技术支持中心,业务版

图已经覆盖全球50多个国家。

北京山石即北京山石网科信息技术有限公司,其设立背景也在招股说明书中得以披露——“为与信通华安在商标及品牌方面进行区分,开曼山石股东决定设立新的境内主体从事网络安全硬件产品的生产、研发和销售。2009年2月11日,信通华安和赵某利(山石北京原高级管理人员)共同出资人民币1000万元设立北京山石,其中信通华安持有北京山石99.8%的股权,赵某利持有北京山石0.2%的股权。北京山石于2009年2月11日取得北京市工商行政管理局海淀分局核发的企业法人营业执照。”

山石网科在招股说明书中披露了报告期内的重大资产重组情况:发行人于2017年11月收购北京山石100%股权,使其成为发行人的全资子公司。本次重大资产重组主要为拆除VIE架构并实现以山石网科为拟上市主体的境内上市,将主要资产纳入上市体系,未对发行人业务、管理层、控制权造成实质性影响。

此次收购受到监管机构的关注,其在问询函中询问山石网科与北京山石的设立目的,自成立以来二者主要经营的业务,以及是否存在差异,发行人将山石网科作为拟上市主体的原因。

发行人律师对此回复:

1. 山石网科与北京山石的设立目的

根据山石网科及北京山石的工商档案、发行人的说明,及律师与发行人相关股东、董事的访谈,北京山石设立于2009年2月,目的在于设立新的主体从事硬件产品的研发和销售。山石网科设立于2011年7月,目的在于在苏州设立新的研发主体,以扩大业务规模,并充分利用苏州良好的投资环境帮助企业发展和吸引人才。

2. 自成立以来二者主要经营的业务,以及是否存在差异

根据发行人、山石网科及北京山石的工商档案,发行人的说明,律师与发行人相关股东及董事的访谈,北京山石自设立以来一直从事网络安全相关硬件产品的研发和销售,山石网科设立后逐渐承接山石北京原从事的软件研发和销售业务。

发行人的律师认为,自成立以来,北京山石和山石网科主要经营的业务均围绕网络安全产品展开,二者主要经营的业务不存在差异,但职能定位存在不同。目前,北京山石委托代工厂生产自行研发、设计的网络安全产品硬件,并灌装自山石网科采购的软件后整体对外销售。

3.发行人将山石网科作为拟上市主体的原因

根据发行人的说明及发行人及其境内子公司的审计报告、知识产权产权证书等相关文件,发行人将山石网科作为拟上市主体的原因如下:

(1)从业务及技术方面考虑,山石网科是发行人境内主要的经营实体之一,并持有主要知识产权。山石网科成立后,逐步承接山石北京所从事的软件研发和销售业务。

(2)从资产规模、营业收入等方面考虑,截至2016年年底,山石网科的注册资本、净资产均高于北京山石和山石北京。根据上述三家境内主体的资产规模及盈利情况,由山石网科作为拟上市主体,收购开曼山石直接或间接控制的相关境内外实体,所需完成的重组及其过程中的资金流转更为便捷。

综上,结合公司发展战略,山石网科的业务及技术、各境内主体的资产规模、营业收入等因素,发行人选择山石网科作为拟上市主体,并收购开曼山石原直接或间接控制的与网络安全业务相关的境内外实体。山石网科业务体系完整,具有直接面向市场独立持续经营的能力。

(二)财务规范及银行流水可追溯性强

在上市报告期期间和上市主体之间进行衡量时,另一个关键问题就是拟上市主体历史的财务规范性,相关的账务处理能否调整以及账务调整的成本问题,公司是否存在大额无法解释或无真实交易背景的银行流水等。

(三)涉及多个同业主体,需要确定上市主体及股权架构

在上市前,实际控制人同业业务或者上下游业务,可能由不同的不具有股权控制关系的公司开展。上市前,需要首先解决上市主体的确定以及业务架构的搭建,对于不属于发行人上市主体范围内的公司,需要并入发行人上市主体范围内成为子公司或者将业务转入发行人上市主体范围内。

案例2-9 为解决同业竞争问题,无偿划转特定公司股权

依据《关于中钢洛耐科技股份有限公司首次公开发行股票并在科创板上市申请文件的审核问询函之回复》,审核问询意见:“问题3.关于业务重组。2019年12

月，为解决与控股股东的同业竞争问题，中钢集团正式批复，公司以无偿划转方式受让中钢科技持有的中钢洛耐院100%股权，划转基准日为2018年12月31日。请发行人：(1)按《招股说明书格式准则》要求，披露重大资产重组的具体内容、所履行的法定程序以及对发行人业务、管理层、实际控制人及经营业绩的影响；(2)披露上述划转的完成时点，被重组方重组前一个会计年度末的资产总额或前一个会计年度的营业收入或利润总额占重组前发行人相应项目的比例；(3)说明此次无偿划转的会计处理。”

五、控股型公司是否可以上市

（一）控股型公司上市的可行性

发行人需要具有独立且完整的业务体系，多数发行人本体公司均存在实际业务且控制着主要的研发或生产等环节。如果发行人的完整业务链条中的研发、生产、组装、销售等由不同的子公司开展，而整个公司仍具有完成的产销体系，并非单纯的持股平台公司，虽然该类发行人属于控股公司，也是可以作为上市主体的。

由于控股型公司上市不存在实质性障碍，因此A股存在诸多控股型公司成功上市的案例，尤其是2010年之后，民营中小企业上市公司逐渐增多，不少民营企业由于历史上存在平行股权结构，进行重组后，出现了将控股型公司作为上市主体的情况。相关案例包括但不限于玉禾田（300815）、瑞普生物（300119）、朗姿股份（002612）、迪安诊断（300244）、天和防务（300397）、长城军工（601606）、宏川智慧（002930）、中新赛克（002912）、崇达技术（002815）、新天然气（603393）等。

案例2－10 发行主体是否必须在本体公司运营业务

依据《四川郎酒股份有限公司首次公开发行股票申请文件反馈意见》，审核机构意见：“14.发行人子公司负责基酒、成品酒及包装物的生产，其中：郎酒厂公司主要负责酱香型系列基酒、成品酒的生产；郎酒厂（泸州）公司主要负责浓香系列基酒及浓香系列、兼香系列成品酒的生产；合江华艺主要负责陶瓷类包装材料的生产；叙永东玻主要负责玻璃类包装材料的生产；泸州益和主要负责包装盒、包装箱等纸品类包装材料的生产。请保荐机构、发行人律师核查并披露:发行人不直接参与生产的原因,该生产模式的稳定性和可持续性,如何保证对子公司生产的控制和管理,以及今后的安排。请保荐机构、发行人律师对上述事项进行核查并发表明确意见。"

案例2-11 控股型公司申请首发上市

依据《关于江苏瑞泰新能源材料股份有限公司首次公开发行股票并在创业板上市申请文件的审核问询函的回复》(瑞泰新材、301238),发行人为控股型公司,利润主要源于华荣化工和超威新材,为确保发行人上市后利润分配政策的实现,华荣化工、超威新材均于其各自的财务管理制度及公司章程中约定了利润分配条款。

案例2-12 设立于海外的控股平台公司在多地上市

依据《关于百济神州有限公司首次公开发行股票并在科创板上市申请文件的审核问询函的回复》(百济神州、688235),百济神州设立于开曼群岛,在美国纳斯达克交易所和香港联合交易所有限公司(以下简称香港联交所)上市。发行人作为上市主体和控股平台,主要承担业务统筹协调、发展规划、融资及募集资金管理的职能。截至2020年12月31日,公司共有10家境内控股子公司、19家境外控股子公司及6家参股实体,公司的控股子公司共有5家境内分支机构。截至报告期末,发行人(母公司)以投融资活动为主,货币资金、理财产品、子公司借款及股权投资相关余额占总资产的比例约为90.00%。虽然发行人母公司存在与合作方签署合作研发协议并支付协议约定首付款及里程碑费用的情况,但相关研发活动及其后续产品的注册及商业化运营均由子公司负责,同时待药品成功上市后,发行人母公司会将药品相关权利转让至对应子公司。截至问询函回复出具之日,公司已在中国、美国、澳大利亚和欧洲等超过35个国家和地区执行临床试验。从实际经营活动分布情况来看,发行人符合控股型公司的认定。

案例2-13 问询控股型公司是否涉及通过子公司之间不公允交易定价规避税负

依据《关于江西兆驰光元科技股份有限公司首次公开发行股票并在创业板上市申请文件审核问询函的回复》,审核问询意见:“28. 关于控股型公司。申报文件显示,兆驰光元是控股公司,目前仅承接少部分未转移至子公司的客户订单,不再开展业务。江西兆驰主要负责LED器件的研发、生产和销售。深圳光元负责主要负责背光LED组件相关的研发、生产和销售。请发行人:(1)说明发行人各子公司主要财务数据情况,发行人是否为控股型公司,是否存在通过子公司之间不公允交易定价规避税负的情况,如何保证发行人的分红权。(2)说明控股子公司其他股东的基本情况,是否与发行人控股股东、实际控制人、董事、监事、高级管理人员、主要客户、供应商以及中介机构存在关联关系或其他利益安排,是否与发行人存在交易和资金往来。”

发行人回复称:“报告期内兆驰光元的主营业务为LED器件及组件的研发、生产和销售。2019年起兆驰光元开始将深圳厂区的LED器件业务相关的机器设备、存货陆续转让并搬迁至江西兆驰,发行人的注册地址也于2020年4月迁址至南昌市。目前,兆驰光元承接少部分未转移至子公司的客户订单,未来兆驰光元的定位为控股型公司。”

(二)控股型公司对子公司的控制权以及控制权的表现形式

根据2010年第3期保荐代表人的培训记录,母公司利润不到合并报表利润的50%,发行人利润主要来自子公司,保荐机构应当关注下列事项:披露报告期内子公司分红情况;披露子公司财务管理制度及章程分红条款等,说明相关制度能保证发行人未来具备现金分红能力;保荐机构及律师进行专项核查,并明确发表意见。

实质上,控股型公司上市最核心的关注点在于控股型公司对子公司是否具有控制权以及控制权的表现形式,所谓的“披露报告期内子公司分红情况;披露子公司财务管理制度及章程分红条款等;说明相关制度能保证发行人未来具备现金分红能力等”均是控股型公司子公司控制权的表现形式。

案例2-14 控股型公司对子公司的控制方式

依据《深圳市铭利达精密技术股份有限公司的招股说明书》(三轮反馈稿;铭利达、301268),发行人是控股型公司,截至招股说明书签署之日,发行人深圳铭利达未进行具体的研发、生产,主要承担行政、财务等方面管理职能并从事部分销售业务。因此,深圳铭利达长期股权投资账面价值占资产总额比例较高。

发行人深圳铭利达主要从事销售业务,发行人主要子公司广东铭利达、江苏铭利达以及四川铭利达从事发行人模具及各类精密结构件的研发、生产及销售,分别主要辐射珠三角、长三角以及西南区域的客户。

关于发行人母公司保证对子公司有效控制的方式,披露的主要内容如下:

发行人是控股型公司,截至招股说明书签署之日,发行人母公司深圳铭利达未进行具体的研发、生产,主要承担行政、财务等方面管理职能并从事部分销售业务。因此,深圳铭利达长期股权投资账面价值占资产总额比例较高。为保障对子公司、孙公司的有效控制,发行人主要从以下几个方面对子公司进行管理:

(1)制度建设方面

发行人制定了控股子公司管理制度,从人事管理、财务管理、经营决策管理、信息管理、检查与考核等方面对子公司进行风险控制及管理,提高了子公司运作效率以及抗风险能力。

(2)组织管理方面

发行人采用矩阵式的管理模式,设立了压铸事业部、塑胶事业部、型材冲压事业部分管子公司业务,将所涉子公司由对应事业部分辖管理,为子公司的高效运转和有序运行提供充分的资源和支持。

(3)人事管理方面

发行人行使股东权利制定子公司章程,并依据子公司章程规定推选执行董事、股东代表监事及高级管理人员。发行人向子公司委派或推荐的执行董事、监事及高级管理人员候选人员由发行人董事会确定或提名。

(4)财务管理方面

发行人子公司与公司实行统一的会计制度和内控制度,对子公司财务相关活动实施管控和监督。由发行人负责编制公司合并财务报表,对子公司财务预算的编制实施审查，对子公司的资金、资产以及融资、担保等活动进行统一管控。

(5)检查与考核方面

发行人在每年度末对投资项目进行全面检查，对子公司进行定期或专项审计。发行人不定期向子公司派驻审计人员，对其财务及经营活动进行检查。此外，发行人向子公司委派的董事、监事、高级管理人员定期及不定期汇报子公司经营状况，发行人会根据实际情况对其工作进行考核。

(6)子公司分红方面

根据公司各子公司的公司章程，子公司在弥补亏损、提取各项公积金后，应当进行分红；在子公司盈利年度，子公司每年现金分配的利润不少于当年实现可分配利润的30.00%。

另外，百济神州(688235)等存在对子公司的控制的描述值得借鉴。

第二节　上市流程及各类机构

一、上市主要流程

(一)明确上市意向及确定上市目标

明确上市意向是启动上市的前提，此阶段属于意识的确信以及转化为实际行动的阶段；确定上市目标并非限定上市的板块，而是明确上市这个资本运作的方向。上市的过程相对时间较长，同时路途比较艰辛，需要实际控制人具有坚定的上市信念。

企业的实际控制人和管理层需要对是否上市以及上市目的等有清晰的认知，对资本市场不同板块的上市条件、上市要求和区别等有基本的认识，对企业的客观情况与相关的条件具有准确的判断。最终由企业的实际控制人和管理层抉择是否上市及上市板块。

(二)确定中介机构并尽职调查及规范

1. 确定中介机构

依照规定，首发上市需要聘请保荐机构(券商)、律师事务所、会计师事务所、评估机构等。

项目的启动和确立,需要确立券商和审计机构等,其中券商在整个上市项目中起主导和协调作用,对整个项目发挥着决定性作用。专业且负责任的券商带领的中介机构团队在确定项目时,会对项目进行专业、全面的思考,对公司的上市事项提出准确的建议。

申请首发上市时,证监会会核查公司聘请的中介机构情况,对于在非上市必需的中介机构的选择和聘任需要谨慎处理。

2. 初步尽职调查

企业确定上市意向或者项目正式确定后,通常情况下,中介机构需要对公司进行尽职调查并出具项目尽职调查报告或者项目建议书。实务中,上市项目的承揽、中介机构的确定等与初步尽职调查存在一定的流程交叉,也存在尽职调查之后方确定中介机构的情况。

初步尽职调查的查验方式主要包括以下几种:

(1)查阅和审阅文件:收集、分析拟挂牌公司的工商登记资料、政府批文和许可、财务报告、银行流水、业务合同、会议记录等各项书面资料,从中了解情况,验证事实,发现问题。其中对公司最直接的手段是核查银行流水、对照公司的合同、对照公司的员工名册等。

(2)访谈相关人员:与企业内部董事、监事、高级管理人员、各业务单元或部门的负责人、关键技术人员、客户、供应商、关联方及主管机关等充分沟通。对于公司客户和供应商的访谈属于重要的核查方法,对于特定事项可以通过访谈保安、保洁人员等间接了解情况。

(3)第三方渠道核查:从一些公开渠道,如互联网、行业杂志、行业协会、政府部门等了解公司及其所处的行业情况。

(三)股份制改制

依据规定,申请首次公开发行股票的公司类型必须是股份公司。申请首发上市前,多数公司都涉及从有限公司改制为股份公司的股份制改制事项。

股份制改制涉及发起人股东的选择和确定,股权激励的安排,入股定价,股权架构和公司内部业务架构的搭建等,可以在股份制改制同时解决股权架构和整体业务布局等问题。

（四）上市辅导

首次公开发行股票公司需要经过辅导机构的辅导，并通过辅导验收后才能够进行首次公开发行股票并上市的材料申报。上市辅导过程也是持续尽职调查的过程，上市辅导人员（包括保荐机构、律师、审计机构等）要对发行人进行持续的尽职调查，调查了解发行人情况和存在的问题。

1. 上市辅导的目标

（1）上市辅导工作的目标

①辅导对象建立良好的公司治理结构；

②辅导对象会计基础工作规范，内部控制制度健全且被有效执行，辅导对象具备独立运营和可持续发展的能力；

③督促辅导对象的董事（包括独立董事）、监事和高级管理人员、持有5%以上股份的股东和实际控制人（或者其法定代表人）全面掌握发行上市、规范运作等方面的有关法律法规、知悉信息披露和履行承诺等方面的责任与义务，树立进入证券市场的诚信意识、自律意识和法治意识；

④中国证监会及其派出机构提出的其他辅导应达到的要求。

（2）保荐人参与辅导工作需达到的效果

①辅导对象应具备成为上市公众公司应有的公司治理结构、会计基础工作和内部控制制度。

②辅导对象应建立健全股东大会、董事会、监事会、独立董事、董事会秘书等公司治理制度，相关机构和人员能够依法履行职责。

③辅导对象的会计基础工作应当规范，财务报表的编制符合企业会计准则和相关会计制度的规定，在所有重大方面公允地反映发行人的财务状况、经营成果和现金流量，并由注册会计师出具无保留意见的审计报告。

④辅导对象的内部控制制度健全且被有效执行，能够合理保证财务报告的可靠性、生产经营的合法性、营运的效率与效果。若辅导对象存在财务内控不规范等情况，辅导机构应当在辅导期间，要求辅导对象对涉及财务内控不规范问题进行整改或纠正，原则上在审计基准日之前强化发行人内部控制制度建设及执行有效性检查，达到与上市公司要求一致的财务内控水平。

⑤在经过辅导机构的辅导后，辅导对象及其董事、监事、高级管理人员、持有

5%以上股份的股东和实际控制人(或者其法定代表人)应全面掌握发行上市、规范运作等方面的法律法规和规则,知悉信息披露和履行承诺等方面的责任和义务,树立进入证券市场的诚信意识、自律意识和法治意识。持有5%以上股份股东为法人或其他形式的,应当督促其法定代表人、基金管理人的法定代表人、执行事务合伙人(或者其委派代表)等全面掌握发行上市、规范运作等方面的法律法规和规则,知悉信息披露和履行承诺等方面的责任和义务。

2. 上市辅导的备案时间及辅导期限

《首次公开发行股票并上市辅导监管规定》第9条规定:"签订辅导协议后五个工作日内,辅导机构应当向验收机构进行辅导备案。验收机构应当在收到齐备的辅导备案材料后五个工作日内完成备案,并在完成备案后及时披露辅导机构、辅导对象、辅导备案时间、辅导状态。"

第12条规定:"辅导期自完成辅导备案之日起算,至辅导机构向验收机构提交齐备的辅导验收材料之日截至。辅导期原则上不少于三个月。辅导期内,辅导机构应在每季度结束后十五日内更新辅导工作进展情况报告,辅导备案日距最近一季末不足三十日的,可以将有关情况并入次季度辅导工作进展情况报告。"

依据上述规定,申请辅导备案需要中介机构,尤其是保荐机构签订完毕辅导协议方可办理。实务中,证监局要求保荐机构依法履行项目正式立项后方可与发行人签订辅导协议,而目前中介机构一般均要求尽职调查完毕且对相关的公司和自然人的银行流水核查完毕方可申请项目正式立项,所以,中介机构在发行人首发上市辅导前需要进行充分的尽职调查和规范工作,并非简单地办理备案。申请上市辅导备案时,一般情况下,公司已经比较规范,且公司上市报告期内前两年的审计报告基本确定,不存在较大比例的会计差错更正。

3. 上市督导备案及验收的主要材料

(1)辅导备案主要材料

辅导机构办理辅导备案时,应当提交下列材料:

①辅导协议;

②辅导机构辅导立项完成情况说明;

③辅导备案报告;

④辅导机构及辅导人员的资格证明文件;

⑤辅导对象全体董事、监事、高级管理人员、持股5%以上股东和实际控制人（或其法定代表人）名单；

⑥中国证监会要求的其他材料。

实务中，各地证监局对辅导备案材料的要求存在一定的差异，同时对特殊行业或者存在特殊情况的公司会提出有针对性的要求。

（2）辅导验收主要材料

辅导机构完成辅导工作，且已通过首次公开发行股票并上市的内核程序的，应当向验收机构提交下列辅导验收材料：

①辅导情况报告，包括重点辅导工作开展情况、辅导过程中发现的问题及改进情况等；

②辅导机构内核会议记录（或会议决议）及关注事项说明；

③辅导对象最近三年及一期（不满整年的期间）财务报表及审计报告、经内核会议审定的招股说明书；

④辅导工作相关底稿；

⑤辅导对象的律师、会计师向辅导机构就辅导工作中遇到的问题所出具的初步意见；

⑥中国证监会要求的其他材料。

（3）辅导验收的主要内容

验收机构主要验收下列事项：

①辅导机构辅导计划和实施方案的执行情况；

②辅导机构督促辅导对象规范公司治理结构、会计基础工作、内部控制制度情况，指导辅导对象对存在问题进行规范的情况；

③辅导机构督促辅导对象及其相关人员掌握发行上市、规范运作等方面的法律法规和规则，知悉信息披露和履行承诺等方面的责任、义务以及法律后果情况；

④辅导机构引导辅导对象及其相关人员充分了解多层次资本市场各板块的特点和属性，掌握拟上市板块的定位和相关监管要求情况。

（五）尽职调查及申报材料制作

1. 尽职调查范围

尽职调查是充分了解发行人的经营情况及其面临的风险和问题，并有充分理由确信发行人符合《证券法》(2019 修订)等法律法规及各项发行和上市条件以及确信发行人申请文件和发行募集文件真实、准确、完整的过程。

对涉及发行条件或对投资者作出投资决策有重大影响的信息,勤勉尽责地进行尽职调查,包括但不限于风险因素调查、发行人基本情况调查、业务与技术调查、财务与会计调查、业务发展目标调查、募集资金运用调查、公司治理与独立性调查、投资者保护和其他重大事项的调查。

2. 尽职调查的主要方式

尽职调查的主要方式如下:

(1)取得和审阅文件资料

通过取得和审阅发行人、控股股东和实际控制人、主要股东、关联方的工商注册、财务报告,以及发行人的业务文件、法律合同等各项尽职调查需要获取的文件,发现潜在的异常情况及重大问题。

(2)现场访谈和调查

对发行人主要生产环境、配套设施、办公场所、财务状况、各个业务部门等进行现场调查;与发行人及其主要子公司的董事、监事、高级管理人员进行访谈,与发行人的控股股东或实际控制人及其控制的主要子公司的核心人员等进行访谈,开展访谈应确定受访对象的真实身份。

(3)核查财务数据

通过研究不同财务数据之间以及财务数据与非财务数据之间的内在关系,对财务信息作出分析和评价;以人工或计算机辅助方式对文件中数据计算的准确性进行核对或分析性复核。

(4)实地走访及发函询证

对于关键性的客户或供应商,应当实地现场走访,同时按照要求需要发询证函进行询证确认。

如有必要,还可走访有关部门(包括市场监督管理、银行、税务、环保、土地、海关、法院等政府部门)了解具体情况。

(5)独立调查或取得第三方信息

通过查询网络公开资料或查阅权威的行业公开报告或报纸杂志、与发行人所处行业的专业人士进行访谈等方式进行独立的调查和取得第三方信息,了解和验证发行人的基本情况、所处行业的情况、行业地位和竞争力情况。

(6)银行流水核查

保荐人获取尽职调查证据时,应特别注意尽职调查证据的可靠性、有效性,加强对获取核查资料的必要控制。若尽职调查的方式是取得相关文件或凭证,应当确认所取得资料的真实性;如果是书面说明文件,则需由提供者盖章或签字;如果采取开会讨论的形式,则原则上应该形成会议纪要;如有其他不便形成文字或复印件的内容,可以采取拍摄等方式。

3.上市申报材料

各交易所关于上市申请文件的主要内容基本相同,各板块仅存在一些细微差异。

以申请创业板首发上市为例,首次公开发行股票并在创业板上市申请文件目录如下:

1.招股文件

1－1　招股说明书(申报稿)

2.发行人关于本次发行上市的申请与授权文件

2－1　关于本次公开发行股票并在创业板上市的申请报告

2－2　董事会有关本次发行并上市的决议

2－3　股东大会有关本次发行并上市的决议

2－4　关于符合创业板定位要求的专项说明

3.保荐人和证券服务机构关于本次发行上市文件

3－1　保荐人关于本次发行上市的文件

3－1－1　关于发行人符合创业板定位要求的专项意见

3－1－2　发行保荐书

3－1－3　上市保荐书

3－1－4　保荐工作报告

3－1－5　关于发行人预计市值的分析报告(如适用)

3－1－6　保荐机构相关子公司参与配售的相关文件(如有)

3－2　会计师关于本次发行上市的文件

3－2－1　财务报表及审计报告

3-2-2　发行人审计报告基准日至招股说明书签署日之间的相关财务报表及审阅报告(如有)

3-2-3　盈利预测报告及审核报告(如有)

3-2-4　内部控制鉴证报告

3-2-5　经注册会计师鉴证的非经常性损益明细表

3-3　发行人律师关于本次发行上市的文件

3-3-1　法律意见书

3-3-2　律师工作报告

3-3-3　关于发行人董事、监事、高级管理人员、发行人控股股东和实际控制人在相关文件上签名盖章的真实性的鉴证意见

3-3-4　关于申请电子文件与预留原件一致的鉴证意见

4.发行人的设立文件

4-1　发行人的企业法人营业执照

4-2　发行人公司章程(草案)

4-3　发行人关于公司设立以来股本演变情况的说明及其董事、监事、高级管理人员的确认意见

4-4　商务主管部门出具的外资确认文件(如有)

5.与财务会计资料相关的其他文件

5-1　发行人关于最近三年及一期的纳税情况及政府补助情况

5-1-1　发行人最近三年及一期所得税纳税申报表

5-1-2　有关发行人税收优惠、政府补助的证明文件

5-1-3　主要税种纳税情况的说明

5-1-4　注册会计师对主要税种纳税情况说明出具的意见

5-1-5　发行人及其重要子公司或主要经营机构最近三年及一期发行人纳税情况的证明

5-2　发行人需报送的其他财务资料

5-2-1　最近三年及一期原始财务报表

5-2-2　原始财务报表与申报财务报表的差异比较表

5-2-3　注册会计师对差异情况出具的意见

5－3　发行人设立时和最近三年及一期的资产评估报告(如有)

5－4　发行人的历次验资报告或出资证明

5－5　发行人大股东或控股股东最近一年的原始财务报表及审计报告(如有)

6. 关于本次发行上市募集资金运用的文件

6－1　发行人关于募集资金运用方向的总体安排及其合理性、必要性的说明

6－2　募集资金投资项目的审批、核准或备案文件(如有)

6－3　发行人拟收购资产(或股权)的财务报表、资产评估报告及审计报告、盈利预测报告(如有)

6－4　发行人拟收购资产(或股权)的合同或合同草案(如有)

7. 其他文件

7－1　产权和特许经营权证书

7－1－1　发行人拥有或使用的对其生产经营有重大影响的商标、专利、计算机软件著作权等知识产权以及土地使用权、房屋所有权等产权证书清单(需列明证书所有者或使用者名称、证书号码、权利期限、取得方式,是否及存在何种他项权利等内容)

7－1－2　发行人律师就7－1－1清单所列产权证书出具的鉴证意见

7－1－3　特许经营权证书(如有)

7－2　重要合同

7－2－1　对发行人有重大影响的商标、专利、专有技术等知识产权许可使用协议(如有)

7－2－2　重大关联交易协议(如有)

7－2－3　重组协议(如有)

7－2－4　特别表决权股份等差异化表决安排涉及的协议(如有)

7－2－5　高级管理人员、员工配售协议(如有)

7－2－6　其他重要商务合同(如有)

7－3　特定行业(或企业)的管理部门出具的相关意见(如有)

7－4　承诺事项

7－4－1　发行人及其实际控制人、控股股东、持股5%以上股东以及发行人

董事、监事、高级管理人员等责任主体的重要承诺以及未履行承诺的约束措施

7-4-2 有关消除或避免相关同业竞争的协议以及发行人的控股股东和实际控制人出具的相关承诺

7-4-3 发行人全体董事、监事、高级管理人员对发行申请文件真实性、准确性、完整性的承诺

7-4-4 发行人控股股东、实际控制人对招股说明书的确认意见

7-4-5 发行人监事对招股说明书的确认意见

7-4-6 发行人关于申请电子文件与预留原件一致的承诺函

7-4-7 保荐人关于申请电子文件与预留原件一致的承诺函

7-4-8 发行人保证不影响和干扰审核的承诺函

7-5 说明事项

7-5-1 发行人关于申请文件不适用情况的说明

7-5-2 发行人关于招股说明书不适用情况的说明

7-5-3 信息披露豁免申请(如有)

7-6 保荐协议

7-7 其他文件

(六)上市申报及审核

1. 申请和受理

注册制背景下,各交易所关于上市申报和审核流程基本相同。

以创业板为例,发行人申请首次公开发行股票并上市,应当按照中国证监会有关规定制作注册申请文件,依法由保荐人保荐并向交易所申报。证券交易所收到注册申请文件后,五个工作日内作出是否受理的决定。

2. 审核及反馈

证券交易所主要通过向发行人提出审核问询、发行人回答问题方式开展审核工作,判断发行人是否符合发行条件、上市条件和信息披露要求。

证券交易所应当自受理注册申请文件之日起在规定的时限内形成审核意见。发行人根据要求补充、修改注册申请文件,或者证券交易所按照规定对发行人实施现场检查,要求保荐人、证券服务机构对有关事项进行专项核查,并要求发行人补充、修改申请文件的时间不计算在内。

3. 各交易所上市委员会审议

经过审核反馈的项目，需要最终提交各交易所的上市委员会审议。各交易所按照规定的条件和程序，形成发行人是否符合发行条件和信息披露要求的审核意见。认为发行人符合发行条件和信息披露要求的，将审核意见、发行人注册申请文件及相关审核资料报中国证监会注册；认为发行人不符合发行条件或者信息披露要求的，作出终止发行上市审核决定。

（七）证监会注册

1. 所有板块交易所审议后均需要经证监会注册

《证券法》（2019 修订）第 9 条第 1 款规定："公开发行证券，必须符合法律、行政法规规定的条件，并依法报经国务院证券监督管理机构或者国务院授权的部门注册。未经依法注册，任何单位和个人不得公开发行证券。证券发行注册制的具体范围、实施步骤，由国务院规定。"

所以，注册下的股票发行，需要交易所审核后，报经中国证监会注册。

2. 证监会注册的审核时限

对于发行人的上市申请，证券交易所认为发行人符合发行条件和信息披露要求的，将审核意见、发行人注册申请文件及相关审核资料报中国证监会注册；认为发行人不符合发行条件或者信息披露要求的，作出终止发行上市的审核决定。

国务院证券监督管理机构或者国务院授权的部门应当自受理证券发行申请文件之日起三个月内，依照法定条件和法定程序作出予以注册或者不予注册的决定，发行人根据要求补充、修改发行申请文件的时间不计算在内。不予注册的，应当说明理由。

另外，在证监会注册阶段，对于申请注册的发行人，仍然可能被再次问询。例如，上海仁会生物制药股份有限公司、佛山市蓝箭电子股份有限公司、南京森根科技股份有限公司、杭州安杰思医学科技股份有限公司（2021 年 9 月终止注册申请）等在通过交易所的上市委员会审议后，在证监会注册阶段均存在问询，甚至个别公司存在 2 次或 2 次以上的问询，后终止上市注册申请。

3. 已经注册发现不符合发行条件或存在虚假内容的处理

国务院证券监督管理机构或者国务院授权的部门对已作出的证券发行注册的决定，发现不符合法定条件或者法定程序，尚未发行证券的，应当予以撤销，停止发行。已经发行尚未上市的,撤销发行注册决定,发行人应当按照发行价并加算银行同期存款利息返还证券持有人;发行人的控股股东、实际控制人以及保荐人,应当与发行人承担连带责任,但是能够证明自己没有过错的除外。

股票的发行人在招股说明书等证券发行文件中隐瞒重要事实或者编造重大虚假内容,已经发行并上市的,国务院证券监督管理机构可以责令发行人回购证券,或者责令负有责任的控股股东、实际控制人买回证券。

(八)交易所公开发行并上市

经证监会注册的首次公开发行股票的公司申请股票上市交易,应当向证券交易所提出申请,由证券交易所依法审核同意,并由双方签订上市协议。

申请证券上市交易,应当符合证券交易所上市规则规定的上市条件。

以创业板为例,发行人在境内首次公开发行股票经中国证监会予以注册并完成公开发行后,向证券交易所提出上市申请的,应当提交下列文件:

(1)上市申请书;

(2)中国证监会予以注册的决定;

(3)首次公开发行股票结束后发行人全部股票已经中国证券登记结算有限责任公司深圳分公司登记的证明文件;

(4)首次公开发行结束后,符合《证券法》(2019修订)规定的会计师事务所出具的验资报告;

(5)发行人、控股股东、实际控制人、董事、监事和高级管理人员根据要求出具的证明、声明及承诺;

(6)首次公开发行后至上市前,按规定新增的财务资料和有关重大事项的说明(如适用);

(7)证券交易所要求的其他文件。

二、首发上市的证券服务机构

(一)首发上市的中介机构及其依据

《证券法》(2019修订)第10条第1款规定:"发行人申请公开发行股票、可转换为股票的公司债券,依法采取承销方式的,或者公开发行法律、行政法规规定实行保荐制度的其他证券的,应当聘请证券公司担任保荐人。"

《证券法》(2019 修订)第 160 条第 1 款规定:“会计师事务所、律师事务所以及从事证券投资咨询、资产评估、资信评级、财务顾问、信息技术系统服务的证券服务机构,应当勤勉尽责、恪尽职守,按照相关业务规则为证券的交易及相关活动提供服务。”

《证券法》(2019 修订)第 163 条规定:“证券服务机构为证券的发行、上市、交易等证券业务活动制作、出具审计报告及其他鉴证报告、资产评估报告、财务顾问报告、资信评级报告或者法律意见书等文件,应当勤勉尽责,对所依据的文件资料内容的真实性、准确性、完整性进行核查和验证。其制作、出具的文件有虚假记载、误导性陈述或者重大遗漏,给他人造成损失的,应当与委托人承担连带赔偿责任,但是能够证明自己没有过错的除外。”

综上,申请首发上市的主要中介机构包括保荐机构、会计师事务所、律师事务所、资产评估等。

保荐机构可以聘请第三方机构,主要指保荐人在尽职调查工作中选聘审计、资产评估、法律顾问、财务顾问、咨询顾问等第三方提供与尽职调查有关的服务。保荐人应恪守独立履责、勤勉尽责义务,根据法律规定和客观需要合理使用第三方服务,不得将法定职责予以外包,保荐人依法应当承担的责任不因聘请第三方而减轻或免除。保荐人需要调查第三方机构的基本情况、资质、执业记录,了解所聘请的第三方和具体参与人员是否具备执业所需要的资质,是否存在不良执业记录,保荐人应明确第三方机构和人员的具体工作内容,并复核其工作成果和结论。

(二)选择中介机构的注意事项

1. 中介机构办理从事证券业务的备案

《证券法》(2019 修订)修订之前,要求会计师事务所、资产评估机构从事证券业务必须具有证券、期货从业资格,证券公司须具有保荐承销业务资格。《证券法》(2019 修订)第 160 条规定:“会计师事务所、律师事务所以及从事证券投资咨询、资产评估、资信评级、财务顾问、信息技术系统服务的证券服务机构,应当勤勉尽责、恪尽职守,按照相关业务规则为证券的交易及相关活动提供服务。从事证券投资咨询服务业务,应当经国务院证券监督管理机构核准;未经核准,不得为证券的交易及相关活动提供服务。从事其他证券服务业务,应当报国务院证券监督管理机构和国务院有关主管部门备案。”

从事其他证券业务的中介机构(除证券投资咨询服务业务外)的资质从审批制转为备案制,律师事务所、审计机构、资产评估机构需要报国务院证券监督管理机构和国务院有关主管部门备案。

2. 中介机构的专业能力、执业经验

中介机构及其项目主要人员的专业能力是项目成功的关键性因素。在选择中介机构时,申请首发上市企业的实际控制人及管理层人员需要对中介机构的专业能力、执业经验等进行充分了解,选择具有较强业务能力、熟悉企业所从事业务行业的中介机构,以保证中介机构的执业能力和质量。

3. 中介机构之间协作程度

首发上市是发行人与保荐机构、律师事务所、审计机构等多方共同努力的结果,要求各中介机构之间应该能够高效、有效地合作,尤其是保荐机构与律师、会计师等之间的合作。不论是保荐机构推荐的经常性合作的审计机构或律师事务所,还是由企业选择或者保荐机构与企业共同选择会计师、律师等,在保证专业以及合规的基础上,需要保证中介机构以及公司与中介机构之间沟通渠道畅通,中介机构之间的协作程度良好。

第三章　IPO 法律实务

第一节　历 史 沿 革

拟上市公司的历史沿革是基本的规范性问题,属于 IPO 非财务事项中最基本的内容,所以首先探讨关于发行人的历史沿革问题,关于历史沿革的具体细节问题在其他专门章节有单独分析则不在本节冗述。

在上市审核过程中,关于历史沿革的常见问询意见如下:

(1)历次出资是否合法合规,股权变动中未实缴出资股东情况、金额、后续补缴时间、出资方式、补缴资金来源及合法性等情况,说明股东是否全面履行出资义务、是否抽逃出资,说明出资方式是否存在瑕疵及补救措施,披露发行人股东是否因出资瑕疵受到行政处罚、是否构成重大违法行为及本次发行的法律障碍,是否存在纠纷或潜在纠纷;

(2)历次股权转让、增资、分红、整体变更等过程中涉及的缴纳所得税、发行人代扣代缴情况,是否存在违反税收法律法规等规范性文件的情况,是否构成重大违法行为;

(3)历次股权变动是否存在委托持股、信托持股,利益输送或其他利益安排,历次股权变动及目前所持股份是否存在纠纷或潜在纠纷;

(4)涉及国有股的股权变更是否存在程序瑕疵,历次股权变更未履行相关审批备案程序的具体情况、原因及补救措施,上述程序瑕疵是否损害国有资产权益、整改措施是否到位、是否影响发行;

(5)报告期内新增股东股权转让或增资的股份定价依据,定价是否存在较大差异,差异较大的原因及合理性,有关股权变动是否系双方真实意思表示,是否存

在争议或潜在纠纷,新股东与发行人及关联方是否存在关联关系或其他利益安排;

(6)受让股份较短时间又转出的原因及合理性,是否存在股份代持还原等情形;

(7)相关股东是否与发行人的主要客户、供应商存在关联关系,是否持股或控制与发行人从事相同业务或存在资金往来的公司;

(8)股改时净资产低于股本问题的整改措施是否充分,是否履行相关审议、决策和审批程序,该出资瑕疵是否存在行政处罚或存在被处罚的风险,是否构成出资不实,出资瑕疵是否违反《公司法》(2018 修正)或是否属于重大违法行为,对发行人发行上市是否构成法律障碍;

(9)补充披露发起人的具体背景及基本情况、设立时登记股东存在差异的原因,说明发行人工商登记自然人股东与实际出资人存在较大差异的原因、是否存在股权代持等情形、是否存在后续解决措施、是否存在纠纷或潜在纠纷;

(10)发行人股东中是否存在私募股权基金,是否按照《私募投资基金监督管理暂行办法》《私募投资基金管理人登记和基金备案办法(试行)》等规定履行登记备案程序;

(11)发行人股东人数是否存在穿透后超过 200 人的情况;

(12)发行人直接或间接股东中是否存在契约性基金、信托计划、资产管理计划等"三类股东"的情况,出资的资金来源是否合法合规,是否存在股份代持、委托持股等情况,发行人股份是否清晰稳定;

(13)历史沿革中是否存在发行人、控股股东、实际控制人与其他股东的对赌协议或类似安排,如存在,请说明是否符合规定,说明并披露对赌协议的具体内容、相关对赌协议是否清理完毕、对发行人可能存在的影响,并进行风险提示;

(14)结合相关个人的任职情况、入股原因、资金来源、受让股份价格,披露股权转让未构成股份支付的原因及合理性;股份支付的权益工具的公允价值及确认方法,相关会计处理是否符合《企业会计准则》的规定,报告期内其他增资及股份转让是否涉及股份支付;

(15)说明发行人外部自然人股东的任职履历、机构股东的主要出资人和实际控制人情况及其对外投资情况,相关股东任职企业或者对外投资企业是否存在从事与发行人相同或相似业务的情况、是否与发行人客户或供应商存在业务、资金往来的情形；

(16)股东减资或股权转让价格、定价依据及公允性，存在差异的原因，相关减资和股权转让程序是否符合《公司法》(2018 修正)等有关规定，是否存在股权纠纷或潜在纠纷；

(17)发行人设立以来是否涉及国有资产、集体资产、外商投资管理等事项，是否履行了相关的审批程序。

现就历史沿革问题，分析如下。

一、股份转让

(一)股份转让的核心问题

1. 核查和关注的期间

关于股份转让，需要关注的是发行人从成立至今的全部股份转让事项，不仅是报告期内的股份变动事项。相关的问题涉及公司的股权、股东等基本的合法合规事项，所以需要重视历次股份转让事项，包括从事业单位转制或者从全民所有制企业改制、行政划转等事项。

案例 3－1　入股背景以及是否存在关联关系

依据《关于杭州光云科技股份有限公司首次公开发行股票并在科创板上市申请文件的审核问询函之回复》(光云科技、688365)，审核问询意见："问题 1. 申请材料显示，发行人设立以来存在多次增资和股权转让。请发行人说明：(1)历次增资及股权转让的背景、原因、价格确定依据及公允性、款项实际支付情况；

"(2)自然人股东的工作经历、在发行人处任职情况，非发行人员工的自然人股东入股原因及合理性，是否与发行人的客户、供应商存在关联关系，是否存在委托持股、信托持股或其他形式的利益安排；法人股东的成立时间、注册资本、注册地、股权结构、实际控制人或管理人；法人股东及其股东、实际控制人与发行人及其控股股东、实际控制人、董事、监事、高级管理人员、核心技术人员、本次发行的中介机构及其项目组成员是否存在关联关系、亲属关系、委托持股、信托持股或其他可能输送不当利益的关系；

"(3)云峰新呈、阿里创投等外部股东与发行人及其股东是否签署有对赌协议或者其他类似安排；

"(4)历次股权转让及整体变更时发行人股东履行纳税义务情况，是否存在违法违规情形。请保荐机构、发行人律师对上述事项进行核查，并发表明确意见。"

分析：由案例可以得知，关于股份转让事项，需要关注公司成立以来历次增资及股权转让的背景、原因、价格确定依据及公允性、款项实际支付情况，自然人股东的工作经历，在发行人处的任职情况，非发行人员工的自然人股东入股原因及合理性，是否与发行人及其董监高存在关联关系，股东是否与发行人的客户、供应商存在关联关系，股东的出资或者转让资金的来源合法合规性。

2. 重视核查股东的资金来源及其资金实力

在高度重视反洗钱的大背景下，需要重点关注股东大额资金来源涉及核查是否存在股份代持、持股或股份转让的真实性等根本性问题。所以，需要对股份转让的支付凭证以及资金来源予以充分核查。

另外，需要从股东历史的资金来源、银行账户流水、对外投资等关注股东的资金实力，结合相关股东的身份信息、身份证地址信息、年纪、职业履历、税收缴纳、历史上分红记录等综合分析判断股东的资金实力，进而综合分析判断股东持股或者转让的真实性等。

关于发行人股东的出资资金来源，尤其是控股股东、实际控制人的资金来源，需要重点关注发行人报告期外的分红情况与资金来源情况关联度，关注历史上是否存在通过不规范的账务处理进行的变相分红等，避免导致控股股东或实际控制人持有的大额出资资金来源无法解释。

案例3-2 股份转让资金来源及定价公允性

依据《南京雷尔伟新技术股份有限公司首次公开发行股票并在创业板上市的审核问询函回复》(雷尔伟、301016)，审核问询意见："(3)发行人历次增资和股权转让的背景、原因、价格、定价依据及公允性、资金来源及合法合规性，款项是否支付完毕,是否存在违法违规情形,是否双方真实意思表示,是否存在委托持股、信托持股、利益输送或其他利益安排,是否存在纠纷或者潜在纠纷;(4)历次股权转让、增资、转增股本、利润分配及整体变更等过程中涉及控股股东及实际控制人缴纳所得税、发行人代扣代缴情况,是否存在违反税收法律法规等情形,是否构成重大违法行为。”

分析:审核过程中,对于资金来源不仅应该关注控股股东、实际控制人、主要股东的资金来源,还需要关注历次增资和股权转让的背景、原因、价格、定价依据及公允性、资金来源。

3. 股权转让的常见问询意见

关于历史沿革中的股权转让属于常见问询事项,上市审核中常见问询意见如下:

(1)股份转让的背景、原因、价格、定价依据及公允性;

(2)股份转让支付的资金来源及合法合规性;

(3)股份转让款项是否支付完毕,是否存在违法违规情形,是否双方真实意思表示,股份转让款项若存在未支付完毕的原因及是否存在争议等;

(4)是否存在委托持股、信托持股、利益输送或其他利益安排,是否存在纠纷或者潜在纠纷;

(5)股份转让是否真实,是否存在代持;

(6)股权转让方和受让方是否股东适格;

(7)股份转让时是否存在对赌等特殊协议或者安排;

(8)历次股权转让过程中涉及控股股东及实际控制人或者其他股东的缴纳所得税、发行人代扣代缴情况,是否存在违反税收法律法规等情形,是否构成重大违法行为;

(9)股权转让是否造成国有资产流失,是否取得有权机关的确认,对于国有出资主体的确认是否能够视为有权机关的决定;

(10)股权转让是否存在低价向境外转移资本的行为等。

案例 3－3 问询股份转让是否存在低价向境外转移资本

依据《关于杭州宏华数码科技股份有限公司首次公开发行股票并在科创板上市申请文件审核问询函的回复》(宏华数科、688789),审核问询意见:“(五)历次股权转让或增资是否存在低价向境外转移资本的情形,是否合法、有效。”回复:“公司历次股权转让或增资过程中,涉及外资股东股权变动如下(内容有省略):1. 1997年9月宏华科技将持有宏华电脑42.5万美元出资额转让给汉加发展,退出对宏华电脑的投资,按照原出资额42.5万美元平价转让。本次股权转让已履行公司董事会决策程序、获得外资主管部门的批准并办理了工商备案登记手续,合法、有效。本次股权转让系两家境外公司股权转让,股权转让价格系双方协商平价转让,不存在低价向境外转移资本的情形。2. 汉加发展系在我国香港特别行政区注册成立的有限公司,其持有公司的股权变动情况如下:1997年12月,汉加发展将所持有的宏华电脑22.50万美元出资额转让给华联纺织,定价以宏华电脑截至1997年9月30日账面净资产额为基础,综合考虑归属于汉加发展的结转利润后确定,本次股权转让系外资股东向境内法人转让部分股权,不存在低价向境外转移资本的情形。”

案例 3－4 股份在家族之间分割

依据《关于浙江恒达新材料股份有限公司首次公开发行股票并在创业板上市申请文件的审核问询函之回复报告》,审核问询意见:“问题2. 关于历史沿革。申报文件显示:(4)2009年9月,黄某立家族与潘某卫家族进行财产分割,分割完成后,恒达有限、浙江立超、君伟盛装饰和意立得由潘某卫家族经营管理,立可达包装由黄某立家族经营管理。说明2009年9月,黄某立家族、潘某卫家族之间的财产分割是否全部完成;结合分割前后双方控制的权益情况、本次分割未进行评估等情形,说明分割过程及结果是否公允、是否存在分割协议、是否存在潜在纠纷,双方是否在对方控制的企业中存在股份/权代持等情形,分割是否涉及纳税事宜;立可达包装的基本情况,包括但不限于成立时间、注册资本、实收资本、股权结构及演变情况、实际控制人及演变情况等。”

案例 3 – 5 小股东的股份转让文件未签字

依据《北京盈建科软件股份有限公司创业板首次公开发行股票招股说明书》(盈建科、300935),其中风险因素记载:“公司原股东刘某海于 2011 年 12 月从公司离职,并表示愿将其所持股权按原始出资额全部转让。经公司与张某利商议后,同意由张某利承接该部分股权。因刘某海长期在国外,张某利与刘某海除电子邮件沟通外无其他直接联系方式,本次股权转让相关款项通过电子邮件沟通确认。2013 年 11 月 25 日,应刘某海要求,张某利将股权转让款通过银行汇入刘某海个人账户。自此,股权转让款全部结清,但此后,公司及张某利无法与刘某海取得联系。鉴于公司拟到全国中小企业股份转让系统挂牌,公司在与刘某海多方联系无果的情况下,为了明晰股权,公司将其名下股权变更至张某利名下,并到工商局办理了股东变更登记手续,与本事项相关的刘某海签名系由张某利代签。”

“刘某海所持股权转让款金额为 6.69 万元,涉及出资金额为 6.69 万元,占其转让时股权比例为 0.446%;经过送红股、资本公积转增股本、增资扩股后,该部分股权对应股份占本次发行前股本比例为 0.41%。自股权转让后至今,刘某海对本次股权转让未提出过异议,但由于其本人未签署股权转让文件,且张某利代签事宜未取得其书面授权,因此存在刘某海对其股权转让提出异议的风险。实际控制人陈某林、张某云、任某教、张某利出具承诺:‘刘某海转让股权是其真实意思表示,且刘某海在收到全部股权转让款后,未向公司及张某利提出过任何异议,也从未主张过股东权利,二人之间的股权转让行为已经完成。本次股权转让行为不会给公司的经营和存续带来风险,对公司控股权的稳定性也不构成影响,若因本次股权转让引起任何纠纷而给公司或其他股东造成损失,本人愿意承担一切赔偿责任’”。

(二)股份转让的定价

股份转让时首先要关注股份转让价格是否公允以及是否存在股份代持情况,同时,股份转让款以及股份的交付方式和交割时间应当合理。

首发上市前,对于涉及股份转让款未支付的,尤其是大股东存在通过受让取得股份且尚未实际支付股权转让款的,应当支付股权转让款。对于大额的股份转让而未支付股权转让款的，通常会被认定为影响股份的稳定性，一般不会得到认可。

另外，股权转让款与股份转让的真实性、转让背景、股东关系、是否存在代持等具有密切关系，需要结合相关的问题全面考虑。若相关的股份价格涉及股份支付的，应当按照股份支付进行会计处理，不构成股份支付的，应当说明不构成股份支付的原因。

案例 3－6 报告期外无偿转让股份的解释

依据《关于苏州德龙激光股份有限公司首次公开发行股票并在科创板上市申请文件的审核问询函回复》（德龙激光、688170），审核问询意见："2009 年 2 月，德龙有限除 ZHAOYUXING 外的全体股东无偿转让股权给双裕投资的原因及合理性，股权转让方的性质，相关股权是否出资到位，转让程序的合规性。"

反馈回复："自 2005 年创立公司以来，ZHAOYUXING 一直担任董事长、总经理、技术负责人，全面负责公司的技术研发和经营管理。本次无偿转让股权前，公司既有股东中除 ZHAOYUXING 外均为财务投资者，不参与公司的实际经营。在 ZHAOYUXING 的带领下，经过 3～4 年的发展，德龙有限 2008 年度实现营业收入 2553.68 万元，2008 年年末净资产为 993.57 万元，公司各项业务稳步向前。基于 ZHAOYUXING 个人对公司技术、业务发展做出的巨大贡献，德龙有限全体股东协商一致，决定无偿转让合计 15% 的公司股权奖励 ZHAOYUXING。2009 年 2 月，德龙有限的全体股东（包含 ZHAOYUXING 在内）无偿转让股权给双裕投资，系因全体股东协商一致，基于 ZHAOYUXING 个人对公司技术、业务发展的贡献，对 ZHAOYUXING 个人的股权奖励，ZHAOYUXING 指定由双裕投资作为受让方，代其持有上述股权。公司全体股东无偿转让股权给 ZHAOYUXING 指定的双裕投资，具有合理性，转让行为真实、有效。"

分析：该案例比较典型，存在报告期外多数股东无偿转让股权，使公司董事长、总经理合计持有公司 15% 的股份，主要依据是该股东对公司技术和业务发展有巨大贡献，相关的无偿转让具有合理性。对于无偿的股份转让，需要重点关注相关人员的身份，相关的转让背景和原因是否合理，是否存在输送不得有利益的情形。

案例 3－7　同期转让其中一人为持股形式转换，价格存在较大差异

依据《关于杭州光云科技股份有限公司首次公开发行股票并在科创板上市申请文件的第二轮审核问询函之回复》（光云科技、688365），同期股份转让，因涉及持股结构改变，股份价格差异巨大。发行人称："2015 年 11 月，光云投资将其持有的光云有限 15.3061% 的股权（对应注册资本出资额 22.8940 万元）作价 22.8940 万元转让给谭某华，光云投资系由谭某华控制的企业，按照每 1 元注册资本作价 1 元进行的转让。2015 年 11 月，光云投资将其持有的光云有限 1.0204% 的股权（对应注册资本出资额 1.5262 万元）作价 30.5240 万元转让给真奇投资，转让价格为每 1 元注册资本作价 20 元。好约网络将其持有的光云有限 1.0204% 的股权（对应注册资本出资额 1.5263 万元）作价 30.5260 万元转让给真奇投资、将其持有的光云有限 14.7761% 的股权（对应注册资本出资额为 22.1011 万元）作价 442.0220万元转让给祺御投资，转让价格均为每 1 元注册资本作价 20 元。好约网络于 2015 年 10 月为以每 1 元注册资本作价 20 元的价格合计投资 472.5480 万元认缴光云有限注册资本 23.6274 万元，其本次股权转让的转让价格与其增资入股光云有限的价格一致，未产生应纳税所得。"

分析：股份在同一实际控制人控制的不同主体之间转让，构成持股形式的转换，定价不公允，一般能够得到上市监管机构的认可。但是，至于定价不公允是否需要得到当地税务机构的认可，从税收法规上，在自然人和自然控制的其他企业之间的股份变更并不构成可以适用特殊税务处理的情形。所以，其可操作性在各地具有差异。

（三）个人持股与间接持股的转换

1. 持股形式转换的可行性及首要关注点

个人持股和间接持股的持股形式可以转换，至于能否操作以及股份变动的成本主要取决于股份是否存在限制和税务成本。拟上市企业往往多数已经发生了股份增值，一般均存在股份溢价的问题。按照规定，个人与个人控制的公司之间的股份转让不属于法律规定的可以适用“计税依据明显偏低且有正当理由”税收优惠的情形,同时各地税务机关的实际认定存在差异,需要提前跟当地税务机关沟通股份转让的税务成本问题。

《国家税务总局关于股权转让所得个人所得税计税依据核定问题的公告》(已失效)第 1 条、第 2 条规定:

“一、自然人转让所投资企业股权(份)(以下简称股权转让)取得所得,按照公平交易价格计算并确定计税依据。计税依据明显偏低且无正当理由的,主管税务机关可采用本公告列举的方法核定。”

“二、计税依据明显偏低且无正当理由的判定方法:

“(一)符合下列情形之一且无正当理由的,可视为计税依据明显偏低:

“1. 申报的股权转让价格低于初始投资成本或低于取得该股权所支付的价款及相关税费的;

“2. 申报的股权转让价格低于对应的净资产份额的;

“3. 申报的股权转让价格低于相同或类似条件下同一企业同一股东或其他股东股权转让价格的;

“4. 申报的股权转让价格低于相同或类似条件下同类行业的企业股权转让价格的;

“5. 经主管税务机关认定的其他情形。

“(二)本条第一项所称正当理由,是指以下情形:

“1. 所投资企业连续三年以上(含三年)亏损;

“2. 因国家政策调整的原因而低价转让股权;

“3. 将股权转让给配偶、父母、子女、祖父母、外祖父母、孙子女、外孙子女、兄弟姐妹以及对转让人承担直接抚养或者赡养义务的抚养人或者赡养人;

“4. 经主管税务机关认定的其他合理情形。”

由此可知,只有个人将股权转让给配偶、父母、子女、祖父母、外祖父母、孙子女、外孙子女、兄弟姐妹以及对转让人承担直接抚养或者赡养义务的抚养人或者赡养人才可能被认定计税依据明显偏低且有正当理由的情形,所以个人持股与间接持股的转换毕竟在不同的主体之间发生,应当充分注意税收缴纳的问题,需要保证合法合规。

案例 3－8 个人直接持股转换成间接持股

依据《关于湖南松井新材料股份有限公司首次公开发行股票并在科创板上市申请文件审核问询函的回复》(松井股份、688157),该公司存在将个人持股转换为间接持股的情形。具体为:“2017 年 11 月 25 日,凌某剑将其持有的68%股权转让给茂松有限,持有的 11% 股权转让给松源合伙。本次股权转让受让方茂松有限成为公司的控制股东,凌某剑持有茂松有限 100% 股权,本次股权变动主要是凌某剑调整其持股结构。本次股权转让受让方松源合伙的合伙人为凌某剑、凌某芳、汪某海,其中凌某芳系凌某剑妹妹,属于亲属间转让;汪某海系公司创始股东,本次转让实际为凌某剑将其代为持有的汪某海股权进行还原。转让价格为每 1 元注册资本 1 元。”

关于公司实际控制人凌某剑形成多层架构控制公司的原因和必要性解释为:“(1)凌某剑设置茂松有限作为公司控股股东并控制公司,主要是考虑未来在控股股东层面实现集团化战略管理,同时规范治理结构,并且公司控股股东由个人转移为控股公司,有利于上市后合理利用控股股东信用信誉,丰富公司及公司股东债券融资手段。(2)凌某剑作为有限合伙人参股松源合伙,主要是为了预留部分间接股权用以近亲属之间的财产赠与或分配及还原置换其为汪某海代持的公司 4% 股权。”

案例 3－9 间接持股转换为直接持股

依据《关于杭州光云科技股份有限公司首次公开发行股票并在科创板上市申请文件的第二轮审核问询函之回复》(光云科技、688365),存在间接持股转换为个人持股的情形,发行人关于具体情况描述如下:“2015 年 11 月,光云投资将其持有的光云有限 15.3061% 的股权(对应注册资本出资额 22.8940 万元)作价 22.8940 万元转让给谭某华。光云投资系由谭某华控制的企业(谭某华及其父亲谭某生通过汇光投资间接持有光云投资 100% 的股权),谭某华受让光云投资 15.3061% 股权的原因为谭某华调整持有光云有限部分股权的方式,由通过光云投资间接持股调整为直接持股及通过光云投资间接持股。因此,光云投资将其持有的光云有限

15.3061%的股权(对应注册资本出资额22.8940万元)作价22.8940万元转让给谭某华。本次股权转让系按照每1元注册资本作价1元进行的转让,光云投资未产生应纳税所得,光云投资未就本次股权转让缴纳企业所得税。”

2.持股形式转换的定价

关于个人持股与间接持股之间转换持股形式或者持股主体变更的,上市监管机构认可相关的股份价格可以不严格按照公允价值定价,但是能否操作主要是看是否能够得到当地税务部门的认可,若不能够得到税务部门的认可,则相关的定价就失去了意义。

案例3-10 同一实际控制人的股份转让定价参考净资产价值

依据《杭州宏华数码科技股份有限公司首次公开发行股票并在科创板上市之补充法律意见书(一)》(宏华数科、688789),该公司存在多次同一控制下的股份转让,主要包括:“2018年12月,宝鑫公司以9464.85万元的价格将其持有的宏华数码1168.5万股股份(计20.5%股份)转让给宁波维鑫,参考宏华数码截至2017年12月31日经评估的每股净资产7.481元,协商确定为8.1元/股;2019年7月,宝鑫公司以3400万元的价格将持有宏华数码200万股股份(计3.509%股份),参考宏华数码截至2018年12月31日经审计的每股净资产7.491元,协商价格为17元/股。”

“2019年12月,汉加发展以0元的价格将其持有宏华数码8,285,184股股份(计14.535%的股份)转让给宁波维鑫。本次股权转让系金某团、黄某双方对其间接持有的发行人股权进行调整;因汉加发展和宁波维鑫同受金某团控制,系同一控制下股权转让。宁波维鑫已就汉加发展于2019年12月发生的股权转让按税务部门认定的公允价值扣缴了汉加发展的企业所得税并取得相应的完税凭证。”

另外,该案例中存在股东通过向多家公司借款购买股份的行为,相关的资金来源以及股份购买的真实性可以参考该案例的解释。具体问询意见为:“关于股权清晰、稳定。申报材料显示,受公司实际控制人支配的股东宝鑫数码自2016年6月成立,注册资本50万元。2016年9月,宝鑫数码以13,923.41万元、1775.00

万元分别受让华联投资、上海禾圣持有公司的 1802.07 万股、250.00 万股股份，宝鑫数码受让上述股份的资金来源包括舟山通华、湖州赛润、湖州赛源、杭州唯源、杭州赛宁等投资意向金和浙江亿脑、汉加发展、驰波公司等借款。招股说明书同时披露，宝鑫数码与湖州赛润、湖州赛源、杭州唯源、杭州赛宁之间存在转让和回购发行人股权的行为，但未办理工商变更登记，其中湖州赛润、湖州赛源、杭州唯源已出具书面声明和承诺，确认与宝鑫数码及公司均不存在任何股权或者债权纠纷或潜在纠纷，而杭州赛宁无法取得联系。”

分析：该案例存在股份在同一实际控制人控制不同公司转让按照净资产或零对价的方式确定股份转让价格。但是，对于 0 元转让的股份，公司称“宁波维鑫已就汉加发展于 2019 年 12 月发生的股权转让按税务部门认定的公允价值扣缴了汉加发展的企业所得税并取得相应完税凭证”。所以，对于实际控制人之间的股份转让按照注册资本、出资额、0 元确定价格，仍需要按照税收法规缴纳税费。

另外，相关的具体定价可以参考关于股份转让价格的分析和案例。

（四）股份公司成立 1 年内的股份转让

《公司法》（2018 修正）第 141 条第 1 款规定：“发起人持有的本公司股份，自公司成立之日起一年内不得转让。公司公开发行股份前已发行的股份，自公司股票在证券交易所上市交易之日起一年内不得转让。”

实务中，经常发生股份公司成立后不满 1 年但发起人股东转让股份的情况。存在此种情形的，在分析和解释相关问题时，重点阐述合同的生效时间、交付时间、合同是否属于附生效时间条件的合同、股份的实际控制状态、工商变更登记的效力等情况，不可单纯停留在从合同的效力性以及是否违反了法律的效力性强制性规定或者管理性规定的角度去论述合同效力问题，尤其关注股份转让合同中是否约定了交付时间条件，若有，可以从相关的交付时间条件等角度来论证。

案例 3－11　股份公司成立 1 年内股份转让

依据《关于北京市博汇科技股份有限公司首次公开发行股票并在科创板上市申请文件的二轮审核问询函之回复报告》（博汇科技、688004），该公司存在股份公司成立1年内发生股份转让的情形,具体为:2014年6月,数码科技与博汇科技股东郑某等签署了《股权转让协议》,根据《股权转让协议》的约定,本次股权转让的交割日为2015年1月5日。上述交割日为2015年1月5日的原因系:博汇科技于2013年12月30日完成股份制改造,公司由有限公司变更为股份有限公司并取得了公司营业执照,根据《公司法》的有关规定,发起人持有的本公司股份,自公司成立之日起1年内不得转让,因此,交易双方将上述股权交割日期设定在了2015年1月5日。

另外,依据《关于东软医疗系统股份有限公司首次公开发行股票并在科创板上市申请文件审核问询函的回复》,该公司存在股份公司成立1年内股东转让股份的情形。

(五)董事、监事、高级管理人员超限售范围转让股份

《公司法》(2018修正)第141条第2款规定:"公司董事、监事、高级管理人员应当向公司申报所持有的本公司的股份及其变动情况,在任职期间每年转让的股份不得超过其所持有本公司股份总数的百分之二十五;所持本公司股份自公司股票上市交易之日起一年内不得转让。上述人员离职后半年内,不得转让其所持有的本公司股份。公司章程可以对公司董事、监事、高级管理人员转让其所持有的本公司股份作出其他限制性规定。"

实务中,董事、监事、高级管理人员超过比例转让股份的情况时有发生。若存在此种情形的,论述和解释相关问题时,应重点阐述合同的生效时间、交付时间、股份的实际控制状态、工商变更登记的效力等,不可单纯停留在合同的效力性是否违反了法律的强制性规定或者管理性规定的角度去论述合同效力问题。

案例3-12 董事、监事、高级管理人员超比例转让股份

依据《关于成都国光电气股份有限公司首次公开发行股票并在科创板上市申请文件的审核问询函之回复报告》(国光电气、688776),该公司存在董事、监事、高级管理人员超比例转让股份的情形,审核问询意见:"(七)新余环亚收购发行人董事、监事、高级管理人员股权的行为是否可能因违反《公司法》(2018修正)被认定为无效,是否存在纠纷或潜在纠纷,是否构成本次发行的法律障碍,如是,请作风

险提示。”反馈回复如下:“根据《合同法》[1]第 52 条及《最高人民法院关于适用〈中华人民共和国合同法〉若干问题的解释(二)》[2]第 14 条的规定,违反法律、行政法规的效力性强制性规定的,合同无效。根据《全国法院民商事审判工作会议纪要》,‘效力性强制性规定’系指:强制性规定涉及金融安全、市场秩序、国家宏观政策等公序良俗的;交易标的禁止买卖的;违反特许经营规定的;交易方式严重违法的;交易场所违法的。关于经营范围、交易时间、交易数量等行政管理性质的强制性规定,一般应认定为‘管理性强制性规定’。《公司法》(2018 修正)第 141 条第 2 款所规定之‘公司董事、监事、高级管理人员在任职期间每年转让的股份不得超过其所持有本公司股份总数的 25%’系对交易数量的限制,应属于管理性强制性规定而非效力性强制性规定。因此,前述股份转让协议有效。此外,本次董事、监事、高级管理人员的股份转让价格与其他被收购方转让价格一致,本次转让完成后,原董事、监事、高级管理人员仍在国光电气任职,未对国光电气的日常经营管理产生影响,未通过本次转让谋取不当利益,也未对发行人、其他股东和债权人的利益造成损害,因此不构成重大违法情形,不构成本次发行的法律障碍。截至本回复报告出具日,不存在因董事、监事、高级管理人员股权转让行为而产生的纠纷或潜在纠纷。公司已在招股说明书之第四节风险因素之六、其他风险因素中补充披露如下:……(五)董事、监事、高级管理人员单年度股权转让超过 25% 的风险。

2020 年 4 月,蒋某等公司董事、监事、高级管理人员将所持有股份合计 43.6604万股股份,过户至控股股东新余环亚名下,当年转让的股份超过其所持有本公司股份总数的 25%,违反《公司法》(2018 修正)第 142 条规定,控股股东新余环亚收购发行人时任董事、监事、高级管理人员的股权存在一定的瑕疵。”

二、公司减资

拟 IPO 企业存在减资情形的案例较多。若公司存在股东无法实缴公司的注册资本、公司资金需求量与注册资本不匹配、公司存在不合理的无形资产出资、出

---

① 已废止,对应《民法典》第 144 条、第 153 条、第 154 条、第 155 条。

② 已失效。

资存在瑕疵、特定股东的退出等情形,通过减资的形式处理也是一种常见方法。

减资的背景和原因多样,但是关于减资问题的描述和解释的思路基本一致,主要包括说明减资的原因和背景,减资签署的相关协议真实、有效,减资事项履行了必要的法律程序,依法完成了股份注销或变更登记,不存在抽逃注册资本或出资不实的情形,未侵犯债权人的合法权益,不存在纠纷、潜在纠纷或其他应披露未披露事项等。

(一)公司减资的法律规定及程序

1. 减资的主要法律规定

公司减资是指依据法律规定,根据公司业务经营的实际情况,依法减少注册资本金的行为。

《公司法》(2018 修正)第 177 条规定:“公司需要减少注册资本时,必须编制资产负债表及财产清单。公司应当自作出减少注册资本决议之日起十日内通知债权人,并于三十日内在报纸上公告。债权人自接到通知书之日起三十日内,未接到通知书的自公告之日起四十五日内,有权要求公司清偿债务或者提供相应的担保。”

2. 减资的主要程序

(1)依据法律规定,编制资产负债表及财产清单,属于必备事项,实务中,不规范的减资主要集中在未依法编制资产负债表及财产清单,所以,在减资程序中,需要重视编制资产负债表及财产清单,避免出现程序违规;

(2)相关的董事会及股东(大)会决议,该决议主要内容包括:①减资主体、比例及减资前后的公司注册资本、持股比例等;②减资后的债权债务等通知、安排等;③有关修改章程的事项;

(3)通知债权人及公告,公司应当自作出减少注册资本决议之日起 10 日内通知债权人,并于 30 日内在报纸上公告,债权人自接到通知书之日起 30 日内,未接到通知书的自第一次公告之日起 45 日内,有权要求公司清偿债务或者提供相应的担保,对债权人的通知和公告事项,是既需要通知又需要公告,并非履行通知义务后就不需要公告;

(4)清偿债务或者提供相应的担保,取得债权人债务通知的回函等;

(5)退还出资等,若涉及知识产权出资或者实务出资等,可能涉及权属变更或交付等事项;

(6)验资(后期拟上市企业原则上均需要履行验资事项);

(7)工商变更登记等。

3. 减资存在的常见程序问题

实务中,市场监督管理机关一般均要求报纸公告减资事项满45日后方可办理相关的减资变更登记事宜,所以减资公告事项一般均能履行。但对于是否编制资产负债表及财产清单、是否召开股东(大)会、是否有效通知债权人等操作程序可能与法律规定存在出入。

减资的法定程序和事项属于公司法层面的要求,虽说不会单纯因为减资瑕疵造成上市审核的实质性障碍,但仍要符合法律的规定。

(二)公司减资原因

1. 股改时公司净资产低于注册资本

对于有限公司阶段存在未弥补亏损且导致净资产低于注册资本等情形的,因净资产低于注册资本,则无法按照有限公司阶段的注册资本作为整体变更为股份公司的股本。发生此种情况,一般需要在股改基准日前减资或者股改的同时按照不高于净资产折股,而即使直接按照不高于经审计的净资产折股,也会因为注册资本变少而实际上构成减资,工商登记机关会要求刊登减资公告后方可办理注册资本降低的登记。

单纯从法理的角度来讲,按照规定,有限公司整体变更为股份公司可以按照不高于净资产折股,则此种情况不应该属于减资,实务中,IPO企业也存在股改同时减资的案例,但从形式上仍属于注册资本减少,一般都需要同时办理减资的程序。若发生此种情形,稳妥的做法仍旧是股改基准日前减资,后期再办理股改。

案例3-13 因净资产低于有限公司股本数,国有股东全体同比例减资

依据《中铁特货物流股份有限公司首次公开发行股票招股说明书》,2018年11月20日,铁路总公司出具《中国铁路总公司关于特货公司股改上市方案的批复》(铁总经开函〔2018〕788号),同意开展中铁特货物流股份有限公司(以下简称特货有限)的注册资本减资工作,特货有限的净资产及各股东的持股比例保持不变。2018年11月23日,特货有限2018年第三次股东会决议同意特货有限的注册资本由18,439,889,510.77元减少至4,000,000,000.00元,由全体股东按约

4.61∶1的比例进行减资,依据减资事项相应修改公司章程。2018年11月24日,特货有限在《北京晚报》发布了减资公告。2019年1月9日,信永中和出具验资报告,对上述减资后特货有限的注册资本情况予以验证。

减资的原因发行人本次减资主要系出于满足《公司法》(2018修正)关于股份公司股本设置要求和未来资本运作的考虑。第一,发行人于2018年减资前注册资本为18,439,889,510.77元,高于股改基准日2018年6月30日的净资产账面价值。根据《公司法》(2018修正)第95条规定:"有限责任公司变更为股份有限公司时,折合的实收股本总额不得高于公司净资产额"。因此,为满足《公司法》(2018修正)对于股份公司股本设置要求,发行人需要通过减资的方式降低注册资本金额。第二,发行人综合考虑上市后每股净资产水平、股价水平及后续资本运作等因素,将减资后的注册资本设置为4,000,000,000.00元。

案例3-14 股改同时减资

东土科技(300353)在股改同时因为未分配利润为负导致公司净资产低于公司注册资本的情形,该公司股改的同时减少注册资本。其具体披露内容如下:"2006年7月31日,公司召开2006年临时股东会,同意审计报告,截至2006年4月30日,公司审计后净资产为7,603,915.94元,其中实收资本10,200,000.00元,资本公积133,155.00元,未分配利润-2,729,239.06元。据此,同意公司变更注册资本为760万元,3915.94元余额转入资本公积,并根据股东原来的出资比例,将现有净资产做如下分配:李某685万元,张某霞75万元。"

案例3-15 债转股后净资产仍低于注册资本随即实施减资

依据《关于三一重能股份有限公司首次公开发行股票并在科创板上市申请文件的审核问询函之回复报告》(三一重能、688349),该公司于2020年8月债权转股权后立即减资,公司称减资的原因系为满足三一重能股改要求,即满足折合的实收股本总额不得高于公司净资产额的要求,各股东按持股比例同比例减资,该次减资不向股东退还出资,仅在三一重能所有者权益科目内部进行调整。

2. 相较于经营规模，公司股本过高，或者为提高每股收益等资本运作的考虑

公司在筹备上市前，注册资本大小以及实缴比例并无过多的限制，所以在前期开展业务过程中，公司的注册资本设置可能较大（本问题探讨的是假设股东具有出资能力）。

在公司的利润规模一定的情况下，若公司股本过大，会造成公司的每股收益较低，在同行业市盈率一定的情况下，公司的每股融资额、每股价格或者上市后的股价则较低，进而可能会对公司的市场形象产生一定的影响。所以，IPO 企业可能会存在与实际情况不匹配的注册资本，可以通过减资的方式处理。

案例 3－16　涉及国有股东的企业因股本过大不利于资本融资而减资

依据《关于湖南南新制药股份有限公司首次公开发行股票并在科创板上市申请文件的审核问询函的回复》（南新制药、688189），该公司的减资原因系减资前，发行人股本为 21,000.00 万元，相比公司经营规模情况该股本金额较大，不利于公司进行进一步的资本融资行为，结合发行人未来发展战略及后续资本运作计划，全体股东决定通过减少注册资本来对公司股本规模进行调整，以促进公司未来的战略发展。发行人减资相关程序中涉及国有股东情况，2017 年 7 月 7 日，湖南省国资委出具关于湖南南新制药有限公司股份制改造有关事项的批复，同意湘投控股在发行人股东会及内部决策程序审议减资至 1.05 亿元事项时投赞成票。

案例 3－17　减资的原因是净资产规模相对于公司业务规模偏大

北新路桥（002307）存在减资事项，其在相关公告文件中表明若不减资则公司净资产规模相较于业务规模偏大，在不影响公司净资产以及公司公路工程施工总承包企业一级资质的基础上，同意控股股东放弃未到期的认缴出资。

案例 3－18　明确减资是为了维护资本市场形象和中小投资者利益

瑞能半导体科技股份有限公司的前身瑞能有限于 2019 年 4 月 15 日召开董事

会,同意注册资本拟由 13,650.0574 万美元变更为 9000 万元人民币,减资后各股东出资比例不变,其关于减资原因的解释为:若发行人上市后股本数量与实际经营规模不相匹配,则可能影响发行人在资本市场的声誉和形象,不利于维护中小投资者利益。

另外,中铁特货物流股份有限公司于 2018 年减资情况介绍中,描述减资原因在因为净资产低于有限公司注册资本的之外,在招股说明书中表明有未来资本运作的考虑。

3. 股东退股、股份回购或者对赌的退资

在公司上市过程中,发生个别股东退出,或者投资机构要求公司回购股份,或阶段性的对赌失败导致需要回购股份进而减资的,均属于正常现象。

在上市审核过程中,正面反馈回复相关减资的背景和原因即可,避免过分地掩盖相关问题。

案例 3 - 19 拟上市公司曾多次减资

依据《关于成都国光电气股份有限公司首次公开发行股票并在科创板上市申请文件的审核问询函之回复报告》(国光电气、688776),该发行人设立后,共进行过 3 次减资、1 次分立并减资,历次减资的原因如下:"2002 年发行人减资主要系公司根据《出资协议》约定回购成都投资公司持有的发行人 200 万股股份及因发行人员工离职自谋职业,选择由公司回购其持有的职工安置费形成的自然人股份或其个人出资形成的股份。2003 年发行人减资主要系公司根据《出资协议》约定回购成都投资公司持有的发行人剩余 2800 万股股份及因发行人员工离职自谋职业,选择由公司回购其持有的发行人股份。2008 年,由于部分员工自谋职业,选择由公司回购其持有的职工安置费形成的自然人股份或其个人出资形成的股份。2008 年 2 月 28 日,国光电气召开 2007 年度股东大会,审议通过了《关于提请股东大会同意减少公司注册资本的议案》,公司同意减少公司自然人股 1,377,947 股,根据该议案,减资价格为 1 元/股。2018 年,为突出主营业务,公司通过存续分立的方式对教育、物业等相关业务主体进行剥离,国光电气为存续公司,分立后新设

5 家公司,分立完成后,新设公司的股东及持股比例与分立前国光电气的股东及持股比例相同。”

案例 3-20 存在两次减资且涉及国有股东

依据《关于上海南方模式生物科技股份有限公司首次公开发行股票并在科创板上市申请文件的审核问询函的回复》,南模有限历史沿革中共涉及两次减资,第一次,2007 年 8 月,南模有限决议公司注册资本由 2000 万元减至 1935 万元,减资部分系自然人股东王某钢减少出资 65 万元,减资价格低于净资产账面值和评估值;第二次,2013 年 11 月,南模有限决议注册资本由 1935 万元减至 758 万元,减资价格与净资产评估值一致。

案例 3-21 未能达到对赌约定的上市条件回购股份,回购价格每股 192 元

依据《关于北京怡和嘉业医疗科技股份有限公司首次公开发行股票并在创业板上市申请文件的审核问询函的回复》,反馈意见回复如下:“根据怡和有限、当时的股东与中兴合创等投资方于 2015 年 3 月 30 日签署的《北京怡和嘉业医疗科技有限公司增资协议》相关约定,若截至 2018 年 12 月 31 日,怡和嘉业未能满足合格上市条件或已满足合格上市条件但因创始股东原因未能实现合格上市或投资方未能以并购方式实现退出,则投资方有权在任何时间要求主要创始股东回购投资方所持有的部分或全部股权。由于发行人在 2018 年未能满足合格上市条件,中兴合创按照上述增资协议的约定要求主要创始股东承担回购义务。经全体股东一致同意,由公司承担回购义务。2018 年 9 月 28 日,怡和嘉业召开临时股东大会,同意公司的注册资本由 313.3825 万元减少 24.0842 万元,公司以 46,266,135.29 元回购中兴合创对公司全部出资的注册资本 24.0842 万元,回购价格为 192.1016 元/股。”

另外,剑桥科技(603083)申请上市时,关于 2014 年实施减资的主要原因解释为:“发行人未在约定时间内完成上市计划,触发了与部分投资人签署的投资协议中的回购条款,从而依约通过减少注册资本的方式回购部分投资人所持发行人股份。”

润建股份(002929)申请上市时,其反馈意见记载如下:“2013 年 8 月,宁波中

泽嘉盟股权投资合伙企业(有限合伙)等 4 家企业通过减资不再持有公司股权,公司退还上述股东全部投资款以及相关投资收益。同日,上述各方共同签署《减资协议》,由润建通信收购上述公司所持的公司股权并注销。”

另外,赛克思液压科技股份有限公司首发上市申请材料显示,该公司曾存在 IPO 暂停,部分股东退出的减资。

4. 解决知识产权、实物等出资不实或者出资瑕疵

公司申请上市前,可能通过知识产权出资提高实缴注册资本,用来证明公司的实力,所以,实务中存在不少知识产权评估出资的情形,而知识产权可能存在与公司的主营业务相关度不高、技术性或者先进性不强或者评估价值过高等情形,也存在某些专利技术的价值确实高,但在公司经营过程中并未给公司创造相应的经济价值或者技术商业转化率较低,或者技术尚不具有商业化的条件等情形,则即使技术具有先进性,但因为审核机构可能会对技术的价值存疑,所以为了充实注册资本,一般会将公司的相关知识产权出资替换为实际出资或者直接减资。

对于实物出资,也可能存在无法取得实物的原始凭证、权属证明、来源等合法凭证或者实物已经无法继续使用等出资瑕疵,则相关的实物出资可能涉及补充货币出资或者替换出资的问题。

实务中,甚至存在将法律不认可的内容作为出资的方式,如利用其市场资源或者个别资质证书、许可证出资,后期相关的出资需要进行减资处理。

案例 3 - 22 不排除涉及职务发明的风险将专利出资减资

依据《浙江华是科技股份有限公司招股说明书》(华是科技、301218)及其反馈回复文件,其披露:“鉴于非专利技术‘检察院审讯指挥软件’于 2006 年 6 月完成软件测评,专利‘自动跟踪激光热成像监控系统’于 2010 年 1 月申请,大部分发明人在对应时点已在发行人处工作较长时间,不排除利用了发行人的物质技术条件进行发明创造,且该非专利技术与专利技术和发行人主营业务相似,因此存在被认定为职务发明的风险。2015 年 11 月 4 日,经公司股东会决议,公司将无形资产出资减资,注册资本由 8000.00 万元减至 2500.00 万元。”

5. 暂无支付认缴股份的资金实力

申请首发上市的企业，因为早期注册资本较大，股东不具有实缴能力而减资属于正常现象。

但是对于该问题，保荐机构或者律师可能会首先选择用公司的注册资本与公司的实际经营需要的资金不匹配等理由去解释，并不一定直接解释为公司股东不具有实缴的资金，但该事项确实可能同时触发多种减资原因，所以可以根据实际情况解释减资的原因和背景。

案例 3-23 公司股东无资金按约定实缴

依据《关于南京诺唯赞生物科技股份有限公司首次公开发行股票并在科创板上市申请文件的审核问询函的回复》（诺唯赞、688105），该发行人称："发行人的前身诺唯赞有限于 2014 年 5 月减资隔月又以专利增资 700 万元系整体安排。诺唯赞有限于 2012 年 3 月设立时的注册资本为 1000 万元，股东已于 2012 年 3 月 15 日之前缴付首期出资款 300 万元，且根据诺唯赞有限设立时的公司章程约定，剩余 700 万元出资款应于 2014 年 3 月 14 日之前缴付。后因资金紧张，股东无法以货币形式按时缴付剩余 700 万元出资，但为便于业务拓展仍希望诺唯赞有限的注册资本为 1000 万元，故经全体股东一致同意，先将诺唯赞有限的注册资本减至 300 万元，然后再以专利权形式进行增资 700 万元。"

案例 3-24 实物投资划转其他主体及国有主体减资

依据《中铁特货物流股份有限公司首次公开发行股票申请文件反馈意见》（中铁特货、001213），审核问询意见："关于发行人的出资，请发行人补充披露：2007 年 3 月，由中国铁投将自特货有限收回的 2876 辆冰冷保温车划给中铁快运股份有限公司，并按账面净值减少对特货有限的长期投资，请说明中国铁投自特货有限收回 2876 辆冰冷保温车的原因、背景，后来又划给中铁快运股份有限公司的原因，是否属于减资行为，是否履行了相应的审批、审议程序，中国铁投自特货有限收回时是否支付相关对价，对价定价是否公允，是否属于变相资金占用情形；2019 年 1

月发行人减少注册资本的原因及背景,减资涉及款项的支付情况,减资是否涉及非货币出资的返还,如有,则说明具体情况。请保荐机构、发行人律师发表核查意见。"依据其招股说明书记载,其认为保温车划转属于铁路企业内部资产重组,不属于减资,不存在变相资金占用的情形,是根据原铁道部出具的关于处置 2876 辆冰冷车资产的通知,冰冷车资产转移由中国铁投按照子公司之间资产重组的方式实施。

(三)减资审核关注要点及案例

对于存在减资事项的,审核机构一般均会对减资事项进行询问,问询意见主要包括:

(1)减资的背景、原因和合理性;

(2)减资程序履行的完备性情况,是否依法通知债权人;

(3)国有股东或国有企业减资审批程序;

(4)是否存在股东未按照出资期限履行出资义务的情形;

(5)是否存在出资不实、虚假出资或抽逃出资的情形;

(6)减资价格定价依据,涉及投资机构退股的关于投资收益的确定依据是否公允;

(7)涉及实物减资的说明评估价值是否公允,是否符合当时有效的法律法规的规定,非货币出资减资的返还问题;

(8)减资时公司股东和债权人是否有不同意见;

(9)公司回购股权的,回购的股份是否按照法律程序进行了注销;

(10)减资协议是否有效及对发行人股权清晰、稳定性的影响;

(11)减资对公司经营业务、资质、招投标资格等的影响;

(12)减资是否存在纠纷、潜在纠纷或其他应披露未披露事项等。

案例 3-25 关于减资价格定价依据的解释

依据《关于上海南方模式生物科技股份有限公司首次公开发行股票并在科创板上市申请文件的审核问询函的回复》(南模生物、688265),审核问询意见:"请发行人:(1)结合发行人历次减资的董事会和股东会决策程序与表决情况、与债权人相关事项的程序履行情况、外部审批与程序登记情况,说明发行人历次减资的定价依据,历次减资是否合法合规,减资是否存在纠纷或潜在纠纷;(2)说明发行人历次减资的原因,是否存在抽逃注册资本的情形;减资事项对发行人生产经营的影响。请保荐机构、发行人律师就上述减资事项逐项进行核查,并发表明确意见。"

公司反馈回复如下:

"1.2008年7月南模有限第一次减资

"2007年8月,南模有限召开股东会,全体股东一致同意公司注册资本由2000万元减至1935万元,王某钢减少出资65万元(系货币出资部分)。本次减资的价格为1元/股,系参考公司当时的账面净资产确定。根据《上海南方模式生物科技发展有限公司2007年12月31日股东全部权益价值追溯评估报告》(沪东洲资评报字〔2016〕第0387077号),南模有限截至2007年12月31日的净资产账面价值为1.05元/股,净资产评估价值为1.26元/股,王某钢减资价格略低于账面值和评估值。

"2008年2月,南模有限在《文汇报》上发布减资公告。2008年4月,上海市灵信会计师事务所出具灵会发(2008)第418号验资报告。经审验,截至2008年3月30日,南模有限已减少实收资本65万元,其中减少王某钢出资65万元,变更后的注册资本1935万元、实收资本1935万元。

"2.2014年4月南模有限第二次减资

"2013年11月,南模有限召开股东会,全体股东一致同意注册资本由1935万元减至758万元。其中,申友生物减少出资228万元、上海生科院减少出资228万元、上海科投减少出资380.6万元、二医投资减少出资116.6万元、广慈高科减少出资99.4万元、张江投资减少出资26.6万元、同济科技园减少出资97.8万元。

"本次减资的价格为2.05元/股,根据《上海南方模式生物科技发展有限公司拟减资项目评估报告》(沪东洲资评报字〔2013〕第0814077号),南模有限截至2013年6月30日的净资产评估价值为2.05元/股,减资价格与评估值一致。本次评估取得《上海市国有资产评估项目备案表》(沪国资评备〔2013〕第08号)。

"2013年12月,南模有限在《上海法治报》上刊登了减资公告。2014年7月,上海高科会计师事务所有限公司出具沪高验(2014)第4007号验资报告。本次减资涉及的国有股东履行了外部审批程序。

"3.发行人历次减资的原因,是否存在抽逃注册资本的情形

"2008年7月南模有限第一次减资,王某钢减少出资65万元(系货币出资部分)。本次减资原因系王某钢个人意愿。2014年4月南模有限第二次减资,申友生物减少出资228万元、上海生科院减少出资228万元、上海科投减少出资380.6万元、二医投资减少出资116.6万元、广慈高科减少出资99.4万元、张江投资减少出资26.6万元、同济科技园减少出资97.8万元。本次减资系因各投资方出资时间较长,基于收回投资成本及自身发展战略考量,经过各方协商后,申友生物、上海生科院、二医投资、广慈高科选择完全退出,上海科投、张江投资、同济科技园选择减少出资。

"发行人上述减资均履行了公司股东会决策及验资程序,且在相关报刊上公告了减资事宜,履行了债权人告知义务,无债权人提出相关清偿或担保要求;同时,发行人相关股东的主管部门已就减资事宜作出了相应的批复或决策。发行人上述减资程序合法合规,不存在抽逃出资的情形。

"4.减资事项对发行人生产经营的影响

"上述减资事项完成后,南模有限经营情况正常。减资事项对公司生产经营不构成重大不利影响。"

案例3-26 知识产权减资反馈问题

依据浙江华是科技股份有限公司的招股说明书等文件,关于减资问题披露如下:(1)2006年6月23日,发行人注册资本由500.00万元增至1500.00万元,由股东俞某方、叶某标、章某灿、温某伟、葛某以非专利技术"检察院审讯指挥软件"(评估价值为1022.95万元)出资。同时,葛某将其持有的公司1.67%的股权(出资额为25.00万元,全部为无形资产)无偿转让给浙大发展。(2)2011年8月1日,发行人注册资本由2000.00万元增至8000.00万元,由俞某方、叶某标、章某灿、温某伟以专利技术"自动跟踪激光热成像监控系统"(评估价值为4585万元)出资4500.00万元。(3)鉴于非专利技术"检察院审讯指挥软件"于2006年6月

完成软件测评、专利“自动跟踪激光热成像监控系统”于2010年1月申请，大部分发明人在对应时点已在发行人处工作较长时间，不排除利用了发行人的物质技术条件进行创造，且该非专利技术与发行人主营业务相似，因此存在被认定为职务发明的风险。2015年11月4日，经公司股东会决议，公司将无形资产出资减资，注册资本由8000.00万元减至2500.00万元。(4)自相关无形资产出资后至减资，非专利技术“检察院审讯指挥软件”产生的直接或间接效益合计为21.08万元，专利“自动跟踪激光热成像监控系统”产生的直接或间接效益合计为1276.65万元。

审核机构反馈意见：

“(1)补充披露2006年，俞某方、叶某标、章某灿、温某伟、葛某以非专利技术‘检察院审讯指挥软件’出资，同时葛某将无形资产出资额25万元无偿转让给浙大发展的原因；非专利技术‘检察院审讯指挥软件’的研发过程，是否与浙大发展相关，发行人目前使用非专利技术‘检察院审讯指挥软件’是否存在侵害他人知识产权行为或潜在纠纷。

“(2)补充披露自相关无形资产出资后至减资，发行人股东出资的非专利技术‘检察院审讯指挥软件’产生的直接或间接效益合计为21.08万元，专利‘自动跟踪激光热成像监控系统’产生的直接或间接效益合计为1276.65万元，与发行人评估价值相差较大的原因及合理性；非专利技术、专利评估价值的合理性、公允性，发行人股东是否存在不实或虚假出资的情形。

“(3)补充披露发行人股东无形资产出资存在被认定为职务发明的风险，发行人股东通过减资而非货币资金置换的原因，是否存在侵害发行人或发行人其他股东权益的情形，发行人无形资产出资及减资过程是否构成重大违法违规，是否构成本次发行上市的法律障碍，是否存在纠纷或潜在纠纷。”

案例3-27 减资涉及的回购和注销问题

依据润建股份(002929)申请上市时的反馈意见，要求发行人补充披露：“(1)企业减资的原因和背景；(2)投资收益的确定依据，是否公允；(3)上述减资是否按照法律规定的程序办理(如通知债权人)，是否存在抽逃注册资本的情况，是否存在纠纷、潜在纠纷或其他应披露未披露事项;(4)上述股权的回购、注销日期;回购上述股权后,是否按照法律程序进行了注销;(5)上述股东转让股权是否违反了《公司法》(2018修正)第141条的规定,上述《减资协议》是否有效及对发行人股权清晰、稳定性的影响,是否符合《首次公开发行股票并上市管理办法》(2022修正)的相关规定;(6)请保荐机构、发行人律师对上述事项进行核查,并发表明确意见。"

另外,依据《关于浙江镇洋发展股份有限公司首次公开发行股票申请文件的反馈意见》(镇洋发展、603213),其反馈意见为:"历次减资的背景、原因和合理性,相关减资程序履行的完备性情况,是否存在股东未按照出资期限履行出资义务的情形,是否存在出资不实、虚假出资或抽逃出资的情形,涉及实物减资的说明评估价值是否公允,股东和债权人是否有不同意见,是否符合当时有效的法律法规的规定。"

另外,浙江盛泰服装集团股份有限公司、常州澳弘电子股份有限公司、永道射频技术股份有限公司、嘉事堂(002462)、延安必康(002411)、科华数据(002335)、共创草坪(605099)、齐翔腾达(002408)、石头科技(688169)等均存在减资事项。

三、公司分立

实务中,公司分立的情形相对较少,但是,在申请IPO的企业中,公司分立的情形却并不少见。在特定情况下,公司分立确实是比较有效或具有经济效益的操作方式,所以,下文针对公司分立进行专门探讨。

(一)公司分立的概念和分类

公司分立是指依照《公司法》(2018修正)的有关规定,通过公司的自主决策或者审批机关的核准,将原公司分立成两个或两个以上公司的行为。

公司分立以原主体公司是否存续,可以分为存续分立(又称派生分立)和解散分立(又称新设分立)。依据原国家工商行政管理总局制定的《关于做好公司合并分立登记支持企业兼并重组的意见》,公司分立可以采取两种形式:一种是存续分立,指一个公司分出一个或者一个以上新公司,原公司存续;另一种是解散分立,指一个公司分为两个或者两个以上新公司,原公司解散。存续分立方式,原公司继续存在但注册资本减少。原股东在本公司、新公司的股权比例可以不变,关于新设立的公司的股权结构往往会与税务特殊处理等优惠政策相结合。

（二）公司分立是否要求运营两个或者三个完整会计年度

暂不考虑上市审核窗口指导意见等政策变更,单纯结合主营业务的重大变化来探讨公司分立是否需要运行一定年度的问题。

关于公司分立是否需要运行两个或者三个完整的会计年度的主要依据是主营业务是否发生重大变化,而主营业务是否发生重大变化的判断依据是主营业务的范围是否变更以及从财务指标的角度判断是否构成重大业务变更或者重大资产重组等。

实务中,公司分立一般都是为了剥离不适合上市的资产或突出公司的主营业务等,所以,剥离后会有一个主体承接或者保留能够适合上市的业务,而该业务占原公司的收入和利润的比例就至关重要。所以,探讨是否需要运营两个或者三个会计年度的分立方式主要是存续分立（派生分立）。如果是解散分立（新设分立）,公司自然属于新成立主体,需要满足上市规定的年限条件。

关于公司分立,法律并未明确规定判断是否构成主营业务重大变更的财务标准,因此本问题以《首发业务若干问题解答》等规定作为参考,《首次公开发行股票并上市管理办法》(2022 修正)要求发行人最近 3 年主营业务没有发生重大变化,在报告期内发生业务重组行为,关于如何界定主营业务是否发生重大变化,通常按以下原则判断非同一控制下业务重组行为是否会引起发行人主营业务发生重大变化：

（1）对于重组新增业务与发行人重组前业务具有高度相关性的,被重组方重组前一个会计年度末的资产总额、资产净额或前一个会计年度的营业收入或利润总额,达到或超过重组前发行人相应项 100%,则视为发行人主营业务发生重大变化；

（2）对于重组新增业务与发行人重组前业务不具有高度相关性的,被重组方重组前一个会计年度末的资产总额、资产净额或前一个会计年度的营业收入或利润总额,达到或超过重组前发行人相应项目 50%,则视为发行人主营业务发生重大变化；

（3）对于重组新增业务与发行人重组前业务具有高度相关性的,被重组方重组前一个会计年度末的资产总额、资产净额或前一个会计年度的营业收入或利润总额达到或超过重组前发行人相应项目 50%，但未达到 100% 的，通常不视为发行人主营业务发生重大变化，但为了便于投资者了解重组后的整体运营情况，原则上发行人重组后运行满 12 个月后方可申请发行。

公司分立前后的主营业务发生重大变化的，应根据《首次公开发行股票并上市管理办法》(2022 修正)的规定，分立后的公司需要符合相关运行时间要求。科创板和创业板关于主营业务重大变化的判断标准与前述关于主板的规定存在些许差异，在对相关细节进行判断时，关注差异事项。

公司分立是从一个公司内部分立出两个或者两个以上公司，所以一般不会出现分立出去的新公司的资产总额、资产净额或营业收入或利润总额，达到或超过原公司的前一个会计年度末或者前一个会计年度相应项 100% 的情况。一般考虑首发上市的公司分立多数首先要保证上市主体的连续性或者规范性等，所以很少发生拆分成两个或者两个以上资产规模比较均等的公司的情况。如果发生相关的情况，可能因为分家、股东离婚等特殊事项，该事项可能构成主营业务发生重大变更。

而对于主营业务分立前后未发生重大变化，相关剥离的资产总额、资产净额或营业收入或利润总额的占比显著未达到主营业务发生重大变化的标准的，一般不需要运行两个或者三个完整会计年度。

案例 3－28 公司分立但业务未变，同时剥离出去的财务指标占比较低

依据《成都国光电气股份有限公司的招股说明书》(国光电气、688776)的披露，2018 年 6 月，该发行人采用存续分立的方式将公司一分为六，公司于 2020 年 10 月申报科创板并披露招股说明书。该公司分立事项减少公司资产总额 10,751.14 万元，占 2017 年年末公司资产总额的 9.99%，减少所有者权益 10,751.14万元，占 2017 年年末的所有者权益总额的 15.23%，分立资产均为与发行人主营业务不相关的资产，对发行人主营业务经营与开展不产生实质性影响。2017 年、2018 年，分立业务营业收入占比分别为 7.01%、2.09%，净利润占比分别为8.75%、3.43%，对公司经营业绩影响较小。

(三)公司分立的债权人通知及是否需经债权人同意

1. 公司分立需要通知债权人

依照《公司法》(2018 修正)的规定,公司分立,其财产作相应的分割,应当编制资产负债表及财产清单。公司应当自作出分立决议之日起 10 日内通知债权人,并于 30 日内在报纸上公告。所以,公司分立,通知债权人是必经程序,未履行相关程序需要经过债权人的补充确认。公司分立的同时一般都会涉及公司的减资,同时要适用减资程序的相关规定。

实务中,公司分立未通知债权人,事后履行补充确认程序或者债务已经清偿一般不会对 IPO 审核构成重大影响。但是,公司分立时仍应当按照《公司法》(2018 修正)等规定,严格履行通知债权人等程序,而相关的通知程序往往是最容易遗漏,所以需要加强对该事项的核查和关注。

2. 公司分立不需要经债权人同意

依照《公司法》(2018 修正)的规定,公司分立前的债务由分立后的公司承担连带责任。但是,公司在分立前与债权人就债务清偿达成的书面协议另有约定的除外。分立前后对于债权人的权利保护并未发生实质变化,所以,公司分立不需要经过债权人的同意。

(四)公司分立后主体之间的责任及依据

公司分立前的债务由分立后的公司承担连带责任。目前,与公司分立的连带责任相关的法律规定主要包括:

《公司法》(2018 修正)第 176 条规定:公司分立前的债务由分立后的公司承担连带责任。但是,公司在分立前与债权人就债务清偿达成的书面协议另有约定的除外。

《民法典》第 67 条规定:法人合并的,其权利和义务由合并后的法人享有和承担。法人分立的,其权利和义务由分立后的法人享有连带债权,承担连带债务,但是债权人和债务人另有约定的除外。

《最高人民法院关于审理与企业改制相关的民事纠纷案件若干问题的规定》(2020 修正)第 12 条规定:债权人向分立后的企业主张债权,企业分立时对原企业的债务承担有约定,并经债权人认可的,按照当事人的约定处理;企业分立时对原企业债务承担没有约定或者约定不明,或者虽然有约定但债权人不予认可的,分立后的企业应当承担连带责任。

(五)公司分立的主要原因

1. 资产剥离或者交易过程的税收筹划

上市过程中,如果部分资产如价值较高的土地、房产手续不全或者权属存在一定瑕疵,或者对公司总资产规模、资产收益率等具有较大影响,或者转入上市公司体系内有诸多不便等,拟上市公司会考虑将相关资产剥离。如果考虑直接将相关资产进行交易或者变更权属、对外投资等,在流转环节会产生比较高的税务成本。此时,公司分立在税收优惠上优势就凸显出来,采用公司分立,相关的增值税、契税等免征,可能也不涉及所得税的问题,尤其是涉及土地增值税的资产剥离,如果能够满足特定条件,则在未发生其他特殊交易情况下,则可能不涉及相关的高额税费问题。

另外,对于公司的未分配利润较高的公司,在进行股份转让时涉及较高税费的,也可能会采用公司分立的形式。

案例 3-29 上市前将房地产等业务剥离

依据《蒙娜丽莎集团股份有限公司首次公开发行股票申请文件反馈意见》(蒙娜丽莎、002918),审核问询意见:"发行人 2014 年 11 月采取派生分立方式剥离子公司所拥有的商业服务开发用地等资产连同剥离部分银行负债并减少注册资本 1118.00 万元,分立公司全面停止经营建筑陶瓷出口销售业务。请在招股说明书中补充:(1)2014 年实行公司分立的原因,是否可能形成发行人负担的债务,是否符合《首次公开发行股票并上市管理办法》(2022 修正)第 12 条的规定;(2)新分立公司的运营情况,与发行人相关业务是否停止,是否已全面消除同业竞争;(3)分立过程是否符合相关法律法规的规定,相关会计处理是否符合企业会计准则的规定;在管理层讨论与分析及其他部分,补充披露按剔除公司分立的影响后的可比口径,比较各期报表主要项目的变动情况。请保荐机构、会计师说明核查过程、方法和结论,并发表明确意见。"

可知,蒙娜丽莎将商业服务开发用地等资产连同剥离部分银行负债剥离出拟上市公司体系。

案例3-30 通过存续分立的方式将土地和房产划入新设公司

依据《关于星辉环保材料股份有限公司首次公开发行股票并在创业板上市申请文件的审核问询函的回复》(星辉环材、300834),该发行人称:"2017年11月10日,公司召开临时股东大会,审议通过以存续分立的方式进行分立,其中公司为分立完成后的存续公司,星辉投资为分立完成后的新设公司,旧厂区的土地及上盖建筑物的一切权利和权益划入星辉投资,与上述资产相关的债权债务应一并划入星辉投资。本次分立前,公司的注册资本和实收资本为18,656.896万元。本次分立后,公司的注册资本和实收资本为15,456.896万元,星辉投资的注册资本和实收资本为3200.00万元。分立完成后,存续公司和新设公司的股东及股权比例均相同。公对外债务,分立前后的公司承担连带责任。"

2. 为突出公司主营业务或剥离不适合上市的业务

拟上市公司的主营业务应当突出,同时也需要考虑上市公司的业务范围内是否有不适合纳入上市公司体系的业务。为突出拟上市公司主营业务或剥离不适合上市的业务是公司分立的主要原因之一,但业务剥离并非公司分立的最主要原因,业务剥离完全可以通过子公司股权转让或者出让商业机会等方式实质,既然选择公司分立,多数实质上仍然是出于税费成本的考量。

案例3-31 公司分立为突出主营业务

依据《北京义翘神州科技股份有限公司创业板首次公开发行股票招股说明书》,分立前,北京神州细胞生物技术有限公司(以下简称神州细胞有限)及其子公司主要经营两类业务:一是生物药产品研发和产业化相关的业务,二是生物科研试剂产品的研发、生产和销售以及向客户提供研发技术服务相关业务。2016年10月20日,神州细胞有限召开股东会并作出决议,同意公司分立方案;同意神州细胞有限进行存续分立,分立后分别为神州细胞有限和北京义翘神州科技股份有限公司;分立后的神州细胞有限注册资本4114.5639万元,北京义翘神州科技股份有限公司注册资本457.1738万元。2016年12月22日,神州细胞有限就本次变更完成工商变更登记手续。通过本次分立,神州细胞有限将自身从事的试剂业务整体分立至北京义翘神州科技股份有限公司,神州细胞有限本身不再从事试剂业务,并继续通过其下属子公司从事生物药业务;分立后新设的北京义翘神州科技股份有限公司承接神州细胞有限的试剂业务。

3. 部分资产或业务等存在权属瑕疵或者争议等

对于大额资产,尤其是土地或者房屋涉及集体土地、非建设用地、不符合规划、未竣工验收、无房产证等情形的,如果无法变更或者变更操作困难的,可以选择将相关的资产通过公司分立的形式剥离或者保留在存续公司主体内。

案例3-32　发行人子公司持有的土地产权存在瑕疵,子公司将业务剥离至新设公司

依据《中粮工程科技股份有限公司首次公开发行股票并在创业板上市招股说明书》(中粮工科、301058),记载:"鉴于发行人原子公司郑州科技部分土地产权存在瑕疵,相关土地上的生产经营用房屋无法办理相关证明,为不影响发行人主营业务的开展并保障公司业务开展的合法合规性,2016年12月,工科有限决定以分立方式新设郑州科研,将郑州科技的主营业务、资产(除上述瑕疵资产外)、在职职工等整体注入郑州科研,上述瑕疵资产保留在分立后存续的郑州科技。报告期内,郑州科技不存在重大违法违规行为。"

"2016年12月20日,工科有限作出中粮工程科技(郑州)有限公司股东决定,同意郑州科技以存续分立的方式进行分立,分立为郑州科技及郑州科研,分立后的郑州科技的注册资本为11,235,389.57元,由工科有限全部认缴及实缴;郑州科研的注册资本为60,447,520.10元,由工科有限全部认缴及实缴。2017年1月12日,郑州科技与郑州科研(筹)签署《分立协议》,一致同意采取存续分立的方式对郑州科技进行分立。双方同意以2016年12月31日为基准日编制资产负债表与财产清单,并以该基准日编制分立资产负债表及资产清单。分立后郑州科技的注册资本为11,235,389.57元,全部由工科有限持有,分立后郑州科研的注册资本为60,447,520.10元,全部由工科有限持有,同时约定郑州科研承接郑州科技原有业务、人员、资质。同日,郑州科技作出关于公司债务清偿及债务担保的说明,于

2017年1月12日作出股东决定之日起10日内通知了债务人,并分别于2017年1月14日、2月6日、2月13日三次在当地报纸刊登了公司分立公告。同日,工科有限作出股东决定,同意设立郑州科研,并通过郑州中粮科研设计院有限公司章程。”

案例3-33　通过分立将土地和房产剥离

依据《关于星辉环保材料股份有限公司首次公开发行股票并在创业板上市申请文件的审核问询函的回复》(星辉环材、300834),该发行人披露:公司股东采取新设分立的方式将土地、房产等固定资产从公司体内剥离的原因及合理性:“因城市发展需要,为积极配合黄厝围片区搬迁改造工作,2017年下半年,公司已在汕头保税区选定新址并进行新厂区建设,计划尽快完成搬迁。随着新厂区陆续建设完成并投入使用,公司将不会再使用旧厂区的土地和厂房。旧厂区的土地将按照汕头市人民政府的相关政策由汕头市土地储备中心收储或者与房地产开发公司合作开发。当时公司已完成股份制改造,并启动上市筹备事宜,考虑到旧厂区的土地、房产处置方式和处置时间不确定,为聚焦主业发展,公司采取存续分立方式剥离旧厂区的土地及房产,由星辉投资作为新设公司承接上述资产,作为后续土地房产处置工作的实施主体。”

4. 解决同业竞争的问题

拟上市公司重要股东可能会被列为关联方,相关的重要股东可能存在其他关联方或者特殊情况,为了解决同业竞争问题,可能会从解决关联方认定的角度去解决同业竞争问题,也有可能通过对控股股东进行分立的方式解决控股股东的同业竞争问题。

案例3-34　公司分立和重组为了解决同业竞争以及关联交易问题

依据《浙江亿力机电股份有限公司首次公开发行股票招股说明书》,发行人的重大资产重组主要是为明确发行人上市主体范围,整合发行人业务资源,避免同业竞争并减少关联交易,确定以亿力机电(股改前为亿力有限)作为上市主体,对同一实际控制人控制的上海亿力、亿力电器及上海亿卡进行了重组。其中上海亿力进行了公司分立,上海亿力为聚焦主营业务,将其原有的房屋租赁业务进行了剥离,派生分立上海黄嘉作为该等房屋租赁业务的承接主体,分立完成后上海亿力的主体资格继续保留。上海亿力从拟上市主体亿力有限的控股股东变成亿力有限的子公司。

另外,宝泰隆集团作为宝泰隆(601011)的控股股东,从事煤炭开采与销售、焦炭生产与销售等业务,与发行人存在同业竞争关系,宝泰隆集团采取存续分立的方式,将同业竞争业务分离出去成立新的公司,在股权上,则将原宝泰隆集团的部分股东分立到新公司,其余股东仍为分立后的宝泰隆集团股东。

5. 为了解决拟上市公司股东之间的分歧或矛盾

若拟上市主体股东之间存在分歧,为了解决股东矛盾或者分歧,也可以通过公司分立的形式分割出去部分业务,进而各自独立经营。但是,实务中,一般不会对股东之间存在经营分歧进行明确描述。但公司分立对于解决股东之间的分歧、股东离婚涉及家庭财产分割等问题时确实属于一个税费成本比较低的操作方式,尤其是涉及大量未分配利润的公司,可以以比较低的成本分立为不同的公司。

6. 国有资产或者业务的分立

拟上市企业中存在国有股权的案例不在少数,特定情况下可能会考虑将原公司分立。对于国有企业公司分立事项,在上市审核过程中,可能会涉及国有资产监督管理机构或者政府部门对公司分立事项的确认。

案例 3-35 涉及国有股东的公司分立

依据《浙江金道科技股份有限公司创业板首次公开发行股票招股说明书》(金道科技、301279),该公司历史上存在公司分立,且涉及国有资产监督管理机构审批事项,同时相关的历史变更及公司分立经过区政府和市政府的补充确认,确认内容主要为:“杭齿绍兴分厂的改制资产由绍齿前进承接,改制过程中资产清查、产权界定工作清晰,改制及相关资产处置、债权债务处理均符合当时的法律法规和相关政策规定,相关资产经评估机构评估,改制及资产处置方案经有权主管部门批准,履行了必要的法律程序,改制程序合法合规。绍齿前进派生分立过程履行相关程序,符合相关法律法规及规范性文件的规定,合法有效。改制及分立过程不存在损害国家、集体及其他第三方合法权益的情形,不存在集体资产或国有资产流失的情形,不存在法律纠纷和风险。"

案例 3-36 派生分立新设公司,原存续公司负责安置职工

依据《浙江丰立智能科技股份有限公司的招股说明书》,公司存在分立情况如下:"2009 年 8 月 1 日,发行人的前身丰立机电召开股东会,会议决议如下:同意派生分立新设利昊智能;同意由王某利、黄某红等组成派生分立筹备小组,负责处理派生分立新设利昊智能相关事宜。2009 年 11 月 18 日,丰立机电召开股东会,会议决议如下:(1)确认了公司截至 2009 年 10 月 31 日的资产负债情况;(2)同意丰立机电分立为两家公司,派生新设利昊智能,丰立机电继续存续;(3)丰立机电总计 5900 万元的资产及分立前公司的部分负债 3900 万元(短期借款 1800 万元,长期借款 2100 万元)分割给派生新设的利昊智能,其余财产及债务分割给存续的丰立机电,并由存续的丰立机电安置全部原有职工;(4)分立后,丰立机电注册资本为 3158 万元,其中王某利和黄某红各出资 1579 万元,各占 50%;利昊智能注册资本为 2000 万元,其中王某利和黄某红各出资 1000 万元,各占 50%。"

"就丰立机电派生分立利昊智能,公司股东王某利、黄某红签订了书面协议。2009 年 11 月 25 日,浙江华诚会计师事务所有限公司出具验资报告,对公司分立减少注册资本的情况进行了审验:截至 2009 年 10 月 31 日,丰立机电派生分立减少注册资本 2000 万元,其中王某利 1000 万元,黄某红 1000 万元;分立变更后,丰立机电注册资本为 3158 万元,实收 3158 万元,其中王某利、黄某红各占 1579 万元。经发行人及其届时股东王某利、黄某红确认,就上述分立事项,丰立机电自其在报纸上公告债权人之日起 45 日内未接到任何债权人有关要求公司清偿债务或者提供相应担保的通知。上述法定公告期限届满后,丰立机电于 2009 年 11 月 26 日就上述分立事项完成工商变更登记。"

(六)公司分立的税务处理

根据《企业所得税法》《企业所得税法实施条例》等的相关规定,企业在日常

经营活动以外发生的法律结构或经济结构重大改变的交易,包括企业法律形式的改变、债务重组、股权收购、资产收购、合并、分立等均可适用企业重组业务企业所得税处理。相关的主要依据是《财政部、国家税务总局关于企业重组业务企业所得税处理若干问题的通知》(以下简称财税〔2009〕59 号文)、《财政部、国家税务总局关于促进企业重组有关企业所得税处理问题的通知》(以下简称财税〔2014〕109 号文)、国家税务总局 2015 年第 48 号公告等。

财税〔2009〕59 号文第 4 条规定:"企业重组,除符合本通知规定适用特殊性税务处理规定的外,按以下规定进行税务处理:……(五)企业分立,当事各方应按下列规定处理:1. 被分立企业对分立出去资产应按公允价值确认资产转让所得或损失。2. 分立企业应按公允价值确认接受资产的计税基础。3. 被分立企业继续存在时,其股东取得的对价应视同被分立企业分配进行处理。4. 被分立企业不再继续存在时,被分立企业及其股东都应按清算进行所得税处理。5. 企业分立相关企业的亏损不得相互结转弥补。"

第 5 条规定:"企业重组同时符合下列条件的,适用特殊性税务处理规定:(一)具有合理的商业目的,且不以减少、免除或者推迟缴纳税款为主要目的。(二)被收购、合并或分立部分的资产或股权比例符合规定的比例。(三)企业重组后的连续 12 个月内不改变重组资产原来的实质性经营活动。(四)重组交易对价中涉及股权支付金额符合本通知规定比例。(五)企业重组中取得股权支付的原主要股东,在重组后连续 12 个月内,不得转让所取得的股权。"

第 6 条规定:"企业重组符合本通知第五条规定条件的,交易各方对其交易中的股权支付部分,可以按以下规定进行特殊性税务处理:……(五)企业分立,被分立企业所有股东按原持股比例取得分立企业的股权,分立企业和被分立企业均不改变原来的实质经营活动,且被分立企业股东在该企业分立发生时取得的股权支付金额不低于其交易支付总额的 85%,可以选择按以下规定处理:1. 分立企业接受被分立企业资产和负债的计税基础,以被分立企业的原有计税基础确定。2. 被分立企业已分立出去资产相应的所得税事项由分立企业承继。3. 被分立企业未超过法定弥补期限的亏损额可按分立资产占全部资产的比例进行分配,由分立企业继续弥补。4. 被分立企业的股东取得分立企业的股权(以下简称'新股'),如需部分或全部放弃原持有的被分立企业的股权(以下简称'旧股'),'新股'的计税基础应以放弃‘旧股’的计税基础确定。如不需放弃‘旧股’，则其取得‘新股’的计税基础可从以下两种方法中选择确定：直接将‘新股’的计税基础确定为零；或者以被分立企业分立出去的净资产占被分立企业全部净资产的比例先调减原持有的‘旧股’的计税基础，再将调减的计税基础平均分配到‘新股’上。（六）重组交易各方按本条（一）至（五）项规定对交易中股权支付暂不确认有关资产的转让所得或损失的，其非股权支付仍应在交易当期确认相应的资产转让所得或损失，并调整相应资产的计税基础。非股权支付对应的资产转让所得或损失＝（被转让资产的公允价值－被转让资产的计税基础）×（非股权支付金额÷被转让资产的公允价值）。”

公司分立时多数会考虑是否符合税务特殊性处理的条件，都会力争能够适用相关的条件。但实务中，各地税务机构对政策的理解和把握存在一定的差异，需要提前沟通相关操作的可行性。

（七）审核机构对公司分立的关注要点

关于公司分立的审核关注要点，按照公司分立发生的时间是否在报告期内，对发行人报告期内发生公司分立与报告期外发生的公司分立分别探讨。

1. 报告期内公司分立关注的主要问题

对于报告期内的公司分立，审核机构重点关注以下几个方面的问题：

（1）公司分立的原因、背景等；

（2）分立前后，发行人经营业务的变化和具体安排，相关业务收入和利润占比等；

（3）公司分立的税务处理等，企业重组是否符合适用特殊性税务处理的规定；

（4）分立事项的会计核算方式以及是否符合企业会计准则的要求；

（5）分立事项对发行人主要财务数据和经营业绩的具体影响；

（6）公司分立履行的程序是否合规，是否依法取得债权人的同意等，是否依法同时履行减资程序；

（7）公司分立调整方案是否履行了公司内部相关决策程序，是否需要取得债权人的同意，该等决策是否有效、合规；

（8）结合公司分立后的公司基本情况，说明此次资产及负债分割方案的背景、原因，是否存在发行人代分立公司承担负债，向分立公司输送利益，损害发行人股东利益的情形；

(9)公司分立后相关债务的偿还计划及具体进度，是否对发行人的财务状况和经营业绩产生重大不利影响。

案例3-37 分立新设公司是否停止同业竞争的业务

蒙娜丽莎集团股份有限公司的招股说明书和反馈回复文件显示：其公司分立原因为发行人存在两处商业、住宅楼宇房产，根据《国务院办公厅关于促进房地产市场平稳健康发展的通知》(国办发〔2010〕4号)，主管部门对房地产市场进行宏观调控。为严格遵从上述精神，考虑到对涉及房地产开发业务的企业上市融资可能进行的调控，发行人持有前述资产将会对上市审核构成较大影响，因此，为消除上市障碍，减少资产与业务的非关联性，发行人需将一块商业服务开发用地及两处商业、住宅楼宇剥离上市主体。

审核机构反馈意见：(1)新分立公司的运营情况，与发行人相关业务是否停止，是否已全面消除同业竞争。(2)分立过程是否符合相关法律法规的规定，相关会计处理是否符合企业会计准则的规定；在管理层讨论与分析及其他部分，补充披露按剔除公司分立的影响后的可比口径，比较各期报表主要项目的变动情况。

发行人回复：乔康达实业(原为蒙娜丽莎实业)分立实施日之前已全面停止建筑陶瓷出口业务，并将与该业务相关资产、负债、人员转让或转移至发行人承接，全部尚未执行完毕的业务合同(房屋租赁除外)所对应的权利与义务转由发行人承担。因此，分立实施后乔康达实业主营业务为房地产租赁及相关运营管理，报告期内除对外租赁房产外，未开展任何其他业务。乔康达实业的经营范围与发行人不存在同业竞争。剥离的两处商业房产均处于对外出租或拟出租状态，两项资产所涉及费用金额非常小且独立核算。因此，公司分立对主营业务没有影响。

另外，南方泵业的反馈意见中包含“请发行人分报表项目对照说明分立对发行人的财务状况和经营成果的影响，发行人公司分立的会计处理是否符合会计准则的规定”的问题。

案例 3 – 38 发行人申请上市前存续分立，一分为六

成都国光电气股份有限公司招股说明书披露：2018 年 6 月，发行人采用存续分立的方式将公司一分为六，并通过关于调整公司分立方案的议案将原分割给成都宇光优服物业股份有限公司的 3780 万元负债保留在国光电气存续主体内，改为分割相同金额资本公积金；原分割给成都宇光尚合企业管理股份有限公司的 6841 万元负债保留在国光电气存续主体内，改为分割相同金额资本公积金并对其他负债的分割情况进行了调整，调整后存续公司与分立公司的注册资本与调整前确定的存续公司与分立公司的注册资本一致。

依据《关于成都国光电气股份有限公司首次公开发行股票并在科创板上市申请文件的审核问询函的回复意见》，审核机构问询："请发行人说明：(1) 分立前后，发行人经营业务的变化和具体安排，分立事项的会计核算方式以及是否符合企业会计准则的要求；(2) 分立事项对发行人主要财务数据和经营业绩的具体影响；(3) 事项改为分割相同金额资本公积金的具体含义，资产及负债分割方案调整前后，发行人和分立公司负债及资本金的变化情况；(4) 关于调整公司分立方案的议案是否履行了公司内部相关决策程序，是否需要取得债权人的同意，该等决策是否有效、合规；(5) 结合两家分立公司的基本情况，说明此次资产及负债分割方案调整的背景、原因，是否存在发行人代分立公司承担负债，向分立公司输送利益，损害发行人股东利益的情形；(6) 上述相关债务的偿还计划及具体进度，是否对发行人的财务状况和经营业绩产生重大不利影响。"

2. 报告期外发生的公司分立审核关注的要点

发行人报告期外发生分立的，证监会关注的侧重点在于历史上的分立事项及减资事项的原因和背景；是否依据法定程序履行了审批及公告等程序；在债务的分担上，对债务的承担主体及承担方式是否得到明确约定，是否签订了分立协议；是否制定了公司分立的资产负债状况和相关科目明细表；是否履行了公司分立的验资程序等；是否办理工商变更登记；是否符合税务特殊性处理的规定；是否存在纠纷或潜在纠纷等。

案例 3-39 发行人是由其他公司派生分立新设

依据《关于青岛云路先进材料技术股份有限公司首次公开发行股票并在科创板上市申请文件审核问询函的回复》,审核意见:“发行人前身云路有限于2015年12月由云路新能源派生分立而来。其中,与非晶业务相关的经营性资产注入发行人,债务由分立后的云路新能源和发行人按照资产划分情况各自分别承担,分立之前与非晶业务有关的人员全部分给发行人。2015年12月,云路有限召开创立大会暨第一次股东会并作出决议,同意设立发行人,设立时股东包括黎明科技、李某雨、郭某云、江某俊。2015年12月31日,分立后的云路新能源和发行人签署资产交割确认书,按照分立资产交割清单取得各自承继的资产、负债和权益。此外,发行人拥有授权专利共计154项,包括发明专利95项、实用新型59项,其中84项发明专利、26项实用新型专利系发行人分立成立后从云路新能源受让取得。”

“请发行人说明:(1)云路新能源、黎明科技在发行人分立时的股权结构、企业性质、历史沿革情况、与发行人实际控制人及股东李某雨、郭某云、江某俊的关系,云路新能源、黎明科技就分立发行人是否履行相应程序;(2)分立过程中人员、资产、业务条线、债权债务承接及不动产方面的具体情况,是否存在纠纷或潜在纠纷;(3)发行人设立时,各股东的出资形式,是否实缴出资,是否履行出资相应程序;(4)分立后云路新能源的主营业务、人员情况,经营范围,是否与发行人从事同类或类似业务的情形;(5)专利继受过程,是否付费,继受专利在发行人生产经营中的作用及重要性程度,是否涉及核心技术,结合发行人大部分专利为继受专利,说明发行人是否具有独立研发能力。请保荐机构和发行人律师核查并发表意见,并且按照《上海证券交易所科创板股票发行上市审核问答(二)》问题3的规定进行合规性核查并发表意见。”

案例 3-40 公司分立的背景、原因及合理性解释

依据《北京义翘神州科技股份有限公司创业板首次公开发行股票招股说明书》,其披露关于公司分立的背景、原因及合理性如下:

“(1)分立过程

2016年10月20日,神州细胞有限召开股东会并作出决议,同意北京义翘神

州生物技术有限公司分立方案;同意神州细胞有限进行存续分立,分立后分别为神州细胞有限和北京义翘神州科技股份有限公司。通过本次分立,神州细胞有限将自身从事的试剂业务整体分立至北京义翘神州科技股份有限公司,神州细胞有限本身不再从事试剂业务,并继续通过其下属子公司神州细胞工程及诺宁生物从事生物药业务;分立后新设的北京义翘神州科技股份有限公司承接神州细胞有限的试剂业务。

(2)本次分立的背景

本次分立前,神州细胞有限自身一直从事试剂业务,有稳定的销售收入和利润;其以试剂业务产生的盈利支持子公司神州细胞工程和诺宁生物的生物药业务,试剂业务的研发和市场投入因此受限,销售和利润增长乏力。

本次分立前,神州细胞有限子公司神州细胞工程和诺宁生物经营生物药业务,但一直处于亏损阶段,随着多个产品进入临床研究,其研发投入和生产线投入快速增长,神州细胞有限的试剂业务盈利不能满足后续资金需求,生物药业务亟须开展融资。

(3)本次分立的原因

鉴于试剂业务和生物药业务面临不同的发展问题,神州细胞有限决定将两类业务进行分立,并拟通过分立达到以下目标:

①将两类不同行业、不同技术体系、不同业务性质、不同客户群体、不相互竞争的业务分离,分立后的两家公司神州细胞有限和北京义翘神州科技股份有限公司各自聚焦其主业发展,互相独立、互不依赖;

②神州细胞有限寻求对风险较高的生物药业务有理解能力、有兴趣的投资机构(主要是早期风险投资机构),引入外部长期股权投资,集中精力推进新药研发和产业化;

③北京义翘神州科技股份有限公司不再将试剂业务盈利用于支持生物药研发投入,而将该等盈利用于自身试剂产品的研发、市场推广和销售队伍建设,拓展试剂业务的国内和国际市场,争取收入和利润的快速增长。

(4)本次分立的必要性

①本次分立对试剂业务发展的必要性

本次分立前,试剂业务尽管在产品、技术和成本方面具有较强的市场竞争力,但销售收入和盈利已连续多年维持相对平稳状态，且试剂业务盈利主要用于支持生物药研发投入，导致自身增长乏力。本次分立后北京义翘神州科技股份有限公司可以专注于试剂业务的研发和市场开发，将自身盈利投入研发和市场推广，推动业绩快速增长；同时，本次分立更有利于发行人开展实际业务的融资，提高融资水平、独立引入资金以更好发展试剂业务，具有必要性。

②分立对生物药业务发展的必要性

一方面，随着生物药业务产品管线有多个品种进入临床研究，研发投入和生产线投入快速增长，试剂业务的盈利水平已不足以支撑生物药业务日益增长的资金需求，亟须独立开展外部融资。

另一方面，本次分立前试剂业务和生物药业务同属于神州细胞有限，该类复合型业务的主体相较于单一业务主体，在引入投资人过程中将增加尽职调查范围及投资决策考量因素，继而会延长其投资决策周期，增加融资难度。因此，本次分立有利于生物药业务独立融资，加快融资进程、尽快引入资金支持生物药业务，具有必要性。"

另外，昭衍新药（603127）；春风动力（603129）等存在公司分立情形。

四、资产重组

公司进行资产、业务重组或者收购属于符合商业逻辑的正常操作模式，尤其是同一控制下的企业合并或资产重组，是上市过程中解决同业竞争、减少关联交易、优化公司治理、搭建股权架构、确定上市主体、实现企业整体上市等重要方式之一，即使非同一控制下的企业合并也是实现企业快速扩张或者开拓特殊地域市场的重要手段。但是，因非同一控制下的企业合并能够实现业绩的快速增长，可能成为企业"打包拼凑上市"的方式，所以审核机构会重点关注是否构成拼凑上市以及相关的资产或业务的协同性等，特定情况下的资产或者业务重组需要满足一定的运行时间条件等。

上市前，一旦构成严格意义上的重大资产重组一般均需要运行一定时间。即使不构成重大资产重组或者不属于报告期内发生的重要的资产重组或者收购事项等，原则上理应予以披露，并非属于不披露事项。因为按照规定，凡是对投资者作出投资决策有重大影响的信息,均应当予以披露。

对于发生的资产重组,其最主要的影响和关注点在于是否会引起发行人主营业务发生重大变化。关于发行人的业务重组,规则和审核实务中区分被重组业务与发行人是否受同一控制,所以关于本问题,结合主板、创业板、科创板等按照是否受同一控制进行区分描述。

(一)重大资产重组的界定及规则依据

1. 重大资产重组的概念

上市审核的规则中并无关于重大资产重组概念的明确界定,严格意义上的重大资产重组定义可以参照《上市公司重大资产重组管理办法》的规定。在上市过程中的资产重组等,主要关注发行人的主营业务是否发生重大变化、核心技术来源、核心技术的独立性和完整性、主要业务来源、实际控制人的控制权稳定性、是否构成"拼凑上市"、是否满足上市公司运行时间要求等,所以上市过程中的资产重组或者重大资产重组是特定意义上比较宽泛的资产重组概念,对于即使不构成重大资产重组,但比较重要的资产重组仍需要如实披露。

《上市公司重大资产重组管理办法》第 12 条第 1 款规定:"上市公司及其控股或者控制的公司购买、出售资产,达到下列标准之一的,构成重大资产重组:(1)购买、出售的资产总额占上市公司最近一个会计年度经审计的合并财务会计报告期末资产总额的比例达到 50% 以上;(2)购买、出售的资产在最近一个会计年度所产生的营业收入占上市公司同期经审计的合并财务会计报告营业收入的比例达到 50% 以上;(3)购买、出售的资产净额占上市公司最近一个会计年度经审计的合并财务会计报告期末净资产额的比例达到 50% 以上,且超过 5000 万元人民币。"

2. 主要规则依据

关于 IPO 企业资产重组事项的有关法律依据主要包括《首次公开发行股票并上市管理办法》(2022 修正)、《创业板首次公开发行股票注册管理办法(试行)》、《科创板首次公开发行股票注册管理办法(试行)》、《公开发行证券的公司信息披露内容与格式准则第 1 号——招股说明书》(2015 修订)、《公开发行证券的公司信息披露内容与格式准则第 28 号——创业板公司招股说明书》(2020 修订)第 38 条、《公开发行证券的公司信息披露内容与格式准则第 41 号——科创板公司招股说明书》、《〈首次公开发行股票并上市管理办法〉第12条发行人最近3年内主营业务没有发生重大变化的适用意见——证券期货法律适用意见第3号》、《深圳证券交易所创业板发行上市审核业务指南第2号——创业板首次公开发行审核关注要点》、《首发业务若干问题解答》(2020年6月修订)问题36、《保荐人尽职调查工作准则》第13条等。

(二)主板和创业板重大资产重组是否导致主营业务发生重大变化的界定

1. 同一控制下的资产重组是否导致主营业务发生重大变化的判断

《〈首次公开发行股票并上市管理办法〉第12条发行人最近3年内主营业务没有发生重大变化的适用意见——证券期货法律适用意见第3号》第1条规定:“发行人对同一公司控制权人下相同、类似或相关业务进行重组,多是企业集团为实现主营业务整体发行上市、降低管理成本、发挥业务协同优势、提高企业规模经济效应而实施的市场行为。从资本市场角度看,发行人在发行上市前,对同一公司控制权人下与发行人相同、类似或者相关的业务进行重组整合,有利于避免同业竞争、减少关联交易、优化公司治理、确保规范运作,对于提高上市公司质量,发挥资本市场优化资源配置功能,保护投资者特别是中小投资者的合法权益,促进资本市场健康稳定发展,具有积极作用。”

第2条规定:“发行人报告期内存在对同一公司控制权人下相同、类似或相关业务进行重组情况的,如同时符合下列条件,视为主营业务没有发生重大变化:(一)被重组方应当自报告期期初起即与发行人受同一公司控制权人控制,如果被重组方是在报告期内新设立的,应当自成立之日即与发行人受同一公司控制权人控制;(二)被重组进入发行人的业务与发行人重组前的业务具有相关性(相同、类似行业或同一产业链的上下游)。重组方式遵循市场化原则,包括但不限于以下方式:(一)发行人收购被重组方股权;(二)发行人收购被重组方的经营性资产;(三)公司控制权人以被重组方股权或经营性资产对发行人进行增资;(四)发行人吸收合并被重组方。”

第3条规定:“发行人报告期内存在对同一公司控制权人下相同、类似或相关业务进行重组的,应关注重组对发行人资产总额、营业收入或利润总额的影响情况。发行人应根据影响情况按照以下要求执行:(一)被重组方重组前一个会计年度末的资产总额或前一个会计年度的营业收入或利润总额达到或超过重组前发行人相应项目100%的,为便于投资者了解重组后的整体运营情况,发行人重组后运行一个会计年度后方可申请发行。(二)被重组方重组前一个会计年度末的资产总额或前一个会计年度的营业收入或利润总额达到或超过重组前发行人相应项目50%,但不超过100%的,保荐机构和发行人律师应按照相关法律法规对首次公开发行主体的要求,将被重组方纳入尽职调查范围并发表相关意见。发行申请文件还应按照《公开发行证券的公司信息披露内容与格式准则第9号——首次公开发行股票并上市申请文件》(证监发行字〔2006〕6号)附录第四章和第八章的要求,提交会计师关于被重组方的有关文件以及与财务会计资料相关的其他文件。(三)被重组方重组前一个会计年度末的资产总额或前一个会计年度的营业收入或利润总额达到或超过重组前发行人相应项目20%的,申报财务报表至少须包含重组完成后的最近一期资产负债表。"

第4条规定:"被重组方重组前一会计年度与重组前发行人存在关联交易的,资产总额、营业收入或利润总额按照扣除该等交易后的口径计算。"

第5条规定:"发行人提交首发申请文件前一个会计年度或一期内发生多次重组行为的,重组对发行人资产总额、营业收入或利润总额的影响应累计计算。"

第6条规定:"重组属于《企业会计准则第20号——企业合并》中同一控制下的企业合并事项的,被重组方合并前的净损益应计入非经常性损益,并在申报财务报表中单独列示。重组属于同一公司控制权人下的非企业合并事项,但被重组方重组前一个会计年度末的资产总额或前一个会计年度的营业收入或利润总额达到或超过重组前发行人相应项目20%的,在编制发行人最近3年及一期备考利润表时,应假定重组后的公司架构在申报报表期初即已存在,并由申报会计师出具意见。"

综上,关于同一控制下的企业合并申报IPO需要满足的运行时间要求如下:

(1)被重组方重组前一个会计年度末的资产总额或前一个会计年度的营业收入或利润总额达到或超过重组前发行人相应项目100%的,为便于投资者了解重组后的整体运营情况,发行人重组后需要运行一个会计年度后方可申请发行。

(2)被重组方重组前一个会计年度末的资产总额或前一个会计年度的营业收入或利润总额达到或超过重组前发行人相应项目50%,但不超过100%的,对运营时间没有特殊要求,但保荐机构和发行人律师应按照相关法律法规对首次公开发行主体的要求,将被重组方纳入尽职调查范围并发表相关意见。发行申请文件还应提交会计师关于被重组方的有关文件以及与财务会计资料相关的其他文件。

(3)被重组方重组前一个会计年度末的资产总额或前一个会计年度的营业收入或利润总额达到或超过重组前发行人相应项目 20% 的,对运营时间没有特殊要求,申报财务报表至少须包含重组完成后的最近一期资产负债表。

(4)被重组方重组前一个会计年度末的资产总额或前一个会计年度的营业收入或利润总额不足重组前发行人相应项目 20% 的,对运营时间没有特殊要求,对被重组方纳入尽职调查范围并发表相关意见和重组完成后的最近一期资产负债表均没有要求。

其中,科创板公司的最初的审核政策不区分同一控制与非同一控制,区分重组新增业务与发行人重组前业务是否具有高度相关性,而后其口径与主板趋同,区分同一控制与非同一控制。

2. 非同一控制下的资产重组是否引起主营业务重大变化的界定

实务中,对于非同一控制下的资产重组,区分相关的新增业务与原有业务是否具有高度相关性。通常按以下原则判断非同一控制下业务重组行为是否会引起发行人主营业务发生重大变化。

(1)对于重组新增业务与发行人重组前业务具有高度相关性的,被重组方重组前一个会计年度末的资产总额、资产净额或前一个会计年度的营业收入或利润总额,达到或超过重组前发行人相应项目 100% ,则视为发行人主营业务发生重大变化。

(2)对于重组新增业务与发行人重组前业务具有高度相关性的,被重组方重组前一个会计年度末的资产总额、资产净额或前一个会计年度的营业收入或利润总额达到或超过重组前发行人相应项目 50% ,但未达到 100% 的,通常不视为发行人主营业务发生重大变化,但为了便于投资者了解重组后的整体运营情况,原则上发行人重组后运行满 12 个月后方可申请发行。

(3)对于重组新增业务与发行人重组前业务不具有高度相关性的,被重组方重组前一个会计年度末的资产总额、资产净额或前一个会计年度的营业收入或利润总额,达到或超过重组前发行人相应项目 50% ,则视为发行人主营业务发生重大变化。

综上,对重组新增业务与发行人重组前业务不论是否具有高度相关性,只要认定主营业务发生重大变化的,应符合主板、创业板、科创板关于主营业务3年、2年不得发生重大变化的时间要求。

(三)资产重组的信息披露要求

1. 主板招股书披露要求

《公开发行证券的公司信息披露内容与格式准则第1号——招股说明书》第30条规定,发行人应详细披露改制重组情况。

第31条规定:“发行人应详细披露设立以来股本的形成及其变化和重大资产重组情况,包括其具体内容、所履行的法定程序以及对发行人业务、管理层、实际控制人及经营业绩的影响。”

第76条规定:“发行人最近一年及一期内收购兼并其他企业资产(或股权),且被收购企业资产总额或营业收入或净利润超过收购前发行人相应项目20%(含)的,应披露被收购企业收购前一年利润表。”

第140条规定:“发行人应当披露其基本情况,主要包括……(二)发行人历史沿革及改制重组情况……”

《首发业务若干问题解答》(2020年6月修订)问题36:“对于发行人报告期内发生的业务重组行为,应在招股说明书中披露发行人业务重组的原因、合理性以及重组后的整合情况,并披露被收购企业收购前一年的财务报表。保荐机构应当充分关注发行人业务重组的合理性、资产的交付和过户情况、交易当事人的承诺情况、盈利预测或业绩对赌情况、人员整合、公司治理运行情况、重组业务的最新发展状况等。”

2. 创业板招股书披露要求

《公开发行证券的公司信息披露内容与格式准则第28号——创业板公司招股说明书》第38条第2款规定:“发行人应简要披露报告期内的重大资产重组情况,包括具体内容、所履行的法定程序以及对发行人业务、管理层、实际控制人及经营业绩的影响。”

第75条规定:“发行人应以管理层的视角,结合‘业务与技术’中披露的业务、经营模式、技术水平、竞争力等要素披露报告期内取得经营成果的逻辑。发行人的管理层分析一般应包括发行人的经营成果，资产质量，偿债能力、流动性与持续经营能力，发行人的重大资本性支出与资产业务重组等方面。发行人应明确披露对上述方面有重大影响的关键因素及其影响程度，充分揭示对发行人经营前景具有核心意义、或其目前已经存在的趋势变化对业绩变动具有较强预示作用的财务或非财务指标。”

第 79 条规定：“发行人报告期存在重大投资或资本性支出、重大资产业务重组或股权收购合并等事项的，应分析披露该等重大事项的必要性与基本情况，对发行人生产经营战略、报告期及未来期间经营成果和财务状况的影响。”

3. 科创板招股书披露要求

《公开发行证券的公司信息披露内容与格式准则第 41 号——科创板公司招股说明书》第 38 条第 2 款规定：“发行人应简要披露报告期内的重大资产重组情况，包括具体内容、所履行的法定程序以及对发行人业务、管理层、实际控制人及经营业绩的影响。”

第 75 条规定：“发行人应以管理层的视角，结合‘业务与技术’中披露的业务、经营模式、技术水平、竞争力等要素披露报告期内取得经营成果的逻辑。发行人的管理层分析一般应包括发行人的经营成果，资产质量，偿债能力、流动性与持续经营能力，发行人的重大资本性支出与资产业务重组等方面。发行人应明确披露对上述方面有重大影响的关键因素及其影响程度，充分揭示对发行人经营前景具有核心意义、或其目前已经存在的趋势变化对业绩变动具有较强预示作用的财务或非财务指标。”

第 79 条规定：“发行人报告期存在重大投资或资本性支出、重大资产业务重组或股权收购合并等事项的，应分析披露该等重大事项的必要性与基本情况，对发行人生产经营战略、报告期及未来期间经营成果和财务状况的影响。”

（四）资产重组审核要求及问询意见

1. 主板关于非同一控制下的业务重组的审核问答

《首发业务若干问题解答》（2020 年 6 月修订）问题 36：“《首次公开发行股票并上市管理办法》要求发行人最近 3 年主营业务没有发生重大变化。申请在主板、中小板上市的首发企业为谋取外延式发展，在报告期内发生业务重组行为，如何界定主营业务是否发生重大变化？

“答:发行人在报告期内发生业务重组,要依据被重组业务与发行人是否受同一控制分别进行判断。如为同一控制下业务重组,应按照《证券期货法律适用意见第 3 号》相关要求进行判断和处理;如为非同一控制下业务重组,通常包括收购被重组方股权或经营性资产、以被重组方股权或经营性资产对发行人进行增资、吸收合并被重组方等行为方式,发行人、中介机构可关注以下因素:(1)重组新增业务与发行人重组前的业务是否具有高度相关性,如同一行业、类似技术产品、上下游产业链等;(2)业务重组行为对实际控制人控制权掌控能力的影响;(3)被合并方占发行人重组前资产总额、资产净额、营业收入或利润总额的比例,业务重组行为对发行人主营业务变化的影响程度等。

“实务中,通常按以下原则判断非同一控制下业务重组行为是否会引起发行人主营业务发生重大变化:(1)对于重组新增业务与发行人重组前业务具有高度相关性的,被重组方重组前一个会计年度末的资产总额、资产净额或前一个会计年度的营业收入或利润总额,达到或超过重组前发行人相应项目 100%,则视为发行人主营业务发生重大变化;(2)对于重组新增业务与发行人重组前业务不具有高度相关性的,被重组方重组前一个会计年度末的资产总额、资产净额或前一个会计年度的营业收入或利润总额,达到或超过重组前发行人相应项目 50%,则视为发行人主营业务发生重大变化。

“对主营业务发生重大变化的,应根据《首次公开发行股票并上市管理办法》的规定,符合相关运行时间要求。

“对于重组新增业务与发行人重组前业务具有高度相关性的,被重组方重组前一个会计年度末的资产总额、资产净额或前一个会计年度的营业收入或利润总额达到或超过重组前发行人相应项目 50%,但未达到 100% 的,通常不视为发行人主营业务发生重大变化,但为了便于投资者了解重组后的整体运营情况,原则上发行人重组后运行满 12 个月后方可申请发行。

“12 个月内发生多次重组行为的,重组对发行人资产总额、资产净额、营业收入或利润总额的影响应累计计算。

“对于发行人报告期内发生的业务重组行为,应在招股说明书中披露发行人业务重组的原因、合理性以及重组后的整合情况,并披露被收购企业收购前一年的财务报表。保荐机构应当充分关注发行人业务重组的合理性、资产的交付和过户情况、交易当事人的承诺情况、盈利预测或业绩对赌情况、人员整合、公司治理运行情况、重组业务的最新发展状况等。”

案例 3-41 同一控制下的资产重组

依据《常州澳弘电子股份有限公司首次公开发行股票申请文件反馈意见》(澳弘电子、605058),审核意见:“4. 招股说明书披露,发行人进行了同一控制下资产业务重组,收购了海弘电子股权及昇耀国际(我国香港特别行政区)、昇耀国际(新加坡)相关业务。请保荐机构、发行人律师补充说明并披露:(1)进一步分析前述资产业务重组相关交易定价的公允性。说明以平价增资海弘电子,又以评估值为参考定价收购实际控制人所持剩余股权的合理性,是否存在损害发行人利益,对实际控制人进行利益输送的情况。(2)结合被收购主体历史沿革说明认定为同一控制下合并的合理性,是否存在以代持方式认定同一控制的情况。(3)结合前述情况对发行人前述资产重组是否符合《证券期货法律适用意见第 3 号》及相关法律法规的规定,发行人主营业务是否发生重大变化发表明确意见,说明是否存在规避监管规定的情形。”

“8. 发行人收购实际控制人持有的海弘电子 100% 股权,昇耀国际(我国香港特别行政区)、昇耀国际(新加坡)的全部资产负债。请在招股说明书‘发行人基本情况’部分补充:(1)发行人收购海弘电子的原因以及重组后的整合情况,收购决策时相关关联方是否回避表决,程序是否合规;两者之间业务关系,被收购前后主营业务、主要客户及供应商、主要财务数据等是否发生重大变化情况。(2)发行人收购昇耀国际(我国香港特别行政区)、昇耀国际(新加坡)的全部资产、负债,而不是其主体的原因;如何进行收购,是否提供模拟报表和评估报告。(3)结合收购的定价依据、相关资产评估的主要方法、评估结果、评估增值的合理性等,补充说明被收购企业评估结果是否反映其公允价值,是否存在可能减值而未充分计提的资产项目,交易定价是否存在损害发行人利益的情况。请保荐机构、会计师核查上述情况,并对发行人业务重组的合理性、资产交付和过户情况、当事人的承诺情况、盈利预测或业绩对赌情况、人员整合、公司整合运行情况、收购业务的最新发展状况等是否存在异常情况,发表明确核查意见。”

2. 创业板关于重大资产重组的披露关注要点

依据深圳证券交易所于 2021 年 7 月 23 日发布的《深圳证券交易所创业板发行上市审核业务指南第 2 号——创业板首次公开发行审核关注要点》，相关的审核关注要点依据包括《首发业务若干问题解答》（2020 年 6 月修订）的问题 36。另外，根据 2020 年 11 月出版的《创业板股票发行上市问答》第 241 问："非同一控制下的业务重组是否引起主营业务重大变化的判断原则是什么？"其回答与《首发业务若干问题解答》（2020 年 6 月修订）的问题 36 基本一致。所以，创业板重大资产重组应适用《首发业务若干问题解答》（2020 年 6 月修订）的问题 36 的规定。

《深圳证券交易所创业板发行上市审核业务指南第 2 号——创业板首次公开发行审核关注要点》要求：发行人应简要披露报告期内的重大资产重组情况，包括具体内容、所履行的法定程序以及对发行人业务、管理层、实际控制人及经营业绩的影响，并披露业务重组的原因、合理性以及重组后的整合情况，被重组方资产总额、营业收入、利润总额占重组前发行人相应科目的比重，并披露被重组方前一年的主要财务数据。保荐人及发行人律师应当核查如下事项，并发表明确意见：发行人业务重组的合理性，资产的交付和过户情况，交易当事人的承诺情况，盈利预测或业绩对赌情况，人员整合、公司治理运行情况，重组业务的最新发展状况；将相关重组认定为同一或非同一控制下重组，以及认定相关业务相同、类似或相关的理由和依据是否充分，发行人主营业务是否发生重大变化，是否符合重组后运行期限等相关要求。

案例 3－42　同一控制下的企业合并申报创业板

依据《华辰精密装备（昆山）股份有限公司创业板首次公开发行股票申请文件的反馈意见》（华辰装备、300809），审核问询意见："12. 关于资产重组：（1）请发行人说明自设立以来，历次同一控制下企业合并（包括收购少数股权）的相关情况，包括但不限于收购时间、收购双方、涉及股权比例、对价及公允性、同一控制的认定依据、合并日的确定、合并日及上一会计期间资产负债表日资产及负债的账面价值、少数股东权益、合并差额及入账方式、自年初至合并日的经营成果和现金流量列式；（2）请发行人说明并补充披露发行人报告期内同一控制下企业合并是否构成重大资产重组，说明收购后运行时间是否满足相关要求；(3)请发行人说明多次采用吸收合并的方式收购同一控制下公司的原因，说明相关的账务处理方式是否符合企业会计准则相关规定；(4)请发行人说明出售行辰智能的原因、说明出售前后一年行辰智能的收入、净利润、总资产、净资产情况，说明转让价格是否公允。请保荐机构和申报会计师核查并发表明确意见，说明核查方法、核查范围、核查取得的证据和核查结论。”

3. 科创板无相关明确规定

关于科创板的相关重组以及运行时间主要依靠审核政策和尺度把握，参考主板和创业板的规定界定和把握。

案例3-43 报告期内存在多次资产重组的科创板公司

依据《关于上海昊海生物科技股份有限公司首次公开发行股票并在科创板上市申请文件的审核问询函之回复报告》，审核问询意见："5. 报告期内，为丰富公司医药产品的品种，公司依靠白内障手术用眼科粘弹剂的产品优势，围绕白内障手术的核心耗材人工晶状体产品，在全球范围内进行了从上游原材料生产企业到专业化研发、生产和销售人工晶状体企业的收购整合，先后收购了河南宇宙、Aaren、深圳新产业、珠海艾格、Contamac；同时，为了稳定发酵法生产透明质酸钠上游原材料的供应，公司通过收购ChinaOcean取得了青岛华元100%的股权。请发行人结合重组企业业务与发行人主营业务的相关程度，披露内部重组过程中的标的与发行人业务的关系，重组是否会导致主营业务发生重大不利变化。请发行人说明被重组企业重组后的主营业务情况、经营业绩及财务情况，并说明上述重组是否都属于非同一控制下企业合并，相关会计处理是否符合《企业会计准则》的规定。请保荐机构、申报会计师对上述情况进行核查，说明重组定价的公允性和会计处理的合规性，并说明核查依据、范围和过程，发表核查意见。"

案例3-44 报告期内发生重大资产重组，询问重组发生时间界定的依据

依据《关于浙江太美医疗科技股份有限公司首次公开发行股票并在科创板上市申请文件的审核问询函的回复》，审核问询意见："问题4.2　关于收购诺铭科技。根据招股说明书：(1)2019年11月发行人完成收购软素科技；同时发行人决定收购诺铭科技100%股权，2020年6月已支付完毕款项，发行人将2019年11月29日确定为诺铭科技的购买日；(2)公司收购软素科技合计成交金额为18,610.22万元，构成重大资产重组。请发行人说明：(1)收购诺铭科技的股权转让是否完成及完成时间，将2019年11月29日确定为购买日是否符合会计准则规定；(2)收购软素科技和诺铭科技是否属于12个月内多次发生重组行为，被重组方重组前一个会计年度的资产总额、资产净额、营业收入总额、净利润总额占发行人相关项目的比例情况；(3)结合董事和管理团队提名情况、日常经营决策情况，说明发行人能否对诺铭科技的经营决策、市场发展、技术研发和战略定位等关键领域实际控制，是否存在仍由原股东、管理层控制的情形；发行人内控制度是否完善并有效实施，能否有效避免子公司失控情形的发生；(4)收购软素科技和诺铭科技后的产品及业务布局，相关子公司能否与发行人的业务产生协同效应。请保荐机构、申报会计师进行核查，另请说明对上述子公司财务真实性、内控规范性的核查情况，包括核查过程、依据和方式，并发表明确核查意见。"

4.资产重组的常见问询意见

存在重大资产重组或者一般资产收购事项的，审核机构问询问题一般都会问询资产重组事项，相关问询问题和关注点具有相似性，尤其是在2021年的主板审核过程中，审核机构对多家公司通过两个或两个以上问题的形式从不同维度针对资产重组事项进行问询。

相关的问询意见主要包括：

(1)资产重组的原因、背景和商业合理性。

(2)收购价格及定价的公允性。

(3)结合收购的定价依据、相关资产评估的主要方法、评估结果、评估增值的合理性等，说明主要资产评估结果是否反映其公允价值，是否存在可能减值而未

充分计提的资产项目,交易定价是否存在损害发行人利益的情况。

(4)被重组方与发行人的业务是否具有高度相关性。

(5)被重组方重组前一个会计年度末的资产总额、资产净额或前一个会计年度的营业收入、利润总额占重组前发行人相应项目的比例(12 个月内多次发生的重组行为累计计算),是否造成主营业务发生重大变化,是否符合运营时间的要求。

(6)是否存在股权代持等安排。

(7)是否与发行人存在挂靠管理、业绩保底及提成、业务风险承担的分配、发行人品牌使用、员工劳动关系及个人考核等方面的安排;是否与发行人就子公司的日常经营管理、高级管理人员设置、股东会及董事会席位比例及表决权比例等事项进行约定。

(8)发行人持有股份比例能否对其实施持续有效控制。

(9)重组主体原有股东的基本情况。

(10)判定重组属于同一控制下的业务重组或非同一控制下的业务重组的依据。

(11)重组后的整合情况,被收购前后主营业务、主要客户及供应商、主要财务数据等是否发生重大变化情况,是否持续产生经济利益。

(12)被重组方的基本情况,包括但不限于近三年财务数据、经营情况、是否存在重大违法违规等情形,其他收购方的基本情况、与发行人及其关联方是否存在关联关系、亲属关系。

(13)发行人与被重组方及其股东、董监高是否存在关联关系、亲属关系,被重组方的股权是否真实,是否存在代他人持有股权的情形。

(14)被重组方在发行人业务体系的定位、发展目标,收购后企业的管理、经营情况,是否存在风险事项,对发行人的影响。

(15)各方关于资产重组涉及的合同的履行情况,相关房屋、土地使用权、商标等资产转让是否完成,合同履行是否存在违约风险。

(16)被重组方报告期是否存在重大违法违规,如存在请说明是否构成发行障碍。

案例3－45 问询同一控制下重组未评估的原因及合规性

依据《关于格力博(江苏)股份有限公司首次公开发行股票并在创业板上市申请文件的第三轮审核问询函的回复》,审核问询意见:"问题3.关于资产重组。申报材料显示:

"2020年9月,发行人收购控股股东GHHK控股的所有子公司的股权/股份,属于同一控制下企业合并,被重组方和发行人重组前一个会计年度末的资产总额或前一个会计年度的营业收入或利润总额情况以及占比(剔除关联交易)具体如下(表格略)。

"请发行人:说明该次收购未经评估的原因及合规性,进一步论述上述收购是否符合《证券期货法律适用意见第3号》等规定。请保荐人、申报会计师、发行人律师发表明确意见。

"请保荐人、发行人律师、申报会计师的质控、内核部门分别说明对项目组就上述问题履行的质量把关工作及相关结论。"

"反馈回复:

"1.上述收购未经评估的原因及合规性

"(1)本次资产重组的背景

"根据格力博集团上市方案,确定以常州格力博为A股上市主体,为确保上市资产的完整性,解决潜在的关联交易、同业竞争问题,常州格力博以现金方式收购HKSR、AEGIS、格腾汽车、维卡塑业、煦升园林,收购价格系参照账面净资产协商确定。

"(2)本次收购价格情况

"本次收购属于同一控制下企业合并,股权转让价格主要参照被收购主体账面净资产确定,具体情况如下(内容略)。

"(3)本次收购定价公允性

"本次收购采用现金方式,其中HKSR账面净资产为负值,按照1美元名义价格收购;AEGIS、格腾汽车、维卡塑业、煦升园林参照账面净资产协商定价。

"HKSR、AEGIS系发行人销售平台,格腾汽车、维卡塑业为零部件工厂,煦升园林为HKSR提供人力服务,5家被收购主体业务全部依赖于发行人,是发行人业务的重要组成部分,不具备独立经营能力。本次收购属于同一控制下企业合并,收购目的在于确保上市资产的完整性,避免同业竞争和减少关联交易,不存在利益输送的情形。因此,发行人本次收购定价方式为参照账面净资产协商定价,具有公允性。

“(4)本次收购资产未经评估符合法律规定

“根据《资产评估法》第3条的规定,自然人、法人或者其他组织需要确定评估对象价值的,可以自愿委托评估机构评估。涉及国有资产或者公共利益等事项,法律、行政法规规定需要评估的,应当依法委托评估机构评估。发行人本次收购不涉及国有资产或公共利益,不存在强制履行评估程序的要求。

“根据《公司法》(2018修正)第27条的规定,对作为出资的非货币财产应当评估作价,核实财产,不得高估或者低估作价。法律、行政法规对评估作价有规定的,从其规定。发行人本次收购方式均为现金收购,不存在以非货币财产进行出资的情况,不属于法律要求必须履行评估程序的情形。

“此外,本次收购履行了董事会、股东大会程序,全体股东一致同意采用参照账面净资产协商定价的定价方式,不存在损害股东利益的情形。

“2. 上述收购符合《证券期货法律适用意见第3号》的规定

“(1)《证券期货法律适用意见第3号》相关规定

“根据《证券期货法律适用意见第3号》的规定,被重组方重组前一个会计年度末的资产总额或前一个会计年度的营业收入或利润总额达到或超过重组前发行人相应项目100%的,为便于投资者了解重组后的整体运营情况,发行人重组后运行一个会计年度后方可申请发行;被重组方重组前一个会计年度与重组前发行人存在关联交易的,资产总额、营业收入或利润总额按照扣除该等交易后的口径计算。

“(2)发行人符合《证券期货法律适用意见第3号》的规定

“本次收购属于同一控制下企业合并,被重组方和发行人重组前一个会计年度末的资产总额或前一个会计年度的营业收入或利润总额情况以及占比(剔除关联交易)具体如下:(内容略)。

“综上,本次收购前一会计年末(度)被重组方资产总额、营业收入、利润总额合计数经剔除关联交易后占发行人相应指标的比例较低,均不超过100%,发行人本次资产重组符合《证券期货法律适用意见第 3 号》的规定。

“3. 最近一年,同一控制下企业合并未经评估的 IPO 过会或已上市企业案例

“最近一年,在创业板 IPO 已过会或已上市企业中,存在若干同一控制下企业合并未经评估的案例,具体见表 11。”

表 11　同一控制下企业合并未经评估的案例

序号	公司名称	最新审核状态	具体情况
1	万祥科技	2021 年 11 月 16 日创业板上市	万祥科技收购同一控制下的重庆井上通 100% 股权、香港拓宇 100% 股权和苏州万盛祥 100% 股权,作价依据均为账面净资产,未经评估
2	多瑞医药	2021 年 9 月 29 日创业板上市	多瑞医药收购同一控制下的湖北多瑞 100% 股权、嘉诺康 80% 股权,作价依据均为账面净资产,未经评估
3	奥扬科技	2021 年 12 月 17 日提交注册	奥扬科技将持有捷通物流 60% 股权转让给同一控制下的其他企业(奥扬石化),且增资、转让股权时均未经评估

案例 3－46　发行人曾存在多次资产重组

《海程邦达供应链管理股份有限公司首次公开发行股票申请文件反馈意见》:“5. 招股说明书披露,发行人子公司顺圆弘通目前的股权架构为发行人持股 51%、弘统投资持股 49%。顺圆弘通通过直接或间接持股的方式拥有十余家公司的控股权,其中宁波顺圆、青岛顺圆等公司对发行人业绩贡献较大。请发行人:(1) 详细说明收购顺圆弘通的背景及原因,仅收购其 51% 股份的原因,顺圆弘通及其子公司是否与发行人存在挂靠管理、业绩保底及提成、业务风险承担的分配、发行人品牌使用、员工劳动关系及个人考核等方面的安排;弘统投资是否与发行人就顺圆弘通及其子公司的日常经营管理、高级管理人员设置、股东会及董事会席位比例及表决权比例等事项进行约定,是否存在股权代持等安排,发行人持有顺圆弘通 51% 股份能否对其实施持续有效控制,请说明依据。其他子公司是否存在上述情形,如有,请具体说明。(2) 说明弘统投资的基本情况及合伙人情况,是否与发

行人存在关联关系,其是否实际参与经营、性质是否为私募投资基金,是否履行相关登记备案程序、是否为顺圆弘通的适格股东。请保荐机构及发行人律师进行核查并发表明确意见。”

“6. 海程有限收购工程物流 65% 股权的重组过程中,海程有限向王某平收购了其持有的工程物流 50% 股权。请发行人说明王某平投资工程物流的时间、背景、原因,本次股权收购的定价依据及合理性,是否存在利益输送行为。请保荐机构及发行人律师进行核查并发表明确意见。”

“14. 招股说明书披露,发行人发生过数次资产重组事项。请发行人:(1)说明历次重组中被重组方与发行人的业务是否具有高度相关性,以及判定历次重组属于同一控制下的业务重组或非同一控制下的业务重组的依据;(2)补充说明工程物流、顺圆弘通重组后的整合情况,被收购前后主营业务、主要客户及供应商、主要财务数据等是否发生重大变化情况,是否持续产生经济利益;(3)结合收购的定价依据、相关资产评估的主要方法、评估结果、评估增值的合理性等,补充说明主要资产评估结果是否反映其公允价值,是否存在可能减值而未充分计提的资产项目,交易定价是否存在损害发行人利益的情况。请保荐机构、会计师核查上述情况,并对发行人业务重组的合理性、资产交付和过户情况、当事人的承诺情况、盈利预测或业绩对赌情况、人员整合、公司整合运行情况、收购业务的最新发展状况等是否存在异常情况,发表明确核查意见。”

分析:对于重组行为,虽说法规无明确规定要求评估,但是仍应当按照标准进行审计和评估,对于该发行人的行为,已经是第三轮审核问询了,仍在问询未评估的原因和合规性。

案例 3-47 报告期内发生重大资产重组

依据《贵州国台酒业股份有限公司首次公开发行股票申请文件反馈意见》(2021 年 6 月终止上市申请),审核问询意见:“3. 关于重大资产重组。2019 年 9 月发行人收购国台农业 66.67% 股权,2020 年 1 月发行人联合天创合伙等其他 15 名收购方共同收购了怀酒酒业 100% 股权。请发行人补充披露:(1)怀酒酒业的基本情况,包括但不限于近三年财务数据、经营情况、是否存在重大违法违规等情形，发行人及关联方收购怀酒酒业股权的价格及定价依据、价格是否公允，其他收购方的基本情况、与发行人及其关联方是否存在关联关系、亲属关系；(2)发行人收购怀酒酒业的原因及商业合理性，与收购前怀酒酒业的股东、董事、监事、高级管理人员是否存在关联关系、亲属关系，王某金和王某持有怀酒酒业的股权是否真实，是否存在代他人持有股权的情形；(3)收购后怀酒酒业在发行人业务体系的定位、发展目标，收购后怀酒酒业的管理、经营情况，是否存在风险事项，如存在请说明对发行人的影响；(4)各方关于《股权转让合同》的履行情况，相关房屋、土地使用权、商标等资产转让是否完成，合同履行是否存在违约风险，如存在请说明对发行人的影响；(5)补充披露收购前国台农业近三年财务数据、经营情况等，收购国台农业66.67%股权的定价依据及价格是否公允，是否履行关联交易决策程序，国台农业报告期是否存在重大违法违规，如存在请说明是否构成发行障碍。请保荐机构、发行人律师发表明确意见。”

案例 3-48　多次同一控制下的资产重组，涉及上市主体的选择

依据《江苏国茂减速机股份有限公司首次公开发行股票申请文件反馈意见》(国茂股份、603915)，审核问询意见："6. 根据招股说明书披露，2015 年年底，发行人对国茂集团和国茂电机的减速机资产进行了同一控制下的业务重组。请保荐机构、发行人律师说明并披露：(1)以发行人作为上市主体的原因及合理性，国茂集团和国茂电机是否存在不宜作为上市主体的情形。(2)发行人收购国茂集团经营减速机业务相关的应收账款、应付账款及预付款的对价低于其账面原值的原因和合理性，结合前述情况分析说明 2015 年资产重组各项交易对价的公允性。(3)相关员工的具体安置情况，是否存在纠纷或潜在争议，是否存在损害债权人的情形。(4)结合被重组方重组前一会计年度资产总额、营业收入、利润总额等相关财务数据占比情况，对资产重组的程序是否合规，是否符合包括《证券期货法律适用意见第 3 号》在内的相关法律法规的规定以及公司重组前后主营业务是否发生重大变化进行补充说明并发表明确意见。"

"8. 国茂立德对国茂集团母公司内的减速机资产及国茂电机内的减速机资产进行收购。请发行人补充说明：(1)上述收购构成同一控制下业务合并的原因及

合理性。(2)收购的主要资产、负债账面值及评估增值情况,收购定价依据,双方会计处理及人员安排等情况。请保荐机构和会计师核查收购定价的公允性和会计处理合规性。(3)发行人重组前,减速机业务主要由国茂集团、国茂立德与国茂电机共同经营。请说明以国茂股份作为上市主体的原因,以及重组过程中未受让国茂集团与国茂电机股权的原因,请保荐机构核查是否符合证券期货法律适用《证券期货法律适用意见第 3 号》的相关规定。(4)由于集团存在关联交易、拟上市主体重组等情形,是否存在诸如大股东资金占用、代垫费用、人员混用等情形。请保荐机构和会计师进行核查并明确发表意见。"

另外,依据浙江亿力机电股份有限公司首次公开发行股票招股说明书,发行人的重大资产重组主要是为了明确发行人上市主体范围,整合发行人业务资源,避免同业竞争并减少关联交易,确定以亿力机电即亿力有限作为上市主体,对同一实际控制人控制的上海亿力、亿力电器及上海亿卡进行重组。

案例 3-49 问询重组合并的原因以及上市主体选择原因

依据《青岛盘古智能制造股份有限公司首次公开发行股票申请文件反馈意见的回复》,审核问询意见:"问题 3. 关于重大资产重组。申报材料显示:2019 年发行人对瑞恩机械进行同一控制下的业务合并,收购瑞恩机械存货及设备等经营性资产,重组完成后瑞恩机械不再从事实际经营活动;同年发行人对精益创伟进行同一控制下的控股合并,收购了精益创伟 100% 股权。请发行人结合被合并方与发行人主营业务的相关性,补充说明实施以上合并的背景、原因,合并定价依据及公允性,以发行人作为上市主体的原因及合理;选择收购瑞恩机械的主要经营性资产而非股权的原因,重组完成后瑞恩机械的相关经营情况;合并日的相关会计处理情况。"

(五)业务分拆

业务分拆探讨的是在拟 IPO 阶段,通过业务分拆、剥离等确定拟上市主体和业务,不同于上市公司分拆子公司的分拆上市,本部分仅探讨业务分拆的关注事项,不包括分拆上市事项。

严格意义上的资产重组包括并入和剥离资产或业务，但多数是在保持拟上市主体业务稳定的前提下进行资产重组，更多的是考虑业绩和规模等问题，所以多数通过收购或者装入其他公司的业务、资产或者股权等。另外，分拆业务上市的合理性主要探讨的是将拟上市公司主体内的业务拆出剥离，保留部分业务作为上市公司的主营业务。

如果发行人剥离分拆不具有相关性的其他业务，保留能够上市的业务则属于正常现象。如果分拆的业务或产品属于同类业务、高度相关业务、行业上下游业务等，或者业务比较容易在上下游之间跨界，若分拆部分业务上市，具有认定存在同业竞争的可能。所以，探讨是否能够分拆业务上市，需要考虑的问题是：(1)分拆的业务是否属于竞争业务或者同业业务，需要论证能否得到保荐机构、律师事务所、审计机构对相关的同业竞争等的认可；(2)相关的资产或业务分拆是否构成需要运行一定期间的重大资产重组；(3)拟上市公司的业务是否存在对控股股东控制的其他相关分离业务的重大依赖；(4)剥离出去的业务对拟上市业务的商标、技术、核心技术人员等的影响；(5)拟上市公司保留的业务的独立性以及是否能够符合上市的要求等；(6)业务分拆的原因、背景等；(7)相关的业务分拆是否符合所在行业惯例等。

对于业务分拆上市的问题，发行人自身、保荐机构、律师事务所以及审核机构都建议谨慎处理，既要给优质的发行人开通上市融资发展的通道，又要保证建立完善的监管制度和惩罚机制，发行人自身要建立完善的内控体系，保证未来不侵犯上市公司及其股东的合法权益。

案例 3－50　发行人剥离医药制造业务保留医药研发服务业务成功科创板上市

依据《关于北京阳光诺和药物研究股份有限公司首次公开发行股票并在科创板上市发行注册环节反馈意见落实函的回复》(阳光诺和、688621)，问询意见："说明仅以发行人资产和业务申请首发上市的原因和合理性，是否属于行业通常做法。"反馈回复："除发行人即医药研发服务业板块外，发行人的实际控制人也控制四家医药制造业板块的公司。发行人实际控制人仅以发行人资产和业务申请首发上市，主要是因为其控制的医药研发服务业板块和医药制造业板块各自独立运行,其中医药制造业板块发展相对缓慢,而发行人(医药研发服务业板块)发展相对较快,满足独立上市的条件,且同行业多家公司具有类似情形,具有合理性。”

“具体情况如下:(1)实际控制人控制的医药制造业板块发展相对缓慢,尚未具备各板块整体证券化的条件发行人由利某、刘某晶于 2009 年 3 月共同成立,从成立至今一直从事医药研发服务业务。朗研生命由利某、刘某晶及康某龙于 2010 年 7 月 14 日共同成立,成立时主要从事药品研发服务,先后于 2014 年 11 月收购原料药及中间体生产企业永安制药,于 2015 年 3 月收购药品生产企业百奥药业,于 2016 年 7 月收购阳光诺和有限,于 2016 年 8 月收购医药销售公司广东泓森,百奥药业于 2017 年 5 月收购医药销售公司江西泓森。在上述收购过程中,朗研生命已逐步转变为控股型公司。”

“朗研生命原计划整体上市,但受制于行业政策、新产品研发周期较长等因素影响,朗研生命医药制造业板块发展相对缓慢。上述医药制造业公司被朗研生命收购前,产品比较单一,业务规模较小;被朗研生命收购后,尤其是百奥药业,为了丰富产品种类,以研发出新品种带动业绩增长,启动了多个市场前景良好的研发项目,2017 年至 2020 年累计研发投入 25,973.60 万元。虽然百奥药业于 2019 年起已有部分研发产品获批上市,但市场推广也需要较多的资金投入和一定的周期。在此情况下,实际控制人利某对朗研生命各板块业务发展情况及未来发展规划进行了梳理,认识到朗研生命整体业务尚不具备证券化条件,但阳光诺和有限具备独立发展及证券化的条件,因此,自 2018 年上半年开始与包括外部投资人在内的股东研究论证阳光诺和独立上市的可行性,并于 2019 年上半年,形成了朗研生命将其持有的阳光诺和有限 92% 股权,转让给朗研生命自身股东或其最终权益持有人(以下简称股权下翻)的初步方案,经反复论证、完善,最终于 2019 年 10 月形成本次股权下翻方案,并于 2019 年 12 月取得股东会批准。2020 年 1 月,阳光诺和有限办理完毕本次股权下翻的工商变更登记手续。”

案例 3-51 同一控制人控制多家上下游上市公司

公开信息及相关披露文件显示,医药板块涉及相关产业链较多,如药品研发、药品生产、医药批发、医疗器械研发、专科医院、体外检测等,且行业上下游联系较为紧密。

依据《关于北京阳光诺和药物研究股份有限公司首次公开发行股票并在科创板上市发行注册环节反馈意见落实函的回复》(阳光诺和、688621)中论证其分拆业务符合行业惯例记载内容,我国医药行业中存在同一实际控制人控制多家上下游板块企业独立上市的情况,具体如下:

“(1)无锡药明康德新药开发股份有限公司(药明康德、603259. SH)与WuXiBiologics(Cayman)Inc.(药明生物、2269. HK)的实际控制人均为李某、赵某、刘某钟、张某晖。药明康德成立于2000年12月1日,主营业务为小分子化学药的发现、研发及生产的全方位、一体化平台服务,以全产业链平台的形式面向全球制药企业提供各类新药的研发、生产及配套服务;此外,还在境外提供医疗器械检测及境外精准医疗研发生产服务,于2018年5月8日在上海证券交易所主板上市。药明生物成立于2014年2月27日,为药明康德实际控制人控制的其他企业,不属于药明康德子公司,主营业务为从事大分子,即生物制品的发现、研发、制造和销售业务,于2017年6月13日,在港交所上市。药明康德和药明生物均属于药物研发服务公司,且存在药明康德向药明生物提供技术服务的情形。药明康德首发上市时,其实际控制人控制的药明生物未被纳入其中整体上市。”

“(2)深圳华大基因股份有限公司(华大基因、300676)与深圳华大智造科技股份有限公司(以下简称华大智造)的实际控制人均为汪某。华大基因成立于2010年7月9日,主营业务为通过基因检测等手段,为医疗机构、科研机构、企事业单位等提供基因组学类的诊断和研究服务,于2017年7月14日在深圳证券交易所创业板上市。华大智造成立于2016年4月13日,为华大基因实际控制人控制的其他企业,不属于华大基因子公司,主营业务为基因测序仪、实验室自动化等仪器设备以及试剂耗材等相关产品的研发、生产和销售。2020年12月7日,上海证券交易所受理了华大智造的上市申请。”

“华大基因和华大智造在业务上属于上下游关系,存在华大基因向华大智造采购仪器及试剂的情形,华大基因为华大智造的主要客户之一。华大基因首发上市时,其实际控制人控制的华大智造未被纳入其中整体上市。”

“(3)舒泰神(北京)生物制药股份有限公司(舒泰神、300204)与北京昭衍新药研究中心股份有限公司(昭衍新药、603127)的实际控制人均为周某文、冯某霞。

舒泰神主要从事药物的生产和销售业务，昭衍新药主要从事药物研发服务业务。两家公司在业务上具有上下游关系，存在舒泰神向昭衍新药采购研发服务的情形。舒泰神于 2011 年 4 月 15 日首发上市时，其实际控制人控制的昭衍新药未被纳入其中进行整体上市。昭衍新药于 2017 年 8 月 25 日在上海证券交易所主板独立上市。具体情况如下：舒泰神前身舒泰神(北京)药业有限公司(以下简称舒泰神有限)成立于 2002 年 8 月 16 日，主要从事生物制品和部分化学药品的生产和销售，由北京昭衍新药研究中心和江苏香塘集团有限公司共同出资设立，实际控制人为周某文、冯某霞。”

“除控制舒泰神有限外，北京昭衍新药研究中心也从事药物研发服务业务。2008 年 2 月 14 日，北京昭衍新药研究中心改制为有限责任公司，公司名称变更为‘北京昭衍新药研究中心有限公司’。2008 年 6 月 18 日，北京昭衍新药研究中心有限公司分立为北京昭衍新药研究中心有限公司和昭衍(北京)药物科技有限公司。分立后，原北京昭衍新药研究中心有限公司对舒泰神有限的投资由新设的昭衍(北京)药物科技有限公司[舒泰神控股股东，现已更名为‘熠昭(北京)医药科技有限公司’]继承，存续公司北京昭衍新药研究中心有限公司(昭衍新药前身)负责原公司 CRO 业务。舒泰神于 2011 年 4 月 15 日在深圳证券交易所创业板上市交易。”

“周某文、冯某霞控制的昭衍新药主要从事以药物非临床安全性评价服务为主的药物临床前研究服务和实验动物及附属产品的销售业务的 CRO 企业，专注于提供临床前研究服务。昭衍新药于 2017 年 8 月 25 日在上海证券交易所主板独立上市。”

分析：综上，以医药研发服务业板块和医药制造业板块为例的上下游企业各自独立运行，仅以部分业务如医药研发服务业板块申请首发上市有不少操作案例。但是相关主体的业务明显不属于行业上下游的关系，甚至是同业业务是无法实现分别独立上市的。

五、国有和集体企业改制

（一）关于国有和集体企业改制瑕疵的首发上市审核问答

1. 主板关于国企改制瑕疵核查关注要求

《首发业务若干问题解答》(2020 年 6 月修订)问题 7:“发行人历史上存在出资或者改制瑕疵等涉及股东出资情形的,中介机构核查应重点关注哪些方面?答:……(2)对于发行人是国有企业、集体企业改制而来的或历史上存在挂靠集体组织经营的企业,若改制过程中法律依据不明确、相关程序存在瑕疵或与有关法律法规存在明显冲突,原则上发行人应在招股说明书中披露有权部门关于改制程序的合法性、是否造成国有或集体资产流失的意见。国有企业、集体企业改制过程不存在上述情况的,保荐机构、发行人律师应结合当时有效的法律法规等,分析说明有关改制行为是否经有权机关批准、法律依据是否充分、履行的程序是否合法以及对发行人的影响等。发行人应在招股说明书中披露相关中介机构的核查意见。”

2. 创业板关于国企改制瑕疵核查关注要求

《深圳证券交易所创业板股票首次公开发行上市审核问答》问题 2:“发行条件规定‘发行人是依法设立且持续经营 3 年以上的股份有限公司’。发行人历史上存在出资瑕疵或者改制瑕疵的,中介机构核查应当重点关注哪些方面?答:保荐人和发行人律师应关注发行人是否存在股东未全面履行出资义务、抽逃出资、出资方式等存在瑕疵,或者发行人历史上涉及国有企业、集体企业改制存在瑕疵的情形。……(二)历史上存在改制瑕疵　对于发行人是国有企业、集体企业改制而来的或历史上存在挂靠集体组织经营的企业,若改制过程中法律依据不明确、相关程序存在瑕疵或与有关法律法规存在明显冲突,原则上发行人应在招股说明书中披露有权部门关于改制程序的合法性、是否造成国有或集体资产流失的意见。国有企业、集体企业改制过程不存在上述情况的,保荐人、发行人律师应结合当时有效的法律法规等,分析说明有关改制行为是否经有权机关批准、法律依据是否充分、履行的程序是否合法以及对发行人的影响等。发行人应在招股说明书中披露相关中介机构的核查意见。”

3. 科创板关于国企改制瑕疵核查关注要求

依据《上海证券交易所科创板股票发行上市审核问答(二)》问题3:“发行人历史上存在出资瑕疵或者改制瑕疵的,中介机构核查应当重点关注哪些方面?答:保荐机构和发行人律师应关注发行人是否存在股东未全面履行出资义务、抽逃出资、出资方式等存在瑕疵,或者发行人历史上涉及国有企业、集体企业改制存在瑕疵的情形。对于发行人是国有企业、集体企业改制而来的或历史上存在挂靠集体组织经营的企业,若改制过程中法律依据不明确、相关程序存在瑕疵或与有关法律法规存在明显冲突,原则上发行人应在招股说明书中披露有权部门关于改制程序的合法性、是否造成国有或集体资产流失的意见。国有企业、集体企业改制过程不存在上述情况的,保荐机构、发行人律师应结合当时有效的法律法规等,分析说明有关改制行为是否经有权机关批准、法律依据是否充分、履行的程序是否合法以及对发行人的影响等。发行人应在招股说明书中披露相关中介机构的核查意见。”

(二)国有和集体企业改制的核心问题

1. 主要法律依据

《国务院办公厅转发〈国务院国有资产监督管理委员会关于规范国有企业改制工作意见〉的通知》(国办发〔2003〕96号)第1条第2~7项规定:

“(二)清产核资。国有企业改制,必须对企业各类资产、负债进行全面认真的清查,做到账、卡、物、现金等齐全、准确、一致。要按照‘谁投资、谁所有、谁受益’的原则,核实和界定国有资本金及其权益,其中国有企业借贷资金形成的净资产必须界定为国有产权。企业改制中涉及资产损失认定与处理的,必须按有关规定履行批准程序。改制企业法定代表人和财务负责人对清产核资结果的真实性、准确性负责。

“(三)财务审计。国有企业改制,必须由直接持有该国有产权的单位决定聘请具备资格的会计师事务所进行财务审计。凡改制为非国有的企业,必须按照国家有关规定对企业法定代表人进行离任审计。改制企业必须按照有关规定向会计师事务所或政府审计部门提供有关财务会计资料和文件,不得妨碍其办理业务。任何人不得授意、指使、强令改制企业会计机构、会计人员提供虚假资料文件或违法办理会计事项。

“（四）资产评估。国有企业改制，必须依照《国有资产评估管理办法》（国务院令第 91 号）聘请具备资格的资产评估事务所进行资产和土地使用权评估。国有控股企业进行资产评估，要严格履行有关法律法规规定的程序。向非国有投资者转让国有产权的，由直接持有该国有产权的单位决定聘请资产评估事务所。企业的专利权、非专利技术、商标权、商誉等无形资产必须纳入评估范围。评估结果由依照有关规定批准国有企业改制和转让国有产权的单位核准。

“（五）交易管理。非上市企业国有产权转让要进入产权交易市场，不受地区、行业、出资和隶属关系的限制，并按照《企业国有产权转让管理暂行办法》的规定，公开信息，竞价转让。具体转让方式可以采取拍卖、招投标、协议转让以及国家法律法规规定的其他方式。

“（六）定价管理。向非国有投资者转让国有产权的底价，或者以存量国有资产吸收非国有投资者投资时国有产权的折股价格，由依照有关规定批准国有企业改制和转让国有产权的单位决定。底价的确定主要依据资产评估的结果，同时要考虑产权交易市场的供求状况、同类资产的市场价格、职工安置、引进先进技术等因素。上市公司国有股转让价格在不低于每股净资产的基础上，参考上市公司盈利能力和市场表现合理定价。

“（七）转让价款管理。转让国有产权的价款原则上应当一次结清。一次结清确有困难的，经转让和受让双方协商，并经依照有关规定批准国有企业改制和转让国有产权的单位批准，可采取分期付款的方式。分期付款时，首期付款不得低于总价款的 30%，其余价款应当由受让方提供合法担保，并在首期付款之日起一年内支付完毕。转让国有产权的价款优先用于支付解除劳动合同职工的经济补偿金和移交社会保障机构管理职工的社会保险费，以及偿还拖欠职工的债务和企业欠缴的社会保险费，剩余价款按照有关规定处理。”

2. 国企改制时的核心问题和主要要求

（1）核心问题

国有或集体企业改制的核心问题是是否存在国有或者集体资产流失，是否侵犯了国有或者集体利益。对于历史上的程序瑕疵无法补正的，可能通过论证不存在国有资产流失以及取得有权机构的确认进行印证。如果国企的改制明显存在国有资产流失或者对于是否存在国有资产流失无法进行证明，则相关的上市会存在基本的合法合规性问题，需要重点关注。

案例3－52 问询国企改制是否造成资产流失

依据《四川郎酒股份有限公司首次公开发行股票申请文件反馈意见》（于2022年4月28日终止上市审查），审核问询意见："3.发行人控股股东郎酒集团涉国有改制，发行人子公司郎酒厂等也曾为国有企业，请保荐机构、发行人律师详细核查：(1)发行人控股股东郎酒集团改制程序是否合法，由哪一级国资部门审批改制，是否造成国有资产流失有无由有权部门作出认定；(2)发行人控股股东郎酒集团改制后是否存在未解决问题或存在潜在风险；(3)发行人子公司涉及国有资产、集体资产改制情况；(4)发行人子公司涉及国有股权、集体产权转让情况。请保荐机构、发行人律师就发行人控股股东郎酒集团及发行人子公司涉及国有资产、集体资产改制、国有股权、集体产权转让过程的合法合规性，有无造成国有资产、集体资产流失等进行核查，并就是否构成本次发行的法律障碍出具明确意见。"

分析：关于该案例，仅分析证监会关于国有企业改制的问询意见。该发行人自身涉及国有企业改制，同时其控股股东也涉及国有企业改制事项，证监会明确问询发行人控股股东改制程序是否合法，由哪一级国资部门审批改制，是否造成国有资产流失有无由有权部门作出认定；发行人控股股东郎酒集团改制后是否存在未解决问题或存在潜在风险。

(2)主要要求

国企改制，必须对企业各类资产、负债情况进行全面、认真的清查，做到账、卡、物、现金等齐全、准确、一致；必须由直接持有该国有产权的单位决定聘请具备资格的会计师事务所进行财务审计；必须依照《国有资产评估管理办法》聘请具备资格的资产评估事务所进行资产和土地使用权评估；非上市企业国有产权转让要进入产权交易市场，不受地区、行业、出资和隶属关系的限制，并按照《企业国有产权转让管理暂行办法》的规定，公开信息，竞价转让。具体转让方式可以采取拍卖、招投标、协议转让以及国家法律法规规定的其他方式。

在上市审核过程中，多数国企改制或者股份转让的瑕疵问题主要集中在是否进行评估以及评估备案问题,但是实务中也存在未履行审核国资转让的审批程序或者存在履行国企内部的审议程序但已经无法查证决策文件的情况。对于未履行审议程序或者未公开进场交易的国有股权变动,需要依法取得国有资产监督管理机构或者经授权的国资出资企业的确认,对于重要的国有企业股权和历史沿革确认需要经过同级政府的确认。

案例 3-53 全民所有制企业改制且多次变更企业性质

依据《关于华厦眼科医院集团股份有限公司首次公开发行股票并在创业板上市申请文件的审核问询函的回复》,反馈意见:"问题一、申报材料显示,发行人重要子公司厦门眼科中心历史上经历数次企业性质变更。请发行人:(1)结合厦门眼科中心从全民所有制事业单位,2004 年改制为营利性医疗机构,2006 年又改制为非营利性医疗机构的情形,补充披露 2004 年改制的合法合规性,是否履行必要程序,改制是否支付相关对价;2006 年改制为非营利性医疗机构的原因及必要性,是否存在获取非营利性医疗机构特有税率优惠、政府资助或取得特定资质证照情形;上述事项是否导致国资流失。(2)招股书显示'2013 年 12 月厦门眼科中心再次改制为营利性医疗机构,于 2015 年 11 月预先登记为厦门大学附属厦门眼科中心有限公司,并于 2015 年 12 月 17 日获得营业执照'。请补充披露再次改制为营利性医疗机构的原因及合理性,是否履行完整程序;存在未实缴出资的原因及解决过程,是否存在股权或出资纠纷。(3)招股书显示'2016 年 1 月 30 日,厦门眼科中心(民非)召开出资人会议并作出决议,同意厦门眼科中心(民非)以净资产折股方式改制为有限责任公司,同时各股东将其所持厦门眼科中心(民非)净资产投入厦门眼科中心'。请补充披露 2015 年 12 月 17 日已获得有限责任公司营业执照,2016 年 1 月 30 日才决议进行有限责任公司改制,且当时仍称为'厦门眼科中心(民非)'的原因及合理性,是否存在笔误导致前后矛盾及信息披露错误,若是,请改正。(4)招股书显示'2017 年 12 月厦门眼科中心(民非)完成清算,2018 年 3 月,民办非企业单位完成注销登记'。请补充披露 2015 年 12 月 17 日已获得有限责任公司营业执照,至 2018 年 3 月民办非企业单位才完成注销登记的合理性。请列表披露厦门眼科中心的实际企业性质历次变动情况。请保荐人、发行人律师核查并发表明确意见。”

关于问题(1)的反馈回复如下：

“(一)结合厦门眼科中心从全民所有制事业单位,2004年改制为营利性医疗机构,2006年又改制为非营利性医疗机构的情形,补充披露2004年改制的合法合规性,是否履行必要程序,改制是否支付相关对价

“2003年7月31日,厦门市开元区卫生局向厦门市开元区人民政府出具《开元区卫生局关于厦门眼科中心股权转让的请示》(厦开卫〔2003〕27号),同意厦门眼科中心(事业单位)改制为股份制营利性医疗机构,建议厦门眼科中心(事业单位)的股权整体转让给华厦投资、欧华进出口。

“2003年8月5日,厦门市开元区人民政府下发《关于厦门眼科中心改制会议纪要》(〔2003〕5号),同意厦门眼科中心(事业单位)改制为营利性医疗机构,同意将厦门眼科中心(事业单位)的股权整体转让给华厦投资、欧华进出口。2003年8月8日,厦门市开元区财政局与华厦投资、欧华进出口签订《厦门眼科中心股权转让合同》,厦门市开元区财政局将其持有的厦门眼科中心(事业单位)100%的股权转让给华厦投资、欧华进出口,其中华厦投资受让厦门眼科中心(事业单位)95%的股权,欧华进出口受让5%的股权。本次股权转让价格由转让基准日厦门眼科中心(事业单位)无形资产及其他资产的评估值两部分组成;其中无形资产以厦门眼科中心整体无形资产评估报告为基础协商作价800万元,不再另行评估。2004年2月20日,厦门市思明区财政局与华厦投资、欧华进出口公司签署《补充合同》,资产评估机构由双方共同在厦门市的资产评估机构中招标确定两家,其他资产的转让价格以两家资产评估机构作出的评估结果的算术平均值为依据确定。

“2004年3月12日,福建省卫生厅作出闽卫〔2004〕函119号,同意核准厦门眼科中心变更为营利性医疗机构。

“2004年5月19日,厦门市思明区财政局向厦门市思明区政府出具《关于厦门眼科中心股权转让价格等问题的请示》(厦思财〔2004〕55号),对厦门眼科中心的转让价格由无形资产和其他资产评估值构成,即转让价格为17,086,693.86元以及基准日债权债务处理、相关待处理财产的处理等事项处理提出请示。2004年6月9日,厦门市思明区人民政府印发《思明区人民政府关于同意厦门眼科中心股权转让的批复》,同意厦门眼科中心(事业单位)改制方案,股权整体转让给华厦投

资、欧华进出口；改制基准日为2003年7月31日，股权转让价格17,086,693.86元由基准日厦门眼科中心（事业单位）无形资产和其他资产评估值两部分构成，其中无形资产评估作价800万元，其他资产（扣减待处理流动资产净损失110,292.00元后）评估作价9,086,693.86元。

“2003年8月12日及2004年5月27日，收购方分两期向开元区财政局支付了上述转让款。2016年9月30日，厦门市思明区人民政府向厦门市人民政府提交厦思政〔2016〕91号《厦门市思明区人民政府关于确认厦门眼科中心改制转让有关事宜的请示》，就厦门眼科中心事业单位改制过程，思明区政府认为，原开元区人民政府将厦门眼科中心股权整体转让给华厦投资和欧华进出口的行为，履行了内部决策程序，原开元区政府授权厦门市开元区财政局同华厦投资和欧华进出口签订的《厦门眼科中心股权转让合同》真实、合法、有效，华厦投资和欧华进出口遵照合同内容履行至今，未出现违约行为；前述股权转让行为不存在国有资产流失的情形。

“2016年10月14日，厦门市人民政府出具《厦门市人民政府关于确认厦门眼科中心改制转让有关事项的批复》，同意思明区政府关于厦门眼科中心（事业单位）股权转让过程中有关事项的审核意见。

“综上，厦门眼科中心（事业单位）2004年改制为营利性医疗机构的过程程序完备，取得了厦门市思明区人民政府以及厦门市人民政府的批复，合法合规；定价依据公允、合理，收购方已支付对价。

“（二）2006年改制为非营利性医疗机构的原因及必要性，是否存在获取非营利性医疗机构特有税率优惠、政府资助或取得特定资质证照情形

“经访谈发行人相关负责人，相较于营利性医疗机构，当时患者普遍对非营利性医疗机构接受度较高，非营利性主体也有利于厦门眼科中心推动日常运营，因此厦门眼科中心于2005年经营性质由营利性变更为非营利性。

“《财政部、国家税务总局关于医疗卫生机构有关税收政策的通知》（财税〔2000〕42号）规定：（一）对非营利性医疗机构按照国家规定的价格取得的医疗服务收入，免征各项税收。不按照国家规定价格取得的医疗服务收入不得享受这项政策。（二）对非营利性医疗机构自产自用的制剂，免征增值税。（三）对非营利性医疗机构自用的房产、土地、车船，免征房产税、城镇土地使用税和车船使用税。

根据上述规定,变更为非营利性医疗机构后,厦门眼科中心(民非)在符合规定的条件下将适用上述免税政策。

"2006年厦门眼科中心(民非)获得的政府补助共计125,000元,系科技局星火项目和'人神经生长因子'2006年社会发展项目的政府补助。2007年厦门眼科中心获得的政府补助共计160,000元,系视网膜系统调控机制的研究项目、CAV-1在角膜新生血管中的作用极其机制研究项目和市卫生局创新课题、青年课题的政府补助。经核查相关政府补助批文,上述政府补助项目均非因厦门眼科中心经营性质变更为非营利性而取得,且政府补助金额较小。除此以外,2006年至2007年,厦门眼科中心(民非)未获取其他政府补助。此外,经核查厦门眼科中心(民非)的包括医疗机构执业许可证在内的主要资质证书并经发行人书面确认,除民办非企业单位证书外,厦门眼科中心(民非)获得的主要资质证书并不以证照申请主体为非营利性医疗机构为必要条件,因此厦门眼科中心(民非)不存在因变更为非营利性医疗机构而获得特定证照的情形。

"综上,2006年厦门眼科中心改制为非营利性的原因主要系为更好推动厦门眼科中心日常运营,其前述改制后因既有政策而适用相关税率优惠。此外,厦门眼科中心2006年变更为非营利性医疗机构时未获取非营利性医疗机构特有政府补助,也不存在取得特定证照的情形。

"(三)上述事项是否导致国资流失

"2016年9月30日,厦门市思明区人民政府向厦门市人民政府提交厦门市思明区人民政府关于确认厦门眼科中心改制转让有关事宜的请示,就厦门眼科中心事业单位改制过程,思明区政府认为,原开元区人民政府将厦门眼科中心股权整体转让给华厦投资和欧华进出口的行为,履行了内部决策程序,原开元区政府授权厦门市开元区财政局同华厦投资和欧华进出口签订的《厦门眼科中心股权转让合同》真实、合法、有效,华厦投资和欧华进出口遵照合同内容履行至今,未出现违约行为;前述股权转让行为不存在国有资产流失的情形。

"2016年10月14日,厦门市人民政府出具《厦门市人民政府关于确认厦门眼科中心改制转让有关事项的批复》,同意思明区人民政府关于厦门眼科中心(事业单位)股权转让过程中有关事项的审核意见。

"2006年厦门眼科中心经营性质由营利性变更为非营利性不存在国有资产

交易或处置等事宜,不涉及国有资产流失。”

分析:厦门眼科中心历史上经历数次企业性质变更,从全民所有制事业单位于2004年改制为营利性医疗机构,2006年又改制为非营利性医疗机构,2013年12月厦门眼科中心再次改制为营利性医疗机构,2016年1月30日,厦门眼科中心(民非)召开出资人会议并作出决议,同意厦门眼科中心(民非)以净资产折股方式改制为有限责任公司,同时各股东将其所持厦门眼科中心(民非)净资产投入厦门眼科中心,对于从全民所有制事业单位改制为营利性机构的事项,发行人及中介机构需要关注:改制的合法合规性,改制是否造成国有资产流失,对于程序瑕疵事项能否取得有权机构的确认等。该案例中,发行人当时取得了区级卫生局和区级人民政府的审批,上市前又取得市级人民政府的补充确认。整个案例中,关于改制的回答思路均可以参考解决同类问题。

案例3-54 一级国企对历史沿革以及不存在国有资产流失确认权限

依据《湖北华强科技股份有限公司首次公开发行股票并在科创板上市申请文件的审核问询函的回复》,审核问询意见:“12.2 子公司华强塑业、华强制盖、华强商贸历史上存在股东出资、职工退股、增资程序瑕疵等事项,发行人历史沿革中也存在出资瑕疵情形。2020年9月28日兵器装备集团对发行人及子公司历史沿革中的瑕疵事项分别予以确认,确认函认为不存在国有资产流失的情况。请发行人律师核查并说明兵器装备集团是否为有权机关,其关于历史沿革及国有资产流失的确认是否充分、有效,请说明核查方式、核查依据。”

回复:

“(一)兵器装备集团是否为有权机关,其关于历史沿革及国有资产流失的确认是否充分、有效

“《企业国有资产法》第11条规定:‘国务院国有资产监督管理机构和地方人民政府按照国务院的规定设立的国有资产监督管理机构,根据本级人民政府的授权,代表本级人民政府对国家出资企业履行出资人职责。国务院和地方人民政府根据需要,可以授权其他部门、机构代表本级人民政府对国家出资企业履行出资人职责。代表本级人民政府履行出资人职责的机构、部门,以下统称履行出资人

职责的机构。’第12条第1款规定:‘履行出资人职责的机构代表本级人民政府对国家出资企业依法享有资产收益、参与重大决策和选择管理者等出资人权利。’第14条第1款规定:‘履行出资人职责的机构应当依照法律、行政法规以及企业章程履行出资人职责,保障出资人权益,防止国有资产损失。’第21条第1款规定:‘国家出资企业对其所出资企业依法享有资产收益、参与重大决策和选择管理者等出资人权利。’

《企业国有资产监督管理暂行条例》(2019修订)第27条规定:‘国有资产监督管理机构可以对所出资企业中具备条件的国有独资企业、国有独资公司进行国有资产授权经营。被授权的国有独资企业、国有独资公司对其全资、控股、参股企业中国家投资形成的国有资产依法进行经营、管理和监督。’

“根据《国务院关于组建中国兵器装备集团公司有关问题的批复》(国函〔1999〕62号),兵器装备集团作为国家授权投资的机构,对其全资企业、控股企业、参股企业(以下统称所投资企业)的有关国有资产行使出资人权利,对所投资企业中国家投资形成的国有资产依法运营、管理和监督,并相应承担保值增值责任;在国家宏观调控和监督管理下,兵器装备集团依法自主进行各项经营活动。

“经核查,依据国函〔1999〕62号文件批复及上述相关规定,国务院已授权兵器装备集团作为国家授权投资的机构,兵器装备集团代为履行国家出资人职责,对所投资企业中国家投资形成的国有资产依法进行经营、管理和监督,保障出资人权益,防止国有资产损失。

“兵器装备集团于2020年9月28日出具关于对湖北华强科技有限责任公司及其子公司历史沿革有关事宜确认的函,对发行人子公司华强塑业、华强制盖、华强商贸历史上存在股东出资、职工退股、增资程序瑕疵等事项以及发行人历史沿革中存在的出资瑕疵情形分别予以确认,并确认不存在国有资产流失的情况,系兵器装备集团代为履行国家出资人职责,对国有资产行使监督管理职能的具体体现,兵器装备集团履行相应职责已经国务院国函〔1999〕62号文件授权。因此,兵器装备集团为国有资产管理的有权机关,其关于发行人和发行人子公司历史沿革及国有资产流失的确认充分、有效。

“(二)核查程序

“针对上述事项,发行人律师履行了以下核查程序:1.查阅《企业国有资产法》

《企业国有资产监督管理暂行条例》等相关法律法规和规范性文件的规定;2. 查阅《国务院关于组建中国兵器装备集团公司有关问题的批复》(国函〔1999〕62 号);3. 查阅《中国兵器装备集团有限公司章程》;4. 查阅兵器装备集团出具的《关于对湖北华强科技有限责任公司及其子公司历史沿革有关事宜的确认》。

“(三)核查意见

“经核查,发行人律师认为,兵器装备集团出具关于对湖北华强科技有限责任公司及其子公司历史沿革有关事宜的确认,对发行人子公司华强塑业、华强制盖、华强商贸历史上存在股东出资、职工退股、增资程序瑕疵等事项以及发行人历史沿革中存在的出资瑕疵情形分别予以确认,并确认不存在国有资产流失的情况,系兵器装备集团代为履行国家出资人职责,对国有资产行使监督管理职能的具体体现,兵器装备集团履行相应职责已经国务院国函〔1999〕62 号文件授权。兵器装备集团为国有资产管理的有权机关,其关于发行人和发行人子公司历史沿革及国有资产流失的确认充分、有效。”

案例 3 - 55 个人增资导致国有股比变化未评估备案,后退还股份至国资

依据鸥玛软件(301185)上市申请的第二轮审核问询函之回复报告,该公司存在国有股权变动时未履行评估备案程序,后依照整改方案,将国有股权的持股比例恢复至第一次股份变动前国有股东股份比例,将相关的股份退还至国有股东。审核问询意见:“发行人以取得教育部、财政部共同确认的企业国有资产产权登记表认定发行人国有股权状况合法的依据是否充分。”

回复如下:

“1. 发行人有限公司阶段三次增资过程中的程序瑕疵的具体情况

“(1)2005 年 7 月 12 日,鸥玛软件有限召开股东会,通过决议将公司注册资本由 201 万元增至 203 万元,增加的 2 万元注册资本由股东任某峰以货币出资,其他股东放弃优先按照实缴出资比例认缴增资的权利,并同意相应修改公司章程。本次增资未对鲁天元评报字〔2005〕第 1060 号《资产评估报告书》进行备案。

“(2)2006 年 6 月 6 日,鸥玛软件有限召开股东会,通过决议将公司注册资本由 203 万元增至 233 万元,增加的 30 万元注册资本由股东济南高新技术创业服务

中心以货币出资,其他股东放弃优先按照实缴出资比例认缴增资的权利;并同意相应修改公司章程。本次增资未对鲁天元评报字〔2006〕第075号《资产评估报告书》进行备案。

"(3)2008年3月1日,鸥玛软件有限召开股东会,通过决议将公司注册资本由233万元增至1233万元,增加的1000万元注册资本由股东山大鲁能信息科技有限公司、宋某、陈某学、马某、张某毅、王某刚、唐某、袁某、张某英分别以货币形式各出资450万元、9万元、25万元、165万元、91万元、65万元、65万元、65万元、65万元。其他股东放弃优先按照实缴出资比例认缴增资的权利;并同意相应修改公司章程。本次增资未按照《企业国有资产评估管理暂行办法》的相关规定进行资产评估以及评估备案。

"2. 瑕疵整改情况

"为规范上述三次增资过程中的程序瑕疵,发行人通过调整国有股东持股比例的方式进行整改,具体情况如下:

"(1)2014年12月14日,鸥玛软件有限召开董事会,审议同意按照山东山大国有资产管理委员会审议通过的关于山东山大鸥玛软件有限公司股权整改方案文件要求,21名自然人股东将合计持有的公司2.63%的股权(32.43万元出资额)按照原始出资额32.43万元转让给山大产业集团;21名自然人股东将自2008年度至2011年度(2012年度至整改时未分配红利)持有公司2.63%的股权分配的红利(扣除20%的个人所得税)584,866.37元及红利所产生的利息累计145,318.53元(利率按照2008年至2014年一年期贷款利率平均值5.99%计算)退回给山大产业集团;山大产业集团增加2.63%的公司股权,并将该股权所对应的注册资本金32.43万元以及自2008年3月至2014年10月利息128,910.24元(利率按照2008年至2014年一年期贷款利率平均值5.99%计算)合并支付给21名自然人股东。

"2015年5月13日,山东大学向教育部递交《山东大学关于山东山大鸥玛软件有限公司股权变动及股权整改情况的报告》(山大资字〔2015〕21号),将本次股权整改结果予以汇报。经过上述股权整改,鸥玛软件有限国有股东的出资比例已调整至2006年6月第二次增资前的出资比例,确保2006年第二次增资以及2008年第三次增资未造成国有资产流失。

“(2)2015年10月16日,鸥玛软件有限召开董事会,审议同意按照山东山大国有资产管理委员会审议通过的关于山东山大鸥玛软件有限公司股权第二步整改方案文件要求,调整股权结构,恢复为公司成立时国有股东的持股比例。按照2005年7月增资前各股东的持股比例同比增资,即自然人股东将多增持的公司0.5%股权退还给山大产业集团;按照上述整改方案,自然人股东将自2005年度至2015年度多持有公司0.5%股权的分红(扣除20%的个人所得税)180,279.33元及该等分红所产生的利息累计46,537.02元(利率按照2005年至2015年一年期的平均银行贷款利率6.17%计算)一并退还给山大产业集团。

“2015年11月18日,山东大学向教育部提交《山东大学关于山东山大鸥玛软件有限公司第二次股权整改情况的报告》(山大资字〔2015〕57号),针对鸥玛软件有限的整改情况向教育部予以汇报。

“2016年2月3日,公司取得教育部、财政部确认的企业国有资产产权登记表,登记国有法人资本619.58万元,股权比例为50.25%。

“经过上述股权整改,鸥玛软件有限国有股东的出资比例已调整至2005年7月第一次增资前的出资比例,确保2005年7月第一次增资未造成国有资产流失。

“2020年12月29日,鸥玛软件主管事业单位山东大学出具关于山东山大鸥玛软件股份有限公司历史沿革中增资程序瑕疵情况的说明函,确认鸥玛软件有限于2015年11月办理产权登记时,教育部对其国有产权变动情况及两次股权整改情况在审核的基础上上报财政部,财政部依据《事业单位及事业单位所办企业国有资产产权登记管理办法》的规定,在审定鸥玛软件有限股权变动整改合规的基础上于2016年2月核发了鸥玛软件有限企业国有资产产权登记表。通过股权整改和企业国有资产产权登记的确认,上述程序瑕疵未造成国有资产流失,鸥玛软件的国有股权状况合法合规。”

案例3-56 自然人的专利出资减资后追溯调整是否涉及国有资产流失

依据《浙江华是科技股份有限公司发行人及保荐机构关于发行注册环节反馈意见落实函的回复》,审核问询意见:“二、2015年12月无形资产减资,若追溯调整股权比例,浙大创投退出发行人的对价是否公允、合理,是否造成国有资产流失,主管部门出具的相关证明文件是否能够有效涵盖上述事项。”

反馈回复:“华是科技历史沿革涉及浙江大学下属企业投资直至退出过程中,存在部分股权比例变动未履行资产评估程序、股权退出后涉及无形资产减资的情形。保荐机构、律师积极协助发行人与浙大创投及浙江大学进行沟通,将浙大创投投资华是科技及退出情况进行了详细汇报,详细说明了浙大创投在投资华是科技期间华是科技的股本变动情况及浙大创投退出后华是科技无形资产减资事宜。就上述问题,浙大创投委托浙江浩华资产评估有限公司对华是科技以2002年7月31日、2006年5月31日以及2011年7月31日为基准日进行了权益价值追溯评估,结合相关追溯评估报告和浙大创投退出后无形资产减资的情况,对2013年3月浙大创投退出华是科技价格进行测算。

“根据追溯资产评估,并考虑退出后无形资产减资影响,浙大创投认为相关股东补偿款为33.79万元和利息19.74万元,合计53.53万元。该等款项已由浙大创投所持股权受让人叶某标支付。上述追溯评估及补偿方案充分考虑了无形资产减资因素以及浙大创投退出的价格公允性等问题。2021年3月26日,浙江大学出具浙江大学关于确认浙江华是科技股份有限公司历史沿革相关事项的复函,确认‘浙江华是科技股份有限公司涉及我校下属企业的国有资产变动是客观事实,但部分变动在程序上存在瑕疵……我校下属相关企业和浙江华是科技股份有限公司已就有关问题进行了整改,相关瑕疵已得到弥补。根据目前获取的资料,浙江华是科技股份有限公司涉及我校下属企业的国有产权变动事项真实有效,不存在争议和纠纷,未发现国有资产受损情况’。2021年12月20日,经与浙大创投董事兼总经理访谈确认,上述53.53万元补偿款已收到,测算过程已考虑了追溯调整股权比例,浙大创投退出发行人的对价公允、合理,没有造成国有资产流失。综上,发行人历史沿革中无形资产增资、减资过程虽然均经过股东会审议通过,增资时均履行了评估及验资程序,减资时履行了公示程序及验资程序,并办妥工商变更登记等必要的法律程序,但出于对无形资产减资事项的谨慎性考虑,受让方叶某标已向浙大创投支付53.53万元补偿款。上述整改弥补措施得到了浙大创投和浙江大学的确认。保荐机构、律师于2021年12月20日就上述事项取得了浙大创投董事兼总经理的访谈确认。

“综上所述,经整改及弥补后,浙大创投退出发行人的对价公允、合理,未造成国有资产流失。主管部门浙江大学出具的浙江大学关于确认浙江华是科技股份有限公司历史沿革相关事项的复函有效涵盖了上述事项。”

（三）国有资产评估

1. 应当评估的国有资产事项的法律依据

《国有资产评估管理若干问题的规定》（中华人民共和国财政部令第14号）第3条规定：“占有单位有下列行为之一的，应当对相关国有资产进行评估：（一）整体或部分改建为有限责任公司或者股份有限公司；（二）以非货币资产对外投资；（三）合并、分立、清算；（四）除上市公司以外的原股东股权比例变动；（五）除上市公司以外的整体或者部分产权（股权）转让；（六）资产转让、置换、拍卖；（七）整体资产或者部分资产租赁给非国有单位；（八）确定涉讼资产价值；（九）法律、行政法规规定的其他需要进行评估的事项。”

第4条规定：“占有单位有下列行为之一的，可以不进行资产评估：（一）经各级人民政府及其授权部门批准，对整体企业或者部分资产实施无偿划转；（二）国有独资企业、行政事业单位下属的独资企业（事业单位）之间的合并、资产（产权）划转、置换和转让。”

第5条规定：“占有单位有其他经济行为，当事人认为需要的，可以进行国有资产评估。”

第6条规定：“占有单位有下列行为之一的，应当对相关非国有资产进行评估：（一）收购非国有资产；（二）与非国有单位置换资产；（三）接受非国有单位以实物资产偿还债务。”

2. 未履行评估或备案程序的瑕疵补正

国有企业整体或部分改建为有限责任公司或者股份有限公司，以非货币资产对外投资，除上市公司以外的原股东股权比例发生变动，除上市公司以外的整体或者部分产权（股权）转让均需要履行评估和评估审批或备案程序。在实务中，对于非控股权的股份转让以及原股东股权比例变动经常存在未履行评估或者评估备案程序的，相关的瑕疵整改措施主要是履行补充评估、补充评估备案以及取得相关的国资监管机构的确认函，同时若涉及国资控制权出让的由新的实际控制人出具承诺等。

案例 3－57 引进投资者国有股权持股比例被动降低未履行评估程序的解释

依据《关于上海凯赛生物技术股份有限公司首次公开发行股票并在科创板上市申请文件的审核问询函之回复报告》，审核问询意见："2.3 根据其他申报材料，潞安瑞泰向发行人增资及后续因引进新投资者导致国有股权持股比例被动稀释的事项未履行评估程序。请发行人说明认定上述程序瑕疵不影响发行人相关增资事项的效力是否合理，是否导致国有资产流失，是否取得有权机关的确认。"

反馈回复：

"一、发行人说明

潞安瑞泰向发行人增资及后续因引进新投资者导致国有股权持股比例被动稀释的事项未履行评估程序，不符合《国有资产评估管理若干问题的规定》（中华人民共和国财政部令第 14 号）第 3 条'占有单位有下列行为之一的，应当对相关国有资产进行评估……（四）除上市公司以外的原股东股权比例变动……'之规定，但该等瑕疵不影响发行人相关增资事项的效力。

"1. 潞安瑞泰对发行人的初始投资及后续导致其持股比例被动稀释的增资事项均履行了有效的决策程序，且上述股权变动事项经发行人主管商务部门备案、主管工商部门登记，经济行为有效。潞安瑞泰为潞安集团的全资子公司，潞安集团为山西省国资委授权的国有资产授权经营单位，有权依据《企业国有资产监督管理暂行条例》对其全资、控股、参股企业中国家投资形成的国有资产依法进行经营、管理和监督。2015 年 11 月 9 日，潞安集团董事会决议通过潞安瑞泰对发行人的投资事宜，确认了出资金额及持股比例，履行了内部决策程序。此外，根据《企业国有资产监督管理暂行条例》第 22 条的规定，国有参股的公司董事会决定公司增减资本等重大事项时，由国有资产监督管理机构派出的股东代表、董事按照国有资产监督管理机构的指示发表意见、行使表决权。潞安瑞泰入股后发行人的增资事项均已经由潞安瑞泰委派董事投赞成票并在董事会决议上签字确认，潞安瑞泰亦相应出具了放弃优先认购权的书面确认，其决策程序符合国有资产管理的相关规定。

"2. 潞安瑞泰投资发行人系按照投前 25 亿元估值进行，此后历次融资的估值未曾低于上述估值，国有股东权益未发生减损。

"3. 就潞安瑞泰所持凯赛生物股权，后续涉及 2018 年 11 月无偿划转和 2019

年8月非公开协议转让事项，该等事项经山西国投和山西省国资委同意批准，未对国有股权持股比例被动稀释事项提出异议。此外，潞安集团和山西科创城投关于所持凯赛生物股份情况的企业产权登记表均已对最新持有发行人的股份比例进行了确认。

"4.2020年1月15日，山西省国资委向潞安集团出具《关于潞安集团投资上海凯赛生物技术股份有限公司相关事项的确认意见》（晋国资产权函〔2020〕17号），确认：'凯赛生物为你公司参股企业，其后续引进其他投资者的经济行为，不属山西省国资委审批事项。凯赛生物后续引进其他投资者，导致潞安瑞泰所持凯赛生物股权比例被动稀释的事项，凯赛生物最高权力机构董事会已审议通过，你公司办理了国有产权登记及国有产权变更登记。凯赛生物后续引进投资者事项，是否存在国有资产流失的风险问题，按照管理权限，应由你公司予以确认。'

"2020年1月15日，潞安集团出具书面确认，确认凯赛生物后续引进其他投资者，导致潞安瑞泰所持凯赛生物股权比例被动稀释的事项，未导致国有资产流失。综上，潞安瑞泰向发行人增资及后续因引进新投资者导致国有股权持股比例被动稀释未履行评估程序不影响该等经济行为的有效性，具备合理理由，未导致国有资产流失，相关行为已经办理了国有产权登记及国有产权变更登记，并已取得有权机关山西省国资委的确认。

"二、核查程序和核查意见

"（一）核查程序

"1.查阅发行人工商档案；2.查询国有股权评估相关的法律法规；3.查阅潞安集团和山西科创城投关于所持凯赛生物股份情况的《企业产权登记表》；4.取得山西省国资委和潞安集团出具的相关书面确认文件。

"（二）核查意见

"经核查，发行人律师认为，潞安瑞泰向发行人增资及后续因引进新投资者导致国有股权持股比例被动稀释未履行评估程序不影响该等经济行为的有效性，具备合理理由，未导致国有资产流失，已取得有权机关山西省国资委的确认。"

案例 3-58 其他股东增资导致国有股份被动降低未履行评估程序

依据《关于中自环保科技股份有限公司首次公开发行股票并在科创板上市申请文件的审核问询函之回复报告》,“中自净化于 2009 年 1 月将注册资本由 500 万元增至 1000 万元时,中自科技向中自净化增资 500 万元,其他股东未参与增资,导致川大科产集团的持股比例由 10% 降至 5%。本次增资未按照《企业国有资产评估管理暂行办法》《国有资产评估项目备案管理办法》的相关规定进行国有资产评估及备案,存在一定的程序瑕疵。

“2021 年 3 月 26 日,川大科产集团、中自环保共同委托四川信达房地产土地资产评估有限公司对中自净化截至 2008 年 12 月 31 日的全体股东权益进行了追溯评估并出具了中自环保科技股份有限公司拟增资扩股涉及的股东全部权益价值追溯评估项目追溯评估报告,根据该评估报告,截至 2008 年 12 月 31 日,中自净化股东全部权益的评估价值为 405.30 万元,选取的评估方法为收益法。因此,中自净化本次增资前每一元注册资本所对应股权的评估值约为 0.81 元,本次增资价格为 1 元/元出资额,高于评估值,不存在损害国有股东川大科产集团权益的情形。此外,川大科产集团已于 2012 年 2 月退出,退出时已严格履行了审计、评估及备案、公开挂牌转让、教育部审批等法定程序,退出程序完备,符合相关法律、法规的规定。

“基于上述评估结果,中自净化本次增资的价格高于相关股权评估值,因此,发行人非等比例增资导致川大科产集团股权比例降低事宜不存在导致国有资产流失的情形。”

案例 3-59 同时存在事业单位和全民所有制企业改制为有限公司时未评估

《深圳市城市交通规划设计研究中心股份有限公司招股说明书》关于改制情况记载如下:“交通有限的前身深圳城交中心原系深圳规划国土局下属的事业单位,2006 年 9 月,深圳城交中心被划转至深投控;2008 年 1 月,深投控以深圳城交中心经审计的账面净资产出资成立交通有限,完成公司制改制。深圳城交中心改制为交通有限已履行以下程序:(1)2006 年 7 月 5 日,中共深圳市委办公厅、深圳市人民政府办公厅联合下发深办〔2006〕34 号《关于印发〈深圳市市属事业单位分类改革实施方案〉〈深圳市事业单位改革人员分流安置办法〉和〈深圳市事业单位转企社会保险有关问题实施办法〉的通知》及深办〔2006〕35号《关于印发〈深圳市党政机关事业单位所属企业、转企事业单位划转工作实施方案〉的通知》，依据上述通知，深圳城交中心应转为国有企业，划转市国资委系统。(2)2006年9月27日，深圳市规划局(移交方)与深投控(接收方)、深圳城交中心(被划转单位)、市划转工作组第四组(监交方)签署了《关于深圳市城市交通规划研究中心划转和移交工作备忘录》，深圳市规划局将拥有的深圳城交中心的国有资产划转给深投控。(3)2007年3月5日，深圳市国资委下发深国资委〔2007〕69号《关于办理市党政机关事业单位所属企业、转企事业单位产权变更登记手续的通知》，决定将深圳城交中心划转给深投控。

"在事业单位改制为有限公司过程中，除货币出资比例不符合规定外，深圳城交中心只履行了审计程序，未进行整体评估，不符合《事业单位国有资产管理暂行办法》关于事业单位改制为企业应当对国有资产进行评估的规定，存在程序瑕疵。2020年4月26日，发行人聘请万隆(上海)资产评估有限公司对深圳城交中心进行了追溯性评估并出具了万隆评报字〔2020〕第10243号《深圳市城市交通规划设计研究中心股份有限公司2006年由事业单位转企业单位净资产价值复核追溯性资产评估报告》。2020年9月29日，深圳市国资委出具《深圳市国资委关于深圳市城市交通规划设计研究中心股份有限公司改制过程等有关事项的说明函》，确认：'交通中心事业单位企业化改制、划转至深投控及相关出资程序是贯彻执行深圳市委、市政府的统一部署和安排，划转及改制过程严格按照深办〔2006〕34号、深办〔2006〕35号以及深国资委〔2007〕69号等规定实施，交通中心划转及改制前后产权性质均为国有全资，未发现国有资产流失或损害国有资产权益问题，涉及的工商变更登记手续已办理完毕，未发现人员安置纠纷事项以及重大权属纠纷事项，相关改制及股权变更行为有效。'深圳城交中心2008年改制为交通有限未履行整体评估程序，存在瑕疵，但其已完成了追溯性评估，根据深圳市国资委的确认，深圳城交中心2008年改制为交通有限的程序合法、有效，未造成国有资产流失。"

另外，依据《关于深圳市城市交通规划设计研究中心股份有限公司首次公开发行股票并在创业板上市申请文件审核问询函的回复》，审核问询意见："(二)收购检测中心股权的背景和原因;检测中心由全民所有制企业规范登记为有限责任公司时未履行评估程序的背景、原因和补救措施,相关程序是否合法合规。”

反馈回复如下:

“1. 收购检测中心股权的背景和原因

“(1)深圳市国资委推动进行产业整合

“2017年3月,深圳市国资委召开市属国企2017年规划发展工作会议,会上指出市国资委将2017年定为深圳国企‘资源整合年’,全面推动市属国资国企整合重组,推进国资系统内部资源重组和外部资源并购,更好地发挥深圳国资国企整体优势和协同效应,更好地服务深圳经济社会协同发展。2017年6月,中共深圳市委、深圳市人民政府印发《关于深化市属国有企业改革促进发展的实施方案的通知》,明确加大对国有企业系统内部的重组整合和外部优质资源、优质企业的并购力度,优化国有资本布局和国有企业组织管理、资债结构,实现国有资本价值最大化。

“(2)通过收购检测中心完善产业链布局,增强综合实力

“根据深圳市委市政府和市国资委上述深化国资国企改革总体部署,考虑到工程检测系工程规划设计、建设与运营维护过程中的重要环节,整合相关资源可发挥业务协同优势,进一步完善交通有限城市交通整体解决方案业务体系,增强交通有限综合实力和核心竞争力,交通有限当时的控股股东深投控拟将其持有的检测中心100%股权转让给交通有限。

“2018年8月10日,深投控第四届董事会第七十六次临时会议审议通过《关于将深圳市公路交通工程试验检测中心产权协议转让给深圳市城市交通规划设计研究中心有限公司的议案》,同意将检测中心100%股权协议转让给交通有限。

“2. 检测中心由全民所有制企业规范登记为有限责任公司时未履行评估程序的背景、原因和补救措施,相关程序是否合法合规

“(1)检测中心规范登记为有限公司未履行评估程序的背景、原因

“根据《国务院办公厅关于印发中央企业公司制改制工作实施方案的通知》(国办发〔2017〕69号)、《深圳市国资委关于加快推进公司制改制工作的通知》(深国资委函〔2017〕841号)及《深圳市国资委关于加快推进非公司制企业规范登记的通知》(深国资委函〔2017〕1026号)规定,检测中心应于2017年11月30日

前按《公司法》及有关法律法规要求，规范登记为有限责任公司(以下简称本次规范登记)；本次规范登记中，注册资本与原注册资本保持不变的，办理工商登记手续时可暂不提交验资报告且可后续完成审计、评估相关工作。

“2017年11月12日，深投控出具关于对深圳市公路交通工程试验检测中心规范登记为深圳市交通工程试验检测中心有限公司的批复，同意公路检测中心按《公司法》及有关法律法规要求，规范登记为有限责任公司，规范登记后的注册资本为749.80万元，与原注册资本一致，股东为深投控。2017年11月14日，深圳市华图会计师事务所(特殊普通合伙)出具《验资报告》(深华图验字〔2017〕132号)，验证截至2017年10月31日，检测中心经审计净资产中的7,498,000元作为规范登记后检测中心的注册资本。

“检测中心于2017年11月24日完成本次规范登记的工商变更登记手续，深圳市市监局核发统一社会信用代码为9144030072857324XM的营业执照。

“检测中心由于对本次规范登记的相关法律、法规不熟悉，未就本次规范登记事宜进行资产评估。

“(2)相关弥补措施及影响分析

“2020年5月，就本次规范登记未履行评估程序事宜，检测中心聘请了万隆(上海)资产评估有限公司进行追溯性评估，根据《深圳市公路交通工程试验检测中心2017年改制为有限责任公司涉及的其净资产价值复核追溯性资产评估报告》(万隆评报字〔2020〕第10360号)，截至2017年10月31日，公路检测中心的净资产评估值为7980.93万元，不低于深投控所认缴的出资额。

“2020年9月29日，深圳市国资委出具深圳市国资委关于深圳市城市交通规划设计研究中心股份有限公司改制过程等有关事项的说明函，确认：‘检测中心完成公司制改制及规范登记为有限责任公司是贯彻执行国家的统一部署和安排，公司制改制及规范登记过程严格按照国办发〔2017〕69号及深国资委函〔2017〕841号等规定实施，检测中心改制前后产权性质均为国有全资，未发现国有资产流失或损害国有资产权益问题，涉及的工商变更登记手续已办理完毕，未发现人员安置纠纷事项以及重大权属纠纷事项，相关改制及股权变更行为有效。’

另外，依据深圳市水务规划设计院股份有限公司的首发上市文件以及反馈回复等文件，存在与深圳市城市交通规划设计研究中心股份有限公司相同的事业单位改制为企业未评估等问题,具体为:‘问题1. 申报材料显示,2008年4月发行人前身实行事业单位企业化改制,同时将市属国有权益划转至市国资委系统。2015年6月发行人前身实行全民所有制改制为有限责任公司。2017年8月发行人前身实行混合所有制改革,深圳市水务(集团)有限公司(以下简称水务集团)、深圳高速公路股份有限公司(以下简称深高速)、深圳市铁汉生态环境股份有限公司(以下简称铁汉生态)、深圳水规院投资股份有限公司(以下简称水规院投资)通过增资入股发行人。请发行人补充披露:(1)发行人事业单位企业化改制、权属划转事项、全民所有制改制为有限责任公司以及混合所有制改革的合法合规性,结合相关法律法规,披露是否完整履行相应程序;是否存在导致损害国有资产权益情形。(2)水规院投资的历史沿革,实际控制人;份额持有人是否均在发行人处任职;份额持有人是否符合股东适格性,是否存在因担任特定职务导致不适宜持有上市公司股份的情形,是否存在代持;入股定价依据及公允性;资金来源的合法合规性;是否涉及股份支付事项,如是,请披露股份支付事项是否已计提;其份额持有人是否存在离职情况,如有,请披露离职人员对于其份额的处置情况。(3)水务集团、深高速、铁汉生态的股权结构及入股发行人的背景;深高速、铁汉生态与国有企业水务集团同时并以相同定价增资入股的合理性,定价依据及公允性;上述三家机构与发行人员工持股平台水规院投资同时并以相同定价增资入股的合理性。请保荐人、发行人律师发表确意见。’”

分析:在事业单位或者全民所有制企业的改制过程中,经常存在改制主体未经评估直接进行改制或股份转让等事项。若能够取得有权机构确认程序瑕疵事项或不存在国有资产流失等,相关事项不会构成上市障碍。

六、外商投资

《外商投资法》第17条规定:“外商投资企业可以依法通过公开发行股票、公司债券等证券和其他方式进行融资。”所以,外商投资企业在国内首发上市不存在法律障碍,可以依法在主板、创业板、科创板、北交所等上市,也可在新三板挂牌以及发行公司债券等。

(一)外商投资和外商投资企业

1. 定义

依据《外商投资法》第 2 条的规定,外商投资,是指外国的自然人、企业或者其他组织(以下称外国投资者)直接或者间接在中国境内进行的投资活动,包括下列情形:(1)外国投资者单独或者与其他投资者共同在中国境内设立外商投资企业;(2)外国投资者取得中国境内企业的股份、股权、财产份额或者其他类似权益;(3)外国投资者单独或者与其他投资者共同在中国境内投资新建项目;(4)法律、行政法规或者国务院规定的其他方式的投资。

外商投资企业是指全部或者部分由外国投资者投资,依照中国法律在中国境内经登记注册设立的企业。

2. 外商投资企业的组织形式

《外商投资法》实施之前,外商企业分为中外合资经营企业、中外合作经营企业、外资企业等多种形式,还包括外商投资股份有限公司等。《外商投资法》和《外商投资法实施条例》自 2020 年 1 月 1 日起施行,《中外合资经营企业法》《外资企业法》《中外合作经营企业法》《中外合资经营企业法实施条例》《中外合资经营企业合营期限暂行规定》《外资企业法实施细则》《中外合作经营企业法实施细则》同时废止。《外商投资法》施行前依照《中外合资经营企业法》《外资企业法》《中外合作经营企业法》设立的外商投资企业,在《外商投资法》施行后 5 年内可以继续保留原企业组织形式等。

《外商投资法实施条例》第 44 条规定:"外商投资法施行前依照《中华人民共和国中外合资经营企业法》、《中华人民共和国外资企业法》、《中华人民共和国中外合作经营企业法》设立的外商投资企业(以下称现有外商投资企业),在外商投资法施行后 5 年内,可以依照《中华人民共和国公司法》、《中华人民共和国合伙企业法》等法律的规定调整其组织形式、组织机构等,并依法办理变更登记,也可以继续保留原企业组织形式、组织机构等。自 2025 年 1 月 1 日起,对未依法调整组织形式、组织机构等并办理变更登记的现有外商投资企业,市场监督管理部门不予办理其申请的其他登记事项,并将相关情形予以公示。"第 46 条规定:"现有外商投资企业的组织形式、组织机构等依法调整后,原合营、合作各方在合同中约定的股权或者权益转让办法、收益分配办法、剩余财产分配办法等,可以继续按照约定办理。”

（二）外商投资企业上市条件

1. 拟上市外商投资企业应当是股份公司

外商投资企业拟申请首发上市，首先应当遵循《公司法》《证券法》等法律，其公司形式应当为股份有限公司。

2. 外商企业 IPO 的信息披露要求

除一般的信息披露内容以外，外商投资股份有限公司还需要披露如下内容：

（1）外商投资股份有限公司需要详细披露其外国股东的主体资格、股权结构、对外投资等情况。

（2）需要详细披露的风险因素：①依赖境外原材料供应商、境外客户以及境外技术服务的风险；②国家有关外商投资企业税收优惠的法律、法规、政策可能发生变化的风险；③外国股东住所地、总部所在国家或地区向中国境内投资或技术转让的法律、法规可能发生变化的风险；④汇率风险。

（3）外国股东所在地区对于向中国（除港、澳、台地区）投资和技术转让的法律、法规。

（4）公司章程中对股东转让股份作出限制的情形。

（5）外商投资股份有限公司与其外国股东的关联交易情况。包括业务及技术是否依赖外国股东、过去 3 年的关联交易情况、与外国股东签订的市场分割协议的内容等。

（6）外商投资股份有限公司董事和高级管理人员的国籍、境外永久居留权的情况以及在境内外其他机构担任的职务。

3. 外商投资企业 IPO 的特殊要求

《外商投资法实施条例》第 37 条第 2 款规定：“外商投资企业的注册资本可以用人民币表示，也可以用可自由兑换货币表示。”

按规定需由中方控股（包括相对控股）或对中方持股比例有特殊规定的外商资股份有限公司，首发上市后应按有关规定的要求继续保持中方控股地位或持股比例。

另外，对于外商投资企业禁止投资的产业，若违反相关的规定且未改变企业性质的则不能申请上市。

上市发行股票后,其外资股占总股本的比例不低于10%。

(三)外商投资企业常见问询意见

关于外商投资企业的常见问询意见主要包括:发行人历次外资股权变动是否取得相关外商投资管理审批文件,相关合规手续是否完备;说明发行人所从事业务是否涉及外商投资限制类行业;是否存在针对外商从业的特殊规定;发行人、发行人控股股东、实际控制人是否均符合外商在华投资、从业的相关法律法规,是否存在违反外商投资、纳税申报、外汇管理等相关法律法规的情形;发行人的再投资行为是否违反外汇监管规定;公司历史上是否存在真实具有外资属性,是否能够依法享受外商投资企业相关税收优惠,是否存在返还风险;出资形式是否符合法律规定等。

案例3-60 外商投资企业是否真实外资,是否具有返还税收优惠的风险

依据《关于杭州宏华数码科技股份有限公司首次公开发行股票并在科创板上市申请文件审核问询函的回复》,问询:"公司历史上是否存在真实具有外资属性,是否能够依法享受外商投资企业相关税收优惠,是否存在返还风险。"

回复:"1.公司历史上具有真实外资属性。(1)1992年10月,宏华电脑成立时的外资股东1992年10月10日,宏华电脑设立时即为外商投资企业,设立时外资股东为GLOBALGARTECHSERVICESCO.,(CHINA)LTD.[中文名:宏华科技集团(中国)有限公司],宏华科技出资额为42.50万美元,出资比例为85%。宏华科技系在我国香港特别行政区注册成立的有限公司,宏华科技时任股东为我国香港特别行政区居民郑某成、章某华。根据当时适用的《中外合资经营企业法》《中外合作经营企业法实施细则》等法律法规的相关规定,我国香港特别行政区、澳门特别行政区和我国台湾地区的公司、企业或其他经济组织等举办企业,参照前述规定办理,因此宏华电脑设立时外资股东属性符合相关要求。(2)1997年8月,宏华电脑外资股东变更。1997年8月,宏华科技将其持有宏华电脑42.50万美元的出资额(计85%的出资比例)转让给汉加发展。宏华电脑外资股东由宏华科技变更为汉加发展。汉加发展系于1994年6月在我国香港特别行政区注册成立的有限公司,持有我国香港特别行政区公司注册处签发的公司注册证书(注册

编号0482647),汉加发展成立时法定股本为1万港元,黄某和金某团各持有50%股权。(3)1997年8月之后,宏华电脑外资股东持股比例变动至13.97%。1997年8月之后,经过增资、股权转让等方式,汉加发展持有发行人持股比例一直大于25%,2019年12月经股权转让后,汉加发展持有发行人股权比例调整至13.97%。综上,汉加发展系在我国香港特别行政区注册成立的有限公司,汉加发展受让宏华科技持有的宏华电脑股权成为外资股东已取得商务部门和工商部门的批准、审核,汉加发展的外资股东身份已经有权部门认定,具有外资属性,因此公司历史上具有真实外资属性。

"2.发行人依法享受外商投资企业相关税收优惠。根据当时适用的《外商投资企业和外国企业所得税法》第7条、第8条的规定,对设在经济技术开发区的生产性外商投资企业,减按15%的税率征收企业所得税。对生产性外商投资企业,经营期在十年以上的,从开始获利的年度起,第一年和第二年免征企业所得税,第三年至第五年减半征收企业所得税。同时根据《国家税务总局关于外国投资者出资比例低于25%的外商投资企业税务处理问题的通知》(国税函〔2003〕422号)的规定,外资低于25%企业适用税制一律按照内资企业处理,不得享受外商投资企业税收待遇。但国务院另有特别规定的除外。1998年5月20日,浙江省杭州市国家税务局出具《关于杭州宝力医药保健品有限公司等8户企业享受外商投资企业所得税惠政策的批复》(杭国税外〔1998〕第176号),同意宏华电脑享受外商投资企业所得税优惠政策,1996年至1997年免征企业所得税和地方所得税,1998年至2000年减半征收企业所得税和地方所得税,减半期税率为7.5%。公司于1992年设立时工商登记经营期限已满十年以上且一直实际经营,同时公司在2019年12月前外商投资比例一直高于25%,符合前述相关规定享受外商投资企业相关税收优惠的条件,公司依法享受外商投资企业相关税收优惠。

"3.发行人已享受的外商投资企业税收优惠不存在返还风险。根据当时适用的《外商投资企业和外国企业所得税法》第8条的规定,外商投资企业实际经营期不满十年的,应当补缴已免征、减征的企业所得税税款。公司设立于1992年,经营期限已满十年以上,且一直为外商投资企业,不存在企业外商投资性质发生变更的情形,因此公司不存在税收优惠返回的风险。

"综上所述,公司历史上具有真实外资属性,依法享受外商投资企业相关税收优惠，公司已享受的外商投资企业税收优惠不存在返还风险。”

案例 3 - 61 外商投资企业未按照规定履行出资义务

依据《广东雅达电子股份有限公司科创板首次公开发行股票招股说明书（申报稿）》，发行人称：“雅达有限成立后，直至 2004 年中外合资经营期限届满，中外双方股东河源市机械电子工业总公司（后河源市机械电子工业总公司分立为河源市机械工业总公司和河源市电子工业总公司，雅达有限归口河源市机械工业总公司管理）和智乐模型优惠店均未按期履行出资义务，河源市对外贸易经济合作局于 2004 年 4 月 13 日出具河外经贸字〔2004〕9 号《关于中外合资企业河源市雅达电子有限公司中外双方资本金到位情况说明的函》确认雅达有限从未收到中外双方股东投入的资本金。根据《中外合资经营企业合营各方出资的若干规定》（已失效），中外合资经营企业的合营各方未能按照合营合同中约定的出资期限缴付出资的，视同合营企业自动解散，合营企业批准证书自动失效。合营企业应当向工商行政管理机关①办理注销登记手续，缴销营业执照；不办理注销登记手续和缴销营业执照的，由工商行政管理机关吊销其营业执照，并予以公告。雅达有限在中外双方股东没有按期履行出资后，并未向河源市工商局办理注销登记手续，河源市工商局亦未吊销其营业执照。”

补救措施：“2011 年 2 月 24 日，河源市工商局出具河工商函〔2011〕2 号《关于对广东雅达电子股份有限公司历史沿革有关问题意见的函》，确认雅达有限在中外双方股东未按期履行出资义务后其法人主体资格并未丧失，并不对雅达电子进行处罚。2011 年 3 月 7 日，河源市人民政府向广东省人民政府报送《关于确认广东雅达电子股份有限公司历史沿革有关事项的请示》（河府〔2011〕32 号），认为公司前身雅达有限在 1994 年设立时中外双方股东均未履行出资义务后仍合法存续。2011 年 5 月 16 日，广东省人民政府办公厅出具关于确认广东雅达电子股份有限公司历史沿革有关事项的复函，同意河源市人民政府的上述意见。

“雅达有限在中外双方股东均没有按期履行出资义务后，既没有办理注销登

---

① 2018 年机构改革后撤并为市场监督管理部门，下同。

记手续,也未受到吊销营业执照的处罚,其法人主体资格依然存在。另外,雅达有限的工商主管部门已确认其法人主体资格并未丧失,并不对其进行处罚。因此,雅达有限系有效存续企业。"

案例3-62 所从事的业务是否属于限制类行业

依据《关于苏州京浜光电科技股份有限公司首次公开发行股票并在创业板上市申请文件的审核问询函之回复》(2022年5月终止上市申请),审核问询意见:"问题13……(4)列表说明发行人历次外资股权变动是否取得相关外商投资管理审批文件,相关合规手续是否完备……(6)说明发行人所从事业务是否涉及外商投资限制类行业,是否存在针对外商从业的特殊规定,发行人、发行人控股股东、实际控制人是否均符合外商在华投资、从业的相关法律法规,是否存在违反外商投资、纳税申报、外汇管理等相关法律法规的情形。"

(四)红筹企业

1.红筹企业国内上市

依据《国务院办公厅转发证监会〈关于开展创新企业境内发行股票或存托凭证试点的若干意见〉的通知》(国办发〔2018〕21号),红筹企业,是指注册地在境外、主要经营活动在境内的企业。对于符合监管要求的企业,在解决股权结构清晰等条件下,能够满足首发上市的条件。

案例3-63 问询属于红筹企业的认定依据

依据百济神州(688235)上市审核问询函的文件,审核问询意见:"(一)对照《关于开展创新企业境内发行股票或存托凭证试点的若干意见》等相关规则对红筹企业的定义,进一步分析发行人属于红筹企业的具体依据和理由。"

反馈回复如下:"根据《证监会关于开展创新企业境内发行股票或存托凭证试点的若干意见》,红筹企业,是指注册地在境外、主要经营活动在境内的企业。发行人的公司注册与经营情况符合红筹企业的定义,具体依据如下:

“1. 发行人注册地在境外

“2010 年 10 月 28 日，开曼群岛公司注册处向发行人签发设立证书，发行人根据《开曼群岛公司法》在开曼群岛注册成立。

“2. 发行人主要经营活动在境内

“(1) 发行人大部分药品销售收入来自中国

“报告期内，公司药品销售收入 90% 以上来自中国，主要来自授权销售产品瑞复美®、维达莎®、ABRAXANE ®和安加维®及自主研发产品百悦泽®、百泽安®的销售；在境外的收入来自自主研发产品 BRUKINSA ®的销售。

“(2) 发行人大部分研发活动发生于中国

“截至 2021 年 1 月末，公司共拥有研发人员超过 2100 名，其中临床开发团队共拥有研究人员超过 1600 名，其中超过 1000 人在中国，大部分研发人员办公地点在中国，多数境外临床试验的直接管理人员办公地点也位于中国。公司通常在全球范围内开展多项临床试验，并在此基础上在中国开展了超过 20 项临床试验及超过 10 项注册性或潜在注册可用临床试验。因此大部分研发人员及相应研发活动仍集中于中国。

“(3) 发行人大部分员工办公地点位于中国

“截至报告期末，公司及其控股子公司共拥有员工 5151 人，其中 4135 人办公地点位于中国，占员工总数的 80.28%。

“综上所述，保荐机构及发行人律师认为，发行人属于注册地在境外、主要经营活动在境内的企业，符合《证监会关于开展创新企业境内发行股票或存托凭证试点的若干意见》(国办发〔2018〕21 号)中对‘红筹企业’的定义。

“另外，孩子王儿童用品股份有限公司存在红筹架构，同时拆除红筹架构后，江苏孩子王未纳入发行人体系；依据《关于万香科技股份有限公司首次公开发行股票并在创业板上市申请文件审核问询函之回复报告》存在拆除海外架构的情形。”

2. 中国和海外多地上市

在满足监管要求的条件下，是可以实现国内和境外或者其他海外资本市场同时上市。

案例3-64 科创板、香港联交所、美股交易所三地上市

依据《百济神州有限公司科创板首次公开发行股票招股说明书(注册稿)》(百济神州、688235),该公司在其他证券市场的上市/挂牌情况如下:

“(一)公司美国存托股份于纳斯达克交易所上市情况

“2016年2月8日,公司完成首次公开发行并在纳斯达克交易所上市,股票代码为‘BGNE’。公司首次出售6,600,000股美国存托股份(相当于85,800,000股公司普通股)。此外,承销商行使了购股权以购买额外990,000股美国存托股份(相当于12,870,000股公司普通股)。公司自纳斯达克交易所上市以来,未受到过纳斯达克交易所、美国证交会等美国证券监督管理机构的处罚。

“(二)公司股票于香港联交所上市情况

“2018年8月8日,公司于香港联交所发行股份并上市,股票代码为‘06160’。公司在全球发行项下的发行股份数量为65,600,000股普通股,其中于香港联交所发行股份数量为5,904,000股,于国际配售股份数量为59,696,000股。公司自香港联交所上市以来,未受到过香港联交所和我国香港特别行政区证监会等证券监督管理机构的处罚。

“(三)申报前120个交易日内的市值情况

“根据Bloomberg信息,截至本招股说明书签署日,公司前120个交易日平均市值约为1977亿元。2016年2月8日,公司完成美国存托股份的首次公开发行并在纳斯达克交易所上市。截至2017年12月31日,公司已发行股份总数为592,072,330股。

“2018年1月公开增发美国存托股份。2018年1月15日,公司董事会批准公司公开增发美国存托股份。2018年1月17日,公司与GoldmanSachs& Co. LLC、MorganStanley& Co. LLC、CowenandCompany, LLC以及LeerinkPartnersLLC作为代表的若干承销商签订《承销协议》,约定公司按每股美国存托股份101.00美元或每股普通股7.77美元的价格公开发行7,425,750股美国存托股份;同时,公司授予前述承销商可自承销协议签署日起30日内行使的购股权,以扣除承销折扣和佣金后的公开发行价格购买至多495,050股美国存托股份(相当于6,435,650股普通股)。

"2018年1月22日,公司完成上述公开增发,共以每股美国存托股份101.00美元或每股普通股7.77美元的价格合计发行7,425,750股美国存托股份(相当于96,534,750股普通股)。此外,前述参与公开发行的承销商通过行使其购股权自公司购买额外495,050股美国存托股份(相当于6,435,650股普通股)。公司上述公开增发(包括前述公开发行承销商行使购股权)扣除承销折扣及发行开支后的所得款项净额为757,587,000美元,募集资金用途为:(1)中国及全球范围内的科研及临床开发工作[包括公司有关zanubrutinib(泽布替尼)、tislelizumab(替雷利珠单抗)及pamiparib(帕米帕利)的注册试验];(2)公司的其他临床试验;(3)公司后期候选药物的监管备案及登记;(4)中国商业化扩张及候选药物在全球范围内上市的推广准备;(5)业务发展活动;(6)补充营运资金及其他一般公司用途。

"2018年8月于香港联交所首次公开发行股份并上市及全球发售。2018年8月2日,公司宣布在全球范围内发行65,600,000股普通股,每股面值0.0001美元,包括面向我国香港特别行政区公众发行5,904,000股,占初始发行股份总数的9%,以及向参与国际配售的投资者发行59,696,000股,占初始发行股份总数的91%。根据设定汇率1美元兑换7.8478港元,此次公开发行价为每股108.00港元(约合13.76美元),扣除承销折扣、佣金及其他发行费用前的募集资金总额预计约为70.8亿港元(约合9.03亿美元),此外,公司授予摩根士丹利亚洲有限公司和高盛(亚洲)有限责任公司等联席全球协调人30日内以公开发行价扣除承销折扣和佣金的价格额外购买至多合计9,840,000股股票的权利。联席全球协调人并未于稳定价格期内行使该等权利,该超额配股权于2018年9月1日失效。公司此次发行募集资金用于临床试验,准备注册申报以及推出和商业化其核心候选产品[zanubrutinib(泽布替尼)、tislelizumab(替雷利珠单抗)及pamiparib(帕米帕利)],用于持续扩展其抗癌及其他潜在治疗领域的产品组合,以及用于营运资金,扩展内部能力和一般公司用途。上述发行于2018年7月23日经董事会批准,并于2018年8月7日取得香港联交所出具的上市批准函(ListingApproval)。2018年8月8日,公司股票在香港联交所主板上市,股票代码为06160。"

案例 3-65 同时在美国交易所和科创板上市

依据《盛美半导体设备(上海)股份有限公司科创板首次公开发行股票招股说明书》(盛美上海、688082),披露如下:“公司本次发行的 A 股股票上市后,将与公司控股股东美国 ACMR 分别在上海证券交易所科创板和美国 NASDAQ 股票市场挂牌上市。公司与美国 ACMR 需要同时遵循两地法律法规和监管部门的上市监管要求,对于需要依法公开披露的信息,应当在两地同步披露。由于中、美两国存在法律法规和监管理念差异,公司和美国 ACMR 因适用不同的会计准则并受不同监管要求,会在具体会计处理及财务信息披露方面存在一定差异。同时,由于证券监管部门对上市公司信息披露要求的差异及语言、文化、表述习惯差异,以及中、美两地投资者的构成和投资理念不同、资本市场具体情况不同,公司在科创板上市的股票价格与美国 ACMR 在 NASDAQ 股票市场的股票价格可能存在差异。该差异及美国 ACMR 的股票波动可能影响公司在科创版上市股票的价格。”

另外,荣昌生物(688331)同时在上海证券交易所科创板和香港联交所上市。

七、现金分红

《公司法》(2018 修正)第 3 条规定:“公司是企业法人,有独立的法人财产,享有法人财产权……”第 4 条规定:“公司股东依法享有资产收益、参与重大决策和选择管理者等权利。”所以企业的性质以及股东的基本权益决定了分红属于公司经营的应有之义以及股东的根本权利。但是,上市审核中,对于现金分红这一常见且正常的事项却尤为关注。

(一)上市审核中关注现金分红的原因

上市审核中,审核机构经常性问询现金分红的原因、必要性、恰当性,要求中介机构核查实际控制人等对分红款的流水,包括是否用于代付员工薪酬,是否与发行人的其他股东、主要客户、供应商、外协厂商存在资金往来,是否存在为发行人分摊成本费用的情形。

关注现金分红的原因有:第一,上市前“突击分红”,是否存在损害 IPO 后未来小股东的利益;第二,大额的现金分红是否用途体外的资金循环,公司的收入是否真实;第三,现金分红否用于代付员工薪酬,是否存在为发行人分摊成本费用的情形,公司的成本是否真实,进而是否影响公司的利润;第四,公司的实际控制人或者主要股东是否有重大债务或者重大纠纷等;第五,在现金分红的同时申请 IPO 募集资金,募集资金是否存在必要性和合理性等。

案例 3－66 当年亏损仍现金分红

依据《杭州百诚医药科技股份有限公司第一轮审核问询意见》,问询:"①请发行人补充披露 2017 年度在亏损的情况下进行现金分红的原因及合理性,是否符合《公司法》、公司章程的规定;②保荐机构及会计师核查主要关联方及实际控制人的银行账户、银行流水、历年现金分红的资金流向及用途,是否与发行人的客户、供应商有业务往来,业务往来是否合理,是否存在利益输送,是否存在为发行人承担成本费用或通过直接或间接的方法向客户端输送经济利益。"

(二)上市前能否高比例分红

对申请首发上市的企业的分红,中介机构以及审核机构都比较关注,对高比例的分红尤为关注。

以 2021 年下半年报送 IPO 申报稿的企业为例,多家企业在 2020 年的现金分红金额占该年度归母净利润的比例达 100% 以上。其中,湖北江瀚新材料股份有限公司在 2020 年现金分红合计逾 10 亿元,占该年度归母净利润的比例达 3 倍,具体为:2020 年 5 月 22 日,公司召开 2019 年年度股东会,审议通过 2019 年度公司股份红利分配方案,分红金额为 39,941.18 万元(含税)。2020 年 11 月 30 日,公司召开 2020 年年度股东会,审议通过 2020 年中期利润分配方案,分红金额为 60,117.65 万元(含税)。2021 年 4 月 2 日,公司召开 2021 年第一次临时股东大会,审议通过《关于利润分配的议案》,分红金额为 1400.00 万元(含税)。另外,存在高额高比例现金分红的企业还包括沈阳来金汽车零部件股份有限公司、江苏伟康洁婧医疗器械股份有限公司、江苏徐矿能源股份有限公司等。

案例 3－67 高比例现金分红

依据苏州宇邦新型材料股份有限公司的招股说明书等材料，该公司上市审核前期2018 年至2020 年，宇邦新材现金分红数额分别为5000 万元、2750 万元、5000 万元，分别占公司当期归属净利润的 150.34%、56.09%、63.25%。

（三）不按照股份比例分红

《公司法》（2018 修正）第 34 条规定："股东按照实缴的出资比例分取红利；公司新增资本时，股东有权优先按照实缴的出资比例认缴出资。但是，全体股东约定不按照出资比例分取红利或者不按照出资比例优先认缴出资的除外。"

《公司法》（2018 修正）第 166 条规定："公司分配当年税后利润时，应当提取利润的百分之十列入公司法定公积金。公司法定公积金累计额为公司注册资本的百分之五十以上的，可以不再提取。公司的法定公积金不足以弥补以前年度亏损的，在依照前款规定提取法定公积金之前，应当先用当年利润弥补亏损。公司从税后利润中提取法定公积金后，经股东会或者股东大会决议，还可以从税后利润中提取任意公积金。公司弥补亏损和提取公积金后所余税后利润，有限责任公司依照本法第三十四条的规定分配；股份有限公司按照股东持有的股份比例分配，但股份有限公司章程规定不按持股比例分配的除外。股东会、股东大会或者董事会违反前款规定，在公司弥补亏损和提取法定公积金之前向股东分配利润的，股东必须将违反规定分配的利润退还公司。公司持有的本公司股份不得分配利润。"

综上，对于股份公司和有限公司均可以不按照股份比例分红。但是对于拟公开发行股票并上市的股份公司来说，因为涉及中小股东的利益保护，仍应当按照股份比例分红。

案例 3－68 问询特定股东不参与利润分配是否合法

依据《昆山兴协和科技股份有限公司首次公开发行股票申请文件反馈意见》，审核问询意见："9. 股利分配。请发行人补充披露：昆山喜源、昆山喜汇不参与股利分配是否符合《公司法》、公司章程及投资协议等相关规定或约定，是否存在纠纷或潜在纠纷。请保荐机构、发行人律师核查并发表明确意见。”

（四）定向股东分红

定向分红与不按股份比例分红存在相同之处，但又不完全一致。不按照股份比例分红，则可能全体股东均分红，对少数股东进行特殊比例分红，但是定向分红指的是仅向部分特定股份分红，在特定股东之间的分红可能仍旧按照股份比例进行。依据《公司法》（2018 修正）第 34 条、第 166 条的规定，定向分红并不违反法律的禁止性规定。但对于相关定向分红的操作，尽量保留在有限公司阶段处理，同时从通过监管机构审核的案例来说，发行人进行定向分红多数均发生在有限责任公司阶段，且均是全体股东一致同意通过定向分红的方案。这与有限公司人和的性质相关，经全体股东一致同意，可以对相关的分红进行决议。对股份公司的定向分红则应当持谨慎态度，力争避免在股份公司阶段采取定向分红，若确有实际需要，在满股东所持表决权的 2/3 以上通过的特别表决权的基础上，力争应取得全体股东一致同意。

案例 3－69 向控股股东定向分红补缴出资

依据《深圳开立生物医疗科技股份有限公司创业板首次公开发行股票申请文件反馈意见》（开立医疗、300633），审核问询意见：“（5）2008 年 9 月相关股东以专有技术出资的过程及合法合规性、该专有技术的来源、形成过程及合法合规性、该专有技术的入账价值及摊销情况；姚某钟、陈某强、吴某祥、黄某波、周某平、李某共同拥有该专有技术的所有权和专属权，但 2014 年 10 月陈某强和吴某祥针对 2008 年 9 月以专有技术增资事项共同向公司补充投入现金 1106.09 万元，前述事项是否表明该专利技术出资行为存在出资不实的情形，如存在，请说明相关股东是否存在相关行政处罚或刑事法律责任的风险、仅有陈某强和吴某祥以现金补足出资是否导致该专有技术的其余权利人尚存出资不实的连带责任、是否存在相关股权比例确认方面的瑕疵、是否存在股权纠纷或潜在纠纷的风险。2014 年 10 月发行人向控股股东陈某强和吴某祥定向分红的原因、过程及合法合规性、是否为补实出资的目的,是否存在本次分红违反公司章程或公司法相关规定的情形,是否存在无效而导致控股股东占用发行人资金的情形。”

后公司反馈回复解释:“2014年10月,公司向陈某强和吴某祥定向分红的原因为公司全体股东协商后一致同意用公司未分配利润进行分配后,对公司进行补充投入。鉴于公司股东人数较多,为简便操作,同意对二人进行定向分红,并用分红所得对公司做补充投入。2014年10月13日,公司召开股东会并形成一致决议:以未分配利润13,826,125元向陈某强和吴某祥做定向分红。陈某强和吴某祥收到上述分红款人民币13,826,125元之同时,依法缴纳了个人所得税款2,765,225元,并用剩余款项11,060,900元投入公司。根据当时适用的公司章程规定,公司可以按照股东的出资比例分配税后利润,利润分配方案由股东会审议批准。因此,本次定向分红是全体股东以股东会决议形式作出的一致意思表示,为全体股东对于利润分配的有效约定,符合当时有效的《公司法》之规定,属有效决议。并且,本次分红虽为定向,但最终投入公司后由全体股东按照股权比例共同分享,未实质性损害其他股东的利益。此外,截至本补充法律意见书出具之日,各股东之间未因本次定向分红产生任何争议或纠纷,也未曾因此引起任何股东权益比例变动。”

分析:开立医疗(300633)的定向分红可通过以下方式解释:(1)全体股东一致同意并作出股东会决议,未产生争议或纠纷;(2)股东收到分红后已依法纳税;(3)定向分红符合公司章程规定,不违反法律的禁止性规定;(4)说明定向分红目的的合理性,即补充前期以无形资产出资时的程序瑕疵(货币出资比例不符合当时有效的《公司法》的要求),达到资本充实的目的。实际上法理上最关键的是论证该行为符合章程以及不违反法律的规定,但是往往回复的侧重点都集中在了经过股东同意以及无争议等,实际上股东无争议不仅是一种状态,更是实现定向分红的过程性客观情况,所以应重点说明法理上的合理性。

案例3-70 控股股东放弃分红

依据英科医疗(300677)的招股说明书披露:“2014年12月20日,公司召开临时股东会,审议通过2014年度利润分配方案,拟分红600万元,控股股东自愿放弃分红。本次定向分红是全体股东以股东会决议形式作出的一致意思表示,为全体股东对于利润分配的有效约定,符合当时有效的《公司法》之规定,属有效决议。此外,各股东之间未因本次定向分红产生任何争议或纠纷,也未曾因此引起任何股东权益比例变动。综上,本次定向分红是公司全体股东真实、一致的意思表示,已经按照当时有效的《公司法》和公司章程的相关规定履行了股东决策程序,相关股东在收到分红之同时,也依法履行了纳税义务,分红过程合法、合规、有效。”

关于未按照股份比例分红,该公司的处理和解释方法为:(1)未分配股东系自愿放弃分红;(2)全体股东一致同意并作出股东会决议,未产生争议或纠纷;(3)股东收到分红后已依法纳税。

另外,如三美股份、中科创达、维尔利、利亚德、三诺生物、盐津铺子,均存在历史上定向分红的情形。

(五)首发在审期间分红的处理

《首发业务若干问题解答》(2020年6月修订)问题51:“首发企业在审期间现金分红、分派股票股利或资本公积转增股本的,应如何处理?

“答:从首发在审企业提出现金分红方案的时间上看,可以分为两类:一类是初次申报时就已提出了现金分红方案;另一类是在审期间提出现金分红方案。对于第一类首发企业,原则上要求发行人现金分红实际派发完毕后方可上发审会。对于第二类情形,即发行人初次申报时披露‘本次公开发行前的未分配利润由发行完成后的新老股东共享’,但在审核期间又提出向现有老股东现金分红的,按如下原则处理:(1)发行人如拟现金分红的,应依据公司章程和相关监管要求,充分论证现金分红的必要性和恰当性,以最近一期经审计的财务数据为基础,测算和确定与发行人财务状况相匹配的现金分红方案,并履行相关决策程序。如存在大额分红并可能对财务状况和新老股东利益产生重大影响的,发行人应谨慎决策。(2)发行人的现金分红应实际派发完毕并相应更新申报材料后再安排发审会。(3)已通过发审会的企业,基于审核效率考虑,原则上不应提出新的现金分红方案。(4)保荐机构应对发行人在审核期间进行现金分红的必要性、合理性、合规性进行专项核查,就实施现金分红对发行人财务状况、生产运营的影响进行分析并发表明确意见。

"在新股发行常态化背景下,审核周期已大幅缩短,为保证正常审核进度,发行人在审期间原则上不应提出分派股票股利或资本公积转增股本的方案,避免因股本变动影响发行审核秩序。"

案例 3-71 过会后分红未报告被采取监管措施

据公开渠道信息,金徽酒(603919. SH)首次公开发行股票并上市申请于 2015 年 6 月 24 日通过发审会审核,2016 年 2 月 22 日刊登了招股意向书。通过发审会审核后,金徽酒在已完成封卷程序的招股说明书中披露了历年的利润分配情况,并承诺首次公开发行股票前滚存的未分配利润归新老股东共享。而金徽酒在召开股东大会审议通过 2015 年利润分配事项后于 2016 年 2 月 3 日发放现金分红款 5880 万元。金徽酒在发生利润分配这一重大会后事项时,未主动向证监会报告,且擅自改动已完成封卷程序的招股说明书中利润分配相关信息并对外刊登。证监会认定其行为违反了《公开发行证券的公司信息披露内容与格式准则第 1 号——招股说明书》第 7 条的规定,并构成《首次公开发行股票并上市管理办法》(2022 修正)第 55 条所述行为,证监会对金徽酒采取出具警示函的行政监管措施。

(六)分红与银行流水核查的关联

《首发业务若干问题解答》(2020 年 6 月修订)问题 54:"保荐机构和申报会计师在充分评估和合理保证发行人财务报表不存在重大错报风险时,对发行人相关银行账户资金流水进行核查应关注哪些方面?答……保荐机构和申报会计师在资金流水核查中,应结合重要性原则和支持核查结论需要,重点核查报告期内发生的以下事项……(8)控股股东、实际控制人、董事、监事、高管、关键岗位人员是否从发行人获得大额现金分红款、薪酬或资产转让款、转让发行人股权获得大额股权转让款,主要资金流向或用途存在重大异常……"

案例 3-72 分红关注与银行流水核查事项

依据《关于四川侨源气体股份有限公司首次公开发行股票并在创业板上市申

请文件的审核问询函的回复问题》(侨源股份、301286),审核问询意见:"问题 12. 关于现金分红。申报文件显示,报告期内,发行人多次进行大额现金分红,2018 年、2019 年、2020 年 1~6 月分别分红 1549.47 万元、17,893.25 万元、35,186.33 万元,对 2020 年 6 月末公司净资产下降影响较大。请发行人:(1)说明控股股东、实际控制人、董事、监事、高级管理人员、关键财务人员等获得大额分红款的主要资金流向或用途是否存在重大异常,上述人员与发行人关联方、客户、供应商是否存在异常大额资金往来,是否存在为发行人代垫成本费用的情形。(2)说明上述获取分红人员的个人所得税的缴纳情况、发行人是否履行代扣代缴义务。请保荐人、申报会计师对问题(1)发表明确意见,并参照中国证监会《首发业务若干问题解答》(2020 年 6 月修订)问题 54 的相关内容,详细说明对资金流水核查的范围、程序及获取的证据。请保荐人、发行人律师对问题(2)发表明确意见。"

案例 3-73 分红关注银行流水与客户或者供应商是否存在往来

依据《关于力同科技股份有限公司首次公开发行股票并在创业板上市申请文件的审核问询函的回复》(通过上市委审核后终止注册申请),关于现金分红,审核机构问询意见:"2018 年和 2019 年,发行人现金分红金额分别为 5000 万元和 10,000 万元,占当年净利润的比例分别为 57.72% 和 108.57% 。请发行人结合发行人所处发展阶段等,分析并披露 2018~2019 年高比例现金分红的原因、必要性、恰当性。请保荐人核查并发表明确意见,并请保荐人按照中国证监会《首发业务若干问题解答》(2020 年 6 月修订)问题 54 的要求,说明对发行人实际控制人对分红款流水的核查过程及结论,包括是否用于代付员工薪酬,是否与发行人的其他股东、主要客户、供应商、外协厂商存在资金往来,是否存在为发行人分摊成本费用的情形。"

案例 3-74 拟创业板 IPO 现金分红要求根据首发业务问答分析披露

依据《关于广东瑞德智能科技股份有限公司首次公开发行股票并在创业板上市申请文件的审核问询函的回复》,审核问询意见:"问题 28. 关于现金分红。申报材料显示,报告期内发行人持续进行现金分红,2017~2019 年,发行人现金分红分别为998.28万元、1097.40万元、2003.36万元。请发行人根据中国证监会《首发业务若干问题解答》(2020年6月修订)问题51的相关要求,分析并披露相关大额分红的必要性、恰当性,与发行人财务状况是否相匹配。请保荐人、申报会计师发表明确意见,核查控股股东、实际控制人现金分红款的用途,与发行人主要客户、供应商及其主要经办人员是否存在资金往来,是否存在为发行人承担成本费用的情形。"

另外,依据关于湖南松井新材料股份有限公司首次公开发行股票并在科创板上市发行注册环节反馈意见落实函的回复,该公司存在分红必要性的论述。

第二节 股 东

一、股东适格性

(一)股东适格的主要法律依据

1. 股东主体适格的一般要求

公司股东不得存在法律法规、任职单位规定不得担任股东的情形,需要满足法律法规规定的股东资格条件等,若过去存在前述情形则构成主体资格瑕疵问题,需要采取补正措施等。

2. 股东适格性的主要规则

(1)公务员及党政机关干部的相关规定

《公务员法》(2018修订)、《中国共产党纪律处分条例》(2018修订)、《中国共产党廉洁自律准则》(2015修订)、《领导干部配偶、子女及其配偶经商办企业管理规定》、《中共中央办公厅、国务院办公厅关于党政机关在职干部不要与群众合办企业的通知》(中办发〔1984〕26号)、《中共中央、国务院关于严禁党政机关和党政干部经商、办企业的决定》(中发〔1984〕27号)、《中共中央、国务院关于进一步制止党政机关和党政干部经商、办企业的规定》(中发〔1986〕6号)、《中共中央办公厅、国务院办公厅关于县以上党和国家机关退(离)休干部经商办企业问题的若干规定》(中办发〔1988〕11号)、《中组部对〈关于县以上党和国家机关退(离)休干部经商办企业问题的若干规定〉中有关问题的说明》、《中共中央纪委关于印发

〈关于"不准在领导干部管辖的业务范围内个人从事可能与公共利益发生冲突的经商办企业活动"的解释〉和〈省(部)级领导干部配偶、子女个人经商办企业或在外商独资企业、中外合资企业任职情况登记表〉的通知》(中纪发〔2000〕4号)、《中共中央纪律检查委员会关于中央国家机关各部门制定的司(局)级以上领导干部配偶、子女个人经商办企业的具体规定适用于地方厅(局)级以上领导干部的通知》(中纪发〔2000〕9号)、《中共中央纪委关于印发〈关于省、地两级党委、政府主要领导干部配偶、子女个人经商办企业的具体规定(试行)〉的通知》(中纪发〔2001〕2号)、《国务院机关事务管理局关于印发〈中央行政事业单位国有资产管理暂行办法〉的通知》(国管资〔2009〕167号)。

(2)国资监管、国有企业领导人员及其亲属的相关规定

《中共中央办公厅、国务院办公厅关于印发〈国有企业领导人员廉洁从业若干规定〉的通知》(中办发〔2009〕26号)、《国资委党委关于印发中央企业贯彻落实〈国有企业领导人员廉洁从业若干规定〉实施办法的通知》(国资党委纪检〔2011〕197号)、《中共中央纪委关于印发〈违反《国有企业领导人员廉洁从业若干规定》行为适用《中国共产党纪律处分条例》的解释〉的通知》(中纪发〔2012〕3号)、《国务院国有资产监督管理委员会关于规范国有企业职工持股、投资的意见》(国资发改革〔2008〕139号)、《国务院国有资产监督管理委员会关于实施〈关于规范国有企业职工持股、投资的意见〉有关问题的通知》(国资发改革〔2009〕49号)、《中国证监会、科技部关于印发〈关于支持科技成果出资入股确认股权的指导意见〉的通知》(证监发〔2012〕87号)。

(3)学校等事业单位工作人员的相关规定

《中央组织部、人事部关于印发参照公务员法管理的党中央、国务院直属事业单位名单的通知》(组通字〔2006〕33号)、《中共教育部党组关于印发〈高等学校所属企业领导人员廉洁从业若干规定〉的通知》(教党〔2015〕20号)、《教育部关于印发〈中共教育部党组关于司(局)级以上领导干部配偶、子女个人经商办企业的具体规定〉的通知》(教监〔2000〕3号)、《教育部关于积极发展、规范管理高校科技产业的指导意见》(教技发〔2005〕2号)、《中共中央纪委、教育部、监察部关于加强高等学校反腐倡廉建设的意见》(教监〔2008〕15号)、《中共教育部党组关于进一步加强直属高校党员领导干部兼职管理的通知》(教党〔2011〕22号)。

案例3－75 大学研究所技术负责人任发行人股东及董事

依据《中自环保科技股份有限公司审核问询函回复报告》(中自科技、688737),该公司的创始股东陈某强当时系四川大学催化材料研究所的技术负责人,未持有川大科技园的股权,也未在川大科技园或川大科产集团担任董事、监事、高级管理人员职务,与川大科技园不存在关联关系。陈某强因作为科研人员参与四川大学与中自净化的相关技术研发项目,以个人名义参与出资设立中自净化,出资方式为货币,无须履行相关评估备案及审批程序。此外,四川大学于2021年3月10日出具四川大学关于中自环保科技股份有限公司相关事宜的确认函:"陈某强于2005年7月出资设立四川中自尾气净化有限公司(现已更名为中自环保科技股份有限公司)及陈某强在中自环保担任董事相关事宜不存在违反国家的相关政策和四川大学相关管理相关规定的情形。"

案例3－76 中科院等事业单位的研究人员任发行人实际控制人

依据《中科微至智能制造科技江苏股份有限公司首次公开发行股票并在科创板上市招股说明书》(中科微至、688211)等文件,该公司的实际控制人、董事长、第二大直接股东李某燕于2016年6月至今任中科院微电子所智能制造电子研发中心主任。

根据中科院微电子所出具的说明,"确认发行人与中科院微电子所双边任职人员的兼职不违反有关领导干部兼职的禁止性规定。中科院微电子所知悉并同意李某燕等人员出资设立发行人并在发行人持股或兼职的相关情形,符合相关法律法规、规范性文件、政策及中科院微电子所内部规定等关于兼职及投资的原则性规定。确认发行人与中科院微电子所的业务、技术互相独立,中科院微电子所对发行人的技术研发、业务发展、人员归属及产品销售不存在任何异议,中科院微电子所与发行人之间不存在任何诉讼、纠纷,且无潜在的诉讼、纠纷"。

案例3－77 农科院事业编人员持股或任职

依据《关于河南秋乐种业科技股份有限公司首次公开发行股票并在科创板上市申请文件首轮审核问询函的回复》,"河南农科院为公益一类事业单位,不属于参照《公务员法》管理的事业单位。《关于进一步支持和鼓励事业单位科研人员创新创业的指导意见》(人社部发〔2019〕137 号)明确提出支持和鼓励科研人员离岗创办企业,即允许事业单位人员持有公司股权。根据河南农科院出具的书面说明,侯某伟、高某、康某河、李某、李某仓仅在河南农科院保留了事业单位编制身份,其在秋乐种业全职工作已经河南农科院批准,未违反河南农科院有关规定,无须清理规范"。

(4)商业银行及银行工作人员的相关规定

《商业银行法》(2015 修正)、《中国银监会关于印发〈银行业金融机构从业人员职业操守指引〉的通知》(银监发〔2011〕6 号)等。

(5)军人等的相关规定

《中国人民解放军纪律条令(试行)》(军令〔2018〕59 号)、《中国人民解放军内务条令(试行)》(军令〔2018〕58 号)。

(6)其他对股东适格性的主要规定

《海关总署关于海关领导干部及工作人员与经营、从事保税仓库和报关等业务的亲属实行回避的规定》(署监察〔1998〕510 号)。

3. 股东适格主要关注对象

由前述规定可知,对成为股东具有限制性或者禁止性要求的股东情况主要包括现任公务员,参照公务员管理的单位人员,离退休县级以上公务员,国企领导,现役军人,党员领导干部(包括直属高校党员领导干部),领导干部配偶、子女,国有企业职工,高校教职工,银行业、证券交易所、证券公司和证券登记结算机构的从业人员,证券监督管理机构的工作人员等,对于具有特定身份的股东的适格性需要予以关注。

对于自然人直接股东,中介机构在调查股东或者关联关系情况或要求其出具的专项承诺中,往往要求相关人员承诺不具有以下身份:(1)公务员;(2)党政机关干部;(3)辞去公职或者离退休党政领导干部(副处级以上);(4)现役军人;(5)国有企业领导人员或其配偶、子女,或者离退休未满三年的国有企业领导人员;(6)高等学校领导班子成员、院系行政领导成员。

4. 公务员通过私募基金间接嵌套持股的适格性

(1)公务员可以投资股票和公募基金

依据《公务员法》(2018 修订)第 59 条的规定,公务员不得"违反有关规定从事或者参与营利性活动,在企业或者其他营利性组织中兼任职务"。《中共中央办公厅、国务院办公厅关于党政机关工作人员个人证券投资行为若干规定》第 3 条规定:"党政机关工作人员个人可以买卖股票和证券投资基金……"

案例 3-78 公务员的股份代持依法清理

依据《关于安徽容知日新科技股份有限公司首次公开发行股票并在科创板上市申请文件的审核问询函的回复》,该公司曾存在司法局的公职人员通过代持的方式持有发行人股份的情形,后依法清理。

(2)公务员是否可以通过投资私募基金间接持有发行人股份

《领导干部报告个人有关事项规定》(2017 修订)第 4 条规定:"领导干部应当报告下列收入、房产、投资等事项:……(四)本人、配偶、共同生活的子女投资或者以其他方式持有股票、基金、投资型保险等的情况;(五)配偶、子女及其配偶经商办企业的情况,包括投资非上市股份有限公司、有限责任公司,注册个体工商户、个人独资企业、合伙企业等,以及在国(境)外注册公司或者投资入股等的情况……本规定所称'股票',是指在上海证券交易所、深圳证券交易所、全国中小企业股份转让系统等发行、交易或者转让的股票。所称'基金',是指在我国境内发行的公募基金和私募基金。所称'投资型保险',是指具有保障和投资双重功能的保险产品,包括人身保险投资型保险和财产保险投资型保险。"

《证券投资基金法》(2015 修正)第 2 条规定:"在中华人民共和国境内,公开或者非公开募集资金设立证券投资基金(以下简称基金),由基金管理人管理,基金托管人托管,为基金份额持有人的利益,进行证券投资活动,适用本法;本法未规定的,适用《中华人民共和国信托法》、《中华人民共和国证券法》和其他有关法律、行政法规的规定。"

《私募投资基金监督管理暂行办法》第 2 条第 1 款、第 2 款规定:"本办法所称私募投资基金(以下简称私募基金),是指在中华人民共和国境内,以非公开方式向投资者募集资金设立的投资基金。私募基金财产的投资包括买卖股票、股权、债券、期货、期权、基金份额及投资合同约定的其他投资标的。”

综上,从相关规定来看,公务员可以投资私募投资基金,另外,《领导干部报告个人有关事项规定》以及公务员的报告事项中均包括私募基金。

从相关规定来看,公职人员投资私募基金,若私募基金投资的企业申请上市的,除应当依法办理相关的个人财产事项报备之外,若公职人员的投资时间距发行人申请首发上市间隔时间较长(不存在突击入股)且不具有其他可能影响公正性的情况,持股比例较低且持股数量较少,则通过合理解释能够得到监管机构认可,但是从上市的角度还是应当谨慎处理,尽量规避相关事项的存在,力争清理。在首发上市过程中,公务员、现役军人、国企领导人员作为私募基金的合伙人也不会涌现大量案例,个别案例的可参考性不强,对于相关的情况应当谨慎处理。

(二)股东核查要求

2021 年 2 月 9 日,证监会发布《监管规则适用指引——关于申请首发上市企业股东信息披露》。证监会称:“加强拟上市企业股东信息披露监管,是证监会深入贯彻中央经济工作会议精神、落实‘防止资本无序扩张’工作部署的重要举措,有助于防范‘影子股东’违法违规‘造富’问题,进一步从源头上提升上市公司质量,切实维护资本市场‘三公’(公开、公平、公正)的秩序。在《监管规则适用指引——关于申请首发上市企业股东信息披露》的起草过程中,突出了 4 项原则。一是坚持问题导向,重点约束股权代持、临近上市前突击入股、入股价格异常等市场反映集中问题,加快补齐制度短板;二是坚持以信息披露为核心的注册制理念,进一步强化拟上市企业的披露责任和中介机构的核查责任,通过充分发挥信息披露监管与社会监督作用,不断提高拟上市企业股权结构的透明度;三是坚持从严监管,加强监管协同,对拟上市企业股东、相关中介机构违法违规行为严肃查处,强化震慑;四是坚持倡导长期投资、价值投资理念,注重通过规范性要求,引导社会资本对拟上市企业合规投资,进一步优化市场生态。”①

① 来源于中国证监会网站,网址:www. csrc. gov. cn。

1.《监管规则适用指引——关于申请首发上市企业股东信息披露》的内容概要

(1)重申发行人股东适格性的原则要求,明确发行人应披露其股东主体资格符合国家相关规定。

(2)明确要求发行人股东在提交申请前依法清理股权代持,不存在违规持股情形。

(3)加强临近上市前突击入股行为的监管。要求提交申请前 12 个月内入股的新股东锁定股份 36 个月,并要求中介机构全面披露和核查新股东相关情况。

(4)加强对入股交易价格明显异常的自然人股东和多层嵌套机构股东的信息穿透核查。要求中介机构穿透核查上述两类股东基本情况、入股背景、资金来源等信息,说明是否存在违反股东适格性要求、股权代持等情形。要求发行人说明相关自然人股东和多层嵌套的最终自然人股东基本情况等信息。

(5)进一步压实中介机构责任。要求中介机构不简单以机构或个人承诺作为依据,重点对入股价格异常股东、临近上市前入股股东进行核查。

(6)明确发行人及股东配合中介机构进行股东核查的义务等。

(7)明确可以申请豁免股东核查和股份锁定要求的情形。

(8)证监会和交易所有权要求股东报告情况,同时,对发行人股东存在涉嫌违规入股、入股交易价格明显异常等情形的,可就反洗钱管理、反腐败要求等方面征求有关部门意见,共同加强监管。

2.《监管规则适用指引——关于申请首发上市企业股东信息披露》的具体内容及分析

适用范围:申请首次公开发行股票或存托凭证的发行人应当按照本指引,充分做好股东信息披露等相关工作。

〔**解析**〕无论是主板、创业板、科创板还是北京证券交易所,申请首次公开发行股票或存托凭证均需要按照要求充分做好股东信息披露等相关工作,其中需要特别强调的是发行存托凭证也需要适用相关规定。

第 1 项　发行人应当真实、准确、完整地披露股东信息,发行人历史沿革中存在股份代持等情形的,应当在提交申请前依法解除,并在招股说明书中披露形成原因、演变情况、解除过程、是否存在纠纷或潜在纠纷等。

〔解析〕无论是IPO还是新三板挂牌,股权代持问题均是审核部门关注的重点,若存在相应问题且未解除则直接构成挂牌或上市的障碍。

主要内容:第一,规则明确要求发行人应当真实、准确、完整地披露股东信息,这也为发行人及其控股股东、实际控制人,董事、监事、高级管理人员,保荐机构及其他中介机构等对股东的相关情况提供了信息披露和核查的原则要求;第二,对于在历史沿革中存在股权代持的,明确要求发行人在提交申请前依法解除;第三,发行人历史沿革中存在股份代持等情形的,明确关于历史沿革中相关股权代持及代持解除的情况披露要求,要求在招股说明书中披露股权代持形成原因、演变情况、解除过程、是否存在纠纷或潜在纠纷等,不仅要求披露股权代持形成的原因,同时要求披露股权代持的演变情况及解除过程,对于是否存在纠纷等应当披露。

关于历史上存在股权代持的原因,主要包括:(1)特定股东身份违反法律的禁止性规定,不具有股东适格性;(2)股东具有适格性,但某些股东的身份当时不适合做股东,通过代持间接向企业投资;(3)股东所在任职单位等存在禁止对外投资或者禁止从事同业的约定或者不便于对外持股;(4)股东初期对公司发展前景未看好,处于观察期,关于代持的原因一般解释为一方面创立初期股东对股份持有人的合规性认识不足,另一方面系对创业期的企业成长性风险规避;(5)实际投资者人数太多,将部分股份集中在少数股东名下,既保证了工商程序的简便也便于管理,如华虹计通(300330);(6)为了相互担保银行融资,为了业务便利,通过代持的方式设立多家名义上非关联企业;(7)工会或者持股会等代持,如苏州设计(300500);(8)直系亲属之间代持等,如欧浦钢网(002711)、富源智慧(836772);(9)名义上是股东实际上是借贷关系或者股份实质上为借贷关系提供担保等,如艾迪普(836600)存在姐弟间借贷关系的股份代持。

另外,关于股份代持,需要区分表决权委托或者股份的受托管理等。例如,四通新材(300428)存在股份的委托管理,关于相应的原因解释:“臧某因生育孩子未在发行人处任职,也未参与发行人的经营决策与管理,为保证发行人经营决策的连续性与稳定性,遂将其持有的发行人股份委托其父管理;臧某建、臧某坤、臧某奕、臧某和虽已成年,但当时尚在上学,无经营管理企业的条件,且从未参与发行人的实际经营管理,为保证发行人经营决策的连续性与稳定性,遂将其持有的发行人股份委托其父管理。”表决权的委托案例可以参考浙江凯融公司收购凯恩股份(002012)的权益变动报告书等。

第2项　发行人在提交申报材料时应当出具专项承诺,说明发行人股东是否存在以下情形,并将该承诺对外披露:(一)法律法规规定禁止持股的主体直接或间接持有发行人股份;(二)本次发行的中介机构或其负责人、高级管理人员、经办人员直接或间接持有发行人股份;(三)以发行人股权进行不当利益输送。

〔**解析**〕对于发行人股东的相关情况,明确发行人应当出具专项承诺,说明发行人股东是否存在特殊情况并对外披露,主要是关注股东的适格性及是否存在不当利益输送等。即使发行人出具股东的相关承诺,对于需要股东出具说明或者提供其他调查材料的,仍应当采取相关的调查措施。

第3项　发行人提交申请前12个月内新增股东的,应当在招股说明书中充分披露新增股东的基本情况、入股原因、入股价格及定价依据,新股东与发行人其他股东、董事、监事、高级管理人员是否存在关联关系,新股东与本次发行的中介机构及其负责人、高级管理人员、经办人员是否存在关联关系,新增股东是否存在股份代持情形。

上述新增股东应当承诺所持新增股份自取得之日起36个月内不得转让。

〔**解析**〕本条明确了"突击入股"的新标准,"发行人提交申请前12个月内新增股东的"均属于突击入股。按照规定的字面意思,仅对12个月内新增股东和新增股东所持的新增股份进行转让限制,对于原有股东的增资或者定向增发,是否适用该限制转让的规定未进行明确规定。按照字面理解,对于发行人原股东在12个月内新增股份的应当不适用该限制转让的规定,但是实务中,中介机构等一般会按照较严格的标准去理解并把握相关的要求。

发行人提交申请前12个月内的新增股东应当承诺所持新增股份自取得之日起36个月内不得转让。该规定是从取得股份之日起36个月内不得转让,并非公司首发上市之日起计算。按照理解及实务操作一般会以工商变更登记手续等时间为准。中国证监会《首发业务若干问题解答》(2020年6月修订)规定:股份锁定方面,申报前6个月内进行增资扩股的,新增股份的持有人应当承诺:新增股份自发行人完成增资扩股工商变更登记手续之日起锁定3年。本条规定发行人提交申请前12个月内的新增股东应当承诺所持新增股份自取得之日起36个月内不得转让。

第4项 发行人的自然人股东入股交易价格明显异常的，中介机构应当核查该股东基本情况、入股背景等信息，说明是否存在本指引第一项、第二项的情形。发行人应当说明该自然人股东基本情况。

〔解析〕对于自然人股东入股交易价格明显异常的，一般指入股价格较低，中介机构应当核查该股东基本情况、入股背景等信息，说明是否存在本指引第一项、第二项的情形，发行人应当说明该自然人股东基本情况。

按照理解，对于自然人股东入股价格无明显异常的，则不需要适用该条规定，不需要说明该自然人股东的基本情况。

第5项 发行人股东的股权架构为两层以上且为无实际经营业务的公司或有限合伙企业的，如该股东入股交易价格明显异常，中介机构应当对该股东层层穿透核查到最终持有人，说明是否存在本指引第一项、第二项的情形。最终持有人为自然人的，发行人应当说明自然人基本情况。

〔解析〕发行人股东的股权架构为两层以上且为无实际经营业务的公司或有限合伙企业的，如该股东入股交易价格明显异常，中介机构应当对该股东层层穿透核查到最终持有人。最终持有人为自然人的，发行人应当说明自然人基本情况。

按照理解，对于机构股东入股价格无明显异常的，则不需要适用该项规定，中介机构也不需要对股东层层穿透核查到最终持有人，不需要说明最终的自然人持有人的基本情况。

科创板、创业板上市审核中心于2021年4月25日均发布了《关于股东信息核查中"最终持有人"的理解与适用》，明确除自然人外，"最终持有人"还包括以下类型：上市公司(含境外上市公司)、新三板挂牌公司等公众公司，或者穿透核查至国有控股或管理主体(含事业单位、国有主体控制的产业基金等)、集体所有制企业、境外政府投资基金、大学捐赠基金、养老基金、公益基金以及公募资产管理产品。除此之外的外资股东，如果中介机构能以适当核查方式确认外资股东的出资人不存在境内主体，并充分论证该外资股东入股发行人的价格不存在明显异常，可将该外资股东视为"最终持有人"。

第6项 私募投资基金等金融产品持有发行人股份的，发行人应当披露金融产品纳入监管情况。

〔**解析**〕按照字面理解,对于纳入监管的私募投资基金等,不需要作穿透核查,仅应当披露金融产品纳入监管情况。

实务中,在首发上市中,中介机构基本上还是对私募基金进行了一定程度的穿透,重点也还是放在了对是否存在股权代持、投资者适格性、是否存在利益输送、资金来源等情况的核查上。

第 7 项　发行人及其股东应当及时向中介机构提供真实、准确、完整的资料,积极和全面配合中介机构开展尽职调查,依法履行信息披露义务。

〔**解析**〕明确发行人及其股东应当及时向中介机构提供真实、准确、完整的资料,积极和全面配合中介机构开展尽职调查,依法履行信息披露义务。

实务中,存在股东,尤其是中小股东或者机构投资者股权拒绝提供相关信息或者拒绝配合开展尽职调查,该规定明确了发行人及股东的义务,也为中介机构开展业务提供了规则依据。

第 8 项　保荐机构、证券服务机构等中介机构应当勤勉尽责,依照本指引要求对发行人披露的股东信息进行核查。中介机构发表核查意见不能简单以相关机构或者个人承诺作为依据,应当全面深入核查包括但不限于股东入股协议、交易对价、资金来源、支付方式等客观证据,保证所出具的文件真实、准确、完整。

〔**解析**〕对中介机构核查的方法进行明确,要求中介机构发表核查意见不能简单以相关机构或者个人承诺作为依据,应当全面深入核查包括但不限于股东入股协议、交易对价、资金来源、支付方式等客观证据,这也是判断中介机构履行尽职调查是否充分的基本标准。在反洗钱监管严格的大背景下,对资金来源的核查属于重要事项。

第 9 项　发行人在全国中小企业股份转让系统挂牌、境外证券交易所上市交易期间通过集合竞价、连续竞价交易方式增加的股东,以及因继承、执行法院判决或仲裁裁决、执行国家法规政策要求或由省级及以上人民政府主导取得发行人股份的股东,可以申请豁免本指引的核查和股份锁定要求。

〔**解析**〕本条是关于可以申请豁免的核查和股份锁定的情形。

发行人在全国中小企业股份转让系统挂牌、境外证券交易所上市交易期间通过集合竞价、连续竞价交易方式增加的股东,以及因继承、执行法院判决或仲裁裁决、执行国家法规政策要求或由省级及以上人民政府主导取得发行人股份的股东,可以申请豁免本指引的核查和股份锁定要求。其中发行人在新三板挂牌增加的股东的交易方式明确限定为集合竞价以及连续竞价交易,对于盘后的协议转让以及特定事项协议转让等则不属于可以豁免核查和锁定的情形。

第10项　发行人股东存在涉嫌违规入股、入股交易价格明显异常等情形的,证监会和证券交易所可以要求相关股东报告其基本情况、入股背景等,并就反洗钱管理、反腐败要求等方面征求有关部门意见,共同加强监管。

〔**解析**〕明确证券交易所和证监会均可以要求相关股东报告其基本情况和入股背景,并可就反洗钱管理、反腐败要求等征求有关部门意见。

第11项　本指引自发布之日起实施。发布之日前已受理的企业不适用本指引第三项的股份锁定要求。

〔**解析**〕本项是对实施日期以及对发布之日前受理的首发上市企业的处理。本指引发布之前受理企业的相关股东情况,中介机构需要补充核查,发行人需要补充披露。仅是豁免适用本指引中关于股份限制转让的规定。

案例3-79 实际控制人为中科院研究所研究人员

依据中科微至智能制造科技江苏股份有限公司(以下简称中科微至)首次公开发行股票并在科创板上市招股说明书等文件,该公司的实际控制人即李某燕等5人均为中科院微电子所研究人员,但均未在中科院微电子所担任行政职务。根据中科院微电子所、中科微至与上述人员签署的《双跨人员三方协议》,上述人员全职在发行人处工作,人事关系保留在中科院微电子所。上述人员在发行人处工作期间,按照发行人考核标准和岗位职责要求,由发行人对其进行年度考核,中科院微电子所对该年度考核结果进行认定。中科院微电子所代为支付上述人员的工资,并负责代扣社会保险及住房公积金个人部分;中科院微电子所对上述费用进行统一结算并开具发票,由中科微至予以支付。

1. 公司关于双边任职对发行人生产经营和研发的影响解释如下:

"根据中科院微电子所、发行人与上述双边任职人员签署的《双跨人员三方协议》,上述双边任职人员依据发行人提供的物质技术条件在发行人全职工作,接受发行人管理及考核,仅在中科院微电子所保留人事关系及编制。上述人员的双边任职安排不影响其全职在发行人开展生产经营及研发工作。

“发行人已形成了完善的生产经营体系,建立了完整的研发体系和研发团队。截至2020年9月30日,上述兼职人员占发行人研发人员的比例不足3%,如果未来该等人员不在发行人处兼职,不会因此对发行人生产经营及研发工作产生重大不利影响。

“根据中科院微电子所出具的相关说明,该等任职安排能够保证中科院微电子所与发行人的人员任职独立性,对中科微至的生产经营及研发不存在不利影响,不构成对中科院微电子所利益的损害及任职冲突,不存在因上述情形而与中科院微电子所产生的纠纷及潜在纠纷。

“综上,上述双边任职情况不会对发行人生产经营及研发构成重大不利影响。”

2. 关于前述双边任职人员在发行人处领取薪酬是否合规解释如下:

“《中共中央办公厅、国务院办公厅关于实行以增加知识价值为导向分配政策的若干意见》规定:‘允许科研人员从事兼职工作获得合法收入。科研人员在履行好岗位职责、完成本职工作的前提下,经所在单位同意,可以到企业和其他科研机构、高校、社会组织等兼职并取得合法报酬。’

“《人力资源社会保障部关于进一步支持和鼓励事业单位科研人员创新创业的指导意见》(人社部发〔2019〕137号)规定:‘到企业兼职创新的人员,与企业职工同等享有获取报酬、奖金、股权激励的权利。事业单位选派科研人员到企业工作或者参与项目合作,派出单位、选派人员、派驻企业应当签订三方协议,约定选派人员的工作内容、期限、报酬、奖励等权利义务以及成果转让、开发收益等权益分配内容。’

“《中国科学院、科学技术部关于印发〈中国科学院关于新时期加快促进科技成果转移转化指导意见〉的通知》(科发促字〔2016〕97号)规定:‘院属单位应按照相关政策制定本单位的规章制度,允许科技人员在适当条件下兼职从事科技成果转移转化,并在兼职中取得合理报酬。’

“根据中科院微电子所出具的说明,其对上述兼职人员在发行人处兼职工作并领取津贴的情况知悉并认可,兼职情况符合科研院所关于兼职的规定,该等人员依法依规从发行人领取薪酬,无须取得其他审批,不存在规避国家相关政策的情形。

"综上,上述兼职人员在发行人处领取薪酬符合相关规定。"

案例3-80　问询在科学院工作是影响发行人人员和研发独立性

依据《上海瀚讯信息技术股份有限公司的首发上市反馈意见》(上海瀚讯、300762),审核问询意见:"请发行人:(1)进一步说明并披露卜某勇、琚某等6人分别在中国科学院上海微系统与信息技术研究所与发行人处的具体工作职责和领薪情况,是否影响发行人人员、技术研发等方面的独立性;(2)结合2016年国务院、人社部有关科研院所人员创业投资的文件规定,补充说明并披露卜某勇、琚某等6名事业单位身份人员投资发行人并在发行人处任职,是否符合前述文件规定,相关人员目前及未来的任职是否需要依规进行调整,前述调整可能对发行人经营、管理和研发等方面的影响及应对措施。请保荐机构、发行人律师发表核查意见。"

(三)特殊股东的适格性

1. 工会持股

依据中国证监会《首发业务若干问题解答》(2020年6月修订)、《深圳证券交易所创业板股票首次公开发行上市审核问答》、《上海证券交易所科创板股票发行上市审核问答(二)》的规定,考虑到发行条件对发行人股权清晰、控制权稳定的要求:(1)发行人控股股东或实际控制人存在职工持股会或工会持股情形的,应当予以清理;(2)对于间接股东存在职工持股会或工会持股情形的,如不涉及发行人实际控制人控制的各级主体,发行人不需要清理,但应予以充分披露;(3)对于工会或职工持股会持有发行人子公司股份,经保荐机构、发行人律师核查后认为不构成发行人重大违法违规的,发行人不需要清理,但应予以充分披露。

案例3-81　发行人股东中存在工会持股,申请上市前清理

依据中集天达控股有限公司的反馈意见,该发行人存在工会持股后拆分为员工持股平台的情况,相关问询意见:"问题13. 关于员工持股。招股说明书披露:

(1)发行人现有员工持股平台,由控股子公司中集天达空港的员工持股平台特哥盟演变而来。特哥盟的股东之一为中集天达空港工会委员会,部分员工(含顾问,下同)通过该工会委员会持有深圳特哥盟股权,进而间接持有发行人股份。截至发行人于2021年7月调整员工持股方式前,共有253名员工通过中集天达空港工会委员会持有特哥盟股权,并间接持有发行人的股份;(2)2021年7月14日,发行人股东大会作出决议,同意调整员工持股方式,由员工通过各自出资设立的有限合伙企业,并透过多家持股平台间接持有发行人的股份。员工持股方式调整完成后,员工不再通过中集天达空港工会委员会持有发行人股份。请发行人:(1)根据《深圳证券交易所创业板股票首次公开发行上市审核问答》、审核关注要点要求完善员工持股计划信息披露;(2)根据《深圳证券交易所创业板股票首次公开发行上市审核问答》问题11说明对工会持股清理情况,股权变动的真实性,履行相应程序的合法合规性,是否存在委托持股或信托持股,是否存在争议或潜在纠纷。请保荐人、发行人律师发表明确意见,并说明对工会代持股份及清理事项的核查情况,包括核查比例、核查过程、核查结论。"

案例3-82 发行人的子公司曾存在工会持股

依据重庆三峰环境集团股份有限公司(三峰环境、601827)的招股说明书,该公司全资子公司三峰卡万塔曾存在工会持股情形,具体情况如下:

1. 工会持股的形成原因及演变情况

1998年8月3日,重钢集团董事会作出《关于设立重庆三峰环卫产业有限公司的决定》(重集综企发〔1998〕第327号):设立重庆三峰环卫产业有限公司,注册资本500万元人民币,为重钢集团的全资子公司,并委托重庆钢铁集团设计院对其进行管理。

1999年7月21日,重庆三峰环卫产业有限公司更名为重庆三峰环境产业有限公司,2000年3月1日,重钢集团对重庆三峰环境产业有限公司增资,注册资本增至1000万元。

2000年1月17日,重庆三峰环境产业有限公司召开股东会,决议重钢集团将所持重庆三峰环境产业有限公司15%的股权转让给重钢设计院工会,转让价格为

150 万元,2000 年 5 月,上述股权转让完成工商变更登记。

2001 年 10 月,重钢集团以现金对重庆三峰环境产业有限公司增资 7000 万元,增资完成后,重庆三峰环境产业有限公司注册资本为 8000 万元,其中重钢设计院工会持股比例为 1.875%。

截至工会持股清退前,重钢设计院工会持股金额 150 万元,持股比例 1.875%,持股工会人数 180 人。

2. 工会持股的清退情况

2002 年 5 月 28 日,重庆三峰环境产业有限公司股东形成股东会决议,同意重钢设计院工会将持有的重庆三峰环境产业有限公司 1.875% 的股权以人民币 150 万元转让给重钢集团。

2002 年 7 月 2 日,重钢集团与重钢设计院工会签订《股权转让协议》,重钢设计院工会将其持有 1.875% 股权以人民币 150 万元转让给重钢集团,经工会持股人员在自愿退出承诺及领款表中签字确认,股权转让款向工会持股人员支付完毕。

2002 年 9 月 23 日,本次股权转让完成工商变更登记。自工会持股人员退出至今,未发生因工会持股事项而引起的重大纠纷。

2018 年 12 月 4 日,重庆市国资委出具关于重庆三峰环境集团股份有限公司部分子公司设立和股权变动不规范事项的确认函,确认三峰卡万塔 2000 ~ 2002 年 5 月的股权变动未引起争议或纠纷,未发现国有资产流失,未来如因相关行为出现争议或纠纷,重庆市国资委将积极协调解决。德润环境、水务资产已出具关于重庆三峰环境集团股份有限公司部分子公司设立和股权变动不规范事项的承诺函,承诺如三峰环境及其子公司因上市前注册资本变动及股权转让事宜产生任何法律纠纷、被追索权益或被追究责任,德润环境、水务资产将负责解决,并及时向三峰环境承诺全额补偿责任,以确保三峰环境不会因此产生任何损失。

案例 3 - 83 发行人的间接股东存在工会持股

依据《Megvii Technology Limited(旷视科技有限公司)首次公开发行存托凭证并在科创板上市招股说明书》,该发行人的股东 SKY Royal Trading Limited 的间接股东中存在工会持股。

案例 3－84 发行人的子公司小股东的间接股东中存在工会持股

依据《苏州仕净环保科技股份有限公司招股说明书》(仕净科技、301030)，“发行人子公司顺泽环境的少数股东的间接股东盘锦辽河油田大力集团有限公司中存在工会持股的情况。辽河石油勘探局有限公司石油化工分公司工会委员会持有盘锦辽河油田大力集团有限公司股权系因盘锦辽河油田大力集团有限公司改制历史形成，改制已取得主管单位的批准，并进行了必要的评估程序。发行人于 2018 年 9 月受让盘锦顺泽科技发展有限公司持有的顺泽环境 51% 的股权已经审计、评估，发行人以及盘锦顺泽科技发展有限公司均就股权转让事项履行了必要的内部决策程序，且上述股权转让已办理了工商变更登记手续。故发行人子公司顺泽环境存在工会间接持股的情形不构成发行人重大违法违规。”

2. 高校对外投资的股东适格性

《中共中央纪委、教育部、监察部关于加强高等学校反腐倡廉建设的意见》(教监〔2008〕15 号)第 15 项规定：“加强高校企业和国有资产管理和监督……高校所属院系及各部处等非法人单位严禁对外开展任何形式的经营活动和投资活动……”另外，《教育部关于积极发展、规范管理高校科技产业的指导意见》(教科发〔2005〕2 号)对部属高校作出了如下规定：“7. 高校除对高校资产公司进行投资外，不得再以事业单位法人的身份对外进行投资。高校以出资人身份向高校资产公司派出董事会和监事会成员，董事会和监事会依据《公司法》的规定行使相应职权。”

依照规定，高校不得以事业单位法人的身份直接投资办企业，高校所属院系及各部处等非法人单位严禁对外开展任何形式的经营活动和投资活动。所以高校等不属于股东适格的主体，但作为高校下属资产公司、其他教育局下属的事业单位具有投资拟上市或者挂牌公司的股东适格性，高校可以作为最终实际控制人。例如，山大地纬(688579)的实际控制人为山东大学，石大胜华(603026)的实际控制人为中国石油大学(华东)。

3. 中央行政事业单位的股东适格性

《国务院机关事务管理局关于印发〈中央行政事业单位国有资产管理暂行办法〉的通知》(国管资〔2009〕167号)第29条规定:"各部门行政单位和参照公务员法管理的单位,不得将国有资产用于对外投资。其他事业单位应当严格控制对外投资,不得利用国家财政拨款、上级补助资金和维持事业正常发展的资产对外投资。"因此,中央行政事业单位原则上不是适格股东。对于一般性质如中科院研究所之类的事业单位是可以作为股东的。

4. 社会团体法人股东适格性

开展经营活动的社会团体,必须具有社团法人资格。不具备法人资格的社会团体,不得开展经营活动。社会团体开展经营活动,可以投资设立企业法人,也可以设立非法人的经营机构,但不得以社会团体自身的名义进行经营活动。社会团体从事经营活动,必须经工商行政管理部门登记注册,并领取企业法人营业执照等。

例如,天津迈达医学科技股份有限公司(迈达科技,430220)的第二大股东为中国医学科学院生物医学工程研究所,持股比例为16.709%。对于该股东的适格性问题,中介机构中对该问题作出了解释:"根据1999年6月29日《国家工商行政管理局关于企业登记管理若干问题的执行意见》(工商企字〔1999〕第173号)[①]第6条和2006年1月1日实施的《事业单位登记管理暂行条例实施细则》第57条的规定,事业单位可以作为股东投资开办企业法人。2004年1月9日,中国医学科学院生物医学工程研究所作为股东出资成立天津迈达医学科技有限公司,其上级单位中国医学科学院也没有进行限制性或禁止性规定,且符合国家鼓励科研院所开办公司的政策规定,经过工商行政管理机关登记确认。因此,该研究所作为股东适格。"

5. 村民委员会、农村经济合作社的股东适格性

村民委员会、农村经济合作社并未禁止作为适格股东。例如,江苏华西集团有限公司持有华西股份(000936.SZ)44.2%的股份,而华西集团股东为华西村村委会及社区服务中心;南山铝业(600219)实际控制人南山村村民委员会;三房巷

① 已失效,下同。

(600370)的实际控制人江阴市周庄镇三房巷村村民委员会持有控股股东三房巷集团 95% 的股权,同时拥有第二大股东 100% 的权益;韩建河山(603616)的实际控制人为北京市房山韩村河镇韩村河村经济合作社。

二、控股股东的持股形式

实际控制人应当关注如何持股,是否作为直接控股股东以及控股股东的持股形式等,特此探讨实际控制人的持股形式。

IPO 的企业股权持股形式可能会涉及股票交易、股票减持、质押融资等的便利性以及税收筹划、股东人数的计算、股权稳定性、实际控制权的稳定等事项,实际控制人会综合分析个人直接持股,或者通过有限公司、合伙企业、海外架构等持股平台持股的优劣性,甚至少量小股东会考虑通过资管产品、信托计划等持股。实务中,IPO 的企业股权持股形式主要为个人、公司、合伙企业等持股形式。

(一)IPO 企业的控股股东持股形式

1. 科创板公司控股股东持股形式的基本情况

前 541 家申报科创板的公司(含终止审查)中有 180 家公司的控股股东(含控股股东之一)为公司,控股股东为公司的企业中有 41 家是由国资机构或者大学控制的企业,因为控股股东和实际控制人的性质决定只能采取公司持股的形式,其中实际控制人为境外人员或具有境外居留权的约 30 家,多数选择由公司持股;其中 21 家公司的控股股东为合伙企业或者控股股东中包括合伙企业股东;其余企业均为实际控制人个人直接持股,个别公司为无控股股东。

综上,科创板申报企业中,选择由公司或合伙企业作为控股股东的公司占比约 37.15%,其中由公司作为直接控股股东持股的情形中,属于国资控制和大学控制的企业约占公司作为控股股东持股企业总数的 22.78%。申报科创板企业中,62.85% 的申报企业由实际控制人个人直接持股。只有个别公司的控股股东既有公司又有企业,如东方生物的控股股东为 FANGSHOLDINGSLLC、安吉涌威投资合伙企业(有限合伙)、安吉福浪莱进出口贸易有限公司。

2. 创业板公司控股股东持股形式的基本情况

前 100 家注册制下已经上市发行的创业板公司中,仅有 35 家公司的控股股东(其中 8 家为国资委或者大学控制的企业)为公司;无单一合伙企业作为控股股东的案例,其中欧陆通(300870.SZ)的控股股东为深圳市格诺利信息咨询有限公司和深圳市王越王投资合伙企业(有限合伙),控股股东中存在一名合伙企业股东;无控股股东的创业板公司有2家;其余均为个人作为控股股东直接持股。

综上,注册制改革后的创业板前100家发行上市的公司,仅有35.00%左右的创业板公司的控股股东为公司形式,典型代表为金龙鱼(300999.SZ),其控股股东为BathosCompanyLimited,约65.00%的创业板上市公司是由实际控制人个人作为控股股东直接持股。

(二)合伙企业可以作为控股股东

合伙企业作为控股股东的企业数量较少,但确实是可以选择的一种持股形式,选择公司持股还是合伙企业持股的税收优惠力度在不同地区存在差异,所以并非完全按照税收统一标准判断优劣性。

实务中,容百科技(688005.SH)、方邦股份(688020.SH)、美迪凯(688079.SH)、恒誉环保(688309.SH)、硕世生物(688399.SH)、科美诊断(688468.SH)、杭华股份(688571.SH)、蚂蚁集团(688688.SH,未成功发行上市)的控股股东均为合伙企业。

(三)对于持股形式选择的主要影响因素

1.控制权及可支配权的股份数

自然人直接持股,若发生公司融资,则需要自然人股东转让股份或者新增投资者对公司增资,而自然人股东持有的股份比例必然发生不利变化,其表决权或者可支配的股份数量会同等比例降低。随着公司不断引进投资者以及后期的公开发行股票,实际控制人个人的控股或者控制地位容易受重大不利影响。

对于同股同权的公司,个人持股与非自然人持股(包含公司和合伙企业)的主要区别在于控制权或者可支配权存在一定的差别。例如,实际控制人通过其控制的合伙企业平台或者公司转让部分内部股份,而其控制的拟IPO公司的股份或者拥有的表决权仍然是非自然人股东拥有的全部表决权。

所以,自然人直接持股相对于公司或者合伙企业持股,在对公司的控制或者控制权的稳定性方面存在较大区别,公司或者合伙企业持股具有一定的优越性,其能够保证实际控制人可支配的表决权股份数量。

2. 税负影响以及税务筹划

(1)关于个人持股的税负

自然人持股股票转让不涉及增值税问题。

自然人直接持股时,限售股转让所得税为20%。个人转让流通后的原始股,应纳税所得额为售价减去股份初始成本,税额为差额收益部分的20%;如果个人无法证明初始成本的,税务机关一般核定其成本为收入的15%,如成本按核定征收,税率为股权转让所得的20%×(1-15%)=股份转让款总额的17%。

(2)公司持股的税负

公司持股股票转让时,公司需缴纳增值税以及增值税附加(目前为6%的增值税,按附加税12%的比例,增值税及附加税为6.72%,具体以实际为准);公司取得股票转让收入,扣除股票成本后,需要缴纳企业所得税(具体税务以实际为准,一般企业税率为25%);公司向自然人股东分红时,自然人股东按20%的税率缴纳个人所得税。

(3)合伙企业持股的税务

《财政部、国家税务总局关于合伙企业合伙人所得税问题的通知》(财税〔2008〕159号)第2条规定:"合伙企业以每一个合伙人为纳税义务人。合伙企业合伙人是自然人的,缴纳个人所得税……"合伙企业生产经营所得和其他所得采取"先分后税"的原则。《国家税务总局关于〈关于个人独资企业和合伙企业投资者征收个人所得税的规定〉执行口径的通知》(国税函〔2001〕84号)第2条规定:个人独资企业和合伙企业对外投资分回的利息或者股息、红利,不并入企业的收入,而应单独作为投资者个人取得的利息、股息、红利所得,按"利息、股息、红利所得"应税项目计算缴纳个人所得税。可知,按照规定,合伙企业每一纳税年度的收入总额减去成本、费用以及损失后的余额,作为投资者个人的生产经营所得,比照个人所得税法的"个体工商户的生产经营所得"应税项目,适用5%~35%的五级超额累进税率,计算征收个人所得税。

《财政部、税务总局关于创业投资企业和天使投资个人有关税收政策的通知》(财税〔2018〕55号)规定:有限合伙制创业投资企业采取股权投资方式直接投资于初创科技型企业满2年的,该合伙创投企业的个人合伙人可以按照对初创科技型企业投资额的70%抵扣个人合伙人从合伙创投企业分得的经营所得;当年不足抵扣的,可以在以后纳税年度结转抵扣。

《财政部、税务总局、发展改革委、证监会关于创业投资企业个人合伙人所得税政策问题的通知》(财税〔2019〕8 号)规定:合伙制创业投资企业可以选择按单一投资基金核算。如果符合规定并选择按单一投资基金核算,其个人合伙人从该基金应分得的股权转让所得和股息红利所得,按照 20% 税率计算缴纳个人所得税。

残疾人员参与投资兴办合伙企业取得的生产经营所得,符合条件的,可按各省、自治区、直辖市人民政府规定减征的范围和幅度,减征个人所得税。

但是各地对于合伙企业均采取不同的税收政策,多数对于合伙企业的股份转让按照 20% 征税,甚至有其他的税收优惠政策。实务中存在有限合伙企业嵌套作为有限合伙企业合伙人的多层合伙企业形式,各地在税收执行过程中存在一定的差异,但若严格按照规定,仍应当按照生产经营所得依法缴纳个人所得税,如厦门市税务局于 2020 年 4 月 24 日在其官网对类似事项的咨询有明确回复。

实务中一般认为通过公司持股或者合伙企业持股等形式,更容易开展税收筹划。实际上,个人直接持股却能够有效利用目前对上市公司分红的所得税优惠政策。对于个人持股还是公司持股能够更好地采取税收筹划需要根据具体情况判断,并非一成不变。但是对于公司持股形式的税收具有一定的延缓空间,对合伙企业各地采取差异化的税收优惠政策,存在一定的节税空间。

3. 其他业务影响或者业务独立性

如果 IPO 企业的实际控制人的业务集中于 IPO 企业,则其可以选择直接持股或者由持股平台持股。

若拟 IPO 企业的控股股东同时控制多个业务板块,则一般通过控股公司的形式控制不同的业务板块,多采取控股公司作为控股股东的持股形式,并非由实际控制人个人持股。对于后期具有开拓其他业务板块或者集团化运营的,一般具有成立控股公司的需求。因此,对于存在业务隔离以及业务板块的分业经营需求的,一般设立控股平台公司作为持股主体。由控股公司作为持股主体具有一定的优势,同时能够保证各个业务板块独立;且实际控制人的持股公司均承担有限责任;不同的业务板块之间的利润存在差异,在合并财务报表层面能够起到税务筹划的作用;不同的业务板块之间不会造成不必要的责任牵连。

（四）涉及收购时，即使间接持股也应当按照规定履行义务

《上市公司收购管理办法》（2020 修正）第 56 条规定："收购人虽不是上市公司的股东，但通过投资关系、协议、其他安排导致其拥有权益的股份达到或者超过一个上市公司已发行股份的 5% 未超过 30% 的，应当按照本办法第二章的规定办理。收购人拥有权益的股份超过该公司已发行股份的 30% 的，应当向该公司所有股东发出全面要约；收购人预计无法在事实发生之日起 30 日内发出全面要约的，应当在前述 30 日内促使其控制的股东将所持有的上市公司股份减持至 30% 或者 30% 以下，并自减持之日起 2 个工作日内予以公告；其后收购人或者其控制的股东拟继续增持的，应当采取要约方式。"

第 57 条规定："投资者虽不是上市公司的股东，但通过投资关系取得对上市公司股东的控制权，而受其支配的上市公司股东所持股份达到前条规定比例、且对该股东的资产和利润构成重大影响的，应当按照前条规定履行报告、公告义务。"

综上，控股股东通过公司持股，对于上市公司的股票转让、质押融资等确实存在一定的便利，但并不能规避新的投资者持股达到已发行股份的 5% 未超过 30% 的信息披露义务等，所以对于间接持股，仍应当按照规定履行信息披露义务。在上市公司收购中，确实存在通过间接持股平台违规处理股份交割的事宜，也证明存在一定的操作空间，但需要严格按照交易规则进行交易，不得违反监管规定。

另外，对于拟 IPO 企业的持股形式变更，从《上市公司收购管理办法》等规定可以得知，监管机构认可同一实际控制人下的控股股东变更，所以持股主体确定后并非不可变更，只是程序比较复杂，会涉及不同主体之间的资金支付以及税费的支出等。

三、股东人数超 200 人

（一）监管指引关于股东人数超过 200 人的规定

《非上市公众公司监管指引第 4 号——股东人数超过 200 人的未上市股份有限公司申请行政许可有关问题的审核指引》（2020 修正）

《证券法》明确规定"向特定对象发行证券累计超过二百人的"属于公开发行，需依法报经中国证监会履行行政许可程序。对于股东人数已经超过 200 人的

未上市股份有限公司(以下简称200人公司),符合本指引规定的,可申请公开发行并在证券交易所上市、在全国中小企业股份转让系统(以下简称全国股份转让系统)挂牌公开转让等行政许可。对200人公司合规性的审核纳入行政许可过程中一并审核,不再单独审核。现将200人公司的审核标准、申请文件、股份代持及间接持股处理等事项的监管要求明确如下:

一、审核标准

200人公司申请行政许可的合规性应当符合本指引规定的下列要求:

(一)公司依法设立且合法存续

200人公司的设立、增资等行为不违反当时法律明确的禁止性规定,目前处于合法存续状态。城市商业银行、农村商业银行等银行业股份公司应当符合《关于规范金融企业内部职工持股的通知》(财金〔2010〕97号)。

200人公司的设立、历次增资依法需要批准的,应当经过有权部门的批准。存在不规范情形的,应当经过规范整改,并经当地省级人民政府确认。

200人公司在股份形成及转让过程中不存在虚假陈述、出资不实、股权管理混乱等情形,不存在重大诉讼、纠纷以及重大风险隐患。

(二)股权清晰

200人公司的股权清晰,是指股权形成真实、有效,权属清晰及股权结构清晰。具体要求包括:

1.股权权属明确。200人公司应当设置股东名册并进行有序管理,股东、公司及相关方对股份归属、股份数量及持股比例无异议。股权结构中存在工会或职工持股会代持、委托持股、信托持股以及通过"持股平台"间接持股等情形的,应当按照本指引的相关规定进行规范。

本指引所称"持股平台"是指单纯以持股为目的的合伙企业、公司等持股主体。

2.股东与公司之间、股东之间、股东与第三方之间不存在重大股份权属争议、纠纷或潜在纠纷。

3.股东出资行为真实,不存在重大法律瑕疵,或者相关行为已经得到有效规范,不存在风险隐患。

申请行政许可的200人公司应当对股份进行确权,通过公证、律师见证等方式明确股份的权属。申请公开发行并在证券交易所上市的,经过确权的股份数量应当达到股份总数的90%以上(含90%);申请在全国股份转让系统挂牌公开转让的,经过确权的股份数量应当达到股份总数的80%以上(含80%)。未确权的部分应当设立股份托管账户,专户管理,并明确披露有关责任的承担主体。

(三)经营规范

200人公司持续规范经营,不存在资不抵债或者明显缺乏清偿能力等破产风险的情形。

(四)公司治理与信息披露制度健全

200人公司按照中国证监会的相关规定,已经建立健全了公司治理机制和履行信息披露义务的各项制度。

二、申请文件

(一)200人公司申请行政许可,应当提交下列文件:

1. 公司关于股权形成过程的专项说明;

2. 设立、历次增资的批准文件;

3. 证券公司出具的专项核查报告;

4. 律师事务所出具的专项法律意见书,或者在提交行政许可的法律意见书中出具专项法律意见。

以上各项文件如已在申请公开发行并在证券交易所上市或者在全国股份转让系统挂牌公开转让的申请文件中提交,可不重复提交。

(二)存在下列情形之一的,应当报送省级人民政府出具的确认函:

1. 1994年7月1日《公司法》实施前,经过体改部门批准设立,但存在内部职工股超范围或超比例发行、法人股向社会个人发行等不规范情形的定向募集公司。

2. 1994年7月1日《公司法》实施前,依法批准向社会公开发行股票的公司。

3. 按照《国务院办公厅转发证监会关于清理整顿场外非法股票交易方案的通知》(国办发〔1998〕10号),清理整顿证券交易场所后"下柜"形成的股东超过200人的公司。

4. 中国证监会认为需要省级人民政府出具确认函的其他情形。

省级人民政府出具的确认函应当说明公司股份形成、规范的过程以及存在的问题,并明确承担相应责任。

(三)股份已经委托股份托管机构进行集中托管的,应当由股份托管机构出具股份托管情况的证明。股份未进行集中托管的,应当按照前款规定提供省级人民政府的确认函。

(四)属于200人公司的城市商业银行、农村商业银行等银行业股份公司应当提供中国银行业监督管理机构出具的监管意见。

三、关于股份代持及间接持股的处理

(一)一般规定

股份公司股权结构中存在工会代持、职工持股会代持、委托持股或信托持股等股份代持关系,或者存在通过"持股平台"间接持股的安排以致实际股东超过200人的,在依据本指引申请行政许可时,应当已经将代持股份还原至实际股东、将间接持股转为直接持股,并依法履行了相应的法律程序。

(二)特别规定

以依法设立的员工持股计划以及已经接受证券监督管理机构监管的私募股权基金、资产管理计划和其他金融计划进行持股,并规范运作的,可不进行股份还原或转为直接持股。

(二)股东人数的计算

1. 关于股东人数穿透计算的主要依据

《证券法》(2019修订)第9条第1款、第2款规定:"公开发行证券,必须符合法律、行政法规规定的条件,并依法报经国务院证券监督管理机构或者国务院授权的部门注册。未经依法注册,任何单位和个人不得公开发行证券。证券发行注册制的具体范围、实施步骤,由国务院规定。有下列情形之一的,为公开发行:(一)向不特定对象发行证券;(二)向特定对象发行证券累计超过二百人,但依法实施员工持股计划的员工人数不计算在内;(三)法律、行政法规规定的其他发行行为。"

《非上市公众公司监管指引第4号——股东人数超过200人的未上市股份有限公司申请行政许可有关问题的审核指引》(2020修正)第1条第2款第1项规定:"股权权属明确。200人公司应当设置股东名册并进行有序管理,股东、公司及相关方对股份归属、股份数量及持股比例无异议。股权结构中存在工会或职工持股会代持、委托持股、信托持股以及通过'持股平台'间接持股等情形的,应当按照本指引的相关规定进行规范。本指引所称‘持股平台’是指单纯以持股为目的的合伙企业、公司等持股主体。”

《深圳证券交易所创业板股票首次公开发行上市审核问答》问题22：“新证券法实施后，发行人在首发申报前实施员工持股计划的，信息披露有哪些要求？中介机构应当如何进行核查？答……（二）员工持股计划计算股东人数的原则 1.依法以公司制企业、合伙制企业、资产管理计划等持股平台实施的员工持股计划，在计算公司股东人数时，按一名股东计算。2.参与员工持股计划时为公司员工，离职后按照员工持股计划章程或协议约定等仍持有员工持股计划权益的人员，可不视为外部人员。3.新《证券法》施行之前（2020年3月1日之前）设立的员工持股计划，参与人包括少量外部人员的，可不做清理，在计算公司股东人数时，公司员工部分按照一名股东计算，外部人员按实际人数穿透计算……”

2.主板和创业板关于员工持股计划计算股东人数的原则

依据《首发业务若干问题解答》（2020年6月修订）问题24以及《深圳证券交易所创业板股票首次公开发行上市审核问答》问题22，主板和创业板关于员工持股计划计算股东人数的原则如下：

（1）依法以公司制企业、合伙制企业、资产管理计划等持股平台实施的员工持股计划，在计算公司股东人数时，按一名股东计算。

（2）参与员工持股计划时为公司员工，离职后按照员工持股计划章程或协议约定等仍持有员工持股计划权益的人员，可不视为外部人员。

（3）新《证券法》施行之前（2020年3月1日之前）设立的员工持股计划，参与人包括少量外部人员的，可不做清理，在计算公司股东人数时，公司员工部分按照一名股东计算，外部人员按实际人数穿透计算。

3.科创板关于员工持股计划计算股东人数的规定

依据《上海证券交易所科创板股票发行上市审核问答》，员工持股计划符合以下要求之一的，在计算公司股东人数时，按一名股东计算；不符合下列要求的，在计算公司股东人数时，穿透计算持股计划的权益持有人数。

（1）员工持股计划遵循“闭环原则”。员工持股计划不在公司首次公开发行股票时转让股份，并承诺自上市之日起至少36个月的锁定期。发行人上市前及上市后的锁定期内，员工所持相关权益拟转让退出的，只能向员工持股计划内员工或其他符合条件的员工转让。锁定期后,员工所持相关权益拟转让退出的,按照员工持股计划章程或有关协议的约定处理。

(2)员工持股计划未按照“闭环原则”运行的,员工持股计划应由公司员工持有,依法设立、规范运行,且已经在基金业协会依法依规备案。

4. 实务中关于员工持股平台股东人数的计算

虽然《证券法》(2019 修订)第 9 条规定依法实施员工持股计划的员工人数不计算在向特定对象发行证券累计超过 200 人的人数范围内,但是《非上市公众公司监管指引第 4 号——股东人数超过 200 人的未上市股份有限公司申请行政许可有关问题的审核指引》(2020 修正)明确规定关于单纯以持股为目的的合伙企业、公司等持股主体属于通过持股平台间接持股的情形,应当按照指引的规定进行规范。所以在穿透计算股东人数时,是否将合伙企业等持股平台的员工穿透计算人数存在一定的差异。

(1)员工持股平台不穿透计算股东人数

通常情况下,对发行人的“员工持股平台”依据《证券法》(2019 修订)的规定,属于“依法设立(运行)的员工持股计划、履行备案登记的私募基金、资管计划以及其他金融计划”类,不再进一步区分是否“非单纯以持股为目的”,不对作为员工持股平台的股东人数穿透计算。对于其他不属于员工持股平台的合伙企业类持股平台均穿透至最终持股自然人、国有出资单位或上市公司的方式进行穿透核查并以此计算股东人数。

案例 3-85 员工持股平台作为单一股东认定

依据《深圳市华宝新能源股份有限公司创业板首次公开发行股票招股说明书(申报稿)》,发行人将两个员工持股平台企业均作为一个股东进行认定,同时将外部机构持股的合伙企业持股平台股东人数进行穿透计算,具体解释为:“公司的员工持股平台嘉美盛与嘉美惠不在公司首次公开发行股票时转让股份,且锁定期不少于 36 个月;发行人上市前及上市后的锁定期内,员工所持相关权益拟转让退出的,只能向员工持股平台内员工或其他符合条件的员工转让;锁定期后,员工所持相关权益拟转让退出的,按照合伙协议的约定处理。发行人员工持股平台符合

'闭环原则'。"

另外,依据西安西测测试技术股份有限公司首次公开发行股票并在创业板上市招股说明书,华瑞智测为公司员工持股平台,合伙人均为公司员工,计算公司股东人数时,公司员工部分按照一名股东计算。

另外,依据威马农机股份有限公司首次公开发行股票并在创业板上市招股说明书,该发行人的合伙企业员工持股平台作为一名股东计算。

案例 3-86 将 9 家合伙企业认定为 9 个股东

依据《中集天达控股有限公司创业板首次公开发行股票招股说明书(申报稿)》,发行人的股东即丰强 BVI,穿透后共 9 家合伙企业间接持有其全部股份,对应持股员工和顾问 252 人,最终未穿透计算股东人数,按照 9 人认定丰强 BVI 的股东人数。

(2)全部持股平台均穿透计算股东人数

依据《非上市公众公司监管指引第 4 号——股东人数超过 200 人的未上市股份有限公司申请行政许可有关问题的审核指引》(2020 修正)规定的持股平台定义,单纯以持股为目的的合伙企业、公司等持股主体即使属于员工持股平台也应穿透计算股东人数,认定单纯的合伙企业员工持股平台不属于"除依法设立的员工持股计划、履行备案登记的私募基金、资管计划以及其他金融计划",将"单纯以持有拟上市主体股份为目的的合伙企业、公司"等持股平台亦进行穿透计算。在新修订的《证券法》于 2020 年 3 月 1 日正式实施前,原则上均按照该谨慎的操作方法穿透计算股东人数。

案例 3-87 将员工持股平台人数穿透计算

江苏协昌电子科技股份有限公司的招股说明书显示,发行人股东即友孚投资系由发行人员工共同出资组成的员工持股平台,在计算发行人股东人数时穿透计算友孚投资的股东人数为 33 人。另外,浙江天振科技股份有限公司的招股说明书在计算股东人数时,将员工持股平台人数进行穿透计算。

案例 3 – 88 海外基金不穿透计算股东人数

依据《关于深圳市倍轻松科技股份有限公司首次公开发行股票并在科创板上市的发行注册环节反馈意见落实函回复》,反馈意见:"关于股东,披露蔚叁投资出资人的股权结构、实控人的基本信息,穿透后计算是否存在导致发行人股东超过 200 人的情形。请保荐机构及发行人律师核查并发表意见。"反馈回复:"经对蔚叁投资进行穿透核查,其最终股东有 10 个,其中自然人股东 5 名,分别为 RonSimChyHock、RachelSimYuJuan、RachelSimYuXin、RoySimYuJie 和 TeoSwayHeong。另有机构股东 5 名,分别为 KKRASIAIII(EEA)PTE. LTD.、KKRASIAIIISBSPTE. LTD.、KKRASIAIIIESCPTE. LTD.、KKRPARTNERSIVL. P. 和 KKRASIAIIIFUNDINVESTMENTSPTE. LTD.,上述机构股东均系境外知名私募股权投资机构 KKR 旗下子基金。根据《非上市公众公司监管指引第 4 号——股东人数超过 200 人的未上市股份有限公司申请行政许可有关问题的审核指引》(2020 修正)的规定,在计算发行人股东穿透人数时,将上述 KKR 旗下子基金视为一个股东,不再进行穿透计算。"

分析:对于从谨慎角度处理,穿透计算员工持股平台的股东人数的企业,一般均属于股东人数较少,穿透计算仍不会触及股东人数超过 200 人的情形,但是《证券法》和相关的上市审核问答对员工持股平台的股东人数的计算有明确规定,还是应当从规则的角度去分析股东人数。

案例 3 – 89 华为工会等工会持股未穿透核查

依据《唯捷创芯(天津)电子技术股份有限公司第二轮审核问询函之回复报告》,问询意见"6. 关于 2021 年度上半年业绩情况及股东核查。请保荐机构、发行人律师:说明发行人外资股东、工会持股停止穿透的核查依据,股东核查工作是否落实《监管规则适用指引——关于申请首发上市企业股东信息披露》及本所相关规定等。"

回复如下:

保荐机构及发行人律师根据《监管规则适用指引——关于申请首发上市企业

股东信息披露》《关于股东信息核查中"最终持有人"的理解与适用》《上海证券交易所关于进一步规范股东穿透核查的通知》等相关规定,对发行人股东进行穿透核查。经核查,发行人股东OPPO移动存在未进行穿透的外资股东"高耀集团有限公司",维沃移动存在未进行穿透的外资股东"誉祥有限公司",昆唯管理存在未进行穿透的外资股东"泉恩集团有限公司"(BelieveBeyondGroupLimited)、"上城环球有限公司"(UptownGlobalCo.,Ltd.);发行人股东哈勃投资、OPPO移动、维沃移动存在未进行穿透的工会委员会。

未进行穿透的外资股东、工会委员会基本情况及停止穿透的核查依据具体说明如下:

1. OPPO移动、维沃移动的外资股东的出资人不存在境内主体且入股发行人的价格不存在明显异常,认定为"最终持有人"停止穿透

(1)已通过适当方式核查确认外资股东的出资人不存在境内主体

鉴于难以通过境内的企业信息公示网站查询境外股东的股权结构,因此保荐机构及发行人律师通过关键词网络搜索查询OPPO移动的外资股东"高耀集团有限公司"以及维沃移动的外资股东"誉祥有限公司"是否存在出资人为境内主体的记录,查询结果未显示存在相关记录。

根据OPPO移动的外资股东"高耀集团有限公司"以及维沃移动的外资股东"誉祥有限公司"书面确认,其出资人不存在境内主体。

(2)已充分论证外资股东入股发行人的价格不存在明显异常

经核查,"高耀集团有限公司""誉祥有限公司"自OPPO移动、维沃移动入股发行人12个月之前即为其间接股东,且间接持股的股权比例未发生变化,不属于"突击入股"情形。其作为发行人间接股东入股的价格与OPPO移动、维沃移动入股发行人的价格具有一致性,不存在明显异常。

(3)经核查,OPPO移动、维沃移动也具有实际经营业务,并非主要以持有发行人股权为目的而设立的主体,且不涉及违法违规"造富"的情形。

基于上述,保荐机构及发行人律师认定OPPO移动、维沃移动的外资股东"高耀集团有限公司""誉祥有限公司"为"最终持有人"停止穿透,符合《监管规则适用指引——关于申请首发上市企业股东信息披露》及上海证券交易所的相关规定。

2. 昆唯管理的外资股东“持股较少”,无须穿透核查

昆唯管理的间接出资人“泉恩集团有限公司”(BelieveBeyondGroupLimited)、“上城环球有限公司”(UptownGlobalCo. ,Ltd.)为外资股东,其间接持有发行人股份数量少于 10 万股或持股比例低于 0.01%,属于《上海证券交易所关于进一步规范股东穿透核查的通知》所规定的“持股较少”的股东。另外,其间接持有股份的发行人股东昆唯管理入股发行人的价格不存在明显异常,不涉及违法违规“造富”等情形。

基于上述,按照实质重于形式以及重要性原则,保荐机构及发行人律师未对昆唯管理的间接出资人“泉恩集团有限公司”(BelieveBeyondGroupLimited)、“上城环球有限公司”(UptownGlobalCo. ,Ltd.)进行穿透核查,符合《监管规则适用指引——关于申请首发上市企业股东信息披露》及上海证券交易所的相关规定。

3. 哈勃投资、OPPO 移动、维沃移动的工会委员会出资人无法进行穿透

保荐机构及发行人律师无法通过网络公开平台公示的企业信息查询到哈勃投资、OPPO 移动、维沃移动的间接出资人“华为投资控股有限公司工会委员会”“广东欧加控股有限公司工会委员会”“维沃企业管理咨询有限公司工会委员会”的出资人情况,也未向相关股东获取到穿透至工会委员会出资人的相关资料。受制于客观情况,因此无法对其进一步穿透至“最终持有人”。

哈勃投资由具有实际经营业务的实体华为投资控股有限公司全资设立,OPPO 移动、维沃移动系具有实际经营业务的有限公司,哈勃投资、OPPO 移动、维沃移动入股发行人的交易价格不存在明显异常,其股权结构为非主要以持有发行人股权为目的的股权架构,均不涉及违法违规“造富”的情形。

基于上述,保荐机构及发行人律师因受制于客观情况无法对哈勃投资、OPPO 移动、维沃移动的间接出资人“华为投资控股有限公司工会委员会”“广东欧加控股有限公司工会委员会”“维沃企业管理咨询有限公司工会委员会”进行穿透核查。

4. 新三板挂牌期间因为交易股东人数超过 200 人不需要特殊审批

在新三板挂牌期间,因做市交易或竞价交易导致股东人数超 200 人的,无须另行取得证券监管部门的批准,可直接申请 IPO。

可参考广东泰恩康医药股份有限公司、确成股份(605183)、科顺股份(300737)等。

(三)需要省级政府出具确认函的情形

依据《非上市公众公司监管指引第4号——股东人数超过200人的未上市股份有限公司申请行政许可有关问题的审核指引》(2020修正)的规定,省级人民政府出具确认函的情形主要集中在发行人历史沿革中存在国有资产变更未依法履行程序、企业改制不规范、历史出资存在瑕疵等情形。

应当报送省级人民政府出具的确认函情形:

1.1994年7月1日《公司法》实施前,经过体改部门批准设立,但存在内部职工股超范围或超比例发行、法人股向社会个人发行等不规范情形的定向募集公司,应当报送省级人民政府出具的确认函。

案例3-90 股东人数超过200人取得省级政府确认

根据济南圣泉集团股份有限公司(圣泉集团、605589)首发上市和新三板挂牌材料,其在新三板挂牌前股东人数合计3563人,总股本25,748.84万股。圣泉集团自2013年11月12日开始,对股东的持股情况进行确认,确认过程全程录像并聘请章丘市公证处对股权确认过程进行现场公证,项目组和律师全程参与了公司股权确认的过程。截至2014年1月28日,已完成托管登记的股份25,737.0504万股,托管比例为99.95%,该次股权确认共确定股东人数2899名,该等股东持有24,509.9684万股,占公司总股本的95.19%,股份确权比例达到80%以上。圣泉集团系根据1993年3月22日章丘市体制改革委员会批文(章体改股字〔1993〕6号)及1993年12月30日济南市体改委批文(济体改股字〔1993〕56号),由原济南圣泉化工实业总公司整体改制,并同时发行内部职工股,募集设立的股份公司。其中内部职工股338万股,涉及内部职工562名。原济南圣泉化工实业总公司以净资产1127万股折为1127法人股,占股份总额的77%;向内部职工发行338万股,占股份总额的23%。2014年4月25日,山东省人民政府出具《关于报送确认济南圣泉集团股份有限公司股份形成及规范情况的函》(鲁政字〔2014〕88号),对圣泉集团内部职工股的股份形成、变化及规范等情况进行确认。

另外,圣泉集团于1995年2月24日,经山东省证券管理委员会以《关于济南圣泉集团股份有限公司股权证转让申请材料的初审意见》(鲁证管办字〔1995〕4

号)批准,公司内部职工股在山东企业产权交易所挂牌转让,公司内部职工股转为社会个人股。1998年,根据《国务院办公厅转发证监会关于〈清理整顿场外非法股票交易方案〉的通知》(国办发〔1998〕10号)规定,根据企业产权交易所出具的说明,圣泉集团在山东产权交易所于1998年12月19日停止挂牌交易。2014年4月25日,山东省人民政府出具《关于报送确认济南圣泉集团股份有限公司股份形成及规范情况的函》(鲁政字〔2014〕88号),对圣泉集团内部职工股股份形成、变化及规范等情况进行确认。

案例3-91 市政府及省政府均对职工股情况进行确认

依据成都彩虹电器(集团)股份有限公司的招股说明书,四川省人民政府对该发行人的内部职工股情况进行确认:"2017年6月10日,成都市人民政府向四川省人民政府报送了《成都市人民政府关于对成都彩虹电器(集团)股份有限公司历史沿革有关事项予以确认的请示》(成府〔2017〕53号),确认彩虹电器设立时,内部职工股超范围发行及转让以及未及时托管等事项存在瑕疵,但彩虹电器股份发行、转让均系当事人真实意思表示,并已在成都托管中心办理内部职工股托管手续,现有托管情况属实;目前,彩虹电器内部职工股经确权数量已达内部职工股的95%,没有发现纠纷。2017年7月10日,四川省人民政府出具了《关于确认成都彩虹电器(集团)股份有限公司历史沿革有关事项的函》(川府函〔2017〕111号),确认:同意成都市人民政府对彩虹电器历史沿革有关事项的确认,彩虹电器已在成都托管中心办理了内部职工股集中托管手续,内部职工股经确权数量已占内部职工股总数的95%以上,未确权股份的管理及责任承担主体明确。"

另外,可参考赫达股份(002810)、彩虹集团(003023)等。

2. 1994年7月1日《公司法》实施前,依法批准向社会公开发行股票的公司,应当报送省级人民政府出具的确认函。

依法批准向社会公开发行股票的公司,可参考案例江苏铁发(430659)。

3. 具体是指按照《国务院办公厅转发证监会关于〈清理整顿场外非法股票交易方案〉的通知》(国办发〔1998〕10号),清理整顿证券交易场所后"下柜"形成的股东超过 200 人的公司，应当报送省级人民政府出具的确认函。

4. 中国证监会认为需要省级人民政府出具确认函的其他情形。

依照监管指引的兜底条款，中国证监会认为需要省级人民政府出具确认函的，应当报送省级人民政府出具的确认函，相关事项主要集中在国有企业改制或者重大国有资产转让等领域。

公司在设立、历次股权变动过程中存在应当审批而未审批情形的，经过规范整改后，根据具体情况等，选择是否经省级人民政府确认，主要涉及的情形包括集体股权变动、国有股权变动以及外商投资股权变动等。若存在应当评估而未评估、应当进入交易场所挂牌交易而未进场交易的情形，根据历史沿革涉及国资、集体股权变动不规范的情况，为确保不涉及国有资产流失、集体资产流失，根据具体需要取得省级人民政府或者地级市或国有资产监督管理机构的确认。

案例 3－92 省市两级政府确认集体资产变动的历史沿革

依据《江苏华盛锂电材料股份有限公司科创板首次公开发行股票招股说明书(上会稿)》，存在的相关情况："根据张家港市人民政府 2012 年 11 月 5 日出具的《关于确认江苏华盛精化工股份有限公司历史沿革产权界定的请示》(张政发〔2012〕104 号)，张家港市人民政府确认：'华盛助剂厂购买集体资产等事项，已经履行了资产评估、评估结果确认等法定程序，并经有关主管部门批准，符合当时国家、地方相关法律、法规和规范性文件的要求以及企业产权制度改革的相关政策；相关主管部门已足额收到集体资产转让价款，华盛助剂厂及其股东已全面履行义务，不存在其他欠缴费用或未履行义务的情形，不存在违规、违约行为；集体资产转让过程真实、合法、有效，未发生过任何产权争议，不存在任何法律纠纷或者潜在的法律纠纷，不存在集体资产流失和损害集体资产利益的情形'。根据江苏省人民政府办公厅 2013 年 10 月 21 日出具的《省政府办公厅关于确认江苏华盛精化工股份有限公司历史沿革产权界定等有关事项合规性的函》(苏政办函〔2013〕92 号)，江苏省人民政府办公厅确认：'江苏华盛精化工股份有限公司历史沿革过程中有关资产收购、产权界定等事项履行了资产评估等相关程序，并经主管部门批准，符合国家法律法规和政策规定'。"

案例 3-93　存在集体企业改制经省政府确认历史沿革

依据《常州祥明智能动力股份有限公司首次公开发行股票并在创业板上市招股说明书(注册稿)》,发行人存在相关情况:“2017 年 1 月 6 日,常州市人民政府向江苏省人民政府提交《常州市人民政府关于确认常州祥明智能动力股份有限公司及其控股股东历史沿革相关事项的请示》(常政发〔2017〕4 号),常州市人民政府认定发行人及其控股股东祥兴信息历史沿革清晰,其中祥兴信息涉及的集体企业改制相关事项履行了评估、有权部门批准、对价支付、工商变更登记等必要程序,不存在集体资产流失的情形,亦不存在纠纷和潜在纠纷,真实合法有效。

“2017 年 5 月 27 日,江苏省人民政府办公厅出具《省政府办公厅关于确认常州祥明智能动力股份有限公司历史沿革有关事项合规性的函》(苏政办函〔2017〕45 号),对上述发行人及其控股股东祥兴信息上述历史沿革的合规性进行了确认,认定公司历史沿革有关事项履行了相关程序,并经主管部门审批,符合国家法律法规和政策规定。”

案例 3-94　存在挂靠集体企业,经省政府确认历史沿革

依据《江苏天南电力股份有限公司首次公开发行股票招股说明书》,发行人存在集体企业对发行人的持股情形,发行人解释为挂靠集体企业,不存在实际的出资。如皋市人民政府、南通市人民政府出具了证明文件,确认:“2002 年 8 月至 2006 年 10 月,苏源实业持有天南电力股份,实为天南电力挂靠苏源实业,使用‘苏源’字号,天南电力按比例提取天南电力产品销售收入支付给苏源实业作为挂靠咨询费。持股期间,苏源实业为集体性质企业,不涉及国有资产。苏源实业未实际参与天南电力的经营管理,未参与分红,苏源实业对天南电力的出资、增资、股权转让均未实际出资和收取对价,苏源实业所持有天南电力股权及对应权益实际系天南电力实际控制人姚某生所有,后苏源实业通过股权转让方式将对应股权还原至姚某生夫妻名下,苏源实业仅是天南电力的名义出资方,天南电力未因挂靠苏源实业而享受政府优惠。上述行为实属挂靠性质的‘红帽子’企业,天南电力历史沿革事实清楚,产权归属真实、合法、有效,未见损害职工权益情形,不存在纠纷或潜在纠纷及法律风险,未见国有及集体资产流失的情形,总体符合当时的法律

法规和政策规定。”江苏省人民政府出具证明文件，确认：“江苏天南电力器材有限公司历史沿革等相关事项基本符合当时的法律法规及政策规定，基本履行了必要的法律程序或补充完善了相关手续。”2006年12月，经天南有限股东会审议通过，天南有限公司名称变更为“江苏天南电力器材有限公司”。

另外，可以参考案例国光电气(688776)、设研院(300732)等。

5. 关于需要省级人民政府出具的确认函的其他要求。

依据《非上市公众公司监管指引第4号——股东人数超过200人的未上市股份有限公司申请行政许可有关问题的审核指引》(2020修正)，省级人民政府出具的确认函应当说明公司股份形成、规范的过程以及存在的问题，并明确承担相应的责任。

股份已经委托股份托管机构进行集中托管的，应当由股份托管机构出具股份托管情况的证明。股份未进行集中托管的，应当按照前款规定提供省级人民政府的确认函。

案例3-95 问询是否经省政府确认未造成国有资产流失

依据《关于金冠电气股份有限公司首次公开发行股票并在科创板上市申请文件审核问询函的回复》，问询意见：“2.1 根据申报材料，发行人历史上存在国有参股股东金冠王码，金冠电气2007年的增资扩股及金冠王码2007年转让所持金冠电气股权时未履行评估备案等国资审批程序，程序上存在瑕疵。2018年5月21日，河南省人民政府出具河南省人民政府办公厅关于确认南阳金冠电气有限公司历史沿革等事项的函。请发行人说明河南省人民政府办公厅关于确认南阳金冠电气有限公司历史沿革等事项的函是否确认金冠王码2007年转让所持金冠电气股权以及金冠电气2007年的增资扩股行为相关程序的合法性，是否确认未造成国有资产流失。请发行人提供相关有权部门的确认函件。”

回复：“2018年4月14日，南阳市人民政府向河南省人民政府提交《南阳市人民政府关于恳请对南阳金冠电气有限公司历史沿革有关事项确认的请示》(宛政文〔2018〕28号)，提请河南省人民政府对南阳市人民政府出具的以下意见予以确认批复:(1)2005 年 3 月,金冠王码和光大财务合资设立金冠电气,经济行为合法有效;(2)金冠王码以实物出资,已对出资资产进行了评估,并参照国有企业管理要求将评估报告报国资监管机构备案,出资行为合法有效;(3)金冠电气 2007 年 1 月增资扩股,增资扩股的定价高于评估的股权价值,增资行为未损害原股东权益,也未造成国有资产流失,合法有效;(4)2007 年 8 月金冠王码将其持有的金冠电气的股权转让给光大财务,转让价格低于评估价格的差额部分 152.61 万元,已由金冠电气的现有股东弥补到位,股权转让行为合法有效,未造成国有资产流失。2018 年 5 月 21 日,河南省人民政府办公厅出具《河南省人民政府办公厅关于确认南阳金冠电气有限公司历史沿革等事项的函》(豫政办函〔2018〕48 号),确认:(1)金冠王码和光大财务合资设立金冠电气已经南阳市人民政府同意,且出资的非货币性资产已履行资产评估程序,程序合法有效;(2)鉴于金冠王码和金冠电气均非国有控股公司,金冠电气 2007 年增资扩股、金冠王码 2007 年转让金冠电气股权的行为已按照公司章程履行有关决策程序,符合《公司法》的规定,同意南阳市人民政府的确认意见。

"据此,河南省人民政府办公厅已确认金冠王码 2007 年转让所持金冠电气股权以及金冠电气 2007 年的增资扩股行为相关程序合法合规,未造成国有资产流失。"

四、"三类股东"

(一)"三类股东"的概念

"三类股东"是指契约性基金、信托计划、资产管理计划"三类特殊"的股东(以下简称"三类股东")。此"三类股东"不有法人资格,但是能够通过交易或者增发等形式持有股票。所以对于新三板公司或者曾在新三板挂牌的公司可能存在"三类股东"的情形。

(二)"三类股东"的核查和披露要求

1. 主板关于"三类股东"的核查和披露要求

《首发业务若干问题解答》(2020 年 6 月修订)问题 6:"发行人在新三板挂牌期间形成契约性基金、信托计划、资产管理计划等'三类股东'的,对于相关信息的核查和披露有何要求?答:发行人在新三板挂牌期间形成'三类股东'持有发行人股份的,中介机构和发行人应从以下方面核查披露相关信息:(1)中介机构应核查确认公司控股股东、实际控制人、第一大股东不属于'三类股东'。(2)中介机构应核查确认发行人的'三类股东'依法设立并有效存续,已纳入国家金融监管部门有效监管,并已按照规定履行审批、备案或报告程序,其管理人也已依法注册登记。(3)发行人应当按照首发信息披露准则的要求对'三类股东'进行信息披露。通过协议转让、特定事项协议转让和大宗交易方式形成的'三类股东',中介机构应对控股股东、实际控制人、董事、监事、高级管理人员及其近亲属,本次发行的中介机构及其负责人、高级管理人员、经办人员是否直接或间接在该等'三类股东'中持有权益进行核查并发表明确意见。(4)中介机构应核查确认'三类股东'已作出合理安排,可确保符合现行锁定期和减持规则要求。"

2. 创业板关于"三类股东"的核查和披露要求

《深圳证券交易所创业板股票首次公开发行上市审核问答》问题 14:"发行人在新三板挂牌期间形成契约性基金、信托计划、资产管理计划等'三类股东'的,对于相关信息的核查和披露有何要求?答:发行人在新三板挂牌期间形成'三类股东'持有发行人股份的,中介机构和发行人应从以下方面核查披露相关信息:(一)中介机构应核查确认公司控股股东、实际控制人、第一大股东不属于'三类股东'。(二)中介机构应核查确认发行人的'三类股东'依法设立并有效存续,已纳入国家金融监管部门有效监管,并已按照规定履行审批、备案或报告程序,其管理人也已依法注册登记。(三)发行人应当按照首发信息披露准则的要求对'三类股东'进行信息披露。通过协议转让、特定事项协议转让和大宗交易方式形成的'三类股东',中介机构应对控股股东、实际控制人,董事、监事、高级管理人员及其近亲属,本次发行的中介机构及其负责人、高级管理人员、经办人员是否直接或间接在该等'三类股东'中持有权益进行核查并发表明确意见。(四)中介机构应核查确认'三类股东'已作出合理安排,可确保符合现行锁定期和减持规则要求。"

3. 科创板关于"三类股东"的核查和披露要求

《上海证券交易所科创板股票发行上市审核问答(二)》问题 9:"发行人在全国股份转让系统挂牌期间形成契约性基金、信托计划、资产管理计划等'三类股东'的,对于相关信息的核查和披露有何要求?答:发行人在全国股份转让系统挂牌期间形成'三类股东'持有发行人股份的,中介机构和发行人应从以下方面核查披露相关信息:(一)核查确认公司控股股东、实际控制人、第一大股东不属于‘三类股东’。(二)中介机构应核查确认发行人的‘三类股东’依法设立并有效存续,已纳入国家金融监管部门有效监管,并已按照规定履行审批、备案或报告程序,其管理人也已依法注册登记。(三)发行人应根据《关于规范金融机构资产管理业务的指导意见》(银发〔2018〕106 号)披露‘三类股东’相关过渡期安排,以及相关事项对发行人持续经营的影响。中介机构应当对前述事项核查并发表明确意见。(四)发行人应当按照要求对‘三类股东’进行信息披露。保荐机构及律师应对控股股东、实际控制人,董事、监事、高级管理人员及其近亲属,本次发行的中介机构及其签字人员是否直接或间接在‘三类股东’中持有权益进行核查并发表明确意见。(五)中介机构应核查确认‘三类股东’已作出合理安排,可确保符合现行锁定期和减持规则要求。”

案例 3 –96　存在多个“三类股东”

依据《关于福建福特科光电股份有限公司首次公开发行股票并在科创板上市申请文件的审核问询函之回复》,审核问询意见:“问题 6. 关于股东。招股说明书披露:(1)公司存在 7 名‘三类股东’,上海游马地投资中心(有限合伙)承诺将在过渡期内按照资管新规要求制订整改计划并完成整改,但未说明具体整改计划安排;(2)发行人历史沿革中存在股权转让价格低于每股净资产的情形,但未说明具体原因。请发行人说明:(1)公司‘三类股东’是否存在杠杆、分级、多层嵌套等不符合《关于规范金融机构资产管理业务的指导意见》的情形,上海游马地投资中心(有限合伙)是否已制订出明确的过渡期整改计划,相关整改计划的具体内容及实施期限;(2)股权转让价格低于每股净资产的背景、原因,转让价格确定方式及公允性,是否属于入股价格明显异常的情形。请保荐机构、发行人律师对上述事项核查并发表明确意见。”

(三)“三类股东”其他要求

1.“三类股东”区别于合伙企业基金

有限合伙企业可能属于备案的私募基金,但是其并不属于“三类股东”的监管对象。如果发行人存在有限合伙企业形式的私募基金股东,则相关的主体不作为“三类股东”管理和披露。

案例 3 -97 有限合伙企业区别于“三类股东”

依据《湖南飞沃新能源科技股份有限公司关于首次公开发行股票并在创业板上市申请文件审核问询函的回复》,问询意见:“问题 12. 关于‘三类股东’。申报材料显示,发行人股票于 2016 年 11 月 11 日在全国股转系统(以下简称新三板)挂牌公开转让,招股说明书未披露是否存在新三板挂牌期间形成的契约性基金、信托计划、资产管理计划‘三类股东’。请发行人补充披露在新三板挂牌期间是否存在‘三类股东’。请保荐人、发行人律师根据《深圳证券交易所创业板股票首次公开发行上市审核问答》的规定逐项核查,并发表明确意见。”

回复:“截至本问询函回复出具日,发行人自新三板挂牌以来的非自然人股东共计 14 名,均为中国境内依法设立并合法存续的有限责任公司/有限合伙企业/股份有限公司,不属于相关法律规定的信托计划、契约型私募基金和资产管理计划,且上述股东均已确认其所持飞沃科技股份的全部或其任何部分均是其真实出资形成,不存在委托持股、信托持股及其他利益安排的情形。”

2. “三类股东”的要求

(1)公司控股股东、实际控制人及第一大股东均不属于“三类股东”。

(2)公司控股股东、实际控制人,董事、监事、高级管理人员及其近亲属,发行的中介机构及其签字人员不存在直接或间接在“三类股东”中持有权益的情形。

(3)“三类股东”不存在杠杆、分级或嵌套的情形,其设立及运作符合《中国人民银行、银保监会、证监会、外汇局关于规范金融机构资产管理业务的指导意见》(银发〔2018〕106 号)等的相关要求,不存在影响公司持续经营的情形。

(4)“三类股东”需要按照规定出具遵守锁定期和减持要求的承诺文件。

(5)对于间接持股的“三类股东”,应当根据具体情况作出相应的安排。

案例 3－98　发行人间接股东中存在多个资产管理计划

依据《中微半导体（深圳）股份有限公司科创板首次公开发行股票招股说明书（注册稿）》，该发行人在穿透后的间接股东中存在多个资产管理计划，发行人称资产管理计划不存在杠杆、分级及多层嵌套的情况，不存在按照《中国人民银行、中国银行保险监督管理委员会、中国证券监督管理委员会、国家外汇管理局关于规范金融机构资产管理业务的指导意见》（银发〔2018〕106 号）需要整改和规范的情形，不存在影响发行人持续经营的情形。公司控股股东、实际控制人，董事、监事、高级管理人员及其近亲属，本次发行的中介机构及其签字人员未直接或间接在上述资产管理计划中持有权益。相关的资产管理计划产品存续期安排可以覆盖锁定期，可确保符合现行锁定期和减持规则的要求。

五、客户或者供应商作为股东

在企业发展过程中，客户或供应商（含其关联方）入股符合商业逻辑，对于特殊的行业或者在特定的时期，客户、供应商的入股可能对拟上市公司具有重要作用。不同的行业对供应商和客户的依赖性存在一定的差异，对于特殊行业需要依赖经销商或者供应商方能保证公司快速发展，对于持有发行人的股份是比较有效的方法。但是，对于拟申请首发上市的企业，如果客户或供应商作为股东，其与发行人之间的利益关系或者其他关联关系，更容易产生利益输送或者非正常的交易。同时，客户或供应商入股发行人达到特定比例，可能会触发关联方认定的规则，相关的商业交易会构成关联交易。所以，对于客户或者供应商入股发行人的情况，需要重点关注。上市问询过程中，审核机构也会重点关注相关主体受让股份价格的公允性、入股时点的合理性、入股商业逻辑合理性、与相关主体之间的收入或成本的真实性、收入或成本确认时点的准确性、返点或者折扣价格公允性、付款方式合理性、账期的公允性、是否有体外循环资金、相关主体是否是隐藏的关联方、终端销售实现情况等。

（一）客户或者供应商持股的相关规则

实务中，在上市规范和尽调过程中，各中介机构一般均要求发行人力争避免客户或供应商对发行人进行投资以及交叉持股等。但是,相关上市规则并未禁止客户、供应商直接或间接持有发行人的股份。如果相关的持股能够合理解释,其他方面均能够有效核查且合法合规合理,也有较多案例表明是可以成功上市的。

依据深圳证券交易所于2021年7月23日发布的《深圳证券交易所创业板发行上市审核业务指南第2号——创业板首次公开发行审核关注要点》,保荐人、发行人律师应当核查如下事项并发表明确意见:(1)发行人、发行人控股股东、实际控制人、董事、监事、高级管理人员及其关系密切的家庭成员是否与相关客户存在关联关系;(2)是否存在前五大客户及其控股股东、实际控制人是发行人前员工、前关联方、前股东、发行人实际控制人的密切家庭成员等可能导致利益倾斜的情形。

另外,《首发业务若干问题解答》《上海证券交易所科创板股票发行上市审核问答(二)》《深圳证券交易所创业板股票首次公开发行上市审核问答》关于发行人申报前后新增股东的核查和信息披露要求以及股份锁定安排同样适用于客户或者供应商股东。

(二)客户或者供应商持股决策要点

1. 不可股份代持

对于无法避免的客户或供应商持股,在能够核查充分以及价格公允性等前提条件下,可以持股。不能为了规范相关的客户或者供应商持股,由客户或者供应商的关联方持股,刻意隐瞒持股情况或者由发行人原股东代持股份,此做法不论上市成功与否均容易产生纠纷,小额的股份代持可能造成上市的实质性障碍,弄巧成拙。

另外,相关的案例还有华通线缆、盛泰集团、长缆科技、光弘科技、怡达股份等已上市或IPO审核中的企业。

2. 入股的必要性和商业逻辑合理性

对于高度依赖经销商或者供应商的行业,引入供应商和客户持股较大概率能够帮助公司快速发展。在考虑引入客户和供应商股东时,发行人的管理人员对客户或供应商的入股行为往往未考虑全面,对入股的必要性可能未充分考虑。引进供应商和客户作为股东必然为上市过程中的收入或成本的核查增加难度和工作量,所以需要综合考虑必要性。

供应商或客户作为发行人股东，甚至是前五大客户、供应商作为股东入股发行人的情形并不少见，但是相关的入股行为应当符合商业逻辑，具有合理性。入股合理性的核心在于是否有利益输送或者其他不当的交易、特殊约定或利益安排等。供应商或客户出于什么原因投资发行人，则需要结合过往历史交易情况、发展战略、行业发展趋势、双方的优势以及系统性等进行分析，合理的解释一般能够得到认可。

案例 3-99　第一大客户持有发行人合计不足 5%股份

依据陕西莱特光电材料股份有限公司的首发上市材料，2018 年至 2021 年 1～6 月，公司向京东方销售产生的收入占当期主营业务收入的比例分别为 75.81%、86.16%、74.22%和 62.88%，京东方为公司第一大客户。除客户身份外，京东方还是莱特光电的股东。京东方自 2020 年 10 月起通过天津显智链和苏州芯动能间接持有公司股份，其中，天津显智链持有 4.17% 的股份，苏州芯动能持有 0.60% 的股份。

案例 3-100　关于客户入股的核查方法

依据《关于北京经纬恒润科技股份有限公司首次公开发行股票并在科创板上市申请文件的审核问询函之回复报告》，审核问询意见："10. 关于客户入股。根据招股说明书：北京汽车集团有限公司、广州汽车集团股份有限公司为报告期内发行人前五大客户。经查询公开资料，北京汽车集团有限公司通过北京汽车集团产业投资公司分别持有安鹏智慧、北汽华金 46.99%、32.69% 的股份，从而间接持有发行人约 0.47% 股份；广州汽车集团股份有限公司通过广汽资本有限公司分别持有广祺辰途叁号、广祺辰途肆号 35.92%、18.18% 的股份，从而间接持有发行人约 0.47% 股份。请发行人说明：与前述客户的合作历史，入股价格是否公允，是否需要进行股份支付处理。入股前后，发行人与前述客户的交易金额、交易条件是否发生较大变化。请保荐机构、发行人律师和申报会计师对上述事项核查并发表明确意见。"

反馈回复如下：

(一)核查过程

1. 保荐机构和申报会计师核查程序

就上述事项,保荐机构和申报会计师进行了包括但不限于如下核查程序:(1)查阅发行人与对应客户签订的销售合同、销售明细,对比公司给予其他客户的销售价格、收款政策与其他客户是否存在明显、重大不合理差异,评估交易公允性;(2)查阅发行人历史沿革资料,对比分析入股发行人前后,发行人与之的交易价格、交易数量、收付款政策等情况是否发生明显、重大不合理变化,评估交易公允性,是否存在利益输送情况;(3)通过访谈确认双方是否存在私下签订协议或其他利益安排、是否存在替发行人支付成本、费用或其他向发行人及其子公司提供经济资源的情形、是否存在除产品购销外的其他交易、资金往来等;(4)检查对应的增资协议,对比入股价格与其他外部投资机构的入股价格,价格是否存在差异;(5)对安鹏智慧基金、北汽华金基金、广祺辰途叁号、广祺辰途肆号的出资行为进行核查,确认是否适用《企业会计准则第11号——股份支付》的相关规定。

2. 发行人律师核查程序

就上述事项,发行人律师进行了如下核查程序:(1)查阅发行人与对应客户签订的销售合同、销售明细,核查发行人与相关主体历史上合作的情况以及相关基金入股前后,发行人与相关主体之间主要交易条件是否存在明显、重大不合理差异,并通过函证、走访等方式对报告期内主要客户的交易情况进行核查;(2)查阅发行人相关增资事宜的历史沿革资料,包括增资的工商档案、变更后的营业执照、公司章程、股东(大)会决议、相关方签署的《北京经纬恒润科技股份有限公司增资协议》、缴纳增资款项的银行回单、信会师报字[2020]第ZG11982号《北京经纬恒润科技股份有限公司验资报告》、《北京经纬恒润科技股份有限公司机构股东调查表》、《关于北京经纬恒润科技股份有限公司三类股东的尽职调查表》,并经访谈相关方确认入股价格的公允性以及是否存在利益输送的情形;(3)对安鹏智慧基金、北汽华金基金、广祺辰途叁号、广祺辰途肆号的出资行为进行核查,并请会计师确认是否符合《企业会计准则第11号——股份支付》的相关规定。

(二)核查意见

1. 保荐机构和发行人律师核查意见

经核查,保荐机构和发行人律师认为:(1)公司及其控股子公司与北汽集团及其合并范围内的相关主体于2006年开展业务合作,与广汽集团及其合并范围内的相关主体于2008年即开展业务合作,合作关系较为长久、稳定;公司与前述客户均基于市场化原则和条件开展合作,在合作初期,公司主要向北汽集团、广汽集团提供汽车电子系统研发服务,随着公司与北汽集团、广汽集团合作的持续加深,业务类型趋于丰富,公司向其提供产品及服务的类型也更多样化。(2)公司上述各时点的增资是面向投资机构的市场化融资行为。虽然北汽集团、广汽集团为报告期内发行人前五大客户,但在公司上述各时点的融资过程中,该等客户通过基金与同期其他投资机构在同等条件下以同样的定价进行了投资,入股价格公允,无须进行股份支付处理。(3)北汽集团、广汽集团相关基金入股发行人前后,公司及其控股子公司与北汽集团、广汽集团及其合并范围内的主要客户就同类产品/服务的主要交易条件未发生重大变化;公司与北汽集团及其合并范围内的主要客户2019年、2020年的交易金额略有降低,系因该等客户正常业务需求所致;公司及其控股子公司与广汽集团及其合并范围内的主要客户2019年的交易金额较2018年有所增加,系因该等客户正常业务需求所致;2020年的交易金额较2019年下降38.30%,系客户个别车型相关产品的采购量降低导致,均具有商业合理性。

2. 申报会计师核查意见

经核查,申报会计师认为:(1)发行人的上述说明与我们审计获取的信息一致,发行人上述客户入股价格公允,无须进行股份支付处理;(2)入股前后,公司与北汽集团、广汽集团下属的主要客户的交易条件未发生较大变化;公司与北汽集团的交易金额未发生较大变化;公司与广汽集团2020年的交易金额较2019年下降38.30%,系客户个别车型相关产品采购量降低导致,具有商业合理性。

3. 相关的交易真实且能够以有效证据证明

相关的交易应当真实,且能提供有效证据。

发行人需要论证相关的持股客户或供应商的交易真实、价格公允等,需要结合合同、物流、发票、资金流、阶段性或者部分确认、验收等证据综合判断,不仅要保证相关交易的真实,且要保证能够及时有效地提供证据证明交易的真实性和公允性,相关收入确认或成本结转的时点准确性,如果不能够满足相关证据的充分性、核查比例、提供证明材料的时效性等要求,则相关的持股行为就需要斟酌。

案例 3-101 发行人的第一大客户为其第二大股东且持股超过 10%

依据《科捷智能科技股份有限公司科创板首次公开发行股票招股说明书(注册稿)》,该发行人披露的风险因素表明公司第一大客户为公司第二大股东:客户及所属行业集中度较高、对第一大客户存在较大依赖且存在持股关系的风险,具体为:“报告期内,公司来源于前五名客户的营业收入分别为 28,946.62 万元、28,726.26 万元、80,069.32 万元及 23,655.36 万元,占营业收入的比例分别为 77.91%、62.11%、90.98%及 90.37%,客户集中度较高。其中,报告期各期公司来自第一大客户顺丰的营业收入占比分别为 43.99%、21.55%、45.12%及 76.29%,报告期内整体占比较高,且基于顺丰在快递物流行业的龙头地位和公司的在手订单情况,在可预见的未来公司与顺丰的交易将持续存在,具有一定的依赖性。顺丰于 2020 年 4 月因顺丰投资对公司增资构成持股关系,截至本招股说明书签署之日顺丰投资持有公司 14.85% 的股份,为公司第二大股东。”

4. 对于非垄断行业,尽力避免因入股行为构成关联方

关于关联方和关联交易的认定和披露等要求,包括《公司法》《企业会计准则第 36 号——关联方披露》《上市公司信息披露管理办法》《上海证券交易所股票上市规则》《上海证券交易所科创板股票上市规则》《上海证券交易所上市公司关联交易实施指引》《深圳证券交易所股票上市规则》《深圳证券交易所创业板股票上市规则》《北京证券交易所股票上市规则(试行)》等同样均适用于客户或者供应商股东。

对于发行人的上下游具有垄断性质的客户或者供应商,若相关的持股主体构成关联方,发行人的独立性以及业务可持续性尚存在能够解释的空间,若发行人的上下游并不是垄断行业,对于具有重大依赖的客户或者供应商又是公司的关联方,对于发行人的独立性以及可持续经营能力比较难以合理解释。所以对于客户或供应商的入股行为,若非特殊行业,力争避免持股行为导致相关的主体构成发行人的关联方。

案例 3－102 发行人大客户持股构成关联方后转让股份不构成关联方

依据《关于山东新巨丰科技包装股份有限公司首次公开发行股票并在创业板上市申请文件的审核问询函的回复报告》，审核问询意见："问题 3. 关于伊利与苏州厚齐持股。申报文件显示：(1)2015 年 10 月，新巨丰有限通过增资引入新股东伊利作为战略投资者，伊利持有新巨丰有限 20% 的股权，增资价格为 2.81 元/出资额，低于同期股权转让或增资价格。基于伊利入股的产业意义，公司对伊利增资已进行股份支付处理，入股价格与公允价值差异合计 6455.84 万元已计入公司 2015 年度销售费用。伊利承诺本次首次公开发行股票锁定期为首次公开发行的股票上市之日起 36 个月，同时在 2017 年与发行人签署了有效期为 10 年的战略合作框架协议。2020 年 3 月，伊利将持有的发行人部分股权转让给苏州厚齐和 BRF，截至目前仍持有发行人 4.8% 的股份。(2)截至目前，苏州厚齐持有发行人 10.26% 的股份。苏州厚齐的实际控制人为王某，王某目前担任新希望集团有限公司(以下简称新希望集团)的副董事长。发行人的第二大客户为新希望乳业，但苏州厚齐与新希望乳业不存在任何控制关系。"

5. 对发行人的独立性、可持续经营能力的影响

对于发行人的独立性和可持续性经营能力的重大影响主要集中在公司前五大客户甚至第一大客户且占比较高，但是相关客户为公司的重要股东甚至关联方，发行人对相关的客户存在重大依赖，则相关的关联方持股会直接影响发行人的独立性以及可持续经营能力。

案例 3－103 要求中介机构对供应商、客户的关联方入股是否影响发行人的独立性发表明确意见

依据《关于江苏宏微科技股份有限公司首次公开发行股票并在科创板上市申请文件的审核问询函的回复》(宏微科技、688711)，问询意见："15.1 关于汇川投资。招股说明书披露：(1)2017 年 11 月，发行人向汇川投资、吴某荣、李某定向发行股份，发行价格为 2.30 元/股；2018 年 9 月，公司以 4.56 元/股的价格向汇川投资定向发行股票，此后汇川投资持股 10.4244%；2020 年 5 月，汇川投资以 7.446

元/股的价格出让股权;目前汇川投资持股发行人 4.5401%;(2)报告期内存在向关联方汇川技术全资子公司苏州汇川销售 IGBT 模块及整流二极管模块的情形商品的情况,报告期各期销售金额分别为 471.35 万元、921.84 万元、1656.24 万元和 1326.87 万元。根据申报材料,发行人 2018 年与苏州汇川签订的协议为供货协议,2019 年签订的协议为 VMI 交货协议。请发行人说明:(1)汇川投资、苏州汇川及汇川技术的股权结构及经营业务等基本情况;前述主体及其主要股东、董事、监事、高级管理人员与发行人及其董事、监事、高级管理人员是否存在关联关系;汇川投资入股发行人的原因及背景,是否存在技术合作或者商业合作,与发行人在技术研发、市场开拓方面是否有协议安排,与发行人报告期内前五大客户或供应商是否存在权益关系或其他利益安排,是否存在利益输送情形,是否为发行人的战略投资者。(2)汇川投资入股发行人的入股价格、定价依据及公允性,有无潜在利益安排;说明发行人股东中产业投资者的情况,其入股价格与非产业投资者相比是否存在差异,是否存在利益输送情形。(3)苏州汇川与发行人的合作历史及获客方式,发生关联交易的商业合理性;汇川投资入股前后发行人业务、财务发生的变化,报告期内向关联方销售金额及占比上升是否与汇川投资入股相关,发行人的业务获取方式是否影响独立性,发行人与关联方客户销售协议中关于产品定价、销售数量、信用政策、收付款政策等主要条款在入股前后是否存在变化,与其他客户是否一致,是否存在其他特殊条款;结合发行人与关联方在手订单和签订合同的情况,说明关联交易的发展趋势,并作相应风险提示。(4)区分 IGBT 模块与整流二极管模块,说明发行人向苏州汇川销售产品的定价原则及公允性,与向其他客户销售同类产品的销售价格是否存在显著差异及原因,是否存在利益输送。(5)2020 年 5 月汇川投资减持发行人股份的原因及价格公允性,受让方的基本情况,与汇川投资是否存在关联关系或其他利益关系,转让价款的实际支付情况及资金流转凭证,是否存在股权代持或其他利益安排;出让股权后和发行人的业务是否具有持续性,出让股权是否使关联交易非关联化。(6)向苏州汇川销售商品的交货方式发生变化的时点及原因,VMI 模式下的对账时点及依据,在苏州汇川仓库中未确认收入的存货的数量、金额、库龄情况,是否存在长库龄的存货,收入确认时点是否准确,是否符合企业会计准则的规定。(7)请结合下游客户的终端需求、具体使用情况、回款情况等,说明是否存在关联方客户为发行人囤货的情况。(8)是否还存在其他供应商、客户或其关联方入股发行人的情形,若有,请在招股说明书中披露。请保荐机构、申报会计师、发行人律师对上述事项进行核查,说明核查过程、核查依据,并发表明确意见。请保荐机构、申报会计师、发行人律师结合《注册管理办法》第12条第1款,对供应商、客户的关联方入股是否影响发行人的独立性发表明确意见。"

另外,炬光科技(688167)存在股东投资的公司与发行人有业务往来,可以参考该发行人在上市问询过程中的反馈回复问题。

(三)关于客户或者供应商持股的审核问询要点

1. 持股的原因及合理性

同发行人前期需要考虑的持股必要性和商业逻辑合理性。商业合理性需要结合客户入股的时间与发行人的历史交易和商业合作情况、战略协同优势、行业发展趋势、竞争对手的做法等进行综合分析。

案例3-104 前五大客户的实际控制人对发行人出资,问询持股原因

依据《关于河南凯旺电子科技股份有限公司首次公开发行股票并在创业板上市申请文件的审核问询函的回复》,公司的第二大客户即大华股份的实际控制人之一陈某玲,通过其控制的华凌投资以7.24元/股向发行人增资331.68万股,增资后华凌投资持有发行人4.62%的股份。报告期各期,发行人对大华股份的销售收入分别为8771.54万元、8830.21万元、12,987.51万元,占营业收入的比例分别为24.10%、24.23%、29.30%,其中2019年对大华股份的销售收入同比增长47.08%,而2019年发行人对第一大客户海康威视的销售收入同比增长19.70%、大华股份2019年销售收入同比增长10.50%。

审核机构问询意见:(1)披露华凌投资增资发行人的原因,增资前后是否约定了大华股份向发行人采购的最低金额或其他利益安排,由于大华股份为发行人重要客户,请结合能否施加重大影响、是否有重要约定或协议安排等方面,以实质重于形式的原则分析华凌投资对发行人是否具有重大影响、界定其为非关联方的依据是否充分;(2)披露2016年向大华股份的销售金额,报告期各期向大华股份销

售产品的主要类别、销售金额及占发行人各类别销售收入的比例,并分析向大华股份的销售毛利率与其他主要客户是否存在较大差异;(3)分析并披露2019年发行人对大华股份销售收入大幅增长,远高于同期对海康威视销售收入增速、大华股份营业收入增速的原因,报告期各期大华股份向发行人采购的金额占其同类产品采购金额的比例,是否与华凌投资入股有关。

中介机构对相关的事项核查程序如下。

(一)保荐人、发行人律师就上述事项(1)的核查程序

1. 核查过程:(1)查阅并获取了华凌投资增资入股发行人时的工商登记资料及《增资协议》;(2)查阅并获取了发行人与大华股份签署的《采购框架协议》《保密协议》等业务合作协议;(3)对华凌投资的执行事务合伙人陈某玲进行访谈,并对发行人实际控制人陈某刚进行了访谈;(4)取得了大华股份出具的声明;(5)查阅了《公司法》、《深圳证券交易所创业板股票上市规则》(2020年12月修订)对于关联方的规定;(6)查阅了发行人现行有效的公司章程。

2. 核查结论。经核查,保荐机构、发行人律师认为:(1)华凌投资增资发行人的原因系其认可发行人的主营业务及经营业绩,看好发行人未来的发展。(2)华凌投资增资前后不存在约定大华股份向发行人采购的最低金额或其他利益安排的情形。(3)大华股份不能对发行人施加重大影响,与发行人之间不存在重要约定或协议安排等,华凌投资对发行人不具有重大影响,界定其为非关联方的依据充分。

(二)保荐人、申报会计师就上述事项(2)、(3)的核查程序及核查结论

(1)访谈发行人财务总监及销售负责人,了解发行人对大华股份的销售情况、大华股份毛利率与其他客户对比情况、2019年发行人对大华股份销售增长的原因;(2)获取发行人销售明细表,统计分析报告期内发行人对大华股份的销售增长情况;(3)对大华股份及其他前五名销售客户进行访谈,了解报告期大华股份对发行人的采购比例情况以及2019年增加采购的原因,了解其他客户报告期对发行人的采购情况;(4)对华凌投资执行事务合伙人陈爱玲女士进行访谈,了解华凌投资增资发行人的原因,了解增资前后是否约定了大华股份向发行人采购的最低金额或其他利益安排;取得大华股份出具的声明及采购线缆组件的情况说明;(5)分析对比报告期内主要客户的毛利率,分析各客户之间的毛利率是否存在较大差异。

2. 入股价格公允

发行人和客户入股发行人，要求入股价格公允，一般需与近期或者同一轮融资价格相同，避免以低价或者高价股份换取其他利益的情形。

案例 3-105 问询客户及供应商相关股权转让过程的合理性和定价公允性

依据春雪食品集团股份有限公司的发审会会议问询意见："发行人 2018 年 1 月、2020 年 1 月及 3 月股权转让完成时间间隔两年却以相同价格转让的原因及合理性；客户及供应商相关股权转让过程的合理性和定价公允性，是否存在利益输送或潜在利益安排。请保荐代表人说明核查依据、过程，并发表明确核查意见。"

3. 交易或者关联交易的必要性、公允性

若客户或供应商股东持股构成关联方，则需要严格按照关联交易的规则进行核查和披露，若持股比例低于但接近 5%，一般建议从严把握，比照关联交易进行披露。即使持股比例较低，从审核反馈回复的角度出发，也应当做详尽的核查和根据具体情况披露，审核机构往往也会要求按照关联交易的标准进行核查或披露。对于客户或供应商股东的交易，结合可比照同时期其他主体的交易价格、入股前后合同关键条款的变化、入股前后订单和成交金额的变化、账期的变化、支付方式的变化等综合分析交易的公允性，并分析客户入股前后销售价格的变化情况、公司毛利率情况，证明不存在利益输送情况。

案例 3-106 发行人的原控股股东为前五大客户

依据《关于苏州京浜光电科技股份有限公司首次公开发行股票并在创业板上市申请文件的审核问询函之回复》，日本光膜（全称京浜光膜工业株式会社）曾系发行人控股股东，发行人前身京浜有限为日本光膜 1994 年在中国境内设立的生产基地；日本光膜全称系京浜光膜工业株式会社；日本光膜 2012 年出售京浜有限后，仍继续向京浜有限采购；报告期各期，日本光膜为发行人前五大客户，销售金额占发行人营业收入的比例分别为 28.64%、15.59%、9.41%。2016 年 5 月后日本光膜与发行人已无股权关系。2020 年，发行人向日本光驰（原主要股东）采购镀膜机等设备,合同金额较高。

案例3-107 要求比例关联交易进行披露

依据《关于格科微有限公司首次公开发行股票并在科创板上市的发行注册环节反馈意见落实函的回复》(格科微、688728),发行注册机构问询意见:"2.关于比照关联交易。根据招股说明书披露,报告期内,发行人股东常春藤藤科部分合伙人为发行人的客户和供货商、客户和供货商的股东、高级管理人员。请发行人:(1)分别说明相关客户、供应商的基本情况,包括但不限于名称、关联关系、销售/采购金额及占比、成立时间、合作时间等,是否主要销售发行人产品或为发行人提供服务;(2)分别对比报告期各期关联客户与非关联客户的销售毛利率情况,关联供应商与非关联供应商的采购单价情况,并说明是否存在异常。请保荐机构、申报会计师对上述问题发表核查意见。请保荐机构、申报会计师核查并说明上述比照关联方是否存在为发行人承担成本费用或虚增收入情况,说明核查过程、方法及结论。"

4.内控制度完善且能够有效运行

公司需建立完善的销售内控制度,涵盖客户开发、价格确定、价款支付等各个环节,股东客户或供应商不能凭借股东身份影响销售内控制度的制定及执行。根据实际情况,对特定股东的交易可按关联交易或者普通交易的决策程序进行。

案例3-108 问询发行人对持股经销商的销售是否履行公司关联交易决策程序

依据《贵州国台酒业股份有限公司首次公开发行股票申请文件反馈意见》,审核问询意见:"7.关于经销商持有发行人股权。请发行人补充披露:(1)入股发行人的经销商选取标准,经销商入股原因、入股价格、定价依据及价格是否公允,是否存在利益输送;(2)经销商入股发行人的资金来源,是否存在发行人及其关联方提供资助的情形,如存在请说明相关持股是否真实、有效,是否存在利益输送;(3)持股经销商向发行人采购价格、定价依据及价格是否公允,是否存在通过持股经销商调节发行人利润的情形;(4)发行人对持股经销商的销售是否履行公司关联交易决策程序,如未履行是否影响公司关联交易内控制度的有效性。请保荐机构、发行人律师发表明确意见。”

六、其他股东事项

(一)申报前后新增股东的核查和披露

依据《首发业务若干问题解答》(2020 年 6 月修订)问题 4:发行人申报前后新增股东的,应如何进行核查和信息披露?股份锁定如何安排?

答:1. 申报前新增股东

对 IPO 前通过增资或股权转让产生的股东,保荐机构、发行人律师应主要考察申报前一年新增的股东,全面核查发行人新股东的基本情况、产生新股东的原因、股权转让或增资的价格及定价依据,有关股权变动是否是双方真实意思表示,是否存在争议或潜在纠纷,新股东与发行人其他股东、董事、监事、高级管理人员、本次发行中介机构及其负责人、高级管理人员、经办人员是否存在亲属关系、关联关系、委托持股、信托持股或其他利益输送安排,新股东是否具备法律、法规规定的股东资格。发行人在招股说明书信息披露时,除满足招股说明书信息披露准则的要求外,如新股东为法人,应披露其股权结构及实际控制人;如为自然人,应披露其基本信息;如为合伙企业,应披露合伙企业的普通合伙人及其实际控制人、有限合伙人的基本信息。最近一年末资产负债表日后增资扩股引入新股东的,申报前须增加一期审计。

股份锁定方面,申报前 6 个月内进行增资扩股的,新增股份的持有人应当承诺:新增股份自发行人完成增资扩股工商变更登记手续之日起锁定 3 年。在申报前 6 个月内从控股股东或实际控制人处受让的股份,应比照控股股东或实际控制人所持股份进行锁定。

2. 申报后新增股东

申报后,通过增资或股权转让产生新股东的,原则上发行人应当撤回发行申请,重新申报。但股权变动未造成实际控制人变更,未对发行人股权结构的稳定性和持续盈利能力造成不利影响,且符合下列情形的除外:新股东产生系因继承、离婚、执行法院判决或仲裁裁决、执行国家法规政策要求或由省级及以上人民政府主导,且新股东承诺其所持股份上市后36个月之内不转让、不上市交易(继承、离婚原因除外)。在核查和信息披露方面,发行人申报后产生新股东且符合上述要求无须重新申报的,应比照申报前一年新增股东的核查和信息披露要求处理。除此之外,保荐机构和发行人律师还应对股权转让事项是否造成发行人实际控制人变更,是否对发行人股权结构的稳定性和持续盈利能力造成不利影响进行核查并发表意见。

另外,依据《深圳证券交易所创业板股票首次公开发行上市审核问答》问题12:“发行人申报前后新增股东的,应当如何进行核查和信息披露?股份锁定如何安排?”和《上海证券交易所科创板股票发行上市审核问答(二)》问题2:“发行人申报前后新增股东的,应当如何进行核查和信息披露?股份锁定如何安排?”,创业板和科创板关于发行人申报前后新增股东的核查和信息披露与主板有基本相同规定。

(二)成立时间较短的股东投资拟上市公司

对于成立时间较短且无其他对外投资的股东,审核机构一般会重点关注,主要是关注持股的真实性,是否存在股份代持,是否存在其他特殊安排,是否存在通过新设立的股东持股规避股东人数超过200人的情形等。

案例3-109 存在多家设立不久就入股发行人的股东

依据《常州恐龙园股份有限公司首次公开发行股票申请文件反馈意见》(2021年2月终止上市申请),审核问询意见:“3.据招股书披露,2011年4月8日,龙控集团作出股东决定:(1)同意发行人以2010年6月30日为基准日的整体评估备案值23,350万元为入股基准价引进投资者,最终以经国有资产监管机构批准的价格为准;(2)同意引入发行人的投资者及其持股比例为弘毅诚科技持股15%、业缘投资持股10%、杜拜投资持股5.5%、紫金文化持股5%、淡水河投资持股4.5%、金陵投资持股3%、嘉辰投资持股2%,最终比例以经国有资产监管机构批准的为准。以上多家机构成立不久后即入股发行人。请保荐机构和发行人律师结合发行人机构投资者股东的设立时间和目的、股权结构变化、间接股东与发行人相关各方的关系等情况核查并判断发行人是否存在规避《证券法》第10条的规定,未经核准向特定对象发行证券累计超过 200 人。”

(三)股东出资资金来源合法性

股东出资的资金或资产的来源应当合法合规。尤其需要关注控股股东或者主要股东的巨额出资的资金来源合法性,另外适当关注是否存在未通过正常分红的形式侵占发行人早期利润的情形,需要结合公司的利润、纳税情况、现金流情况等综合分析和论证。

案例 3-110　问询股东自筹资金的定义是否涉及借款

依据《关于格力博(江苏)股份有限公司首次公开发行股票并在创业板上市申请文件的第三轮审核问询函的回复》,审核问询意见:“问题 2. 关于实际控制人认定及历史沿革。申报材料显示:自格力博有限设立以来,实际控制人陈寅历次入股发行人的资金来源于自有及自筹资金。请发行人:说明陈某入股发行人的资金来源,历次自筹资金的定义、是否涉及借款,如是,请说明详细情况,审慎论证是否存在股份代持或其他利益安排。”

第三节　出　　资

一、股东出资方式

(一)关于出资方式的法律规定

股东用何种财产和方式对公司出资,《公司法》并不允许股东自由约定,而是以“举例和排除”的方式对出资的方式予以明确。1993 年制定的《公司法》对股东出资采用严格的形式法定主义,2005 年修订的《公司法》适度放宽了对股东出资方式的限制,2013 年修正的《公司法》确立了认缴资本制度,立法对出资方式逐步鼓励多元化,以及关注出资与满足公司经营发展实际需要的关系。

《公司法》(2018 修正)第 27 条规定:“股东可以用货币出资,也可以用实物、知识产权、土地使用权等可以用货币估价并可以依法转让的非货币财产作价出资;但是,法律、行政法规规定不得作为出资的财产除外。对作为出资的非货币财产应当评估作价,核实财产,不得高估或者低估作价。法律、行政法规对评估作价有规定的,从其规定。”

出资方式应当符合法律、行政法规的规定。公司股东、非公司企业法人出资人、农民专业合作社(联合社)成员不得以劳务、信用、自然人姓名、商誉、特许经营权或者不可转移的财产等作价出资。

(二)非货币出资的主要要求

依据《公司法》及相关法规、司法解释,关于非货币出资的要求主要包括:

1. 作为出资的非货币财产能够用货币进行估价,价值能够以货币计量

要求非货币出资能够用货币估价是为了确保股东出资的真实性、股东之间出资的公平性,以及对公司相对方的保护。能够用货币评估且能够准确进行价值评估,是作为非货币资产作为出资要考虑的首要因素。

2. 非货币财产可以依法转让

公司股东或发起人以非货币形式出资的,需要办理财产转移手续,否则被视为未履行出资义务,应承担出资瑕疵责任。如果非货币财产依附于权利人不能转让,则属于交付不能,不能作为非货币财产出资。

3. 公司股东认可即股东之间达成合意

股东出资在一定程度上属于公司自治的范畴,但是不能违反法律的基本规定。股东认可的非货币出资应当是公司生产经营所必需的建筑物、设备、原材料或者其他物资。如不是公司生产经营所必需的物资,即使符合前述三个条件,也不宜将股东达成合意作为认可出资的依据。所以,作为出资的非货币财产应当是公司的生产经营所需要的。在首发上市实务中,若历史出资中存在非必需的或者与经营关联性不大的知识产权出资,原则上需要进行替换出资或者减资等处理。

4. 法律、行政法规规定不得作为出资的财产不得作为股东出资

《公司法》第 27 条在肯定非货币出资合法性的同时,也明确“法律、行政法规规定不得作为出资的财产除外”。《公司法》历次修改,虽然逐步放宽了股东出资的方式,但基于维持公司资本充足、保证公司股东之间的公平、保护公司和债权人利益、维护交易安全和公共利益的需要,对公司出资特别是非货币出资仍需要在公司自治和法律适度干预之间寻求平衡。在法律法规对出资方式有明确限制的

情况下,法律、行政法规规定不得作为出资的财产不得作为股东出资。

(三)不同时期对出资方式的规定

《公司法》(1993)第24条规定:"股东可以用货币出资,也可以用实物、工业产权、非专利技术、土地使用权作价出资。对作为出资的实物、工业产权、非专利技术或者土地使用权,必须进行评估作价,核实财产,不得高估或者低估作价。土地使用权的评估作价,按照法律、行政法规的规定办理。以工业产权、非专利技术作价出资的金额不得超过有限责任公司注册资本的百分之二十,国家对采用高新技术成果有特别规定的除外。"

《公司法》(2005修订)第27条规定:"股东可以用货币出资,也可以用实物、知识产权、土地使用权等可以用货币估价并可以依法转让的非货币财产作价出资;但是,法律、行政法规规定不得作为出资的财产除外。对作为出资的非货币财产应当评估作价,核实财产,不得高估或者低估作价。法律、行政法规对评估作价有规定的,从其规定。全体股东的货币出资金额不得低于有限责任公司注册资本的百分之三十。"

综上,依据《公司法》(1993),股东可以用货币出资,也可以用实物、工业产权、非专利技术、土地使用权作价出资,不可以用其他的财产出资;2005年《公司法》修订后,股东可以用货币出资,也可以用实物、知识产权、土地使用权等可以用货币估价并可以依法转让的非货币财产作价出资,后一直基本延续该规定。

案例3-111 以兽药许可证、疫苗等作为出资的瑕疵

瑞普生物(300119)在首发上市前存在股东使用兽药生产企业许可证、疫苗等出资的情形,后将相关的出资进行了减资处理。

二、股东出资的主要核查规定

(一)主板关于股东出资瑕疵核查规定

《首发业务若干问题解答》(2020年6月修订)问题7:"发行人历史上存在出资或者改制瑕疵等涉及股东出资情形的,中介机构核查应重点关注哪些方面?"

答："发行人的注册资本应依法足额缴纳。发起人或者股东用作出资的资产的财产权转移手续已办理完毕。保荐机构和发行人律师应关注发行人是否存在股东未全面履行出资义务、抽逃出资、出资方式等存在瑕疵，或者发行人历史上涉及国有企业、集体企业改制存在瑕疵的情形。(1)历史上存在出资瑕疵的，应当在申报前依法采取补救措施。保荐机构和发行人律师应当对出资瑕疵事项的影响及发行人或相关股东是否因出资瑕疵受到过行政处罚、是否构成重大违法行为及本次发行的法律障碍，是否存在纠纷或潜在纠纷进行核查并发表明确意见。发行人应当充分披露存在的出资瑕疵事项、采取的补救措施，以及中介机构的核查意见……"

(二)创业板和科创板关于股东出资瑕疵核查规定

依据《深圳证券交易所创业板股票首次公开发行上市审核问答》问题2："发行条件规定'发行人是依法设立且持续经营3年以上的股份有限公司'。发行人历史上存在出资瑕疵或者改制瑕疵的，中介机构核查应当重点关注哪些方面？"和《上海证券交易所科创板股票发行上市审核问答(二)》问题3："发行人历史上存在出资瑕疵或者改制瑕疵的，中介机构核查应当重点关注哪些方面？"创业板和科创板上市审核问答存在与《首发业务若干问题解答》(2020年6月修订)基本相同的规定。

三、货币出资

(一)货币出资不实

通常情况下，货币资金出资不到位容易量化分析及解决，但是如果存在公司实际的出资数额与验资报告不一致的情况，则需要予以纠正或补充出资。

案例3-112 实际出资数额与验资报告不一致，补充出资

依据侨源气体(300646)的招股说明书及反馈意见回复文件，其存在货币出资不实的情况。侨源有限2002年设立时，各股东的实际出资额647.88万元比注册资本666.00万元少18.12万元；2004年增资时，各股东实际增资额为1018.17万元，比新增注册资本1503万元少484.84万元，累计实际出资额比本次增资后的注册资本 2169.00 万元少 502.97 万元。侨源有限成立时的资产评估报告和验资报告验证的出资情况与实际出资情况不一致,与当时有效的《公司法》(1999 修正)、《公司登记管理条例》(1994)的相关规定不符,存在瑕疵。后股东补充货币出资,大华会计师事务所出具历次验资复核报告,复核认为:2004 年 7 月至 2004 年 9 月,乔某涌、张某蓉、乔某补充投入资金 656.00 万元。

(二)以公司财产对公司出资的瑕疵

股东以公司财产或者以股东出资至公司后的财产增值部分作为股东的出资,属于对出资财产的无权处分,属于典型的未出资或者出资不实。发生相关情形时,需要进行会计处理更正以及补充出资,对于相关的出资瑕疵的影响以及是否构成重大违法行为或者是否会受到行政处罚需要明确发表意见,针对不同的情况,区分具体行为和性质,按照具体情况予以解决。

案例 3-113 以公司的车辆作为出资

天域生态(603717)存在股东以公司的车辆财产作为出资的情形,后将公司的其他应付款(对相关股东的亲属等)转入实收资本,由代垫资金转为出资资本。

案例 3-114 以公司土地使用权作为出资且导致股改时净资产低于股本

依据《关于铜陵洁雅生物科技股份有限公司首次公开发行股票并在创业板上市申请文件的审核问询函的回复》,审核问询意见:“根据《创业板股票首次公开发行上市审核问答》问题 2 的要求,出资瑕疵事项是否构成重大违法违规。”发行人补充披露如下:“(1)保荐机构和发行人律师经核查后认为:洁雅有限设立时存在的实物资产出资未评估的出资瑕疵,已由蔡某传依法补救,出资瑕疵已经消除,且铜陵市市场监督管理局出具情况说明认为该出资瑕疵不构成重大违法违规。(2)经核查,洁雅有限 2007 年 11 月增资存在股东出资不实的情形,具体情况如下:2007 年 11 月,洁雅有限召开股东会,同意将公司注册资本由 300 万元增至 930 万元,其中新增注册资本 630 万元由蔡某传以土地使用权评估作价 791.11 万元认购,其中630万元作为注册资本,剩余部分计入资本公积。本次蔡某传用以增资的土地使用权,实际系洁雅有限所有。因此,蔡某传本次出资未到位,不符合当时有效的《公司法》(2005修订)第28条之规定。因蔡某传上述出资不到位,导致公司财务报表存在会计差错。经对以前年度财务报表追溯调整,公司2008年11月30日的账面净资产减少782.20万元,公司整体变更时账面净资产低于股本。2008年12月、2014年8月,蔡某传以货币方式分别向公司补缴出资75.6万元、715.51万元,补足了2007年11月认缴的全部出资,消除了以公司土地使用权出资的瑕疵。发行人2014年第二次临时股东大会对蔡某传的上述补缴出资行为予以认可。"

案例3-115 以公司的技术作为股东出资后替换为货币出资

依据山石网科通信技术股份有限公司的首发上市材料,2014年4月22日,北京山石召开股东会,同意注册资本由2000万元增至5000万元,王某和尚某鹤以"异构处理器设计技术"等三项非专利技术向北京山石增资3000万元,王某出资2250万元,尚某鹤出资750万元。根据发行人的说明、技术设计文件、相关研发人员人事文件等,前述三项非专利技术主要是由发行人及其子公司的研发人员以完成工作任务为目的,利用相关公司的工作场所与计算机相关设备等物质技术条件研发而成,该等非专利技术的开发过程综合使用了发行人及其子公司的人力资源与物质技术条件,于王某、尚某鹤以其向北京山石出资时,前述三项非专利技术系由发行人及其子公司共同开发完成,不属于王某、尚某鹤。王某和尚某鹤以"异构处理器设计技术"等三项非专利技术向北京山石出资,存在瑕疵。

根据北京山石的工商档案,北京山石及王某、尚某鹤的说明,为弥补该等出资瑕疵,2017年8月24日北京山石召开股东会,同意王某与尚某鹤分别将以非专利技术出资的2250万元和750万元变更为以货币出资。根据会计师事务所于2017年8月25日出具的验资报告(致同验字〔2017〕第110ZC0285号),截至2017年8月24日,北京山石已收到王某与尚某鹤缴纳的用于变更出资方式并补足的注册资本合计3000万元,累计实收资本5000万元,占注册资本的100%。

(三)第三方垫资

在《公司法》明确要求公司设立需要验资或者对注册资本数额有明确要求的期间,由第三方机构垫资设立公司属于常见现象。但是,鲜有公司披露存在第三方垫付出资的情形,一般描述为公司股东向第三方借款对公司出资,而后股东从公司借款偿还对第三方的债务,转换成为公司股东的外部借款以及股东对公司的欠款(或资金占用)。

对于第三方垫资行为,主要关注的是第三方借款的真实性,股东是否已归还对公司形成的借款,是否存在出资不实或者抽逃出资的情形,是否取得垫资方的确认,股权是否有争议等。所以,对于存在第三方垫资出资情形或者验资机构垫付资金提供验资服务的,经过依法整改和规范,原则上不会构成首发上市的实质障碍。

案例3-116　实际控制人代新股东垫付出资款,后转让时抵销转让款

根据有方科技(688159)的首发上市文件,有方有限2013年4月第三次增资中,股东会决议决定将有方有限注册资本由1000万元增至1018.33万元,其中姚某娟以107.536万元认缴新增注册资本12.22万元,刘某新以53.768万元认缴新增注册资本6.11万元,增资价格均为每8.8元出资额对应1元注册资本。由于增资前姚某娟、刘某新现金周转较为紧张,而王某作为有方科技实际控制人有吸引人才的愿望,王某愿意替姚某娟、刘某新代为垫付出资款。2013年9月姚某娟向王某转让股权、2014年1月刘某新向王某转让股权时,由于姚某娟、刘某新尚未向王某支付前述代垫的增资款,经协商,姚某娟与王某、刘某新与王某相互抵销债权债务,王某并未实际支付股权转让价款。律师认为有方科技历次股权转让及增资真实,均已履行了相应的内、外部决策和备案程序。

案例3-117　外部机构股东代实际控制人垫付增资款

依据洁特生物(688026)的首发上市文件,洁特有限设立时珠江铝塑为实际控制人袁某华垫付85.90万元出资。根据洁特生物披露,洁特有限设立时,袁某华

因从国外归国创业时间较短,自有人民币资金不充足,在出资设立洁特有限过程中存在资金周转困难。由于袁某华时任珠江铝塑副董事长,同时珠江铝塑董事长袁某珍系袁某华的姐姐,故袁某华就借款事宜与珠江铝塑进行了协商,经由珠江铝塑管理层及股东一致同意后,由珠江铝塑向袁某华借款85.90万元用于其对洁特有限的出资。当时双方出于便利的考虑,珠江铝塑将上述款项直接打入了洁特有限的银行出资账户,形成了为袁某华代垫出资款的情况。珠江铝塑为袁某华代垫付85.90万元的出资款系单纯的资金借贷。珠江铝塑当时的董事长袁某珍、总经理郝某树、股东的法定代表人袁某珍、叶某国以及袁某华本人均已在访谈中对于上述资金借贷关系予以确认,并确认上述代垫付出资款已由袁某华偿还给珠江铝塑。

案例3-118 第三方借款出资

依据《关于上海瑞晨环保科技股份有限公司首次公开发行股票并在创业板上市申请文件的第二轮审核问询函的回复》,审核问询意见:"问题1.关于出资瑕疵。申报文件及审核问询回复显示:(1)2011年1月由于公司业务发展的需要,公司注册资本由50万元增至500万元,实收资本由10万元增至500万元。鉴于公司当时处于业务发展初期,股东陈某东、陈某锋资金缺乏,因此通过向第三方中介机构借款的方式取得资金来源,并在完成增资后向其归还相关款项。(2)2011年1月17日,股东陈某锋、陈某东分别将第三方中介机构提供的资金416.50万元、73.50万元存入瑞晨有限账户;2011年1月18日,瑞晨有限分别向第三方中介机构指定收款方上海红乐化妆品有限公司、上海雷铤投资有限公司银行转账190万元、300万元。(3)陈某东、陈某锋本次向公司借款事项与瑞晨有限签署了借款合同,陈某东、陈某锋已于2014年7月前向瑞晨有限偿还完毕全部股东借款。"

请发行人:"(1)补充说明2011年瑞晨有限增加公司注册资本至500万元的背景及原因,公司在收到出资款的第二天便将相关款项出借给股东陈某东、陈某锋的行为是否符合'由于公司业务发展的需要'进行论述;(2)补充说明陈某东、陈某锋与瑞晨有限签署借款合同的时间,第三方中介机构的具体情况,瑞晨有限未将借款直接转至陈某东、陈某锋而向第三方中介机构指定收款方转账的原因,发行人是否可能因上述行为面临法律风险;(3)补充说明认定前述借款行为于2014年7月终止的依据,2014年7月后陈某东、陈某锋是否存在向发行人借款的情形以及具体情况;(4)补充说明认定发行人股东陈某东、陈某锋的上述行为不构成抽逃出资行为是否取得了相关有权主管部门的确认。请保荐人、发行人律师发表明确意见。"

反馈回复:

"(一)问题(1)回复

"2011年瑞晨有限属于初创阶段,当时目标客户对于供应商的注册资本有一定的要求,瑞晨有限为了尽快进入风机、水泵的市场,公司通过增加注册资本的方式满足目标客户的要求,提升自身的信誉度,从而进一步开拓业务。根据当时有效的《公司法》(2005修订)第29条及《公司登记管理条例》(2005修订)第31条的规定,瑞晨有限增资必须完成验资事宜,因当时陈某东、陈某锋资金缺乏,遂通过向第三方中介机构借款的方式完成本次增资的验资工作。瑞晨有限完成增资后,陈某东、陈某锋考虑到第三方中介机构的借款存在资金成本,因此第二天即以借款的方式委托瑞晨有限向第三方中介机构指定的收款方偿还全部借款。

"结合上述,瑞晨有限当时增加注册资本主要目的系进一步开拓目标客户的业务,因股东资金缺乏且借款存在资金成本,因此第二天即通过股东借款方式归还第三方中介机构借款,增资行为符合'由于公司业务发展的需要'的要求。

"(二)问题(2)回复

"1. 补充说明陈某东、陈某锋与瑞晨有限签署借款合同的时间

"根据陈某东、陈某锋与瑞晨有限签署的《借款协议》,陈某东、陈某锋与瑞晨有限签署借款合同的时间为2011年1月18日。

"2. 第三方中介机构的具体情况

"经补充核查,2011年1月,系由上海雷铤(原名为'上海雷铤投资有限公司',2015年6月更名为'上海雷铤金融信息服务有限公司')向陈某东、陈某锋提供借款490万元。上海雷铤系于2009年4月21日成立的有限责任公司,统一社会信用代码为9131011××××××5569K,法定代表人兼执行董事为刘某清,注册资本5000万元,注册地址上海市浦东新区杨高北路528号14幢××室,经营范围为'金融信息服务(除金融业务),接受金融机构委托从事金融信息技术外包、金

融业务流程外包、金融知识流程外包,实业投资,投资管理,投资咨询,商务咨询,企业兼并重组策划,资产管理。(依法须经批准的项目,经相关部门批准后方可开展经营活动)',刘某清持有其90%股权、刘某英持有其10%股权。

"发行人首次申报前,因本次验资时间久远且验资报告所附银行凭证为现金存款单,陈某东、陈某锋回忆当时系第三方中介机构提供的借款,相关借款已归还至第三方中介机构的指定收款方,但具体公司名称无法回忆,发行人考虑到相关债权债务已消灭且已超过10年,因此首次申报出于真实性的考虑披露借款方为第三方中介机构;首轮问询时,发行人意识到第三方中介机构身份的重要程度,通过多方努力与指定收款方上海雷铤取得联系,上海雷铤当时表示因历史久远仅愿意对不存在债权债务纠纷予以确认;本轮问询时,发行人再次与上海雷铤取得联系,通过多方努力调取了上海雷铤的银行流水,并与上海雷铤当时的实际控制人和具体经办人员刘某清进行了访谈,陈某东、陈某锋及刘某清基于上海雷铤流水的回忆均认定上海雷铤为第三方中介机构。

"3. 瑞晨有限未将借款直接转至陈某东、陈某锋而向第三方中介机构指定收款方转账的原因陈某东、陈某锋出于不熟悉个人与公司的转账业务、个人每日转账金额受限等因素,同时基于简化资金周转程序和尽快归还借款的考虑,因此选择直接通过瑞晨有限将借款支付给上海雷铤及其指定收款方上海红乐化妆品有限公司(以下简称上海红乐)。补充核查获取的上海雷铤的银行流水显示,2011年1月18日,本次增资完成后,瑞晨有限向上海雷铤及上海红乐分别偿还借款资金300万元及190万元,同日,上海红乐又将190万元归还至上海雷铤,至此,陈某东及陈某锋与上海雷铤的债务已清偿完毕,双方不存在任何债权债务纠纷。

"4. 发行人是否可能因上述行为面临法律风险

"(1)发行人不存在民事责任的法律风险。股东陈某东、陈某锋本次出资来源系向第三方中介机构的借款,完成股东出资后,以股东借款名义委托瑞晨有限向第三方中介机构指定的收款方偿还借款资金,陈某东、陈某锋已于2014年7月底前向瑞晨有限偿还完毕全部股东借款,因此,前述借款事宜的债权人系第三方中介机构,债务人系陈某东、陈某锋,发行人不属于债权人或债务人的情形。2011年1月至今,发行人客户、供应商及债权人不存在因本次股东借款事项主张发行人违约的情形,本次股东借款已于2014年7月底偿还完毕,不存在客户、供应商及债权人主张发行人违约的风险。

“结合上述,发行人不存在民事责任的法律风险。

“(2)发行人不存在行政、刑事责任的法律风险。发行人与陈某东、陈某锋之间的资金拆借行为系自然人向企业借款,不适用《贷款通则》第61条‘企业之间不得违反国家规定办理借贷或者变相借贷融资业务’的规定;根据《刑法》(1997修订)第159条‘虚假出资、抽逃出资罪’第1款规定:‘公司发起人、股东违反公司法的规定未交付货币、实物或者未转移财产权,虚假出资,或者在公司成立后又抽逃其出资,数额巨大、后果严重或者有其他严重情节的,处五年以下有期徒刑或者拘役,并处或者单处虚假出资金额或者抽逃出资金额百分之二以上百分之十以下罚金。’发行人不属于《刑法》第159条规定的犯罪主体。

根据《公司注册资本登记管理规定》(2014年)[①]、《国家工商行政管理总局关于〈公司注册资本登记管理规定(修订草案)〉的说明》及《最高人民检察院、公安部关于严格依法办理虚报注册资本和虚假出资抽逃出资刑事案件的通知》,发行人不属于应当实行注册资本实缴登记制的公司,发行人及股东陈某东、陈某锋的资金拆借行为不存在被处以行政或刑事处罚的可能性。即便发行人股东陈某东、陈某锋被认定为抽逃出资,根据《行政处罚法》(2021修订)、《刑法》(2020修正)的相关规定,该等股东的相关行为已经超过行政处罚时效及刑事追诉时效,不存在导致发行人需要承担行政或者刑事责任的可能。

“因此,发行人向自然人提供借款事项不存在行政或刑事处罚的法律风险。

“(3)发行人实际控制人已出具承诺发行人的控股股东、实际控制人陈某东已于2021年12月就上述事项及行为出具专项《确认暨承诺函》,承诺:‘如公司因本次增资事宜或股东向公司拆借资金受到公司登记机关、行政主管部门追诉、处罚的,或者存在任何民事主体主张任何权益的,均由本人承担全部法律责任并赔偿因此给公司造成的全部损失,保证不影响公司的正常生产经营与持续发展。’

“综上,发行人不存在因上述行为面临法律风险的情形。

① 已废止。

“(三)问题(3)回复

“1. 补充说明认定前述借款行为于 2014 年 7 月终止的依据。自 2011 年 1 月陈某东、陈某锋向瑞晨有限借款 490 万元之后,陈某东、陈某锋陆续向瑞晨有限归还借款,至 2014 年 7 月已经全部归还完毕,资金来源均为个人自筹资金。

“根据立信会计师事务所出具的《上海瑞晨环保科技股份有限公司注册资本实收情况的复核报告》,针对 2011 年 1 月瑞晨有限增资事项:‘经复核:股东完成上述出资后即以借款方式将人民币 4,900,000.00 元借出,其中包括本次增资到位的人民币 4,500,000.00 元以及本期到位的前次注册资本人民币 400,000.00 元。公司相关股东已于 2014 年 7 月前将上述借款归还。上述新增资本合计人民币 4,900,000.00 元已出资到位。’综上,认定陈某东、陈某锋 2011 年的借款行为于 2014 年 7 月终止的依据充分。

“2. 2014 年 7 月后陈某东、陈某锋是否存在向发行人借款的情形以及具体情况。2014 年 7 月后至报告期末,除正常经营所需的备用金外,陈某锋不存在向发行人借款的情形。

“2014 年 7 月至 2017 年 11 月,除正常经营所需的备用金外,陈某东不存在向发行人借款的情形;存在因发行人日常经营所需,由陈某东向发行人借出资金的情形。2017 年及 2019 年,陈某东因购置房产及个人理财等原因存在向发行人拆借资金的情形,相关借款已经按照同期银行一年期贷款基准利率计提资金占用费,其中 2017 年的借款于 2018 年归还完毕,2019 年的借款于当年归还完毕。相关情况可参见首轮问询回复问题 6。

“(四)问题(4)回复

“经访谈上海市嘉定区市场监督管理局相关工作人员,同时查询国家企业信用信息公示系统、中国裁判文书网、中国法院网、中国执行信息公开网等公开网站,发行人及陈某东、陈某锋自瑞晨有限设立至今不存在因违反有关市场监督管理法律、法规而受到处罚的记录,不存在违法违规情形。2021 年 12 月 22 日,上海市嘉定区市场监督管理局出具情况说明,确认‘2011 年 1 月,上海瑞晨环保科技股份有限公司注册资本由 50 万元增至 500 万元,实收资本由 10 万元增至 500 万元中,股东陈某东、陈某锋增资款 490 万元系借款。公司在收到出资款的第二天将上述款项转出。股东陈某东、陈某锋已于 2014 年 7 月通过自有资金将上述 490 万元归还。依据《行政处罚法》(2021 修订)第 36 条的规定,我局不会因上述事项对公司及股东陈某东、陈某锋予以行政处罚。'据此,上海市嘉定区市场监督管理局已对陈某东、陈某锋借款出资、公司将该等款项借予陈某东、陈某锋后转出,以及陈某东、陈某锋于 2014 年 7 月归还的出资行为进行了事实确认,并明确该局不会因该等行为对公司及股东陈某东、陈某锋予以行政处罚。因此,陈某东、陈某锋的上述行为不会对发行人本次发行构成实质性法律障碍。"

案例 3-119 问询第三方垫资是否构成抽逃出资

依据《关于三未信安科技股份有限公司首次公开发行股票并在科创板上市申请文件审核问询函的回复》,审核问询意见:"问题 2. 关于出资瑕疵及实际控制人。根据申报材料:(1)2008 年张某公、范某骏、吴某昆、徐某锋、乔某及罗某贤(以下称创始股东)设立公司时因资金缺乏,由徐某锋和乔某分别从杨某强处借款 600 万元和 400 万元,完成公司注册资本的实缴和验资,当月公司即偿还杨某强全部借款及银行利息合计 1000.20 万元。请发行人说明:借款完成出资验资再归还相关款项是否构成抽逃出资,是否构成重大违法违规行为,对本次发行上市的影响。"

反馈意见回复:

1. 公司设立时,股东借款完成出资验资再归还借款的基本情况

(1)有限公司设立涉及的资金流转过程。公司前身为北京三未信安科技有限公司(以下简称三未有限),成立于 2008 年 8 月 18 日,设立时注册资本为 1000.00 万元,其中徐某锋以货币出资 600.00 万元,乔某以货币出资 400.00 万元,均为向代办中介借款。出资完成后,2008 年 8 月 26 日,由三未有限向股东提供借款,并向代办中介指定的潘饰凯丝(北京)商贸有限公司[现更名为世界通联(北京)科技有限公司,以下简称潘饰凯丝]汇款 1000.20 万元,以偿还前述股东向代办中介 1000.00 万元借款及银行存款利息。公司、代办中介和潘饰凯丝已出具情况说明,确认三未有限向股东提供借款并支付给潘饰凯丝,归还了股东向代办中介的借款,相关债务已清偿,前述借款事宜不存在任何纠纷争议或潜在纠纷争议。

(2)张某公、罗某贤偿还股东对公司的借款。三未有限设立后,2008 年 8 月至

9月，三未有限股东通过垫付公司装修、设备采购款项形式合计冲减借款240.80万元。此后，创始股东张某公、罗某贤以支付货币资金的方式向三未有限偿还前述借款剩余差额部分共759.40万元（还款明细略）。

2008年8月至9月，三未有限股东垫付公司装修、设备采购款项的采购合同、发票齐备，但公司及各创始股东均未留存相应付款凭证。公司实际控制人张某公于2021年6月向公司支付240.60万元和0.2万元，夯实上述偿还借款行为。至此，张某公、罗某贤以货币资金形式合计偿还了创始股东对公司的1000.20万元全部借款。

（3）股东确认及专项复核。公司创始股东张某公、罗某贤、徐某锋、范某骏共同出具了关于北京三未信安科技发展有限公司设立时出资及股权调整的说明，确认张某公、罗某贤已通过货币资金方式偿还有限公司设立时三未有限借予创始股东的1000.20万元；张某公、罗某贤自愿为其他创始股东承担还款义务，不会向其他创始股东主张还款权利。2021年6月28日，立信会计师事务所出具三未信安科技股份有限公司还款复核专项报告（信会师报字〔2021〕第ZG11703号），对股东偿还借款759.40万元及240.80万元专项出资事项进行复核，确认"已针对公司相关股东偿还借款及专项出资事项获取了充分适当的审计证据，未见重大异常"。

2. 是否构成抽逃出资，是否构成重大违法违规行为，对本次发行上市的影响

上述设立出资款项由于系由代办中介借款给创始股东向公司出资，而相关股东在出资完成后所产生股东借款系由公司支付给代办中介指定方，相关过程存在瑕疵，但不存在抽逃出资的情形。

根据《国家工商行政管理总局关于股东借款是否属于抽逃出资行为问题的答复》（工商企字〔2002〕第180号，已废止）的规定，"公司借款给股东，是公司依法享有其财产所有权的体现，股东与公司之间的这种关系属于借贷关系，合法的借贷关系受法律保护，公司对合法借出的资金依法享有相应的债权，借款的股东依法承担相应的债务。因此，在没有充分证据的情况下，仅凭股东向公司借款就认定为股东抽逃出资缺乏法律依据"。根据《最高人民法院关于适用〈中华人民共和国公司法〉若干问题的规定（三）》［以下简称《公司法解释（三）》］第12条的规定，"公司成立后，公司、股东或者公司债权人以相关股东的行为符合下列情形之

一且损害公司权益为由,请求认定该股东抽逃出资的,人民法院应予支持:(一)制作虚假财务会计报表虚增利润进行分配;(二)通过虚构债权债务关系将其出资转出;(三)利用关联交易将出资转出;(四)其他未经法定程序将出资抽回的行为"。

创始股东前述行为产生的原因系在设立资金缺乏的背景下,通过第三方借款取得资金来源,再通过向公司借款归还第三方的款项,形成了创始股东向三未有限的关联借款,创始股东张某公、罗某贤已经以支付货币资金方式归还了上述关联借款,无对公司财产的故意侵害,不构成利用关联交易将出资转出的行为,不属于《公司法解释(三)》规定的抽逃出资的情形,不构成重大违法行为。自2008年至今,未发生公司其他股东、公司债权人以创始股东上述行为损害公司权益为由,请求人民法院认定其抽逃出资情形;公司也未受到工商管理部门的相关处罚。

2021年12月1日,公司召开2021年第三次临时股东大会,经全体股东一致同意,审议通过了关于公司历史沿革相关事项确认的议案,确认公司全体股东已知悉创始股东上述借款的形成情况,并确认上述借款已足额归还,未损害各股东权益,不会就上述借款事项追究创始股东的责任。北京市朝阳区市场监督管理局已开具企业信息查询结果,确认公司近三年(2018年7月10日至2021年7月9日)无违反市场监督管理法律、法规受到北京市朝阳区市场监督管理局行政处罚的案件记录。

此外,公司实际控制人张某公出具承诺,如公司因设立相关事宜受到任何公司登记机关、行政主管部门追诉、处罚的,或者受到任何民事主体提出经济赔偿要求的,均由张某公承担全部法律责任。

综上,创始股东借款完成出资验资再归还相关款项不属于《公司法解释(三)》规定的抽逃出资的情形,不构成抽逃出资,也不构成重大违法违规行为;公司全体股东已知悉并不追究创始股东的责任,并且公司未受到过主管部门的处罚,因此,上述事项不会对本次发行上市构成重大法律障碍。

(四)股东向公司借款作为出资来源或者由公司代股东支付股权转让款

公司或者公司的子公司向股东提供借款,由股东再对公司出资,股东出资的资金来源为目标公司。若股东无能力支付或者还款,则会侵犯公司的利益。存在此种情况的需要解释相关的借款出资行为的原因、背景、归还时间、是否对公司产生重大不利影响、是否取得其他股东的同意等。

案例3－120 公司向股东提供借款用来对本公司增资并论证不构成出资不实

根据凯众股份(603037)《首次公开发行股票招股说明书》,2008年12月7日,凯众有限召开股东会,通过了本次增资事项如下:(1)分配现金红利966万元给黎明化工研究院。(2)决定以2008年12月31日为基准日经审计数据为准,增加注册资本3000万元,其中现金增资966万元,利润分配转增2034万元,增资后凯众有限注册资本为4000万元。本次增资中,股东杨某韬现金增资851万元,其中向凯众有限借款800万元作为其增资款,增资款来源存在瑕疵,即如果该笔借款最终因为某种原因未得到清偿,凯众股份的净资产将因此减少,凯众股份和债权人的利益可能因此受损。但鉴于:(1)本次借款时点,凯众有限净资产审计值为7236万元,远超过注册资本4000万元;(2)本次借款事宜已在事前由凯众有限股东会审议批准,并在事后由凯众有限股东会确认计息;(3)杨某韬严格按照股东会决议的要求,按期归还了借款并支付利息。因此,以上增资款来源瑕疵并不构成《公司法》规定的出资不实、虚假出资或抽逃出资,不存在潜在法律纠纷或风险,不会对本次发行构成法律障碍。

案例3－121 发行人子公司向股东提供借款用来对发行人增资

根据众望布艺(605003)的《首次公开发行股票招股说明书》,2012年11月1日,众望有限股东会作出决议,同意众望有限增加注册资本16,000万元,新增注册资本由股东杨某山和马某芬分别以货币出资8160万元、7840万元。众望有限本次增资的16,000万元,其中的7500万元系杨某山、马某芬向众望化纤(发行人全资子公司)的借款,该等借款已于2014年12月底前陆续归还。保荐机构和发行人律师认为,鉴于杨某山、马某芬2012年12月增资时的不规范行为已消除,该出资的瑕疵未影响到相关债权人及全体股东利益,且杭州市余杭区市场监督管理局已认定该不规范行为不属于重大违法违规行为,也不予处罚;杨某山、马某芬2012年12月增资时部分出资款来源于企业借款的不规范行为不会对发行人注册资本的充实性造成不利影响,也不会构成本次发行的实质性法律障碍。

案例3-122　以企业改制的经济补偿金作为员工出资来源

依据《关于南京雷尔伟新技术股份有限公司首次公开发行股票并在创业板上市的审核问询函回复》，南京雷尔伟新技术股份有限公司存在以员工经济补偿金出资的情形。"根据浦镇车辆厂报送的《南京雷尔伟新技术公司和南京市浦镇铁路产品配件公司改制实施方案》第5条第8款，公司员工以经济补偿金和现金出资，出资额在10万元以上的，工商登记时以自然人身份单独登记，出资额在10万元以下的，其股份委托给出资额10万元以上的人代持。雷尔伟有限依法履行了验资程序，员工股东以解除劳动合同经济补偿金出资和现金出资均已实际缴付到位，该等出资形式符合《关于国有大中型企业主辅分离辅业改制分流安置富余人员的实施办法》(国经贸企改〔2002〕859号)的规定；雷尔伟有限设立时的非货币出资履行了评估程序，不存在出资瑕疵，不存在纠纷或潜在纠纷。"

案例3-123　认缴股东与打款主体不一致

根据水发燃气(原派思股份、603318)的《首次公开发行股票招股说明书》，"派思有限股东第7期和第8期出资200万美元的认缴出资方和实际缴款人不一致：派思有限200万美元增资的认缴出资方应为EPOCH公司。2010年9月，EPOCH公司签署委托书，EPOCH公司委托EnergasLtd.汇入投资款共200万美元，即派思有限股东200万美元现汇出资的实际缴款人为EnergasLtd.。2012年2月8日，大连开发区经贸局出具证明：派思有限在增资过程中存在实际缴款人与认缴出资方不一致的情形，但鉴于派思有限增资的注册资本已足额缴纳，未影响派思有限作为外商投资企业的法律地位。保荐机构和发行人律师认为：在增资时点实际缴款人EnergasLtd.与认缴出资人EPOCH公司均为外国企业法人，且双方的唯一股东均为谢某，EPOCH公司已就委托EnergasLtd.垫付出资款出具了委托书，因此EnergasLtd.受托垫付出资的情形不会影响股东地位的合法性，不会导致潜在权属纠纷，且大连开发区经贸局已于2012年2月8日出具证明确认该等情形不影响派思有限作为外商投资企业的法律地位。发行人前身派思有限上述出资瑕疵不构成影响发行人本次发行上市的法律障碍"。

另外，其他类型构成股东对公司欠款的出资的解释可以参考，例如，华测导航

(300627)申报材料显示:"公司前身设立时,股东以货币资金出资100万元,设立之后即以借款方式借出,形成股东对公司的资金占用100万元;公司股东已于2003年9月至2004年6月,通过货币、实物资产等形式陆续归还完毕上述欠款。"超讯通信(603322)申报材料显示:"2001年6月及2006年8月两次增资款在缴付至公司后即根据股东指令转出的原因,是否构成抽逃出资,相关股东是否已归还发行人所占用资金及其依据,请对其合法合规性发表意见。"

(五)国有货币出资等未履行标的公司评估程序

国有主体对外投资时,需要针对标的资产依法履行审计、评估和评估备案或审批等程序。对于涉及国有资产的问题,应当谨慎处理,依法补充履行评估和评估备案程序,如果无法补充评估应当依法取得国有资产监督管理机构或者政府的确认函等。

案例3-124 国有货币出资未办理标的公司评估或评估备案

依据中自环保科技股份有限公司的招股说明书,东风资产于2020年6月以增资方式入股该公司时,已经于2020年4月17日召开的2020年第一次投资决策委员会审议同意,符合东风资产公司章程的相关规定。东风资产参与中自环保本次增资时未按照《企业国有资产评估管理暂行办法》的相关规定履行评估及评估备案程序,存在程序性瑕疵。

2021年1月12日,东风资产聘请北京中企华资产评估有限责任公司对中自环保截至2020年5月31日的全部股东权益进行了评估并出具了《东风资产管理有限公司拟增资入股中自环保科技股份有限公司项目所涉及的中自环保科技股份有限公司全部股东权益价值资产评估报告》,相关评估结果已经东风汽车集团有限公司补充备案。

案例3-125 历次验资报告需要全部提交

依据《南京雷尔伟新技术股份有限公司首次公开发行股票并在创业板上市的

审核问询函回复》，审核意见："五、补充提供上述缺少的验资报告、评估报告等文件，并对申报文件的齐备性进行核查。"反馈意见回复如下："公司已对照《公开发行证券的公司信息披露内容与格式准则第29号——首次公开发行股票并在创业板上市申请文件》(2020修订)核查申报文件的齐备性，现重新提交发行人设立时和最近三年及一期资产评估报告，发行人的历次验资报告及出资证明缺少的文件，包括：1.2006年主辅分离改制时，江苏润华会计师事务所出具的验资报告；2.2009年公司注册资本从518万元增至1500万元时，江苏润华会计师事务所出具的验资报告；3.2017年公司注册资本从1500万元增至1700万元时，增资时北京永坤会计师事务所(普通合伙)出具的验资报告；4.2018年公司整体变更时，致同会计师事务所(特殊普通合伙)出具的审计报告。"

四、实物出资

(一)实物出资未办理转移交付

依照规定，作为出资的实物应当交付至公司，同时涉及办理权利变更手续的应当依法办理。对于实物出资未及时办理变更权属手续但一直由公司实际使用的需要办理权属变更手续；对于一直未交付且未由公司实际使用的，则构成出资不实，需要弥补出资瑕疵；对于无法交付的实物出资，需要变更出资或者替换出资；对于实物已经不存在或者灭失进而无法交付的，需要替换出资或者补充出资。

案例3-126 称实物出资真实但资料缺失出于谨慎现金补充出资

依据《关于深圳市唯特偶新材料股份有限公司首次公开发行股票并在创业板上市申请文件的审核问询函的回复》，该公司出于谨慎，对不存在出资不实的实物出资，自愿以等额现金补充出资。具体为："由于廖某兵用于出资的实物资产的作价经过评估，依法办理了财产权的转移手续，出资资产经过所有股东的认可和确认，且已投入公司使用，仅是存在实物资产出资资料不完整的情形从而导致廖某兵本次实物出资存在瑕疵，但并不属于存在虚假出资或出资不实的情形，本次实物出资符合当时的公司登记管理法律法规的规定。廖某兵自愿向公司缴纳现金，对出资瑕疵进行补正。为保证公司注册资本的充足到位、消除历史出资过程中的瑕疵，出于谨慎性考虑，廖某兵以2006年实物出资并计入注册资本的金额为依据，于2019年12月31日自愿向公司缴纳现金5,406,470.31元。”

案例3-127 用现金替换无法交付的实物出资

根据众望布艺(605003)《首次公开发行股票招股说明书》，众望布艺于1994年设立时实际控制人杨某山以实物出资，将房屋250平方米作价41.1235万元、场地360平方米作价12万元以及一辆桑塔纳轿车作价23.6765万元，合计作价76.8万元出资，上述实物出资未履行资产评估及产权过户手续。根据公司实际控制人杨某山及杭州市余杭区崇贤街道四维村村委会出具的情况说明，杨某山用于出资的房屋及场地，自作价出资后由众望有限使用。鉴于农民自住房产及宅基地无法办理产权过户手续，为维护公司及股东利益，众望有限股东众望实业于2016年12月19日作出杭州众望实业有限公司股东决定，同意众望有限原股东杨某山按前述房产、场地资产原始出资额与评估价值孰高原则确定的价值以现金置换前述房产、场地资产出资。

另外，中船汉光(300847)、沪光股份(605333)等也存在类似情况。

案例3-128 用现金替换房产出资

根据大宏立(300865)的首发上市文件，其股东、实际控制人甘某宏用于出资的房屋建筑物所有权、土地使用权和机器设备所有权属于其个人独资经营的工厂，2004年大宏立有限设立后，房屋建筑物、土地使用权未能办理过户手续，未实际变更登记至大宏立有限名下。甘某宏于2005年以68万元货币将上述房屋建筑物和土地使用权出资予以置换，并得到了主管登记机关有效登记和证明确认。股东甘德宏机器设备出资已全部位，房屋建筑物和土地使用权虽无法实际出资到但已通过置换得到有效解决，且已得到主管登记机关有效登记和证明确认，因此前述房屋建筑物和土地使用权无法出资到位及后续置换符合《公司法》等法律、法规和规范性文件的规定，合法有效，不会对本次发行上市构成实质性律障碍。

另外，根据蓝盾光电(300862)的首发上市文件，蓝盾有限设立时，三佳集团已将此次出资的实物资产交付蓝盾有限使用，但有两处房屋建筑物(合计建筑面积约1914平方米，出资时的评估值为158.7892万元)未办理产权变更手续，其中302平方米的化工油脂库因已无实际使用价值，蓝盾光电已做报废处置。2018年12月5日，蓝盾光电召开2018年第三次临时股东大会，审议通过《关于公司实际控制人袁某刚以货币补足原股东铜陵市三佳电子(集团)有限责任公司出资的议案》，根据该议案，公司设立时，三佳集团用于出资的部分房产尚未转移至公司名下。公司实际控制人袁某刚拟以货币补足原股东铜陵市三佳电子(集团)有限责任公司出资。

(二)实物出资未办理评估手续

《公司法》(2018修正)第27条第2款规定："对作为出资的非货币财产应当评估作价，核实财产，不得高估或者低估作价。法律、行政法规对评估作价有规定的，从其规定。"实际上《公司法》历次修改均明确要求对非货币出资均需要评估作价，所以，以实物、知识产权、土地使用权、债转股等出资均需要履行评估程序。对于未办理实物出资的评估手续的，应当依法履行补充评估或者补充出资、替换出资的程序。

案例3-129　实物出资未评估后用现金置换出资

根据通源环境(688679)《申请文件的审核问询函的回复》，通源有限(通源环境股改前)设立(1999年4月)与第一次(2001年7月)及第二次增资(2002年2月)时，均存在股东以未经评估的实物出资的情形。股东杨某一未经评估的实物出资总额为372.29万元(其中369万元计入实收资本，3.29万元计入资本公积)；股东杨某二未经评估的实物出资总额为29.62万元(其中29万元计入实收资本，0.62万元计入资本公积)。2015年5月13日，通源有限召开股东会，全体股东一致同意，为规范公司股东的出资，充实公司的资本，股东杨某一、杨某二分别以现金372.29万元、29.62万元补充此前未经评估的实物出资。2015年5月15日，股东杨某一、杨某二分别向通源有限开立在中国工商银行汇通支行、徽商银行合肥三里街支行的账户缴存了前述出资置换的款项。2015 年 5 月 27 日,通源有限就上述出资补充的事宜办理了工商备案手续。

案例 3-130 实物出资未评估且已经报废,以现金股利补充出资

根据天秦装备(300922)的《首次公开发行股票并在创业板上市招股说明书》,1996 年 2 月 12 日,秦皇岛开发区审计师事务所出具验资报告书,对有限公司的设立出资进行了审验。经审验,全体股东实缴注册资本 50 万元,出资方式均为实物出资。鉴于公司设立时实物出资未履行评估程序,且机器设备已到期报废,无法进行评估复核,为解决上述出资瑕疵的问题,公司于 2014 年 6 月 10 日召开股东会,股东一致同意以现金股利对上述未经评估的实物出资予以补正。截至 2014 年 6 月 12 日,股东宋某锁、张某已用现金股利补正设立时实物出资等值的 50 万元。

另外,震裕科技(300953)、科思股份(300856)等也存在类似情况。

(三)实物出资的部分价值作为实缴出资

将实物出资部分作为实缴出资,其余溢价部分作为资本公积是可行的。但是对于实物出资,部分作为实缴出资,剩余部分作为借款需要慎重处理。如果向公司出资的财产是不可分割的且其价值显著高于注册资本实缴数额,不建议用部分价值作为出资,剩余部分价值作为公司购买或借款的形式处理。可以由公司现金购买相关的实物,再由相关股东以现金对公司出资,溢价部分可以作为账款往来。这样一来未违反实物出资不完整的情况,又将实物出资转变为现金出资。

案例 3-131 实物出资整体价值超过认缴出资部分作为债务

依据《关于路德环境科技股份有限公司首次公开发行股票并在科创板上市申请文件的第二轮审核问询函的回复》,审核问询意见:"三、关于控股子公司。发行人控股子公司绍兴路德设立时,发行人以实物出资人民币 1530 万元,其中 510 万元作为实收资本,超出部分作为专项应付款;林盛建设以货币出资 750 万元,其中 490 万元作为实收资本,超出部分作为专项应付款。请发行人说明上述出资形成专项应付款的背景及原因,专项应付款是否清偿、是否计息,非等比例出资的合理性,并结合2017年与林盛建设的关联交易分析说明是否构成利益输送。请申报会计师核查并发表意见。”

反馈回复:

2016年1月20日,发行人与林盛建设协议约定:“双方合作成立绍兴路德运营绍兴滨海工程泥浆处理项目,项目计划总投入3000万元,其中公司以价值1530万元(经评估)的10套泥浆脱水固结一体化处理设备进行实物投资并提供相关技术和工艺,林盛建设以现金1470万元进行投资并提供部分工程服务,投资占比分别为51%和49%。”

2016年3月3日,绍兴路德成立,注册资本金1000万元。发行人根据合作协议将10台套泥浆脱水固结一体化处理设备评估作价1530万元投入绍兴路德,其中510万元作为注册资本,超出的1020万元作为绍兴路德成立初期的资金支持,作为专项应付款,账面计入其他应付款科目,约定于2018年6月30日前由绍兴路德视自身的资金状况分期偿还给发行人;同期林盛建设将人民币750万元投入绍兴路德,其中490万元作为注册资本,超出的260万元作为绍兴路德成立初期的资金支持,作为专项应付款,账面计入长期应付款(后转入其他应付款)科目,约定于2018年6月30日前由绍兴路德视自身的资金状况分期偿还给林盛建设。

2016年11月30日,发行人与林盛建设签订补充协议,对上述出资及债务进行确认,并协商同意鉴于双方合作关系良好,且同时期绍兴路德向林盛建设采购了建设工程施工服务,对林盛建设部分建设施工服务款的付款周期较长,基于平等互惠的原则不再要求林盛建设提供剩余720万元资金支持。

截至2018年3月29日,绍兴路德已将1020万元和260万元其他应付款全部归还给发行人和林盛建设。

综上所述,绍兴路德设立时的专项应付款(其他应付款)已全部清偿,作为股东对公司的支持,双方对前述款项均未计息,具有合理性。

分析:该操作方法不建议其他主体效仿。本案中发行人设立子公司时的实物出资是多套设备,并非一个不可拆分的设备,明明可以通过将部分设备作为实物出资,部分设备通过公司购买的形式解决,而径直将全部设备作为整体,一部分作为出资,差额部分直接作为公司对股东的应付款项。而此操作方法无法明确哪些设备属于购买哪些设备属于股东出资，相关的实物出资是否存在瑕疵值得商榷。

五、知识产权出资

（一）知识产权出资超过法定比例或货币出资低于法定比例

关于知识产权出资的比例，不同时期公司法有不同的规定，是从最高不得超过20%、70%等到逐步放开比例限制。

《公司法》(1993)第24条第2款规定："以工业产权、非专利技术作价出资的金额不得超过有限责任公司注册资本的百分之二十，国家对采用高新技术成果有特别规定的除外。"《公司法》(2005修订)第27条第3款规定："全体股东的货币出资金额不得低于有限责任公司注册资本的百分之三十。"《公司法》(2013修正)取消"货币出资金额不得低于公司注册资本的百分之三十"的规定，自此《公司法》删除了对货币出资比例以及知识产权出资比例的限制。之后，对货币出资比例以及知识产权出资比例的限制无限制。

知识产权出资比例超过规定，在出资真实、充足的前提下，一般不会构成上市的实质性障碍。

（二）知识产权出资不实或无法提供充分证据证明

知识产权出资不实属于出资不实的一种，需要依法出资到位，知识产权出资不实包括出资的知识产权的实际价值与认缴金额不符；对用于出资的非货币资产采用收益法评估，结果投入公司后，并未产生预期的收益；出资的知识产权为公司所有；知识产权为与其他所有人共有；出资的知识产权与公司主营业务相关度较低；出资的知识产权评估价值与实际价值或者创造的经济价值差异较大等。

案例3-132 出资的知识产权与公司主营不相关构成出资不实

根据新天药业(002873)的首次公开发行股票招股说明书，肉联厂用以增资的"黔花牌"商标的商标注册证号为850131，该商标的核定使用商品为西药。根据新天药业的说明，新天有限在接受肉联厂增资时确有生产西药的计划，但后来新天有限的生产经营方向发生变化，未从事过西药的生产而是专注中药的生产和销售,因此该商标一直未得到使用。"黔花牌"商标未投入使用,也未产生任何收益的状况造成新天药业出资不实。新天生物作为原肉联厂持有发行人股权的承继方,于 2011 年 12 月出具声明,自愿以等额货币资金补足原肉联厂以商标出资部分,该商标由新天药业继续拥有并使用,新天生物放弃向发行人对该商标的返还请求权,将"黔花"商标无偿赠与新天药业。2011 年 12 月 25 日,新天药业收到新天生物缴纳的 50 万元。信永中和出具的历次验资专项复核报告(XYZH/2012CDA4014 - 1 - 5)对该事项进行了审验确认。贵阳市工商局高新分局于 2012 年 3 月 12 日出具关于原贵州肉类联合加工厂以"黔花"商标出资贵阳新天药业有限责任公司事项的确认意见:"本次商标出资存在出资瑕疵,但公司及相关股东已主动整改,本次出资瑕疵没有对新天药业和其他任何第三方(包括债权人)造成任何损失。我局确认不会因上述出资瑕疵对新天药业、新天生物、董某伦等自然人股东及其权益承继方实施任何行政处罚。"保荐机构及律师认为:"黔花牌"商标未投入使用,也未产生任何收益的状况造成发行人出资不实,该结果是因新天有限调整生产经营方向所导致,并非股东有意造成的出资瑕疵,且该部分出资已以等额货币资金在 2011 年补足。保荐机构及发行人律师认为该行为不违反当时《公司法》的具体规定,不构成本次发行及上市的实质性障碍。

另外,依据中触媒新材料股份有限公司的首发上市材料,其存在股东用以出资的非专利技术"一种高效光学活性的拟除虫菊酯类组合物及其制备方法和应用"及"含氟拟除虫菊酯类化合物及其制备方法和应用"与公司经营的产品不相符的情况,且该两项非专利技术并未使用,为夯实注册资本,原出资人用货币出资 700 万元进行置换,并出具验资报告。

案例 3 - 133 作为出资的无形资产存在共有权利人构成出资不实

根据七彩化学(300758)的首发上市文件,七彩化学第一期增资中,徐某祥以货币出资 280 万元,沈阳化工研究院以无形资产出资 225 万元。沈阳化工研究院用于出资的无形资产为溶剂红 SR 系列生产技术(包括溶剂红 195、溶剂绿 5、溶剂绿 7)。该无形资产已经鞍山俊隆资产评估事务所评估并出具资产评估报告,评估价值为 501 万元,协商作价 225 万元用于增资。根据辽宁省科技厅就此次沈阳化工研究院出资技术“溶剂红SR系列”核发的科学技术成果鉴定证书(辽科鉴字〔1999〕第496号),该技术为沈阳化工研究院及惠丰化工共同完成,并共同拥有。沈阳化工研究院以与惠丰化工共有的技术向惠丰化工出资的行为构成出资不实。2007年6月,沈阳化工研究院和徐某祥分别以货币出资现金25万元和200万元置换本次非专利技术出资,其中沈阳化工研究院出资的25万元由徐某祥代付,惠丰化工本次股权变更过程中存在瑕疵已消除。

案例3-134 无形资产评估价格过高且与产生价值差异较大进而存在出资不实

根据和林微纳(688661)的《首次公开发行股票并在科创板上市申请文件审核问询函的回复》,和林微纳股东向和林精密购买专利之后用以向和林微纳增资,尽管和林微纳此次无形资产出资经过了专业评估机构评估,并进行了验资,但股东购买专利权的价格与增资入股的评估价格之间存在较大差异,且用于出资的专利在后续发行人实际生产经营中所体现的价值较评估价值差异较大。上述无形资产出资虚高,此次出资存在出资不实的瑕疵。2016年,和林微纳通过减资的方式将上述无形资产从注册资本中剔除,取得了苏州科技城管委会、苏州市虎丘区市场监督管理局不构成重大违法违规的核实,相应股东出具了承诺函。

案例3-135 无形资产出资所产生收益未达到预期,股东用现金替换出资

依据《深圳市力合微电子股份有限公司首次公开发行股票并在科创板上市申请文件的审核问询函的回复》,该发行人存在作为知识产权出资所产生的地面数字电视业务收益未达预期,原股东分别以现金出资置换其著作权出资,后验资机构出具实收资本复核报告。

案例3-136 发行人向股东购买非专利技术,股东原价购回并无偿投入公司使用

依据《华辰精密装备(昆山)股份有限公司创业板首次公开发行股票申请文件的反馈意见》(华辰装备、3008095),报告期外,华辰有限向股东曹某中、刘某雄、赵某明购入非专利技术,合计作价6874.05万元。2017年,曹某中、刘某雄、赵某明

以原价 6874.05 万元向华辰有限回购前述非专利技术,且购回后将前述非专利技术继续无偿投入至公司使用。审核机构要求发行人:补充披露上述专利的形成过程,是否涉及使用发行人的资产、人员;说明技术购入相关技术的时间,以及三名股东回购技术的资金来源及实际支付情况;说明发行人对上述专利的使用情况及对收入利润的贡献情况,说明现有专利属于三名股东名下,是否涉及侵害发行人利益,发行人无偿使用实际控制人的专利技术事项是否对资产完整性构成影响。请保荐机构、律师核查并发表意见。

案例 3 - 137　无形资产出资未履行评估以及国资备案程序,对相关出资减资

依据《关于江苏康为世纪生物科技股份有限公司首次公开发行股票并在科创板上市申请文件的审核问询函的回复》,该发行人存在无形资产减资的情形。北京康为对认缴无形资产出资进行减资的原因如下:(1)康为有限成立后,北京康为原拟用作出资的相关技术和专利尚需履行评估作价程序,而无形资产出资评估作价程序复杂、价值较难衡量;(2)康为有限当时作为国有参股企业,北京康为无形资产出资的具体内容、定价方式及评估价值等需征得国有股东的认可,而国有股东内部审议程序较为复杂,在认缴出资届满日前办理完毕评估手续及履行相应的国资程序存在不确定性。基于上述原因并与合作股东协商一致,以及经康为有限股东会于 2012 年 8 月审议通过,各股东同意北京康为将原认缴且尚未实缴的无形资产出资 2250 万元进行减资,康为有限就上述减资事项于 2012 年 11 月办理完成了相关工商变更登记手续。经履行泰州市国资批复、评估及产权交易中心公开挂牌交易程序后,2013 年 10 月江苏华创将所持康为有限股权转让至北京康为,北京康为成为康为有限唯一股东。

(三)知识产权出资未交付或者变更登记

对于作为出资的知识产权应当依法办理交付并办理变更权属登记手续,对于已经交付公司使用且不会构成出资不实的,应当办理变更登记。若相关的知识产权已经失效或者从授权至今的时间过长,或者相关的专利并未创造经济价值或者与公司的主营相关度较低,则应当优先考虑替换出资。

案例 3－138 知识产权出资无法交付用现金替换出资

格林美(002340)曾存在作为出资的实用新型专利未办理权属变更登记手续的情况,因为相关的权利被终止,无法补办专利权人变更手续,所以对相关的历史出资使用货币置换。

(四)知识产权出资未办理评估

《公司法》(2018 修正)第 27 条第 2 款规定:“对作为出资的非货币财产应当评估作价,核实财产,不得高估或者低估作价。法律、行政法规对评估作价有规定的,从其规定。”实际上《公司法》历次修改均明确要求对非货币出资评估作价,所以,实物、知识产权、土地使用权、债转股等出资均需要履行评估手续。

案例 3－139 百分百技术出资

北京热景生物技术股份有限公司(热景生物、688068)于 2005 年 6 月 23 日在北京登记成立,是从事研发、生产和销售体外诊断试剂及仪器的生物高新技术企业。发行人 2005 年 6 月设立时技术出资占比达到公司注册资本的 100%,监管机构就此要求发行人及律师对出资瑕疵事项的影响及发行人或相关股东是否因出资瑕疵受到过行政处罚、是否构成重大违法行为及本次发行的法律障碍、是否存在纠纷或潜在纠纷进行核查并发表明确意见。

发行人律师回复:“2005 年 6 月设立时技术出资占比达到公司注册资本的 100%。热景有限股东用于本次出资的无形资产作价合计为 50 万元,占出资完成后热景有限注册资本的比例为 100%,而当时有效的《公司法》(2004 修正)第 24 条第 2 款规定:‘以工业产权、非专利技术作价出资的金额不得超过有限责任公司注册资本的百分之二十,国家对采用高新技术成果有特别规定的除外。’因此超过了当时有效的《公司法》规定的比例限制。

“《国务院办公厅转发科技部等部门关于促进科技成果转化若干规定的通知》(国办发〔1999〕29 号)[①]规定:以高新技术成果向有限责任公司或非公司制企业出

① 已失效。

资入股的，高新技术成果的作价金额可达到公司或企业注册资本的35%，另有约定的除外。北京市于2001年1月1日施行的《中关村科技园区条例》第11条规定：以高新技术成果作价出资占企业注册资本的比例，可以由出资各方协商约定。北京市人民政府于2001年3月2日颁布施行的《中关村科技园区企业登记注册管理办法》[①]第13条规定：'以高新技术成果出资设立公司和股份合作企业的，对其高新技术成果出资所占注册资本（金）和股权的比例不作限制，由出资人在企业章程中约定。企业注册资本（金）中以高新技术成果出资的，对高新技术成果应当经法定评估机构评估。'第14条规定：'出资人以高新技术成果出资，应当出具高新技术成果说明书；该项高新技术成果应当由企业的全体出资人一致确认，并应当在章程中写明。经全体出资人确认的高新技术成果可以作为注册资本（金）登记注册。'

"2005年6月10日，周某晶、林某青、魏某山、杨某兰共同签署《北京热景生物技术有限公司章程》，四人同意共同出资设立热景有限，注册资本50万元，其中，周某晶以非专利技术出资33.5万元，占注册资本的67%；林某青以非专利技术出资13万元，占注册资本的26%；魏某山以非专利技术出资2.5万元，占注册资本的5%；杨某兰以非专利技术出资1万元，占注册资本的2%。2005年6月10日，周某晶、林某青、魏某山、杨某兰共同签署《高新技术成果说明书及确认书》，一致确认四人共同持有的'基因转殖动物研究与应用技术'为高新技术成果，确认其价值为50万元，同意以该技术成果投入到热景有限，占注册资本的100%。2005年6月29日，周某晶、林某青、魏某山、杨某兰分别与热景有限签署《北京热景生物技术有限公司财产转移协议》，约定四人将其在热景有限登记注册时认缴出资的非专利技术共计50万元转移到热景有限的财产内；自协议签署之日，四人不再对非专利技术享有所有权，以其出资额为限，享有股东权利，承担股东义务。2005年6月29日，华青会计师事务所有限公司出具非专利技术资产转移专项审计报告书（华青财审字〔2005〕第W473号），确认热景有限已将非专利技术'基因转殖动物研究与应用技术'登记入账，并已办理完毕财产转移手续。

综上所述，热景有限设立时无形资产出资占注册资本的比例虽超过20%，但

---

① 已废止。

已按北京市关于中关村园区企业的规定履行必要的程序,并经过有权部门批准,符合《中关村科技园区条例》《中关村科技园区企业登记注册管理办法》的规定。因此,无形资产出资比例问题对公司不构成重大影响。”

另外,该发行人存在知识产权出资未评估的情况。具体为:“依据热景生物(688068)首发上市第二轮审核问询函的回复,2005年6月10日,周某晶、林某青、魏某山、杨某兰共同签署北京热景生物技术有限公司章程,四人同意共同出资设立热景有限,注册资本50万元。上述股东以无形资产出资未履行评估手续。为纠正上述情形,热景有限于2016年3月15日召开股东会,全体股东一致同意由股东林某青、周某以等额现金置换热景有限设立时全体股东投入的出资技术,周某晶、林某青、魏某山、杨某兰的无形资产出资变更为现金出资,变更后各股东的出资额及股权比例不变。2016年3月28日,林某青及周某将补足注册资本存入热景有限银行账户内,前述出资业经华普天健会计师事务所出具的验资复核报告予以验证。”

案例3-140 多次货币出资不符合当时的法律规定的比例

依据《关于苏州京浜光电科技股份有限公司首次公开发行股票并在创业板上市申请文件的审核问询函之回复》,“京浜有限2005年6月增资后,京浜有限注册资本中以货币认缴注册资本为60万美元,占公司注册资本424万美元的14.15%。2005年《公司法》修订后(自2006年1月1日起施行),其第27条第3款规定:‘全体股东的货币出资金额不得低于有限责任公司注册资本的百分之三十。’因此,2005年《公司法》修订后,京浜有限注册资本中以货币出资的比例不符合《公司法》(2005修订)第27条的规定。2010年5月,注册资本由424万美元增至495万美元,其中非货币实际出资73.51%(机器设备占比67.28%,专有技术占比6.22%),货币出资比例低于30%,不符合《公司法》(2005修订)的规定。2012年10月,公司注册资本由495万美元减少至424万美元,也存在货币出资比例低于30%的情形,不符合《公司法》(2005修订)的规定”。

关于不符合法律规定的货币出资比例问题,公司回复如下:“货币出资比例不符合《公司法》(2005修订)第27条规定的情况未受到主管部门的处罚;此后,京浜有限就其注册资本及股权变更经外商投资主管部门审批及公司登记部门登记时，外商投资主管部门及公司登记部门均未就前述货币出资比例不符合《公司法》规定的情况对京浜有限作出处罚或要求其改正。2013 年《公司法》修正后（自 2014 年 3 月 1 日起施行）取消了“货币出资金额不得低于公司注册资本的百分之三十”的规定，京浜有限注册资本中货币出资的比例不符合《公司法》（2005 修订）规定的情况已经消除。就上述情况，公司股东之间未产生争议或纠纷，公司股东及债权人也未就此提出异议。

“2016 年 6 月 14 日，京浜有限取得常熟市市场监督管理局出具的证明，确认京浜有限自 2006 年 1 月 1 日至 2016 年 6 月 13 日，在其所在行政区域内工商、质监行政管理方面没有行政处罚记录或被主管部门予以调查的情形。

“综上，上述发行人前身京浜有限注册资本中货币出资的比例不符合《公司法》（2005 修订）规定的情况在 2013 年《公司法》修正后（自 2014 年 3 月 1 日起施行）已经消除，股东之间并未因此产生争议或纠纷，也未损害京浜有限股东和债权人利益。京浜有限未因此受到相关主管部门的处罚，不会构成本次发行上市的实质性障碍。除上述情况外，发行人股东其他非货币出资的出资比例符合当时有限公司登记法律法规的规定和公司章程的约定。”

（五）知识产权出资是否涉及职务发明问题

对于知识产权出资属于标的公司的财产，或者主要利用标的公司的资源、设备等申请的个人专利等，或难以区分是否属于利用职务产生的发明等，则应当对相关的知识产权出资进行替换或者对相关的知识产权出资减资。

案例 3－141 较大无形资产出资未达评估效果同时无法区分是否属于职务发明进行减资

依据《浙江华是科技股份有限公司首次公开发行股票并在创业板上市申请文件的审核问询函回复》，审核问询意见：“问题 7. 关于非专利出资。根据申报材料：（1）2006 年 6 月 23 日，发行人注册资本由 500.00 万元增至 1500.00 万元，由股东俞某方、叶某标、章某灿、温某伟、葛某以非专利技术‘检察院审讯指挥软件’（评估价值为 1022.95 万元）出资。同时，葛某将其持有的公司 1.67% 的股权（出资额为25.00万元,全部为无形资产)无偿转让给浙大发展。(2)2011年8月1日,发行人注册资本由2000.00万元增至8000.00万元,由俞某方、叶某标、章某灿、温某伟以专利技术'自动跟踪激光热成像监控系统'(评估价值为4585万元)出资4500.00万元。(3)鉴于非专利技术'检察院审讯指挥软件'于2006年6月完成软件测评、专利'自动跟踪激光热成像监控系统'于2010年1月申请,大部分发明人在对应时点已在发行人处工作较长时间,不排除利用了发行人的物质技术条件进行创造,且该非专利技术与发行人主营业务相似,因此存在被认定为职务发明的风险。2015年11月4日,经公司股东会决议,公司将无形资产出资减资,注册资本由8000.00万元减至2500.00万元。(4)自相关无形资产出资后至减资,非专利技术'检察院审讯指挥软件'产生的直接或间接效益合计为21.08万元,专利'自动跟踪激光热成像监控系统'产生的直接或间接效益合计为1276.65万元。"

请发行人:"(1)补充披露2006年,俞某方、叶某标、章某灿、温某伟、葛某以非专利技术'检察院审讯指挥软件'出资,同时葛某将无形资产出资额25.00万元无偿转让给浙大发展的原因;非专利技术的研发过程,是否与浙大发展相关,发行人目前使用非专利技术是否存在侵害他人知识产权行为或潜在纠纷。(2)补充披露自相关无形资产出资后至减资,发行人股东出资的非专利技术'检察院审讯指挥软件'产生的直接或间接效益合计为21.08万元,专利'自动跟踪激光热成像监控系统'产生的直接或间接效益合计为1276.65万元,与发行人评估价值相差较大的原因及合理性;非专利技术'检察院审讯指挥软件'、专利'自动跟踪激光热成像监控系统'评估价值的合理性、公允性,发行人股东是否存在不实或虚假出资的情形。(3)补充披露发行人股东无形资产出资存在被认定为职务发明的风险,发行人股东通过减资而非货币资金置换的原因,是否存在侵害发行人或发行人其他股东权益的情形,发行人无形资产出资及减资过程是否构成重大违法违规,是否构成本次发行上市的法律障碍,是否存在纠纷或潜在纠纷。请保荐人、发行人律师发表明确意见。"

回复如下:

一、补充披露

(一)无形资产出资及转让

2002年发行人引入浙大发展作为股东系为在其商号中申请冠名"浙大"。根据关于同意使用“浙大”字号的函[浙大科技园发(2002 年)12 号],浙江大学国家大学科技园管理委员会同意华是科技使用“浙大”字号,将名称变更为“浙江浙大华是科技有限公司”。发行人于 2002 年 9 月完成工商变更登记手续,将企业名称变更为“浙江浙大华是科技有限公司”。

本次增资为自然人股东以无形资产出资,因此浙大发展没有同比例进行增资,但发行人仍希望继续冠名“浙大”,为维持浙大发展持股不低于 5% 的冠名条件,同时为保持华是有限控制权的稳定,经过各出资人协商一致,由原股东葛某向浙大发展无偿转让 25 万元无形资产出资额。

2021 年 3 月 26 日,浙江大学出具浙江大学关于确认浙江华是科技股份有限公司历史沿革相关事宜的复函,确认华是科技涉及浙江大学下属企业的国有产权变动事项真实有效,不存在争议和纠纷,未发现国有资产受损情况。

本次转让过程中不存在纠纷及其他利益安排。

(二)非专利技术“检察院审讯指挥软件”的研发过程,是否与浙大发展相关,发行人目前使用非专利技术“检察院审讯指挥软件”是否存在侵害他人知识产权行为或潜在纠纷

2005 年,发明人之一俞某方了解到当时检察院审讯嫌疑人过程中的录音录像仍用磁带刻录,存在图像清晰度低、保真效果差等缺点。同时由于磁带容易老化及消磁等原因,非常不便于长期保存。发明人之一俞某方意识到可以研发一套数字化录音录像系统,充分完善原系统的缺点,并整合添加场外智慧、提示等诸多功能,辅助检察院的审讯过程,故与其他发明人叶某标、温某伟、章某灿及葛某沟通,拟合力研发一套数字化录音录像系统。经过半年的研发,上述发明人完成了检察院审讯软件的编制工作。

非专利技术“检察院审讯指挥软件”由俞某方、叶某标、章某灿、温某伟、葛某自主研发,并经浙江省电子产品检验所软件评测报告(2006)电检软字 5490 号评测通过后,经浙江武林资产评估有限公司进行评估并出具浙武资评报字(2006)第 1048 号《资产评估报告书》,作价 1000.00 万元进行增资。研发过程未占用公司资源,与浙大发展无关。

发行人历史沿革中引入浙大发展系为冠名“浙大”,与浙大发展除签署《资产经营协议书》、《“浙大”名称使用协议书》及其《补充协议书》外,不存在其他生产

经营或研发成果归属等相关协议安排的情形。发行人也不存在无形资产、技术来源于浙大发展和浙大创投的情形。

发行人于2020年11月16日及2021年3月3日取得杭州市中级人民法院的涉诉查询情况告知书,确认报告期内发行人无诉讼案件。

综上,发行人目前使用非专利技术"检察院审讯指挥软件"为自主研发,不存在侵害他人知识产权行为或潜在纠纷。

二、补充披露

(一)与发行人评估价值相差较大的原因及合理性

1. 非专利技术"检察院审讯指挥软件"

非专利技术"检察院审讯指挥软件"为发明人在了解到检察院原有的审讯系统有诸多可提升空间的基础上自主研发,并经浙江省电子产品检验所软件评测报告(2006)电检软字5490号评测通过。评测结果显示该系统科通过相关录影设备对审讯情况进行监控录影、图片抓拍,并能在审讯过程中完成案卷信息维护、电子笔录记录等功能。浙江武林资产评估有限公司根据收益现值法评估,该软件评估价值为1022.95万元,并出具了浙武资评报字(2006)第1048号资产评估报告书,认为该软件技术针对性强,且已经比较成熟,技术转化和技术整合风险较小。

在完成本次无形资产出资后,该检察院审讯软件在浙江省内几个检察院试用过程中均获得较为良好的反馈,但还未等发行人着力进行市场推广销售时,市场上的竞争对手也推出了同类产品。该类新产品当时引起了最高人民检察院的高度关注,后来最高人民检察院组织了一次市场测评活动。因为发行人当时并未获得上述测评的活动信息,错失了本次测评机会,因此在后续的产品推广中,在与同行业竞争对手竞争的过程中处于劣势,最终销售不及预期,因此非专利技术"检察院审讯指挥软件"后续产生的直接或间接效益与评估价值相差较大。

2. 专利技术"自动跟踪激光热成像监控系统"

专利技术"自动跟踪激光热成像监控系统"专利号:ZL201020105005.8为发明人在了解到航道监控原采用的24小时人工航道监控方式可由自动跟踪系统替代的基础上,自主研发而成。该专利技术经浙江方舟资产评估有限公司通过收益现值法评估,并出具了浙方评报字(2011)第224号《资产评估报告书》。经评估,该专利评估价值为4585.00万元。

后续产生的直接或间接效益与发行人评估价值相差较大主要原因系产品销售不及预期。在产品后续的推广、销售过程中,由于发行人在当时未组建专业销售团队,市场推广力度薄弱,导致后期销售停滞。

(二)非专利技术“检察院审讯指挥软件”、专利“自动跟踪激光热成像监控系统”评估价值的合理性、公允性,发行人股东是否存在不实或虚假出资的情形

针对非专利技术“检察院审讯指挥软件”,浙江武林资产评估有限公司出具了浙武资评报字(2006)第 1048 号资产评估报告书,截至 2006 年 5 月 30 日,该非专利技术的评估价值为 1022.95 万元。

针对专利“自动跟踪激光热成像监控系统”,浙江方舟资产评估有限公司出具了浙方评报字(2011)第 224 号资产评估报告,截至 2011 年 6 月 3 日,该专利的评估价值为 4585.00 万元。

上述无形资产出资过程均经评估机构评估,并经股东会审议确认,后分别由验资机构浙江天惠会计师事务所有限公司及浙江中孜会计师事务所有限公司对无形资产的实缴出资进行了确认。

非专利技术“检察院审讯指挥软件”及专利“自动跟踪激光热成像监控系统”评估价值在评估时点具有合理性,未能为发行人实现预期的收入主要系后续销售不达预期所致,不存在出资不实的情形。

三、补充披露发行人股东无形资产出资存在被认定为职务发明的风险,发行人股东通过减资而非货币资金置换的原因,是否存在侵害发行人或发行人其他股东权益的情形,发行人无形资产出资及减资过程是否构成重大违法违规,是否构成本次发行上市的法律障碍,是否存在纠纷或潜在纠纷

(一)补充披露如下

虽然上述无形资产均为发明人自主研发,并经资产评估流程及股东会决议通过增资入股,不存在职务发明的情形,但鉴于非专利技术“检察院审讯指挥软件”于 2006 年 6 月完成软件测评、专利“自动跟踪激光热成像监控系统”于 2010 年 1 月申请,大部分发明人在对应时点已在发行人处工作较长时间,无法彻底排除发明人是否利用在发行人的职务的便利挖掘商业机会的嫌疑,且上述非专利技术与专利技术与发行人主营业务有一定的关联度,因此存在被认定为职务发明的风险。

（二）发行人股东通过减资而非货币资金置换的原因

基于无形资产出资存在被认定为职务发明的风险，发行人出于谨慎性考虑，已通过减资消除了无形资产对应出资额，且全部发明人承诺放弃上述非专利与专利技术的权属，对应知识产权仍归发行人所有。在减资时点，发行人并无明显资金缺口需求，同时各无形资产出资人也无充足的资金来源进行资金置换，因此选择了通过减资而非货币资金置换的形式。

（三）是否存在侵害发行人或发行人其他股东权益的情形，发行人无形资产出资及减资过程是否构成重大违法违规，是否构成本次发行上市的法律障碍，是否存在纠纷或潜在纠纷

发行人无形资产增资、减资过程均经股东会审议通过。增资时也履行了评估及验资程序，减资时也履行了公示程序及验资程序，并办妥工商变更登记，均已履行必要的法律程序。

2016 年 3 月，无形资产出资人俞某方、叶某标、章某灿和温某伟签署了发起人关于无形资产减资的承诺书，确认 2006 年 6 月和 2011 年 8 月以无形资产出资所涉权益在减资后不由该等股东收回，全部归公司所有。

综上所述，发行人无形资产出资及减资过程不构成重大违法违规，不构成本次发行上市的法律障碍，不存在纠纷或潜在纠纷，不存在侵害发行人或发行人其他股东权益的情形。

（六）国有知识产权出资未办理评估备案等国资监管程序

《国有资产评估管理若干问题的规定》（财政部第 14 号令）第 3 条规定："占有单位有下列行为之一的，应当对相关国有资产进行评估……（二）以非货币资产对外投资……"所以，国有知识产权出资应当办理审批、评估及出资资产的资产评估备案程序，如果因为历史原因未办理需要依法予以规范或整改。

案例 3－142 国有专利出资未履行且无法补充履行评估备案等程序

依据《关于中科微至智能制造科技江苏股份有限公司首次公开发行股票并在科创板上市申请文件的审核问询函之回复报告》（中科微至、688211），该发行人设

立时,国有股东北京中科微投资管理有限责任公司(以下简称中科微投)的专利出资未及时履行出资资产的资产评估备案程序,设立时专利出资未评估、未验资,该国有股东存在出资程序瑕疵。具体情况如下:(1)基本情况:“2016 年 4 月 19 日,中科院微电子所召开所务会,决议通过中科微投参与设立微至有限,以其拥有的 3 项专利作价 150 万元认缴 150 万元注册资本,上述出资专利协议定价结果履行了公示程序。2016 年 5 月 9 日,李某燕、中科微投、姚某娟、朱某签署了《中科微至智能制造科技江苏有限责任公司投资协议》,约定共同出资设立微至有限。微至有限注册资本为 1000 万元,其中,中科微投以专利出资 150 万元。”(2)后补评估:“2018 年 7 月 17 日,连城资产评估有限公司出具《北京中科微投资管理有限责任公司拟对中科微至智能制造科技江苏有限公司进行工商出资涉及的‘改善微机械非制冷红外成像芯片中反光板平整度的方法’等 3 项专利所有权项目资产评估报告》,经评估,中科微投作价入股微至有限的 3 项专利资产的评估价值为 149.99 万元。”(3)国有股东出资单位出具确认:“2019 年 10 月 8 日,中科院微电子所与微至有限出具了关于以科技成果出资设立中科微至智能制造科技江苏有限公司的确认函,基于审慎性,确认专利出资与认缴出资额差额为 100 元,同意中科微投向微至有限补足出资,不存在出资不实的情形。”(4)补充货币出资 100 元:“2019 年 11 月 26 日,中科微投与微至有限签署了《中科微至智能制造科技江苏有限公司投资协议之补充协议》,经双方协商一致,中科微投同意以货币方式向微至有限补足出资金额人民币 100 元。”(5)补充验资报告:“2020 年 1 月 31 日,毕马威出具验资报告,经审验,截至 2019 年 12 月 10 日,微至有限已收到全体股东缴纳注册资本合计人民币 1000 万元。”(6)国有专利出资瑕疵:“中科院微电子所以协议定价方式确定出资专利价格,并以所务会决议方式审批通过中科微投出资事项,经济行为审批程序及出资资产定价方式符合《促进科技成果转化法》(2015 修正)、《中国科学院对外投资管理暂行办法》(科发计字〔2010〕42 号)的相关规定;中科微投未按照《事业单位国有资产管理暂行办法》(财政部令第 36 号)的相关规定对用于出资的 3 项专利进行评估并履行国有资产评估备案程序,存在国资管理程序瑕疵。”(7)国有专利出资瑕疵的补正措施:“第一,补充资产评估及上报评估结果。中科微投、微至有限委托连城资产评估有限公司对 3 项出资专利进行补充评估,中科微投已将评估结果逐级上报至中国科学院评估备案主管机构国科控股,但根据中国科学院相关规定,因评估报告出具日距离评估基准日已超过一年,上述评估结果无法履行评估备案程序。第二,取得国有产权主管机构书面确认并补足出资差额,并取得全体股东同意。中科微投的国有产权主管机构中科院微电子所出具了关于以科技成果出资设立中科微至智能制造科技江苏有限公司的确认函,中科微投完成了对微至有限100元的资金支付,并经微至有限当时全体股东确认。第三,公司已取得财政部核发的企业国有资产产权登记证,对公司的国有资产占有情况及出资人情况予以确认。”

案例3-143 国有主体非货币出资未经评估

依据《华融化学股份有限公司首次公开发行股票并在创业板上市招股说明书(申报稿)》,发行人之前身成都华融化工有限公司即华融有限设立时,公司股东用于出资的致和乡宗地未经以出资为目的的专项评估;用于出资的驷马桥宗地、氢氧化钾资产的评估基准日为1999年1月31日,截至2000年5月8日成都市化学工业局和成都市经济委员会作出批复之日,相关评估报告已经过期;成都化工向新希望农业、南方希望转让非货币资产中的部分权益未经专项评估。

2021年2月3日,四川华廉资产评估有限公司出具的《彭州市国有资产监督管理和金融工作局拟了解资产价值而涉及的机器设备、房屋建筑物、土地使用权价值追溯评估报告》载明:在评估基准日2000年4月30日,华融有限设立时股东用于出资的非货币资产的评估值为7413.76万元。2021年2月5日,彭州市国有资产监督管理和金融工作局出具关于华融化学股份有限公司历史沿革涉及国有资产历史遗留问题调查规范结果的请示,该局就华融化学历史沿革中涉及国有资产历史遗留问题开展了法律尽职调查、追溯资产评估及专家评审等工作,调查规范结果为成都化工参与设立华融化工过程中(包括非货币出资,与新希望农业、南方希望权益交易行为)行为合法、有效,不存在国有资产流失的情形。

2021年2月9日,彭州市人民政府出具《关于同意华融化学股份有限公司历史沿革涉及国有资产历史遗留问题调查规范结果的批复》(彭府函〔2021〕26号),同意华融化学股份有限公司历史沿革涉及国有资产历史遗留问题调查规范结果。

2021年3月5日,成都市国资委出具《关于确认华融化学股份有限公司历史沿革中涉及成都化工股份有限公司非货币国有资产出资历史遗留问题有关事项的函》(成国资函〔2021〕6号),原则同意彭州市人民政府对华融化学历史沿革涉及成都化工出资历史遗留问题有关事项确认的结果。综上,华融有限设立时涉及以国有非货币资产出资的情形,相关国有非货币出资在发行人设立时存在评估报告过期及未经专项评估的情形。针对该等情形,四川华廉资产评估有限公司对相关国有非货币资产进行了追溯评估,确认截至2000年4月30日华融有限的股东用于出资的国有非货币资产价值高于追溯评估值。根据有权主管部门对历史遗留问题调查规范结果的确认,成都化工参与设立华融有限的行为合法、有效,未造成国有资产流失。华融有限设立过程不存在纠纷或潜在纠纷,华融有限设立至今,未因前述评估程序瑕疵受到行政处罚,不存在导致公司股权结构发生变动的风险。

六、其他出资问题

(一)转增股本数额超过未分配利润总额

以未分配利润转增股本的,相关转增的股本数额不能超过公司未分配利润总额。在以未分配利润转增股本时,需要充分考虑税务等因素,不可采取激进的方式,适当降低转增股本的数额。如果转增股本的数额超过未分配利润总额的,需要补足出资,但需要考虑出资价格公允性问题。

案例3-144 转增股本数超过未分配利润总额

依据《广东雅达电子股份有限公司科创板首次公开发行股票招股说明书(申报稿)》,“2007年2月25日,雅达有限召开股东会,决议同意将注册资本由800万元变更为2000万元,本次增资系以未分配利润1200万元转增注册资本。2007年1月31日,广东翔宇会计师事务所有限公司对雅达有限截至2006年12月31日的资产负债表、利润表进行了审计并出具了(广翔所〔2007〕审字第021号)审计报告。根据该审计报告,截至2006年12月31日,雅达有限的可供分配利润为14,474,000.82元。

“根据北京兴华会计师事务所有限责任公司出具的关于广东雅达电子股份有限公司历史沿革中验资报告复核情况说明，雅达有限截至2006年12月31日的未分配利润由于需要追溯调整2006年收到的政府补助增加未分配利润1,030,000.00元，因此截至2006年12月31日，雅达有限的未分配利润15,504,000.82元。由于雅达有限因历史原因享受了外商投资企业的税收优惠，需要补缴因享受外商投资企业税收优惠政策少缴的税款（其中需补缴2006年度及以前年度因享受外商投资企业税收优惠政策而少缴的税款共计3,887,262.65元），因此补缴税款后的2006年12月31日的未分配利润为11,616,738.17元，小于转增资本12,000,000.00元，导致在该时点上出资不实383,261.83元，占增资后注册资本2000万元的1.92%。2011年9月29日，由此次转增时的原股东以货币资金补足了出资不实部分。”

（二）债转股

(1)公司法未明确规定债转股出资

在2005年《公司法》修订之前，1993年《公司法》并未规定债转股可以作为合法的出资形式之一。所以在探讨债转股合法性时，需要区分是1993年《公司法》制定后至2005年《公司法》修订之前，以及2005年《公司法》修订之后的阶段分别论证。对于1993年《公司法》制定后至2005年《公司法》修订之前的债转股，首先要阐述债转股出资并未违反法律的禁止性规定，同时属于变相的货币出资等，在论证债转股出资的合法性之外再考虑是否履行评估等程序。2005年《公司法》修订后，一般情况下，债转股属于“可以用货币估价并可以依法转让的非货币财产”，债转股不违反公司法的禁止性规定。

《公司法》(1993)第24条规定：“股东可以用货币出资，也可以用实物、工业产权、非专利技术、土地使用权作价出资。对作为出资的实物、工业产权、非专利技术或者土地使用权，必须进行评估作价，核实财产，不得高估或者低估作价。土地使用权的评估作价，依照法律、行政法规的规定办理。以工业产权、非专利技术作价出资的金额不得超过有限责任公司注册资本的百分之二十，国家对采用高新技术成果有特别规定的除外。”

《公司法》(2005修订)第27条规定：“股东可以用货币出资，也可以用实物、知识产权、土地使用权等可以用货币估价并可以依法转让的非货币财产作价出资;但是,法律、行政法规规定不得作为出资的财产除外。对作为出资的非货币财产应当评估作价,核实财产,不得高估或者低估作价。法律、行政法规对评估作价有规定的,从其规定。全体股东的货币出资金额不得低于有限责任公司注册资本的百分之三十。"

(2)债转股出资其他要求

不论是《公司法》(1993)第24条、《公司法》(2005修订)第27条还是《公司法》(2018修正)第27条均要求非货币出资应当评估,所以债转股出资应当依法办理评估手续,不得高估或者低估作价。

依据《国家经贸委、中国人民银行关于实施债权转股权若干问题的意见》(国经贸产业〔1999〕727号),金融资产管理公司在债权转股权后,即成为企业的股东,派员参加企业董事会、监事会,参与企业重大决策,但不参与企业的日常生产经营活动。

《公司债权转股权登记管理办法》(国家工商行政管理总局令第57号;已失效)第6条规定:"债权转股权作价出资金额与其他非货币财产作价出资金额之和,不得高于公司注册资本的百分之七十。"第7条规定:"用以转为股权的债权,应当经依法设立的资产评估机构评估。债权转股权的作价出资金额不得高于该债权的评估值。"第8条第1款规定:"债权转股权应当经依法设立的验资机构验资并出具验资证明。"

《公司注册资本登记管理规定》(国家工商行政管理总局令第64号)第7条第1款规定:"债权人可以将其依法享有的对在中国境内设立的公司的债权,转为公司股权。"

案例3-145 债转股出资关注问题

依据《安徽宏宇五洲医疗器械股份有限公司反馈意见回复》,审核机构问询意见:"2011年12月,温州五洲、张某瑜以债转股的形式实缴前次出资和认缴本次增资,补充披露上述债权形成的原因和过程,是否真实存在,股东是否存在出资不实的情形;温州五洲、张某瑜以债转股方式出资是否符合当时法律法规的规定,是否履行了法律法规规定的必要程序。”

案例3-146 先债后股

依据《实朴检测技术(上海)股份有限公司首次公开发行股票并在创业板上市申请文件的审核问询函的回复》,该公司存在投资机构先借款后转为投资的“一揽子”安排。具体如下:

(1)债转股的背景

“2016年10月,为解决发行人业务开展的资金缺口,华阳金属与实朴有限及相关股东达成约定:华阳金属先向实朴有限出借1000万元,再于2018年5月31日前视实朴有限经营情况决定是否将该1000万元债权转为股权。故本次债转股属于华阳金属对实朴有限‘一揽子’投资安排的一部分,双方于2016年10月签订了包含借款条款及未来转股条款的《投资协议》,于2018年5月实现转股时签订了《债转股协议》,具有合理的商业逻辑和真实的交易背景。”

(2)债转股涉及的债权债务真实存在

“2016年10月,华阳金属、实朴有限及实谱投资等公司原股东签订《投资协议》,约定于协议签署后10个工作日内向公司提供1000万元现金借款,年化利息率6%。2016年10月20日,华阳金属公司打款1000万元,发行人共向华阳金属支付利息96.30万元。基于上述事实,本次债转股相关债权债务真实存在。”

(3)债转股出资定价的依据及公允性

“华阳金属、实朴有限等各方于2016年10月签订的《投资协议》中已对未来债转股定价方式作出明确约定:公司估值为2017年度审计报告除非经常性损益净利润的15倍。2018年5月31日,华阳金属实现债转股时,按实朴有限2017年度审计报告扣除非经常性损益后净利润的15倍测算公司投前估值为4.11亿元,据此确定增资价格为27.40元/出资额。本次债转股系华阳金属先债权投资后股权投资之‘一揽子’投资安排的一部分,其转股价格的计算方式于2016年10月已经确定,系双方基于市场化原则公平协商的结果,定价公允。”

案例 3－147 债转股出资未评估

和胜股份(002824)在上市审核过程中,关于债权出资未评估的问题的反馈意见如下:“2006 年 8 月金某、李某湘以往来借款对金胜铝业增资,未履行评估程序。请保荐机构、发行人律师对本次增资的合规性,前述情况是否对公司发行上市构成法律障碍,以及公司资本的真实性、充实性发表明确意见。”

(3)债转股出资一定要证明基础的债务关系

债转股出资,首先需要证明债权关系的真实性,相关的银行流水、用途、协议等应当明确,对于未打款给公司且无法证明支付给第三方的或者用现金借款的,原则上不能作为债转股出资,可以通过先归还借款再用货币出资的形式将还款转化为出资。当然需要综合考虑股份的公允价格,如果再次增资时的公允价格较高,则通过认定历史上存在瑕疵的债转股出资有效再补充等额出资反而是比较经济的做法。

案例 3－148 债转股补充出资的原因

依据《关于浙江珠城科技股份有限公司首次公开发行股票并在创业板上市申请文件的审核问询函的回复》,审核问询意见:“关于历次增资。申报文件显示:张某春曾以对发行人的 78 万元债权对发行人进行增资。2020 年 9 月 11 日,张某春以货币方式向发行人补充出资 78 万元,全部计入资本公积。说明历史上张某春以债权增资行为的真实性,此后补充出资的原因,是否存在虚假出资或抽逃资本的情况。”

回复:“根据对发行人实际控制人张某春的访谈,本次增资用于出资的债权为其在日常经营中借给珠城接插件厂的周转金,均真实有效。因时间久远,无法对形成该债权的相关凭证进行验证,为夯实公司历史出资,最大限度地保证未来股东的利益,张某春以货币方式向发行人补充出资 78 万元,全部计入资本公积。”

(三)实际出资与登记企业性质不符

实务中,存在不少民营企业登记为集体企业的情形,导致企业性质与股东出资的结构不一致。改制过程中是否涉及集体企业资产流失属于需要关注和论证的问题。但是问题最终的解决,需要依据企业的出资主体和性质决定具体的处理方式。

案例 3-149 企业曾为集体所有制,先后变更为股份合作制企业、有限公司

依据《关于北京零点有数数据科技股份有限公司首次公开发行股票并在创业板上市申请文件的审核问询函的回复》(零点有数、301169),发行人存在私营企业登记为集体企业、股份制企业等情形,具体如下:

(1)集体企业北京零点市场调查与分析设立

1992 年 12 月 25 日,袁某、赵某、佘某共同签署了《集资协议书》,决定集资创办北京零点市场调查与分析公司(以下简称北京分析)。出资总额为人民币 12 万元,其中袁某出资 10.5 万元,赵某出资 0.7 万元,佘某出资 0.8 万元。1993 年 1 月 9 日,北京分析完成了在工商行政管理部门的开业登记手续,经济性质为集体所有制。

北京分析的设立符合北京市当时有效并适用的《关于城镇群众集资兴办的集体所有制企业登记管理暂行规定》,该规定所称"城镇群众集资兴办的集体所有制企业"是指,依据《企业法人登记管理条例》①《企业法人登记管理条例施行细则》②等规定,由三人以上城镇劳动群众自愿组合,自筹资金兴办,从业人员八人以上,财产属于劳动群众集体所有,实行独立核算,自主经营,共负盈亏,民主管理,共同劳动,并以按劳分配为主的社会主义经济组织。

据此,北京分析的设立属于在当时特定的经济政策环境下,由袁某等三名作为城镇劳动群众的自然人依照当时有效并适用的《企业法人登记管理条例》《企业法人登记管理条例施行细则》《北京市工商行政管理局关于加强社会集资兴办的集体所有制企业登记管理的暂行规定》等规定,申请登记注册的名义上为民办集

---

① 已失效,下同。

② 已失效,下同。

体所有制企业,但实际上系自然人出资设立和经营的私营企业,在设立过程中并无任何集体资产投入,亦无挂靠任何集体组织,不存在上级主管部门。

(2)1994 年 6 月,改制为股份合作制企业

为配合建立现代企业制度,改变不合理的企业形态,北京分析根据国家政策进行了股份合作制改造。

1994 年 4 月 14 日,出资方袁某、赵某、马某戟、范某、张某旭共同签署了《股份合作制企业设立协议书》,决定将北京分析的企业性质变更为股份合作制,其中袁某投资 5.90 万元,占投资总额的 49.17%;赵某投资 5.40 万元,占投资总额的 45.00%;马某戟投资 0.26 万元,占投资总额的 2.17%;范某投资 0.22 万元,占投资总额的 1.83%;张某旭投资 0.22 万元,占投资总额的 1.83%。

1994 年 4 月 14 日,北京分析召开第一届职工代表大会,审议通过了《北京零点市场调查与分析公司企业章程》,并选举产生了董事会成员。同日,北京分析召开了第一届董事会,选举袁某担任董事长和法定代表人。1994 年 4 月 17 日,全体职工代表共同签署了《北京零点市场调查与分析公司企业章程》,确认企业经济性质为股份制(合作)。1994 年 4 月 25 日,北京市东方审计事务所出具了验资报告书(〔94〕朝字第 33 号),确认北京分析由原民办集体改股份制(合作),经验证,截至 1994 年 3 月末,北京分析所有者权益合计为 14 万元,申请登记注册资金 12 万元,其中固定资金 3.7 万元,流动资金 8.3 万元。

1994 年 6 月 20 日,北京分析取得了北京市朝阳区工商行政管理局核发的改制后的企业法人营业执照。

北京分析改制为股份合作制企业时符合当时有效并适用的《北京市股份合作制企业登记管理暂行办法》,该办法所称"股份合作制企业"是指,由两个以上自然人(含两人)或法人与自然人发起设立,并以股份形式投入,自愿组合,自筹资金,共同劳动,民主管理,股东以其认缴的出资额对企业承担有限责任,企业以其全部资产对其债务承担责任的企业法人。

综上所述,北京分析为响应北京市政府对市场主体进行经济体制改革的号召,由袁某等出资方,在签署了《股份合作制企业设立协议书》,并召开了职工代表大会、董事会,履行了验资、工商部门登记等必备程序的情况下,于 1994 年 6 月改制为股份合作制企业,改制过程前后无任何集体资产的投入。

(3)2014年12月,改制为有限公司

为进一步厘清企业产权关系,建立现代化的公司治理体系,北京分析改制为公司制企业法人。

2014年12月18日,北京分析作出第九届第二次股东和职工(代表)大会决议,一致同意:①原北京分析改制成为有限公司,变更公司名称为北京零点市场调查有限公司(以下简称北京调查);②原北京分析资产归原出资人所有,企业改制为有限责任公司后,注册资本为480万元,其中袁某以货币出资199.2万元,范某以货币出资49.58万元,张某旭以货币出资0.22万元,零点双维以货币出资231万元;③同意免去张某、范某董事职务,免去班某琦监事职务;④原企业债权债务由改制后的有限公司继续承担;⑤原企业北京分析无金融机构债务、无对外担保;⑥原企业职工由改制后的有限公司进行安置;⑦同意修改原企业公司章程。2014年12月23日,北京市方正公证处出具(2014)京方正内经证字第20424号公证书,确认本次会议决议程序合法,决议上的签名属实。

2014年12月18日,北京调查召开第一届第一次股东会,形成主要决议如下:①原北京分析改制成为有限公司,变更公司名称为北京调查;②原北京分析改制为有限公司后,注册资本为480万元,其中袁某以货币出资199.2万元,范某以货币出资49.58万元,张某旭以货币出资0.22万元,零点双维以货币出资231万元;③同意选举袁某、张某、范某、陈某丽为公司董事,选举张某旭、费某华、曾某超为公司监事;④同意新公司章程。2014年12月23日,北京市方正公证处出具了编号为(2014)京方正内经证字第20423号公证书,确认本次会议决议程序合法,决议上的签名属实。

(4)区政府对集体企业的出资情况及合法性进行确认

2020年5月13日,北京市门头沟区人民政府就发行人子公司北京调查历史沿革所涉产权合规性问题出具确认文件,证明北京调查及其前身北京分析为袁某等自然人出资创办的民办集体所有制企业,无国有资产或集体资产的投入;北京分析改制为股份合作制企业产权界定清晰明确,不涉及国有资产和集体资产的处置;北京调查及其前身北京分析的设立、改制及历次股权变动等行为符合当时法律、法规、规范性文件及政策的要求,履行了必要的法定程序,真实有效,产权清晰。

综上,虽然北京调查及其前身北京分析成立至今的历史沿革过程中,在工商部门登记的企业性质分别为“民办集体所有制”“股份合作制”“公司制”,但其始终为自然人投资和经营的私营企业,不存在集体资产投入,未涉及集体资产的流失,其两次改制和历次权益变动过程符合当时有效并适用的法律、法规及规范性文件的相关规定。

案例3-150 民营企业登记为集体企业

依据《北京华科仪科技股份有限公司第二轮审核问询函的回复》,问询意见:“申请文件及首轮问询回复显示,发行人前身华科仪研究所于1995年3月设立时为股份合作制企业,2005年登记为‘集体所有制(股份合作)’。2014年12月,华科仪研究所以截至2014年9月30日经评估的净资产10,008.98万元为基准,折合注册资本为1000万股,整体改制为股份有限公司。上述经评估的净资产数据与审计数据存在差异,但相关表述较为简略。请发行人:(1)结合设立时法律法规及改制时有效的法律法规等,说明发行人工商登记为‘集体所有制(股份合作)’但未认定为集体企业的依据是否充分,认定是否准确;华科仪研究所是否属于新型集体所有制企业,发行人改制是否需要履行资产划分、债权债务处理、报有权机关批准等程序,改制是否存在纠纷或潜在纠纷,是否存在侵犯国有资产、集体资产的情况。(2)结合审计和评估的主要内容和过程等,说明2014年9月以评估的净资产进行改制是否合法合规,未以经审计净资产进行改制的背景和原因;经评估的净资产数据与审计数据存在差异对发行人的影响,是否构成改制瑕疵。请保荐人、发行人律师发表明确意见,请申报会计师对问题(2)发表明确意见。”

公司回复:“2014年9月未以经审计净资产进行改制的背景和原因:《财政部关于印发〈企业公司制改建有关国有资本管理与财务处理的暂行规定〉的通知》(财企〔2002〕313号)第7条规定:‘企业实行公司制改建,国有资本持有单位应当按照国家有关规定委托具有相应资格的评估机构,对改建企业所涉及的全部资产,应当按照《国有资产评估管理办法》(1991年11月16日国务院令第91号)、《国有资产评估管理若干问题的规定》(2001年12月31日财政部令第14号)等有关规定进行评估。’第8条规定:资产评估结果是国有资本持有单位出资折股的依据。第 9 条第 1 款规定:企业实行公司制改建,不得将国有资本低价折股或者低价转让给经营者及其他职工个人。

"《企业国有资产法》中亦作了类似规定,'企业改制涉及以企业的实物、知识产权、土地使用权等非货币财产折算为国有资本出资或者股份的,应当按照规定对折价财产进行评估,以评估确认价格作为确定国有资本出资额或者股份数额的依据。不得将财产低价折股或者有其他损害出资人权益的行为'。发行人改制前经济性质为'股份合作制',为非公司制企业。尽管发行人是一家由自然人所有的民营企业,但工商机关在为发行人进行登记时登记为'集体所有制(股份合作)'。当时,未有关于股份合作制企业改制的具体规定,发行人为避免未来在上市审核中遇到有关历史沿革的潜在障碍,出于谨慎的原则,改制过程中参照了一般非公司制国有企业的改制规定进行了资产评估,并按照评估值进行折股。如积成电子、中超控股等上市公司自股份合作制企业改制为股份公司过程中均以经评估的净资产折股。"

第四节　股　权

一、股份价格公允性

股份价格公允性包括增资价格公允和股份转让价格的公允等。单纯从法律形式上理解,增资及股份转让价格属于股东之间或者公司与股东之间的自主意思表示,不论价格高低只要属于真实意思表示且不违反法律规定,不侵犯公司或者其他股东等第三方合法权益的则均属有效(假定不涉及其他合同被撤销或者无效的条件)。事实上,若签订一个价格不公允(以 IPO 上市审核的口径)的增资或者股份转让合同,从诉讼或者仲裁的角度,原则上,不公允价格交易是能够得到法律的支持和保护的,在不具有其他特定条件下,相关的合同也是合法有效的。

实务中,股东转让股份时,若股份转让价格低于公允价值(假定具有或者能够判断公允价值),则税务主管机关可能会核定或参考一个公允的价格予以征税,并不会按照合同约定的较低价格征税,以此为出发点可能会更容易理解需要判断增资或者股份转让价格公允性的必要性。实际上,对于 IPO 企业,因为增资或者股份转让价格的公允性涉及是否存在利益输送、是否存在股份代持、是否适用股份支付、调整后的公司利润是否符合上市发行条件等情形，另外，相关的上市审核问答也明确要求对申报前一年新增的股东，全面核查发行人新股东的基本情况、产生新股东的原因、股权转让或增资的价格及定价依据等，所以对于股份转让和增资价格的公允性应当予以重视，结合增资或者股份转让价格公允性、员工持股计划和股份支付等予以综合考虑。

（一）对增资价格核查的规则依据

《首发业务若干问题解答》（2020 年 6 月修订）问题 4 解答："……对 IPO 前通过增资或股权转让产生的股东，保荐机构、发行人律师应主要考察申报前一年新增的股东，全面核查发行人新股东的基本情况、产生新股东的原因、股权转让或增资的价格及定价依据，有关股权变动是否是双方真实意思表示，是否存在争议或潜在纠纷，新股东与发行人其他股东、董事、监事、高级管理人员、本次发行中介机构及其负责人、高级管理人员、经办人员是否存在亲属关系、关联关系、委托持股、信托持股或其他利益输送安排，新股东是否具备法律、法规规定的股东资格。发行人在招股说明书信息披露时，除满足招股说明书信息披露准则的要求外，如新股东为法人，应披露其股权结构及实际控制人；如为自然人，应披露其基本信息；如为合伙企业，应披露合伙企业的普通合伙人及其实际控制人、有限合伙人的基本信息。最近一年末资产负债表日后增资扩股引入新股东的，申报前须增加一期审计……"

另外，《深圳证券交易所创业板股票首次公开发行上市审核问答》《上海证券交易所科创板股票发行上市审核问答（二）》具有基本相同的规定。

（二）价格公允性是否适用于判断股份支付的股东范围

1. 职工及非职工的特定主体新增股份都可能适用股份支付

《首发业务若干问题解答》（2020 年 6 月修订）问题 26 解答："……对于报告期内发行人向职工（含持股平台）、客户、供应商等新增股份，以及主要股东及其关联方向职工（含持股平台）、客户、供应商等转让股份，均应考虑是否适用《企业会计准则第 11 号——股份支付》。对于报告期前的股份支付事项，如对期初未分配利润造成重大影响，也应考虑是否适用《企业会计准则第 11 号——股份支付》……"

并非只有公司的董事、监事、高级管理人员或者员工适用股份支付，其他特定的法人股东或者合伙企业股东，甚至是客户或者供应商等外部人员或者机构的增资或者转让行为均有可能适用股份支付。所以，不仅公司的员工或者董事、监事、高级管理人员等的增资行为需要考虑是否适用股份支付，员工持股平台、公司的客户或供应商的增资行为、主要股东及其关联方向职工（含持股平台）、客户、供应商等转让股份的行为都可能构成股份支付，均需要予以谨慎判断。

案例 3 – 151 内部员工和股东单位员工入股，确认内部员工股份支付

心脉医疗（688016）将员工股东低价增资部分确认股份支付。2014 年微创医疗向内部员工及股东融资，由股东和员工共同设立虹皓投资，以之作为投资主体，对心脉有限进行增资。发行人对本公司员工对应的增资部分作了股份支付处理，未对非发行人员工和微创医疗股东单位对应的增资部分作股份支付处理。第一次反馈意见要求发行人说明：（1）2014 年虹皓投资向微创心脉增资的价格，以及同期公允价格的比较情况，增资是否适用《企业会计准则第 11 号——股份支付》；（2）老股东是否以低于股份公允价值的价格增资入股，是否均按照各自原持股比例获得新增股份；（3）增资行为如涉及股份支付，发行人是否按照公允价值确认股份支付费用，并披露股份支付的形成原因、权益工具的公允价值及确认方法以及计算过程，股份支付事项是否会对期初未分配利润造成重大影响。

第二次反馈意见中的问题 16 是关于股份支付的问题。根据问询函的回复，2014 年虹皓投资作为员工持股平台向心脉有限增资时，发行人对本公司员工对应的增资部分作了股份支付处理，未对非发行人员工和微创医疗股东单位对应的增资部分作股份支付处理。另外，发行人的控股股东微创医疗一直授予发行人员工的微创医疗的期权。针对虹皓投资，请发行人进一步说明：（1）发行人增资前一年及一期的主要财务经营数据，以评估价值 2.09 亿元计算虹皓投资的增资价格对应上述财务数据的 PE（市盈率）、PB（市净率），并结合发行人增资前的业绩变动情况及市场可比交易价格，量化分析以上述 2.09 亿元作为虹皓投资增资时发行人的公允价值是否合理；（2）补充说明增资时虹皓投资中非发行人员工、股东单位的持股情况，该等对象参与增资发行人的原因，明确是否对发行人提供了服务，是否在母公司微创医疗层面确认了股份支付费用；（3）增资时非发行人员工的具体

数量,各员工在平台的持股情况,当时任职的单位,其自身或是否通过其任职单位为发行人提供服务;(4)非发行人员工的任职单位是否将增资发行人作为其激励的方式,任职单位是否应当向发行人支付相关费用;(5)补充说明2016~2018年虹皓投资权益发生变动的具体情况,历次公允价值的确定依据,股份支付费用的计算过程;(6)根据前述分析情况,说明未进行股份支付处理的原因,是否符合企业会计准则的相关规定,说明报告期前的股份支付事项是否对期初未分配利润造成重大影响。

第二次反馈意见回复:

对虹皓投资中非发行人员工、股东单位增资未进行股份支付处理的原因及对期初未分配利润的影响情况如下。

1.发行人对非发行人员工增资未作股份支付的原因

根据《企业会计准则第11号——股份支付》第2条第1款的规定,“股份支付,是指企业为获取职工和其他方提供服务而授予权益工具或者承担以权益工具为基础确定的负债的交易”。鉴于非发行人员工并未对发行人提供服务,因此非发行人员工的增资不构成企业会计准则规定的股份支付,上述事项不会对发行人期初未分配利润产生影响。从微创医疗角度来看,该次虹皓投资向发行人增资主要系解决发行人资金困难的问题,同时希望达到激励员工的效果;因该等员工均为微创医疗合并范围内公司任职的员工,均向微创医疗提供了相关服务,因此应将虹皓投资员工合伙人向发行人增资的部分按照企业会计准则要求确认股份支付。发行人将发行人员工涉及的股份支付费用确认在发行人财务报表中,微创医疗将其他非发行人员工的股份支付费用确认在微创医疗承担。

2.发行人对股东单位增资未作股份支付的原因

根据《企业会计准则第11号——股份支付》第2条第1款的规定,“股份支付,是指企业为获取职工和其他方提供服务而授予权益工具或者承担以权益工具为基础确定的负债的交易”。根据中国证监会《首发业务若干问题解答(二)》问题1解答的规定,“发行人报告期内为获取职工和其他方提供服务而授予股份的交易,在编制申报会计报表时,应按照《企业会计准则第11号——股份支付》相关规定进行处理”。“对于为发行人提供服务的实际控制人/老股东以低于股份公允价值的价格增资入股事宜,如果根据增资协议,并非所有股东均有权按各自原持股比例获得新增股份,对于实际控制人/老股东超过其原持股比例而获得的新增股份,应属于股份支付……”

因尽善尽美基金会为慈善基金组织,未从事与发行人相关的业务,亦未向发行人提供服务,根据《企业会计准则第 11 号——股份支付》及《首发业务若干问题解答(二)》的相关规定,无须确认股份支付。

3. 发行人未对非发行人员工及股东单位增资进行股份支付处理对期初未分配利润的影响情况

发行人已按照企业会计准则的要求确认了自身员工的股份支付费用,因非发行人员工、股东单位并未向发行人提供服务,因此不构成企业会计准则规定的股份支付,上述情况也不会对期初未分配利润产生影响。

4. 假设对股东单位增资进行股份支付处理的测算

即使将股东单位通过虹皓投资新增发行人权益确认为股份支付,相关股份支付费用对发行人 2014 年度利润总额的影响金额为 9.39 万元,金额相对较小,不会对发行人期初未分配利润产生重大影响。

2. 原有股东股份的转让可能会构成股份支付

《上市公司执行企业会计准则监管问题解答》(2009 年第 1 期):“问题 7. 上市公司大股东将其持有的公司的股份按照合同约定价格(低于市价)转让给上市公司的高级管理人员,上市公司如何进行会计处理?解答:该项行为的实质是股权激励,应该按照股份支付的相关要求进行会计处理。根据《企业会计准则第 11 号——股份支付》及应用指南,对于权益结算的涉及职工的股份支付,应当按照授予日权益工具的公允价值记入成本费用和资本公积,不确认其后续公允价值变动。”

3. 一般小股东不构成股份支付的股份转让

对于一般小股东向不适用股份支付的其他主体转让股份,若不具有其他违规代持、利益输送等情形,且其持股比例并不能实质影响上市主体或者实际控制人等的,从法理角度,该股份转让事项不会对首发上市构成重大影响。中介机构及上市公司应当关注并核实清楚小股东以不公允价格转让的原因、背景、真实性、特定关系等。相关情况被核查清楚并依法披露后,该事项一般不构成实质性障碍。

4. 不属于价格不公允的例外情形

通常情况下，解决股份代持等规范措施导致股份变动，家族内部财产分割、继承、赠与等非交易行为导致股权变动，资产重组、业务并购、持股方式转换、向老股东同比例配售新股等导致股权变动等，在有充分证据支持相关股份获取与发行人获得其服务无关的情况下，一般无须作为股份支付处理。

所以，对于拟上市公司，若低价增资，可以考虑通过股东同比例增资等方式处理，若不是同比例增资，对于非同比例增资的差额部分，很可能要适用股份支付处理。

对于为发行人提供服务的实际控制人或老股东以低于股份公允价值的价格增资入股事宜，如果根据增资协议，并非所有股东均有权按各自原持股比例获得新增股份，对于实际控制人或老股东超过其原持股比例而获得的新增股份，应属于股份支付；如果增资协议约定，所有股东均有权按各自原持股比例获得新增股份，但股东之间转让新增股份受让权且构成集团内股份支付，导致实际控制人或老股东超过其原持股比例获得的新增股份，也属于股份支付。实际控制人或老股东原持股比例，应按照相关股东直接持有与穿透控股平台后间接持有的股份比例合并计算。

5. 特定条件下实际控制人对持股平台的股份回购

公司开展持股计划或者股权激励后，存在人员离职的情况，可能会触发相关的股份回购等，此种情形下因为对于已经发生的股权激励进行了股份支付的会计处理，一般可以成本价或者低价回购。

案例3-152 实际控制人以1元回购持股平台员工份额

依据《关于超捷紧固系统（上海）股份有限公司首次公开发行股票并在创业板上市申请文件的审核问询函》，报告期内持股平台员工持有份额发生变化，审核机构要求说明持股份额变动具体情况，包括转让双方身份、转让事件、转让价格及作价公允性等，分析说明是否存在应确认股份支付而未确认的情形。

2017年至2020年，发行人员工持股平台内部存在3次出资额转让情形（具体内容省略）。报告期内，员工持股平台员工持股份额的变化不存在应确认股份支付而未确认的情形,相关的作价依据可以参考员工持股或者股权激励时的协议或方案约定等。

（三）公允价值计量及与股权激励相关的核查事项

部分首发企业上市前通过增资或转让股份等形式实现高管或核心技术人员、员工、主要业务伙伴持股。首发企业股份支付成因复杂,公允价值难以计量,与上市公司实施股权激励相比存在较大不同。《首发业务若干问题解答》(2020 年 6 月修订)问题 26:发行人报告期内为获取职工和其他方提供服务而授予股份的交易,在编制申报会计报表时,应按照《企业会计准则第 11 号——股份支付》相关规定进行处理。

1. 具体适用情形

对于报告期内发行人向职工(含持股平台)、客户、供应商等新增股份,以及主要股东及其关联方向职工(含持股平台)、客户、供应商等转让股份,均应考虑是否适用《企业会计准则第 11 号——股份支付》。对于报告期前的股份支付事项,如对期初未分配利润造成重大影响,也应考虑是否适用《企业会计准则第 11 号——股份支付》。有充分证据支持基于同一次股权激励方案、决策程序、相关协议而实施的股份支付事项的,原则上一并考虑适用。

通常情况下,解决股份代持等规范措施导致股份变动,家族内部财产分割、继承、赠与等非交易行为导致股权变动,资产重组、业务并购、持股方式转换、向老股东同比例配售新股等导致股权变动等,在有充分证据支持相关股份获取与发行人获得其服务无关的情况下,一般无须作为股份支付处理。

2. 确定公允价值

存在股份支付事项的,发行人及申报会计师应按照企业会计准则规定的原则确定权益工具的公允价值。在确定公允价值时,应综合考虑以下因素:(1)入股时间阶段、业绩基础与变动预期、市场环境变化;(2)行业特点、同行业并购重组市盈率水平;(3)股份支付实施或发生当年市盈率、市净率等指标因素的影响;(4)熟悉情况并按公平原则自愿交易的各方最近达成的入股价格或相似股权价格确定公允价值,如近期合理的 PE(市盈率)入股价,但要避免采用难以证明公允性的外部投资者入股价;(5)采用恰当的估值技术确定公允价值,但要避免采取有争议的、结果显失公平的估值技术或公允价值确定方法,如明显增长预期下按照成本法评估的每股净资产价值或账面净资产。发行人及申报会计师应在综合分析上述因素的基础上,合理确定股份支付相关权益工具的公允价值,充分论证相关权益工具公允价值的合理性。

3. 计量方式

确认股份支付费用时,实际取得股份且没有约定服务期等限制条件的,原则上应当一次性计入发生当期,并作为偶发事项计入非经常性损益。对设定服务期的股份支付,股份支付费用应采用恰当的方法在服务期内进行分摊,并计入经常性损益。发行人及中介机构应结合股权激励方案及相关决议、入股协议、服务合同等有关服务期的条款约定,充分论证服务期认定的依据及合理性。

4. 披露与核查

发行人应在招股说明书及报表附注中披露股份支付的形成原因、具体对象、权益工具的数量及确定依据、权益工具的公允价值及确认方法。保荐机构及申报会计师应对首发企业报告期内发生的股份变动是否适用《企业会计准则第 11 号——股份支付》进行核查,并对以下问题发表明确意见:股份支付相关权益工具公允价值的计量方法及结果是否合理,与同期相比公司估值是否存在重大差异及原因;对于存在与股权所有权或收益权等相关的限制性条件的,相关条件是否真实、可行,服务期的判断是否准确,服务期各年/期确认的员工服务成本或费用是否准确;发行人报告期内股份支付相关会计处理是否符合《企业会计准则》相关规定。

二、股份代持

(一)股份代持概述

1. 股份代持的效力

《公司法》(2018 修正)第 32 条第 3 款规定:“公司应当将股东的姓名或者名称向公司登记机关登记;登记事项发生变更的,应当办理变更登记。未经登记或者变更登记的,不得对抗第三人。”依据该条规定,依法进行登记的股东具有对外公示效力,隐名股东在公司对外关系上不具有公示股东的法律地位,其不能以其与显名股东之间的约定为由对抗外部债权人对显名股东主张的正当权利。

《最高人民法院关于适用〈中华人民共和国公司法〉若干问题的规定(三)》(2020 修正)第 24 条第 1 款规定,有限责任公司的实际出资人与名义出资人订立合同,约定由实际出资人出资并享有投资权益,以名义出资人为名义股东,实际出资人与名义股东对该合同效力发生争议的,如无法律规定的情形,人民法院应当认定该合同有效。

综上,关于有限公司的股份代持,若没有违反法律法规关于合同无效的强制性规定,相关的股份代持均应有效。而关于股份公司的股份代持效力和处理均无明确的规定,司法实务中存在差异,尤其是近年来最高人民法院、上海金融法院等以违反公序良俗为由对股份公司的股份代持效力作出否定的判决。此处,仅从首发上市的角度,对股份代持事项进行分析,对于股份代持的效力不做深入探讨。

2. 股份代持的规则

从首发上市角度,对于股份代持,法律法规层面并无明确的规定。

《证券法》(2019 修订)第 78 条第 2 款规定,发行人、上市公司依法披露的信息,必须真实、准确、完整,不得有虚假记载,误导性陈述或者重大遗漏。《首次公开发行股票并上市管理办法》(2022 修正)第 13 条规定,发行人的股权清晰,控股股东和受控股股东、实际控制人支配的股东持有的发行人股份不存在重大权属纠纷。《监管规则适用指引——关于申请首发上市企业股东信息披露》第 1 条规定,发行人应当真实、准确、完整地披露股东信息,发行人历史沿革中存在股份代持等情形的,应当在提交申请前依法解除,并在招股说明书中披露形成原因、演变情况、解除过程、是否存在纠纷或潜在纠纷等。《深圳证券交易所创业板发行上市审核业务指南第 2 号——创业板首次公开发行审核关注要点》规定,发行人应当真实、准确、完整地披露股东信息,发行人历史沿革中存在股份代持等情形的,应当在提交申请前依法解除,并在招股说明书中披露形成原因、演变情况、解除过程、是否存在纠纷或者潜在纠纷等。

3. 股份代持清理最迟时间

依据《监管规则适用指引——关于申请首发上市企业股东信息披露》第 1 条和《深圳证券交易所创业板发行上市审核业务指南第 2 号——创业板首次公开发行审核关注要点》等的规定,可知发行人历史沿革中存在股份代持等情形的,应当在提交申请前依法解除。

4. 股份代持解决可以与股份制改制同步进行

股份代持的股东还原需要对代持的股东进行访谈确认，可以对股份代持还原和股份制改制同步进行。

案例 3－153 股份改制同时股份还原

天舟文化（300148）存在股改同时还原的情况，具体如下：天舟文化改制前，天舟拓展存在工会受托持股之情形。显名股东共计 2 名，分别为湖南天鸿投资集团有限公司（以下简称天鸿投资）、湖南教育出版社工会（以下简称教育工会），其中，教育工会受托 102 名自然人股东持有天舟拓展股权。2007 年 11 月 29 日，天舟拓展召开股东会，同意将天舟拓展整体变更为股份有限公司；整体变更后的总股本保持不变，仍为 5000 万元；股份公司发起人为天鸿投资及 102 名自然人。根据教育工会保有的会员银行缴款凭证，天舟拓展通过显名股东教育工会与隐名股东在形式上签订股权转让协议的方式，对股权代持进行清理，天舟拓展真实股东人数共计 103 名。后天舟文化股权还原与整体变更设立股份有限公司一并进行。

另外，瑞丰高材（300243）存在类似情况，具体如下：瑞丰高材系由瑞丰有限整体变更而来。瑞丰高材整体变更之前，瑞丰有限存在股权代持之情形，显名股东共计 13 名，实际股东共为 151 名。瑞丰有限存在的股权代持关系解除与有限公司整体变更设立股份有限公司程序一并完成。

（二）股份代持的原因和认定

首发上市中，股权代持问题是审核部门关注的重点，若存在相应问题而不解决则构成上市障碍。解决股权代持问题的难点在于对其形成原因、代持的背景、代持的确认依据、代持的真实性、代持的演变及解除过程（真实性、合法性、彻底性）的确认，要确保不存在因此而发生的潜在纠纷等。

1. 股份代持的原因

历史上存在股权代持的原因，主要包括：（1）特定股东身份违反法律的禁止性规定，不具有股东适格性；（2）股东具有适格性，但某些股东基于其身份在当时不适合做股东，通过股份代持向企业投资；（3）股东所在任职单位等存在禁止从业对外投资或者同业的协议约定或者不便于对外持股;(4)股东初期对公司发展前景未看好,处于观察期,关于代持的原因,一方面创立初期股东对股份权利人的合规性认识不足,另一方面系对创立期的企业成长性风险规避;(5)实际投资者人数太多,将部分股份集中在少数股东名下,既保证了工商程序的简便,也便于管理,如华虹计通(300330);(6)为了相互担保银行融资,为了业务便利,通过代持的方式设立多家名义上非关联企业;(7)工会或者持股会等代持,如苏州设计(300500);(8)直系亲属之间代持等,如欧浦钢网(002711);(9)名义上是股东,实际上是借贷关系等,如艾迪普(836600)存在姐弟间借贷关系的股份代持;(10)员工持股平台的股份预留或者离职人员导致的股份回购形成的股份代持。

另外,关于股份代持,需要区分表决权委托或者股份的受托管理等。例如,四通新材(300428)存在股份的委托管理,相应的原因解释如下:"臧某因生育孩子未在发行人处任职,也未参与发行人的经营决策与管理,为保证发行人经营决策的连续性与稳定性,遂将其持有的发行人股份委托其父管理;臧某建、臧某坤、臧某奕、臧某和虽已成年,但当时尚在上学,无经营管理企业的条件,且从未参与发行人的实际经营管理,为保证发行人经营决策的连续性与稳定性,遂将其持有的发行人股份委托其父管理。"表决权的委托案例可以参考浙江凯融公司收购凯恩股份(002012)的权益变动报告书等。

案例 3-154 为了便于管理的股份代持

依据《浙江海正生物材料股份有限公司(以下简称海正生物)的首发上市文件》,对股份代持解释如下:"2004 年 8 月,在发行人筹备设立过程中,经发起人海正集团、长春应化所协商,海正集团人员(含下属单位人员,下同)、长春应化所人员拟共同参与公司设立出资,为便于公司管理,委托陈某明、边某超作为海正集团、长春应化所代表,以各自名义分别持有 400 万股。由于海正集团人员出资较多、长春应化所人员出资较少,所以也存在部分海正集团人员由边某超代持。同时,陈某明名下预留 19 万股给浙江海正生物材料股份有限公司(以下简称海正生物)员工,该等预留股份于 2006 年 7 月由海正生物员工郑某、梁某、李某民分别购买 15 万股、2 万股、2 万股股份。"

案例3－155 创业初期由亲属代持

依据上海芯导电子科技股份有限公司(以下简称芯导有限)的招股说明书及反馈文件,吕某祥系实际控制人欧某华的岳父,吕某祥曾持有的芯导有限的股权系代欧某华持有。主要原因是当时是欧某华第一次创业,担心创业失败对未来职业发展有影响,也为了打消家人对首次创业不确定性的顾虑,综合考虑后决定由欧某华的岳父吕某祥代登记为公司股东。2011年10月,吕某祥与欧某华签订《股权转让协议》,约定吕某祥将其持有的芯导有限35%的股权全部转让给欧某华,进行股份代持的还原,本次股权转让完成后发行人不存在股权代持的情形。吕某祥已就上述股权代持及还原情况出具书面确认,其与公司及公司股东、实际控制人之间不存在任何纠纷或潜在纠纷。

案例3－156 外资企业的股份代持

依据《浙江恒威电池股份有限公司首发上市审核问询函回复》,问询意见涉及以下问题:"历史上由大马力代持股权的原因,股权代持是否存在违法违规情形,是否存在被有权机构处罚的风险,股权代持及解除是否存在纠纷或潜在纠纷,是否存在影响发行人股权清晰和稳定的情形。"

发行人在招股说明书补充披露如下:

"(三)发行人股权代持情况

"1.由大马力代持股权的原因。

"考虑到开展外贸业务的便利性,同时响应当时地方政府招商引入外资的号召,因此汪某平、汪某红兄妹家族委托外贸业务合作方胡某献控制的大马力代持发行人股权。

"2.股权代持无违法违规情形,不存在被有权机构处罚的风险。

"当时有效的《公司法》(1999修正)、《中外合资经营企业法》(2001修正)、《中外合资经营企业法实施条例》(2001修订)等相关法律法规,均未明确限制股权代持行为。根据《最高人民法院关于审理外商投资企业纠纷案件若干问题的规定(一)》(法释〔2010〕9号)[①]第15条的规定,合同约定一方实际投资、另一方作为外商投资企业名义股东,不具有法律、行政法规规定的无效情形的,人民法院应认定该合同有效。根据《最高人民法院关于适用〈中华人民共和国公司法〉若干问题的规定(三)》(法释〔2011〕3号)[②]第25条第1款的规定:'有限责任公司的实际出资人与名义出资人订立合同,约定由实际出资人出资并享有投资权益,以名义出资人为名义股东,实际出资人与名义股东对该合同效力发生争议的,如无合同法第五十二条规定的情形,人民法院应当认定该合同有效。'综上,汪某平、汪某红兄妹家族通过大马力代持恒威有限股权并不违反当时有效的法律法规,且在前述股权代持解除后颁布的相关司法解释确认了代持行为在不违反法律法规的情况下是合法有效的。上述股权代持行为不存在违法违规情形,也不存在被有权机构处罚的风险。

"3.股权代持及解除不存在纠纷或潜在纠纷,不存在影响发行人股权清晰和稳定的情形。经访谈大马力实际控制人胡某献及发行人实际控制人,并查阅发行人的工商登记档案,2003年股权代持形成及2004年股权代持解除不存在纠纷或潜在纠纷,不存在影响发行人股权清晰和稳定的情形。"

依据上海泓博智源医药股份有限公司(以下简称开原泓博)首次公开发行股票并在创业板上市招股说明书的相关内容,存在股份代持的原因主要是代持离职员工的回购股份以及预留的股权激励份额,基本情况如下:"因陈某、彭某平分别于2012年8月、2014年3月从发行人离职,其受赠的开原泓博1.20%股份(对应发行人0.60%股份)归还公司用于激励公司其他员工,该等股份亦由蒋某力代为持有。2013年12月,公司收购开原泓博完成后,开原泓博的原实际控制人安某昌承诺以其持有的公司3.00%股份用于激励公司及子公司的核心员工,预留股份在激励对象最终确定前登记在安某昌名下,即安某昌当时持有的公司14.7692%股份中的3.00%为预留激励股份。为进一步明晰公司的股权结构,并落地拟实施的股权激励计划,公司时任股东一致同意以蒋某力和安某昌代持的公司股份与PINGCHEN共同出资设立员工持股平台上海鼎蕴,并通过在持股平台实施股权激

---

① 已被修改。
② 已被修改。

励计划最终清理股份代持和股份预留。2015年5月,PINGCHEN、蒋某力、安某昌共同设立上海鼎蕴,上海鼎蕴设立时的认缴出资总额为381.1520万元,其中PINGCHEN认缴出资5.0001万元,全部以货币出资;蒋某力认缴出资199.8307万元,全部以其代为持有的公司3.40%股份出资;安某昌认缴出资176.3212万元,全部以其承诺用于员工股权激励的公司3.00%股份出资。"

案例3-157 实际控制人在持股平台中担任执行事务合伙人是否存在股份代持

依据《山东胜利建设监理股份有限公司第二次反馈意见回复》,审核问询意见:"问题4.关于实际控制权。审核问询回复显示:(1)2015年9月,胜利有限对公司历史上形成的库存股及股权代持进行了清理,此前被代持的股权全部还原体现为实际出资人直接持股或通过员工持股平台丞智投资间接持股;(2)员工持股平台丞智投资持有发行人26.15%股份,实际控制人艾某发在丞智投资中所持有的出资份额为0.12%,并担任该平台执行事务合伙人;(3)员工持股平台夯庆投资和夯胜投资分别持有发行人3.42%和3.56%股份,艾某发在该两个平台持有的出资份额分别为47.29%和49.33%,并担任该两个平台的执行事务合伙人;(4)艾某发可实际支配的发行人表决权比例为40.73%,其中直接持股比例为7.60%,通过持股平台间接持股比例为3.41%,通过持股平台实际支配的发行人表决权比例为33.13%。"

"请发行人:(1)补充说明艾某发在丞智投资中持有的出资份额较少,但担任该持股平台执行事务合伙人的背景和原因,是否存在股份代持等情形;(2)补充说明艾某发担任丞智投资执行事务合伙人的期限约定情况、变更该平台执行事务合伙人的情形和程序;(3)结合丞智投资持有发行人股份远高于夯庆投资、夯胜投资,艾某发直接间接持股比例仅11.01%且主要通过持股平台执行事务合伙人控制表决权等情况,补充说明是否存在丞智投资变更执行事务合伙人导致发行人实际控制人变更的风险;(4)结合艾某发的专业背景、从业经历、资质和发展贡献等因素,补充说明其对发行人经营管理的影响。请保荐人、发行人律师发表明确意见。"

案例 3-158 将股份转让至代持方及转代持

依据《关于铜陵洁雅生物科技股份有限公司首次公开发行股票并在创业板上市申请文件的审核问询函的回复》,该公司及保荐机构回复如下:

"1. 委托持股的形成、还原及转让情况

"(1)2009 年 9 月,公司召开 2009 年度第一次股东大会,同意公司新增股本 520 万股,并由徽商基金认购其中的 2,047,619 股。同月,为实现专业管理,徽商基金与富尔迅、支上投资、阚某敏、徐某和杨某林 5 名实际出资人分别签订《委托持股(代持股)协议》,约定徽商基金代富尔迅、支上投资、阚某敏、徐某和杨某林分别持有公司 238,095 股、1,190,476 股、238,095 股、95,238 股、285,714 股股份;其中支上投资委托徽商基金持有的公司股份的实际出资人为陶某,2009 年 12 月,支上投资与陶某签订《委托持股(代持股)协议书》,约定支上投资代陶某持有发行人 1,190,476 股股份。

"(2)2010 年 8 月,因东方汇富退出徽商基金,为方便投资项目后续管理,徽商基金与东方汇富签订《股权转让协议书》及《股权转让协议书补充协议》,将徽商基金代上述实际出资人持有的发行人的股份转让给东方汇富代持。徽商基金本次向东方汇富转让公司股份实际系代持人的变更,就此代持人变更,支上投资、富尔迅、阚某敏、徐某、杨某林已在 2010 年 8 月到 9 月分别出具同意转持确认函予以同意,并与东方汇富分别签订了《委托持股(代持股)协议》。

"(3)2011 年 5 月,公司召开 2010 年年度股东大会,决定以资本公积转增股本 320 万股,本次转增后,东方汇富代持的股份变更为 2,292,099 股。

"(4)2014 年 6 月,富尔迅、阚某敏、徐某、杨某林将东方汇富代持的发行人股份转让给东方汇富,转让价款分别为 70 万元、70 万元、28 万元、84 万元,并分别出具投资终止确认函。东方汇富向富尔迅、阚某敏、徐某、杨某林支付了股份转让价款。富尔迅、阚某敏、徐某、杨某林与东方汇富之间的股份代持关系因此解除,上述被代持的公司股份转由东方汇富实际持有。

"(5)2014 年 8 月,东方汇富分别与苏州银创、前海银创签订《股权转让协议》,约定将其从富尔迅、阚某敏、徐某、杨某林处受让的公司股份全部转让给苏州银创和前海银创,其中向苏州银创转让 685,345 股,向前海银创转让 274,142 股,转让价款分别为180万元、54万元。苏州银创、前海银创按约定支付了股份转让价款。同时,为便于东方汇富对主导投资的项目进行集中管理,苏州银创、前海银创与东方汇富签订《委托持有协议书》,约定苏州银创、前海银创从东方汇富受让的公司股份,仍由东方汇富继续代持。

"(6)2016年5月,东方汇富分别与前海银创、苏州银创签署《解除股份代持协议》,约定东方汇富将受托持有的发行人股份分别还原给前海银创、苏州银创直接持有。至此,东方汇富与苏州银创、前海银创之间委托持股关系解除。

"2016年5月,东方汇富、前海银创、支上投资签订《转代持协议》,约定原东方汇富代支上投资持有的公司股份转由前海银创代为持有。

"2016年6月,公司就本次代持还原及代持人变更在铜陵市工商行政管理局办理了章程修正案的备案手续。

"(7)2017年6月,陶某、支上投资与前海银创签订《解除股份代持协议》,约定前海银创代支上投资持有的发行人1,332,624股的股份还原给陶某,由陶某直接持有。同月,陶某、支上投资与前海银创签订《股份转让协议》,约定陶某将所持133,262股公司股份转让给前海银创。至此,发行人历史上存在的股份代持情形通过股份转让和股份还原全部解除。

"2017年7月,公司就本次代持还原、股份转让在铜陵市工商行政管理局办理了章程修正案的备案手续。

"(8)2018年12月,陶某与徐某林签订《股份转让合同》,约定陶某将所持公司股份219,360股转让给徐某林,股份转让价款为88.84万元。同月,陶某与明源基金签订《股份转让合同》,约定陶某将所持公司股份980,000股转让给明源基金,股份转让价款为396.90万元。此后,陶某与徐某林、明源基金就上述《股份转让合同》分别签订了补充合同,将股份转让价款分别增加9.78万元、43.70万元,作为本次股份转让需缴纳的税费。

"(9)2019年7月,苏州银创、前海银创与蔡某传签订《股权转让协议》,约定苏州银创、前海银创将所持公司股份685,345股、407,406股转让给蔡某传,转让价款分别为189.997万元、112.9444万元。

"保荐机构及发行人律师经核查后认为,东方汇富所持股份历次代持、解除代持、转让过程清晰、明确,不存在纠纷或瑕疵。"

2. 股份代持包括间接持股的股份代持

需要解决的股份代持,不仅包括直接持有发行人的股份存在代持的情况,而且包括间接持有发行人的股份存在股份代持的,应当依法履行信息披露义务以及清理相关的股份代持行为。

例如,依据苏州朗威电子机械股份有限公司反馈意见回复,其对间接持股的代持情况依法披露。

3. 股份代持核查和认定

关于股份代持,不能简单地依据显名和隐名股东的陈述即认定存在股份代持关系,需要结合代持协议、银行流水、分红流水、其他第三方的证据等综合认定,对于没有任何直接证据或者历史比较长的股份代持事项,可以考虑通过公证处对代持关系以及解除代持协议的公证或者其他文书佐证。审核机构经常要求保荐机构、发行人律师对股权代持的认定依据是否充分发表明确意见。

股份代持的依据、原因及是否存在代持、代持的解决是否存在争议等应当由相关的股东出具承诺或说明。

案例3-159 审核机构问询对股权代持的认定依据是否充分

依据《关于安徽容知日新科技股份有限公司首次公开发行股票并在科创板上市申请文件的审核问询函的回复》,审核问询意见:"1.2 招股说明书披露,发行人历史上存在四次股权代持,均涉及发行人的实际控制人。其中,2013年第四次股权代持的原因系当时王某霖为公务员身份,不适合持有公司股权。目前,容知有限涉及的股权代持关系已全部清理完毕,容知有限股东之间不存在代持情况。请发行人说明:(1)历次代持形成、解除中的转让价格、价款支付情况、完税情况等;(2)王某霖因公务员身份不能持股的具体情况,是否面临被处罚等法律风险。请保荐机构、发行人律师对股权代持的认定依据是否充分、股权代持及解除过程中是否存在纠纷或潜在纠纷、是否影响实际控制人的股权清晰等进行核查,并发表明确意见。"

案例 3-160 代持的真实性

依据《关于广东百合医疗科技股份有限公司首次公开发行股票并在科创板上市申请文件的审核问询函的回复》(通过上市委审核后 1 年后撤回注册申请),审核问询意见:“问题 1. 关于股份代持。根据申报材料及前次申报创业板招股书,发行人前身百合有限为自然人马某勋、吴某、李某、黄某洪、荆某普 5 人在 1999 年共同成立,其中马某勋所持股份是为其表弟黄某代持,股份代持事项为前次申报创业板审核重点关注问题。公司设立时,黄某父亲黄某郭在佛山市政府任职,黄某年仅 19 岁,黄某母亲戴某健参与了百合有限的筹备创立过程。2011 年 4 月,发行人进行代持还原,马某勋将所持 47.4% 的股份转让给黄某,转让完成后其持股比例降至 3.60%。目前,公司实控人黄某直接持有发行人 55.11% 股份,其一致行动人李某持有发行人 14.13% 股份,合计控制发行人 69.24% 股份。报告期内,发行人分别向马某勋提供借款 510 万元、6040 万元、1000 万元。”

请发行人说明:

(1)百合有限成立时,马某勋代黄某持有发行人股权的具体原因及合理性、合法性;2011 年马某勋将股份以 1 元/股价格转给黄某而非无偿转让的合理性,黄某是否实际支付价款,是否存在利益输送;代持还原后马某勋继续持有部分股份的原因以及是否向黄某支付对价,前次申报所述“黄某将股权无偿赠与马某勋”的具体含义及原因。

(2)马某勋在发行人设立、历次增资过程中的资金投入情况,所投资金是否最终均来自黄某,黄某的资金最终来源以及是否合法合规;黄某控制的两家贸易公司在代持还原后出现业绩大幅下滑或进行注销的原因及合理性,华晨经贸的基本情况以及停止办理注销手续的原因,三家公司业务和财务是否真实,是否存在他人通过三家公司向黄某及其关联方输送利益的情形;马某勋对外转让股份所获得价款是否均及时转款给黄某,转款资金最终去向。

(3)马某勋在公司创立、核心技术形成、主要产品研发和业务建立过程中发挥的具体作用,公司生产经营在代持还原前及还原后是否对马某勋存在重大依赖;报告期内公司向马某勋提供借款的原因及合理性,是否均及时履行相关审议程序及公司内部放款程序,财务内控是否完善并有效执行。

(4)发行人原主要股东及总经理黄某洪在前次申报前将所持股份全部转让并退出管理职务的背景和合理性,黄某是否按照约定时间实际支付股份对价及其资金最终来源,黄某洪是否存在代持情形,目前所从事的具体业务及对外投资情况,是否与发行人存在相同相似业务或存在业务、资金往来。

(5)自公司成立以来,黄某历年在公司任职情况、参与日常经营决策的具体情况,目前是否在公司真实履职以及是否可以对公司生产经营产生控制。

(6)公司系黄某母亲戴某健参与筹备创立,黄某父亲曾担任公司董事,黄某、马某勋所持股份是否系为其父母代持,公司是否实际由其父母控制,公司设立与运营是否合法合规,是否存在处罚或其他风险。

(7)结合前述事项,补充说明马某勋为黄某代持股份及代持还原是否真实。

(8)马某勋是否为黄某一致行动关系,锁定期是否合规。

(9)黄某与李某为一致行动人的背景及合理性,两人对于一致行动的相关约定、期限和具体执行情况,黄某已持有发行人55.11%股权而两人仍作一致行动安排对维持黄某的实际控制地位的实际作用、是否存在相应利益安排、是否对本次发行上市构成不利影响。

(10)结合前述事项说明将黄某认定为公司实控人是否准确,公司实控人股权结构是否清晰且无争议,2年内是否发生变更,是否满足《科创板首次公开发行股票注册管理办法(试行)》的相关要求,是否构成发行上市的障碍。请将代持及还原相关文件提交备查。请保荐机构、发行人律师充分核查上述事项,说明核查方法、核查过程和核查结论,并发表明确意见。

分析:该发行人曾于2017年1月13日被创业板发审委否决,3年后申报科创板IPO,2021年1月4日的上市委会议上被暂缓表决,在同年3月4日通过科创板上市委审议后,13个月后在证监会注册阶段撤回上市申请。相关的问询意见涉及关于实际控制人的认定是否准确、公司是否存在代持等关键问题。

(三)新三板挂牌期间存在股份代持

新三板挂牌期间存在股份代持或者未如实进行信息披露的,在上市前对股份代持进行清理或者如实披露,无其他特殊情况的,不会构成首发上市的实质性障碍。关于未如实信息披露,首要问题是全国股转系统是否对新三板挂牌时(或期间)的股份代持问题采取自律监管措施,另外,发行人、控股股东、实际控制人、董事、监事和高级管理人员是否存在因新三板挂牌期间的股份代持事项或信息披露违规被证监会立案调查或予以处罚的情况。在对相关问题描述或反馈时,需要明确全国股转系统的自律监管措施或者纪律处分等是否属于行政处罚需要进行分析,进而论证是否构成重大违法违规或者是否存在被处罚的风险,另外,需要结合行政处罚的相关时效问题进行分析。

发行人及中介机构通常不应以股东间存在股份代持关系、表决权让与协议、一致行动协议等为由,认定公司控制权未发生变动。

1. 新三板挂牌期间存在股份代持不必须终止挂牌

新三板挂牌时存在股份代持应当清理,但是也存在少数公司新三板挂牌时未完整清晰股份代持事项,或者在新三板挂牌期间新增股份代持事项,在申请首发上市前应当依法清理股份代持。清理股份代持事项时,并非强制要求终止新三板挂牌后再进行股份还原,需要根据具体情况具体分析。

案例3-161 新三板挂牌期间新增因为不具有合格投资者身份的股份代持

《广东雅达电子股份有限公司科创板首次公开发行股票招股说明书(申报稿)》记载:"发行人在新三板挂牌后存在一次代持情形,其具体形成于2018年股东叶某华个人股权转让时,当时受让方尚未开立股转系统账户,开立账户前暂由叶某华代持,2020年受让方开立账户后通过大宗交易方式予以解除。上述事项未在挂牌期间进行信息披露。"

案例3-162 将新三板挂牌期间代持股份抛售并支付对价至被代持人员

依据《关于福建福昕软件开发股份有限公司首次公开发行股票并在科创板上市申请文件的审核问询函》,审核问询意见:"问题2.请发行人说明:发行人挂牌过程中及挂牌期间在信息披露、董事会或股东大会决策、股权交易等方面的合法合规性,是否存在违反公开承诺的情形。"

反馈意见回复包括以下几个方面。

(1)股份代持形成的时间、原因及过程:①2015年发行人筹划定增,熊某胜向有意向的员工筹集资金，开户并认购了20万股，之后根据员工的具体认购意愿量化到拟参与的相关员工，形成了股票代持关系。②2016年7月至2019年9月，部分员工看好公司的长期发展，但因为新三板投资门槛较高，导致无法开立股票账户，故借用熊某胜账户在二级市场上买卖股票。③2018年12月因上海云皋拟转让45,000股，2019年1月联储证券拟退出做市需转让133,000股，由于转股量较大，故其与发行人沟通是否存在具有购买意向的投资人。除此之外零星接收了少量内部员工的转出股份，考虑到部分员工持股意愿强烈，实控人熊某前先出资垫付了这笔转股款，计划未来转让给有需要的员工，但由于发行人在2019年年初开始规划IPO事项，考虑到后续需要清理，导致最终未实际转出。

（2）股票代持的清理：发行人在与员工进行了充分沟通后，2019年9月至10月，熊某胜根据各个员工的指示将所有代持的股票卖出，并将股权款转回给相关人员。截至本回复报告出具日，熊某胜个人账户持股数量为6000股，皆为其个人出资购买的股票，其账户不存在代持的情形。公司前述股票代持情形已全部整改清理完毕。

综上，公司在股转系统挂牌期间，曾存在股份代持的情形，但在申报IPO之前已清理完毕，代持关系之解除真实、有效、不存在纠纷，代持关系解除后发行人股权清晰、确定。截至本回复报告出具日，公司在挂牌过程中及挂牌期间在股权交易方面未受到股转公司的自律监管措施、纪律处分或中国证监会的行政处罚、行政监管措施的情形。

除股权代持外，非财务事项信息披露内容与挂牌期间披露的信息无实质性差异。

2. 终止新三板挂牌后还原代持股份

存在特殊情况的股份代持解决或者由于上市计划安排等，对于已经新三板挂牌的公司，根据具体情况，也可以是终止新三板挂牌后再进行股份还原。

案例3-163 新三板挂牌时未充分披露代持行为且存在间接持股中的代持

苏州朗威电子机械股份有限公司（以下简称朗威有限）反馈意见回复以及补充法律意见书的审核问询意见显示："发行人及宁波领英设立时，出于家庭之间股权安排的考虑,黄某娣所持有的股权系代其儿子高某冲持有。报告期内前述代持进行了还原。发行人在新三板挂牌期间未披露宁波领英存在股权代持情况。请说明发行人历史沿革中产生股份代持的具体原因、合理性,未在新三板挂牌期间披露代持情况的原因,是否符合相关规定。结合出资、分红、代持还原等资金流水记录说明前述代持及还原的真实性,代持是否真实、有效解除。"

律师反馈回复意见包括以下几点。

(1)发行人历史沿革中产生股份代持的具体原因、合理性。

根据发行人提供的资料,本所律师与黄某娣、高某冲的谈话及其出具的书面说明表明,2010年1月,高某擎、黄某娣和高某冲共同出资设立朗威电缆,朗威电缆的注册资本为3500万元,在工商登记中,高某擎出资2625万元,黄某娣出资700万元,高某冲出资175万元。2010年1月,高某擎、黄某娣和高某冲共同出资设立宁波领英,宁波领英的注册资本为4500万元,在工商登记中,高某擎出资3375万元,黄某娣出资900万元,高某冲出资225万元。朗威电缆、宁波领英设立时,鉴于家庭内部的股权安排(高某冲夫妇就家庭财产作出的财务考虑),黄某娣出资对应的朗威电缆700万元股权,对应的宁波领英900万元股权系代高某冲持有。

自朗威有限、宁波领英设立日至反馈回复日,高某冲均具有完全民事行为能力和民事权利能力;不具有法律、法规和规范性文件所列禁止从事营利活动的职务或身份;不存在相关法律、法规和规范性文件规定的不得持有公司股份的情形,具备于朗威有限、宁波领英设立初期即可直接持有股权的股东资格。高某冲不存在通过股份代持规避相关法律法规规定的不适宜持股的情况。

(2)未在新三板挂牌期间披露代持情况的原因,是否符合相关规定。

经核查,发行人未披露股东宁波领英存在股权代持事宜主要系因宁波领英为间接股东,公司对信息披露要求的理解存在一定不足,因此发行人未在新三板挂牌期间进行披露。

经核查,发行人未披露历史股东股权代持事宜主要系因公司在新三板挂牌之前已将代持行为还原,公司对信息披露要求的理解存在一定不足,对发行人历史沿革的相关事项披露较为简化。

发行人在新三板挂牌期间未披露股权代持行为,不符合当时有效的《非上市公众公司监督管理办法》(2013修订)第20条和《全国中小企业股份转让系统业务规则(试行)》第1.5条关于信息披露的要求。但综合考虑以下情况,不会对本次发行上市构成实质性障碍:

①发行人已经于2015年6月将历史股东的代持行为进行还原,且于2018年8月主动终止挂牌;发行人已经于2019年4月将现有股东宁波领英的代持行为进行还原;代持及清理过程清晰,其间未产生任何股权纠纷及其他严重损害公司及股东合法权益的情况。

②《行政处罚法》(2017修正)第29条规定,违法行为在2年内未被发现的,不再给予行政处罚。法律另有规定的除外。前款规定的期限,从违法行为发生之日起计算;违法行为有连续或者继续状态的,从行为终了之日起计算。

上述代持行为最早发生于2010年1月,发行人于2018年8月从新三板摘牌,最后一笔代持股权的解除时间为2019年4月。不论从发行人新三板摘牌之日起算,还是从代持最终解除时点2019年4月起算,均已超过行政处罚的2年时效,根据当时适用的《行政处罚法》(2017修正)的规定应当不再给予行政处罚。

(3)经查询中国证监会证券期货监督管理信息公开目录及股转公司网站,截至本补充法律意见书出具之日,发行人未因新三板挂牌期间的信息披露等违规行为被中国证监会、股转公司予以行政处罚。

(4)发行人及其相关人员均不存在因上述代持行为被股转公司采取监管措施或纪律处分的情形,亦不存在被中国证监会及其派出机构采取监管措施、给予行政处罚及立案调查事项的情形;发行人未收到股东和历史股东因上述代持行为而主张权利的请求;发行人不存在通过不履行信息披露义务损害公司及股东权益的情形。

综上,代持行为已彻底解除且未产生任何股权纠纷及其他严重损害公司及股东合法权益的情况,未在新三板挂牌期间披露代持情况情节轻微,未造成不良后果,且发行人已于2018年8月在新三板摘牌,发行人及实际控制人不存在因信息披露违规事项面临被追溯处罚的风险,不会对本次发行上市构成实质性障碍。

案例3-164 员工替发行人持有做市商转让的股票

依据《成都盛帮密封件股份有限公司补充法律意见书(三)》,审核问询意见:

“问题1.关于股权变动。申请文件及问询回复显示:(1)2017年7月,发行人的员工张某新作为受让方替发行人代持做市商转让的部分股票;为解除代持,2020年7月张某新将其所持有的发行人28.1万股股份转让给第三方自然人梁某。目前,股份代持相关资金返还后,张某新仍欠发行人22.81万元。(2)2020年2月,发行人同意向22名核心员工定向发行不超过32.00万股(含32.00万股)股票,发行价格为6.70元/股。截至2019年6月30日,发行人每股净资产为6.32元/股;发行人最近一个有交易的交易日的收盘价为5.88元。发行人的交易收盘价低于每股净资产价格。请发行人:(1)说明通过张某新代发行人持有发行人自身股票并将上述股票转让给第三方自然人梁某是否符合《公司法》第142条的规定。(2)说明2020年2月定向增发时参考的交易收盘价低于每股净资产价格是否公允,结合同行业可比公司及并购市场对应的PE、PB数据,说明定向增发价格是否公允,是否涉及股份支付。(3)结合法律法规和新三板自律监管规则,说明股权代持及解除事项是否合法合规,是否存在被处罚或采取自律监管措施的风险。(4)说明张某新仍欠发行人22.81万元的原因及后续解决措施,股权代持是否彻底解除,是否仍存在纠纷或潜在纠纷。请保荐人、发行人律师对问题(1)、问题(3)、问题(4)发表明确意见,请保荐人、申报会计师对问题(2)发表明确意见。”

案例3-165 问询股份代持清理过程中的税务缴纳情况以及是否合规

依据《关于森泰英格(成都)数控刀具股份有限公司首次公开发行股票并在科创板上市申请文件的审核问询函》,审核问询意见:“请发行人说明股份代持及清理过程中税收申报及缴纳情况,是否符合相关法律法规的要求。”

相关反馈回复:(1)代持行为已清理完毕。发行人股票已于2019年10月24日在全国股转系统终止挂牌,历史上存在的股份代持情况已于2019年11月清理完毕,代持及清理过程清晰,未发生任何纠纷或潜在纠纷。(2)发行上市前,发行人因信息披露违规被全国股份转让系统公司采取自律监管措施,该监管措施不属于行政处罚,不构成重大违法违规。根据《全国中小企业股份转让系统业务规则(试行)》第1.11条的规定,全国股转公司依法对申请挂牌公司、挂牌公司及其他信息披露义务人、主办券商等市场参与人进行自律监管。《全国中小企业股份转让系统业务规则(试行)》及《全国中小企业股份转让系统自律监管措施和纪律处分实施细则》等规定的自律监管措施不属于行政处罚的范畴。若在发行上市前,发行人及相关人员因信息披露违规被全国股转公司采取的自律监管措施,不属于行政处罚,不构成重大违法违规。(3)未查询到行政处罚情形。经查询中国证监会证券期货监督管理信息公开目录,截至本问询函回复出具之日,发行人不存在因新三板挂牌期间的信息披露等违规行为被中国证监会予以行政处罚的情形。

综上,股份代持及清理过程中税收申报及缴纳情况,符合税收相关法律法规的要求;发行人在新三板挂牌期间的股权代持情形不符合《非上市公众公司监督管理办法》(2013修订)和《全国中小企业股份转让系统业务规则(试行)》等相关法律法规规定,但代持行为已彻底清理完毕,未产生任何股权纠纷及其他严重损害公司及股东合法权益的情况,情节轻微,未造成不良后果,并已在本次发行上市申请的招股说明书中详细披露,发行人股票已于2019年10月在新三板终止挂牌,发行人及相关人员被监管机构处罚的风险较小,不会对本次发行上市构成实质性障碍。

另外,依据《关于青岛海泰新光科技股份有限公司首次公开发行股票并在科创板上市申请文件的审核问询函》、苏州浩辰软件股份有限公司的首发上市申报材料,两家公司均存在新三板挂牌时未充分披露或解决相关的股份代持情况。

三、股份质押或司法冻结

(一)相关规定

《首发业务若干问题解答》(2020年6月修订)问题9:"发行人申报前或在审核期间,如果出现股东股权质押、冻结或发生诉讼仲裁等不确定性事项的,应如何进行核查和信息披露?答:发行条件要求发行人的控制权应当保持稳定。对于控股股东、实际控制人支配的发行人股权出现质押、冻结或诉讼仲裁的,发行人应当按照招股说明书准则要求予以充分披露;保荐机构、发行人律师应当充分核查发生上述情形的原因,相关股权比例,质权人、申请人或其他利益相关方的基本情况,约定的质权实现情形,控股股东、实际控制人的财务状况和清偿能力,以及是否存在股份被强制处分的可能性、是否存在影响发行人控制权稳定的情形等。对于被冻结或诉讼纠纷的股权达到一定比例或被质押的股权达到一定比例且控股股东、实际控制人明显不具备清偿能力，导致发行人控制权存在不确定性的，保荐机构及发行人律师应充分论证，并就是否符合发行条件审慎发表意见。对于发行人的董事、监事及高级管理人员所持股份发生被质押、冻结或发生诉讼纠纷等情形的，发行人应当按照招股说明书准则的要求予以充分披露，并向投资者揭示风险。”

《北京证券交易所向不特定合格投资者公开发行股票并上市业务规则适用指引第1号》“1－27 重大事项报告”规定：“发行人及中介机构应当按照本所发行上市审核相关规定，对下列重大事项进行报告、核查并发表明确意见：……（三）发行人控股股东和受控股股东、实际控制人支配的股东所持发行人股份被质押、冻结、拍卖、托管、设定信托或者被依法限制表决权，或发生其他可能导致控制权变更的权属纠纷……”

（二）股份质押等的处理原则

1. 处理原则

控股股东或者主要股东股份原则上不得存在质押等情形，存在股份质押或者冻结情形的，多数均在上市申请前清理，若存在特殊情况的，原则不能够影响股份的稳定性、股权清晰或发生其他可能导致控制权变更的情形。

对于存在的影响较大的股份质押或者司法冻结等应当予以解除且取得相关的声明或确认等证据，对于特殊情况且影响较小的，在综合考虑的基础上需要依法予以披露。

案例 3－166 存在较小影响的股份质押

依据《财达证券股份有限公司首次公开发行股票招股说明书》，其关于股份质押披露如下：“截至本招股说明书签署日，本公司控股股东、间接控股股东直接或间接持有的本公司股份不存在质押或其他有争议的情况。本公司实际控制人河北省国资委通过国控运营、国控投资间接持有的本公司股份存在质押的情况。发行人披露：国控运营是河北省唯一的国有资本运营公司试点单位，是河北省国有资产经营管理、资本运作和投融资主体，具备较强的清偿能力，约定质权实现的风险较低。同时,河钢集团与国控运营均系河北省国资委全资子公司,假设国控运营不具备清偿能力而导致约定质权实现,亦不会影响河北省国资委对财达证券的控制权地位。此外,河钢集团已出具股份质押承诺函,确认将配合国控运营及国控投资在确保财达证券股权稳定的前提下,审慎处置该等被质押的股份,并在同等条件下优先受让该等股份。综上,上述股份质押情形不会影响发行人控制权的稳定。"

案例3-167 实际控制人持股存在为公司借款的少量股份质押

依据《关于荣信教育文化产业发展股份有限公司首次公开发行股票并在创业板上市申请文件审核问询函的回复》,审核问询意见:"问题14.关于股东。(1)十月吴巽持有发行人6.48%股份,请补充披露十月吴巽的实际控制人、持股资金来源;(2)实际控制人王某桦、闫某兵直接持股39.95%,其中2.67%股份处于质押状态,原因是为获取西安市文化产业发展专项资金向西安投资控股有限公司提供质押担保,请补充披露相关情况及对实际控制人股权稳定性的影响。请保荐人、发行人律师发表明确意见。"

发行人反馈回复的主要内容是:"西安投资控股有限公司向发行人提供的西安市文化产业发展专项资金,实质为低息贷款,借款期限为5年,金额合计500万元,利率为1%。西安投资控股有限公司要求发行人实际控制人为上述借款提供股份质押担保。报告期内,公司资产负债率、流动比率、速冻比率等各项偿债能力指标良好,未发生过逾期借款的情况,且实际控制人股权质押比例较低,不会影响实际控制人的稳定性。"

2.对于影响较小的股份质押在上市审核期间提前解除

若存在少量的股份质押,可能存在在IPO申报时未正式解除股份质押。但是对于相关情形,在审核反馈过程中,可能会被要求解除或者发行人主动解除股份质押,如果能解除相关股份质押,则最好解除。

案例3-168 审核过程中解除少量的股份质押

依据《关于北京亿华通科技股份有限公司首次公开发行股票并在科创板上市申请文件审核问询函的回复》(亿华通、688339),审核问询意见:"招股说明书披露,发行人实际控制人张某强持有1326.44万股公司股票,占发行人总股本的比例为25.09%,其中500万股股票处于质押状态,占发行人总股本的比例为9.46%。请发行人说明:……(4)实际控制人股权质押的具体情况,是否可能导致发行人控股权发生变更;(5)实际控制人的认定及股权质押是否符合《科创板首次公开发行股票注册管理办法(试行)》第12条和《上海证券交易所科创板股票发行上市审核问答(二)》问题5等相关规定。请保荐机构、发行人律师核查并发表明确意见。"

案例3-169 实际控制人存在较大比例股份质押,发行人反馈回复称将解除质押

依据《关于宁夏晓鸣农牧股份有限公司首次公开发行股票并在创业板上市申请文件的审核问询函的回复》(晓鸣股份、300967),审核问询意见:"问题5.根据申报文件,实际控制人持有的2000万股发行人股份存在质押情形,质押股份占总股份的14.23%。请发行人补充披露:(1)实际控制人股份质押的比例、主债权具体情况、质押合同规定的质押权实现情形;(2)请结合实际控制人的偿债能力,披露质押权人是否可能行使质押权及其对发行人股权结构的影响,是否可能导致控制权变更;(3)实际控制人持有的股份是否存在其他权利受限的情形,如存在,请披露具体情况。请保荐人、发行人律师核查并发表明确意见。"

(三)间接控股股东的股份质押

间接控股股东的股份质押,实质上构成实际控制人持股的稳定性,视同直接股东持股,对于影响股权稳定性的股份质押同样需要予以解除。

案例3-170 间接控股股东存在大额股份质押，上市审核反馈过程中解除质押

依据《关于山东力诺特种玻璃股份有限公司首次公开发行股票并在创业板上市申请文件的审核问询函的回复》，审核问询意见："问题1.关于股权质押申报材料显示，发行人实际控制人高某坤持有力诺集团80.00%的股份，力诺集团直接和间接合计持有力诺投资100%的股权，力诺投资持有发行人41.5005%的股份。目前，高某坤持有力诺集团51,120万股股份，其中37,120万股已被质押（质押占比72.61%），力诺集团直接和间接合计持有力诺投资43,180万元股权，其中40,750万元股权已被质押（质押占比94.37%）。力诺集团拟于2020年7月下旬偿还债务并解除股权的质押状态。偿债资金主要来源于济南金融控股集团有限公司的借款和股权转让款、力诺集团及下属公司土地收储款项以及银行贷款等。

"请发行人：

"(1)结合股权质押关系和债权债务关系涉及的各方主体基本情况，列表披露相关债务的具体情况，包括但不限于债权人、涉及债务金额、偿债期限、计息情况、债务形成原因、债务担保措施、截至问询函回复日的履约进展等；

"(2)进一步详细披露发行人偿还债务并解除股权质押措施的主要内容、可行性、相关交易对方是否与发行人、控股股东、实际控制人、董事、监事、高级管理人员及其关系密切人员是否存在关联关系或其他未披露的利益安排、是否已经签署具有法律效力的相关文件并取得实质进展，截至问询函回复日的实施进展；具体测算通过前述措施释放的资金金额，是否存在通过借新还旧等形式暂时缓解股权质押风险；

"(3)结合力诺投资、力诺集团的主营业务、股权结构、主要财务数据和反映其偿债能力的财务指标、主要融资方和资金来源、平均融资利率水平、资信情况，以及高某坤控制产业的整体布局、涉及的融资资金需求和大额融资计划、上市融资安排等情况等，分析论证高某坤和力诺集团是否具备清偿能力，偿债和解除质押的资金来源是否合法合规，说明高某坤控制的宏济堂制药公司终止借壳上市对本次股权质押解除的影响，高某坤及其关联方是否存在其他大额负债或债务互保情形，请在招股说明书中充分提示相关风险；

“(4)结合相关股权是否存在无法解除质押或被司法强制执行的风险,披露高某坤和力诺集团持有的股权被质押对公司治理有效性的影响,通过股权转让款筹集解除质押的资金是否影响发行人实际控制权的稳定;并据此进一步分析上市后发行人的实际控制权是否稳定,发行人及其控股股东、实际控制人维持控制权稳定已采取和拟采取的相关措施和具体安排,并说明其有效性。

“请保荐人、发行人律师发表明确意见,并说明是否已按照中国证监会《首发业务若干问题解答》(2020年6月修订)问题9的要求对股权质押发生的原因、约定的质权实现情形、控股股东、实际控制人的财务状况和清偿能力,以及是否存在股份被强制处分的可能性、是否存在影响发行人控制权稳定的情形等进行核查,并就发行人是否符合发行条件审慎发表意见。请保荐人和申报会计师说明是否按照中国证监会《首发业务若干问题解答》(2020年6月修订)问题54的要求对发行人、力诺投资、力诺集团和实际控制人、董事、监事、高级管理人员与关联方相关银行账户资金流水进行核查,以及资金流水的核查范围、异常标准及确定依据、核查程序、核查证据,并结合上述资金流水核查情况就发行人内部控制是否健全有效、是否存在体外资金循环形成销售回款、承担成本费用的情形发表明确意见。”

公司反馈回复主要内容为:

“截至本问询函回复日,力诺集团通过转让宏济堂制药和力诺投资股权的股权转让款提前偿还部分渤海国际信托股份有限公司借款8687万元,尚余本金8500万元,其他担保措施不变,渤海国际信托股份有限公司同意解除高某坤持有的力诺集团31,120万股的股权质押。

“力诺集团偿还全部山东中建房地产开发有限公司借款本息合计3.17亿元,由于债务清偿完毕,山东中建房地产开发有限公司同意解除力诺集团持有的力诺投资40,750万元出资额的股权质押。

“力诺集团、武汉有机和发行人向建设银行、长城华西银行借款合计向前述银行质押力诺集团股权6000万股,前述银行借款截至2020年6月30日的本金合计为4.79亿元,除力诺集团的股权质押外,前述银行借款的担保措施还包括133,251.60平方米土地、36,596.75平方米房产和评估值8218.38万元设备的抵押担保,以及高某坤夫妇、力诺集团的保证担保等,担保措施较为充分,经力诺集团、武汉有机和发行人与相关银行协商,在正常还本付息的过程中解除了力诺集团的6000万股股权质押。

“本次解除股权质押的资金来源于力诺集团转让其持有的宏济堂制药和力诺投资股权所获得的股权转让款,股权受让方为济南财投和济南金控。2020年9月,力诺集团向济南财投转让宏济堂制药8.64%股权,力诺集团向济南金控转让力诺投资19.16%股权,济南财投的实际控制人为济南市财政局,济南金控的实际控制人为济南市国资委。力诺集团为济南市实力较强的民营企业集团,济南财投和济南金控受让宏济堂制药和力诺投资股权主要基于认可其未来发展前景,探索‘反向混改’。”

四、对赌协议

(一)对赌协议的基本情况

1. 对赌协议的概念

依据《全国法院民商事审判工作会议纪要》(法〔2019〕254号)的相关规定,实践中俗称的“对赌协议”,又称估值调整协议,是指投资方与融资方在达成股权性融资协议时,为解决交易双方对目标公司未来发展的不确定性、信息不对称以及代理成本而设计的包含股权回购、金钱补偿等对未来目标公司的估值进行调整的协议。

2. 对赌协议的形式及主体

从订立“对赌协议”的主体来看,有投资方与目标公司的股东或者实际控制人“对赌”、投资方与目标公司“对赌”、投资方与目标公司的股东、目标公司“对赌”等形式。具体的形式与主体包括:(1)投资方与目标公司的股东或者实际控制人“对赌”;(2)投资方与目标公司“对赌”;(3)投资方与目标公司的股东、目标公司“对赌”。

3. 投资人与控股东或实际控制人之间的对赌协议原则上有效

对于投资方与目标公司的股东或者实际控制人订立的“对赌协议”,如无其他无效事由,应认定有效并支持实际履行,这在实践中并无争议。

4. 投资人与公司之间对赌协议效力

依据《全国法院民商事审判工作会议纪要》(法〔2019〕254号)的相关规定,投资方与目标公司订立的“对赌协议”在不存在法定无效事由的情况下,目标公司仅以存在股权回购或者金钱补偿约定为由，主张“对赌协议”无效的，人民法院不予支持，但投资方主张实际履行的，人民法院应当审查是否符合公司法关于“股东不得抽逃出资”及股份回购的强制性规定，判决是否支持其诉讼请求。

投资方请求目标公司回购股权的，人民法院应当依据《公司法》第35条关于股东不得抽逃出资或者第142条关于股份回购的强制性规定进行审查。经审查，目标公司未完成减资程序的，人民法院应当驳回其诉讼请求。

投资方请求目标公司承担金钱补偿义务的，人民法院应当依据《公司法》第35条关于股东不得抽逃出资和第166条关于利润分配的强制性规定进行审查。经审查，目标公司没有利润或者虽有利润但不足以补偿投资方的，人民法院应当驳回或者部分支持其诉讼请求。今后目标公司有利润时，投资方还可以依据该事实另行提起诉讼。

（二）对赌协议相关规定

1.《首发业务若干问题解答》（2020年6月修订）

《首发业务若干问题解答》（2020年6月修订）问题5：“部分投资机构在投资发行人时约定对赌协议等类似安排的，发行人及中介机构应当如何把握？”

“答：投资机构在投资发行人时约定对赌协议等类似安排的，原则上要求发行人在申报前清理，但同时满足以下要求的可以不清理：一是发行人不作为对赌协议当事人；二是对赌协议不存在可能导致公司控制权变化的约定；三是对赌协议不与市值挂钩；四是对赌协议不存在严重影响发行人持续经营能力或者其他严重影响投资者权益的情形。保荐机构及发行人律师应当就对赌协议是否符合上述要求发表明确核查意见。

“发行人应当在招股说明书中披露对赌协议的具体内容、对发行人可能存在的影响等，并进行风险提示。”

2.《深圳证券交易所创业板股票首次公开发行上市审核问答》

《深圳证券交易所创业板股票首次公开发行上市审核问答》问题13：“部分投资机构在投资发行人时约定对赌协议等类似安排的，发行人及中介机构应当如何把握？红筹企业的对赌协议中存在优先权利安排的，应如何进行处理和信息披露？”

“答：（一）对赌协议的一般规定

“投资机构在投资发行人时约定对赌协议等类似安排的，原则上要求发行人在申报前清理,但同时满足以下要求的可以不清理:一是发行人不作为对赌协议当事人;二是对赌协议不存在可能导致公司控制权变化的约定;三是对赌协议不与市值挂钩;四是对赌协议不存在严重影响发行人持续经营能力或者其他严重影响投资者权益的情形。保荐人及发行人律师应当就对赌协议是否符合上述要求发表明确核查意见。

"发行人应当在招股说明书中披露对赌协议的具体内容、对发行人可能存在的影响等,并进行风险提示。

"(二)红筹企业对赌协议优先权利特别安排

"红筹企业向投资机构发行带有约定赎回权等优先权利的股份或可转换债券(以下统称优先股),发行人和投资机构应当约定并承诺在申报和发行过程中不行使优先权利,并于上市前终止优先权利、转换为普通股。投资机构按照其取得优先股的时点适用相应的锁定期要求。

"发行人应当在招股说明书中披露优先股的入股和权利约定情况、转股安排及股东权利变化情况,转股对发行人股本结构、公司治理及财务报表等的影响,股份锁定安排和承诺等,并进行充分风险提示。

"保荐人、发行人律师及申报会计师应当对优先股投资人入股的背景及相关权利约定进行核查,并就转股安排和转股前后股东权利的变化,转股对发行人的具体影响,相关承诺及股份锁定期是否符合要求等发表专项核查意见。

"发行人获准发行上市后,应当与投资机构按照约定和承诺及时终止优先权利、转换为普通股。发行人应当在向本所提交的股票或者存托凭证上市申请中,说明转股结果及其对发行人股本结构、公司治理及财务报表等的实际影响。保荐人、发行人律师及申报会计师应当对优先股转股完成情况及其影响进行核查并发表意见。"

3.《上海证券交易所科创板股票发行上市审核问答(二)》

《上海证券交易所科创板股票发行上市审核问答(二)》问题10:"部分投资机构在投资时约定有估值调整机制(对赌协议),发行人及中介机构应当如何把握?"

"答:PE、VC等机构在投资时约定估值调整机制(一般称为对赌协议)情形的,原则上要求发行人在申报前清理对赌协议,但同时满足以下要求的对赌协议可以不清理:一是发行人不作为对赌协议当事人;二是对赌协议不存在可能导致公司控制权变化的约定；三是对赌协议不与市值挂钩；四是对赌协议不存在严重影响发行人持续经营能力或者其他严重影响投资者权益的情形。保荐人及发行人律师应当就对赌协议是否符合上述要求发表专项核查意见。

“发行人应当在招股说明书中披露对赌协议的具体内容、对发行人可能存在的影响等，并进行风险提示。”

4.《全国法院民商事审判工作会议纪要》（法〔2019〕254 号）

（三）对赌协议常见的特殊条款

对赌协议的优先权利条款设计极为灵活，常见的特殊条款主要包括以下几点。

1. 业绩要求

业绩要求可能是要求收入或者利润的绝对值达到固定值，也可能要求收入或利润的增长率，抑或要求特定类别产品或者特定区域的销售收入的规模或者增长率等。

2. 增资或融资价格限制

协议签署后，标的公司引进新投资者的，应确保新投资者的投资价格不得低于本协议投资方的投资价格。

3. 优先转让权

标的公司原股东对外转让股份时，投资机构有权按照相关的价格优先转让。

4. 原股东上市前限制转让以及维持实际控制人不得发生变更

协议一般要求，投资完成后至标的公司首次公开发行股票并上市前，未经投资方书面同意，原股东不得向公司其他股东或公司股东以外的第三方转让其所持有的部分或全部公司股权，或进行股权质押等任何其他行为。

5. 特殊表决权以及委派特定人员

投资方有权提名特定的人担任标的公司的董事或者其他高级管理人员；董事会决议事项，必须经投资方提名的董事同意方可形成决议。

6. 优先清算权

公司进行清算时，投资方有权优于其他股东以现金方式获得其全部投资本金。

7. 常见对赌条件

当发行人或者控股股东、实际控制人出现特定情况时，投资方有权要求标的公司或原股东回购投资方所持有的全部公司股权，或者向公司、投资机构支付现金补偿、股权补偿等。

主要对赌条件：(1)不论任何主观或客观原因，标的公司不能在特定时间前向交易所或者证监会上报发行上市材料，该等原因包括但不限于标的公司经营业绩方面不具备上市条件，或公司历史沿革方面的不规范致使未能实现上市目标，或参与公司经营的原股东存在重大过错、经营失误等造成公司无法上市等；(2)原股东或公司明示放弃本协议项下的标的公司上市安排(或工作)，或根据有公信力的第三方(中介机构)合理判断标的公司已无法短期实现首次公开发行股票并上市；(3)业绩出现亏损或营业利润比上年同期下降特定比例以上；(4)实际控制人或者重大股东发生变更；(5)公司主营业务发生重大变化；(6)公司出现违法违规情形；(7)公司发生重大技术侵权或者丧失相关的技术权利等。

案例3-171 要求解释签订对赌协议的原因及合理性

依据《深圳市兴禾自动化股份有限公司的审核问询函回复》，审核问询意见："问题7.关于对赌协议。根据申报材料，公司及控股股东、实际控制人与股东小米基金、春阳颂航、春阳恒盈、汇银加富、前海鹏晨、西博肆号、广东兆发、广东恒兆亿、俱成秋实之间曾签署含有对赌条款的《股东协议》，约定了反稀释权、共同出售权、合格IPO等条款。2021年4月30日，各方签署了《关于之补充协议》(以下简称《补充协议》)约定对赌条款于2021年4月30日终止。请发行人补充披露：(1)对签署《股东协议》的主体进行分类，说明宁波达耀等员工持股平台、图谱锐等子公司签署对赌协议的原因及合理性，2021年4月30日《补充协议》明确'全体股东于2020年7月签署的《股东协议》全面替代相关股东于2020年3月31日签署的《股东协议》'的法律目的，与公司所称'除增加了签署主体之外，第二份《股东协议》的内容均与第一份《股东协议》一致'是否存在矛盾。(2)截至2021年4月30日，合格IPO条款是否仍有效，公司对赌协议是否已全面清除，是否存在书面或者口头的对赌协议恢复约定，相关安排是否符合《深圳证券交易所创业板股票首次公开发行上市审核问答》问题13的规定。(3)对赌协议主要条款与公司IPO之间的关系，说明相应员工持股平台是否实质上以IPO成功为可行权条件，是否应按照

《企业会计准则第11号——股份支付》和财政部会计司发布的股份支付准则应用案例(第一批)相关要求确认股份支付。请保荐人、申报会计师、发行人律师发表明确意见。”

另外,贝斯美(300796)、鼎胜新材(603876)、三只松鼠(300783)等申请首发上市时均存在终止对赌协议的情形。

(四)对赌协议的处理

附恢复条件解除对赌协议指拟上市公司提交IPO申报材料后,相关对赌条款效力中止;若发生撤回申请、未通过审核等未上市成功的情形,对赌条款恢复效力;若公司取得证监会批文,则对赌条款失效。

目前的审核政策是要求对赌协议需要在报告期内完全解除,不能附恢复条件地解除对赌,即使发行人不作为对赌主体,相关的对赌依然需要解除。较早期的例子,如2019年通过科创板上市审核的铂力特(688333)带有对赌恢复条款。

案例3-172　原补充协议是附恢复条件后签订协议终止对赌

依据《北京燕东微电子股份有限公司科创板首次公开发行股票招股说明书》的披露,“2021年9月17日,各方签署了补充协议,约定对赌协议自燕东微首次公开发行股票申请材料被正式受理之日起自动终止,若燕东微未能完成合格上市,则相关对赌协议效力恢复;2021年12月31日,各方签署了补充协议,约定优先认购权、优先购买权、随售权、反摊薄保护等特殊权利条款自发行人向交易所正式申报本次IPO时自动终止”。

案例3-173　问询对赌是否完全解除

依据《上海益中亘泰(集团)股份有限公司首次公开发行股票申请文件反馈意见》,审核问询意见:“15. 招股说明书披露,发行人、朱某堂、高某芳与德福投资签订了《股东协议》,涉及对赌安排。请发行人进一步说明相关对赌安排的具体情况。请保荐机构及发行人律师就对赌协议是否符合《首发业务若干问题解答》的相关要求进行进一步核查,并发表核查意见。”

“27. 关于对赌协议。2017年7月,益中有限、朱某堂、高某芳与德福投资签订了《增资及转股协议》,同时,益中有限及当时各股东与德福投资签订了《股东协议》,约定了特别权利,后陆续签订4个补充协议。请发行人:(1)结合相关协议具体内容进一步说明相关对赌协议是否完全解除,相关会计核算是否与合同约定的权利义务相匹配;(2)分别说明增资时、对赌终止时、权利恢复时的会计处理和申报报表列报是否符合会计准则和相关监管规则的要求;(3)说明上述增资、对赌终止、对赌恢复等与在会计期间作为权益工具还是金融负债核算和列报之间的相互关系。请发行人对上述事项进行详细论证和专项说明,请中介机构详细核查上述事项并发表核查意见。”

案例3-174 解除对赌协议但存在历史对赌现金补偿义务的支付

依据《新乡天力锂能股份有限公司的反馈意见及回复文件》,审核问询意见:问题5. 关于对赌协议。申请文件及审核问询回复显示:

(1)新材料基金与发行人、王某庆、李某1及李某2于2019年10月签署相关对赌协议,承诺天力锂能2019年度、2020年度、2021年度实现的净利润分别不低于9000万元、11,000万元、13,000万元。2020年4月6日,各协议方已经通过签署附条件生效协议的形式终止了上述含有业绩承诺的对赌条款且该协议现已生效。

(2)由于发行人2019年度未达业绩承诺,触发相应补偿义务,2020年5月及2021年11月新材料基金与王某庆、李某1、李某2分别签署相关补充协议,约定协议签署之日起的15日内王某庆等人向新材料基金支付500万元,若发行人成功挂牌上市,则实际控制人需在发行人首次公开发行股票并挂牌上市后360日内及720日内分别向新材料基金支付业绩补偿款人民币10,595,337.95元及10,000,000.00元。

请发行人说明原对赌协议、2020年5月补充协议、2021年11月补充协议的主要条款内容,终止对赌协议后两次签署补充协议的原因,相关当事方是否存在其他未披露有关协议或其他利益安排。

发行人反馈回复主要内容:

(一)请发行人说明原对赌协议、2020年5月补充协议、2021年11月补充协议的主要条款内容

1.2019年10月原对赌协议主要内容

业绩目标及补充条款:

9.1 标的公司实际控制人及标的公司共同承诺,标的公司2019年度、2020年度、2021年度实现的净利润分别不低于9000万元、11,000万元、13,000万元。本协议所称的"净利润"是指经投资方和标的公司各方共同认可的具有证券从业资格的会计师事务所审计并出具标准无保留意见的审计报告中扣除非经常性损益后归属于母公司所有者的税后净利润。

9.2 如果标的公司2019年度至2021年度中,任意一年当年标的公司实际实现的净利润未达到本协议第9.1条所述的相应年度应当实现的业绩承诺净利润数的,则投资方有权要求标的公司实际控制人按照本协议第9.3条规定的方式和补偿总金额给予投资方以现金补偿或等值股份补偿,若投资方选择以现金补偿方式,标的公司对标的公司实际控制人的现金补偿义务承担责任保证义务。

9.3 业绩补偿计算公式。当期应现金补偿金额=(当期期末承诺净利润数-当期期末已实现净利润数)÷(当期期末承诺净利润数)×投资款金额当期应补偿股份金额=当期应现金补偿金额/投资方取得公司股份的每股价格。

投资方回购权:协议第12.1条约定,各方同意本次增资后,当出现标的公司未达成业绩承诺、标的公司未能在2020年12月31日前完成境内A股IPO或与境内上市公司进行重大资产重组事宜向中国证监会的申报、在2022年6月30日之前未能实现境内A股IPO或重组上市的、标的公司撤回IPO申请、标的公司IPO申请审核未通过等任一重大事项时,投资方有权要求标的公司实际控制人或者标的公司实际控制人指定的第三方回购投资方所持有的全部股权。投资方根据上述约定行使回购权的,股权回购价款金额具体计算公式如下:股权回购价款金额=本次增资金额×[1+8%×投资款项到账之日(含当日)至股权回购价款支付之日(不含当日)的天数÷365]-投资期内分红款、补偿款。

反稀释条款:投资方投资入股后,自本协议签署之日起至标的公司股票在上海证券交易所或深圳证券交易所发行上市之前,除标的公司员工激励计划之外,如果标的公司再次增加注册资本或发生标的公司实际控制人所控制的股权的转

让(以下简称新投资),则标的公司实际控制人应保证:(1)对标的公司的估值不应低于本次投资完成后的标的公司估值(投后估值17.44亿元);(2)其认购标的公司新增注册资本或受让的存量股权的每股/每元注册资本单价不得低于投资方取得标的公司股权的每股价格(每股19.50元),以确保投资方在标的公司的权益价值不被稀释。若标的公司发生派发股利、送红股或转增股本等除权、除息事项,本次增资价格亦将按照中国证监会的规定作相应调整。

共同出售权:标的公司实际控制人拟向第三方出售部分或所有标的公司股权时,如果投资方未就标的公司实际控制人拟转让的股权行使其优先购买权,则其有权按照和拟受让方为购买股权而提出的条件相同的条件,以投资方持有标的公司的股权为上限,与标的公司实际控制人就其向第三方所出售的股权数与其所持标的公司股权数的比例相同的比例一同向拟受让方转让其持有的股权。若标的公司在合格上市或合格重组上市之前依前述约定转让所持股份所得价款低于本协议约定的回购价格的,标的公司实际控制人同意于收悉投资方要求补偿的书面通知之日起20日内就差额部分对投资方予以补偿。若标的公司实际控制人逾期仍未补偿,除按要求支付补偿金额外,还需向投资方额外支付违约金,违约金的计算公式如下:需支付的违约金=逾期现金补偿金额×(0.5‰×逾期天数)。

优先清算权:如果标的公司发生任何清算、解散或终止情形,标的公司控股股东、实际控制人应确保投资方享有比控股股东、实际控制人优先的清偿权利,即清算后标的公司的剩余资产应优先支付投资方依照回购条件计算出的应收回的投资金额。若投资方的前述优先清偿权因任何事由未能得到全面履行或实际履行,标的公司控股股东及标的公司实际控制人应当在接到投资方书面清偿通知后30日内,以现金方式向投资方足额补偿其未能获得清偿部分的差价。逾期支付的,按每日万分之五支付违约金。

2.2020年5月补充协议主要内容

若标的公司于2020年12月31日前在上海证券交易所或深圳证券交易所完成首次发行股票申报并受理,且成功挂牌上市,则甲方需在标的公司首次公开发行股票并挂牌上市后90日内向乙方指定银行账户支付现金人民币20,595,337.95元,甲方中的任一主体均应对该笔债务承担连带清偿责任。若标的公司未能于2020年12月31日前在上海证券交易所或深圳证券交易所完成首次发行股票申报并受理,则甲方需在2021年1月15日前,向乙方指定银行账户支付现金人民币20,595,337.95元,乙方有权选择要求甲方以现金或等值股份进行补偿(当期应补偿股份数量=20,595,337.95元/乙方取得公司股份的每股价格,甲方向乙方无偿转让当期应补偿股份应在2021年1月15日前完成),补偿方式以乙方向甲方发出的书面通知为准,甲方收取书面通知地址参见本协议相关约定,甲方中的任一主体均应对该笔债务承担连带清偿责任。其中,乙方取得公司股份的每股价格为每股19.50元人民币,如投资方增资后至届时业绩补偿之前标的公司若发生派发股利、送红股或转增股本等除权、除息事项,则投资方取得公司股份的每股价格亦将作相应调整。若标的公司未能在上海证券交易所或深圳证券交易所成功实现首次公开发行股票并上市,则甲方需在标的公司撤回首次公开发行股票申请材料之日或收到中国证监会、上海证券交易所、深圳证券交易所发出的关于标的公司首次公开发行股票终止审查、中止审查、不予核准通知书之日起的15个自然日内,向乙方指定银行账户支付人民币20,595,337.95元,乙方有权选择要求甲方以现金或等值股份进行补偿(当期应补偿股份数量=20,595,337.95元/乙方取得公司股份的每股价格,甲方向乙方无偿转让当期应补偿股份应在本条约定的支付现金补偿款的期限内完成),补偿方式以乙方向甲方发出的书面通知为准,甲方收取书面通知地址参见本协议相关约定,甲方中的任一主体均应对该笔债务承担连带清偿责任。

3.2021年11月补充协议的主要内容

本补偿协议约定将"若标的公司于2020年12月31日前在上海证券交易所或深圳证券交易所完成首次发行股票申报并受理,且成功挂牌上市,则甲方需在标的公司首次公开发行股票并挂牌上市后90日内向乙方指定银行账户支付现金人民币20,595,337.95元,甲方中的任一主体均应对该笔债务承担连带清偿责任"修改为"若标的公司于2020年12月31日前在上海证券交易所或深圳证券交易所完成首次发行股票申报并受理,且成功挂牌上市,则甲方需在标的公司首次公开发行股票并挂牌上市(以下简称A股上市)后360日之内向乙方指定银行账户支付现金人民币10,595,337.95元,A股上市后720日之内向乙方指定银行账户支付剩余人民币10,000,000元,甲方中的任一主体均应对该笔债务承担连带清偿责任"。

(二)终止对赌协议后两次签署补充协议的原因

2019年10月,发行人及发行人实际控制人王某庆、李某1和李某2与新材料基金签署相关投资协议及对赌协议。2020年4月,发行人实际控制人王某庆、李某1和李某2与新材料基金经协商后解除了对赌协议。

终止对赌协议约定自发行人首次公开发行股票并上市申报材料被受理之日起解除,但并未约定解除2019年10月签署的对赌协议中2019年的对赌义务。因约定对赌与解除对赌的时间间隔较短及对赌协议约定的2019年度承诺利润未达约定,因此,2020年5月,新材料基金与发行人实际控制人王某庆、李某1和李某2协商一致后签署补偿协议,约定由发行人实际控制人王某庆、李某1和李某2向新材料基金支付2019年度业绩补偿款25,595,337.95元。发行人实际控制人王某庆、李某1和李某2已向新材料基金支付业绩补偿款5,000,000元,剩余业绩补偿款20,595,337.95元尚未支付。因处于申请上市审核期间,发行人2020年度未进行现金分红,新材料基金考虑到实际控制人王某庆、李某1和李某2的资金安排,因此,对剩余业绩补偿款的偿付进度进行调整。2021年11月,发行人实际控制人王某庆、李某1和李某2与新材料基金经协商一致后签署补充协议,将剩余业绩补偿款20,595,337.95元的支付进度进行变更,修改为实际控制人需在公司上市后360日之内向新材料基金支付现金人民币10,595,337.95元,720日之内向新材料基金支付剩余人民币10,000,000元。

(三)相关当事方是否存在其他未披露有关协议或其他利益安排

2022年1月,新材料基金、王某庆、李某1、李某2签署声明,确认如下:对于除上述双方签署的协议外,不存在其他未披露有关协议或其他利益安排。股东之间不存在其他任何形式的对赌协议/条款、估值调整协议/条款以及任何可能损害天力锂能股权稳定性及天力锂能利益的协议或安排。天力锂能申报首次公开发行股票并上市审核期间,不会签署包括类似条款的合同或协议。

相关当事方承诺,若上述声明的内容与实际情况不符,愿意就因此给天力锂能造成的损失承担赔偿责任。

案例3-175 创业板公司问询解除对赌协议是否有恢复条款

依据《关于深圳市美好创亿医疗科技股份有限公司首次公开发行股票并在创业板上市申请文件审核问询函回复》,审核问询意见:“八、发行人对赌协议的解除是否符合规定，对赌协议是否存在恢复条款，除已披露的对赌协议之外，是否存在业绩承诺或其他条件的对赌条款，是否存在纠纷或潜在纠纷，请逐条对照《深圳证券交易所创业板股票首次公开发行上市审核问答》相关规定，补充披露发行人对赌协议的具体内容、合规性及对发行人可能存在的影响，发行人是否完整披露已解除或正在执行的对赌协议。”

（一）发行人对赌协议的解除是否符合规定，对赌协议是否存在恢复条款，除已披露的对赌协议之外，是否存在业绩承诺或其他条件的对赌条款，是否存在纠纷或潜在纠纷

发行人实际控制人熊某川于 2019 年 12 月分别与投资方（丰泰永年、橡栎莲葳、创东方、恒和聚创）签署深圳市美好创亿医疗科技股份有限公司之股权认购及增资之实控人承诺函（以下简称承诺函），约定在出现特定情形时，投资方可书面要求公司及熊某川在指定期限内予以改正或采取有效措施消除不利影响，如果公司或熊某川在规定期限内拒不改正或拒不采取有效措施，投资方有权要求实际控制人熊某川在接到回购通知书之日起 90 日内按协议约定价格回购其持有的发行人股份。

2020 年 12 月，熊某川分别与丰泰永年、橡栎莲葳、创东方、恒和聚创签署补充协议，约定承诺函自补充协议生效之日起解除，并确认承诺函中的回购情形未触发，各方就对赌协议不存在任何争议。

除上述已终止的对赌协议外，公司及公司股东不存在其他对赌协议或类似安排的情形。公司实际控制人已于申报前解除与投资方签署的对赌协议，上述对赌条款均已终止，也不存在恢复条款，上述对赌协议的解除符合法律法规规定，各方之间不存在业绩承诺或其他条件的对赌条款，也不存在纠纷或潜在纠纷。

（二）请逐条对照《深圳证券交易所创业板股票首次公开发行上市审核问答》相关规定，补充披露发行人对赌协议的具体内容、合规性及对发行人可能存在的影响，发行人是否完整披露已解除或正在执行的对赌协议

1. 对赌协议的具体内容

承诺函约定在出现以下 5 种情形时，投资方可书面要求公司及熊某川在指定期限内予以改正或采取有效措施消除不利影响，如果公司或熊某川在规定期限内拒不改正或拒不采取有效措施，投资方有权要求实际控制人熊某川在接到回购通

知书之日起90日内按协议约定价格回购其持有的发行人股份。

(1)无论任何主观或客观原因,公司在2024年12月31日前未能在中国境内实现首次公开发行股票并上市,或在2024年12月31日前未能在上海证券交易所或深圳证券交易所借壳上市,或在2024年12月31日前未能被在上海证券交易所或深圳证券交易所公开发行的A股上市公司收购51%及以上股权,或在2024年12月31日之前的任何时间熊某川或公司明示放弃公司上市安排(或工作),或熊某川、投资方合理判断公司无法实现前述几种方式的上市可能性;

(2)公司的主营业务发生实质性调整,并且不能得到投资方的同意;

(3)公司的有效资产(包括土地、房产或主要设备等)因行使抵押权被拍卖等原因导致所有权不再由公司持有或者存在此种潜在风险;

(4)熊某川或公司相关人员出现重大违法违规构成公司上市实质性障碍;

(5)熊某川所持有的公司股权因行使质押权或其他原因,导致所有权发生实质性转移或者控制权发生动荡或者存在前述潜在风险。

2. 对赌协议的合规性

公司不是承诺函的签署主体。承诺函不存在可能导致公司控制权变化的约定,不与市值挂钩,也不存在严重影响公司持续经营能力或者其他严重影响投资者权益的情形,约定的内容合法有效。

3. 对赌协议对发行人可能存在的影响

2020年12月,熊某川分别与丰泰永年、橡栎莲葳、创东方、恒和聚创签署补充协议,约定承诺函自补充协议生效之日起解除,并确认承诺函中的回购情形未触发,各方就对赌协议不存在任何争议。

对赌协议已于申报前解除,对赌条件均未触发,且对赌条款不存在恢复条款,上述对赌协议的解除符合法律法规规定,各方之间不存在业绩承诺或其他条件的对赌条款,也不存在纠纷或潜在纠纷,不构成本次发行上市的实质性障碍。

4. 发行人是否完整披露已解除或正在执行的对赌协议

除上述对赌协议外,发行人不存在已解除或正在执行的对赌协议,发行人已完整披露已解除或正在执行的对赌协议。

另外,湖北东田微科技股份有限公司、沈阳富创精密设备股份有限公司、浙江东方基因生物制品股份有限公司、慧博云通科技股份有限公司、深圳市联赢激光股份有限公司等申请首发上市时均存在彻底解除对赌协议的情形。

五、特别表决权

（一）概况

1. 特别表决权概念

特别表决权又称“表决权差异安排”、“同股不同权”或“双层股权结构”，是指发行人在一般规定的普通股份之外，发行拥有特别表决权的股份，在特定的表决事项上，每一特别表决权股份拥有的表决权数量大于每一普通股份拥有的表决权数量，其他股东权利与普通股份相同的一种表决权安排。主要表现形式为在股份中包含两类或多类不同投票权的股票，通过授予特定股东对特殊事项的表决权等安排，使得拥有相应表决权的人员持续稳定地控制公司主要经营决策权。

2. 境外表决权情况

境内资本市场最早由科创板开始同意设置特别表决权，在此之前，特殊类型公司可能因为不符合境内《公司法》规定的公司架构或者境内资本市场无法发行特别表决权股份，所以有相应需求的科技型公司可能会选择在境外发行股票并上市。

根据香港联交所于 2018 年 6 月公告的小米集团上市文件，小米集团向雷某及林某发行 A 类股份（特别表决权股份），公司 A 类股份为 66.95 亿股（表决权为 66.95 亿票 ×10 倍 =669.5 亿票），B 类股份为 156.81 亿股（表决权为 156.81 亿票），股份总数为 223.76 亿股（表决权总数为 826.31 亿票），因此，基于小米集团的 A 类股份（特别表决权股份）安排，雷某及林某获得的表决权比例约为 81.02%（如未设置特别表决权安排，则约为 29.92%）。

另外，根据香港联交所于 2018 年 7 月公告的美团点评上市文件，美团点评向王某、穆某均及王某文发行 A 类股份（特别表决权股份），公司 A 类股份为 7.36 亿股（表决权为 7.36 亿票 ×10 倍 =73.6 亿票），B 类股份为 47.56 亿股（表决权为 47.56 亿票），股份总数为 54.92 亿股（表决权总数为 121.16 亿票），因此，基于美团点评的 A 类股份（特别表决权股份）安排，王某、穆某均及王某文获得的表决权比例约为 60.75%（如未设置特别表决权安排，则约为 13.40%）。

3. 境内资本市场特别表决权的设立情况

2018 年 9 月,《国务院关于推动创新创业高质量发展打造“双创”升级版的意见》(国发〔2018〕32 号)发布,指出“推动完善公司法等法律法规和资本市场相关规则,允许科技企业实行‘同股不同权’治理结构”。

《公司法》(2018 修正)第 131 条规定,国务院可以对公司发行本法规定以外的其他种类的股份,另行作出规定。

《关于在上海证券交易所设立科创板并试点注册制的实施意见》(中国证券监督管理委员会公告〔2019〕2 号)规定,允许特殊股权结构企业和红筹企业上市,依据《公司法》第 131 条规定,允许科技创新企业发行具有特别表决权的类别股份。

《上海证券交易所科创板股票上市规则》(2020 年 12 月修订)、《上海证券交易所科创板股票发行上市审核规则》(2020 年修订)规定了关于科创板的特别表决权事项。

至此,随着科创板的设立,境内资本市场开创了可以设置特别表决权的股票。科创板设立后,允许境内资本市场发行同股不同权的股票,这属于重大创新。科创板设置特别表决权的公司已有多个,如优刻得(688158)、经纬恒润(688326)、精进电动(688280)、云从科技(688327)、思特威(688213)、奥比中光(688322)、九号公司(689009)。

后来,随着创业板注册制改革以及北交所的设立,允许科创板、创业板、北交所的发行人在境内证券交易所发行具有特别表决权差异安排的股票。

(二)设置特别表决权的要求

1. 设置特别表决权的企业性质

目前相关规则要求必须是科技创新企业方可设置特别表决权。

另外,北交所公司都是从新三板创新层公司筛选而来,同时北交所上市公司的表决权差异安排只能是在上市前设置,不可上市后设置,所以上市前一般需要遵守《全国中小企业股份转让系统挂牌公司治理指引第 3 号——表决权差异安排》第 5 条的规定,即“科技创新公司可以按照法律法规、部门规章、业务规则的规定,发行拥有特别表决权股份。主办券商应当对挂牌公司是否属于科技创新公司发表专项意见”。

2. 表决权享有主体要求

(1)创业板

《深圳证券交易所创业板股票上市规则》(2020 年 12 月修订)第 4.4.3 条规定:“持有特别表决权股份的股东应当为对上市公司发展作出重大贡献,并且在公司上市前及上市后持续担任公司董事的人员或者该等人员实际控制的持股主体。持有特别表决权股份的股东在上市公司中拥有权益的股份合计应当达到公司全部已发行有表决权股份的 10% 以上。”

(2)科创板

《上海证券交易所科创板股票上市规则》(2020 年 12 月修订)第 4.5.3 条规定:“持有特别表决权股份的股东应当为对上市公司发展或者业务增长等作出重大贡献,并且在公司上市前及上市后持续担任公司董事的人员或者该等人员实际控制的持股主体。持有特别表决权股份的股东在上市公司中拥有权益的股份合计应当达到公司全部已发行有表决权股份 10% 以上。”

(3)北交所

申请北交所上市的公司必须是新三板公司,《全国中小企业股份转让系统挂牌公司治理指引第 3 号——表决权差异安排》第 7 条规定:“特别表决权股东应当为挂牌公司董事,在公司中拥有权益的股份达到公司有表决权股份的 10% 以上,并对挂牌公司发展具有重大贡献。存在下列情形之一的,不得成为特别表决权股东:(一)最近 36 个月内被中国证券监督管理委员会(以下简称中国证监会)采取证券市场禁入措施;(二)最近 36 个月内受到中国证监会行政处罚,或者最近 12 个月内受到证券交易场所的纪律处分;(三)因涉嫌犯罪被司法机关立案侦查或者涉嫌违法违规被中国证监会立案调查,尚未有明确结论意见;(四)属于失信联合惩戒对象;(五)全国中小企业股份转让系统有限责任公司(以下简称全国股转公司)认定的其他情形。”

3. 设置特别表决权企业的市值要求

(1)创业板

《深圳证券交易所创业板股票上市规则》(2020 年 12 月修订)第 2.1.4 条第 1 款规定:“发行人具有表决权差异安排的,市值及财务指标应当至少符合下列标准中的一项:(一)预计市值不低于 100 亿元,且最近一年净利润为正;(二)预计市值不低于50亿元,最近一年净利润为正且营业收入不低于5亿元。"

(2)科创板

《上海证券交易所科创板股票发行上市审核规则》(2020年修订)第24条规定:"存在表决权差异安排的发行人申请股票或者存托凭证首次公开发行并在科创板上市的,其表决权安排等应当符合《上海证券交易所科创板股票上市规则》等规则的规定;发行人应当至少符合下列上市标准中的一项,发行人的招股说明书和保荐人的上市保荐书应当明确说明所选择的具体上市标准:(一)预计市值不低于人民币100亿元;(二)预计市值不低于人民币50亿元,且最近一年营业收入不低于人民币5亿元。"

(3)北交所

《全国中小企业股份转让系统挂牌公司治理指引第3号——表决权差异安排》第6条规定:"挂牌公司设置表决权差异安排,还应当符合下列财务条件之一:(一)市值不低于6亿元,最近2个会计年度经审计的净利润均不低于1500万元,加权平均净资产收益率平均不低于8%,或者最近1个会计年度经审计的净利润不低于2500万元,且最近1年加权平均净资产收益率不低于8%。(二)市值不低于6亿元,最近2个会计年度经审计的营业收入平均不低于1亿元,且最近1个会计年度经审计的营业收入增长率不低于30%;最近1年经营活动现金流量净额为正。(三)市值不低于8亿元,最近1个会计年度经审计的营业收入不低于2亿元,最近2个会计年度合计研发投入占合计营业收入的比例不低于8%。(四)市值不低于15亿元,最近2个会计年度研发投入累计不低于5000万元。

"挂牌公司市值应当以下列方式确定(以孰低为准):(一)按照最近12个月内有机构投资者参与的发行价格计算的公司市值。(二)12个月内有成交的最近20个交易日的平均市值。"

4. 特别表决权表决事项

(1)创业板

《深圳证券交易所创业板股票上市规则》(2020年12月修订)第4.4.2条规定:"除公司章程规定的表决权差异外,普通股份与特别表决权股份具有的其他股东权利应当完全相同。"

第4.4.9条规定:"上市公司股东对下列事项行使表决权时,每一特别表决权股份享有的表决权数量应当与每一普通股份的表决权数量相同:(一)修改公司章程;(二)改变特别表决权股份享有的表决权数量;(三)聘请或者解聘独立董事;(四)聘请或者解聘监事;(五)聘请或者解聘为上市公司定期报告出具审计意见的会计师事务所;(六)公司合并、分立、解散或者变更公司形式。上市公司章程应当规定,股东大会对前款第一项、第二项、第六项事项作出决议,应当经出席会议的股东所持表决权的三分之二以上通过。"

(2)科创板

《上海证券交易所科创板股票上市规则》(2020 年 12 月修订)第 4.5.10 条规定:"上市公司股东对下列事项行使表决权时,每一特别表决权股份享有的表决权数量应当与每一普通股份的表决权数量相同:(一)对公司章程作出修改;(二)改变特别表决权股份享有的表决权数量;(三)聘请或者解聘独立董事;(四)聘请或者解聘为上市公司定期报告出具审计意见的会计师事务所;(五)公司合并、分立、解散或者变更公司形式。

"上市公司章程应当规定,股东大会对前款第二项作出决议,应当经过不低于出席会议的股东所持表决权的三分之二以上通过,但根据第 4.5.6 条、第 4.5.9 条的规定,将相应数量特别表决权股份转换为普通股份的除外。"

(3)北交所

《北京证券交易所股票上市规则(试行)》第 4.4.2 条规定:"特别表决权仅适用于公司章程约定的股东大会特定决议事项。除约定事项外,特别表决权股东与持有普通股份的股东享有的权利完全相同。涉及权益变动等事项的,特别表决权股东持股比例以其拥有权益的股份数(包括登记在其名下的股份和虽未登记在其名下但该投资者可以实际支配表决权的股份)计算。"

第 4.4.5 条规定:"上市公司股东大会对下列事项进行决议时,每一特别表决权股份享有的表决权数量应当与每一普通股份的表决权数量相同:(一)修改公司章程中与表决权差异安排相关的内容;(二)合并、分立、解散或者变更公司形式;(三)选举和更换非由职工代表担任的监事;(四)决定非由职工代表担任的董事、监事的报酬事项;(五)选举或罢免独立董事;(六)聘请或解聘为上市公司定期报告出具审计意见的会计师事务所;(七)股票从本所退市;(八)公司章程规定的其他事项。"

5. 特别表决权倍数上限

(1)创业板

《深圳证券交易所创业板股票上市规则》(2020 年 12 月修订)第 4.4.4 条规定:"上市公司章程应当规定每份特别表决权股份的表决权数量。每份特别表决权股份的表决权数量应当相同,且不得超过每份普通股份的表决权数量的 10 倍。"

(2)科创板

《上海证券交易所科创板股票上市规则》(2020 年 12 月修订)第 4.5.4 条规定:"上市公司章程应当规定每份特别表决权股份的表决权数量。每份特别表决权股份的表决权数量应当相同,且不得超过每份普通股份的表决权数量的 10 倍。"

(3)北交所

《全国中小企业股份转让系统挂牌公司治理指引第 3 号——表决权差异安排》第 8 条规定:"挂牌公司设置表决权差异安排,应当在公司章程中明确下列事项:……(二)每份特别表决权股份的表决权数量;每份特别表决权股份拥有的表决权数量与普通股份拥有表决权数量的比例安排,每份特别表决权股份的表决权数量不得超过每份普通股份表决权数量的 10 倍;每份特别表决权股份代表的表决权数量相同……"

6. 特别表决权设置时间

各交易所均要求,发行人在首次公开发行并上市前不具有表决权差异安排的,不得在首次公开发行并上市后以任何方式设置此类安排。

特别表决权股份不得在二级市场进行交易,但可以按照交易所的有关规定进行转让。

第五节　股份制改制

《监管规则适用指引——法律类第 2 号:律师事务所从事首次公开发行股票并上市法律业务执业细则》第 7 条规定:"发行人由有限责任公司整体变更设立股份有限公司的,律师应当查验整体变更是否符合法律法规的规定,具体查验内容包括:(一)有限责任公司整体变更事项是否履行内部决策程序;(二)整体变更的折股方案是否合法合规,是否履行了审计、评估程序,审计报告、评估报告是否由具备审计、评估资质的会计师事务所、资产评估机构出具;(三)自然人股东在整体变更过程中是否需要缴纳所得税,以及是否存在税收违法的情形;(四)发行人整体变更设立时是否存在未弥补亏损事项,是否存在侵害债权人合法权益的情形,是否与债权人存在纠纷;(五)发行人整体变更是否完成相关公司登记程序;(六)发行人整体变更的过程是否存在法律瑕疵。如存在瑕疵,发行人或者相关股东是否已经采取补救措施,瑕疵事项的影响以及发行人或者相关股东是否因该瑕疵受到行政处罚,是否构成重大违法行为及本次发行的法律障碍,是否仍存在纠纷或者潜在纠纷。"

一、股份制改制时会议通知问题

(一)关于提前发出会议通知的法律规定

1. 公司法规定

《公司法》(2018修正)第90条第1款规定:"发起人应当在创立大会召开十五日前将会议日期通知各认股人或者予以公告。创立大会应有代表股份总数过半数的发起人、认股人出席,方可举行。"

《公司法》(2018修正)第22条规定:"公司股东会或者股东大会、董事会的决议内容违反法律、行政法规的无效。股东会或者股东大会、董事会的会议召集程序、表决方式违反法律、行政法规或者公司章程,或者决议内容违反公司章程的,股东可以自决议作出之日起六十日内,请求人民法院撤销。股东依照前款规定提起诉讼的,人民法院可以应公司的请求,要求股东提供相应担保。公司根据股东会或者股东大会、董事会决议已办理变更登记的,人民法院宣告该决议无效或者撤销该决议后,公司应当向公司登记机关申请撤销变更登记。"

《公司法》(2018修正)第102条规定:"召开股东大会会议,应当将会议召开的时间、地点和审议的事项于会议召开二十日前通知各股东;临时股东大会应当于会议召开十五日前通知各股东;发行无记名股票的,应当于会议召开三十日前公告会议召开的时间、地点和审议事项。

"单独或者合计持有公司百分之三以上股份的股东,可以在股东大会召开十日前提出临时提案并书面提交董事会;董事会应当在收到提案后二日内通知其他股东,并将该临时提案提交股东大会审议。临时提案的内容应当属于股东大会职权范围,并有明确议题和具体决议事项。

"股东大会不得对前两款通知中未列明的事项作出决议。

"无记名股票持有人出席股东大会会议的,应当于会议召开五日前至股东大会闭会时将股票交存于公司。"

2. 民法典

《民法典》第85条规定:"营利法人的权力机构、执行机构作出决议的会议召集程序、表决方式违反法律、行政法规、法人章程,或者决议内容违反法人章程的,营利法人的出资人可以请求人民法院撤销该决议。但是,营利法人依据该决议与善意相对人形成的民事法律关系不受影响。"

3. 公司法解释

《最高人民法院关于适用〈中华人民共和国公司法〉若干问题的规定(四)》(2020修正)第4条规定:"股东请求撤销股东会或者股东大会、董事会决议,符合民法典第八十五条、公司法第二十二条第二款规定的,人民法院应当予以支持,但会议召集程序或者表决方式仅有轻微瑕疵,且对决议未产生实质影响的,人民法院不予支持。"

第5条规定:"股东会或者股东大会、董事会决议存在下列情形之一,当事人主张决议不成立的,人民法院应当予以支持:(一)公司未召开会议的,但依据公司法第三十七条第二款或者公司章程规定可以不召开股东会或者股东大会而直接作出决定,并由全体股东在决定文件上签名、盖章的除外;(二)会议未对决议事项进行表决的;(三)出席会议的人数或者股东所持表决权不符合公司法或者公司章程规定的;(四)会议的表决结果未达到公司法或者公司章程规定的通过比例的;(五)导致决议不成立的其他情形。"

(二)未提前15日发出会议通知的解决方案

1. 不认为未提前15日发出会议通知属于程序违法

股份制改制(以下简称股改)时,若存在未提前15日发出会议通知。可以由发行人的保荐机构和律师直接发表意见,认为公司在整体变更设立过程中折合公司股本合法合规,并就有关资产评估、验资等事项履行了必要程序,符合法律、法规和规范性文件的规定，认为发行人创立大会召开程序及所议事项符合《公司法》等法律、法规和规范性文件的规定。但该做法具有一定的局限性，尽量不采取此操作方法，毕竟该事项属于明确违反了《公司法》规定的瑕疵行为。遇到相关的情况，仍旧需要采取一定的补救措施或者明确依据法律的规定发表瑕疵事项对决议有效性的影响意见等。

案例 3－176　不认为未提前 15 日通知属于程序违法，直接发表合法意见

依据《上海瀚讯信息技术股份有限公司首次公开发行股票招股说明书（更新）》（上海瀚讯、300762），2016 年 11 月 2 日，股份公司前身即瀚讯有限召开股东会会议，审议同意公司由有限责任公司变更为股份有限公司，并以股改基准日 2016 年 4 月 30 日公司经审计的账面净资产值 383,421,619.79 元按照 1∶0.2608 的比例折股整体变更为股份公司，变更后股份公司的股份总数 10,000 万股人民币普通股，每股面值为人民币 1 元，净资产超过注册资本的部分 283,421,619.79 元计入股份公司的资本公积，公司注册资本额变更为人民币 10,000 万元。2016 年 11 月 8 日，瀚讯有限全体股东暨股份公司全体发起人签署了《关于发起设立上海瀚讯信息技术股份有限公司发起人协议》。同日，公司召开了股份公司创立大会，上海瀚讯信息技术股份有限公司成立。

另外，依据震裕科技（300953）的首发上市文件，其于 2012 年 11 月 16 日召开创立大会前的股东会，于 2012 年 11 月 18 日召开创立大会，具体如下：2012 年 11 月 16 日，震裕模具召开临时股东会并通过决议，全体股东一致同意以震裕模具截至 2012 年 9 月 30 日的经审计净资产 115,196,829.51 元，按照 2.3039∶1 的比例折成股本 5000 万股，每股面值 1 元，注册资本 5000 万元，超出股本部分净资产作为股本溢价计入资本公积。震裕模具各股东以其持有的震裕模具股权所对应的净资产认购发行人股份，整体变更为股份公司前后股权比例未发生变化。公司创立大会于 2012 年 11 月 18 日召开，2012 年 11 月 19 日，中汇会计师出具了中汇会验〔2012〕2707 号验资报告，对上述发起人股东出资情况进行了验证。其律师发表意见认为发行人创立大会召开程序及所议事项符合《公司法》等法律、法规和规范性文件的规定。

2. 通过会议确认或者股东会同意不提前 15 日发出会议通知

因特殊情况,无法提前 15 日发出创立大会会议通知的,需要通过有限公司整体改制的股东会决议确认豁免提前 15 日发出创立大会会议通知的议案,或者由创立大会直接确认豁免提前 15 日发出创立大会会议通知同时不构成侵犯股东权益的事项,或者由全体股东单独出具确认函,确认豁免提前 15 日发出创立大会会议通知且同时不构成侵犯股东权益的事项等。

案例 3-177 直接在创立大会中豁免提前 15 日发出会议通知义务

根据《中兰环保科技股份有限公司创业板首次公开发行股票招股说明书》,2015 年 5 月 22 日,发行人召开创立大会,同意以发起方式设立股份公司;同意豁免提前 15 日发出创立大会会议通知,认可本次会议的召集程序合法有效。根据《合肥芯碁微电子装备股份有限公司科创板首次公开发行股票招股说明书》,其于 2019 年 10 月 15 日同时召开创立大会前的有限公司股东会和股份公司创立大会,芯碁微装全体发起人召开了公司创立大会暨第一次股东大会,会议审议通过了关于豁免本次创立大会暨第一次股东大会会议通知期限的议案。其律师发表意见如下:发行人创立大会的召集、召开程序及所议事项符合法律法规以及规范性文件的有关规定,是合法、有效的。

另外,嘉寓股份(300117)、国瓷材料(300285)、金安国纪(002636)等均存在创立大会时豁免提前 15 日发出创立大会会议通知的议案。

二、股份制改制合法合规性

(一)股份制改制未履行审计或评估程序

实务中,各地工商机关因为操作的差异,股改时,存在公司未依法审计或者未评估的情况。未依法履行审计或评估程序的,应当履行补充审计或者评估程序。

案例3-178 股改时未评估和验资

根据康泰医学(300869)的招股说明书,2014年7月11日,康泰医学依法办理了股份公司设立登记手续,并领取了由秦皇岛市工商行政管理局核发的营业执照。康泰有限在整体变更设立为股份公司过程中并未履行资产评估和验资程序,对此,为进一步完善康泰医学股份公司设立的程序,康泰医学已对股份公司设立进行追溯资产评估及补充验资,具体情况如下:2017年4月6日,康泰医学聘请了中同华评估,对康泰医学于2014年2月28日净资产市场价值进行了追溯评估,并出具了《秦皇岛市康泰医学系统有限公司拟改制设立股份公司追溯评估项目资产评估报告书》[中同华评报字(2017)第128号],本次评估采用资产基础法,净资产评估价值为25,029.15万元,增值率为41.62%,主要系康泰医学存货中的产成品和发出商品、投资性房地产、房屋建筑物、机器设备和土地等资产评估增值所致。2018年5月28日,秦皇岛昊庆会计师事务所出具秦昊会验字(2018)第030号《验资报告》确认,截至2014年7月11日,康泰医学系统(秦皇岛)股份有限公司(筹)已收到与各股东投入股本相关的净资产,该净资产折合注册资本为10,000万元,其余部分计入资本公积。德勤会计师事务所出具《验资复核报告》对秦皇岛昊庆会计师事务所出具的《验资报告》进行了复核,未发现秦昊会验字(2018)第030号《验资报告》中发表的验资意见与康泰医学截至2014年7月11日的注册资本实收情况存在不一致。保荐机构认为,康泰医学整体变更股份公司时未履行评估和验资程序,不构成公司首次公开发行股票并在创业板上市的法律障碍。

案例3-179 股改时未评估以及未办理国资的评估备案

根据圣湘生物(688289)的《首次公开发行股票并在科创板上市的法律意见书》,2019年8月30日圣湘有限由有限公司整体变更设立为股份有限公司时,未履行资产评估和备案程序。中国信达出具确认函对圣湘有限历史沿革中涉及中国信达持股比例变动及圣湘生物整体变更为股份有限公司事项作出以下确认:(1)对投资圣湘生物以及圣湘生物2017年12月29日、2019年3月5日两次增资、2019年8月整体变更,中国信达具有审批权限,并已履行内部审批程序予以同意,委派股东代表参与圣湘生物股东会/股东大会表决同意。(2)2017 年 12 月 29 日、2019 年 3 月 5 日两次增资所涉股权变动及 2019 年 8 月整体变更虽存在未履行资产评估及评估备案的程序瑕疵,但未造成国有资产流失,中国信达持有圣湘生物股权/股份权属清晰,相关股权变动及整体变更为股份有限公司合法合规,不存在国有资产流失的情形及其他风险。综上,圣湘生物股权变动中涉及国资股东的相关审批已履行,虽然存在未履行资产评估及评估备案的程序瑕疵,但未造成国有资产流失,中国信达持有圣湘生物股权/股份权属清晰,相关股权变动及整体变更为股份有限公司合法合规,不存在国有资产流失的情形及其他风险。

(二)股份制改制时净资产低于股本数

追溯调整或者其他原因导致股改时净资产低于公司注册资本或者当时的净资产数的,需要根据具体情况补足相关的净资产数额差额,同时实务中存在将股份公司改回有限公司,重新审计和评估的案例。

案例 3-180 追溯调整导致股改时净资产低于股本数

依据航天宏图(688066)的首发上市材料,2016 年 3 月 4 日,航天宏图有限召开股东会,会议作出以下决议:同意航天宏图有限以 2015 年 12 月 31 日为基准日,以折合的实收股本总额不高于经审计和评估的净资产额为前提,将有限公司整体变更为股份公司,公司全部股东共 9 人作为股份公司的发起人股东。因对会计政策变更、会计估计变更、会计差错更正进行追溯调整,航天宏图截至 2015 年 12 月 31 日的账面净资产变更为 92,684,063.33 元,低于股改后的股本数 100,000,000.00 元,差额为 7,315,936.67 元,对上述股改时净资产不足金额,实际控制人王某翔同意支付货币资金 5,775,000.00 元予以补足。2017 年 3 月 20 日召开的第一届董事会第十次会议、2017 年 4 月 12 日召开的 2017 年第二次临时股东大会决议,同意上述净资产调整及王某翔补足出资的事项。致同会计师事务所(特殊普通合伙)出具了致同验字(2017)第 110ZC0351 号《验资复核报告》,确认航天宏图实际控制人王某翔已用现金出资 5,775,000.00 元,用于补足追溯调整后净资产与折股后股本的差额 4,662,702.83 元,其余计入资本公积。保荐机构和发行人律师认为,发行人设立过程中已经履行了审计、评估、验资等必要程序,符合当时法律、行政法规和规范性文件的规定并依法办理了工商登记手续;发行人实际控制人已对审计事项追溯调整导致的股份公司净资产不足实收资本部分予以现金补足,致同会计师事务所已对股份公司设立时的实收股本到位情况进行了专项审核;发行人就该等事项已履行了必要内部决策程序,因此,前述事项不会影响发行人设立及存续的有效性。

案例3-181 股改时存在未弥补亏损,同时追溯调整导致股改时净资产低于股本

依据《北京盈建科软件股份有限公司创业板首次公开发行股票招股说明书》(盈建科、300935),公司整体变更时未弥补亏损的消除过程及整体变更后的盈利趋势。

(1)2017年12月,公司会计政策变更追溯调整,导致公司改制基准日报表净资产减少969.23万元,为了弥补上述情形,公司全体发起人股东已于2017年12月26日前以现金方式补足。

(2)公司现金补足净资产差额履行的程序及实施情况。

①公司董事会和股东大会审议情况。2017年12月1日,公司召开第二届董事会第三次会议,审议通过关于公司会计政策变更的议案;2017年12月5日,公司召开第二届董事会第四次会议,审议通过关于因会计政策变更而追溯调整财务数据及相关事项的议案,2017年12月20日,公司召开2017年第六次临时股东大会,审议通过前述两项议案。根据会计政策变更情况,由截至2014年5月31日(改制基准日)登记在册的公司全体股东,按其持股比例以现金形式补足由于上述会计政策变更所导致的改制基准日净资产的减少数额969.23万元。

②会计师事务所复核情况。2017年12月4日,致同会计师事务所出具了《关于北京盈建科软件股份有限公司因会计政策变更追溯调整净资产的专项报告》[致同专字(2017)第350ZA0384号],对会计政策追溯调整后,2014年度影响净资产的数据进行了确认。

③公司现金补足情况。截至2017年12月26日,公司全体发起人股东已将补足净资产差额款全部汇至公司银行基本户。2018年1月3日,致同会计师事务所

出具《关于北京盈建科软件股份有限公司因会计政策变更补足净资产差额和股东退回利润款实收情况的复核报告》[致同专字(2018)第350ZA0004号],确认截至2017年12月26日,公司已收到股东缴存的补足净资产差额969.23万元。

公司关于整体变更的影响描述如下:盈建科自2010年12月设立以来致力于YJK建筑结构设计系列软件的开发,并于2012年投放市场。由于前期研发投入较大,公司在整体变更设立股份公司时,存在未弥补亏损549.89万元。2017年12月,因会计政策变更并追溯调整,盈建科整体变更时的净资产减少969.23万元。盈建科整体变更事项履行了必要的法定程序,办理了工商登记和税务登记,整体变更折合的实收股本总额未高于公司净资产额,整体变更符合《公司法》的相关规定。2017年12月,会计政策变更追溯调整导致的股改净资产的减少,相关股东已于2017年12月26日前全部补足。整体变更过程中不存在侵害债权人合法权益的情形,与债权人不存在纠纷。盈建科整体变更距今已经超过36个月,整体变更后公司持续盈利,经营积累逐步扩大。因此,整体变更时存在的未弥补亏损,不会对公司持续盈利能力构成影响。

案例3-182 因会计差错更正导致净资产低于审计值但未低于股本

依据《关于九江善水科技股份有限公司首次公开发行股票并在创业板上市申请文件的审核问询函的回复》,该公司存在股改基准日的净资产低于公司的股本的情形,其在反馈回复中称:"因前期会计差错调整,导致该公司整体变更的股改基准日即2016年6月30日的净资产低于经审计的净资产,但股份公司发起设立的创立大会于2016年11月28日召开,整体变更的工商变更登记手续于2016年12月23日办理完成,公司截至2016年11月30日未经审计的账面净资产及截至2016年12月31日经审计的净资产均高于整体变更时的股本4000.00万元,因此,善水有限正式变更为股份公司时,注册资本已充实。因善水有限的全部资产、业务、债权、债务全部由股份公司承继,会计差错调整不会对发行人的生产经营产生不利影响,并且公司发起人以自有货币资金按善水有限整体变更时各自持股比例向公司补足了净资产差额7,568,748.03元,发行人出资瑕疵已补正。"该公司解释说股改基准日后截至召开创立大会的当月最后一日以及办理工商变更登记当月最后一日的净资产高于整体变更时的股本,该解释不具有任何意义,但后期该公司发起人股东补足了净资产差额属于对股改瑕疵的补正。

案例3-183 以公司财产作为出资进行差错更正导致股改时净资产低于股本

依据《关于铜陵洁雅生物科技股份有限公司首次公开发行股票并在创业板上市申请文件的审核问询函的回复》,审核问询意见:"根据《创业板股票首次公开发行上市审核问答》问题2的要求,出资瑕疵事项是否构成重大违法违规。"发行人补充披露如下:

"(2)经核查,洁雅有限2007年11月增资存在股东出资不实的情形,具体情况如下:2007年11月,洁雅有限召开股东会,同意将公司注册资本由300万元增至930万元,其中新增注册资本630万元由蔡某传以土地使用权评估作价791.11万元认购,其中630万元作为注册资本,剩余部分计入资本公积。本次蔡某传用以增资的土地使用权,实际系洁雅有限所有。因此,蔡某传本次出资未到位,不符合当时有效的《公司法》(2015修订)①之规定。蔡某传上述出资不到位,导致公司财务报表存在会计差错。对以前年度财务报表追溯调整,公司2008年11月30日的账面净资产减少782.20万元,公司整体变更时账面净资产低于股本。2008年12月、2014年8月,蔡某传以货币方式分别向公司补缴出资75.6万元、715.51万元,补足了2007年11月认缴的全部出资,消除了以公司土地使用权出资的瑕疵。发行人2014年第二次临时股东大会对蔡某传的上述补缴出资行为予以认可。

"2016年7月,华普天健会计师事务所(特殊普通合伙)为前述差错更正出具了《关于铜陵洁雅生物科技股份有限公司前期会计差错更正事项的说明》[会专字(2016)2949号]。2016年7月,中水致远出具了《铜陵市洁雅航空用品有限责任公司整体变更设立股份有限公司项目资产评估报告》[中水致远评报字(2016)第2579号],截至2008年11月30日,洁雅有限经评估的净资产为2056.28万元,高于洁雅股份设立时的股本。2017年3月,华普天健会计师事务所(特殊普通合伙)出具了《验资报告》[会验字(2017)3761号],审验确认,截至2014年8月,发

① 现已被修改。

行人已收到股东蔡某传以货币方式补缴的出资人民币 791.11 万元。

"2020 年 8 月,铜陵市市场监督管理局出具了情况说明,认为:'洁雅股份对前述出资瑕疵依法进行了补救,出资瑕疵已经消除,登记机关依据国发〔2014〕7 号文件精神,认为前述行为不构成重大违法违规,不再追究其责任。'保荐机构和发行人律师经核查后认为:因公司财务报表追溯调整所致的整体变更时净资产不足,已由蔡某传以货币方式全额补足,设立时的净资产低于股本瑕疵得到了补救,且整体变更时公司经评估的净资产高于股本。发行人全体股东已对出资瑕疵的补救措施予以认可,不存在纠纷或潜在纠纷。铜陵市市场监督管理局亦认为上述出资瑕疵已经依法得到了补救,出资瑕疵已经消除,不构成重大违法违规,对土地使用权出资瑕疵行为不再追究,发行人或相关股东不会因此受到行政处罚。综上,发行人整体变更时净资产不足的情形对本次发行上市不构成实质性法律障碍。"

另外,北鼎股份(300824)的招股说明书显示:"2017 年 8 月 28 日,因前期股改时公司存在净资产不足情况,由股东张某、张某某夏及世纪金马以现金全额进行补足,补足金额为 1247 万元,其中自然人张某代晶辉电器集团补足出资,金额为 997.6 万元;自然人张某某夏代万融通补足出资,金额为 191.79 万元;世纪金马补足金额为 57.6 万元。"信永中和对此出具验资报告。按照 2012 年净资产 1.03 : 1 的折股比例测算,在 4 年后的 2017 年,股东张某、张某某夏及世纪金马等股东为解决当年股改不合法问题而进行的新一轮变相的增资扩股中,其入股价格依然为多年前的 1.03 元/股。

(三)股份制改制时存在未弥补亏损

《首发业务若干问题解答》(2020 年 6 月修订)问题 52:"部分申请首次公开发行股票的企业,在有限责任公司按原账面净资产值折股整体变更为股份有限公司时存在未弥补亏损,或者整体变更时不存在未弥补亏损,但因会计差错更正追溯调整报表而致使整体变更时存在未弥补亏损。针对此类企业,在审核中有哪些具体要求?答:发行人应在招股说明书中充分披露其由有限责任公司整体变更为股份有限公司的基准日未分配利润为负的形成原因,该情形是否已消除,整体变更后的变化情况和发展趋势,与报告期内盈利水平变动的匹配关系,对未来盈利能力的影响，整体变更的具体方案及相应的会计处理、整改措施（如有），并充分揭示相关风险。保荐机构、发行人律师应对下述事项进行核查并发表意见：发行人有限责任公司整体变更设立股份有限公司相关事项是否经董事会、股东会表决通过，相关程序是否合法合规，改制中是否存在侵害债权人合法权益情形，是否与债权人存在纠纷，是否已完成工商登记注册和税务登记相关程序，整体变更设立股份有限公司相关事项是否符合《公司法》等法律法规规定。"

综上，对于股改时未分配利润为负的问题，审核机构问询常见关注点：一是公司股改时亏损形成原因，二是股改后盈利变化情况及发展趋势，三是导致前期经营性亏损的原因是否已实际消除，四是相关风险提示。

案例 3－184　改制基准日未分配利润为负的披露情况

依据《北京国科环宇科技股份有限公司招股说明书》，该公司关于整体改制基准日未分配利润为负的情况披露如下："（1）整体改制基准日未分配利润为负的形成原因：公司整体改制基准日未分配利润为负主要由公司业务发展所投入的研发人员工资、研发费用等支出较大所带来的经营性亏损，以及公司 2015 年实施股权激励计划确认股份支付费用等原因所致。（2）整体变更的具体方案及相应的会计处理：通过整体改制，以 2018 年 8 月 31 日为改制基准日，环宇有限以净资产折股的方式整体变更为国科环宇，其中人民币 3000.00 万元折合为国科环宇股本，剩余部分计入资本公积，整体变更后未分配利润为负的情形消除。（3）整体变更后的变化情况和发展趋势，与报告期内的盈利水平变动的匹配关系，对未来盈利能力的影响：公司整体变更后，公司经营业绩良好，2018 年年末国科环宇母公司经审计未分配利润为 3666.27 万元，与股改后实现的盈利情况匹配。截至 2018 年年末，公司在合并报表和个别报表中均不存在未分配利润为负的情形，不会影响公司未来持续盈利能力。保荐机构及律师对发行人有限责任公司整体变更为股份有限公司的审计报告、资产评估报告、发起人协议、验资报告以及相关董事会、股东会决议等文件进行了审核。整体变更相关事项已经董事会、股东会表决通过，相关程序合法合规，改制中不存在侵害债权人合法权益的情形，并已于 2018 年 12 月 28 日取得北京市工商局海淀分局核发的营业执照，完成本次工商变更登记和税务登记相关程序。整体变更相关事项符合《公司法》等法律法规规定。”

关于股改时未分配利润为负的原因及相关会计处理可以参考该案例。

案例3-185 股改时存在未分配利润为负

依据《盛美半导体设备(上海)股份有限公司科创板首次公开发行股票招股说明书》,该公司整体变更为股份有限公司时,改制基准日2019年8月31日的财务报表未分配利润为-1416.88万元,存在累计未弥补亏损,截至2019年8月31日,盛美有限经立信会计师审计的实收资本为37,264.98万元、未分配利润为-1416.88万元,净资产为55,289.00万元。盛美有限以截至2019年8月31日的净资产55,289.00万元为基础,按1∶0.6740的比例折为372,649,808股股份,其余18,024.02万元计入资本公积,股份有限公司注册资本为37,264.98万元,以整体变更的方式发起设立盛美半导体设备(上海)股份有限公司。

该公司存在股改时未分配利润为负的情况,其在招股说明书中披露股改当年年末已经不存在未弥补亏损。所以,其他发行人若存在类似情况,可以参考该公司的披露情况,在解释亏损原因之处,应当披露股改后的盈利变化情况及发展趋势。

案例3-186 会计差错更正导致净资产低于股本,股东以现金补足

依据《深圳市北鼎晶辉科技股份有限公司创业板首次公开发行股票申请文件反馈意见》,审核意见:“关于发行人股改时净资产低于注册资本。2017年8月28日,根据信永中和出具的《关于深圳市北鼎晶辉科技股份有限公司前期会计差错更正事项的专项说明》,对以前年度财务报表进行追溯调整,股改基准日2012年12月31日的净资产减少12,470,319.11元,导致股改时公司净资产不足,由股东张某、张某某夏及世纪金马以现金全额进行补足,补足金额为12,470,319.11元,其中张某代晶辉电器集团补足出资,金额为9,976,255.29元;张某某夏代万融通补足出资,金额为1,917,935.08元;世纪金马补足金额为576,128.74元。请发行人说明并披露:发行人整体变更时履行的程序是否合法合规,上述情形是否违反《公司

法》(2018修正)第95条规定,上述瑕疵的影响,发行人或相关股东是否因此受到过行政处罚,是否构成重大违法行为,是否构成本次发行的法律障碍,是否侵害其他股东、债权人的利益,是否存在纠纷或潜在纠纷。请保荐机构、发行人律师核查并发表意见。”

另外,火星人厨具股份有限公司(300894)整体变更为股份公司时,存在未弥补亏损,公司按照不高于扣除未弥补亏损后的净资产折股,详见其招股书。

(四)股份制改制时未计提安全生产费

对于要求提取企业安全生产费用的企业,应当依法提取相关的安全生产费用。但是在有限公司整体改制为股份公司时,存在可能未提出安全生产专项储备,将历史的安全生产专项储备计入资本公积的情形。对于存在相应情况的,依法应当追溯调整或者补充提取相关费用。

案例3-187 股改时未单独提取安全生产费

《赣州腾远钴业新材料股份有限公司关于审核问询函的回复意见(豁免版)》对改制方案中涉及安全生产专项储备和资本公积事项的调整是否影响发行人整体变更的合法性和有效性作出回复。

2016年8月腾远有限整体变更为股份公司,当时的改制方案是将腾远有限截至股改基准日的净资产全额计入实收资本和资本公积,未将其中的安全生产费单独提取并记入专项储备科目,与《企业安全生产费用提取和使用管理办法》《企业会计准则解释第3号》等规定不符。2017年2月10日,股份公司召开2017年第一次临时股东大会,审议通过该公司改制方案调整事项的议案,对改制方案中涉及安全生产专项储备和资本公积的事项进行调整:将截至股改基准日经审计的净资产360,622,847.06元(其中专项储备5,257,815.52元)折合为股本7600万元,净资产折合股本后余额284,622,847.06元,扣除专项储备5,257,815.52元,其余部分279,365,031.54元计入资本公积。上述调整事项未改变整体变更时的净资产值,未改变整体变更后的股本设置,亦未变更按原账面净资产折股的整体变更方式,腾远有限全体股东暨股份公司发起人一致同意并确认该等改制方案调整事项,并根据有关法律法规和公司章程的规定履行审议程序,不存在争议或纠纷,不影响腾远有限整体变更为股份公司的合法性和有效性。

（五）股份制改制时降低注册资本

有限公司阶段存在未弥补亏损、未全部实缴出资、知识产权出资不实等情形,若导致公司的净资产低于注册资本,则无法按照有限公司阶段的注册资本办理股改。对此问题的解决,需要在股改基准日前减资或者股改的同时按照不高于净资产折股,按照不高于经审计的净资产折股是因为注册资本变少的同时构成减资。单纯从法理的角度来讲,有限公司整体变更为股份公司可以按照不高于净资产折股,此种情况不属于减资,但是从形式上符合注册资本减少的条件,需要同时办理减资的程序。但是发生此种情形,稳妥的做法仍旧是股改基准日前减资,后期再办理股改。

案例3－188 因股改时净资产低于注册资本所以股改同时减资

和辉光电(688538)股改整体变更后的股本为1,050,000.00万元,由于和辉有限累计未分配利润为负,公司低于整体变更前有限公司时的注册资本1,725,375.00万元,客观上造成公司注册资本减少。公司已按相关法律规定通知债权人,并于2020年2月18日在《文汇报》上刊登减资公告。

另外,东土科技(300353)在股改同时,未分配利润为负导致公司净资产低于公司注册资本,该公司股改的同时减少注册资本。具体披露内容如下:“2006年7月31日,公司召开2006年临时股东会,同意审计报告,截至2006年4月30日,公司审计后净资产为7,603,915.94元,其中实收资本10,200,000元,资本公积133,155元,未分配利润－2,729,239.06元。据此,同意公司变更注册资本为760万元,将3915.94元余额转入资本公积,并根据股东原来的出资比例,将现有净资产做以下分配:李某685万元,张某霞75万元。2006年9月18日,中磊会计师事务所出具中磊验字(2006)第0020号验资报告,确认:截至2006年4月30日,有限公司已收到公司发起人李某、张某霞以净资产出资的注册资本合计760万元,并确认改制前,原东土国际2006年8月8日在《北京晨报》上发布了减资公告。”

三、股份制改制税费

(一)股份制改制时自然人股东的税务问题

有限责任公司整体改制成股份有限公司时,涉及是否将未分配利润、盈余公积或资本公积转增股本的情形,涉及自然人股东是否需要履行缴纳个人所得税义务的问题。

1. 股改时自然人所得税的相关法律依据

1997 年 12 月 25 日,《国家税务总局关于股份制企业转增股本和派发红股征免个人所得税的通知》(国税发〔1997〕198 号)中,就针对股份制企业用资本公积金转增个人股本是否征收个人所得税的问题,回复如下:(1)股份制企业用资本公积金转增股本不属于股息、红利性质的分配,对个人取得的转增股本数额,不作为个人所得,不征收个人所得税;(2)股份制企业用盈余公积金派发红股属于股息、红利性质的分配,对个人取得的红股数额,应作为个人所得征税。

1998 年 5 月 15 日,《国家税务总局关于原城市信用社在转制为城市合作银行过程中个人股增值所得应纳个人所得税的批复》(国税函〔1998〕289 号)中,对不征收个人所得税的资本公积金的范围进行了界定,批复如下:(1)在城市信用社改制为城市合作银行过程中,个人以现金或股份及其他形式取得的资产评估增值数额,应当按“利息、股息、红利所得”项目计征个人所得税,税款由城市合作银行负责代扣代缴;(2)《国家税务总局关于股份制企业转增股本和派发红股征免个人所得税的通知》(国税发〔1997〕198 号)中所表述的“资本公积金”是指股份制企业股票溢价发行收入所形成的资本公积金。

1998 年 6 月 4 日,《国家税务总局关于盈余公积金转增注册资本征收个人所得税问题的批复》(国税函〔1998〕333 号)中,对从税后利润中提取法定公积金和任意公积金转增注册资本是否缴纳个人所得税问题,批复如下:青岛路邦石油化工有限公司将从税后利润中提取的法定公积金和任意公积金转增注册资本,实际上是该公司将盈余公积金向股东分配了股息、红利,股东再以分得的股息、红利增加注册资本。因此,依据《国家税务总局关于股份制企业转增股本和派发红股征免个人所得税的通知》(国税发〔1997〕198 号)精神,对属于个人股东分得并再投入公司(转增注册资本)的部分应按照“利息、股息、红利所得”项目征收个人所得税,税款由股份有限公司在有关部门批准增资、公司股东会决议通过后代扣代缴。

2010年5月31日,《国家税务总局关于进一步加强高收入者个人所得税征收管理的通知》(国税发〔2010〕54号)中,就“加强利息、股息、红利所得征收管理”事项,规定如下:(1)加强股息、红利所得征收管理。重点加强股份有限公司分配股息、红利时的扣缴税款管理,对在境外上市公司分配股息红利,要严格执行现行有关征免个人所得税的规定。加强企业转增注册资本和股本管理,对以未分配利润、盈余公积和除股票溢价发行外的其他资本公积转增注册资本和股本的,要按照“利息、股息、红利所得”项目,依据现行政策规定计征个人所得税。(2)加强利息所得征收管理。要通过查阅财务报表相关科目、资产盘查等方式,调查自然人、企业及其他组织向自然人借款及支付利息情况,对其利息所得依法计征个人所得税。(3)加强个人从法人企业列支消费性支出和从投资企业借款的管理。对投资者本人、家庭成员及相关人员的相应所得,要根据《财政部、国家税务总局关于规范个人投资者个人所得税征收管理的通知》(财税〔2003〕158号)规定,依照“利息、股息、红利所得”项目计征个人所得税。

《财政部、国家税务总局关于将国家自主创新示范区有关税收试点政策推广到全国范围实施的通知》(财税〔2015〕116号)就“三、关于企业转增股本个人所得税政策”规定:“1.自2016年1月1日起,全国范围内的中小高新技术企业以未分配利润、盈余公积、资本公积向个人股东转增股本时,个人股东一次缴纳个人所得税确有困难的,可根据实际情况自行制定分期缴税计划,在不超过5个公历年度内(含)分期缴纳,并将有关资料报主管税务机关备案。2.个人股东获得转增的股本,应按照‘利息、股息、红利所得’项目,适用20%税率征收个人所得税……6.上市中小高新技术企业或在全国中小企业股份转让系统挂牌的中小高新技术企业向个人股东转增股本,股东应纳的个人所得税,继续按照现行有关股息红利差别化个人所得税政策执行,不适用本通知规定的分期纳税政策。”

《国家税务总局公告2015年第80号——关于股权奖励和转增股本个人所得税征管问题的公告》就“二、关于转增股本”规定:“(一)非上市及未在全国中小企业股份转让系统挂牌的中小高新技术企业以未分配利润、盈余公积、资本公积向个人股东转增股本,并符合财税〔2015〕116号文件有关规定的,纳税人可分期缴纳个人所得税;非上市及未在全国中小企业股份转让系统挂牌的其他企业转增股本，应及时代扣代缴个人所得税。（二）上市公司或在全国中小企业股份转让系统挂牌的企业转增股本（不含以股票发行溢价形成的资本公积转增股本），按现行有关股息红利差别化政策执行。”

2. 自然人的所得税执行情况

（1）股改时不增加注册资本的自然人所得税

公司从有限公司改制为股份公司时，若公司注册资本（总股本）未增加，即没有将盈余公积、未分配利润、资本公积等用作转增股本（注册资本），则自然人股东原则上无须缴纳个人所得税。但是各地在政策执行上存在差异，存在股改时即使未增加股本，即将未分配利润或盈余公积等转为资本公积，也对自然人一次性征收所得税的情形。对股改时未增加股本因为净资产折股而产生的会计科目的变化征收所得税属于不合理的做法，但是相关的征税操作属于提前征收，后期再转增股本时，不用再缴纳税费。

对股改时将未分配利润转入资本公积且未增加股本，个别地方对自然人要求缴纳所得税的，虽说这个不是通行的做法，但是需要根据当地的具体情况予以关注。例如，三超新材（300554）注册地位于江苏省南京市江宁区。在上市审核过程中，关于审核问询反馈意见回复如下：“三超有限整体变更为股份公司时，以未分配利润转入资本公积的金额为25,538,448.7元，以盈余公积转入资本公积的金额为3,074,184.91元，经发行人向主管税务部门申请，发行人以未分配利润、盈余公积转入资本公积的个人所得税分5年缴纳。其中，第1年、第2年不缴纳，第3年缴纳5%，第4年缴纳10%，第5年缴纳85%。发行人根据《财政部、国家税务总局关于个人非货币性资产投资有关个人所得税政策的通知》（财税〔2015〕41号）向南京市江宁区地方税务局第五税务分局提交分期缴纳整体变更时自然人股东个人所得税的申请，并取得分期缴纳的备案文件。”

案例 3-189　股改4年后税务局要求个人补缴所得税

依据《广东奥迪威传感科技股份有限公司在北交所申请上市的招股说明书》等文件，该发行人在股份制改时候的股本与有限公司的注册资本数额一致，仅在账务处理上将盈余公积、未分配利润转入资本公积，但当地税务认为对自然股东应当征收所得税。具体情况为:2014年10月,发行人将截至基准日(2014年4月30日)经审计的净资产值152,534,626.23元以1:0.2478的比例折股,折股后股份有限公司注册资本为3780万元。发行人整体变更前后的注册资本均为3780万元,注册资本未发生变化,不涉及以未分配利润或盈余公积转增股本的情形。2018年7月24日,国家税务总局广州市地方税务局稽查局出具《税务处理决定书》(穗税稽处〔2018〕53号),认为公司2014年在“盈余公积—法定盈余公积”科目借方转出9,634,484.20元,“盈余公积—法定公益金”科目借方转出88,978.83元,“盈余公积—任意公益金”科目借方转出512,640.32元,在“利润分配—未分配利润”科目借方转出93,398,522.88元,在“资本公积—拨款转入”科目借方转出5,375,600.00元,共计109,010,226.23元,转入“资本公积—资本溢价”科目贷方。由于“资本公积—资本溢价”核算的是股东对公司的投入,国家税务总局广州市地方税务局稽查局认为公司在其2014年所做的账务处理应视为发行人对股东进行分配,股东再投入发行人,应对前述行为按照“利息、股息、红利所得”对公司个人股东计征个人所得税(其中个人股东周某琼、林某民、廖某斌、吴某菊、邵某霞的持股比例分别为6.5203%、3.9683%、2.3555%、1.3924%、2.7370%),公司未按规定代扣代缴个人股东的个人所得税,因此,公司应依20%税率补代扣代缴个人所得税合计3,700,570.15元;公司于2018年6月28日预缴个人所得税3,700,570.15元,实际应补缴个人所得税0元;限发行人自收到该决定书之日起15日内按照规定进行相关账务调整。

公司已于2018年6月28日代缴了个人所得税3,700,570.15元,并已进行了相关账务处理。林某民、周某琼、廖某斌、邵某霞、吴某菊已向公司支付了代缴的个人所得税。

案例3-190 股改时未增加股本不征税

雄塑科技(300599)股改时,未将盈余公积和未分配利润转增股本,未将其进行实质性分配或者转增实收股本处理。该公司描述:“根据有关税收法规和主管机关的规定,公司股东在有限公司整体变更为股份有限公司时,对转入资本公积的留存收益,自然人股东暂不需缴纳个人所得税,待企业将该部分由盈余公积、未分配利润转入的资本公积实施分配或转增股本时缴纳个人所得税。”

分析:该描述属于有限公司整体变更为股份公司时,将盈余公积和未分配利润转入资本公积处理是否纳税的通行认定意见。

另外,整体变更时股本无变化不征税的案例可以参考赛摩电气股份有限公司(300466)。

(2)股改时以未分配利润和其他资本公积增加股本的自然人所得税

公司从有限公司改制为股份公司时,以有限公司阶段形成的未分配利润、盈余公积和除股票溢价发行外的其他资本公积转增注册资本和股本的,相关的股本数高于有限公司阶段的注册资本实缴出资的,则相关的转增股本数额对自然人应当按照“利息、股息、红利所得”项目,依据现行政策规定计征个人所得税。对于转增股本的自然人征收所得税是通行做法。《国家税务总局关于进一步加强高收入者个人所得税征收管理的通知》(国税发〔2010〕54 号)、《财政部、国家税务总局关于将国家自主创新示范区有关税收试点政策推广到全国范围实施的通知》(财税〔2015〕116 号)以及《国家税务总局公告 2015 年第 80 号——关于股权奖励和转增股本个人所得税征管问题的公告》有明确的规定。

(3)股改时以资本溢价增加股本的自然人所得税

《国家税务总局关于股份制企业转增股本和派发红股征免个人所得税的通知》(国税发〔1997〕198 号),就针对股份制企业用资本公积金转增个人股本是否征收个人所得税的问题,明确回复:股份制企业用资本公积金转增股本不属于股息、红利性质的分配,对个人取得的转增股本数额,不作为个人所得,不征收个人所得税。《公司法》(2018 修正)第 167 条规定,股份有限公司以超过股票票面金额的发行价格发行股份所得的溢价款以及国务院财政部门规定列入资本公积金的其他收入,应当列为公司资本公积金。

所以,多数意见认为只有股份公司阶段的股票发行溢价对自然人转增股本方可不征收所得税,但是也有地方税务局认为有限公司阶段的资本溢价形成的资本公积转增股本,因为相关的自然人并没有获益,所以不征收所得税。实务中,对有限公司阶段的股权(票)溢价所形成的资本公积转为股本是否直接征收所得税的执行政策存在一定差异,但是多数地区均对自然人直接征收所得税。

案例 3－191 股改时以股份溢价转增未征收个人所得税

依据《武汉菱电汽车电控系统股份有限公司审核问询函的回复》，该公司整体变更设立的股份有限公司注册资本较整体变更前菱电有限注册资本增加，增加的股本金额来源于计入资本公积金的菱电有限历次增资时股东的溢价出资。相关文件称："经向国家税务总局武汉市东西湖区税务局请示，国家税务总局武汉市东西湖区税务局认为，菱电有限整体变更设立股份有限公司增加的注册资本来源于股东溢价出资形成的资本公积金，符合《国家税务总局关于进一步加强高收入者个人所得税征收管理的通知》（国税发〔2010〕54 号）关于溢价出资形成的资本公积金转增股本不征收个人所得税的相关规定，菱电电控的发起人在菱电有限整体变更股份有限公司过程中免征个人所得税。"

整体变更时增加股本征税的案例可以参考海辰药业（300584）。

（二）资本公积转增股本

1. 法人企业转增股本税务问题

《企业所得税法》第 26 条规定："企业的下列收入为免税收入：（一）国债利息收入；（二）符合条件的居民企业之间的股息、红利等权益性投资收益；（三）在中国境内设立机构、场所的非居民企业从居民企业取得与该机构、场所有实际联系的股息、红利等权益性投资收益；（四）符合条件的非营利组织的收入。"

《国家税务总局关于贯彻落实企业所得税法若干税收问题的通知》（国税函〔2010〕79 号）就"四、关于股息、红利等权益性投资收益收入确认问题"规定："……被投资企业将股权（票）溢价所形成的资本公积转为股本的，不作为投资方企业的股息、红利收入，投资方企业也不得增加该项长期投资的计税基础。"

2. 合伙企业转增股本税务问题

《关于个人独资企业和合伙企业投资者征收个人所得税的规定》规定，个人独资企业和合伙企业每一纳税年度的收入总额减除成本、费用以及损失后的余额，作为投资者个人的生产经营所得，比照个人所得税法的"个体工商户的生产经营所得"应税项目，适用 5% ～35% 的五级超额累进税率，计算征收个人所得税。实务中，多数地区按照 20% 的所得税税率征收，并未严格适用 5% ～35% 的超额累进税率。

股改时,存在将股权(票)溢价所形成的资本公积转增股本的,合伙企业股东中的法人合伙人不缴纳企业所得税,除此以外转增股本的,法人合伙人按《企业所得税法》处理,即符合条件的居民企业之间的股息、红利等权益性投资收益属于免税收入。

股改时,存在将股权(票)溢价所形成的资本公积转增股本的,要对合伙企业股东中的个人合伙人征收个人所得税(个别地方例外),除此以外转增股本的,个人合伙人按"利息、股息、红利所得"应税项目计算缴纳个人所得税,但是实务中执行存在差异。

案例3-192 转增股本的合伙企业的自然人合伙人缴纳个税

依据《北京海天瑞声科技股份有限公司审核问询函回复》,该发行人于2017年11月整体变更为股份有限公司,整体变更前海天瑞声有限的注册资本为654万元,整体变更后发行人的注册资本为3000万元,发行人存在整体变更时以未分配利润、盈余公积、资本公积转增股本的情形。发行人整体变更设立时的发起人股东共10名,其中自然人股东2名(包括贺某、唐某飞),法人股东2名(包括天津金星、杭州士兰),有限合伙企业股东6名。发行人整体变更时自然人股东贺某、唐某飞及合伙企业股东中瑞安、中瑞立、清德投资、上海丰琬、上海兴富和杭州银杏的自然人合伙人应就发行人整体变更时转增股本申报缴纳个人所得税,自然人股东及合伙企业中的自然人合伙人缴纳了所得税。

四、股份制改制其他事项

(一)股份制改制前后可以引进投资者

公司股改前后均可以根据公司的情况引进投资机构。公司需要考虑的主要问题有:融资价格的高低;相关的股份溢价以及未来的资本公积转增股本问题;投资人是否要求作为股份公司发起人的问题;与员工持股或者管理层持股、核心人员持股的价格差异问题;发起人在股份公司成立1年内股份不可以转让,如果是股份公司成立后发行股份成为股东,则不受股份公司成立1年内发起人持有的股份不得转让的规定,但是也要受其他限售条件的规定;投资者的协同效应;公司的未分配利润数额;股本的大小;实际控制人的持股比例等。

对IPO前通过增资或股权转让产生的股东,保荐机构、发行人律师应主要考察申报前1年新增的股东,全面核查发行人新股东的基本情况、产生新股东的原因、股权转让或增资的价格及定价依据,有关股权变动是否是双方真实意思表示,是否存在争议或潜在纠纷,新股东与发行人其他股东、董事、监事、高级管理人员、本次发行中介机构及其负责人、高级管理人员、经办人员是否存在亲属关系、关联关系、委托持股、信托持股或其他利益输送安排,新股东是否具备法律、法规规定的股东资格。发行人在招股说明书信息披露时,除满足招股说明书信息披露准则的要求外,如新股东为法人,应披露其股权结构及实际控制人;如为自然人,应披露其基本信息;如为合伙企业,应披露合伙企业的普通合伙人及其实际控制人、有限合伙人的基本信息。最近1年年末资产负债表日后增资扩股引入新股东的,申报前须增加1期审计。

（二）关于净资产折股的问题

1. 以经审计的净资产为准

《首次公开发行股票并上市管理办法》(2022修正)第9条规定,发行人自股份有限公司成立后,持续经营时间应当在3年以上。有限责任公司按原账面净资产值折股整体变更为股份有限公司的,持续经营时间可以从有限责任公司成立之日起计算。

所以,一般情况下,股改折股时以经审计的账面净资产值折股,而非经评估的净资产价值折股,但是并非说不能够以经评估的净资产价值折股,只是采用评估值折股会造成持续经营时间无法连续计算,而实务中,很多国有企业的改制或者转制就是按照经评估的净资产价值折股。

2. 以发行人的单体财务报表净资产为准

有限公司整体变更为股份公司时,折股时的净资产是股改基准日经审计的发行人单体报表上的净资产,不是合并报表上的净资产,因为合并报表反映的对象是母子公司的整体财务状况,并不是严格单个法律主体的财务状况,不符合整体变更对法律主体的要求。因此有限公司折股之后股份数以股改基准日经审计的单体公司净资产为基础折算，而不是以合并报表的净资产为基础折算。但是子公司存在较大亏损的，需要充分考虑合并报表范围内的母公司的净资产状况，同时在单体和合并报表范围内进行折股。

3. 净资产折股比例无明确限制

净资产折股时，在股本数不能高于净资产值的前提下，对具体折股比例未有明确的限制性规定，同时能够申请首发上市的企业，一般也都能够满足上市的最低股数要求，更多的股本设置考虑的是未来上市的发行价格、发行方式的问题。

案例 3－193　股改时大规模降低股本

电气风电（688660）股改前的公司注册资本为 498,534.74 万元。根据审计报告，以截至 2019 年 5 月 31 日的可折股净资产 359,160.35 万元为基数，按 1∶0.2227 的折股比例，折合为股本 80,000.00 万股，每股 1 元，超出部分 279,160.35 万元计入资本公积。整体变更为股份公司前后，各股东及持股比例保持不变。

另外，依据杭州禾迈电力电子股份有限公司（以下简称禾迈有限）的首发上市材料，禾迈有限股改时以 2020 年 4 月 30 日为审计基准日，经审计的净资产值为 321,908,354.98 元；按照审计后的净资产值以 10.73∶1 的折股比例折合股份，作为股份有限公司的注册资本，股份有限公司的总股本为 3000 万股，每股面值 1 元，折合注册资本 3000 万元，剩余部分计入公司资本公积—股本溢价。中旗新材（001212）股改时以中旗有限截至 2018 年 7 月 31 日经审计的净资产 400,620,442.89 元为基数，按照 1∶0.1697 的折股比例折为 68,000,000 股。

由前述案例可知，股改同时将公司的注册资本减少是可行的，除充分解释减资的原因之外，发行人需要重点关注折股同时减资的程序合法合规性。

第六节 控股股东及实际控制人

一、控股股东及实际控制人的认定

(一)关于控股股东和实际控制人的概念

1. 控股股东和实际控制人的概念

控股股东指其持有的股份占公司股本总额50%以上的股东,或者持有股份的比例虽然不足50%,但依其持有的股份所享有的表决权已足以对股东(大)会的决议产生重大影响的股东。公司控股股东的形式包括:第一大股东为控股股东,前几大股东或者存在一致行动关系几个股东为控股股东,不存在控股股东。

实际控制人是指通过股东关系、投资关系、协议或者其他安排,能够实际支配公司行为的人。

2. 关于控股股东概念的说明

在认定控股股东的过程中,从法律规定、控股股东的概念以及法理出发,成为控股股东的前提应当是公司的直接股东,只有公司的直接股东才有可能成为公司的控股股东,不是公司直接股东的不宜认定为公司的控股股东。对该问题未进行过深入思考的人,可能认为该问题是一个非常简单的问题。但是面对复杂的情况时,即使专业的律师机构在认定控股股东过程中都会存在疑虑或者内心不确信。比如若存在表决权委托等特殊情况,认定表决权委托主体或受托主体为控股股东存在一定的难度。从表决权委托的基础法律关系来讲,表决权委托仅仅是一个授权委托关系,虽说能构成控制,但是并未造成股东变更,同时不会影响原有股权的处置权等,亦不会影响法院的司法拍卖等,所以对于单纯的表决权委托,一般情况下,不宜认定表决权受托主体为控股股东。当然,若受委托方本身就持有公司股份,同时股份比例接近第一大股东而对于表决权委托的部分也签订了股份转让协议甚至办理了质押登记时,需要综合考量,然后再对控股股东进行认定。

从法理的角度,控股股东是个单一的概念。认定存在单一控股股东,但存在多名实际控制人的做法是符合法理的认定。而在实务中,出于谨慎以及对夫妻关系、契约义务的遵守等角度,大量存在认定多名控股股东的情形。从保护投资者及广大中小股东利益和谨慎处理的角度出发,认定多人共同构成控股股东是可以理解并支持的,但是仍应当从专业的角度在准确认定控股股东的基础上,再综合判断权衡对控股股东的认定。以哈尔滨森鹰窗业股份有限公司为例,其招股说明书披露认定的控股股东为边某平,实际控制人为边某平、应某芬(二人系夫妻关系),另外,深圳市德明利技术股份有限公司认定李某为其控股股东,李某和田某夫妇为其实际控制人,此种认定方法属于正确的做法,不能因为其二人为共同实际控制人且均为发行人的直接股东就认定其二人为共同的控股股东。另外,永泰运化工物流股份有限公司的招股说明书认定的控股股东为陈某夫,实际控制人为陈某夫和金某夫妇,其中金某为间接持股,该公司并未将实际控制人控制的间接持股平台作为共同控股股东之一,此为比较正确的做法。

个别公司将实际控制人控股的多家持股公司均认定为控股股东,并未区分持股比例大小,而是将多个关联公司均作为控股股东,此种做法显然是违反控股股东概念的,所以不建议采用此种做法,但是特殊情况下,若两个公司的股份相等,则可以劣后选择将几个主体均认定为控股股东。实际上对于类似的情形,无任何一个股东持股比例能够控制公司的,可以考虑认定公司无控股股东,但是此认定不影响对实际控制人的认定以及相关的股份限售。例如,北交所某上市公司的招股说明书在解释控制权时将具有一致性行动关系的两个股东共同认定为公司第一大股东明显是错误的。

多名股东签署了一致行动协议,如果第一大股东持股比例较大且与其他一致行人的持股比例差异较大,第一大股东持股又能够符合认定控股股东条件的,应当优先考虑认定第一大股东为控股股东,其他主体作为一致行动人认定,不作为控股股东认定。

案例3-194 实际控制人和控股股东认定的案例

上海凯鑫(300899)认定公司控股股东为葛某越,而实际控制人为签订一致行动协议的6人,在对控股股东的认定上,这是应当优先考虑的正确做法。

北交所上市公司晶赛科技(871981),公司董事长侯某益直接持有公司51.23%的股份,其女侯某直接和间接持有公司36.53%的股份,其二人签署了《一致行动协议》,公司认定控股股东为侯某益,实际控制人为侯某益和侯某。

荣昌生物(688331)认定烟台荣达、I-NOVA、房某民、烟台荣谦、烟台荣益、Rong Chang Holding、烟台荣实与烟台荣建为发行人的控股股东,其中烟台荣谦、烟台荣益、烟台荣建为公司员工持股平台,烟台荣实系拆分重组中下翻的荣昌制药员工持股平台,该等平台的执行事务合伙人为王某东且由王某东控制。根据2020年4月各方签署的《共同控制及一致行动协议》,王某东、房某民、林某、王某强、王某东、邓某、熊某滨、温某凯、杨某华、魏某良为控股股东。

依据八马茶业股份有限公司(于2022年5月终止上市申请)的招股说明书等,该发行人披露的控股股东、实际控制人为王某彬、王某礼、王某超、陈某静及吴某宁,王某彬、王某礼、王某超为兄弟关系,陈某静为王某彬的配偶,吴某宁为王某礼的配偶。

分析:不鼓励荣昌生物(688331)认定控股股东的做法,将可能由管理层或者实际控制人控制的员工持股平台作为共同控股股东仅仅是出于谨慎的考虑,相关的处理可以优先参考上海凯鑫(300899)、晶赛科技(871981)等上市公司的做法。

综上,在实务中,控股股东的认定相对比较多样化,不同的机构出于不同的考量会作出不同的认定,但是各机构需要在坚持专业认定的基础上,从实际出发作出合理认定。从目前操作惯例来看,出于谨慎角度的认定是比较容易得到审核机关认可的做法。

3. 关于实际控制人概念的说明

《公司法》中实际控制人的定义指虽不是公司的股东,但通过投资关系、协议或者其他安排,能够实际支配公司行为的人。其关于实际控制人的描述实际上想表达的意思是实际控制人不单纯是公司的股东或者无论是否是公司的直接股东或者间接股东,只要能够通过持股关系、投资关系、协议或者其他安排,实际支配公司行为的人或者机构,就是公司的实际控制人。

实务中,多数实际控制人均为发行人的控股股东,同时最终的实际控制人在自然人之外包括政府机构、国资控股平台或其他社会组织等。

案例 3－195 实际控制人同时是公司控股股东

依据北农大科技股份有限公司的招股说明书，其认定张某才直接持有发行人73.39%的股份，为发行人的控股股东，张某才的夫人闫某军直接持有发行人6.00%的股份，张某才、闫某军夫妇通过众发基业合伙间接控制发行人15.11%的股份，二人合计控制发行人94.50%的表决权，为发行人的共同实际控制人。

分析：该做法为正确的做法，不能混淆控股股东的概念，尽量避免将实际控制人之一认定为共同的控股股东。

（二）控股股东或实际控制人认定

1. 实际控制人认定的原则

（1）根据客观情况对实际控制人作出认定

在确定公司控制权归属时，应当本着实事求是的原则，尊重企业的实际情况。

实际上，不论是发行人还是保荐机构或者律师，都应当以客观情况为基础。实务中不乏认定实际控制人与客观情况不一致的情形，但是在形式上确实满足了监管机构的审核要求。比如，实务中，实际控制人的兄弟姐妹在公司任职，是否认定其兄弟姐妹为公司的实际控制人之一，应当尊重企业的客观情况，若员工都认为实际控制人的兄弟姐妹仅为一名管理人员并非为公司的实际控制人之一，则就不能为了满足监管的审核要求而将其兄弟姐妹认定为实际控制人之一。

案例 3－196 认定夫妻二人为实际控制人但并未将其父亲认定为实际控制人

依据《鞍山七彩化学股份有限公司的首发上市招股说明书》（七彩化学、300758），认定徐某祥、臧某夫妻二人为公司的共同实际控制人，未将徐某祥的父亲徐某认定为共同实际控制人。相关反馈意见问询："请发行人进一步说明并披露：（1）实际控制人之一臧某投资发行人的行为，以及作为发行人实际控制人是否符合政策和法律法规的规定，并说明认定的充分有效依据；如不符合，是否有相应的整改措施。（2）未将实际控制人徐某祥的父亲徐某认定为共同实际控制人的理由。"

(2)是否有实际控制人关键在于是否具有控制权

《上市公司收购管理办法》第84条规定:"有下列情形之一的,为拥有上市公司控制权:(一)投资者为上市公司持股50%以上的控股股东;(二)投资者可以实际支配上市公司股份表决权超过30%;(三)投资者通过实际支配上市公司股份表决权能够决定公司董事会半数以上成员选任;(四)投资者依其可实际支配的上市公司股份表决权足以对公司股东大会的决议产生重大影响;(五)中国证监会认定的其他情形。"关于实际控制人认定,并非简单通过持股形式的控制权,通过表决权或者通过对过半数董事席位的决定权而拥有公司的实际控制权,对于控制的认定和判断可以参考此规定。

案例3-197 将姐弟二人认定为实际控制人

依据《关于上海毕得医药科技股份有限公司首次公开发行股票并在科创板上市申请文件第二轮审核问询函的回复》(上市委审议通过),审核问询意见:"问题5.关于实际控制人认定及Liang fu Huang在经营中所起的作用。"

"5.1.根据申报材料,(1)发行人实际控制人为戴某1、戴某2,持股比例分别为43.30%、19.23%,双方系姐弟关系;(2)Liang fu Huang系戴某1配偶,同时系报告期初发行人实际控制人及执行董事,Liang fu Huang于2018年8月将其所持股权转让给戴某2并退出经营管理。

"请发行人说明:(1)Liang fu Huang在股权和经营管理上均退出公司的原因,退出公司后所从事职业;(2)Liang fu Huang退出公司前后,公司控制权结构、董事会及管理层变化情况;(3)戴某2受让Liang fu Huang股权的交易作价及款项支付情况,戴某2所持股权与戴某1、Liang fu Huang之间是否存在纠纷或潜在纠纷;(4)Liang fu Huang是否委托他人持有或由他人代持公司股权,是否存在其他利益安排;(5)结合前述情况和实际控制人双方所签订一致行动协议,未将Liang fu Huang认定为实际控制人的依据。

"请保荐机构、发行人律师说明针对实际控制人认定准确性、Liang fu Huang是否存在委托持股、代持或其他利益安排所履行的核查程序、核查依据及核查结论。"

(3)持股比例在30%左右,根据实际情况认定为有实际控制人或无实际控制人

依据《上市公司收购管理办法》第84条的规定,投资者为上市公司持股50%以上的控股股东以及投资者可以实际支配上市公司股份表决权超过30%的,为拥有上市公司控制权,相关人员比较容易论证为公司的实际控制人。但是,对于持股比例或者控制表决权比例在30%左右,甚至低于30%的,需要结合相关的董事席位、董事来源、历史的决策情况和一致行动协议等论证相关的股东具有控制权。确实不具有实际控制人的,可以依法认定为无实际控制人。

案例3-198 实际控制人持股比例较低,根据实际情况认定实际控制人

睿创微纳(688002)IPO申报时,该公司实际控制人马某通过直接和间接方式合计持有公司18.00%股份,如实际发行按照该次发行上限6000万股计算,首次发行后马某通过直接和间接方式合计持有公司股份占比降至15.57%。

新雷能(300593)申请首次公开发行股票前,该公司控股股东、实际控制人王某持有公司29.61%的股份,发行完成后,王某持有公司22.21%的股份,为公司的第一大股东,对公司具有实际控制权,认定其为公司实际控制人。

依据派格生物医药(苏州)股份有限公司申请首发上市材料(2022年4月12日撤回上市申请),MichaelMINXU与其一致行动人合计控制发行人28.3028%股份的表决权,MichaelMINXU为发行人的控股股东和实际控制人。

依据广西天山电子股份有限公司首发上市申请文件,其第一大股东为王某纬,持股比例为19.75%,认定公司无控股股东,认定天山电子的共同控制人、一致行动人为王某纬、范某芸、王某缜。其中,王某纬与范某芸为夫妻关系,王某纬与王某缜为兄弟关系。截至其招股说明书签署日,王某纬持有公司1501.00万股股份,持股比例为19.75%;范某芸持有公司930.50万股股份,持股比例为12.24%;王某缜持有公司689.50万股股份,持股比例为9.07%;3人合计持有公司41.06%的股份。

(4)区分共同实际控制人和一致行动人

实务中,中介机构出于谨慎,有时将不具有共同控制地位的一致行动人认定为共同实际控制人。实际上,一致行动人并非当然是共同实际控制人,对于一致行动人的持股原则上应当按照实际控制人进行限售安排,至于是否将一致行动人认定为共同实际控制人需要根据具体情况客观分析和认定。

案例 3-199 未认定担任董事的配偶作为实际控制人之一但认定其为一致行动人

依据上海威贸电子股份有限公司的北交所首发上市文件,该公司实际控制人为周某良、高某珍及周某迪,一致行动人为胡某灿。高某珍为周某良配偶,周某迪为周某良、高某珍之子,胡某灿为周某迪的配偶。截至本招股书签署之日,周某良、高某珍、周某迪及胡某灿合计控制公司 89.40% 的股权。周某良担任公司董事长,高某珍、周某迪及胡某灿担任公司董事,家族成员的董事会席位占比过半数。

案例 3-200 依据亲属关系及一致行动协议认定多人为控股股东和实际控制人

依据劲旅环境科技股份有限公司的招股说明书等材料,该发行人依据兄弟姐妹关系以及一致行动协议,认定公司的公司控股股东、实际控制人为于某霞、于某娟和于某波。

分析:该公司申请发行前,于某霞持股占比 27.31%,于某娟和于某波持股占比 20.48%,持股比例均未大于 30%,同时第二大和第三大持股比例与第一大股东持股比例接近。该公司认定 3 人为共同控股股东是出于谨慎,3 人合计持股比例确实具有控股地位,但是从法理角度分析,也可以认定公司无控股股东,但是存在 3 名股东为共同实际控制人。

2. 上市审核问答关于实际控制人认定的把握

《首发业务若干问题解答》(2020 年 6 月修订)问题 10:"关于实际控制人的认定,发行人及中介机构应如何把握?"

“答:(1)基本原则。实际控制人是拥有公司控制权的主体。在确定公司控制权归属时,应当本着实事求是的原则,尊重企业的实际情况,以发行人自身的认定为主,由发行人股东予以确认。保荐机构、发行人律师应通过对公司章程、协议或其他安排以及发行人股东大会(股东出席会议情况、表决过程、审议结果、董事提名和任命等)、董事会(重大决策的提议和表决过程等)、监事会及发行人经营管理的实际运作情况的核查对实际控制人认定发表明确意见。

“发行人股权较为分散但存在单一股东控制比例达到30%的情形的,若无相反的证据,原则上应将该股东认定为控股股东或实际控制人。存在下列情形之一的,保荐机构应进一步说明是否通过实际控制人认定而规避发行条件或监管并发表专项意见:①公司认定存在实际控制人,但其他股东持股比例较高与实际控制人持股比例接近的;②第一大股东持股接近30%,其他股东比例不高且较为分散,公司认定无实际控制人的。

“(2)共同实际控制人。法定或约定形成的一致行动关系并不必然导致多人共同拥有公司控制权的情况,发行人及中介机构不应为扩大履行实际控制人义务的主体范围或满足发行条件而作出违背事实的认定。通过一致行动协议主张共同控制的,无合理理由的(如第一大股东为纯财务投资人),一般不能排除第一大股东为共同控制人。实际控制人的配偶、直系亲属,如其持有公司股份达到5%以上或者虽未超过5%但是担任公司董事、高级管理人员并在公司经营决策中发挥重要作用,保荐机构、发行人律师应说明上述主体是否为共同实际控制人。

“共同控制人签署一致行动协议的,应当在协议中明确发生意见分歧或纠纷时的解决机制。对于作为实际控制人亲属的股东所持的股份,应当比照实际控制人自发行人上市之日起锁定36个月。保荐机构及发行人律师应重点关注最近三年内公司控制权是否发生变化,存在为满足发行条件而调整实际控制人认定范围嫌疑的,应从严把握,审慎进行核查及信息披露。

“(3)实际控制人变动。实际控制人为单名自然人或有亲属关系多名自然人,实际控制人去世导致股权变动,股份受让人为继承人的,通常不视为公司控制权发生变更。其他多名自然人为实际控制人,实际控制人之一去世的,保荐机构及发行人律师应结合股权结构、去世自然人在股东大会或董事会决策中的作用、对发行人持续经营的影响等因素综合判断。

“实际控制人认定中涉及股权代持情况的，发行人、相关股东应说明存在代持的原因，并提供支持性证据。对于存在代持关系但不影响发行条件的，发行人应在招股说明书中如实披露，保荐机构、发行人律师应出具明确的核查意见。如经查实，股东之间知晓代持关系的存在，且对代持关系没有异议、代持的股东之间没有纠纷和争议，则应将代持股份还原至实际持有人。

“发行人及中介机构通常不应以股东间存在代持关系、表决权让与协议、一致行动协议等为由，认定公司控制权未发生变动。

“其他情形依照《〈首次公开发行股票并上市管理办法〉第十二条‘实际控制人没有发生变更’的理解和适用——证券期货法律适用意见第1号》处理。”

另外，《深圳证券交易所创业板股票首次公开发行上市审核问答》问题9和《上海证券交易所科创板股票发行上市审核问答(二)》问题5有基本相同的规定。

综上，实际控制人认定的首要原则是尊重企业的客观情况，也就是实际控制人要具有控制权。

3. 律师执业监管指引关于实际控制人认定的核验事项

《监管规则适用指引——法律类第2号：律师事务所从事首次公开发行股票并上市法律业务执业细则》第15条规定：“律师应当查验发行人对控股股东、实际控制人的认定，以及实际控制权的稳定性是否符合法律法规和中国证监会的规定，具体查验内容包括：(一)根据相关法律法规以及相关协议、投资关系、任职关系、亲属关系等情况，认定发行人的实际控制人或者认定发行人无实际控制人。如果发行人的控股股东为自然人以外的公司、企业或者其他组织的，律师应当通过查验公司章程、协议或者其他安排以及发行人股东大会(股东出席会议情况、表决过程、审议结果、董事提名和任命等)、董事会(重大决策的提议和表决过程等)、监事会及发行人经营管理的实际运作情况，逐级追溯最终权益持有主体至国有控股主体、集体组织、自然人等；(二)律师应当在认定实际控制人的基础上，进一步查验实际控制人控制权的稳定性是否符合法律法规的规定。”

4. 创业板首发审核关注要点关于实际控制人认定的规定

依据深圳证券交易所于2021年7月23日发布的《深圳证券交易所创业板发行上市审核业务指南第2号——创业板首次公开发行审核关注要点》，对于实际控制人的认定，保荐人及发行人律师应就以下事项进行核查：

(1)保荐人、发行人律师应通过对公司章程、协议或其他安排以及发行人股东大会(股东出席会议情况、表决过程、审议结果、董事提名和任命等)、董事会(重大决策的提议和表决过程等)、监事会及发行人经营管理的实际运作情况的核查对实际控制人认定发表明确意见。

(2)存在下列情形之一的,保荐人应进一步说明是否通过实际控制人认定而规避发行条件或监管并发表专项意见:①公司认定存在实际控制人,但其他股东持股比例较高与实际控制人持股比例接近的;②第一大股东持股接近30%,其他股东持股比例不高且较为分散,公司认定无实际控制人的。

(3)发行人实际控制人的配偶、直系亲属持有公司股份达到5%以上或者虽未超过5%但是担任公司董事、高级管理人员并在公司经营决策中发挥重要作用的,保荐人、发行人律师应核查说明其是否为共同实际控制人。共同控制人签署一致行动协议的,保荐人、发行人律师应当重点关注最近2年内公司控制权是否发生变化,是否存在为满足发行条件而调整实际控制人认定范围等情形。

(4)实际控制人变动。非亲属关系的多名自然人为实际控制人,实际控制人之一去世的,保荐人及发行人律师应结合股权结构、去世自然人在股东大会或董事会决策中的作用、对发行人持续经营的影响等因素综合判断实控人是否发生变化。

(5)实际控制人认定中存在代持情况的,保荐人、发行人律师应当核查发行人及相关股东提供的证据是否充分、是否存在纠纷、代持是否影响发行条件等,并发表明确意见。如经查实,股东之间知晓代持关系的存在,且对代持关系没有异议、代持股东之间没有纠纷和争议,则应将代持股份还原至实际持有人。

(三)控股股东或实际控制人认定的特殊情形

1. 并非一定要将夫妻或直系亲属认定为共同实际控制人

实际控制人的配偶、直系亲属,如其持有公司股份达到5%以上或者虽未超过5%但是担任公司董事、高级管理人员并在公司经营决策中发挥重要作用,应说明上述主体是否为共同实际控制人。当然如果实际控制人的配偶、直系亲属确实未在公司经营决策中发挥重要作用即使持股比例超过5%或者担任董事、监事、高级管理人员等,则不建议单纯出于谨慎的考虑将相关亲属认定为共同实际控制人,应当尊重客观情况,如实判断和认定。

案例3-201 未将直接持股超过10%的配偶及间接持股的胞妹认定为实际控制人

依据《关于江苏华绿生物科技股份有限公司首次公开发行股票并在创业板上市申请文件的审核问询函之回复报告》(华绿生物、300970),审核问询意见:"请发行人参照《深圳证券交易所创业板股票首次公开发行上市审核问答》的相关内容,补充披露实际控制人余某朝妻子阮某莲持有发行人11.06%股份,但未认定其为发行人共同实际控制人或一致行动人的合理性;阮某莲是否控制其他企业,如有,是否存在与发行人之间的同业竞争。请保荐人、发行人律师核查并发表明确意见。"

后公司更新招股说明书,解释了仅认定余某朝一人为实际控制人的原因。根据《深圳证券交易所创业板股票首次公开发行上市审核问答》以及《〈首次公开发行股票并上市管理办法〉第十二条"实际控制人没有发生变更"的理解和适用——证券期货法律适用意见第1号》,发行人未将阮某莲认定为公司共同实际控制人的原因如下:

(1)余某朝自公司成立以来一直能够独立对发行人实施控制,是公司的实际控制人。余某朝直接持有发行人41.12%的股份,同时间接持有公司0.42%的股份,且自发行人成立以来一直担任董事长、总经理以及法定代表人,能够独立对发行人实施控制。

《深圳证券交易所创业板股票首次公开发行上市审核问答》问题9就实际控制人的认定作出以下规定:实际控制人是拥有公司控制权的主体。在确定公司控制权归属时,应当本着实事求是的原则,尊重企业的实际情况,以发行人自身的认定为主,由发行人股东予以确认。保荐人、发行人律师应通过对公司章程、协议或其他安排以及发行人股东大会(股东出席会议情况、表决过程、审议结果、董事提名和任命等)、董事会(重大决策的提议和表决过程等)、监事会及发行人经营管理的实际运作情况的核查对实际控制人认定发表明确意见。

根据上述规定,保荐人、发行人律师本着实事求是的原则,在尊重企业实际情况的基础上认为:①根据股东大会或董事会的出席、提议、表决和审议结果,余某朝能够独立对公司实施控制。自公司设立以来,发行人的战略发展决策和其他重要决策主要根据余某朝的意志制定，后根据公司章程规定的审议程序，提交公司董事会或股东大会审议。余某朝参加了自发行人成立以来的每一次股东大会和董事会，在表决过程中余某朝以董事/股东身份在历次董事会/股东大会上对根据其意志提出的相关事项投赞成票，其余董事/股东就相关事项的表决结果均与余某朝一致，相关事项在董事会/股东大会上均被表决通过，公司历史上的各项重大决策能够反映余某朝本人在公司战略发展方面的真实意图。阮某莲从未在股东大会中提出任何提案，自公司成立以来阮某莲也从未担任公司董事亦无法参与董事会对公司重大决策的讨论。因此，自公司成立以来，余某朝通过实际支配的公司股份对应的表决权以及其提名的董事能够决定公司重大事项的决策，能够对公司股东大会/董事会的决议产生重大影响，能够独立对公司实施控制。②余某朝可通过对董事、监事和高级管理人员的提名任免独立对公司实施控制。自公司成立以来，对于董事人选，除樊某平系由外部股东江苏高投提名外，其余董事会成员均系由控股股东余某朝提名并最终由股东大会选举产生；对于监事人选，除职工代表监事系由发行人职工代表大会民主选举产生外，发行人的其余股东代表监事均系由控股股东余某朝提名并最终由股东大会选举产生；对于高级管理人员，余某朝自发行人设立以来一直担任发行人的董事长、总经理，发行人的其余高级管理人员（包括副总经理、财务负责人、董事会秘书）均系公司董事会根据董事长/总经理余某朝的提名予以聘任。余某朝可通过对董事、监事和高级管理人员的提名任免对公司实施控制。③余某朝作为董事长、总经理及法定代表人，可在实际运作中独立对公司实施控制。公司通过建立健全董事会议事规则、总经理工作细则等完善的内控制度，亦确保了余某朝在公司日常经营过程中的实际控制人地位。④公司章程、协议或其他安排不存在影响余某朝独立对发行人进行控制的任何条款。根据公司章程，股东以其所代表的有表决权的股份数额行使表决权，每一股份享有一票表决权，而董事会决议的表决，实行一人一票制，因此公司章程不存在其他特殊安排，如前文所述，自公司成立以来，余某朝通过实际支配的公司股份对应的表决权以及其提名的董事能够决定公司重大事项的决策，能够对公司股东大会/董事会的决议产生重大影响，能够独立对公司实施控制。同时，余某朝未与任何他人签订一致行动协议，亦未与他人存在任何有关所持股份及公司控制权的其他协议或安排，前述余某朝可对公司独立实施控制的情形未受任何限制。⑤余某朝对公司独立实施控制的情形已得到股东阮某莲的确认。阮某莲已出具了关于确认余某朝为公司实际控制人的确认函,确认公司实际控制人为余某朝一人。⑥余某朝作为发行人实际控制人符合《〈首次公开发行股票并上市管理办法〉第十二条"实际控制人没有发生变更"的理解和适用——证券期货法律适用意见第1号》的相关规定。

《〈首次公开发行股票并上市管理办法〉第十二条"实际控制人没有发生变更"的理解和适用——证券期货法律适用意见第1号》第2条规定:"公司控制权是能够对股东大会的决议产生重大影响或者能够实际支配公司行为的权力,其渊源是对公司的直接或者间接的股权投资关系。因此,认定公司控制权的归属,既需要审查相应的股权投资关系,也需要根据个案的实际情况,综合对发行人股东大会、董事会决议的实质影响、对董事和高级管理人员的提名及任免所起的作用等因素进行分析判断。"根据前文论述,根据股东大会/董事会的出席、提议、表决和审议结果,余某朝能够独立对公司实施控制,同时余某朝可通过对董事、监事和高级管理人员的提名任免独立对公司实施控制。发行人最近3年内持有、实际支配公司股份表决权比例最高者均为余某朝,最近3年其直接持有发行人41.12%的股份,同时通过宿迁华鑫和拙朴投资间接持有公司0.42%的股份,且自发行人成立以来一直担任董事长、总经理以及法定代表人,能够独立对发行人实施控制,发行人实际控制人未发生变化。

(2)阮某莲自公司成立以来从未在公司担任任何职务,从未向股东大会提出任何议案,从未参与且未来也无意参与发行人的日常生产经营和财务决策,亦从未参与对发行人董事、监事和高级管理人员的提名任免,不是公司的共同实际控制人。《深圳证券交易所创业板股票首次公开发行上市审核问答》问题9就实际控制人的认定作出以下规定:法定或约定形成的一致行动关系并不必然导致多人共同拥有公司控制权的情况,发行人及中介机构不应为扩大履行实际控制人义务的主体范围或满足发行条件而作出违背事实的认定。实际控制人的配偶、直系亲属,如其持有公司股份达到5%以上或者虽未超过5%但是担任公司董事、高级管理人员并在公司经营决策中发挥重要作用,保荐人、发行人律师应说明上述主体是否为共同实际控制人。阮某莲系余某朝的配偶,双方未签署书面的一致行动协议。虽然基于夫妻关系的存在,双方存在法定的一致行动关系,但根据上述规定,法定的一致行动关系并不必然导致多人共同拥有控制公司控制权的情况。

根据上述规定及公司的实际情况,发行人未将阮某莲认定为公司共同实际控制人的原因如下:①阮某莲作为公司股东,从未向股东大会提出任何议案,在历次股东大会的表决结果均与余某朝一致。自发行人2010年6月设立至2015年9月,阮某莲均未持有公司股份。阮某莲所持股份系基于与余某朝的夫妻关系,在2015年9月以1元/股的价格受让余某朝股份而来。自阮某莲2015年9月持有发行人股份至今,其虽然出席了公司召开的每一次股东大会,但经核查股东大会相关文件,其从未向股东大会提出任何议案,在历次股东大会的表决结果均与余某朝一致。②阮某莲作为公司股东,从未参与公司董事、监事、高级管理人员的提名任免,不具有任何人事决策权。自阮某莲2015年9月持有发行人股份至今,发行人分别在2017年6月和2020年6月进行过两次董事、监事和高级管理人员的换届选举。对于董事人选,除樊某平系由外部股东江苏高投提名外,其余董事会成员均系由控股股东余某朝提名并最终由股东大会选举产生,阮某莲作为股东从未参与对任何董事的提名;对于监事人选,除职工代表监事系由发行人职工代表大会民主选举产生外,发行人的其余股东代表监事均系由控股股东余某朝提名并最终由股东大会选举产生,阮某莲作为股东从未参与对任何监事的提名;对于高级管理人员,余某朝自发行人设立以来一直担任发行人的董事长、总经理,发行人的其余高级管理人员(包括副总经理、财务负责人、董事会秘书)均系公司董事会根据董事长/总经理余某朝的提名予以聘任,阮某莲并非公司董事,无权决定公司高级管理人员的任免。③阮某莲作为公司股东,其不掌握任何食用菌生产的技术和经验,自公司成立以来从未担任公司董事和其他任何职务,无法也从未参与董事会和行政办公会议,从未参与且未来也无意参与发行人的日常生产经营和财务决策。自公司成立以来,阮某莲从未担任公司董事和公司其他任何职务,无法也从未参与公司董事会和行政办公会议,无法在董事会对公司重大决策等审议和决策层面以及公司日常生产经营层面对公司施加任何影响,也从未参与公司日常生产经营和财务决策。阮某莲不掌握任何食用菌种植的技术,其主要从事保险代理业务,根据其出具的关于确认余某朝为公司实际控制人的确认函,其未来亦无意愿参与发行人的经营管理。

(3)阮某莲不存在通过不认定为实际控制人而规避相关股东义务的情况。阮某莲就其所持发行人股份的限售安排、自愿锁定股份、延长锁定期等内容均比照其配偶余某朝出具相同内容的承诺函,不存在通过未被认定为发行人实际控制人而规避相关股东义务的情况。阮某莲已出具了关于确认余某朝为公司实际控制人的确认函,确认公司实际控制人为余某朝一人。

综上所述,阮某莲虽然系公司实际控制人余某朝的配偶,但双方未签署书面的一致行动协议。虽然基于夫妻关系的存在,双方存在法定的一致行动关系,但根据《深圳证券交易所创业板股票首次公开发行上市审核问答》,法定的一致行动关系并不必然导致多人共同拥有控制公司控制权的情况。根据上述规定及发行人的实际情况,基于:①余某朝自公司成立以来一直能够独立对发行人实施控制;②阮某莲作为公司股东,从未向股东大会提出任何议案,在历次股东大会上的表决意见均与余某朝一致;③阮某莲作为公司股东,从未参与公司董事、监事、高级管理人员的提名任免,不具有任何人事决策权;④阮某莲作为公司股东,其不掌握任何食用菌生产的技术和经验,自公司成立以来从未担任公司董事和其他任何职务,无法也从未参与董事会和行政办公会议,从未参与且未来也无意参与发行人的日常生产经营和财务决策;⑤阮某莲已出具了关于确认余某朝为公司实际控制人的确认函,确认公司实际控制人为余某朝一人,因此,根据《深圳证券交易所创业板股票首次公开发行上市审核问答》的相关规定,本着实事求是的原则,从尊重企业实际情况的角度出发,未认定阮某莲为公司的共同实际控制人,具有合理性。阮某莲已比照实际控制人对所持公司股份的限售安排和锁定要求出具了相同内容的承诺函,不存在通过未被认定为公司实际控制人而规避履行相关股东义务的情况。

经核查,保荐人认为,阮某莲系公司实际控制人余某朝的配偶,双方未签署书面的一致行动协议。虽然基于夫妻关系的存在,双方存在法定的一致行动关系,但根据《深圳证券交易所创业板股票首次公开发行上市审核问答》的相关规定,法定或约定形成的一致行动关系并不必然导致多人共同拥有公司控制权的情况。因此,本着实事求是的原则,从尊重企业实际情况的角度出发,未认定阮某莲为发行人共同实际控制人具有合理性,符合《深圳证券交易所创业板股票首次公开发行上市审核问答》的相关规定;阮某莲平时主要从事保险业务,且除持有发行人11.06%的股份外未投资其他企业,亦未控制任何企业,也未在任何其他企业中担任董事、监事、高级管理人员职务和其他任何兼职，与发行人之间不存在同业竞争；余某朝之妹余某钦不直接持有公司股份，仅通过员工持股平台间接持有发行人0.15%的股份且其并未在公司经营决策中发挥重要作用，故亦非公司共同实际控制人。

案例 3－202 未将担任高级管理人员且存在间接持股的配偶认定为共同实际控制人

根据常州澳弘电子股份有限公司招股说明书的披露，发行人实际控制人为杨某红、陈某红，实际控制人陈某红的配偶耿某娅担任发行人高级管理人员，并自2017年间接持有发行人股份，耿某娅及其父亲耿某章共同出资设立昇耀国际（我国香港特别行政区），发行人将收购昇耀国际（我国香港特别行政区）业务视作同一控制下合并。请保荐机构、发行人律师补充说明未将耿某娅认定为共同控制人的依据和理由，是否存在规避实际控制人变动、同业竞争等发行条件或股份锁定等监管要求的情形，对实际控制人认定的合理性及近3年实际控制人是否发生变动发表明确意见，补充披露共同控制相关协议中发生意见分歧或纠纷时的解决机制。

另外，润农节水（830964）在2021年报披露时，其认定的控股股东为薛某松，实际控制人为薛某松、李某欣，一致行动人为薛某霞、薛某超。其中李某欣为实际控制人之一且是直接股东但未被认定为控股股东之一。润农节水认定控股股东的方法属于符合法理的做法。润建股份（002929）上市时，将李某国认定为公司的实际控制人，未将其配偶蒋某北认定为共同实际控制人。

2. 兄弟姐妹等近亲属并非为当然共同实际控制人

依照规定，实际控制人的配偶、直系亲属，如其持有公司股份达到5%以上或者虽未超过5%但是担任公司董事、高级管理人员并在公司经营决策中发挥重要作用，保荐机构、发行人律师应说明上述主体是否为共同实际控制人。但是，兄弟姐妹共同持股或任职董事、监事、高级管理人员，并不一定当然要认定为共同实际控制人，因为兄弟姐妹并非直系亲属关系。

案例3-203 未将兄弟认定为共同实际控制人但按一致行动人管理

北交所首家转板科创板的公司即观典防务(832317)在转板审核过程中,仅认定高某一人为实际控制人,未认定其兄弟李某冰为共同实际控制人。

转板反馈意见中包含:“请转板公司基于高某与李某冰系同胞兄弟的事实,说明未将李某冰认定为高某的一致行动人的依据及合理性。请保荐人和转板公司律师发表明确核查意见。”

反馈回复称:李某冰是高某的一致行动人。结合高某和李某冰系同胞兄弟及双方签署《一致行动协议》的事实,李某冰是高某的一致行动人,但李某冰不是公司的共同实际控制人。

李某冰不属于公司的共同实际控制人的原因如下:

(1)公司章程的相关约定

高某依照其对董事的提名权及直接持有转板公司股份数,能够独立对转板公司董事会、股东大会的决议产生重大影响并实际支配转板公司行为,而无须合并计算李某冰的持股数量,且李某冰无法支配转板公司行为,故高某为转板公司实际控制人。

(2)股东大会、董事会表决情况及董事、高级管理人员提名情况

转板公司公开发行、转板等与公司经营、管理、发展有关的重要股东大会议案,均由高某提出。

转板公司除李某冰提名1名(李某冰本人)董事外,其余董事均由高某提名,高某能够独立对转板公司董事会产生重大影响。高某担任转板公司董事长及总经理职务,转板公司根据高某的提名,聘任转板公司副总经理、财务负责人、董事会秘书等其他高级管理人员,高某能够独立对转板公司管理人员的人事任免起到决定性支配作用。

(3)高某与李某冰的亲属关系

高某与李某冰系同胞兄弟。根据我国司法实践,直系亲属系指和自己有直接血缘关系或婚姻关系的人,包括直系血亲和直系姻亲,如父母、配偶、子女。高某与李某冰为同胞兄弟,即旁系亲属,不具有直系亲属关系。

根据《上海证券交易所科创板股票发行上市审核问答(二)》问题5的规定,

实际控制人的配偶、直系亲属,如其持有公司股份达到5%以上或者虽未超过5%但是担任公司董事、高级管理人员并在公司经营决策中发挥重要作用,除非有相反证据,原则上应认定为共同实际控制人。高某与李某冰虽为同胞兄弟,但不具有直系亲属关系,因此,未将李某冰认定为转板公司共同实际控制人符合《上海证券交易所科创板股票发行上市审核问答(二)》的相关要求。

(4)持股比例、任职情况及在转板公司日常经营中发挥的作用

转板公司系高某于2004年8月4日创立,自转板公司创立以来,高某始终担任转板公司董事长兼总经理、法定代表人,不仅对外代表转板公司,还负责转板公司战略、重大人事及整体运营管理。从其在转板公司任职、参与转板公司实际经营的影响力及主导转板公司经营战略等多方面来看,高某自转板公司创立至今,统筹领导转板公司的业务、技术、销售等工作,能够独立对转板公司的经营方针、经营决策及重大经营管理等事项起到支配作用。

为优化公司的治理结构,李某冰于2005年8月入职转板公司。入职以来,李某冰主要负责转板公司的信息披露、财务等工作,对转板公司的经营方针、经营决策及重大经营管理等事项并未产生重大影响。

作为转板公司实际控制人,高某的持股数量远高于李某冰和其他股东,且高某自转板公司创立以来,一直担任转板公司董事长、总经理职位,高某独立对转板公司的日常经营起支配作用。

(5)李某冰出具的承诺

为明确高某对转板公司拥有单独的实际控制权,李某冰于2022年1月28日出具关于不谋求观典防务控制权的承诺函,主要内容如下:

①本人认可高某对观典防务的实际控制人地位,虽然本人已于2022年1月28日与高某共同签署《一致行动协议》,但本人不存在通过《一致行动协议》及其他安排影响高某作为观典防务实际控制人地位的情形,本人亦不存在通过《一致行动协议》谋求观典防务控制权的情形。

②本人承诺不通过任何形式谋求或协助观典防务实际控制人以外的其他人影响高某对观典防务的控制权;不与观典防务除实际控制人以外的其他股东结成一致行动关系,也不会通过协议或其他形式协助观典防务除实际控制人以外的其他股东扩大其能够支配的股份表决权。

基于上述原因,李某冰对于转板公司不具有共同控制权,转板公司实际控制人高某的控制权稳定。

综上,结合高某和李某冰系同胞兄弟及双方签署《一致行动协议》的事实,李某冰是高某的一致行动人,但李某冰不是公司的共同实际控制人。

另外,实际控制人的兄弟姐妹持股或任职,需要根据实际情况认定相关亲属是否属于实际控制人。即使兄弟姐妹持股比例较大,甚至持股比例超过20%,也可能根据实际情况不将相关人员认定为实际控制人。例如,依据《关于苏州朗威电子机械股份有限公司首次公开发行股票并在创业板上市申请文件的第三轮审核问询函的回复》,审核问询意见:“问题 10. 关于实际控制人认定。申请文件及问询回复显示,高某擎控制发行人 72.15% 的股份,系发行人控股股东、实际控制人。高某冲为高某擎兄弟,担任发行人董事,持有发行人 21.99% 的股份。发行人未认定高某冲为共同实际控制人或一致行动人。请发行人:(1)说明实际控制人高某擎与其兄弟高某冲不构成一致行动人关系是否符合相关规定,相关依据是否充分。(2)说明发行人实际控制人认定情况与新三板挂牌期间是否存在差异;除高某擎和高某冲为发行人创始股东外,高某擎和高某冲历史上和目前是否存在其他共同投资、共同业务合作等情况,上述情况是否影响发行人实际控制人认定结论。(3)结合高某冲投资企业、其关联方情况,说明是否存在通过实际控制人认定规避监管规定情形。请保荐人、发行人律师发表明确意见。”

分析:对于具有亲属关系的人员可以根据企业的实际情况,不认定其他人员作为共同实际控制人,但是对于具有兄弟姐妹关系的其他股东或者高级管理人员应当从谨慎出发,倾向于认定其为控股股东或者实际控制人的一致行动人。

3. 第一大股东持股接近 30%,并非一定要认定存在控股股东或实际控制人

发行人股权较为分散但存在单一股东控制比例达到 30% 的情形的,若无相反的证据,原则上应将该股东认定为控股股东或实际控制人。但是,对于第一大股东持股接近 30%,其他股东比例不高且较为分散,公司认定无实际控制人的,保荐机构应进一步说明是否通过实际控制人认定而规避发行条件或监管并发表专项意见。

案例 3-204 发行人第一大股东持股近 30%，认定公司无控股股东及实际控制人

依据《上海瀚讯信息技术股份有限公司首次公开发行股票招股说明书（更新）》（上海瀚讯、300762），发行人的第一大股东为上海双由信息科技有限公司，持有公司 29.77% 的股份，发行人认定其不存在控股股东、实际控制人，认为其公司董事、股东均独立行使表决权，不存在一致行动、共同控制公司的情形。同时，2015 年 5 月 20 日至 2015 年 12 月 1 日，上海双由信息科技有限公司持股比例为 40.12%；2015 年 12 月 17 日至 2015 年 12 月 30 日，其持股比例为44.57%；2015 年 12 月 30 日至 2016 年 3 月 1 日，其持股比例为39.72%；2016 年 3 月 1 日至首发上市审核时其持股比例稳定在 29.77%。

案例 3-205 持股近 40% 的国有参股公司被认定为无控股股东及无实际控制人

依据《关于北京华大九天科技股份有限公司首次公开发行股票并在创业板上市申请文件第二轮审核问询函之回复报告》，审核问询意见："中国电子集团持有发行人股份数量超过 1/3，对于发行人股东大会特别决议事项是否构成一票否决，请就其对发行人公司治理的影响进行有针对性的风险提示。"

反馈回复如下："1. 中国电子集团持有发行人股份数量超过 1/3，对于发行人股东大会特别决议事项是否构成一票否决。截至回复报告出具日，中国电子集团通过其下属子公司中国电子有限、中电金投合计间接持有发行人 39.6223% 的股权。根据发行人现行有效的公司章程和股东大会议事规则，以下事项须由发行人股东大会进行特别决议（出席股东大会的股东所持表决权的 2/3 以上通过）：（1）公司增加或减少注册资本；（2）公司的分立、合并、解散、清算和变更公司形式；（3）本章程的修改；（4）股权激励计划；（5）公司在 1 年内购买、出售重大资产金额超过公司最近 1 期经审计总资产 30% 的事项；（6）法律、法规、规范性文件或本章程规定的，以及股东大会以普通决议认定会对公司产生重大影响的、需要以特别决议通过的其他事项。根据发行人本次发行上市后生效的公司章程（草案），须由发行人股东大会以特别决议通过事项在前述基础上增加：连续 12 个月内担

保金额超过公司最近1期经审计总资产30%的对外担保。

“前述公司章程等公司治理文件中关于重大事项由股东大会特别决议审议通过的规定，系发行人基于《公司法》(2018修正)第43条、第121条及《上市公司章程指引》第77条等规定制定的，并非针对中国电子集团及其下属企业持股比例情况所做的特殊安排。截至本回复报告出具日，发行人不存在与前述现行有效公司治理文件规定存在矛盾的公司治理安排，任何股东均无法凭其单独或合计所持股权比例在发行人股东大会中形成有效决议。

“报告期内，中国电子集团及其下属子公司中国电子有限、中电金投在其各自作为发行人股东期间，均不存在反对发行人股东(大)会审议的任何议案的情形。此外，根据2021年第二次临时股东大会决议，发行人拟向社会公众公开发行108,588,354股股票；本次发行上市完成后，公开发行的股份将达到发行后发行人股份总数的20%。本次发行上市后，中国电子集团下属子公司中国电子有限、中电金投合计持有的发行人股权将被稀释至其已发行股份总数的1/3以下，其客观上无法否决发行人股东大会审议的特别决议事项。中国电子集团已就上述事项出具书面确认：本企业仅基于参股企业管理制度，通过授权股东代表及提名董事参加发行人股东(大)会、董事会的方式参与发行人重大事项的决策，发行人现有章程、制度及将于本次发行上市后生效的公司章程(草案)等公司治理文件中关于特别决议的规定，系基于《公司法》《上市公司章程指引》等法律法规、上市相关公司治理规则要求制定的，不存在为赋予本企业一票否决权而设置或针对本企业及下属企业持股情况作出特殊安排的情形。综上，基于对发行人的持股比例，中国电子集团及其下属子公司客观上具备否决发行人现行有效公司章程规定的股东大会特别决议事项的条件，但该等公司治理制度系根据法律规定而非为特殊股东权利所做的安排，且报告期内中国电子集团及其下属子公司均未在发行人股东大会实质行使任何否决权。

“2.请就其对发行人公司治理的影响进行有针对性的风险提示。

“发行人已在招股说明书‘重大事项提示’之‘一、特别风险提示’之‘(三)无控股股东及实际控制人风险’补充披露如下内容：‘公司股权结构较为分散，且单个股东均无法控制董事会多数席位，公司无控股股东及实际控制人。公司经营方针及重大事项的决策均由股东大会和董事会按照公司制度讨论后确定，避免了因单个股东控制引起决策失误而导致公司出现重大损失的可能，但不排除存在因无控股股东及实际控制人影响公司决策效率的风险。此外，由于公司无控股股东及实际控制人，公司可能面临股权结构发生较大改变而导致控制权不稳定的风险，可能会使公司生产经营和业务发展受到不利影响。尽管公司无控股股东及实际控制人，截至本招股说明书签署日，中国电子集团通过其全资子公司中国电子有限及中电金投间接合计持有公司股权比例达到39.6223%，高于1/3，对于需经出席股东大会的股东所持表决权的2/3以上通过的股东大会特别决议事项，实质具备一票否决的条件，可能导致公司股东大会特别决议事项的决策效率受到不利影响。'”

4. 实际控制人持股比例相对较低

公司认定存在实际控制人，但其他股东持股比例较高，与实际控制人持股比例接近的，保荐机构应进一步说明是否通过实际控制人认定而规避发行条件或监管并发表专项意见。

案例3-206 认定存在实际控制人，其他大股东出具不谋求控制的承诺

依据湖南南新制药股份有限公司（以下简称南新制药）的（南新制药、688189）上市文件反馈回复文件，其认定湘投控股为发行人控股股东，湖南省国资委为发行人实际控制人，其认定理由如下：(1)最近2年，湘投控股可实际支配发行人的表决权均超过30%，足以控制发行人股东大会。截至回复意见出具日，湘投控股为发行人第一大股东，持股比例为38.10%。湘江产业为湘投控股100%控制的子公司（湘投控股直接持有湘江产业99.5%的股权，并通过其全资子公司湖南湘投高科技创业投资有限公司间接控制湘江产业0.5%的股权）。经查阅发行人最近2年的工商登记资料，2017年1月至2017年10月，湘江产业直接持有发行人38.10%的股份，系发行人直接控股股东，湘投控股通过湘江产业间接控制发行人38.10%的股份，系发行人的间接控股股东，湖南省国资委系发行人的实际控制人；2017年10月，湘江产业持有的发行人38.10%的股权无偿划转至湘投控股，2017年10月至今，湘投控股为发行人直接控股股。在发行人股东大会层面，湘投控股持有发行人的股份比例虽然不足50%,但最近2年湘投控股控制的发行人股份比例始终超过30%,持股比例远高于第二大股东广州乾元的持股比例(广州乾元持股20.95%),发行人其他股东的持股较为分散且持股比例较低,发行人其他持股5%以上的股东广州乾元、杭州鼎晖均出具了关于不谋求控制地位的承诺函,确认其不以任何形式谋求成为发行人控股股东或实际控制人,不以控制为目的增持发行人股份,不参与任何可能影响湖南省国资委作为发行人实际控制人地位的活动。据此,湘投控股持有的股份表决权足以对发行人股东大会的决议产生重大影响。

(2)最近2年,湘投控股能决定发行人董事会半数以上成员的任免。2017年1月至2017年10月,发行人董事会由5名董事组成,湘投控股通过湘江产业向发行人提名了半数以上董事;2018年1月发行人改制为股份公司后,董事会由9名董事组成(其中非独立董事5名),湘投控股共提名了8名董事(其中非独立董事4名),最近2年湘投控股提名的董事始终占发行人董事会成员半数以上,其可以控制发行人董事会中半数以上非独立董事成员的选任。

(3)最近2年,湘投控股能对发行人股东大会、董事会决议产生重大影响。经查阅发行人最近2年的董事会、股东大会文件,自发行人整体变更为股份有限公司之日至回复意见出具日,发行人共召开了11次董事会、9次股东大会。历次董事会、股东大会均达成一致决议,除湘投控股及其提名的董事依法回避表决的情形外,湘投控股及其提名的董事提案的表决结果均为通过,湘投控股及其提名的董事对相关会议议案表决结果具有控制力,能对发行人股东大会、董事会决议产生重大影响。

(4)最近2年,湘投控股能实际支配发行人的重大经营决策、重要人事任命。最近2年,湘投控股能通过董事会对发行人的重大经营决策及总经理、副总经理、财务总监等重要人事任命产生重大影响,湘投控股提名的杨某逊长期担任公司董事长并实际负责发行人的经营管理工作,发行人最近2年审议的经营计划、融资担保、对外投资、高级管理人员任免等与公司日常经营管理相关的事项均由杨某逊等经营管理团队(包括总经理张某喜、财务总监兼董事会秘书黄某迪等)形成初步议案内容后提交董事会决策,并由经营管理团队具体负责发行人的研发、生产、销售等工作。据此,湘投控股能实际支配发行人的重大经营决策、重要人事任命。

根据湘投控股的工商登记资料，湘投控股自设立至今一直系湖南省国资委出资设立的国有独资公司，因此，湖南省国资委为发行人的实际控制人。综上，本次将湘投控股认定为发行人控股股东、湖南省国资委认定为发行人实际控制人符合《公司法》《〈首次公开发行股票并上市管理办法〉第十二条"实际控制人没有发生变更"的理解和适用——证券期货法律适用意见第 1 号》等相关规定以及公司实际情况。

案例 3 - 207 第二大股东与第一大股东持股接近要求，说明是否规避发行条件

依据《深圳英集芯科技股份有限公司审核问询函的回复》，该发行人实际控制人黄某伟直接持有公司 1.21% 的股份，并通过珠海英集、珠海英芯、成都英集芯企管 3 家员工持股平台间接控制发行人 33.28% 的股份，合计控制公司 34.49% 的股权。在珠海英集、珠海英芯上层持股平台宁波皓昂、宁波才烁层面，普通合伙人一直为黄某伟的配偶廖某，直至 2021 年 1 月廖某与英芯有道签署转让协议书，将其所持有的份额转让给英芯有道。珠海英集为发行人第一大股东，持股比例为 27.66%，上海武岳峰为第二大股东，持股比例为 27.61%。要求结合第二大股东上海武岳峰与第一大股东持股比例极为接近以及上海武岳峰的对外投资情况，进一步说明是否存在通过实际控制人认定而规避发行条件或监管的情形。

案例 3 - 208 实际控制人持股比例低于 20% 认定依据的充分性

特殊情况下审核机构会关注认定持股比例低于 30% 甚至低于 20% 的人作为实际控制人的依据及合理性。例如，亿华通(688339)在其科创板上市申请中，审核机构反馈如下："实际控制人张某强目前持股比例为 25.09%，预计本次发行完成后，张某强持股比例不低于 17.56%，其能否实质控制发行人，是否存在一致行动协议或其他利益安排，其他股东是否存在控制发行人的可能性，公司从管理层、财务投资者、产业投资者等的持股比例以及新三板挂牌前后重大事项的决策等角度论证实际控制人认定的依据。"

5. 有实际控制人但无控股股东

实际控制人通过多个主体持股，而发行人并无控股股东的，直接认定公司存在实际控制人，无控股股东即可，无须把多个公司都列为公司的共同控股股东。

案例3-209 认定无控股股东但认定有实际控制人

依据《中科微至智能制造科技江苏股份有限公司首次公开发行股票并在科创板上市招股说明书》等文件，该公司第一大股东微至源创和第二大股东李某燕、第三大股东群创众达持股比例较为接近，且上述股东持股比例均未超过30%，故公司无控股股东。自然人李某燕直接持有公司20.08%的股权，并作为微至源创及群创众达的普通合伙人及执行事务合伙人，分别通过微至源创、群创众达间接控制公司27.38%、20.08%的股权，合计控制公司67.54%的股权，为公司的实际控制人。

（四）无实际控制人的认定

1. 无实际控制人企业的主要特征

无实际控制人是指发行人不存在单一能够实际控制公司的主体，无实际控制人不等同于无控股股东，多数无实际控制人的公司无控股股东，但是无控股股东的公司可能存在实际控制人，有控股股东的公司不一定有实际控制人。

无实际控制人公司一般具有以下特征：（1）不存在单一股东单独持股（含间接持股）或股东及一致行动人合计持股超过50%的情形；（2）不存在能够对公司股东大会或董事会的决议施加重大影响的主体；（3）不存在能够决定董事会半数以上成员任免的主体；（4）不存在能够实际支配或者决定公司的重大经营决策、重要人事任命等事项的主体。

认定无实际控制人的条件多为消极条件，多数无实际控制人的企业都具有上述特征，但是并不能够单纯依据前述特征认定公司无实际控制人。认定企业无实际控制人时首先应该遵从企业的实际情况，依照客观情况作出认定。如果无实际控制人的，首先要考虑的是管理层的实际持股和对公司的控制情况，管理层是否能够形成对公司的实际控制，是否应当对管理层进行实际控制人认定。

2. 无实际控制人的企业类型

(1)公司无控股股东且无实际控制人

公司的股权较为分散,无单一股东持股比例超过30%,且相关股东均不属于同一实际控制人控制或者其实际控制人之间具有关联关系,任一股东均无法实际控制公司。例如,澜起科技(688008)、中芯国际(688981)等均属于无控股股东且无实际控制人的情况。

(2)公司有控股股东但无实际控制人

公司存在第一大股东持股比例超过30%,甚至接近50%,但第二大或者其他股东的持股比例较为接近,股东之间相互制衡且相互独立,单一股东持有或可以支配表决权的比例均不超过51%,单一股东均不足以实际支配公司决策。

另外,公司存在持股超过51%的股东,甚至更高持股比例的股东,但是公司的控股股东无实际控制人所以认定为无实际控制人。存在持股比例达到控股地位的发行人,应当依法认定控股股东,而判断是否存在实际控制人需要对控股股东以及发行人的持股情况进行综合分析。

案例3-210 控股股东无实际控制人认定公司无实际控制人

依据上海微创心脉医疗科技(集团)股份有限公司(以下简称心脉医疗)(心脉医疗、688016)的招股说明书,心脉医疗控股股东为香港心脉,香港心脉系维尔京心脉的全资子公司,维尔京心脉系微创医疗的全资子公司。维尔京心脉和微创医疗分别注册于英属维尔京群岛和开曼群岛。该公司的间接控股股东为香港联交所主板上市公司微创医疗,最近24个月内微创医疗的股权结构一直较为分散,不存在单一股东及其一致行动人合计持股比例超过30%或能够单独决定股东大会审议结果的情形,亦不存在单一股东及其一致行动人能够基于其提名的董事在董事会中的席位单独决定董事会的审议事项。因此,微创医疗任意单一股东及其一致行动人无法对微创医疗的决策形成控制。

另外,生益电子(688183)因认定公司的控股股东无实际控制人,所以认定公司无实际控制人。

案例 3-211 间接控股股东无实际控制人认定公司无实际控制人

依据瑞能半导体科技股份有限公司(以下简称瑞能半导)(于 2021 年 6 月终止审核)的招股说明书等材料,该公司的前三大股东均为北京建广资产管理有限公司(以下简称建广资产)担任执行事务合伙人的合伙企业,建广资产能够在发行人股东(大)会中以私募基金名义行使 71.44% 的股东表决权,对瑞能半导具有重大影响,为瑞能半导的间接控股股东;因间接控股股东建广资产的两名股东中建投资本管理(天津)有限公司、建平(天津)科技信息咨询合伙企业(有限合伙)分别持有建广资产 51.00%、49.00% 的股权,任一股东对建广资产董事会及日常经营管理均无单独决策权,建广资产无实际控制人,因此,发行人瑞能半导无实际控制人。

另外,银河电子(002519)、三聚环保(300072)在申请首发上市时,均认定公司存在控股股东,因无任何乙方主体能够控制控股股东,所以无实际控制人。

3. 无实际控制人的股东股份限售问题

发行人没有或难以认定实际控制人的,为确保发行人股权结构稳定、正常生产经营,不因发行人控制权发生变化而受到影响,要求发行人的股东按持股比例从高到低依次承诺其所持股份自上市之日起锁定 36 个月,直至锁定股份的总数不低于发行前股份总数的 51%。应予以锁定 51% 股份范围的股东,符合下列情形之一的,可不适用上述锁定 36 个月规定:员工持股计划;持股 5% 以下的股东;非发行人第一大股东且符合一定条件的创业投资基金股东。其中,“符合一定条件的创业投资基金股东”是指符合《私募基金监管问答——关于首发企业中创业投资基金股东的认定标准》的创业投资基金股东。

相关的依据详见《深圳证券交易所创业板股票首次公开发行上市审核问答》中问题 18 发行人没有或难以认定实际控制人的,发行人股东所持股票的锁定期如何安排的规定和《上海证券交易所科创板股票发行上市审核问答(二)》中问题 6 发行人没有或难以认定实际控制人的,发行人股东所持股票的锁定期如何安排的规定。

依据创业板和科创板等所属交易所的审核问答,对于存在刻意规避股份限售期要求的，交易所将按照实质重于形式的原则，要求相关股东参照控股股东、实际控制人的限售期进行股份锁定。

4. 上市审核关注及反馈回复要点

(1)认定无实际控制人是否准确，是否通过认定无实际控制人规避发行条件或监管

反馈回复的思路和要点如下：

①通过梳理最近2年或者3年公司的股东持股情况，分析论证最近2年或者3年发行人无实际控制人的情况保持稳定，未发生实际控制情况的变更。另外，通过核查股东大会(或股东会)的决议情况、董事会的决议情况、董事会和监事会人员任命情况等论证公司最近2年或者3年发行人无实际控制人的情况符合客观情况。

②披露并阐述主要股东的限售和锁定期安排。

③不存在通过认定无实际控制人规避同业竞争的情形。通过梳理持股合计51%以上股东的主营业务，论证发行人与主要股东不从事相同或相似业务的企业，不存在同业竞争。持股合计51%以上的股东出具关于避免同业竞争的承诺函，承诺公司现在和未来均不从事与发行人现有业务有实质性竞争或可能有实质性竞争的业务活动。发行人与主要股东及其控制的其他企业间不存在对发行人构成重大不利影响的同业竞争。

④主要股东不存在重大违法行为。

(2)如何保证公司经营和管理的稳定和可持续性

反馈回复的思路和要点如下：

①保持管理团队持续稳定性的措施或安排。第一，管理层稳定安排。通过向高管理层开展持股，约定股份锁定事宜、离职后期权处理安排等相关事宜。第二，员工持股安排。公司的管理团队通过持股平台间接持有发行人股份，并就其所持发行人股份的锁定事宜作出承诺。

②保持股权结构稳定，进而确保发行人生产经营的稳定。第一，股东承诺上市后锁定股份。公司主要股东出具承诺函，承诺其所持股份自上市之日起锁定36个月，锁定股份的总数不低于发行前股份总数的51%。第二，股东承诺上市后不谋求控制权。公司主要股东出具承诺函，承诺不以任何形式谋求成为发行人的控

股股东或实际控制人,不以控制为目的增持发行人股份。

(3)相关的限售和持股锁定的安排

反馈回复的思路和要点为:合计持有发行人 51% 股份的股东及其一致行动人就股份锁定期均出具承诺函,承诺其所持发行人股份自上市之日起锁定 36 个月,从而论证发行人不存在通过认定无实际控制人规避锁定期相关规定的情形,符合《首发业务若干问题解答》(2020 年 6 月修订)等的要求。

(4)公司治理的有效性及风险提示

反馈回复的思路和要点为:公司已制定规范有效的内部控制制度。公司已设置股东大会、董事会及其专门委员会、监事会及经营管理层,形成了权责分明的公司治理架构。公司已制定公司章程、股东大会议事规则、董事会议事规则、监事会议事规则等公司治理的相关制度,明确了股东大会、董事会、监事会和经营管理层的职责权限、工作程序,确保了股东大会、董事会、监事会及经营管理层独立运作、独立决策、相互制约,保证了发行人公司治理的有效性,最大限度地减少了无法形成有效决议的风险。

二、共同实际控制人及其争议解决

(一)共同实际控制人的类别

1. 夫妻或直系亲属关系

夫妻或者直系亲属关系是当然的一致行动关系,无须依靠其他的证据证明,就可以认定相关的主体之间存在一致行动关系,所以可能形成多个实际控人共同控制。尤其是若实际控制人的配偶、直系亲属持有公司股份达到 5% 以上或者虽未超过 5% 但是担任公司董事、高级管理人员并在公司经营决策中发挥重要作用,优先考虑将相关人员认定为共同实际控制人,但是对实际控制人的判定应当结合客观情况认定,保荐机构、发行人律师应说明存在夫妻或亲属关系的上述主体是否为共同实际控制人。法定的一致行动关系并不必然导致多人共同拥有公司控制权的情况,发行人及中介机构不应为扩大履行实际控制人义务的主体范围或满足发行条件而作出违背事实的认定。

另外,对于未依法认定为实际控制人的夫妻或者直系亲属,应当依法按照实际控制人对相关的股份进行限售。

案例3-212 夫妻子女等当然一致行动关系主体未被认定为实际控制人之一

依据《关于盛美半导体设备(上海)股份有限公司首次公开发行股票并在科创板上市申请文件的审核问询函的回复》,审核问询意见:“问题3(6)王某(美国国籍)与其妻子、子女是否存在一致行动关系,结合王某妻子、子女的持股及投票权情况,进一步论证未将其妻子、子女认定为共同实际控制人的依据是否充分,作为实际控制人亲属的股东所持股份的锁定期是否符合监管要求。”

发行人补充披露如下:

(1)王某与其妻子、子女构成中国法律下的法定一致行动关系

根据境外律师出具的关于美国ACMR(发行人的控股股东)的法律意见书以及王某与其妻子、子女出具的声明与承诺函,王某与其妻子、子女在涉及美国ACMR相关事宜时均各自独立决策,不存在与美国ACMR相关的一致行动关系。但是,发行人实际控制人王某担任发行人董事长,且王某与其妻子、子女均通过控股股东美国ACMR间接持有发行人股份,根据《上市公司收购管理办法》第83条的规定,王某及其妻子、子女构成中国法律下的法定一致行动关系。

(2)未将王某的妻子、子女认定为共同实际控制人的依据

根据《上海证券交易所科创板股票发行上市审核问答(二)》问题5之“(二)共同实际控制人”的规定,“实际控制人的配偶、直系亲属,如其持有公司股份达到5%以上或者虽未超过5%但是担任公司董事、高级管理人员并在公司经营决策中发挥重要作用,除非有相反证据,原则上应认定为共同实际控制人”。实际控制人的妻子及子女报告期内均未直接持有发行人股份。截至2019年12月31日,实际控制人的妻子和子女通过美国ACMR持有的发行人股份未超过5%,且未担任美国ACMR和发行人董事、高级管理人员,亦未实际参与美国ACMR和发行人的重大经营决策。综上,发行人未将王某的妻子、子女认定为共同实际控制人的依据充分,符合相关规定。

(3)关于王某的妻子、子女的股份锁定承诺

实际控制人王某的妻子和子女已比照实际控制人王某出具关于股份锁定的承诺函,具体内容如下:“一、自发行人股票上市之日起36个月内,不转让或者委托他人管理本人于本次发行上市前间接持有的发行人股份(以下简称首发前股

份),也不提议由发行人回购该部分股份。二、发行人上市后6个月内若发行人股票连续20个交易日的收盘价均低于发行价,或者上市后6个月期末收盘价低于发行价,本人持有发行人股份的锁定期限自动延长6个月。若发行人已发生派息、送股、资本公积转增股本、增发新股等除权、除息事项,则上述发行价指发行人股票经调整后的价格。三、发行人存在《上海证券交易所科创板股票上市规则》第十二章第二节规定的重大违法情形,触及退市标准的,自相关行政处罚决定或者司法裁判作出之日起至发行人股票终止上市前,本人将不会减持发行人股份。四、如本人违反上述承诺减持发行人股份,则出售该部分发行人股份所取得的实际收益(如有)归发行人所有。”综上,实际控制人的妻子和子女所持发行人股份的锁定期符合监管要求。

但是,区别于前述案例中,未将近亲属认定为实际控制人的情形,辽宁信德新材料科技股份有限公司在上市申请文件中认定公司的控股股东和实际控制人均为父子二人。

案例 3-213 反馈要求对相关非直系亲属股份进行限售

依据《关于慧翰微电子股份有限公司首次公开发行股票并在科创板上市申请文件审核问询函回复》,审核问询意见:“发行人实际控制人为陈某鹰,其通过控股股东国脉集团(陈某鹰通过国脉投资控制国脉集团51%的股份,通过表决权委托关系控制国脉集团剩余由陈某持有的49%股份的表决权)合计控制公司47.25%的股份。根据律师工作报告,陈某系陈某鹰女儿,其于2019年7月5日自陈某鹰处受让国脉集团49%的股权,从而间接持有发行人23.15%的股权。陈某鹰配偶林某榕持有国脉投资0.98%的股份,间接持有发行人0.24%的股份。林某榕之弟媳谢某平直接加间接合计持有发行人21.375%的股份。林某榕、陈某、谢某平未就其所持有的发行人股份出具股份锁定的承诺。请发行人披露:(1)就实际控制人的认定和最近2年是否发生变动情况及依据在招股说明书中以简明方式披露;(2)林某榕、陈某、谢某平比照发行人实际控制人出具锁定期承诺。请发行人说明:上述表决权委托的具体内容及行使方式,是否可撤销;表决权委托的有效期及期后安排,未约定明确期限的,请说明表决权委托的解除机制安排。请保荐机构和发行人律师根据《上海证券交易所科创板股票发行上市审核问答(二)》问题5的规定,结合陈某的持股比例及其与实际控制人陈某鹰的父女关系,说明未认定陈某为共同实际控制人的原因及合理性,并发表明确意见。"

反馈回复:"陈某鹰为公司的实际控制人:(1)陈某鹰控制的国脉集团为发行人唯一的单一持股比例达到30%以上的股东,其能够实际支配公司行为。(2)鉴于:①林某榕间接持有发行人股份的比例未超过5%;②林某榕、陈某自发行人设立至今未在发行人任职,未在公司经营决策中发挥过重要作用;③林某榕未担任国脉投资董事、高级管理人员,不能通过国脉投资对发行人股东大会、董事会决议以及董事和高级管理人员的提名及任免等事项产生重大实质影响,不具备能够实际支配公司行为的权力;④陈某未担任国脉集团董事、高级管理人员,不能通过国脉集团对发行人股东大会、董事会决议以及董事、监事和高级管理人员的提名及任免等事项产生重大实质影响,不具备能够实际支配公司行为的权力;⑤林某榕、陈某不存在通过公司章程、协议或者其他安排对发行人经营管理进行控制的情形;⑥陈某鹰、陈某已签署《表决权委托协议》,陈某已经将其持有的国脉集团49%股东表决权委托给陈某鹰行使。因此,未认定林某榕、陈某为共同控制人。"

2. 一致行动协议

实务中,多人共同创立的公司经常存在签订一致行动协议的情形,一致行动协议是认定实际控制人的有效依据之一。

因为协议约定形成的一致行动关系并不必然导致多人共同拥有公司控制权的情况,发行人及中介机构不应为扩大履行实际控制人义务的主体范围或满足发行条件而作出违背事实的认定。多人签订一致行动协议,但是均与实际控制人保持一致行动的,可以认定实际控制人个人为实际控制人,其他人员为一致行动人,相关的限售政策应当视同实际控制人执行,计算相关表决权持股比例时应当合并计算。

另外,通过一致行动协议主张共同控制的,无合理理由的(如第一大股东为纯财务投资人),一般不能排除第一大股东为共同控制人。但是对于纯属财务投资人的可以根据情况认为不属于实际控制人,例如,三博脑科的第一大股东为财务投资人,四名一致行人为公司的实际控制人。

案例 3-214 申请北交所上市未将第一大股东认为实际控制人

北交所三次问询意见均问询武汉光谷信息技术股份有限公司(以下简称光谷信息)的实际控制人认定问题以及是否在24个月内发生变更,发行人第三次问询后终止上市申请。具体情况如下:

(1)第一次问询意见

依据《关于武汉光谷信息技术股份有限公司申请文件审查问询函的回复》,审核问询意见:问题2.实际控制人认定的准确性。根据申请材料,姜某民等6人自2012年签订一致行动协议,始终为实际控制人。2017年至报告期末发行人股权结构发生重大变化,姜某民等6人曾拟出售所持全部股权,有2名股东已不再担任公司职务,目前6人合计持股16.81%。第一大股东赛微电子2018年完成初步收购后持股30.95%,2018年12月持股达到34.95%,2020年12月完成减持后持股29.9952%;第二大股东持股14.08%,其他股东与第一大股东、第二大股东存在关联关系。

①补充披露6人一致行动的基本信息。请发行人补充披露:一致行动协议的签订背景、时间、主要条款、纠纷解决机制等;上述6人自收购以来,分别转让给收购人和通过二级市场减持股份的数量及占比情况,以及收购协议完成后的转让情况;报告期及协议有效期内如何保持一致行动,李某、张某二人不再参与公司经营的原因以及对6人控制公司经营的影响,是否存在其他影响一致行动关系的因素。

②公司前两大股东与其他股东是否存在一致行动关系。根据申请材料和公开信息,星燎投资有限责任公司(以下简称星燎投资)、湖北省高新产业投资集团有限公司(以下简称湖北高投)、湖北省星燎高投网络新媒体产业投资基金合伙企业(有限合伙)(以下简称星燎高投)、湖北北斗产业创业投资基金合伙企业(有限合伙)(以下简称北斗基金)分别持有发行人14.08%、3.6%、3.32%、1.47%的股份。星燎投资为湖北广电全资子公司;星燎高投的股东中,星燎投资、湖北高投分别出资20.5%、20%,管理人湖北广电高投投资基金管理有限公司的出资人分别为星燎投资(30%)、湖北高投(30%)、周某(40%),管理人登记公开信息显示周某为实际控制人;北斗基金中,赛微电子出资29.69%,其他主要出资人为湖北高

投等湖北省国资委下属企业;管理人北斗产业投资基金管理公司的股东中,湖北高投等湖北省国资委下属企业出资49%,周某出资51%且登记为实际控制人。请发行人按照《非上市公众公司收购管理办法》关于一致行动人认定的相关规定,说明赛微电子、星燎投资与其他股东湖北高投、星燎高投、拉萨亦兴、北斗基金、浙江方大等是否为一致行动人,赛微电子、星燎投资等主体能够支配的公司股份表决权数量。

③发行人其他股东是否明确确认6人的控制权。请发行人说明:a. 关于确认公司共同实际控制人的议案是否主要确认赛微电子未控制公司、而非对6人控制权的确认。b. 赛微电子、星燎投资出具的不谋求控制权的承诺有无约束措施,是否符合《全国中小企业股转系统挂牌公司治理规则》关于公开承诺具体、明确、无歧义、具有可操作性的要求;前述承诺是否主要确认赛微电子、星燎投资拟一定期间不控制公司,是否限制了主要股东行使其股东权利、转让其所持股份。c. 是否存在通过实际控制人认定规避同业竞争、股份限售等事项相关要求的情形。

④6人能否对股东大会产生重大影响。请发行人说明:a. 6人外的其他股东依据《公司法》等规定享有的提请召开股东大会、依其表决权决定公司经营方针和投资计划、选举和更换非职工董事监事、批准或者否决董事会报告等股东权利是否受到限制。b. 在第一大股东持股29.9952%、第二大股东持股14.08%、6人合计持股16.81%的情况下,6人能否依其控制的表决权对股东大会产生决定性或重大影响;如6人无法决定股东大会决议或产生重大影响,且其他股东表决权拥占优势地位的情况下,6人能否实际控制公司;公司是否可能存在现有股东依法召开临时股东大会、投票否决董事会议案或者将股权转让给其他非财务投资人的情形,6人如何应对前述无法控制公司经营决策、管理层人员聘任的风险。

⑤6人能否实际控制董事会。根据申请材料及公开信息,2017年赛微电子与发行人股东签署的收购相关协议约定,在业绩承诺期间,赛微电子不得变更目标公司原经营团队人员。董事换届中,姜某民、董某阳、周某连任,另4名董事中有2名为公司副总裁、2名来自赛微电子和湖北广电,并新聘任3名独立董事。2020年9月,周某辞职;2021年5月,独立董事赵某、潘某波辞职。保荐工作报告及律师工作报告记载4名董事由共同实际控制人向董事会提名,3名独立董事由共同实际控制人向董事会提名。湖北广电及下属子公司未认定其属于财务投资人,增

派了董事和高级管理人员。请发行人说明:a.报告期内董事、高级管理人员未作大幅调整,是否主要是履行收购的相关约定;湖北广电增派的雷某红担任副总裁的主要职责、具体履职情况,是否表明主要股东积极参与公司经营管理。b.4名董事、3名独立董事均由共同实际控制人向董事会提名是否有充足的依据,其他股东对董事的提名情况;申请材料说明3名独立董事由共同实际控制人提名,是否影响其独立性;申请材料关于6人"占有及提名的董事非独立董事中过半数,能控制董事会"的结论是否依据充分。

⑥报告期内是否发生实际控制人变更。请发行人综合前述情况等,说明6人为公司的实际控制人是否有充足的依据,报告期内发行人实际控制人是否发生变化,发行人是否符合规则关于最近24个月实际控制人未发生变化、发行人管理层稳定的要求。请保荐机构、发行人律师核查前述事项并发表明确意见。

(2)第二次问询意见

依据《关于武汉光谷信息技术股份有限公司公开发行股票并在北交所上市申请文件的第二轮审核问询函的回复》,审核问询意见:问题1.最近24个月实际控制人是否发生变化。根据首轮问询回复,赛微电子在2018年12月持股达34.95%后,2019年12月将应承担的部分后续收购义务转让给星燎投资、星燎基金和天晓云驰。2020年11月各方终止相关收购协议,12月赛微电子减持股份至29.995%。2018年至今,姜某民等6名共同实际控制人合计持股由23.46%降至16.81%,最近一次二级市场减持发生在2020年6月。

①认定赛微电子为财务投资者的依据。根据回复文件及公开信息,基于国家战略,国家集成电路基金要求赛微电子必须专注半导体业务,赛微电子未按约定履行后续的收购计划;赛微电子将光谷信息列示为重要的合营企业或联营企业。请发行人说明:a.赛微电子放弃收购发行人的时点,是否履行内部决策程序,是否与发行人主要股东达成一致;国家集成电路基金是否明确限制赛微电子收购发行人,合同中"必须专注半导体业务"的具体表述,是否符合其投资惯例。b.通过查询赛微电子、湖北广电的年度报告、国家企业信用信息公示系统、企查查等对赛微电子与后续收购方不存在关联关系的核查方式是否全面,核查结论依据是否充分;北斗基金在报告期内持股情况,与赛微电子不是一致行动人的依据是否充分。c.赛微电子委托表决权及承诺5年不转让的商业合理性,是否存在未披露的特殊

投资条款;结合上述情况及赛微电子持股变化情况,说明将赛微电子认定为财务投资者的依据是否充分,请说明确定其为财务投资者的时点,其身份转变前后发行人的控制权状态。

②星燎投资收购发行人的具体情况。根据回复文件,星燎投资、星燎基金通过《1号股份转让协议》分别收购光谷信息股权比例至14.08%和3.32%,合计持股17.4%;星燎投资与星燎基金不存在一致行动关系;2020年5月,湖北广电经营管理委员会委员雷某红任公司执行副总裁。请发行人说明:a.星燎投资、星燎基金收购发行人的背景情况,双方不存在一致行动关系的依据是否充分;星燎投资参与经营管理的原因,报告期内能否对发行人日常经营产生重大影响;星燎投资及星燎基金终止收购发行人的原因及合理性,与赛微电子及其他股东之间是否签订其他协议,是否存在潜在纠纷。b.报告期内两次收购失败的原因,发行人业务开展是否存在未披露的重大不利事项。

③实际控制人认定是否准确。a.请发行人说明6名共同实际控制人报告期内持续减持股份及离职的行为与始终控制意愿是否存在矛盾。b.请发行人结合业绩承诺解除后人员变化情况,说明人员变动及决策是否符合《非上市公众公司收购管理办法》中关于收购过渡期的规定;姜某民等6人在拟全部转让所持股份的情况下,是否主要受限于收购协议关于"业绩承诺期间原经营团队的稳定性和经营策略持续性"的要求仍继续经营管理公司。c.报告期内赛微电子和星燎投资参加股东大会并对相关议案投赞成票,是否足以说明姜某民等6人能对股东大会实施控制或重大影响,请进一步论证姜某民等6人能否实际控制公司。d.不谋求控制权的承诺、关于确认公司共同实际控制人的议案和《表决权委托协议》等控制权确认及稳定的文件均在申报上市前后出具或签署,请发行人说明出具或签署相关文件的商业合理性,说明防范上市后规避履行承诺的措施。

④实际控制人是否发生变化。根据申请文件,姜某民等6人曾拟出售所持全部股权,目前6人合计持股16.81%;姜某民等6人为实际控制人。目前在董事会的成员仅有姜某民、董某阳,2020年5月张某、李某从董事会退出,且已从发行人处离职。自2020年6月11日起由实际控制人向董事会提出,最终形成股东大会的重大提案,提案人已从姜某民6人变为姜某民、董某阳2人。目前报告期内已有12位董事、监事、高级管理人员离任,其中董事仅有2人连任,监事仅有1人连

任。请发行人:a. 结合张某、李某对发行人股东大会(股东出席会议情况、表决过程、审议结果、董事提名和任命等)、董事会(重大决策的提议和表决过程等)、监事会决议的实质影响及发行人经营管理的实际运作情况的核查,充分说明认定为共同实际控制人的原因是否充分,进一步说明张某、李某的职务变化、股权变化是否可能影响其发行人控制权的认定和变更。b. 姜某民等6人如何保证其在发行人的控制地位;说明赛微电子是否对姜某民等6人就控制发行人方面施加影响及具体情况,赛微电子是否参与发行人的日常经营,如是,说明如何参与。c. 是否存在可能导致控制权变化的重大权属纠纷或潜在控制权争夺风险,若姜某民等6人与赛微电子内部发生不可调和的矛盾或纠纷,对公司共同控制结构的影响,是否对公司的管理决策造成重大不确定影响。d. 结合报告期内董事、监事、高级管理人员变化,详细披露离任董事、监事、高级管理人员的具体离任原因和目前的任职,进一步论证公司是否具有可持续经营意愿和能力,董事、监事、高级管理人员变化是否会导致发行的实质性障碍。e. 结合前述回复,进一步说明发行人未将赛微电子认定为实际控制人的原因及其充分性、合理性,是否存在规避"最近2年实际控制人没有发生变更"等发行条件的情形。请保荐机构、发行人律师对上述事项进行核查,就实际控制人认定出具明确的核查意见,详细说明认定依据和理由。

(3)第三次问询意见

依据《关于武汉光谷信息技术股份有限公司公开发行股票并在北交所上市申请文件的第三轮审核问询函》(发行人未回复后终止申请),审核问询意见:问题1. 最近24个月内实际控制人是否发生变更。根据申请材料及问询回复文件可知:①2017年10月,赛微电子发布公告拟收购发行人80.42%的股份,姜某民等6人拟出售所持全部股权,目前6人合计持股16.81%。2020年5月,6名一致行动人中张某、李某从董事会退出,且已从发行人处离职。②第一大股东赛微电子2018年完成初步收购后持股30.95%,2018年12月持股达到34.95%,2019年12月将后续收购事项转让给星燎投资、星燎基金和天晓云驰等后续收购主体,2020年12月完成减持后持股29.9952%。③2021年9月30日,赛微电子将其持有的公司股份的表决权委托给姜某民等6人,表决权委托期间,姜某民等6人实际支配的表决权达到了46.80%。

请发行人:①结合2019年12月原收购协议调整后赛微电子的持股比例、后续收购协议中关于赛微电子权利义务的条款安排等，说明认定赛微电子“法律层面上正式终止了收购行为，其身份从产业投资者转变为财务投资者”的依据是否合理、充分。②结合星燎投资持有星燎基金份额的情况、对星燎基金执行事务合伙人湖北高投的持股情况、向星燎基金委派投委会成员的情况，说明星燎投资对星燎基金的投资决策是否存在重大影响，认定星燎投资与星燎基金不存在一致行动关系是否准确。③说明张某、李某从公司离任后能否继续对发行人股东大会、董事会、监事会决议及日常经营决策实施控制或重大影响，将姜某民等6人认定为发行人实际控制人是否准确、合理。④结合前述事项，以及《非上市公众公司收购管理办法》《上市公司收购管理办法》等关于控制权的规定，说明最近24个月内实际控制人是否发生变更，发行人是否符合《北京证券交易所向不特定合格投资者公开发行股票并上市业务规则适用指引第1号》关于保持主营业务、控制权、管理团队的稳定，最近24个月实际控制人未发生变更的规定。请保荐机构、发行人律师核查前述事项并发表明确意见，说明核查方式、范围、结论及依据是否充分、是否有足够的客观证据支持。

案例3-215 仅将夫妻二人认定为实际控制人，其他以一致行动关系人认定

依据《同兴环保科技股份有限公司首次公开发行股票招股说明书》（同兴环保、003027），该公司申请首发上市时，存在3人与实际控制人签署一致行动协议，且其中1人为实际控制人之一的弟弟持股比例较高，未认定为共同实际控制人的情形。其招股说明书关于实际控制人披露主要如下：

郑某明、朱某亚为公司实际控制人，二人系夫妻关系。郑某明担任公司董事长及法定代表人；朱某亚直接持有公司1524.6344万股股份，占公司发行前总股本的23.46%，为公司第一大股东。公司实际控制人的认定依据包括以下几点。

（1）对公司经营管理的影响

郑某明为烟气治理行业专家，对烟气治理有着深刻的理解，具有丰富的企业经营管理经验。郑某明是公司核心创始人之一，自2006年起担任发行人的执行董事、董事长等，是发行人的领导核心，对公司战略及其发展方向、经营方针、投资计划、产品研发等具有决定性的影响力。

(2)对股东大会、董事会的影响

郑某明、朱某亚二人自2006年起即为发行人的第一大股东。2015年7月16日,郑某明、朱某亚与朱某、解某东、郎某广共同签订了《一致行动人协议》,该协议确认了郑某明、朱某亚为公司实际控制人;股份公司自设立以来就公司重大经营决策事项均与实际控制人保持一致;未来就公司重大经营决策事项继续与实际控制人保持一致。若朱某、解某东、郎某广在行使其股东或董事的权利与实际控制人未保持一致,则视同表决结果与实际控制人完全一致。该协议自签署之日至同兴环保首次公开发行股票并上市36个月内持续有效。通过《一致行动人协议》,郑某明、朱某亚可实际支配发行人的股份表决权达58.54%,对股东大会表决结果具有重大影响。

《一致行动人协议》系郑某明、朱某亚与朱某、解某东、郎某广之间的真实意思表示,合同形式合法,合同内容不违反法律、法规的禁止性规定,亦不存在欺诈、胁迫或乘人之危的情形。《一致行动人协议》中关于"若朱某、解某东、郎某广在行使其股东或董事的权利与实际控制人未保持一致,则视同表决结果与实际控制人完全一致"的条款是当事人之间的共同约定,明确了一致行动人意见无法达成一致时的冲突解决机制,有利于公司未来长远发展和稳定,不存在损害公司及其他股东利益的情形。因此,该协议关于分歧或纠纷解决机制条款的内容合法、有效。

报告期内,郑某明担任发行人的董事长、法定代表人,董事会其他成员表决结果均与郑某明保持一致,不存在提出重大异议或投反对票的情形。根据《一致行动人协议》,一致行动人朱某、解某东、郎某广行使董事权利均应当与实际控制人保持一致,郑某明、朱某亚对发行人董事会决策具有重大影响。

(3)监事会的运作情况

报告期内,公司监事会对董事会编制的公司定期报告进行审核并作出同意的审核意见;对董事、高级管理人员执行公司职务的行为进行监督,未发现其具有违反法律、行政法规、公司章程的行为;未提出罢免董事、高级管理人员的建议。

朱某与实际控制人之一的朱某亚系姐弟关系,持有发行人14.29%的股权,担任发行人的董事和高级管理人员。未将朱某认定为实际控制人的原因如下:

①朱某与公司实际控制人管理角色不同

朱某作为公司董事和高级管理人员,主要按照董事会的决策和授权从事公司的日常管理工作,工作内容侧重市场开拓和项目运营,无法决定发行人发展战略、经营方针和重大投资等决策事项。

②朱某自身不谋取公司控制权

2015年7月16日,郑某明、朱某亚与朱某等人共同签订了《一致行动人协议》,确认郑某明、朱某亚为公司实际控制人,且未来就公司重大经营决策事项继续与实际控制人保持一致。朱某已出具承诺,确认其签订《一致行动人协议》系其真实意思表示,不谋取公司控制权。

③不存在规避实际控制人认定的情形

朱某除持有公司14.29%的股权外,不存在其他对外投资企业,不存在与公司发生竞争或潜在竞争的风险,已经比照实际控制人做出承诺其所持股份自发行人上市之日起锁定36个月,不存在规避实际控制人认定的情形。

上述认定符合《〈首次公开发行股票并上市管理办法〉第十二条"实际控制人没有发生变更"的理解和适用——证券期货法律适用意见第1号》和《首发业务若干问题解答》(2020年6月修订)的相关规定。

案例3-216 将存在一致行动的多人认定为共同控股股东及实际控制人

北京中亦安图科技股份有限公司的招股说明书记载:截至招股说明书签署日,徐某飞、邵某、田某科、李某平分别直接持有公司22.86%、16.00%、16.00%、16.00%的股份,合计直接持有公司70.86%的股份。徐某飞、邵某、田某科、李某平签署一致行动协议,为公司控股股东、实际控制人。

依据武汉联特科技股份有限公司的招股说明书,该公司依据一致行动协议,认定张某、杨某文、吴某书及李某科4名自然人股东为共同控股股东、实际控制人,该4名股东合计拥有公司63.50%的股权,其中张某直接持股28.19%,杨某文直接持股17.98%,吴某书直接持股9.63%,李某科直接持股7.70%。

案例3-217 依据一致行动协议将多人认定为共同实际控制人

德源药业(832735)依据李某安等11人签订的一致行动协议认定11人为公司控股股东及实际控制人。

盈建科(300935)的招股说明书披露,陈某林、张某云、任某教、张某利4名自然人合计持有发行人60.36%的股份,对发行人实施共同控制行为,为发行人的共同实际控制人。

3.其他一致行动关系

对于非直系亲属的兄弟姐妹,无明确的一致行动协议,出于谨慎的考虑一般认定相关的主体存在一致行动关系,但是该一致行动关系,并不必然导致多人拥有公司的实际控制权。

《上市公司收购管理办法》(2020年修正)第83条第1款和第2款规定:"本办法所称一致行动,是指投资者通过协议、其他安排,与其他投资者共同扩大其所能够支配的一个上市公司股份表决权数量的行为或者事实。在上市公司的收购及相关股份权益变动活动中有一致行动情形的投资者,互为一致行动人。如无相反证据,投资者有下列情形之一的,为一致行动人:(一)投资者之间有股权控制关系;(二)投资者受同一主体控制;(三)投资者的董事、监事或者高级管理人员中的主要成员,同时在另一个投资者担任董事、监事或者高级管理人员;(四)投资者参股另一投资者,可以对参股公司的重大决策产生重大影响;(五)银行以外的其他法人、其他组织和自然人为投资者取得相关股份提供融资安排;(六)投资者之间存在合伙、合作、联营等其他经济利益关系;(七)持有投资者30%以上股份的自然人,与投资者持有同一上市公司股份;(八)在投资者任职的董事、监事及高级管理人员,与投资者持有同一上市公司股份;(九)持有投资者30%以上股份的自然人和在投资者任职的董事、监事及高级管理人员,其父母、配偶、子女及其配偶、配偶的父母、兄弟姐妹及其配偶、配偶的兄弟姐妹及其配偶等亲属,与投资者持有同一上市公司股份;(十)在上市公司任职的董事、监事、高级管理人员及其前项所述亲属同时持有本公司股份的,或者与其自己或者其前项所述亲属直接或者间接控制的企业同时持有本公司股份;(十一)上市公司董事、监事、高级管理人员和员工与其所控制或者委托的法人或者其他组织持有本公司股份;(十二)投资者之间具有其他关联关系。"

符合一致行动人认定标准的,属于一致行动关系人,但是有能够提供证据证明不是一致行动人的除外。

案例 3-218 存在借款的主体是否存在一致行动关系

依据《无锡市德科立光电子技术股份有限公司的反馈意见回复》，审核问询意见："（3）沈某1与沈某平的关系，实际控制人与兰某超、陆某明、钱某颖、沈某2、沈某1及前述人员的关联方是否存在共同投资或其他协议安排，兰某超、陆某明提供借款的具体资金来源，是否与沈某平或通鼎集团相关，实控人还款资金来源的具体明细，并进一步论述实际控制人的认定是否准确，是否存在通过实控人认定规避同业竞争的情况，认定自然人借款方与实控人不构成《上市公司收购管理办法》规定的一致行动关系是否存在相反证据，是否实质构成一致行动或股份代持关系。"

关于是否构成一致行动关系的反馈回复为：自然人借款方与实控人不构成一致行动关系。

《上市公司收购管理办法》（2020年修正）第83条规定："本办法所称一致行动，是指投资者通过协议、其他安排，与其他投资者共同扩大其所能够支配的一个上市公司股份表决权数量的行为或者事实。在上市公司的收购及相关股份权益变动活动中有一致行动情形的投资者，互为一致行动人。如无相反证据，投资者有下列情形之一的，为一致行动人：……（五）银行以外的其他法人、其他组织和自然人为投资者取得相关股份提供融资安排……"资金借出方陆某明、兰某超虽然在管理层收购过程中向桂某提供借款，但是与实际控制人并不存在一致行动关系，相关证据如下：

（1）资金借出方提供借款时不存在与实际控制人共同投资发行人的一致性，而是基于发行人的经营发展情况再决定是否入股。

资金借出方陆某明、兰某超2019年4月向桂某提供管理层收购所需资金，系基于其与桂某多年朋友的信任关系，上述借贷虽然在形式上体现为资金借出方为实际控制人取得发行人股权提供融资安排，但该等融资安排系债权债务关系，桂某已经于2021年2月偿还完毕前述收购借款本金及利息。因此，资金借出方向实际控制人提供借款原因合理，借贷关系真实、有效。桂某在向资金借出方借款时，与陆某明约定了若发行人后续发展良好，陆某明将有优先入股的机会，如果之后没有入股，则桂某在归还借款的同时，还需按照银行贷款利率支付利息；与兰某超约定了如果公司后续经营好转，则优先给其入股的机会。资金借出方在2019年年初向桂某提供借款时尚未确定是否购买发行人股权，而是视发行人后续经营发展状况是否好转再决定是否投资入股。

(2)资金借出方投资入股发行人时，无与实际控制人保持一致行动关系的意图，而是自主行使股东权利，独立维护自身利益。

钱某颖、兰某超取得发行人股权时，在与泰可领科签署的股权转让协议中约定受让方均有权向公司提名1名董事，且约定对受让方利益有实质性影响的事项，必须经受让方推举的董事投赞成票方可作出有效的董事会决议（该等股东特殊权利条款已于2021年5月终止，且双方确认自始无效）。资金借出方陆某明配偶钱某颖、兰某超作为发行人股东，按照发行人章程的规定行使股东权利和承担股东义务，在公司股东大会上独立行使股东权利，与实际控制人均独立行使表决权，无打算与实际控制人保持一致行动的主观意图。

(3)实际控制人共同控制发行人意图明显，无与其他方形成一致行动关系的意思。

三位共同实际控制人在达成收购发行人控股权意向并在与硕贝德控股磋商股权转让的过程中，即表示未来由三人共同控制发行人的意思，且于2019年2月签署《一致行动协议》，就三方对发行人的共同控制保持一致行动作出明确约定，无意与收购资金借出方或其他任何第三方形成一致关系以扩大对发行人的持股比例或强化对发行人的控制地位。

(4)资金借出方已出具不存在一致行动关系的承诺。

钱某颖、兰某超已出具关于不存在一致行动关系的承诺，确认二人与发行人实际控制人之间无亲属关系或其他关联关系，且未签署任何一致行动协议，亦未作出任何一致行动或其他类似安排，二人未来亦不会单独或与发行人的其他股东及其关联方、实际控制人之间签署任何一致行动协议、委托表决协议或达成类似安排。

综上所述，兰某超、陆某明不存在就发行人重大决策事项事先与实际控制人事先协调取得一致再共同表决的情况，也没有共同扩大发行人股份表决权数量的意思表示，该等情形可以证明资金借出方陆某明、兰某超虽然在管理层收购过程中向桂某提供借款，但是与实际控制人并不存在一致行动关系。

另外,依据《烟台德邦科技股份有限公司的第二次反馈问询意见》,问询意见问询向实际控制人提供借款的人员与实际控制人之间是否存在关联关系或者股份代持:"问题2.2关于实际控制人借款。(3)实际控制人与出借主体之间是否存在关联关系,是否构成《上市公司收购管理办法》等规定的一致行动关系,是否存在股份代持或其他利益安排,相关股份锁定是否符合要求。"

案例3-219　未将担任董事和副总的弟弟认定为实际控制人之一

依据《关于广东德尔玛科技股份有限公司首次公开发行股票并在创业板上市申请文件的第二轮审核问询函的回复》,审核问询意见:"问题16.关于实际控制人认定。申报材料显示:发行人的实际控制人为蔡某1,蔡某2是蔡某1的兄弟,直接持有发行人8.65%的股份并兼任发行人的董事、副总经理,二人为一致行动人关系。请发行人根据《深圳证券交易所创业板股票首次公开发行上市审核问答》相关规定,说明未将蔡某2认定为共同实际控制人的原因及合理性。请保荐人、发行人律师发表明确意见。"

回复意见为:

发行人未将蔡某2认定为公司的共同实际控制人的具体原因包括以下几点。

(1)从持股比例上,蔡某2直接持有发行人8.65%的股份,且未控制发行人其他股东,而蔡某1通过其控制的飞鱼电器、佛山鱼聚和珠海鱼池间接控制发行人44.61%的股份及其对应的表决权,蔡某2控制的股权比例及对应的表决权比例与蔡某1控制的股权比例及其对应的表决权比例存在较大差距,蔡某1自身可以直接实现对发行人的控制。

(2)从经营管理上,蔡某1作为发行人的董事长兼总经理,负责发行人整体业务的经营管理;蔡某2作为发行人的董事之一兼副总经理,在业务上仅承担发行人小家电事业部相关业务的管理工作,发行人水健康事业部、卫浴事业部均不属于其主要管理的范畴,因此蔡某2在发行人整体层面并不具备较强的经营管理权,其本人也无与蔡某1共同控制发行人的意愿。

(3)从发行人历史沿革上,发行人前身德尔玛有限成立初期蔡某2并非为发行人股东,而是随着其后续对小家电事业部的贡献增强,成为发行人主要自然人股东之一，且蔡某2在发行人历史沿革上较蔡某1的持股比例始终存在较大差距。

(4)从亲属关系上，蔡某2虽系蔡某1兄弟，且于发行人处的持股比例超过5%并担任发行人董事、高级管理人员，但其并非蔡某1的配偶或直系亲属。

(5)从发行人股东确认上，根据由发行人历次融资时经当时全体股东签署的股东协议及相关投资文件之终止协议，蔡某1均作为唯一的实际控制人签署前述协议。

综上，蔡某2作为持股5%以上的股东和发行人的董事、高级管理人员，发行人未将其认定为发行人的共同实际控制人具有合理性，符合《深圳证券交易所创业板股票首次公开发行上市审核问答》问题9的相关规定。

蔡某2作为发行人实际控制人的一致行动人，亦满足对于实际控制人合规性的相关监管要求，具体包括：最近3年内，蔡某2作为发行人控股股东的一致行动人，不存在贪污、贿赂、侵占财产、挪用财产或者破坏社会主义市场经济秩序的刑事犯罪，不存在欺诈发行、重大信息披露违法或者其他涉及国家安全、公共安全、生态安全、生产安全、公众健康安全等领域的重大违法行为，不存在受到中国证监会行政处罚，或者因涉嫌犯罪正在被司法机关立案侦查或者涉嫌违法违规正在被中国证监会立案调查且尚未有明确结论意见等情形。此外，蔡某2已比照对控股股东、实际控制人的要求，就股份锁定、同业竞争、关联交易等事项作出了承诺。

案例3-220 未将担任董事的其他亲属认定为共同实际控制人

依据《关于铜陵洁雅生物科技股份有限公司首次公开发行股票并在创业板上市申请文件的审核问询函的回复》，审核问询意见："关于实际控制人认定及股东间关系，申报材料显示，发行人实际控制人的亲属存在持有发行人股份且在发行人处任职但未认定为共同实际控制人的情形。请发行人补充披露。"

保荐机构回复："(1)未将蔡某霞、冯某、冯某峰等实际控制人亲属认定为共同实际控制人的原因及合理性，请按照《深圳证券交易所创业板股票首次公开发行上市审核问答》问题9并结合实际控制人亲属在发行人处的任职情况进行分析。

"公司未将实际控制人亲属蔡某霞、冯某、冯某峰等认定为共同实际控制人主要原因为：蔡某霞、冯某、冯某峰等不属于实际控制人的直系亲属，且其持有公司的股份比例均未超过5%；蔡某霞、冯某虽担任公司董事，但在公司经营决策中不具有决定性影响；冯某峰在发行人处未担任董事、高级管理人员职务。公司实际控制人依据其持有的公司股份比例，足以对发行人进行独立、有效、稳定的控制，且未与蔡某霞、冯某、冯某峰等签署一致行动协议，对共同控制作出安排。因此，公司未将蔡某霞、冯某、冯某峰等实际控制人亲属认定为共同实际控制人具有客观原因，符合公司实际情况，具有合理性。"

案例 3-221　将兄妹二人认定为共同实际控制人

依据《哈尔滨新光光电科技股份有限公司的招股说明书》，公司披露：康某民直接持有公司 67.30% 的股份，通过哈博永新间接持有公司 0.18% 的股份，合计持有公司 67.48% 的股份，为公司控股股东；康某民妹妹康某新直接持有公司 7.57% 的股份，康某民、康某新合计持有公司 75.05% 的股份，为公司实际控制人。

另外，依据《浙江晋椿精密工业股份有限公司首次公开发行股票招股说明书》，截至招股说明书签署日，公司实际控制人为丁某中、丁某某环、丁某宏、丁某书和丁某芳。其中，丁某中与丁某某环为夫妻关系；丁某芳、丁某宏、丁某书分别为丁某中与丁某某环二人之长女、长子、次子。

（二）多名实际控制人的争议解决

《首发业务若干问题解答》（2020 年 6 月修订）问题 10 明确共同控制人签署一致行动协议的，应当在协议中明确发生意见分歧或纠纷时的解决机制。对于通过签署一致行动协议实现多名实际控制人共同控制上市公司的情形，一致行动协议应当约定实际控制人之间发生意见分歧或纠纷时的解决机制，以免造成上市公司董事会及/或股东大会表决僵局。

1. 以持股比例最大的主体的意见为准

一致行动协议分为在股东大会和董事会两个层面的一致行动，若持股人身份重合，则比较简单；若一致行动人和任董事的人员身份不一，还涉及在股东大会和董事会层面分别保持一致行动的情形。

当多个一致行动人之间无法达成一致时，多数做法是以其中持股比例最大的主体的意见为准。

案例3-222 以第一大股东意见为准

依据上海宾酷网络科技股份有限公司（以下简称宾酷网络）的招股说明书，截至招股说明书签署之日，该公司的控股股东、实际控制人为季某。季某直接持有公司29.11%的股份，为公司第一大股东。2019年7月18日，季某、周某波、宾酷投资签订《一致行动人协议》，约定就有关公司经营发展的重大事项向公司股东大会行使提案权和在相关股东大会上行使表决权时保持充分一致，如对有关宾酷网络经营发展的重大事项行使何种表决权达不成一致意见，以季某意见为准。

另外，新乡天力锂能股份有限公司、浙江晋椿精密工业股份有限公司、金禄电子科技股份有限公司、西安西测测试技术股份有限公司、河南江河纸业股份有限公司、杭州和泰机电股份有限公司、世华新材（688093）、北京航天恒丰科技股份有限公司、辽宁何氏眼科医院集团股份有限公司、纵横股份（688070）、湖南恒茂高科股份有限公司等均存在类似情况。

2. 以多数人意见为准

股东之间互相依赖性强，同时第一大股东持股比例与其他股东之间无显著差异的，发生分歧时，解决方法的达成，可能以多数人的意见为准。

案例3-223 按人数上计算，少数服从多数

依据《上海丛麟环保科技股份有限公司科创板首次公开发行股票招股说明书》，宋某平、朱某德、邢某南合计控制发行人4828.4433万股股份的表决权，占发行人总股本的60.5115%。自丛麟有限设立之初，宋某平、朱某德、邢某南即秉承着保持沟通、合作共赢的原则，以三方协商一致的方式共同控制丛麟有限，共同对经营决策相关事项作出决定。为确保丛麟有限与上海天汉重组后，宋某平、朱某德、邢某南仍能够共同对丛麟有限的日常经营和决策层面形成绝对控制。2018年12月1日，宋某平、朱某德、邢某南签订《一致行动协议》，并于2020年11月26日从麟有限整体变更为股份有限公司后签订《一致行动协议之补充协议》，约定宋某平、朱某德、邢某南在公司决策、公司经营层面，对各项事项的表决意见均保持一致，达成一致行动关系。若各方无法达成一致意见，则应当以少数服从多数原则（以宋某平、朱某德、邢某南三方中，任意两方达成的一致意见）为准；如无法得出多数意见的，则以宋某平意见为准。因此，宋某平、朱某德和邢某南在报告期内一直为公司的共同实际控制人。

依据《烟台德邦科技股份有限公司科创板首次公开发行股票招股说明书》，该发行人的实际控制人解某华、陈某安、王某斌、林某成、陈某5人于2021年7月再次签署《一致行动协议书》，约定公司首次公开发行股票上市后36个月内，在公司日常生产经营及其他重大事宜决策等诸方面保持一致行动，若各方在公司经营管理等事项上就某些问题无法达成一致时，应当以表决的方式按照票数多数作出一致行动的决定。

3. 以达到特定股份比例的持股方意见为准

股东之间互相依赖性强，同时第一大股东持股比例与其他股东之间无显著差异的，可能以达到特定的股份比例的持股方意见为准。

案例3-224　以持股总额达到特定比例的持股方意见为准，后改为以第一大股东意见为准

武汉联特科技股份有限公司（以下简称联特有限）的首发上市材料显示：2017年12月15日，张某、杨某文、吴某书、李某科签署了《一致行动协议》，约定各方在联特有限股东（大）会/董事会行使表决权时应当作出完全一致的决策，若各方无法达成一致意见，各方同意以超过各方所持联特有限出资额总数2/3（含本数）的持股方意见为各方形成的最终意见，并按据此形成的意见在董事会、股东（大）会上投票表决；协议有效期为：①如发行人在2025年12月31日之前未完成挂牌上市，则该协议至2025年12月31日效力终止；②如发行人在2025年12月31日之前完成挂牌上市，则该协议至发行人挂牌上市之日起3年届满之日效力终止。

2020年9月14日，张某、杨某文、吴某书、李某科签署了《〈一致行动协议〉之补充协议》,各方同意修改《一致行动协议》对无法达成一致意见时的约定,修改为"若各方无法就某一事项达成一致意见的,各方同意以张某的意见为各方形成的最终意见,并按据此形成的意见在董事会、股东大会上投票表决"。

关于修改原因对外解释为:"四人持有发行人的股份比例高低不一,在各方无法达成一致意见的情况下存在出现僵局的可能,并考虑到张某从联特有限创立至今作为公司第一大股东、执行董事(董事长)及总经理对发行人的贡献和影响,并结合其专业背景、个人能力和经验,张某、杨某文、吴某书、李某科经充分讨论并协商一致,决定签署《〈一致行动协议〉之补充协议》,将原协议第3条相关内容修改为'若各方无法就某一事项达成一致意见的,各方同意以张某的意见为各方形成的最终意见,并按据此形成的意见在董事会、股东大会上投票表决'。"

案例3-225 要求披露无法达成持股总数三分之二同意意见时的处理方式

依据《关于捷邦精密科技股份有限公司首次公开发行股票并在创业板上市申请文件的审核问询函的回复》,3名实际控制人之间存在的《一致行动人协议》约定:"如果三方在行使提案权和表决权时不能协商一致的,以三方直接和间接合计持有的捷邦科技股份总数的2/3以上的意见为最终意见"。审核问询意见:披露实际控制人在行使提案权和表决权时不能协商一致且无法形成持股总数2/3以上同意意见时的处理方式,《一致行动协议》的相关约定是否会导致发行人股东大会无法形成有效决议、影响发行人的重大决策及日常经营。

发行人反馈回复称:辛某峰、杨某及殷某明于2020年9月签署了《一致行动人协议》,并分别于2021年7月和2022年4月签署了《一致行动人协议之补充协议》和《一致行动人协议之补充协议之二》。

根据一致行动人相关协议,辛某峰、杨某及殷某明约定:

(1)三方在处理有关公司经营发展且根据《公司法》等有关法律法规和公司章程需要由公司股东大会、董事会作出决议的事项时均应采取一致行动;(2)三方就有关公司经营发展的重大事项向捷邦控股股东会、公司董事会及通过各方所控制的捷邦科技股份在公司股东大会行使提案权时,以及各方在捷邦控股股东会、公司董事会及通过各方所控制的捷邦科技股份在公司股东大会上行使表决权时保持一致;(3)三方在行使提案权和表决权时应协商一致,并以此一致意见行使相关权利;如果三方进行充分沟通协商后,在行使提案权和表决权时仍不能协商一致的,则以杨某的意见为准;(4)一致行动人相关协议自各方签署之日起生效,至公司首次公开发行股票并上市之日起满36个月时终止,在本协议有效期内不存在可撤销、解除的情形;自公司首次公开发行股票并上市日起满36个月后,各方视具体情况协商确定是否续签本协议。

报告期内,辛某峰、杨某及殷某明在发行人历次董事会、股东会/股东大会的表决中均保持了一致意见,未出现意见不一致的情形,亦未因一致行动人相关协议的履行发生纠纷。

发行人整体变更为股份公司时,建立了以股东大会、董事会、监事会和经营管理层组成的公司治理架构,形成了公司权力机构、决策机构、监督机构和管理层之间权责明确、运作规范的相互协调和相互制衡的机制。同时,公司董事会下设审计委员会、薪酬与考核委员会、提名委员会、战略委员会4个专门委员会并制定了相应的议事规则,各专业委员会能够在制定企业发展战略、经营方针、投资方案和管理层任免等事项中充分发挥职能。此外,公司股东大会选聘了3名独立董事,对公司董事会决策的形成进行机制制衡。

综上所述,一致行动人相关协议的约定不会导致实际控制人在行使提案权和表决权时不能协商一致的情形,不会导致发行人股东大会无法形成有效决议。一致行动的分歧及纠纷解决机制不会对发行人的重大决策及日常经营活动的开展造成重大影响,不存在导致发行人日常生产经营停顿的风险。

案例3-226 以超过一致行动人所持全部股份总数1/2的意见为准

依据《关于厦门嘉戎技术股份有限公司首次公开发行股票并在创业板上市申请文件的审核问询函的回复》,公司的一致行动人不能达成一致的解决方式为:

"各方应当就待审议的一致行动事项相关议案、事项或事务进行事前充分的沟通和交流,直至各方达成一致意见。各方应按照一致意见在公司董事会或股东大会会议等场合做出相同的表决意见。如果各方难以就一致行动事项达成一致意见,相应的表决机制如下:任何一项一致行动事项,均应作为一个议题;各方在公司董事或股东大会会议等场合进行表决前，应以其届时所持公司的全部股份对该议题进行投票，且均不得弃权，以超过一致行动人所持全部股份总数 1/2 的意见作为各方的一致意见，各方均应以该一致意见在董事会或股东大会会议等场合上进行投票。各方中任何一方不能参加股东大会或董事会时，应委托各方中的其他一方按照一致意见代为行使表决权。”

上海凯鑫(300899)的招股说明书记载：“2015 年 7 月 22 日，葛某越、邵某、申某维、刘某、杨某、杨某鹏 6 人签署了《一致行动协议书》，该协议约定，自协议签署至公司首次公开发行股票并上市交易 36 个月届满期间，在涉及公司股东(大)会、董事会表决事项时，各方须先行协商一致，再在股东(大)会进行表决，或由各方推选的董事在董事会上投票表决，表决时应一致投赞成票、反对票或弃权票。在事先协商时，各方按照其各自持股比例享有表决权，每一股享有一票表决权，表决事项经全部表决票数的 75% 以上(含 75%)同意方可通过。”

另外，中创物流(603967)、米奥会展(300795)等也存在类似处理。

4. 分类别依据不同的一致行动人意见为准

区分日常经营和研发事项，一致行动人之间产生分歧，不能达成一致时，按照相关的事项类别以不同人的意见为准。

案例 3-227 研发和经营事项以不同人的意见为准

依据奥普特(688686)的招股说明书，截至招股说明书签署之日，卢某临、卢某林兄弟合计持有公司 78.56% 的股权，为公司的控股股东、实际控制人。为明确双方对奥普特的共同控制关系，2020 年 4 月 2 日，卢某临和卢某林签署《共同控制协议》，确认自奥普特设立，双方对奥普特存在事实上的共同控制关系，并约定双方将维持对奥普特的共同控制，直至任一方不再直接或间接持有奥普特的股份。

双方共同作为实际控制人期间，发生意见分歧或纠纷时的解决机制安排如下：

(1) 双方(卢某临与卢某林)作为董事时，任一方向董事会提出议案前须与其他方协商，取得一致意见后共同或自身向董事会提出议案；如果任一方对议案内容有异议,在不违反法律法规、监管机构的规定和公司章程规定的前提下,提出议案方应当作出适当让步,对议案内容进行修改,以达成双方共识;不能达成一致的,在符合国家法律法规及相关规定的前提下,关于奥普特的研发、技术事项以卢某林意见为共同认可的议案内容,其余事项均以卢某临的意见为共同认可的议案内容。

(2)对于非由本协议的当事人向公司董事会提出的议案,双方须充分协商以达成一致表决;不能达成一致的,在表决事项的内容符合国家法律法规及相关规定的前提下,关于奥普特的研发、技术事项以卢某林意见为准,其余事项均以卢某临的意见为准。

(3)双方作为股东时,任一方向股东大会提出议案前须与其他方协商,取得一致意见后共同向股东大会提出议案;如果任一方对议案内容有异议,在不违反法律法规、监管机构的规定和公司章程规定的前提下,提出议案方应当作出适当让步,对议案内容进行修改,以达成双方共识;不能达成一致的,在符合国家法律法规及相关规定的前提下,关于奥普特的研发、技术事项以卢某林意见为共同认可的议案内容,其余事项均以卢某临的意见为共同认可的议案内容。

5.其他

IPO中一致行动协议的争议解决机制内容和方法,并没有明确要求,只要相关的争议解决方法能够有效地解决一致行动人之间的关系,相关的措施能够保持控制权稳定,不会出现不利于公司治理结构的表决权僵局问题。按照持股比例进行决策时,需要充分考虑相关的机制对公司治理的影响。

三、认定间接控股股东的分析

依据相关规定,首发上市的招股说明书以及证券服务中介机构应当充分、准确披露拟上市公司的控股股东及实际控制人。因为控股股东和实际控制人的认定涉及股票限售、股份稳定措施承诺、股份回购承诺、欺诈发行赔偿承诺等事项,所以相关事项属于重要核查和关键信息披露事项。

按照上市审核规则,若公司存在控股股东,在披露和认定控股股东和实际控制人时,并不强制要求披露间接控股股东的义务。实务中存在认定并披露间接控股股东的案例,并将间接控股股东作为欺诈发行、股价稳定措施、回购等承诺的义务主体。从法理上分析,只有直接股东方可认定为控股股东,若不是拟上市公司的直接股东且无单一直接控股股东,则直接认定无控股股东即可,并无强制要求披露间接控股股东的规定。

但是在上市过程中,在特定情形下,保荐机构和律师事务所等出于对中介机构责任和风险等的考虑,或者拟上市公司为了符合对股份限售等的要求以及出于降低通过上市审核风险系数的考量,或者出于对股份限售的考量等,在无控股股东基础上认定并披露公司的间接控股股东,更有甚者,在拟上市公司存在控股股东的情况下,另行增加认定并披露公司的间接控股股东。相关的增加认定间接控股股东的情形,可以作为分析实际控制人认定或者对股权架构描述的依据,但不适合作为普遍情形认定并适用。没有直接控股股东的公司,可以考虑直接认定无控股股东,对实际控制人作出准确的认定和披露,将认定并披露间接控股股东作为例外情形。

依照相关规定,申请首发上市,发行人及其控股股东、实际控制人最近 3 年不存在贪污、贿赂、侵占财产、挪用财产或者破坏社会主义市场经济秩序的刑事犯罪,如果认定间接控股股东是否应当适用首发上市对控股股东规定的条件,尤其是个别公司未认定控股股东却认定间接控股股东的情况。所以,间接控股股东的认定仍需要建立在对控股股东清晰的认定基础上,并以之作为补偿考量和论证的因素。

在按照要求进行股东的穿透核查时,会涉及披露各层级股东信息的义务,与本节分析的在认定控股股东和实际控制人层面增加认定间接控股股东事项不属于一个维度。

(一)公司存在控股股东,仍认定间接控股股东并出具相关的承诺

对间接控股股东的描述,可以作为分析实际控制人认定或者对股权架构描述的依据,但不适合作为普遍情形认定并适用。拟上市公司存在控股股东的情况下,若不认定间接控股股东不利于保护投资者和股民的合法权益或者对未来提供有效保障的情况下,可以另行增加认定并披露公司的间接控股股东。例如,如果首发上市企业的控股股东为不具有实际业务经营的控股平台公司或实缴出资数额较小或者海外离岸持股公司的,从保护广大中小投资者利益的能力出发,以最

基础的拟上市公司的股东对各种上市承诺的履行能力等角度,将控股股东之外的间接控股股东尤其是具有履约能力或者资金实力的间接控股股东能作为承诺的义务主体,具有重要意义。对于此种情形,一旦发生不利事项,不仅仅是保荐机构和律师事务所等证券服务机构降低和减轻责任的保障,更是对广大中小投资者的保护,这符合相关的法律精神。

案例3-228 上市公司存在控股股东同时认定间接控股股东并签署相关承诺

依据上海微创心脉医疗科技(集团)股份有限公司(以下简称心脉医疗)(心脉医疗、688016)的招股说明书,关于控股股股东和间接控股股东披露如下:"(1)控股股东,其招股说明书签署日,MicroPortEndovascularCHINACorp. Limited(以下简称香港心脉)直接持有发行人60.96%的股份,系发行人的控股股东。最近2年,发行人控股股东未发生变化。(2)间接控股股东,香港心脉系MicroPortEndovascularCorp.(以下简称维尔京心脉)之全资子公司,维尔京心脉系香港联交所主板上市公司微创医疗科学有限公司(以下简称微创医疗)之全资子公司,因此,维尔京心脉、微创医疗均为发行人的间接控股股东。最近2年,发行人间接控股股东未发生变化。(3)因香港联交所上市公司无实际控制人,所以心脉医疗无实际控制人:最近2年,微创医疗股权结构相对分散,第一大股东持股比例低于30%,前三大股东各自的持股比例均超过10%,且不存在任意单一股东方及其一致行动人合计持股比例超过30%的情形。因此,微创医疗任意单一股东方及其一致行动人均无法基于其所持表决权股份单独决定公司股东大会的审议事项。最近2年,微创医疗的执行董事为常某华,各主要股东提名或委派的董事均未超过董事会半数席位,无任意单一股东方及其一致行动人能够基于其选出的董事在董事会中的席位单独决定董事会的审议事项。(4)控制权描述:截至招股说明书签署日,微创医疗创始人常某华担任微创医疗董事会主席、执行董事兼首席执行官,未持有发行人任何权益且未在发行人担任任何职务,除根据微创医疗组织章程大纲及细则相关规定行使在微创医疗的任职职权外,对于微创医疗和发行人在股东大会和董事会审议的重大事项不具有特殊决策地位。综上所述,发行人间接控股股东微创医疗在其股东大会和董事会层面均不存在控制方,故微创医疗最近2年内不存在实际控制人。因此,发行人不存在实际控制人,且该状态于最近2年内未发生变化,认定发行人无实际控制人的依据充分。"

分析:在心脉医疗(688016)的相关案例中,并非简单地另行多认定一个间接控股股东,而是将控股股东和间接控股股东均作为特定义务的承担主体,例如,间接控股股东作出股份限售安排、自愿锁定股份、延长锁定期限的承诺,持股意向及减持意向的承诺,稳定股价措施承诺,发生欺诈发行情形的股份购回承诺等。

包含间接控股股东在内的控股股东主要上市承诺如下:

1. 股份限售安排、自愿锁定股份、延长锁定期限的承诺

公司直接和间接控股股东香港心脉、维尔京心脉、微创医疗及其一致行动人微创投资出具《关于所持上海微创心脉医疗科技股份有限公司股份限售安排、自愿锁定股份、延长锁定期限的承诺》,该承诺主要内容如下:"(1)自发行人股票上市之日起36个月内,不转让或者委托他人管理本公司直接和间接持有的发行人首次公开发行上市前已发行的股份,也不由发行人回购该部分股份;(2)本公司所持发行人股票在上述股份锁定期限届满后2年内减持的,减持价格不低于发行价(若发行人在首次公开发行上市后至本公司减持期间发生派发股利、送红股、转增股本等除息、除权行为,发行价将作相应调整);(3)若发行人首次公开发行上市后6个月内股票价格连续20个交易日的收盘价均低于发行价,或者发行人首次公开发行上市后6个月期末收盘价低于发行价(若发行人在首次公开发行上市后6个月内发生派发股利、送红股、转增股本等除息、除权行为,收盘价格将作相应调整),本公司直接、间接所持发行人股份的锁定期在原有锁定期限的基础上自动延长6个月;(4)如未履行上述承诺出售股票,本公司将该部分出售股票所取得的收益(如有),上缴发行人所有;(5)本公司将向发行人申报本公司通过直接或间接方式持有发行人股份数量及相应变动情况。本公司通过直接或间接方式持有发行人股份的持股变动申报工作将严格遵守《公司法》《上市公司股东、董监高减持股份的若干规定》《上海证券交易所上市公司股东及董事、监事、高级管理人员减持股份实施细则》《上海证券交易所科创板股票上市规则》等相关法律、法规、规范性文件的规定。"

2. 持股意向及减持意向的承诺

公司直接和间接控股股东香港心脉、维尔京心脉、微创医疗及其一致行动人微创投资出具《持股意向及减持意向的承诺》，该承诺主要内容如下："（1）本公司对于本次公开发行前所持有的公司股份，将严格遵守已作出的关于股份限售安排的承诺，在限售期内，不出售本次公开发行前持有的公司股份；（2）限售期满后2年内，本公司将根据自身需要，选择集中竞价、大宗交易及协议转让等法律、法规规定的方式减持，减持价格不低于本次公开发行时的发行价（如有除权、除息，将相应调整发行价）；（3）本公司保证减持发行人股份的行为将严格遵守中国证监会、上海证券交易所相关法律、法规的规定。"

3. 关于稳定股价措施的承诺

控股股东香港心脉及间接控股股东维尔京心脉、微创医疗承诺："（1）若发行人董事会或股东大会审议通过的稳定股价措施包括公司控股股东增持公司股票，本承诺人将在具体股价稳定方案公告之日起12个月内通过证券交易所以集中竞价方式及/或其他合法方式增持发行人股票；用于股票增持的资金不少于上一会计年度从发行人处领取的税后现金分红的20%（由于稳定股价措施中止导致稳定股价方案终止时实际增持金额低于上述标准的除外）；增持后发行人股权分布应当符合上市条件；增持股份行为及信息披露应符合《公司法》、《证券法》及其他相关法律、行政法规的规定。（2）在发行人就稳定股价的具体方案召开的董事会、股东大会上，将对制定发行人稳定股价方案的相关议案投赞成票。（3）在稳定公司股价的预案规定的启动股价稳定措施的前提条件满足时，如本承诺人未能按照上述预案采取稳定股价的具体措施，将在发行人股东大会及信息披露指定媒体上公开说明未采取上述稳定股价措施的具体原因并向股东和社会公众投资者道歉；如本承诺人未能履行上述稳定股价的承诺，则发行人有权自董事会或股东大会审议通过股价稳定方案的决议公告之日起12个月届满后将对本人的现金分红（如有）予以扣留，同时本承诺人持有的发行人股份不得转让，直至履行增持义务。"

4. 关于股份回购和股份购回的承诺

公司直接和间接控股股东香港心脉、维尔京心脉、微创医疗及其一致行动人微创投资出具《上海微创心脉医疗科技股份有限公司及其控股股东关于股份回购和股份购回的承诺》，该承诺主要内容如下："（1）如发行人招股说明书中存在虚假记载、误导性陈述或者重大遗漏,对判断发行人是否符合法律规定的发行条件构成重大、实质影响的,承诺人将督促发行人依法回购首次公开发行的全部新股,同时承诺人也将购回发行人上市后已转让的原限售股份。购回价格将按照发行价格加股票上市日至回购股票公告日期间的银行同期存款利息,或中国证监会认可的其他价格。若发行人股票有派息、送股、资本公积转增股本等除权、除息事项的,购回价格将相应进行调整。(2)如承诺人违反上述承诺,则将在发行人股东大会及信息披露指定媒体上公开说明未采取上述股份回购措施的具体原因并向股东和社会公众投资者道歉,并在违反上述承诺之日起停止在发行人处分红(如有),同时承诺人直接或间接持有的发行人股份将不得转让,直至承诺人按照上述承诺采取相应赔偿措施并实施完毕时为止。"

5. 发生欺诈发行情形的股份购回承诺

为维护公众投资者的利益,发行人直接和间接控股股东香港心脉、维尔京心脉、微创医疗及其一致行动人微创投资出具《关于上海微创心脉医疗科技股份有限公司发生欺诈发行情形的股份购回承诺》,该承诺主要内容如下:"(1)保证发行人本次公开发行上市不存在任何欺诈发行的情形;(2)如发行人不符合发行上市条件,以欺骗手段骗取发行注册并已经发行上市的,发行人控股股东及其一致行动人将在中国证监会等有权部门确认后 5 个工作日内启动股份购回程序,购回发行人本次公开发行的全部新股。"

综上,存在控股股东的心脉医疗,另行多认定一个间接控股股东,控股股东和间接控股股东也作为部分特定义务的承担主体,例如,间接控股股东作出股份限售安排、自愿锁定股份、延长锁定期限的承诺,持股意向及减持意向的承诺等,但是根据"发行人控股股东及其一致行动人将在中国证监会等有权部门确认后 5 个工作日内启动股份购回程序"可知,间接控股股东在欺诈发行情形的股份购回承诺中并没有关于购回的承诺。

另外,依据重庆三峰环境集团股份有限公司(以下简称三峰环境)(三峰环境、601827)的招股说明书,其控股股东为重庆德润环境有限公司,而公司认定及披露的间接控股股东为重庆市水务资产经营有限公司(以下简称水务资产),水务资产直接持有三峰环境 14,242.80 万股股份,占三峰环境发行前总股本的 10.956%,通过持有德润环境 54.90% 股权的方式间接持有三峰环境 56.623% 的股份,水务资产以直接和间接方式合计持有三峰环境 67.579% 的股份。

(二)公司不存在控股股东却认定间接控股股东并出具相关的承诺

发行人的控股股东、实际控制人对公司的证券发行文件等承担的是过错推定责任,只有能够举证自己没有过错,方可不承担因未按照规定披露信息或者虚假记载的责任。而基本法并未明确规定间接控股股东,尤其是中间层的未追溯至实际控制人的间接控股股东的类似法律义务。《证券法》(2019 修订)第 85 条规定,信息披露义务人未按照规定披露信息,或者公告的证券发行文件、定期报告、临时报告及其他信息披露资料存在虚假记载、误导性陈述或者重大遗漏,致使投资者在证券交易中遭受损失的,信息披露义务人应当承担赔偿责任;发行人的控股股东、实际控制人、董事、监事、高级管理人员和其他直接责任人员以及保荐人、承销的证券公司及其直接责任人员,应当与发行人承担连带赔偿责任,但是能够证明自己没有过错的除外。由上可知,如果间接控股股东通过多加直接股东持有拟上市公司股份的,首先应当考虑认定存在控股股东,而并非直接认定不存在控股股东却在控股股东和实际控制人角度认定存在间接控股股东,可以考虑在认定控股股东基础上,增加披露间接控股股东的信息,至于是否将其作为首发上市特定承诺的义务主体,需要在符合监管要求的前提下综合考虑。

案例 3-229 未认定控股股东却认定间接控股股东

瑞能半导体科技股份有限公司(以下简称瑞能半导,于 2021 年 6 月终止审核)的前三大股东为南昌建恩半导体产业投资中心(有限合伙)(以下简称南昌建恩)、北京广盟半导体产业投资中心(有限合伙)(以下简称北京广盟)、天津瑞芯半导体产业投资中心(有限合伙)(以下简称天津瑞芯),前三大股东的持股比例分别为 24.29%、24.29%、22.86%,北京建广资产管理有限公司(以下简称建广资产)通过担任南昌建恩、北京广盟、天津瑞芯前三大合伙企业股东的执行事务合伙人,能够在发行人股东(大)会层面有权以私募基金名义行使 71.44% 的股东表决权,对瑞能半导具有重大影响,为瑞能半导的间接控股股东;因间接控股股东建广资产的两名股东中建投资本管理(天津)有限公司、建平(天津)科技信息咨询合伙企业(有限合伙)分别持有建广资产51.00%、49.00%的股权,任一股东对建广资产董事会及日常经营管理均无单独决策权,建广资产无实际控制人,因此发行人瑞能半导无实际控制人。

依据瑞能半导的招股说明书,瑞能半导的重要股东和间接控股股东作出与首发上市相关事项的主要承诺如下:

1. 本次发行前股东所持股份的限售安排、自愿锁定股份以及延长锁定期限等承诺

发行人重要股东南昌建恩、北京广盟、天津瑞芯及间接控股股东建广资产承诺如下:"(1)自发行人股票上市之日起36个月内,不转让或者委托他人管理本公司/企业直接和间接持有的发行人公开发行股票前已发行的股份,也不由发行人回购该部分股份。(2)在公司上市后6个月内,如公司股票连续20个交易日的收盘价低于发行价,或者上市后6个月期末(如该日不是交易日,则为该日后第一个交易日)收盘价低于发行价,本公司/企业所持有公司股票的锁定期限自动延长6个月(若发行人股票在此期间发生派息、送股、资本公积转增股本等除权、除息事项,上述发行价应作相应调整)。(3)本公司/本企业所持有的发行人股票在锁定期届满后2年内减持的,减持价格不低于发行价(若发行人股票在此期间发生派息、送股、资本公积转增股本等除权、除息事项,上述发行价应作相应调整)。(4)如果中国证监会和上海证券交易所对上述股份锁定期另有特别规定,按照中国证监会和上海证券交易所的规定执行。(5)如本公司/企业未能依照上述承诺履行义务的,本公司/企业将遵照另行出具的关于未能履行相关承诺的约束措施的承诺函承担相应责任。"

2. 关于稳定股价的措施和承诺

发行人重要股东南昌建恩、北京广盟、天津瑞芯及间接控股股东建广资产关于稳定股价的措施和承诺如下:"(1)本公司/企业将严格执行《瑞能半导体科技股份有限公司上市后三年内稳定公司股价的预案》的相关规定。(2)如公司/本企业违反上述承诺,将遵照另行出具的关于未能履行相关承诺的约束措施的承诺函承担相应责任。"

3. 关于股份回购和股份购回承诺

发行人重要股东南昌建恩、北京广盟、天津瑞芯及间接控股股东建广资产关

于股份回购和股份购回承诺如下:"(1)如证券监督管理部门或其他有权部门认定发行人本次发行的《招股说明书》等申请文件所载之内容存在任何虚假记载、误导性陈述或者重大遗漏之情形,该等情形对判断发行人是否符合法律规定的发行条件构成重大且实质影响,且以欺诈手段骗取发行注册并已经发行上市的,则本公司/企业承诺将督促发行人依法回购本次发行的全部新股。(2)当《瑞能半导体科技股份有限公司上市后三年内稳定公司股价的预案》中约定的启动稳定股价的触发条件成就时,本公司/企业将按照此预案的规定履行回购发行人股份的义务。(3)如本公司/企业违反上述承诺,将遵照另行出具的关于未能履行相关承诺的约束措施的承诺函承担相应责任。"

4. 关于欺诈发行上市的股份购回承诺

发行人重要股东南昌建恩、北京广盟、天津瑞芯及间接控股股东建广资产关于欺诈发行上市的股份购回承诺如下:"(1)保证发行人本次发行不存在任何欺诈发行的情形。(2)如发行人不符合发行上市条件,以欺诈手段骗取发行注册并已经发行上市的,本公司/企业将督促发行人在中国证券监督管理委员会等有权部门确认后5个工作日内启动股份购回程序,购回发行人本次发行的全部新股。(3)如本公司/企业未能依照上述承诺履行义务的,本公司/企业将遵照另行出具的关于未能履行相关承诺的约束措施的承诺函承担相应责任。"

分析:依据瑞能半导的招股说明书,其3个主要股东及其认定的间接控股股东对股票限售安排均作出承诺,承诺自发行人股票上市之日起36个月内,不转让或者委托他人管理本公司/企业直接和间接持有的发行人公开发行股票前已发行的股份,也不由发行人回购该部分股份。但是,对股份回购和购回的承诺,发行人重要股东南昌建恩、北京广盟、天津瑞芯及间接控股股东建广资产承诺的内容是"如证券监督管理部门或其他有权部门认定发行人本次发行的《招股说明书》等申请文件所载之内容存在任何虚假记载、误导性陈述或者重大遗漏之情形,该等情形对判断发行人是否符合法律规定的发行条件构成重大且实质影响,且以欺诈手段骗取发行注册并已经发行上市的,则本公司/企业承诺将督促发行人依法回购本次发行的全部新股",只有主要股东和间接控股股东督促发行人依法回购的内容。关于欺诈发行上市的股份购回承诺,承诺内容是"如发行人不符合发行上市条件,以欺诈手段骗取发行注册并已经发行上市的,本公司/企业将督促发行人在中国证券监督管理委员会等有权部门确认后 5 个工作日内启动股份购回程序，购回发行人本次发行的全部新股”。因为公司认定自身不存在实际控制人，所以除了发行人之外，并无对公司的股份回购和购回进行承诺的控股股东和实际控制人（此处不探讨法律对相关责任的规定）。

四、控股股东和实际控制人变化

（一）关于实际控制人变化的要求

1. 关于实际控制人变化的要求

主板上市要求发行人最近 3 年内主营业务和董事、高级管理人员没有发生重大变化，实际控制人没有发生变更。创业板、科创板、北交所均要求最近 2 年内实际控制人未发生变更，不存在导致控制权可能变更的重大权属纠纷。

具体规定如下：

（1）主板规定

《首次公开发行股票并上市管理办法》（2022 修正）第 12 条规定，发行人最近 3 年内主营业务和董事、高级管理人员没有发生重大变化，实际控制人没有发生变更。

（2）创业板规定

《创业板首次公开发行股票注册管理办法（试行）》第 12 条规定：“发行人业务完整，具有直接面向市场独立持续经营的能力：……（二）主营业务、控制权和管理团队稳定，最近二年内主营业务和董事、高级管理人员均没有发生重大不利变化；控股股东和受控股股东、实际控制人支配的股东所持发行人的股份权属清晰，最近二年实际控制人没有发生变更，不存在导致控制权可能变更的重大权属纠纷……”

（3）科创板规定

《科创板首次公开发行股票注册管理办法（试行）》第 12 条规定：“发行人业务完整，具有直接面向市场独立持续经营的能力：……（二）发行人主营业务、控制权、管理团队和核心技术人员稳定，最近 2 年内主营业务和董事、高级管理人员及核心技术人员均没有发生重大不利变化；控股股东和受控股股东、实际控制人支配的股东所持发行人的股份权属清晰，最近 2 年实际控制人没有发生变更，不存在导致控制权可能变更的重大权属纠纷……”

(4)北交所规定

《北京证券交易所向不特定合格投资者公开发行股票注册管理办法(试行)》未明确要求最近 2 年实际控制人未发生变更,但《北京证券交易所向不特定合格投资者公开发行股票并上市业务规则适用指引第 1 号》中“1－5 经营稳定性”规定:“《上市规则》第 2.1.4 条第(六)项规定了发行人不得存在对经营稳定性具有重大不利影响的情形。发行人应当保持主营业务、控制权、管理团队的稳定,最近 24 个月内主营业务未发生重大变化;最近 12 个月内曾实施重大资产重组的,在重组实施前发行人应当符合《上市规则》第 2.1.3 条规定的四套标准之一(市值除外);最近 24 个月内实际控制人未发生变更;最近 24 个月内董事、高级管理人员未发生重大不利变化……”

2. 实际控制人的稳定性

对于实际控制人的稳定性,不仅要求最近 3 年或者 2 年实际控制人未发生变更,同时要求在上市审核期间及可预期的未来期间内实际控制人应当保持稳定。

如果上市前实际控制人发生了变化,自然不符合上市条件。实际控制人虽然未发生变化,但是对外负有较大债务或者对外担保数额较高的,甚至已经存在发生争议或者诉讼的,需要重点关注相关的债务以及担保情况对实际控制人稳定性的影响。

案例 3－230　是否存在重大偿债风险及对控制权稳定的影响

依据《关于山东力诺特种玻璃股份有限公司首次公开发行股票并在创业板上市申请文件审核中心意见落实函的回复》(力诺特玻、301188),审核问询意见:问题 1. 关于实际控制权的稳定性。审核问询回复显示,报告期内,发行人实际控制人高某坤及其配偶和子女为力诺集团及其下属企业的借款提供较多担保,力诺集团及其下属企业之间提供较多担保。请发行人:(1)以列表形式披露截至落实函回复日,力诺集团、力诺投资、高某坤及其配偶和子女的对外担保情况,以及力诺集团及其下属企业之间债务互保情况,包括但不限于担保形式、提供的抵押或质押物、尚未归还的本金及利息金额、债务清偿期限。(2)结合实际控制人及其控制企业的资产负债状况,说明其资产是否足以覆盖相关债务,是否存在重大偿债风险。(3)结合实际控制人及其控制企业的偿债风险情况,充分披露相关事项对发行人实际控制权稳定可能造成的不利影响以及维护控制权稳定性的措施。请保荐人、发行人律师发表明确意见。

另外,深圳市泛海三江电子股份有限公司通过深圳证券交易所上市委审核后,在证监会核准阶段撤回申请,其存在实际控制人或间接控股股东存在债务的问题。

(二)实际控制人的变化

1.报告期内实际控制人发生变化

根据科创板和创业板的规则要求,报告期内发生实际控制人变更,满足 2 年实际控制人未发生变更的要求即可。但是需要充分关注相关实际控制人变动的合理性,相关的实际控制人变动对公司生产经营、主营业务等的影响。对于上市报告期内或者附近的时间内发生的实际控制人变动,要力争运营更长时间后再行申报 IPO。

案例 3-231 报告期第一年实际控制人变更

依据湖南金博碳素股份有限公司(以下简称金博股份)(金博股份、688598)的招股说明书,该科创板公司申报 IPO 的报告期为 2017 年至 2019 年,2017 年发行人的实际控制人变更为现实际控制人。具体情况如下:(1)中南大学曾为发行人的实际控制人。发行人自 2005 年 6 月设立时起至 2017 年 5 月的控股股东为中南大学粉末冶金工程研究中心有限公司(以下简称粉冶中心)。粉冶中心自设立至 2019 年 7 月的实际控制人为中南大学。故 2005 年 6 月至 2017 年 5 月,发行人实际控制人为中南大学。2017 年 5 月,发行人实际控制人变更为廖某乔。(2)发行人现实际控制人廖某乔曾在中南大学任职,廖某乔自 1992 年 6 月至 2019 年 6 月任职于中南大学粉末冶金研究院。此外,除一直在发行人处任职并主导经营外,廖某乔曾受中南大学委派在中南大学控制的多家企业任职,截至 2019 年 5 月,廖某乔已辞去其任职的其他企业职务。

另外,依据浙江新柴股份有限公司(以下简称新柴股份)(新柴股份、301032)

的创业板上市招股说明书,该公司申报 IPO 的报告期为 2017 年至 2019 年,2017 年发行人的实际控制人变更为现实际控制人。

案例 3-232 报告期内管理层收购公司

依据《关于无锡市德科立光电子技术股份有限公司首次公开发行股票并在科创板上市申请文件审核问询函的回复》,该发行人在上市报告期内存在实际控制人变更,管理层通过借款收购的方式成为公司的实际控制人。审核问询意见:"问题 1. 关于控制权变动及股权转让。1.1 关于控制权变动,根据申报材料:(1)发行人自 2000 年设立以来发生了三次控制权变更,其中,中兴通讯(000063. SZ 和 000763. HK)为公司创始人之一,最近一次控制权变化为 2019 年 5 月,桂某、渠某平、张某 3 人通过泰可领科进行了管理层收购,取得德科立有限77.41% 的股权,股份收购价格约为 5.26 元/注册资本,泰可领科成为发行人控股股东,桂某、渠某平、张某成为实际控制人。本次收购的资金来源系向兰某超、陆某明(与钱某颖系夫妻关系)及江苏银行的借款构成,合计金额 2.2 亿元。(2)2019 年 6 月至 2021 年 2 月,实际控制人及控股股东通过股权转让、周转借款、取得发行人分红款的方式筹集资金,归还借款合计 26,841.07 万元。但在还款资金来源中,周转借款分别为来自陆某明、兰某超,且陆某明提供的 1 亿元借款实际由沈某支付。(3)根据公开资料,钱某颖、兰某超的部分关联方经营范围与发行人主营业务较为相似。(4)2020年,发行人进行现金分红 8000 万元。"

"请发行人说明:(1)发行人自设立以来历次控制权变更的原因、背景,股份转让价格、确定依据及公允性,履行的决策审批程序,历任控股股东、实控人之间及与目前公司股东之间是否存在关联关系或其他协议安排,公司的控制权是否具有稳定性,结合与同行业可比公司成立时间、发展情况的比较情况,分析控制权变更频繁是否对公司生产经营产生重大不利影响;(2)中兴通讯出资设立中兴光电子及转让所持全部股权是否符合法律法规、交易双方公司章程以及证监会和证券交易所有关上市公司监管和信息披露要求,是否存在争议或潜在纠纷;(3)兰某超、陆某明及江苏银行向管理层提供大额借款的原因及资金来源,结合《上市公司收购管理办法》第 83 条的规定,分析资金借出方是否与实控人存在股份代持或一致行动关系，公司实控人的认定是否准确，结合自然人借款方控制企业或关联企业的主营业务情况，分析是否存在通过实控人认定规避同业竞争、股份锁定等有关控股股东、实控人监管要求的情况；(4)区分不同借款对象，明确借款金额、偿还情况、还款资金路径来源，并结合借款协议说明是否约定借款利息、股份质押或其他借款条件，是否已满足借款方的条件要求，是否存在纠纷或潜在纠纷，沈某的基本信息及与陆某明的关系，由其实际支付借款的原因及合理性；(5)2020 年先后进行两次大额现金分红的原因及合理性、必要性，2020 年未分配利润为负的原因，是否存在超分的情形，是否符合《公司法》(2018 修正)第 166 条要求及公司股利分配政策。请保荐机构、发行人律师对上述事项核查并发表明确意见，说明核查手段、核查方式。"

2. 上市审核过程中的实际控制人变动

上市审核过程中原则上不允许股份发生变化，审核过程中发生的实际控制人变动，若非规定明确的变动事项，则不符合首发上市条件，审核规则认可的实际控制人变动多数属于特殊情况。

案例 3－233 控股股东的实际控制人变更，申请终止 IPO

依据深圳证券交易所于 2022 年 3 月 22 日出具的《关于终止对江西兆驰光元科技股份有限公司首次公开发行股票并在创业板上市审核的决定》，终止对江西兆驰光元科技股份有限公司上市申请。依据 2022 年 3 月 18 日公告的《国信证券股份有限公司关于深圳市兆驰股份有限公司终止所属子公司分拆至深圳证券交易所创业板上市的核查意见》，"近期公司控股股东及实际控制人拟筹划转让公司实际控制权，如该事项顺利完成，则兆驰光元的实际控制人亦会发生变更，兆驰光元将不符合创业板首次公开发行股票的条件。经公司审慎研究决定，终止本次兆驰光元分拆至创业板上市事项，并撤回相关申请文件"。

案例 3－234 上市审核过程中，实际控制人去世发生继承

依据《关于湖北中一科技股份有限公司申请首次公开发行股票并在创业板上市的发行注册环节反馈意见落实函的回复》(中一科技、301150)，注册环节反馈意见:"问题2.关于实际控制人变更。根据招股说明书,发行人原实际控制人汪某平于2021年4月6日去世,汪某平所持有的发行人股份由其儿子汪某继承,发行人实际控制人变更为汪某。请发行人:(1)说明实际控制人的认定是否准确、是否符合发行人实际情况,说明未将董事长汪某霞认定为共同控制人的原因及合理性,是否存在规避发行条件和监管要求的情形;(2)说明原实控人去世前后,发行人采购、生产、销售、管理、研发等主要运营环节的负责人员、负责内容以及在发行人处的任职情况;(3)结合原实际控制人基于持股比例优势对发行人生产经营的影响、发行人主要运营环节负责人员变动、公司业务特点、所在行业主要竞争优劣势、历史经营情况及报告期内公司治理方面的完善情况、目前的管理决策机制等,说明实控人变动是否对公司持续经营构成重大不利影响;(4)结合前述内容细化相关风险提示,并置于招股说明书显著位置。请保荐机构及发行人律师核查并发表意见。"

关于未将公司董事长认定为共同实际控制人的原因及合理性,是否存在规避发行条件和监管要求的情形,公司反馈回复如下:

汪某霞系持有公司7.92%股份的股东,经汪某提名,2021年4月20日,公司2020年年度股东大会补选汪某霞为公司董事;2021年4月20日,公司第二届董事会第八次会议选举汪某霞为公司董事长。汪某霞已与汪某订立《一致行动协议》,约定在向董事会或股东大会提出议案或者在董事会或股东大会对相关事项进行表决时保持一致行动,双方经充分沟通协商不能达成一致意见的,则以汪某的意见为准。基于以下原因,公司未将汪某霞认定为共同实际控制人:(1)汪某能够凭借其持有的公司56.38%股份对公司股东大会决议产生决定性影响,能够对董事选任产生决定性或重大影响,从而能够实现对公司的单独控制;(2)汪某霞系经汪某提名被选举为公司董事,且依据《一致行动协议》在行使股东、董事相关权力时应与汪某意见保持一致,据此,汪某霞无法凭借其持有的公司7.92%股份和担任的董事职务,对公司股东大会、董事会决议独立施加重大影响;(3)汪某霞已出具关于维护公司实际控制权稳定的承诺函,明确无共同控制公司的意图,认可并承诺维护汪某的实际控制人地位。据此,汪某霞不属于公司的共同实际控制人,该等认定系基于公司实际情况作出的认定,具有合理性。关于是否存在规避发行条件和监管要求情形,截至本回复出具之日,汪某霞及其关系密切的家庭成员不存在直接或间接控制除公司及其子公司以外的其他企业的情况,不存在与公司构成同业竞争的情形。汪某霞作为公司实际控制人的一致行动人和亲属,已出具关于股份锁定的承诺函,承诺其所持有的公司股份比照实际控制人自公司上市之日起锁定36个月。此外,汪某霞亦比照实际控制人,出具了关于规范和减少关联交易、避免同业竞争、关于持股意向及减持意向等事项的承诺。

综上,未认定汪某霞为共同实际控制人系基于公司实际情况作出的认定,具有合理性,不存在规避发行条件和监管要求的情形。

案例 3-235 实际控制人去世,由遗嘱执行及受托人作为实际控制人

依据《深圳清溢光电股份有限公司科创板招股说明书》(清溢光电、688138),实际控制人记载如下:根据唐某千遗嘱,唐某敏、唐某1为遗嘱执行及受托人。根据唐某千遗嘱以及唐某千遗产继承人唐某千配偶唐某某圻和其4位子女的安排,光膜(香港)有限公司(以下简称香港光膜)股权对应的遗产受益人为唐某千的4名子女唐某敏、唐某1、唐某2、唐某3,该股权的受益权由4名子女平分。截至招股说明书签署日,唐某千遗嘱执行及受托人唐某敏、唐某1持有香港光膜100%股份,作为股东享有香港光膜的决策权、表决权等法定权益。根据香港胡百全律师事务所于2019年5月出具的《法律意见书》,香港光膜100%股权的4位受益人唐某敏、唐某1、唐某2、唐某3于2019年4月17日签署了不可撤销的《承诺契据》,承诺:“在深圳清溢光电股份有限公司首次公开发行股票并上市之日起5年内,不要求遗嘱执行及受托人向受益人分配光膜(香港)有限公司股权,在上述期间由遗嘱执行及受托人持续行使光膜(香港)有限公司股东拥有的决策权、表决权等全部法定权利。”

根据我国香港特别行政区律师出具的《法律意见书》,上述承诺契据不违反我国香港特别行政区法律规定,具有法律效力。唐某敏自2008年12月起一直担任发行人的董事长,参与公司的经营管理,唐某敏与唐某1作为遗嘱执行及受托人共同控制香港光膜100%股权,并通过香港光膜共同控制发行人92.6250%股份的表决权。为了保持共同控制关系的稳定,唐某敏和唐某1签署了《一致行动协议》,约定唐某敏和唐某1通过香港光膜在苏锡光膜以及发行人股东大会中行使

职权时保持一致,若双方内部无法达成一致意见,双方应按照唐某敏的意向进行表决。

综上所述,唐某敏、唐某1作为唐某千遗嘱执行及受托人通过控制香港光膜100%股权共同控制发行人92.6250%股份的表决权,为发行人实际控制人。遗嘱执行及受托人唐某敏、唐某1为原实际控制人的继承人,因此发行人虽因原实际控制人去世,间接股份发生变动,但受让人为原实际控制人之继承人,属于实际控制权的法定延伸,视为发行人控制权未发生变更。

发行人控股股东香港光膜100%股权受益权由唐某敏、唐某1、唐某2、唐某3平均分配,且在发行人首次公开发行股票并上市之日起5年内由唐某敏、唐某1行使香港光膜100%股份对应的股东权利,股权清晰,不存在导致发行人控制权变更的重大权属纠纷。

案例3-236 在审期间实际控制人离婚

依据《关于成都盛帮密封件股份有限公司首次公开发行股票并在创业板上市申请文件的审核问询函的回复》,审核问询意见:问题3. 关于诉讼。申报材料显示,发行人实际控制人之一赖某直接持有发行人23.52%的股份,目前其与邓某天离婚纠纷一案正在审理阶段。目前邓某天未持有发行人的股份。

请发行人:

(1)披露离婚诉讼案件进展情况,结合诉讼主要内容分析是否涉及发行人股权变动,如涉及,是否对发行人控股权的稳定性和持续经营能力造成影响。

(2)披露邓某天的基本情况和履历,是否与发行人其他股东、董事、监事、高级管理人员、本次发行人中介机构及其相关人员存在亲属关系、关联关系、委托持股或其他利益安排;邓某天及其投资或控制的企业与发行人及其客户、供应商是否存在关联关系或资金、业务往来,是否存在为发行人承担成本费用的情形。

3. 关注实际控制人变化的背景和原因

存在实际控制人变更情况的,需要关注实际控制人变更的背景、原因等,需要关注新的实际控制人的资金实力、履历、资金来源等。

案例3-237 关于实际控制人变更的问询意见

依据《超捷紧固系统(上海)股份有限公司首次公开发行股票并在创业板上市申请文件的审核问询函的回复》,审核问询意见:问题1.关于实际控制人变更和派生分立。申报材料显示:(1)2016年11月22日,香港超艺将公司1829.155万股股份(49.31%股权)转让给上海毅宁,转让价款合计4293.26万元。转让后发行人控股股东变更为上海毅宁,实际控制人由黄某楷变更为宋某东。2017年3月1日,香港超艺将剩余股份分别转让给曾某丰、吕某军、宋某博、周某乐,本次股权转让后,原实际控制人黄某楷不再直接或间接持有公司股份。(2)2016年9月,发行人前身派生分立为超捷股份与上海祯楷两个公司,超艺螺丝、杭州超杰和汕头超艺的全部股权,由上海祯楷承继。宋某东通过上海祯楷间接持有上述3家公司29.53%的股权,并担任上海祯楷的董事,可以对上述3家公司实施重大影响。分立前,2015年发行人利润总额为1109万元,收入规模为15,100万元。2020年4月,上海祯楷与黄某楷签订股权转让协议,将其所持有的超艺螺丝100%股权转让给黄某楷。至此,宋某东不再间接持有汕头超艺、杭州超杰、超艺螺丝的股权。2020年5月,宋某东辞任上海祯楷董事。(3)汕头超艺主营业务为紧固件加工,杭州超杰主营业务为汽车零部件的标准件、五金件生产、销售。

请发行人:(1)披露2016年香港超艺转让公司控股权、2016年上海金发投转让公司股权的背景、定价依据和公允性,受让方资金来源,转让价款支付情况,黄某楷、宋某东之间是否存在股权代持或者其他未披露的利益安排;派生分立后至2020年4月上海祯楷转让超艺螺丝100%股权期间,上海祯楷股权变动情况,是否涉及发行人董事、监事、高级管理人员入股或客户、供应商入股的情形,实际控制人宋某东转让间接持有超艺螺丝股份的价格、定价依据及公允性。(2)结合发行人实际控制人宋某东、原实际控制人黄某楷在发行人及子公司历史任职情况,对发行人各项业务经营发展影响和控制情况,以及个人对外投资和大额负债情况,披露派生分立和后续实际控制权变更的原因,相关分立程序是否完备、合规,发行人、相关股东分立时是否依法履行纳税义务。(3)披露派生分立时2家公司资产与负债的分割依据,相关资产、负债、人员、业务、专利技术、供应商渠道和客户资源的转移和承接情况,分立后2家公司是否存在资产混用、人员混同、客户供应商重合等影响发行人独立性的情形,原股东之间以及与客户、供应商是否存在纠纷或潜在纠纷。(4)说明分立后发行人营业收入、净利润快速增长的原因及合理性,并结合分立后汕头超艺、杭州超杰、超艺螺丝的经营状况和财务数据,进一步分析并披露两部分资产之间的业务关联度和经营状况的差异情况,是否存在相互或者单方让渡商业机会情形。(5)结合汕头超艺、杭州超杰、超艺螺丝在报告期内主要财务数据、主营业务、产品应用领域和定位、主要客户和供应商情况等,披露是否与发行人存在业务竞争,如是,进一步论述是否对发行人业务构成重大不利影响。请保荐人、发行人律师发表明确意见。

反馈回复如下:

(1)本次股权转让背景

①公司在上海金发投、嘉合明德入股时承诺在2014年12月31日前实现上市,但由于上市进程未达预期,上海金发投、嘉合明德要求退股或由黄某楷回购股权,但黄某楷因个人资金原因无力履行回购义务。②黄某楷另有个人债务需要清偿,存在较大的资金需求。③原实际控制人黄某楷考虑到当时超捷股份的经营业绩欠佳。④黄某楷对超捷股份的行业前景及经营理念与宋某东存在分歧。早期公司产品主要以家用电器类紧固件为主,家电行业盈利逐年下滑,公司业绩不稳定,早已考虑转型。超捷股份位于上海市嘉定区,嘉定区以汽车产业为支柱产业,产值占全区产值一半以上,宋某东常年在上海嘉定经营,很看好汽车领域,已接触了客户并为潜在客户安排了产品打样,也做了相关技术方面的积累。但汽车行业门槛较高,合格供应商认证并非一朝一夕的事情,客户从接触打样到供应商认证批量下单需经历好几年时间,基于对汽车行业的了解接触,宋某东更看好超捷股份在汽车行业的发展。而黄某楷本人较少在上海参与公司经营,对嘉定区汽车行业的了解也不够,本人想让公司更多往通信类领域发展,认为汽车类产品短期内无法带来回报,却还要不断研发投入,最后还不一定能获得客户认可。因此双方在公司战略方向上产生了较大差异。⑤黄某楷系我国香港特别行政区居民,其个人主要在我国香港特别行政区和汕头一带生活,比较少来上海,没有充足时间在上海参与公司经营。

(2)派生分立和后续实际控制权变更的原因

2016年派生分立前,黄某楷和宋某东主要投资发行人及其下属企业。经访谈了解,宋某东不存在大额负债情况,黄某楷当时有较大负债。

派生分立前发行人子公司为杭州超杰、超艺螺丝、汕头超艺和江苏超捷,其中超艺螺丝为控股公司,无实际业务。超捷股份、汕头超艺、杭州超杰和江苏超捷在分立前实际控制人虽为黄某楷,但实际根据地域不同分别由宋某东、黄某楷、吴某彪3人分管。其中超捷股份(在上海)和江苏超捷(在镇江)自设立以来一直由宋某东负责经营管理,汕头超艺自设立以来由黄某楷负责经营管理,杭州超杰自设立以来由黄某楷指派吴某彪管理。

2009年以前,杭州超杰、汕头超艺并不是发行人控股子公司,而是黄某楷个人持股控制的企业,之后黄某楷为了整合资源上市于2009年前后由超捷有限作为上市平台将2家企业收购为子公司。

整合之后,2010~2015年公司主要业务家电产品业务的盈利能力并不稳定,经营情况不乐观,未能达到上市要求,公司需要谋求转型。但是黄某楷与宋某东对公司前景及经营理念并不一致,宋某东看好汽车领域,而黄某楷想往通信领域发展,但黄某楷主要在我国香港特别行政区和汕头一带生活,本人并没有充足时间参与超捷股份经营,况且当时公司股东上海金发投等机构投资者因公司未能在2014年如期上市要求各方回购股份,黄某楷本人当时也存在较多个人债务需要清偿。

基于上述多方面原因,经双方协商,黄某楷表达了将发行人控股权转让给宋某东的意愿。

考虑到汕头超艺、杭州超杰自设立以来一直由黄某楷或其指派的吴某彪经营管理,且各家公司业务资产人员等各方面都实际独立,双方一致同意通过分立的方式将杭州超杰、汕头超艺先从发行人处剥离出来,之后黄某楷再把发行人控股权转给宋某东。由此,一方面解决了双方在发行人经营方向上不一致的问题,另一方面也解决了机构投资者回购股份的要求,香港超艺对投资人的回购义务由上海毅宁承继。由此以解决双方对超捷股份经营方向的分歧,同时满足投资人的回购要求,且缓解了黄某楷当时的财务状况,是一个有利于各方的解决方案。

另外,在无锡市德科立光电子技术股份有限公司上市审核过程中,第一次审核问询函的回复、第二轮审核问询函的回复均记载有关于实际控制人变动的背景和原因分析,其中第一次审核问询函的第一个问题就是关于控制权变动及股权转让、第二次问询函的第三个问题是关于控制权变动。

(三)新三挂牌期间与申报IPO期间实际控制人认定存在变化

1. IPO时增加或减少共同实际控制人

对于不改变实际控制结构,仅因为实际控制人认定范围变化,且未改变原有的主要实际控制人认定,从根本上确实未发生实际控制人变更的,可以通过论证实际控制人未发生变化,相关的实际控制人人员变动不构成实际控制人变更,相关的变更仅因为认定范围的变化。

案例3-238 从谨慎出发增加认定实际控制人

依据《关于浙江联盛化学股份有限公司首次公开发行股票并在创业板上市申请文件的第二轮审核问询函的回复》,审核问询意见:"问题17.关于实际控制人认定及股东信息核查。申报文件显示:发行人新三板挂牌期间披露的实际控制人为牟某宇及其女儿俞某,本次发行中介机构从审慎性原则出发认定实际控制人牟某宇配偶俞某欧为共同实际控制人。请发行人:说明增加认定俞某欧为实际控制人的原因,结合《深圳证券交易所创业板股票首次公开发行上市审核问答》问题9的要求说明是否构成发行人实际控制人变更。"

反馈回复称:"发行人新三板挂牌期间披露的实际控制人为牟某宇及其女儿俞某,本次申报增加认定牟某宇配偶俞某欧为实际控制人的原因如下:俞某欧系发行人创始人,2007年至2012年直接持有发行人股权,并担任发行人经理,对发行人业务发展奠定了一定基础。2017年11月至2020年6月,俞某欧担任发行人董事;根据发行人历次董事会决议文件、日常决策的会议文件,报告期内俞某欧参与了发行人重大经营决策,对发行人决策经营具有一定影响力。俞某欧虽未持有发行人股份,但其与牟某宇系夫妻关系,根据《民法典》的规定,夫妻对共同所有的财产具有平等的处理权。综上,从审慎性原则出发,在本次申报时,保荐机构根据中国证监会关于实际控制人审核指引的认定精神认定俞某欧为共同实际控制人。发行人本次增加认定俞某欧为实际控制人系中介机构分析认定不同导致,俞某欧、牟某宇夫妇及其女儿俞某的客观情况未发生变化,不构成发行人实际控制人变更。"

案例 3-239 实际控制人的人数减少

依据《上海凯鑫分离技术股份有限公司创业板首次公开发行股票申请文件反馈意见》(上海凯鑫、300899),该公司存在一致行动协议人数变更的问题,实际控制人从7人变更为6人。审核问询意见:"发行人股东葛某越、邵某、申某维、刘某、杨某、杨某鹏与曹某康(共7人)曾于2013年签署一致行动协议,后因2015年6月曹某康转让所有股份而解除一致行动协议,其他6名股东重新签署一致行动协议并就上市交易36个月届满前的决策机制进行约定,并认定葛某越、邵某、申某维、刘某、杨某、杨某鹏6人为实际控制人,合计控制公司66.83%的股份。请发行人结合前述股东变动情形、一致行动协议的主要内容(包括但不限于期限、决策机制)以及《〈首次公开发行股票并上市管理办法〉第十二条"实际控制人没有发生变更"的理解和适用——证券期货法律适用意见第1号》说明最近2年实际控制人是否发生变更,并提供上述相关协议。请保荐机构和发行人律师对上述事项发表明确核查意见,说明核查过程与依据。"

2. 从认定无实际控制人到认定多人共同控制

新三板挂牌期间,认定为无实际控制人的,后期为了加强或巩固公司控制权的稳定性,可以考虑建议相关的人员通过一致行动的关系认定为共同实际控制人。

案例 3-240 新三板挂牌无实际控制人,申请上市认定3名实际控制人

依据《关于厦门嘉戎技术股份有限公司首次公开发行股票并在创业板上市申请文件的审核问询函的回复》,审核问询意见:"问题1. 关于一致行动关系。申报材料显示,发行人认定实际控制人为蒋某煜、王某顺、董某军3人。2016年6月至2018年3月,发行人在新三板挂牌期间认定公司无实际控制人。摘牌后,2018年3月12日,蒋某煜、王某顺、董某军签署《一致行动人协议》。请发行人:(1)补充披露在新三板摘牌后签订《一致行动人协议》的原因和目的,上述协议的主要内容、生效条件、有效期限,是否设有变更或解除条件;如有,相关安排对协议履行的影响。(2)结合蒋某煜、王某顺、董某军参与发行人公司经营管理的具体情况,披露如解除上述协议,是否影响发行人控制权稳定性。(3)补充披露本次申报文件与发行人挂牌期间的信息披露内容是否存在差异。请保荐人、发行人律师发表明确意见,请申报会计师对问题(3)发表明确意见。”

公司对变动原因解释为:“截至2018年3月2日发行人股票在全国中小企业股份转让系统终止挂牌时,蒋某煜、王某顺、董某军分别持有发行人40%、29%、29%的股权,3人持股比例相近,合计持有98%的股权,且蒋某煜任公司董事长,王某顺任公司董事、总经理,董某军任公司董事、副总经理。发行人股票在全国中小企业股份转让系统终止挂牌后,考虑到蒋某煜、王某顺、董某军作为发行人前三大股东、董事及主要管理人员,签署一致行动人协议有利于继续维持3人在董事会、股东大会等决策意见的一致性,维护公司经营决策和控制权的稳定性,同时能够进一步维持和加强实际控制人对公司的控制力,有利于公司长远稳定发展。蒋某煜、王某顺、董某军决定将3人一直以来在重大决策上保持的一致行动默契关系通过一致行动协议的方式进行确定并长久保持,因此3人于2018年3月12日签署了《一致行动人协议》。”

分析:其在反馈的回复中,紧紧围绕实际控制这个话题展开,其论述的思路是,虽然在新三板挂牌期间,一直公告公司没有实际控制人,但实际上公司所有的大事、小事都是3个股东一起商量决定,从实质重于形式的角度看,挂牌期间,就是3个股东共同控制。因此挂牌前是共同控制,挂牌后是共同控制,从实质的角度看,其实际控制人就没有发生变化,符合规则。

3. 对控股股东认定的变化

不改变实际控制人认定或者实际控制结构,对于控股股东的认定可以发生变化,但相关的认定需要符合规定及客观情况。

案例3-241 新三板挂牌期间认定控股股东但IPO中认定无控股股东

依据《永安期货股份有限公司首次公开发行股票申请文件反馈意见》,招股说明书披露发行人无控股股东,申报材料显示,发行人在2017年至2020年6月在新三板挂牌的定期报告均认定财通证券为控股股东。请发行人补充披露:招股说明书未将财通证券认定为控股股东，是否符合《公司法》等相关规定，结合股东大会（股东出席会议情况、表决过程、审议结果、董事提名和任命等）、董事会（重大决策的提议和表决过程等）、监事会及发行人经营管理的实际运作情况等说明报告期内财通证券所享有的表决权是否足以对发行人股东大会的决议产生重大影响，发行人是否为财通证券直接或间接控制的子公司。

五、实际控制人、控股股东的合法合规性和责任

（一）控股股东和实际控制人的合法合规性

1. 相关规定

《证券法》(2019 修订)第 12 条规定："公司首次公开发行新股，应当符合下列条件：……（四）发行人及其控股股东、实际控制人最近三年不存在贪污、贿赂、侵占财产、挪用财产或者破坏社会主义市场经济秩序的刑事犯罪……"

《创业板首次公开发行股票注册管理办法（试行）》第 13 条第 2 款规定："最近三年内，发行人及其控股股东、实际控制人不存在贪污、贿赂、侵占财产、挪用财产或者破坏社会主义市场经济秩序的刑事犯罪，不存在欺诈发行、重大信息披露违法或者其他涉及国家安全、公共安全、生态安全、生产安全、公众健康安全等领域的重大违法行为。"

《科创板首次公开发行股票注册管理办法（试行）》第 13 条第 2 款规定："最近 3 年内，发行人及其控股股东、实际控制人不存在贪污、贿赂、侵占财产、挪用财产或者破坏社会主义市场经济秩序的刑事犯罪，不存在欺诈发行、重大信息披露违法或者其他涉及国家安全、公共安全、生态安全、生产安全、公众健康安全等领域的重大违法行为。"

《北京证券交易所向不特定合格投资者公开发行股票注册管理办法（试行）》第 11 条规定："发行人及其控股股东、实际控制人存在下列情形之一的，发行人不得公开发行股票：（一）最近三年内存在贪污、贿赂、侵占财产、挪用财产或者破坏社会主义市场经济秩序的刑事犯罪；（二）最近三年内存在欺诈发行、重大信息披露违法或者其他涉及国家安全、公共安全、生态安全、生产安全、公众健康安全等领域的重大违法行为；（三）最近一年内受到中国证监会行政处罚。"

综上,控股股东和实际控制人的合法合规性的基本原则在证券法中有明确的规定,发行人及其控股股东、实际控制人最近三年不得存在贪污、贿赂、侵占财产、挪用财产或者破坏社会主义市场经济秩序的刑事犯罪。

2. 相关核查方法

(1)公安局(含派出所)出具无违法犯罪记录的证明。

(2)查询并提供个人征信报告等。

(3)通过其他公开的数据库和网站进行查询和检索,主要包括:信用中国网(http://www.creditchina.gov.cn/);中国裁判文书网(https://wenshu.court.gov.cn);中国执行信息公开网(http://zxgk.court.gov.cn/);国家知识产权局(http://cnipa.gov.cn);中国商标网(http://sbj.cnipa.gov.cn/sbj/index.html);国家版权局(http://ncac.gov.cn);证券期货市场失信记录查询平台(http://neris.csrc.gov.cn/shixinchaxun);中国证券监督管理委员会(http://www.csrc.gov.cn);上海证券交易所(http://www.sse.com.cn);深圳证券交易所(http://www.szse.cn);12309 中国检察网(http://www.12309.gov.cn/);国家企业信用信息公示系统(http://www.gsxt.gov.cn/)等。

3. 控股股东位于境外的核查和披露要求

依据《首发业务若干问题解答》(2020 年 6 月修订)的相关规定,对于控股股东设立在境外且持股层次复杂的,保荐机构和发行人律师应当对发行人设置此类架构的原因,合法性及合理性,持股的真实性,是否存在委托持股、信托持股,是否有各种影响控股权的约定,股东的出资来源等问题进行核查,说明发行人控股股东和受控股股东、实际控制人支配的股东所持发行人的股份权属是否清晰,以及发行人如何确保其公司治理和内控的有效性,并发表明确意见。

案例 3-242 关于实际控制人履历的问询意见

依据《关于北京市博汇科技股份有限公司首次公开发行股票并在科创板上市申请文件的二轮审核问询函之回复报告》(博汇科技、688004),审核问询意见:"问题 1 关于实际控制人认定:1.1 招股说明书及申报资料显示,孙某明在入股博汇科技之前,主要从事天使投资及创业顾问的工作,是中国青年天使会终身会员,其开办的车库咖啡北美分址，为多个创业团队提供过业务及技术上的支持和帮助。孙某明先后帮助上海迈外迪网络科技有限公司、上海红茶网络科技有限公司、广州优家投资管理有限责任公司等公司构建团队、引进投资及梳理商业模式。请发行人说明：(1)孙某明对发行人业务、技术等方面的了解或熟悉程度，是否能实质控制发行人，其与郭某武的职责分工情况；(2)结合孙某明所从事股权天使投资及创业顾问工作的具体职责及持股情况、被投资单位的财务业绩等情况，说明孙某明入股发行人的主要考虑及预计实现的目标……1.4 自孙某明成为公司实际控制人、董事长后，其凭借多年积累的创业和投资经验，推动公司信息化视听数据管理业务由传统的广播电视行业拓展到教育、人防等行业，并形成了一定规模的销售收入和一系列行业应用的示范案例。请发行人说明：报告期内，孙某明对发行人信息化视听数据管理业务的拓展的具体案例及业务拓展的可持续性。”

(二)控股股东和实际控制人的特定法律义务

1. 证券法的相关规定

《证券法》(2019 修订)第 24 条规定：“国务院证券监督管理机构或者国务院授权的部门对已作出的证券发行注册的决定，发现不符合法定条件或者法定程序，尚未发行证券的，应当予以撤销，停止发行。已经发行尚未上市的，撤销发行注册决定，发行人应当按照发行价并加算银行同期存款利息返还证券持有人；发行人的控股股东、实际控制人以及保荐人，应当与发行人承担连带责任，但是能够证明自己没有过错的除外。股票的发行人在招股说明书等证券发行文件中隐瞒重要事实或者编造重大虚假内容，已经发行并上市的，国务院证券监督管理机构可以责令发行人回购证券，或者责令负有责任的控股股东、实际控制人买回证券。”

《证券法》(2019 修订)第 84 条规定：“除依法需要披露的信息之外，信息披露义务人可以自愿披露与投资者作出价值判断和投资决策有关的信息，但不得与依法披露的信息相冲突，不得误导投资者。发行人及其控股股东、实际控制人、董事、监事、高级管理人员等作出公开承诺的，应当披露。不履行承诺给投资者造成损失的，应当依法承担赔偿责任。”

《证券法》(2019 修订)第 85 条规定：“信息披露义务人未按照规定披露信息，

或者公告的证券发行文件、定期报告、临时报告及其他信息披露资料存在虚假记载、误导性陈述或者重大遗漏，致使投资者在证券交易中遭受损失的，信息披露义务人应当承担赔偿责任；发行人的控股股东、实际控制人、董事、监事、高级管理人员和其他直接责任人员以及保荐人、承销的证券公司及其直接责任人员，应当与发行人承担连带赔偿责任，但是能够证明自己没有过错的除外。”

《证券法》(2019修订)第93条规定：“发行人因欺诈发行、虚假陈述或者其他重大违法行为给投资者造成损失的，发行人的控股股东、实际控制人、相关的证券公司可以委托投资者保护机构，就赔偿事宜与受到损失的投资者达成协议，予以先行赔付。先行赔付后，可以依法向发行人以及其他连带责任人追偿。”

《证券法》(2019修订)第181条规定：“发行人在其公告的证券发行文件中隐瞒重要事实或者编造重大虚假内容，尚未发行证券的，处以二百万元以上二千万元以下的罚款；已经发行证券的，处以非法所募资金金额百分之十以上一倍以下的罚款。对直接负责的主管人员和其他直接责任人员，处以一百万元以上一千万元以下的罚款。发行人的控股股东、实际控制人组织、指使从事前款违法行为的，没收违法所得，并处以违法所得百分之十以上一倍以下的罚款；没有违法所得或者违法所得不足二千万元的，处以二百万元以上二千万元以下的罚款。对直接负责的主管人员和其他直接责任人员，处以一百万元以上一千万元以下的罚款。”

2. 发行注册管理办法对实际控制人特定义务的规定

《科创板首次公开发行股票注册管理办法(试行)》第17条规定：“自注册申请文件受理之日起，发行人及其控股股东、实际控制人、董事、监事、高级管理人员，以及与本次股票公开发行并上市相关的保荐人、证券服务机构及相关责任人员，即承担相应法律责任。”

《科创板首次公开发行股票注册管理办法(试行)》第36条规定：“发行人及其董事、监事、高级管理人员应当在招股说明书上签字、盖章，保证招股说明书的内容真实、准确、完整，不存在虚假记载、误导性陈述或者重大遗漏，并声明承担相应法律责任。发行人控股股东、实际控制人应当在招股说明书上签字、盖章，确认招股说明书的内容真实、准确、完整，不存在虚假记载、误导性陈述或者重大遗漏，并声明承担相应法律责任。”

《科创板首次公开发行股票注册管理办法(试行)》第42条规定：“发行人应

当在招股说明书中披露公开发行股份前已发行股份的锁定期安排，特别是核心技术人员股份的锁定期安排以及尚未盈利情况下发行人控股股东、实际控制人、董事、监事、高级管理人员股份的锁定期安排。保荐人和发行人律师应当就前款事项是否符合有关规定发表专业意见。”

《科创板首次公开发行股票注册管理办法（试行）》第67条规定：“发行人不符合发行上市条件，以欺骗手段骗取发行注册的，中国证监会将自确认之日起采取5年内不接受发行人公开发行证券相关文件的监管措施。对相关责任人员，视情节轻重，采取认定为不适当人选的监管措施，或者采取证券市场禁入的措施。”

《科创板首次公开发行股票注册管理办法（试行）》第68条规定：“对发行人存在本办法第六十七条规定的行为并已经发行上市的，可以依照有关规定责令上市公司及其控股股东、实际控制人在一定期间从投资者手中购回本次公开发行的股票。”

《科创板首次公开发行股票注册管理办法（试行）》第77条规定：“发行人及其控股股东、实际控制人、保荐人、证券服务机构及其相关人员违反《中华人民共和国证券法》依法予以行政处罚的，中国证监会将依法予以处罚；对欺诈发行、虚假陈述负有责任的发行人、保荐人、会计师事务所、律师事务所、资产评估机构及其责任人员依法从重处罚。涉嫌犯罪的，依法移送司法机关，追究其刑事责任。”

《创业板首次公开发行股票注册管理办法（试行）》有基本相同的规定。

（三）控股股东和实际控制人的声明与承诺

控股股东和实际控制人应当出具的承诺，不仅是证券法和各个板块的注册办法规定的义务，也是招股说明书等文件必须出具承诺的事项，相关的具体承诺类型可参考《公开发行证券的公司信息披露内容与格式准则第28号——创业板公司招股说明书》《公开发行证券的公司信息披露内容与格式准则第41号——科创板公司招股说明书》。

1. 实际控制人应当在招股说明书扉页作出的声明

控股股东和实际控制人应在招股说明书扉页作如下声明：

“发行人控股股东、实际控制人承诺本招股说明书不存在虚假记载、误导性陈述或重大遗漏，并对其真实性、准确性、完整性承担个别和连带的法律责任。

“发行人及全体董事、监事、高级管理人员、发行人的控股股东、实际控制人以及保荐人、承销的证券公司承诺因发行人招股说明书及其他信息披露资料有虚假记载、误导性陈述或者重大遗漏,致使投资者在证券发行和交易中遭受损失的,将依法赔偿投资者损失。”

2. 控股股东和实际控制人应当作出的承诺事项

发行人应充分披露发行人、股东、实际控制人、发行人的董事、监事、高级管理人员、核心技术人员以及本次发行的保荐人及证券服务机构等作出的重要承诺、未能履行承诺的约束措施以及已触发履行条件的承诺事项的履行情况。承诺事项主要包括:(1)本次发行前股东所持股份的限售安排、自愿锁定股份、延长锁定期限以及股东持股及减持意向等承诺;(2)稳定股价的措施和承诺;(3)股份回购和股份购回的措施和承诺;(4)对欺诈发行上市的股份购回承诺;(5)填补被摊薄即期回报的措施及承诺;(6)利润分配政策的承诺;(7)依法承担赔偿或赔偿责任的承诺;(8)其他承诺事项。

案例 3-243　审核机构要求更新股份回购承诺

依据《森泰英格(成都)数控刀具股份有限公司首次公开发行股票并在科创板上市招股说明书(申报稿)》(已终止),对“欺诈发行上市的股份购回承诺”,公司披露如下:

“1. 公司承诺:(1)保证公司本次公开发行股票并在科创板上市不存在任何欺诈发行的情形。(2)如公司不符合发行上市条件,以欺骗手段骗取发行注册的,发行人将在证券监管部门或人民法院等有权部门作出公司存在上述事实的最终认定或生效判决后 5 个交易日内启动股份回购程序,购回公司本次公开发行的全部新股,具体的股份回购方案将依据所适用的法律、法规、规范性文件及公司章程等规定履行公司内部审批程序和外部审批程序。回购价格不低于发行人股票发行价,如果因公司上市后派发现金红利、送股、转增股本、增发新股等原因进行除权、除息的,上述发行价及购回股份数量应做相应调整。

“2. 发行人控股股东夏某奎、实际控制人夏某奎和刘某承诺:(1)保证公司本次公开发行股票并在科创板上市不存在任何欺诈发行的情形。(2)如公司不符合发行上市条件,以欺骗手段骗取发行注册的,控股股东、实际控制人将在证券监管部门或人民法院等有权部门作出公司存在上述事实的最终认定或生效判决后5个交易日内启动股份回购程序,购回公司本次公开发行的全部新股。具体的股份回购方案将依据所适用的法律、法规、规范性文件及公司章程等规定履行公司内部审批程序和外部审批程序。回购价格不低于发行人股票发行价,如果因公司上市后派发现金红利、送股、转增股本、增发新股等原因进行除权、除息的,上述发行价及购回股份数量应做相应调整。”

审核机构反馈意见如下:“26.1 关于股东减持意向。请发行人严格按照《关于切实提高招股说明书(申报稿)质量和问询回复质量相关注意事项的通知》的要求,重新披露‘欺诈发行上市的股份购回承诺’。”

公司回复如下:发行人、发行人实际控制人已严格按照《关于切实提高招股说明书(申报稿)质量和问询回复质量相关注意事项的通知》的要求,重新出具了“欺诈发行上市的股份购回承诺”,并在招股说明书更新披露如下:

“1. 公司承诺:(1)保证公司本次公开发行股票并在科创板上市不存在任何欺诈发行的情形。(2)如果公司不符合发行上市条件,以欺骗手段骗取发行注册并已经发行上市的,公司将在中国证券监督管理委员会等有权部门确认后5个工作日内启动股份购回程序,购回公司本次公开发行的全部新股。

“2. 发行人控股股东夏某奎、实际控制人夏某奎和刘某承诺:(1)本人保证公司本次公开发行股票并在科创板上市不存在任何欺诈发行的情形。(2)如果公司不符合发行上市条件,以欺骗手段骗取发行注册并已经发行上市的,本人将在中国证券监督管理委员会等有权部门确认后5个工作日内启动股份购回程序,购回公司本次公开发行的全部新股。”

案例 3-244 控股股东及实际控制人更新欺诈发行的承诺

依据《关于峰岹科技(深圳)股份有限公司首次公开发行股票并在科创板上市申请文件的审核问询函》,发行关于欺诈发行的承诺更新如下:

发行人、控股股东及实际控制人已按照《关于切实提高招股说明书(申报稿)质量和问询回复质量相关注意事项的通知》的规定就欺诈发行上市行为重新出具承诺,并在招股说明书“第十节投资者保护/六、本次发行相关各方作出的重要承诺及承诺履行情况/(四)对欺诈发行上市的股份购回承诺”修订和更新披露如下:“1.发行人对欺诈发行上市的股份购回承诺:本公司保证本次公开发行股票并在上海证券交易所科创板上市不存在任何欺诈发行的情形。如本公司不符合发行上市条件,以欺诈手段骗取发行注册并已经发行上市的,本公司将在中国证券监督管理委员会等有权部门确认后5个工作日内启动股份购回程序,购回本公司本次公开发行的全部新股。2.控股股东峰岹香港,实际控制人毕某1、毕某2和高某及其一致行动人芯运科技对欺诈发行上市的股份购回承诺:本公司/本人保证发行人本次公开发行股票并在上海证券交易所科创板上市不存在任何欺诈发行的情形。如发行人不符合发行上市条件,以欺诈手段骗取发行注册并已经发行上市的,本公司/本人将在中国证券监督管理委员会等有权部门确认后5个工作日内启动股份购回程序,购回发行人本次公开发行的全部新股。”

(四)控股股东或实际控制人与其他股东之间存在大额资金拆借

控股股东或实际控制人与其他股东之间存在大额资金拆借应当具有合理理由,需要核查相关的证据,涉及股权交割的款项应当依法支付。

案例3-245 股东之间大额资金拆借

依据《关于辽宁信德新材料科技股份有限公司申请首次公开发行股票并在创业板上市的审核中心意见落实函》(已通过上市委审议),审核中心意见:“2.关于股东资金往来和股份支付申请文件及问询回复显示:

“(1)发行人股东中,王某利、张某、张某升等多人在入股发行人之前与发行人实际控制人存在大额资金借贷。

“(2)报告期内,发行人存在两次涉及股份支付的情形,分别于2018年10月、2019年12月确认2110.72万元、452.87万元。

“公开信息显示,发行人股东尚融宝盈、尚融聚源的实际控制人孙某根曾涉嫌行贿。

“请发行人:

“(1)列表说明相关股东在入股发行人前后与发行人实际控制人之间的全部

资金借贷情况，包括但不限于金额、借款时间、原因、偿还时间、资金来源、是否偿毕；说明相关股东入股发行人的原因和背景，入股事项和资金往来的关系，是否存在代持及利益输送。

"(2)对照中国证监会《首发业务若干问题解答》(2020年6月修订)问题26的要求，结合信德企管的合伙协议具体约定，说明未对实际控制人通过信德企管取得公司间接股权进行股份支付处理的合理性；对照《企业会计准则第11号——股份支付》的要求，结合信德企管的合伙协议具体约定，说明激励对象在公司上市后发生退伙情形的相关约定，激励对象持有的合伙企业收益权、分红权是否有限制条件或与其服务年限、业绩条款挂钩，并分析股权激励计划中关于可行权条件及等待期的认定是否准确。

"(3)说明发行人报告期内股权激励计划的主要内容、主要条件及满足情况，对照本所《深圳证券交易所创业板股票首次公开发行上市审核问答》问题22的要求说明发行人股份支付权益工具公允价值的合理性，相关会计处理是否合企业会计准则的规定。

"(4)说明尚融宝盈、尚融聚源的实际控制人孙某根涉及行贿事项相关进展、是否涉及发行人及其董事、监事、高级管理人员，相关事项是否构成重大违法行为及本次发行上市的法律障碍，相关股东入股发行人是否存在利益输送。"

(五)控股股东或实际控制人的大额负债

借款方与实际控制人之间存在大额负债的，需要关注负债的真实性、合理性，相关的银行流水是否涉及公司收入和成本的循环，是否存在利用个人卡收付款等情形，相关的大额负债是否存在股份代持、利益输送及潜在利益安排等。

案例3-246 实际控制人存在大额负债

依据《关于合肥新汇成微电子股份有限公司首次公开发行股票并在科创板上市申请文件的第二轮审核问询函的回复》(已于2022年2月通过上市委审议)，审核问询意见："问题1.关于实控人大额负债。根据问询回复：(1)控股股东扬州新瑞连其他应付款均系与其合伙人杨某1、纪某及其关联方之间的资金拆借。实际控制人郑某俊存在超过 3 亿元的大额负债,借款方均为自然人且部分间接持有发行人股份,借款利率为年利率 5% 或未约定,未有相关担保措施。(2) 因发行人持续投入规模较大,资金需求较多实际控制人相关借款系为支持发行人发展及个人周转。(3) 截至报告期末,发行人对实际控制人及相关方借款余额未超过 3000 万元。(4) 报告期内发行人控股股东所持发行人股份曾存在质押情形,系为发行人获得银行贷款所提供的增信措施,目前相关质押情形已经解除。

"请发行人说明:(1) 结合借款方均为自然人且部分为发行人股东、借款利率较低、无担保措施等情况,说明借款方与实际控制人之间是否存在股份代持、利益输送及潜在利益安排;(2) 实际控制人及相关方取得借款后的具体用途和最终去向,支持发行人发展的具体体现和形式;(3) 实际控制人借款是否存在其他实质性潜在担保措施、上市后担保安排或其他利益安排,上述解除质押是否存在其他替代性担保措施;(4) 结合实际控制人控制的各主体经营情况及个人主要资产具体情况等,测算分析控股股东及实际控制人对大额负债的具体还款安排和还款资金来源,是否存在未能按时足额清偿、股份被采取措施进而影响控制权稳定的潜在风险,是否具有稳定控制权的相关应对措施。

"请保荐机构、申报会计师及发行人律师对上述事项进行核查并发表明确意见。"

反馈回复(关于自然人借款的回复)如下:

"一、结合借款方均为自然人且部分为发行人股东、借款利率较低、无担保措施等情况,说明借款方与实控人之间是否存在股份代持、利益输送及潜在利益安排

"1. 借款方具备相应的资金实力,借款资金来源均为合法自有资金

"截至 2021 年 12 月 31 日,实际控制人郑某俊对外负债涉及的借款方情况见表 12:

表12　郑某俊对外负债情况

债权人	借款本金 (折合人民币)(万元)	借款利率	负债到期时间	有无担保
黄某端	4996.96	年利率5%	2025年1月	无
童某	2378.67	年利率5%	2025年1月	无
张某文	8400.00	年利率5%	2026年7月	无
	14,639.47	年利率5%	2026年9月	无
孙某	379.73	未约定	未约定	无
杨某2	25.00	未约定	已于2022年1月归还	无

注:为保护个人隐私,与发行人及其业务无关联关系的自然人仅披露姓氏。

"上述借款方中,黄某端为中国台湾地区居民,现担任高鑫零售(6808.HK,旗下持有'大润发''欧尚'等知名连锁卖场)董事会主席、苏宁易购(002024.SZ)董事长。黄某端系两岸经贸界知名人士,个人具备向郑某俊提供借款的资金实力,系以其合法自有资金提供该等借款。

"童某为中国台湾地区地区居民,系上海谦儒商贸有限公司实际控制人,该公司主要经营'童年时光'连锁儿童游乐场所,在中国大陆经营分店超100家,至今已持续经营近20年。童某在中国大陆及中国台湾地区经商多年,存在一定的资金积累,系以其合法自有资金提供该等借款。

"张某文为中国台湾地区居民,系泰菱系统工程股份有限公司(中国台湾)、上海泰菱金属制品有限公司的实际控制人,至今已持续经营超过30年,且上海泰菱金属制品有限公司近年内因上海厂房拆迁获得了超过人民币2亿元动迁补偿款,现金较为充沛。张某文在中国大陆及中国台湾地区经商多年,存在一定的资金积累,系以其合法自有资金提供该等借款。

"孙某、杨某2均为中国台湾地区居民,因个人资金周转存在资金往来,未直接或间接持有发行人股份,借款金额相对较小,且郑某俊已于2022年1月向杨某2归还全部借款。根据其出具的书面说明,孙某、杨某2在中国大陆及中国台湾地区经商多年,均以其合法自有资金提供该等借款。

"综上,相关借款方均具备向郑某俊提供借款的资金实力,均以其合法自有资金提供该等借款。

“2. 借款方对实际控制人的借款利率约定公允，相关借款不存在担保措施具有合理性

“上述借款方均为中国台湾地区居民，中国台湾地区银行存款、贷款利率相对较低，贷款利率基本不超过5%，黄某端、童某、张某文3位借款人与郑某俊约定的借款利率未低于中国台湾地区金融机构的正常贷款利率水平。孙某、杨某2与郑某俊相识多年，因个人资金周转存在多次资金往来，互有借贷，且借款周期相对较短，金额相对较小，故未约定明确的借款利率及还款时间具备合理性。因此，上述借款人的利益未受到损害，不存在利益输送情形。

“黄某端、童某、张某文均为郑某俊多年好友，郑某俊从事企业经营时间较长，有一定的经营积累及融资能力，资信状况良好。郑某俊、杨某1夫妇现持有众多资产，特别是发行人近年经营情况持续向好，经营现金流情况较好，上述3位借款人作为发行人股东亦熟悉了解公司经营情况。综合上述因素，上述3位借款人均未要求郑某俊提供担保措施。

“因此，借款方对实际控制人的借款利率约定公允，相关借款不存在担保措施具有合理性。”

第七节 董事、监事、高级管理人员

一、董事、监事、高级管理人员的任职条件

（一）董事、监事、高级管理人员的一般任职条件

1. 公司法的一般规定

《公司法》（2018修正）第146条规定：“有下列情形之一的，不得担任公司的董事、监事、高级管理人员：（一）无民事行为能力或者限制民事行为能力；（二）因贪污、贿赂、侵占财产、挪用财产或者破坏社会主义市场经济秩序，被判处刑罚，执行期满未逾五年，或者因犯罪被剥夺政治权利，执行期满未逾五年；（三）担任破产清算的公司、企业的董事或者厂长、经理，对该公司、企业的破产负有个人责任的，自该公司、企业破产清算完结之日起未逾三年；（四）担任因违法被吊销营业执照、责令关闭的公司、企业的法定代表人，并负有个人责任的，自该公司、企业被吊销

营业执照之日起未逾三年;(五)个人所负数额较大的债务到期未清偿。公司违反前款规定选举、委派董事、监事或者聘任高级管理人员的,该选举、委派或者聘任无效。董事、监事、高级管理人员在任职期间出现本条第一款所列情形的,公司应当解除其职务。"

2. 首发上市的一般规定

《首次公开发行股票并上市管理办法》(2022 修正)第 15 条规定:"发行人的董事、监事和高级管理人员已经了解与股票发行上市有关的法律法规,知悉上市公司及其董事、监事和高级管理人员的法定义务和责任。"

《首次公开发行股票并上市管理办法》(2022 修正)第 16 条规定:"发行人的董事、监事和高级管理人员符合法律、行政法规和规章规定的任职资格,且不得有下列情形:(一)被中国证监会采取证券市场禁入措施尚在禁入期的;(二)最近 36 个月内受到中国证监会行政处罚,或者最近 12 个月内受到证券交易所公开谴责;(三)因涉嫌犯罪被司法机关立案侦查或者涉嫌违法违规被中国证监会立案调查,尚未有明确结论意见。"

《深圳证券交易所上市公司自律监管指引第 1 号——主板上市公司规范运作》第 3.2.2 条规定:"董事、监事和高级管理人员候选人存在下列情形之一的,不得被提名担任上市公司董事、监事和高级管理人员:(一)《公司法》规定不得担任董事、监事、高级管理人员的情形;(二)被中国证监会采取不得担任上市公司董事、监事、高级管理人员的市场禁入措施,期限尚未届满;(三)被证券交易所公开认定为不适合担任上市公司董事、监事和高级管理人员,期限尚未届满;(四)法律法规、本所规定的其他情形。

"董事、监事和高级管理人员候选人存在下列情形之一的,公司应当披露该候选人具体情形、拟聘请该候选人的原因以及是否影响公司规范运作:(一)最近三十六个月内受到中国证监会行政处罚;(二)最近三十六个月内受到证券交易所公开谴责或者三次以上通报批评;(三)因涉嫌犯罪被司法机关立案侦查或者涉嫌违法违规被中国证监会立案调查,尚未有明确结论意见;(四)被中国证监会在证券期货市场违法失信信息公开查询平台公示或者被人民法院纳入失信被执行人名单。上述期间,应当以公司董事会、股东大会等有权机构审议董事、监事和高级管理人员候选人聘任议案的日期为截至日。"

《创业板首次公开发行股票注册管理办法(试行)》第13条第3款规定:"董事、监事和高级管理人员不存在最近三年内受到中国证监会行政处罚,或者因涉嫌犯罪正在被司法机关立案侦查或者涉嫌违法违规正在被中国证监会立案调查且尚未有明确结论意见等情形。"

《科创板首次公开发行股票注册管理办法(试行)》第13条第3款存在与创业板相似的规定。

3. 董事、监事、高级管理人员的合法合规性

(1)应当符合公司法关于任职资格的规定

公司法关于董事、监事、高级管理人员任职的一般规定不再赘述。

因贪污、贿赂、侵占财产、挪用财产或者破坏社会主义市场经济秩序,被判处刑罚,执行期满5年,或者因犯罪被剥夺政治权利,执行期满5年方可任职董事、监事、高级管理人员,但是并非所有的犯罪被判处刑罚期满未满5年不具有任职资格,仅是限定的特定经济犯罪。

自然人担任破产清算的公司、企业的董事或者厂长、经理,对该公司、企业的破产负有个人责任的,自该公司、企业破产清算完结之日起需满3年,方可任职董事、监事、高级管理人员,此处的公司职务不仅包括担任破产清算公司的董事长和经理,也包括董事和厂长职务。对于该事项需要重点关注相关人员是否负有个人责任。

对"担任因违法被吊销营业执照、责令关闭的公司、企业的法定代表人,并负有个人责任的,自该公司、企业被吊销营业执照之日起未逾三年"的情形需要重点关注。实务中,董事、监事、高级管理人员经常性存在担任被吊销企业的法定代表人等,而相关人员如果未及时办理注销手续或者无法办理注销手续,就可能涉及任职资格条件的合法性问题。例如,天泽信息(300209)、世纪鼎利(300050)、东宝生物(300239)等均存在首发上市时董事、监事、高级管理人员中触发"担任因违法被吊销营业执照、责令关闭的公司、企业的法定代表人"的情形。

(2)是否存在上市或注册办法规定的处罚或未结案件

主要关注是否存在下列情形:①被中国证监会采取证券市场禁入措施尚在禁入期的;②最近36个月内受到中国证监会行政处罚,或者最近12个月内受到证券交易所公开谴责;③因涉嫌犯罪被司法机关立案侦查或者涉嫌违法违规被中国证监会立案调查,尚未有明确结论意见。主板和创业板、科创板关于董事、监事、

高级管理人员任职资格规定存在一定差异，但是实际执行中不会存在实质性差异，需要从严把握。

案例3-247 因未披露董事长的特定事项被采取监管措施

依据证监会于2021年5月21日作出的《关于对某证券承销保荐有限责任公司及两名自然人采取出具警示函监管措施的决定》，该证券承销保荐有限责任公司及2名自然人，在保荐祖名豆制品股份有限公司首次公开发行股票并上市过程中，在提交的保荐工作报告等材料中，未及时报告、披露发行人及其董事长蔡某明涉嫌行贿的行为及该事项对发行人的影响。上述行为违反了《公开发行证券的公司信息披露内容与格式准则第1号——招股说明书》(2015年修订)第7条的规定，并构成《证券发行上市保荐业务管理办法》(中国证券监督管理委员会令第170号)第66条第5项所述行为。按照《证券发行上市保荐业务管理办法》第66条的规定，证监会对其采取出具警示函的监督管理措施。

(3)具有特定身份应当符合规定

大学等事业单位的人员出任董事、监事、高级管理人员的，应当取得所在单位的同意，同时应当符合所属行业的特殊规范规定，例如，大学老师对外任职应当符合《关于进一步规范党政领导干部在企业兼职(任职)问题的意见》(中组发〔2013〕18号)、《中共教育部党组关于进一步加强直属高校党员领导干部兼职管理的通知》(教党〔2011〕22号)等。

案例3-248 多名董事、监事、高级管理人员之前同时担任大学老师

依据《关于北京浩瀚深度信息技术股份有限公司首次公开发行股票并在科创板上市申请文件首轮审核问询函的回复》，审核问询意见："根据申报材料：发行人较多董事、监事、高级管理人员及核心技术人员存在部分时间段或至今同时任职于发行人和北京邮电大学的情形，如雷某明、刘某、陈某颖、窦某男、张某等。请发行人说明：部分人员同时任职于发行人和北京邮电大学是否符合事业单位相关任职规定，是否具备任职资格，相关人员的事业编制安排、社保及公积金缴纳情况，是否存在纠纷或潜在纠纷。”

反馈意见回复:“发行人董事、监事、高级管理人员以及核心技术人员中,报告期前,雷某明、陈某颖、窦某男、张某、于某、刘某共计6人曾同时任职于发行人和北京邮电大学,报告期内,仅监事刘某一人同时任职于发行人和北京邮电大学,其余董事、监事、高级管理人员以及核心技术人员不存在同时任职的情况。根据《关于进一步规范党政领导干部在企业兼职(任职)问题的意见》(中组发〔2013〕18号)、《中共教育部党组关于进一步加强直属高校党员领导干部兼职管理的通知》(教党〔2011〕22号)等规定,直属高校校级党员领导干部原则上不得在经济实体中兼职,确因工作需要在本校设立的资产管理公司兼职的,须经学校党委(常委)会研究决定,并按干部管理权限报教育部审批和驻教育部纪检组监察局备案,直属高校处级(中层)党员领导干部原则上不得在经济实体和社会团体等单位中兼职,确因工作需要兼职的,须经学校党委审批。

“根据北京邮电大学出具的说明,雷某明、陈某颖、窦某男等6名自然人在北京邮电大学任职期间从未担任过行政管理岗位工作。根据北京邮电大学于2020年11月出具的证明,雷某明、陈某颖、窦某男、张某、刘某、于某在北京邮电大学任职期间均不属于学校处级(中层)及以上党员领导干部,其在发行人处兼职未违反《关于进一步规范党政领导干部在企业兼职(任职)问题的意见》(中组发〔2013〕18号)、《中共教育部党组关于进一步加强直属高校党员领导干部兼职管理的通知》(教党〔2011〕22号)等相关规定,以及北京市教委和该校有关教职工校外兼职及投资的限制性规定,该校对此事知晓且不持异议。

“综上所述,报告期之前雷某明等6人曾存在同时任职于发行人和北京邮电大学的情形,报告期内仅监事刘某一人同时任职于发行人和北京邮电大学,该等人员任职情况符合事业单位相关任职规定,具备任职资格。”

案例3-249 关于董事、监事、高级管理人员的多角度问询

依据《关于河南秋乐种业科技股份有限公司首次公开发行股票并在科创板上市申请文件首轮审核问询函的回复》,审核问询意见:问题2.关于董事、监事、高级管理人员及核心技术人员。根据申报材料:①发行人现有董事9名、监事5名、高

级管理人员3名和核心技术人员6名。②最近3年内,发行人董事、监事和高级管理人员的变动较多。③根据发行人在新三板挂牌时的公开转让说明书,公司的核心技术人员为李某军、尚某泉、宋某谦、高某、李某强、鲁某华等。④公司多名董事、监事、高级管理人员在发行人实际控制人、控股股东、关联方处担任职务,发行人董事长张某友担任河南省农业科学院院长、党委副书记,并且在河南省农业科学院领取薪酬。除董事长张某友外,发行人有5名人员属于事业编制人员。⑤发行人部分董事、监事、高级管理人员及核心技术人员的工作经历披露不完整。⑥2017年1月1日至2017年2月6日,发行人总经理侯某伟有在发行人实际控制人河南农科院所属事业单位同时任职的情况。请发行人:①完整披露董事、监事、高级管理人员及核心技术人员的工作经历;②披露董事、监事具体提名人。请发行人说明:①最近3年,董事、监事和高级管理人员变动的具体原因,辞任后的去向,是否仍在发行人处任职或持股;②发行人核心技术人员与新三板挂牌时存在差异的原因,上述人员的去向,《保密协议》或《竞业禁止协议》的执行情况,是否存在技术泄密风险;③事业单位编制人员在发行人处任职或持股,是否履行了必要的审批、核准手续,是否符合相关法律法规的要求,是否存在有权机关的确认文件,是否需要清理规范。请保荐机构、发行人律师对上述情况进行全面核查,说明核查手段、核查方式,并对上述事项是否符合相关法律法规的规定,是否需要履行相关审批程序以及履行情况,是否符合公司治理的有效性和人员独立性的要求发表明确意见。

案例3-250 军队职工任董事、监事、高级管理人员

依据《关于成都思科瑞微电子股份有限公司首次公开发行股票并在科创板上市申请文件的审核问询函的回复》(思科瑞、688053),审核问询意见:"关于发行人董事、高级管理人员。根据招股说明书,发行人董事、高级管理人员及核心技术人员马某东1989年7月至2018年6月历任中国人民解放军海军某工厂工程师、副主任、主任,2018年8月至2020年5月任成都思科瑞微电子有限公司总经理;独立董事林某2016年至2018年就职于空军研究院防空反导所总体室,任研究员。请发行人说明:结合相关军队人员管理规范及党政干部管理规范,说明马某东

2018 年入职发行人、林某担任董事是否违反相关保密规定、人员离职管理规范等，是否合法合规。请发行人按照时间顺序完整披露董事、监事、高级管理人员等人员的履历信息。请发行人律师核查并针对上述人员入职的合法合规性发表明确意见。”

反馈回复如下：

“(一)军队人员管理规范及党政干部管理规范等相关规范文件

“1. 军队人员管理规范

“根据检索公开渠道的相关法律法规、规范性文件，军队人员管理规范主要包括现役军人、文职人员的管理规范，具体如下：根据中央军委常务会议 2018 年 3 月 22 日审议通过的《中国人民解放军内务条令(试行)》，本条令适用于中国人民解放军现役军人和单位(不含企业、事业单位)以及参训的预备役人员。军人必须遵守国家、军队的保密法规，严守保密纪律，保守国家和军队的秘密。对于退出现役作转业安置的军官和文职干部，则适用《军队转业干部安置暂行办法》《关于自主择业的军队转业干部安置管理若干问题的意见》《国务院军队转业干部安置工作小组、人事部、外交部等关于自主择业军队转业干部安置管理若干具体问题的意见》《退役军人事务部、中共中央组织部、中共中央政法委员会等关于促进新时代退役军人就业创业工作的意见》等相关政策规定。

“根据中央军事委员会、国务院 2017 年 9 月 27 日修订并颁行的《中国人民解放军文职人员条例》，文职人员是指在军民通用、非直接参与作战且社会化保障不宜承担的军队编制岗位从事管理工作和专业技术工作的非现役人员。文职人员应当服从命令，听从指挥，遵守纪律，保守秘密。文职人员符合国家和军队规定退休条件的，应当退休。文职人员退休后，享受国家和军队规定的相应待遇。

“此外，《人事部、劳动和社会保障部、中国人民解放军总后勤部关于军队后勤保障社会化改革中人事和劳动保障工作有关问题的通知》《劳动和社会保障部办公厅、人事部办公厅、解放军总后勤部司令部关于对军队机关事业单位职工参加失业保险有关问题的复函》对于军队职工、军队机关事业单位职工参与社会保险等相关事项进行了专项规定。

“2. 党政干部管理规范

“根据中共中央组织部于 2013 年 10 月发布的《关于进一步规范党政领导干

部在企业兼职(任职)问题的意见》(中组发〔2013〕18号),现职和不担任现职但未办理退(离)休手续的党政领导干部不得在企业兼职(任职);对辞去公职或者退(离)休的党政领导干部到企业兼职(任职)必须从严掌握、从严把关,确因工作需要到企业兼职(任职)的,应当按照干部管理权限严格审批。

"根据2015年11月发布的《教育部办公厅关于开展党政领导干部在企业兼职情况专项检查的通知》(教人厅函〔2015〕11号),党政领导干部包括部机关、直属单位及其内设机构、直属高校及其院系等副处级以上干部。

"3. 保密相关规定

"根据全国人民代表大会常务委员会2010年4月29日修订通过的《保守国家秘密法》,在涉密岗位工作的人员,按照涉密程度实行分类管理。涉密人员离岗离职实行脱密期管理。涉密人员在脱密期内,应当按照规定履行保密义务,不得违反规定就业,不得以任何方式泄露国家秘密。国家机关和涉及国家秘密的单位管理本机关和本单位的保密工作。

"根据国家保密局于2018年10月24日在其官网上发布的关于涉密人员离职管理的相关信息,离职的涉密人员须做到'三个不得':一是不得擅自出国(境)。二是不得到境外驻华机构、组织或者外资企业工作。三是不得为境外组织、人员或者外资企业提供劳务、咨询等服务。

"根据上述规定,上述文件并不禁止离职涉密人员在脱密期内进行就业,但该等人员在脱密期内须履行保密义务,不得存在泄露国家秘密、擅自出国(境)、到境外驻华机构、组织或者外资企业工作、为境外组织、人员或者外资企业提供劳务、咨询等服务等违反保密相关规定的情形(以下简称脱密期行为规范);对于从涉及国家秘密的单位离岗离职的涉密人员,由原单位对其实行脱密期管理。

"(二)马某东2018年入职发行人的合法合规性

"马某东于1989年7月至2018年6月任职于中国人民解放军海军某工厂(以下简称海军某工厂),当时与任职单位签署的是聘用合同,属于军队职工,不属于现役军人或文职人员,亦未担任党政领导干部,不属于军队转业干部。马某东的脱密期为2年(2018年6月至2020年5月),马某东确认其在此期间始终遵守脱密期行为规范。2020年3月21日,海军某工厂政治处出具说明:马某东已办理完毕离职手续,允许其自2018年6月起自谋职业,截至目前未发现马某东存在违反该单位保密相关规定的情况，该单位与马某东无争议或纠纷。2021 年 6 月 29 日，海军某工厂政治处出具证明：马某东为该单位原在职职工，现脱密期已满，在该单位办理了脱密手续，至脱密期结束，未发现马某东有违反保密规定的情况。

“综上，马某东不属于现役军人、军转干部、文职人员，其在海军某工厂离职前属于军队职工，马某东入职发行人的行为没有违反上文中针对军队职工的相关规定；马某东不曾担任过党政干部，因此不适用上文中党政干部管理规范；马某东离开原涉密岗位后有两年脱密期，但负责对其进行脱密期管理的海军某工厂政治处已出具证明，确认马某东脱密期已届满，且迄今没有违反保密规定。因此，马某东 2018 年入职发行人合法合规，未违反相关保密规定、人员离职管理规范。

“（三）林某 2020 年担任发行人独立董事的合法合规性

“林某自 2016 年 8 月至 2018 年 11 月任职于防空反导研究所，属于文职干部，但不属于党政领导干部；林某于 2018 年 11 月办理完毕退休手续，不属于军队转业干部。林某的脱密期为 2 年（2018 年 11 月至 2020 年 11 月），林某确认其在此期间始终遵守脱密期行为规范。2021 年 7 月 8 日，防空反导研究所出具证明：林某已办理完毕退休手续，脱密期已届满，截至 2021 年 7 月 8 日，未发现其存在违法违纪及违反脱密期规定事项。

“综上，林某担任发行人独立董事时已经从防空反导研究所正式退休，不属于现役军人、军转干部、文职人员、军队职工，亦不违反上文中军队人员管理规范的具体规定；林某不曾担任过党政干部，因此不适用上文中党政干部管理规范；林某离开原涉密岗位后有两年脱密期，但负责对其进行脱密期管理的防空反导研究所已出具证明，确认林某脱密期已届满，且迄今没有违反保密规定。因此，林某 2020 年担任发行人独立董事合法合规，未违反相关保密规定、人员离职管理规范。”

4. 兼任高级管理人员的董事及职工董事人数不得超过董事总数的 1/2

（1）主板

《上海证券交易所上市公司自律监管指引第 1 号——规范运作》第 3.2.4 条规定：“上市公司董事会中兼任公司高级管理人员以及由职工代表担任的董事人数总计不得超过公司董事总数的二分之一。”

《深圳证券交易所上市公司自律监管指引第1号——主板上市公司规范运作》第3.2.3条规定："上市公司董事会中兼任公司高级管理人员以及由职工代表担任的董事人数总计不得超过公司董事总数的二分之一。公司董事、高级管理人员及其配偶和直系亲属在公司董事、高级管理人员任职期间不得担任公司监事。"

(2)创业板

《深圳证券交易所上市公司自律监管指引第2号——创业板上市公司规范运作》第3.2.2条规定："上市公司董事会中兼任公司高级管理人员以及由职工代表担任的董事人数总计不得超过公司董事总数的二分之一。公司董事、高级管理人员及其配偶和直系亲属在公司董事、高级管理人员任职期间不得担任公司监事。"

(3)科创板

《上海证券交易所科创板上市公司自律监管指引第1号——规范运作》第4.2.3条规定："科创公司董事会中兼任公司高级管理人员以及由职工代表担任的董事,总计不得超过公司董事总数的二分之一。"

(4)北交所

《北京证券交易所股票上市规则(试行)》第4.2.3条规定："上市公司董事会中兼任高级管理人员的董事和由职工代表担任的董事,人数总计不得超过公司董事总数的二分之一。上市公司董事、高级管理人员的配偶、父母和子女在公司董事、高级管理人员任职期间不得担任公司监事。"

(二)独立董事的任职条件

依据《上市公司独立董事规则》等,上市公司应当建立独立董事制度,并应当在公司章程中明确聘任适当人员担任独立董事,其中至少包括1名会计专业人士。

1.独立董事的概念

独立董事是指不在上市公司担任除董事外的其他职务,并与其所受聘的上市公司及其主要股东不存在可能妨碍其进行独立客观判断的关系的董事。独立董事必须具有独立性,应当独立履行职责,不受上市公司主要股东、实际控制人或者其他与上市公司存在利害关系的单位或个人的影响。

2. 独立董事任职的基本条件

担任独立董事应当符合下列基本条件:(1)根据法律、行政法规及其他有关规定,具备担任上市公司董事的资格。(2)具有《上市公司独立董事规则》所要求的独立性。(3)具备上市公司运作的基本知识,熟悉相关法律、行政法规、规章及规则。(4)具有5年以上法律、经济或者其他履行独立董事职责所必需的工作经验。(5)法律法规、公司章程规定的其他条件,包括且不限于:第一,《公务员法》关于公务员兼任职务的规定;第二,《上市公司独立董事规则》的相关规定;第三,《中纪委、中组部关于规范中管干部辞去公职或者退(离)休后担任上市公司、基金管理公司独立董事、独立监事的通知》的规定;第四,《关于进一步规范党政领导干部在企业兼职(任职)问题的意见》的规定;第五,《中共中央纪委、教育部、监察部关于加强高等学校反腐倡廉建设的意见》的规定;第六,《股份制商业银行独立董事和外部监事制度指引》等的相关规定;第七,《银行业金融机构董事(理事)和高级管理人员任职资格管理办法》《保险公司董事、监事和高级管理人员任职资格管理规定》等相关规定。

独立董事及拟担任独立董事的人士应当依照规定参加证监会及其授权机构所组织的培训。

案例3-251 关于独立董事的任职资格说明

依据《关于中国铁建重工集团股份有限公司首次公开发行股票并在科创板上市申请文件的审核问询函之回复》,审核问询意见:"问题4.关于独立董事公司独立董事万某勇为华南理工大学会计系主任。请保荐机构、发行人律师核查该名独立董事是否具备法律法规规定的任职资格,是否存在限制其担任公司独立董事的情形,并发表明确核查意见。"

反馈回复如下:

"根据万某勇的确认、发行人的确认并经保荐机构、发行人律师通过国家企业信用信息公示系统(http://www.gsxt.gov.cn/)、中国裁判文书网(https://wenshu.court.gov.cn)、中国执行信息公开网(http://zxgk.court.gov.cn/)、巨潮资讯网(http://www.cninfo.com.cn/)、中国证监会网站(http://www.csrc.gov.

cn)、上海证券交易所网站(http://www.sse.com.cn)、深圳证券交易所网站(http://www.szse.cn)核查,截至本回复出具之日,万某勇不存在以下情况:(1)无民事行为能力或者限制民事行为能力;(2)因贪污、贿赂、侵占财产、挪用财产或者破坏社会主义市场经济秩序,被判处刑罚,执行期满未逾5年,或者因犯罪被剥夺政治权利,执行期满未逾5年;(3)担任破产清算的公司、企业的董事或者厂长、经理,对该公司、企业的破产负有个人责任的,自该公司、企业破产清算完结之日起未逾3年;(4)担任因违法被吊销营业执照、责令关闭的公司、企业的法定代表人,并负有个人责任的,自该公司、企业被吊销营业执照之日起未逾3年;(5)个人所负数额较大的债务到期未清偿。因此,万某勇符合《公司法》(2018修正)第146条关于董事任职资格的规定。

"根据万某勇的确认、发行人的确认,截至本回复出具之日,万某勇符合下列条件:(1)根据法律、行政法规及其他有关规定,具备担任上市公司董事的资格;(2)具有《关于在上市公司建立独立董事制度的指导意见》①所要求的独立性;(3)具备上市公司运作的基本知识,熟悉相关法律、行政法规、规章及规则;(4)具有5年以上法律、经济或者其他履行独立董事职责所必需的工作经验;(5)铁建重工公司章程规定的条件。

"根据万某勇的确认、发行人的确认,截至本回复出具之日,万某勇不属于以下情况:(1)在铁建重工或者其附属企业任职的人员及其直系亲属、主要社会关系(直系亲属是指配偶、父母、子女等;主要社会关系是指兄弟姐妹、岳父母、儿媳女婿、兄弟姐妹的配偶、配偶的兄弟姐妹等);(2)直接或间接持有铁建重工已发行股份1%以上或者是铁建重工前10名股东中的自然人股东及其直系亲属;(3)在直接或间接持有铁建重工已发行股份5%以上的股东单位或者在铁建重工前5名股东单位任职的人员及其直系亲属;(4)最近1年内曾经具有前三项所列举情形的人员;(5)为铁建重工或者其附属企业提供财务、法律、咨询等服务的人员;(6)铁建重工公司章程规定的不得担任独立董事的其他人员;(7)中国证监会认定的其他人员。因此,万某勇符合关于独立董事任职条件的规定。

"根据万某勇的确认、发行人的确认并经保荐机构、发行人律师通过中国裁判

① 已失效。

文书网(https://wenshu.court.gov.cn)、全国法院被执行人信息查询平台(http://zhixing.court.gov.cn/search)、中国证监会网站(http://www.csrc.gov.cn)、上海证券交易所网站(http://www.sse.com.cn)、深圳证券交易所网站(http://www.szse.cn)核查,截至本回复出具之日,万某勇不存在最近3年内受到中国证监会行政处罚,或者因涉嫌犯罪被司法机关立案侦查或者涉嫌违法违规被中国证监会立案调查,尚未有明确结论意见等情形。因此,万某勇符合《科创板首次公开发行股票注册管理办法(试行)》第13条的规定。

"根据华南理工大学工商管理学院于2020年7月27日出具的证明:万某勇同志现为华南理工大学会计学系主任,未担任学校领导职务,不属于副处级以上干部,也不属于中央管理干部,不属于《高等学校领导班子及领导干部深入解决'四风'突出问题有关规定》(教党〔2014〕18号)中规定的'领导干部',不属于《中共中央组织部关于进一步规范党政领导干部在企业兼职(任职)问题的意见》(中组发〔2013〕18号)中规定的'党政领导干部',不属于《中共教育部党组关于进一步加强直属高校党员领导干部兼职管理的通知》(教党〔2011〕22号)中规定的'直属高校党员领导干部',也不属于《中共中央纪委、教育部、监察部关于加强高等学校反腐倡廉建设的意见》(教监〔2008〕15号)中规定的'学校党政领导班子成员'。万某勇所在学校、院系和党组织对其担任中国铁建重工集团股份有限公司独立董事无异议,其担任该公司独立董事不违反法律法规、党内规则和学校相关规定。

"根据万某勇的确认、发行人的确认并经保荐机构、发行人律师核查,万某勇在发行人担任独立董事的时间未超过6年;万某勇兼任独立董事的上市公司数量少于5家。

"综上,发行人独立董事万某勇具备法律法规规定的任职资格,不存在限制其担任发行人独立董事的情形。"

分析:该案例关于独立董事的任职资格条件回复内容比较全面,涉及公司法、上市规则层面条件的反馈,可以参考相关的思路和论证点。

案例3-252 前法院院长任独立董事

依据《关于深圳市唯特偶新材料股份有限公司申请首次公开发行股票并在创

业板上市的审核中心意见落实函的回复》,审核意见:问题5.关于独立董事适格性。申请文件及问询回复显示,发行人独立董事田某东于2016年前曾担任深圳市福田区人民法院副院长,深圳市龙岗区人民法院院长,深圳市中级人民法院党组成员、执行局局长,2019年12月至今任发行人独立董事。

请发行人说明田某东的任职是否违反《法官法》《中共中央组织部关于进一步规范党政领导干部在企业兼职(任职)问题的意见》《中国共产党中央委员会组织部、人力资源和社会保障部、国家工商行政管理总局、国家公务员局关于规范公务员辞去公职后从业行为的意见》等相关法律或规定的要求。

请保荐人、发行人律师发表明确意见。

反馈回复如下:

1.发行人补充说明

(1)发行人聘请田某东担任独立董事的背景及原因

田某东自2002年6月起,曾先后担任深圳市福田区人民法院副院长,深圳市龙岗区人民法院院长,深圳市中级人民法院党组成员、执行局局长。

2016年9月23日,经中共深圳市委批准同意辞去公职。2016年10月至今,田某东就职于深圳天安骏业投资发展(集团)有限公司(以下简称天安投资),担任执行总裁。

2019年12月,公司聘任田某东担任独立董事。田某东具有多年的法律从业背景和一定的企业管理经验,符合公司关于独立董事的选聘要求,能对公司的规范化治理工作给予指导。

(2)田某东符合《公司法》及《上市公司独立董事规则》关于独立董事任职资格的相关规定

根据独立董事田某东提供的个人调查表、无犯罪记录证明等资料,田某东不存在《公司法》(2018修正)第146条及《上市公司独立董事规则》第7条所列示的情形,田某东符合《公司法》及《上市公司独立董事规则》关于独立董事任职资格的相关规定。

(3)田某东的任职不违反《法官法》《中国共产党中央委员会组织部、人力资源和社会保障部、国家工商行政管理总局、国家公务员局关于规范公务员辞去公职后从业行为的意见》等相关法律或规定的要求

《法官法》第36条第1款和第2款规定:“法官从人民法院离任后两年内,不得以律师身份担任诉讼代理人或者辩护人。法官从人民法院离任后,不得担任原任职法院办理案件的诉讼代理人或者辩护人,但是作为当事人的监护人或者近亲属代理诉讼或者进行辩护的除外。”《中国共产党中央委员会组织部、人力资源和社会保障部、国家工商行政管理总局、国家公务员局关于规范公务员辞去公职后从业行为的意见》(2017年)第2条规定:“各级机关中原系领导班子成员的公务员以及其他担任县处级以上职务的公务员,辞去公职后3年内,不得接受原任职务管辖地区和业务范围内的企业、中介机构或其他营利性组织的聘任,个人不得从事与原任职务管辖业务直接相关的营利性活动;其他公务员辞去公职后2年内,不得接受与原工作业务直接相关的企业、中介机构或其他营利性组织的聘任,个人不得从事与原工作业务直接相关的营利性活动。‘原任职务’或‘原工作业务’,一般应包括辞去公职前3年内担任过的职务或从事过的工作业务。”《公务员辞去公职规定》(2020年修订)第16条第1款规定:“公务员辞去公职的,原系领导成员、县处级以上领导职务的公务员在离职3年内,不得接受原任职务管辖地区和业务范围内的企业、中介机构或者其他营利性组织的聘用,不得从事与原任职务管辖业务直接相关的营利性活动。”2016年9月23日,中共深圳市委组织部出具《关于同意田某东同志辞职的通知》(深组干〔2016〕526号),通知显示:“市委同意田某东同志不再担任市中级人民法院执行局局长职务,辞去公职。”

根据上述法规和意见,2019年12月公司聘任田某东担任独立董事,距其辞去公职时间已满3年,且田某东未以律师身份从事相关工作,因此不违反《法官法》《中国共产党中央委员会组织部、人力资源和社会保障部、国家工商行政管理总局、国家公务员局关于规范公务员辞去公职后从业行为的意见》和《公务员辞去公职规定》的相关规定。

(4)田某东的任职不违反《中共中央组织部关于进一步规范党政领导干部在企业兼职(任职)问题的意见》(中组发〔2013〕18号)的相关规定

第一,田某东任职于天安投资时已履行了相关的报告审核手续。

《中共中央组织部关于进一步规范党政领导干部在企业兼职(任职)问题的意见》第2条第3款和第4款规定:“辞去公职或者退(离)休后三年内,拟到本人原任职务管辖的地区和业务范围外的企业兼职(任职)的,必须由本人事先向其原所在单位党委(党组)报告,由拟兼职(任职)企业出具兼职(任职)理由说明材料,所在单位党委(党组)按规定审核并按照干部管理权限征得相应的组织(人事)部门同意后,方可兼职(任职)。辞去公职或者退(离)休后三年后到企业兼职(任职)的,应由本人向其原所在单位党委(党组)报告,由拟兼职(任职)企业出具兼职(任职)理由说明材料,所在单位党委(党组)按规定审批并按照干部管理权限向相应的组织(人事)部门备案。"田某东于 2016 年 9 月辞去公职并于 2016 年 10 月任职于天安投资,属于该意见规定的党政领导干部任职的情形。根据田某东出具的说明并电话访谈深圳市中级人民法院政治部干部处工作人员,田某东从深圳市中级人民法院辞去公职至天安投资任职已履行了相关的报告审核手续,其行政和工资关系已从法院转出至天安投资。因此田某东入职天安投资符合《中共中央组织部关于进一步规范党政领导干部在企业兼职(任职)问题的意见》的相关规定。

第二,田某东任公司独立董事时,不属于《中共中央组织部关于进一步规范党政领导干部在企业兼职(任职)问题的意见》规定的辞去公职人员对外兼职(任职)行为,无须履行备案手续。

《中共中央组织部关于进一步规范党政领导干部在企业兼职(任职)问题的意见》印发后,中央组织部有关负责人就执行《中共中央组织部关于进一步规范党政领导干部在企业兼职(任职)问题的意见》有关问题答记者问(发布于共产党员网)时指出,《中共中央组织部关于进一步规范党政领导干部在企业兼职(任职)问题的意见》中所指的"党政领导干部在企业兼职、任职"的情形如下:"党政领导干部在企业兼职,是指行政和工资关系在党政机关或参照公务员法管理单位,未办理调出、辞职等手续的党政领导干部在企业担任职务,包括退出现职或退(离)休的党政领导干部在企业担任职务。党政领导干部在企业任职,是指党政领导干部到企业担任职务,且已将行政和工资关系由党政机关或参照公务员法管理单位转入所任职企业,包括党政领导干部辞去公职后到企业工作。"因此,《中共中央组织部关于进一步规范党政领导干部在企业兼职(任职)问题的意见》中兼职情形下,党政领导干部的行政和工资关系还在原党政机关或参照公务员法管理单位;任职情形下,党政领导干部的行政和工资关系已由党政机关或参照公务员法管理单位转入所任职企业。

田某东担任公司独立董事时,距其辞去公职已满 3 年,且其行政和工资关系已转入天安投资。因此,田某东任公司独立董事既不属于《中共中央组织部关于进一步规范党政领导干部在企业兼职(任职)问题的意见》中规定的党政领导干部的对外兼职,因为其行政和工资关系已不在原党政机关;也不属于《中共中央组织部关于进一步规范党政领导干部在企业兼职(任职)问题的意见》中规定的党政领导干部的对外任职,因为其行政和工资关系在天安投资。

综上,田某东任公司独立董事时,不属于《中共中央组织部关于进一步规范党政领导干部在企业兼职(任职)问题的意见》规定的辞去公职人员对外兼职(任职)行为,无须履行备案手续,不违反《中共中央组织部关于进一步规范党政领导干部在企业兼职(任职)问题的意见》的相关规定。

2. 保荐人、发行人律师核查并发表明确意见

(1)核查程序

针对上述问题,保荐机构、发行人律师执行了以下核查程序:

①获取田某东的个人调查表,核查其简历以及任职、兼职情况;

②获取田某东的无犯罪记录证明;

③查阅中共深圳市委组织部出具的《关于同意田某东同志辞职的通知》(深组干〔2016〕526号);

④发行人聘任田某东担任独立董事的会议文件;

⑤查阅共产党员网(https://www.12371.cn,系由中央组织部主管、中组部党员教育中心主办、央视网承办的党员教育平台)发布的《就执行〈关于进一步规范党政领导干部在企业兼职(任职)问题的意见〉有关问题中央组织部有关负责人答记者问》;

⑥电话访谈深圳市中级人民法院政治部干部处工作人员;

⑦取得田某东出具的说明。

(2)核查意见

经核查,保荐机构、发行人律师认为:田某东的任职不违反《法官法》《中共中央组织部关于进一步规范党政领导干部在企业兼职(任职)问题的意见》《中国共产党中央委员会组织部、人力资源和社会保障部、国家工商行政管理总局、国家公务员局关于规范公务员辞去公职后从业行为的意见》等相关法律或规定的要求。

3. 不得担任独立董事的人员

(1)独立董事的通用规定

下列人员不得担任独立董事:①在上市公司或者其附属企业任职的人员及其直系亲属、主要社会关系(直系亲属是指配偶、父母、子女等;主要社会关系是指兄弟姐妹、配偶的父母、子女的配偶、兄弟姐妹的配偶、配偶的兄弟姐妹等);②直接或间接持有上市公司已发行股份 1% 以上或者是上市公司前 10 名股东中的自然人股东及其直系亲属;③在直接或间接持有上市公司已发行股份 5% 以上的股东单位或者在上市公司前 5 名股东单位任职的人员及其直系亲属;④最近 1 年内曾经具有前三项所列举情形的人员;⑤为上市公司或者其附属企业提供财务、法律、咨询等服务的人员;⑥法律、行政法规、部门规章等规定的其他人员;⑦公司章程规定的其他人员;⑧证监会认定的其他人员。

(2)上海证券交易所关于独立董事的规定

另外,在前面的基础上,依据《上海证券交易所上市公司自律监管指引第 1 号——规范运作》的规定,独立董事候选人应当具备独立性,不属于下列情形:①在上市公司实际控制人及其附属企业任职的人员;②为上市公司及其控股股东或者其各自的附属企业提供财务、法律、咨询等服务的人员,包括提供服务的中介机构的项目组全体人员、各级复核人员、在报告上签字的人员、合伙人及主要负责人;③在与上市公司及其控股股东或者其各自的附属企业具有重大业务往来的单位担任董事、监事和高级管理人员,或者在该业务往来单位的控股股东单位担任董事、监事和高级管理人员,其中重大业务往来系指根据《股票上市规则》或者公司章程规定需提交股东大会审议的事项,或者交易所认定的其他重大事项;④最近 12 个月内曾经具有所列举情形的人员;⑤其他本所认定不具备独立性的情形。

《上海证券交易所上市公司自律监管指引第 1 号——规范运作》第 3.5.4 条第 1 款规定:"独立董事候选人应当具备独立性,不属于下列情形:(一)在上市公司或者其附属企业任职的人员及其直系亲属和主要社会关系;(二)直接或者间接持有上市公司已发行股份 1% 以上或者是上市公司前 10 名股东中的自然人股东及其直系亲属;(三)在直接或者间接持有上市公司已发行股份 5% 以上的股东单位或者在上市公司前五名股东单位任职的人员及其直系亲属;(四)在上市公司实际控制人及其附属企业任职的人员;(五)为上市公司及其控股股东或者其各自的附属企业提供财务、法律、咨询等服务的人员，包括提供服务的中介机构的项目组全体人员、各级复核人员、在报告上签字的人员、合伙人及主要负责人；（六）在与上市公司及其控股股东或者其各自的附属企业具有重大业务往来的单位担任董事、监事和高级管理人员，或者在该业务往来单位的控股股东单位担任董事、监事和高级管理人员；（七）最近 12 个月内曾经具有前六项所列举情形的人员；（八）其他本所认定不具备独立性的情形。”

《上海证券交易所上市公司自律监管指引第 1 号——规范运作》第 3.5.5 条规定：“独立董事候选人应当无下列不良记录：（一）最近 36 个月曾被中国证监会行政处罚；（二）处于被证券交易所公开认定为不适合担任上市公司董事的期间；（三）最近 36 个月曾受证券交易所公开谴责或者 2 次以上通报批评；（四）曾任职独立董事期间，连续 2 次未出席董事会会议，或者未亲自出席董事会会议的次数占当年董事会会议次数三分之一以上；（五）曾任职独立董事期间，发表的独立意见明显与事实不符；（六）本所认定的其他情形。”

（3）深圳证券交易所关于独立董事的规定

《深圳证券交易所上市公司自律监管指引第 1 号——主板上市公司规范运作》第 3.2.3 条规定：“上市公司董事会中兼任公司高级管理人员以及由职工代表担任的董事人数总计不得超过公司董事总数的二分之一。公司董事、高级管理人员及其配偶和直系亲属在公司董事、高级管理人员任职期间不得担任公司监事。”

《深圳证券交易所上市公司自律监管指引第 1 号——主板上市公司规范运作》第 3.5.4 条第 1 款和第 2 款规定：“独立董事候选人应当具有独立性，下列人员不得担任独立董事：（一）在上市公司或者其附属企业任职的人员及其直系亲属和主要社会关系；（二）直接或间接持有上市公司已发行股份 1% 以上或者是上市公司前十名股东中的自然人股东及其直系亲属；（三）在直接或间接持有上市公司已发行股份 5% 以上的股东单位或者在上市公司前五名股东单位任职的人员及其直系亲属；（四）在上市公司控股股东、实际控制人及其附属企业任职的人员及其直系亲属；（五）为上市公司及其控股股东、实际控制人或者其各自附属企业提供财务、法律、咨询等服务的人员，包括但不限于提供服务的中介机构的项目组全体人员、各级复核人员、在报告上签字的人员、合伙人及主要负责人；（六）在与上市公司及其控股股东、实际控制人或者其各自的附属企业有重大业务往来的单位任职的人员，或者在有重大业务往来单位的控股股东单位任职的人员;(七)最近十二个月内曾经具有前六项所列情形之一的人员;(八)本所认定不具有独立性的其他人员。前款第(四)项、第(五)项及第(六)项中的上市公司控股股东、实际控制人的附属企业,不包括根据《股票上市规则》第6.3.4条规定,与上市公司不构成关联关系的附属企业。"

《深圳证券交易所上市公司自律监管指引第 1 号——主板上市公司规范运作》第 3.5.5 条规定:"独立董事候选人不得存在本章第 3.2.3 条规定的不得被提名为上市公司董事的情形,并不得存在下列不良记录:(一)最近三十六个月内因证券期货违法犯罪,受到中国证监会行政处罚或者司法机关刑事处罚的;(二)因涉嫌证券期货违法犯罪,被中国证监会立案调查或者被司法机关立案侦查,尚未有明确结论意见的;(三)最近三十六个月内受到证券交易所公开谴责或三次以上通报批评的;(四)作为失信惩戒对象等被国家发改委等部委认定限制担任上市公司董事职务的;(五)在过往任职独立董事期间因连续三次未亲自出席董事会会议或者因连续两次未能亲自出席也不委托其他董事出席董事会会议被董事会提请股东大会予以撤换,未满十二个月的;(六)本所认定的其他情形。"

深圳证券交易所与上海证券交易所关于独立董事的规定基本相同,在细微方面有差异,例如,上海证券交易所的独立性方面,仅要求独立董事不属于"在上市公司实际控制人及其附属企业任职的人员",而深圳证券交易所要求独立董事不属于"在上市公司控股股东、实际控制人及其附属企业任职的人员及其直系亲属",将相关的独立性扩大至相关的近亲属;上海证券交易所明确规定独立董事不得有"曾任职独立董事期间,发表的独立意见明显与事实不符"的不良记录。

另外,《深圳证券交易所上市公司自律监管指引第 2 号——创业板上市公司规范运作》存在与《深圳证券交易所上市公司自律监管指引第 1 号——主板上市公司规范运作》相同的规定。

案例 3-253 北交所关于独立董事任职资格的问询

依据《关于安徽凤凰滤清器股份有限公司精选层挂牌申请文件审查问询函的回复》(安徽凤凰、832000),问询意见:"问题 1. 独立董事任职资格合规性。发行人独立董事张某明等 3 人均为安徽财经大学教授,且在安徽财经大学工作近 30

年。请发行人补充披露独立董事在安徽财经大学任职情况，并说明张某明等3人是否符合《公司法》、《中共教育部党组关于进一步加强直属高校党员领导干部兼职管理的通知》、《中共中央组织部关于进一步规范党政领导干部在企业兼职(任职)问题的意见》和《中共教育部党组关于进一步加强直属高校党员领导干部兼职管理的通知》等相关法律法规和规范性文件的任职资格规定。请保荐机构、发行人律师核查并发表意见。"

发行人回复如下：公司独立董事张某明现已退休，并被安徽财经大学返聘为会计学院教授；独立董事李某文现任安徽财经大学法学院教授；独立董事盛某泉现任安徽财经大学会计学院教授、学术委员会副主任委员、公司治理与资本效率研究院(学术研究机构)院长；上述3人均未担任所在院校的党政领导干部。

安徽财经大学出具的《情况说明》记载："上述人员在我校现担任的上述职务均不是我校党政领导职务，其本人亦不属于我校党政领导干部，不是院系及内设机构领导人员，不是处级干部，其在贵司担任独立董事职务不会违反《中共中央组织部关于进一步规范党政领导干部在企业兼职(任职)问题的意见》《中共教育部党组关于进一步加强直属高校党员领导干部兼职管理的通知》等相关法律法规和规范性文件的任职资格规定。"综上，张某明、李某文、盛某泉3位发行人独立董事均未担任所在院校的党政领导干部，符合《公司法》、《中共教育部党组关于进一步加强直属高校党员领导干部兼职管理的通知》、《中共中央组织部关于进一步规范党政领导干部在企业兼职(任职)问题的意见》和《中共教育部党组关于进一步加强直属高校党员领导干部兼职管理的通知》等相关法律法规和规范性文件的任职资格规定。

案例3-254 多名独立董事为大学教授

依据《中自环保科技股份有限公司审核问询函回复报告》，审核问询意见："陈某强及发行人独立董事是否担任相关行政管理职务，其在发行人处任职是否符合《中共中央组织部关于进一步规范党政领导干部在企业兼职(任职)问题的意见》《中共教育部党组关于进一步加强直属高校党员领导干部兼职管理的通知》等相关规定，是否分别取得四川大学、天津大学、西南财经大学的认可。"

反馈回复如下："陈某强目前担任四川大学化学学院教授、博士生导师，尧某发目前担任天津大学内燃机燃烧学国家重点实验室主任，曹某麟目前担任四川大学商学院教师，逯某目前担任西南财经大学会计学院教授，上述职务均系教学或科研职务，不属于行政管理职务，亦不属于直属高校党政领导干部、直属高校校级党员领导干部、直属高校处级（中层）党员领导干部。

“根据四川大学出具的四川大学关于中自环保相关事宜的确认函，陈某强在中自环保担任董事相关事宜不存在违反国家的相关政策和四川大学相关管理制度相关规定的情形。根据四川大学人事处出具的情况说明，曹某麟在中自环保担任独立董事事宜不属于中共中央组织部和教育部有关领导干部兼职管理规定的范围，不存在违反四川大学相关管理规定的情形，已获得备案认可。根据天津大学人事处出具的关于尧某发对外兼职事宜的确认函，尧某发在中自环保担任独立董事事宜不存在违反天津大学相关管理规定的情形。根据西南财经大学人事处出具的关于逯某对外兼职事宜的确认函，逯某在中自环保担任独立董事事宜不存在违反西南财经大学相关管理规定的情形，无须取得西南财经大学的审批认可。

“综上所述，陈某强及发行人独立董事未在相关高校担任相关行政管理职务，其在发行人处任职不涉及违反《中共中央组织部关于进一步规范党政领导干部在企业兼职（任职）问题的意见》《中共教育部党组关于进一步加强直属高校党员领导干部兼职管理的通知》等相关规定的情形，相关人员在中自环保的任职已经分别取得四川大学、天津大学、西南财经大学的书面确认。”

二、董事和高级管理人员变化的要求以及重大变化认定

（一）董事和高级管理人员变化的要求以及是否发生重大不利变化的认定

1. 主板关于未发生重大变化的认定

《首发业务若干问题解答》（2020年6月修订）问题17：“根据首发办法，发行人需满足最近3年董事、高级管理人员没有发生重大变化的发行条件。中介机构及发行人应如何对此进行核查披露？

“答：发行人应当按照要求披露董事、高级管理人员的变动情况。中介机构对上述人员是否发生重大变化的认定，应当本着实质重于形式的原则，综合两方面因素分析：一是最近3年内的变动人数及比例，在计算人数比例时，以董事和高级

管理人员合计总数作为基数;二是上述人员因离职或无法正常参与发行人的生产经营是否导致对发行人生产经营产生重大不利影响。

“如果最近3年内发行人的董事、高级管理人员变动人数比例较大,或董事、高级管理人员中的核心人员发生变化,对发行人的生产经营产生重大不利影响的,应视为发生重大变化。

“变动后新增的董事、高级管理人员来自原股东委派或发行人内部培养产生的,原则上不构成人员的重大变化。发行人管理层因退休、调任等原因发生岗位变化的,不轻易认定为重大变化,但发行人应当披露相关人员变动对公司生产经营的影响。”

2. 创业板关于未发生重大变化的认定

《深圳证券交易所创业板股票首次公开发行上市审核问答》问题8:“发行条件规定发行人‘最近2年内董事、高级管理人员没有发生重大不利变化’,应当如何理解?

“答:发行人应当按照要求披露董事、高级管理人员的变动情况。中介机构对发行人的董事、高级管理人员是否发生重大不利变化的认定,应当本着实质重于形式的原则,综合两方面因素分析:一是最近2年内的变动人数及比例,在计算人数比例时,以上述人员合计总数作为基数;二是上述人员离职或无法正常参与发行人的生产经营是否对发行人生产经营产生重大不利影响。

“如果最近2年内发行人上述人员变动人数比例较大或上述人员中的核心人员发生变化,进而对发行人的生产经营产生重大不利影响的,应视为发生重大不利变化。

“变动后新增的董事、高级管理人员来自原股东委派或发行人内部培养产生的,原则上不构成人员的重大不利变化。发行人管理层因退休、调任等原因发生岗位变化的,不轻易认定为重大不利变化,但发行人应当披露相关人员变动对公司生产经营的影响。”

案例3-255 董事和高级管理人员变动人数较多

依据《关于昆船智能技术股份有限公司首次公开发行股票并在创业板上市申

请文件的第二轮审核问询函的回复》,审核问询意见:“问题1.关于董事、高级管理人员变动。申报材料显示,与2019年年初公司的9名董事人员相比,目前除甘某平外,其他人员均已不再担任董事职务;与2019年年初公司的8名高级管理人员相比,目前除甘某平、张某武外,其他人员均已不再担任高级管理人员职务。发行人在首轮问询回复中称,除因完善公司治理所增加独立董事外,最近2年发行人新增董事、高级管理人员全部系股东提名董事人选变更或发行人内部人员培养;除董事、副总经理周某坚系辞职离任外,发行人最近2年董事、高级管理人员变化均系退休或调任所发生的岗位变化,且该等变化比例较小。请发行人:(1)结合董事、高级管理人员最近2年的变动情况,说明其在发行人经营管理中所起的作用,相关人员变动是否对公司经营稳定性及内部控制构成重大不利影响;(2)结合董事和高级管理人员的更换原则、选任流程,说明相关董事和高级管理人员变动的背景、原因、离任履行的相关程序,离任后的去向,是否与发行人或控股股东、实际控制人存在商业往来或在前述各方任职;(3)结合上述事项,根据《深圳证券交易所创业板首次公开发行上市审核问答》相关规定,进一步说明发行人最近2年内董事和高级管理人员变动情况是否构成重大不利变化,对发行人的生产经营是否造成重大不利影响。请保荐人、发行人律师发表明确意见,说明核查过程和依据。”

反馈意见回复主要内容如下:

“根据核查发行人及其控股股东的银行流水,发行人最近2年内离任的董事、高级管理人员未与发行人或控股股东、实际控制人存在商业往来;除董事崔某、卢某州、杨某离职后在发行人控股股东、控股股东控制的其他企业任职,王某、张某武、唐某昱、龙某兵、李某、姚某亚、赵某涛继续在公司任职外,其他人员未在发行人或控股股东、实际控制人处任职。

“发行人2019年5月因董事会及经营管理层换届,除董事、副总经理周某坚因个人原因离职外,涉及公司经营管理的董事、高级管理人员变动均系股东调任或发行人内部人员培养,且该次变动距发行人首次申报已满2年;发行人后续董事、高级管理人员变动中,除因完善公司治理结构增设独立董事外,其余变动均为退休、股东提名人选变更或发行人内部培养,因此变动比例较小,且外部董事的变动未影响公司经营管理层的稳定,发行人最近2年董事、高级管理人员变动不构成重大不利变化。

“报告期内,发行人经营情况持续良好,发行人董事、高级管理人员变动未对公司经营管理层的稳定性产生影响,发行人营业收入和净利润持续增长,发行人建立健全了内部控制制度且被有效执行。发行人对董事、高级管理人员的调整安排未对发行人生产、经营、管理的稳定性产生重大不利影响,未对发行人重大事项决策及生产经营管理产生重大不利影响。”

3. 科创板关于未发生重大变化的认定

《上海证券交易所科创板股票发行上市审核问答》问题6:“对发行条件中发行人最近2年内‘董事、高级管理人员及核心技术人员均没有发生重大不利变化’,应当如何理解?

“答:申请在科创板上市的企业,应当根据企业生产经营需要和相关人员对企业生产经营发挥的实际作用,确定核心技术人员范围,并在招股说明书中披露认定情况和认定依据。原则上,核心技术人员通常包括公司技术负责人、研发负责人、研发部门主要成员、主要知识产权和非专利技术的发明人或设计人、主要技术标准的起草者等。

“对发行人的董事、高级管理人员及核心技术人员是否发生重大不利变化的认定,应当本着实质重于形式的原则,综合两方面因素分析:一是最近2年内的变动人数及比例,在计算人数比例时,以上述人员合计总数作为基数;二是上述人员离职或无法正常参与发行人的生产经营是否对发行人生产经营产生重大不利影响。

“变动后新增的上述人员来自原股东委派或发行人内部培养产生的,原则上不构成重大不利变化。发行人管理层因退休、调任等原因发生岗位变化的,原则上不构成重大不利变化,但发行人应当披露相关人员变动对公司生产经营的影响。

“如果最近2年内发行人上述人员变动人数比例较大或上述人员中的核心人员发生变化,进而对发行人的生产经营产生重大不利影响的,应视为发生重大不利变化。”

案例3-256 报告期多数董事更换认定为未发生重大不利变化

依据《关于上海仁度生物科技股份有限公司首次公开发行股票并在科创板上

市申请文件的审核问询函之回复》,审核问询意见:"3. 关于董事、高级管理人员及核心技术人员问题:3.1 关于董事、高级管理人员变化。根据申报文件,近 2 年发行人董事会成员变动较大。从 2019 年 1 月 1 日至 2020 年 8 月 28 日创立大会,董事会 7 人中仅居某良、胡某波 2 人仍担任董事,其中胡某波系股东苏州启明提名的董事。请发行人披露:近 2 年董事会成员和高级管理人员的任职时间、提名人、更换的具体原因。请发行人说明:2020 年 8 月之前居某良提名的非独立董事人员、居某良能否控制董事会。请保荐机构、发行人律师对近 2 年发行人的董事变动较大的情况进行核查,说明是否存在董事、高级管理人员发生重大不利变化的情形、董事及高级管理人员变动是否影响发行人的生产经营。说明核查过程、方式,并发表明确意见。"

主要反馈回复意见如下:

"发行人近 2 年内变动的董事,系基于为完善公司治理增加内部董事和独立董事,具体如下:(1)为完善股份公司治理结构,增加 3 名独立董事。(2)调减 6 名外部董事,调减的外部董事分别为:孟某、贺某星、任某华、李某、吴某良、张某宁,其中任某华和吴某良调整为担任发行人监事。该等调减的董事均为外部董事,并未与公司建立劳动关系,其在任职期间也并未实际参与发行人的生产经营,仅通过出席公司的董事会并行使董事表决权,协助公司就生产经营过程中的重要事项进行决策。(3)新增 2 名非独立董事,分别为杨某华、于某辉,其中杨某华 2019 年 4 月至 2020 年 10 月任仁度生物中国区总经理,2020 年 10 月至今任仁度生物董事、总经理,属于内部管理层调任提拔发生的岗位变化;于某辉 2008 年 5 月加入仁度生物并任研发工程师,2010 年 9 月至 2013 年 12 月任仁度生物研发经理,2013 年 12 月至 2017 年 6 月任仁度生物研发总监,2017 年 6 月至 2020 年 10 月任仁度生物副总经理,系发行人内部培养产生,有利于加强公司内部管理。因此,上述外部董事的调整,不会出现人员离职或无法正常参与发行人生产经营进而产生重大不利影响的情形。

"发行人近 2 年内变动的高级管理人员,系基于公司经营发展需要所进行的调整,具体如下:(1)居某良于 2020 年 10 月起不再担任公司总经理,但仍以董事长兼首席科学家的身份参与公司管理。(2)新增 2 名高级管理人员,分别为杨某华、曹某华;其中,杨某华自 2019 年 4 月至 2020 年 10 月担任仁度生物中国区总经理,并于 2020 年 10 月至今任仁度生物董事、总经理,属于内部管理层调任提拔发生的岗位变化;曹某华拥有多年在医疗健康行业上市公司的管理经验,系公司为经营发展、完善内部治理新聘任的高级管理人员。据此,上述高级管理人员调整不会对发行人生产经营产生重大不利影响。”

4. 北交所关于未发生重大变化的认定

《北京证券交易所向不特定合格投资者公开发行股票并上市业务规则适用指引第 1 号》中“1 – 5 经营稳定性”规定,关于最近 24 个月内董事、高级管理人员未发生重大不利变化与创业板等有基本相同的判断,主要内容为:保荐机构对发行人的董事、高级管理人员是否发生重大不利变化的认定,应当本着实质重于形式的原则,综合两方面因素分析:一是最近 24 个月内变动人数及比例,在计算人数比例时,以上述人员合计总数作为基数;二是上述人员离职或无法正常参与发行人的生产经营是否对发行人生产经营产生重大不利影响。变动后新增的上述人员来自原股东委派或发行人内部培养产生的,原则上不构成重大不利变化;发行人管理层因退休、调任、亲属间继承等原因发生岗位变化的,原则上不构成重大不利变化,但发行人应当披露相关人员变动对公司生产经营的影响。如果最近 24 个月内发行人上述人员变动人数比例较大或上述人员中的核心人员发生变化,进而对发行人的生产经营产生重大不利影响的,应视为发生重大不利变化。

(二)报告期内更换财务总监或董事会秘书

法规和规则对董事、监事、高级管理人员的变动仅是对总体变化和稳定性有要求,但是并未对财务总监或者董事会秘书变化的影响有明确的规定。实务中,一般不建议在报告期内更换财务总监或者董事会秘书,但是确实需要更换的,也能够更换,不会因为更换了财务总监或者董事会秘书对上市产生实质性重大不利影响。但是,对报告期内更换财务总监和董事会秘书的需要重点关注,需要核实相关人员离职的具体原因及离职后去向,需要核实离任财务总监是否对其任职期间发行人财务数据情况存在异议的情形,需要核实相关的股份处理,是否能够对相关的数据和其间事项进行确认。

报告期内关于董事、监事、高级管理人员变动常见的问询意见如下:

(1)请发行人结合公司章程、协议或其他安排以及报告期内董事提名和高级管理人员任免情况，披露最近 2 年董事、高级管理人员变动的具体原因，离职后的任职去向，补充结合上述离任董事的履历、对发行人的具体贡献等，补充披露最近 2 年变动的发行人董事、高级管理人员在发行人经营管理中所起的作用和对发行人生产经营的具体影响，相关人员变动是否对公司经营稳定性及内部控制构成重大不利影响；(2)披露相关高级管理人员辞职的背景、原因、离任相关程序是否合法合规及离任后去向，与发行人是否存在商业往来；(3)结合发行人高级管理人员的选任标准与流程、新任高级管理人员的履历，说明并披露发行人选任新任高级管理人员的原因；(4)结合董事、高级管理人员最近 2 年的变动情况，说明并披露发行人最近 2 年是否发生重大变化。

案例 3 – 257 报告期内更换财务总监和董事会秘书

依据《关于广东纳睿雷达科技股份有限公司首次公开发行股票并在科创板上市申请文件的审核问询函之回复报告》(2022 年 2 月通过上市委审议)，审核问询意见："8. 关于更换财务总监及董事会秘书。根据招股说明书：报告期内更换 3 任财务总监，徐某斌任职期间为 2020 年 6 月至 2020 年 11 月，朱某华任职期间为 2020 年 12 月至 2021 年 1 月，林某端任职期间为 2021 年 2 月至今，董事会秘书也进行了 2 次更换。保荐工作报告说明徐某斌、朱某华入职时间较短，其均未在员工持股平台上有持股。请发行人说明：频繁更换财务总监、董事会秘书的原因，徐某斌更换前的财务总监的任职时间、离职原因、是否在员工持股平台持股。请保荐机构对上述事项核查并发表明确意见。"

公司反馈回复为："原财务总监及董事会秘书徐某斌离职原因：2020 年 6 月，公司为加强财务管理和公司治理的工作，聘请徐某斌担任公司财务总监及董事会秘书，后续基于个人发展的意愿，徐某斌选择从公司离职，双方友好协商一致，解除劳动合同关系。前财务总监朱某华离职原因：由于前任财务总监徐某斌离职，公司拟从外部聘请在财务领域具有丰富经验的专业人士担任财务总监，2020 年 12 月公司聘请朱某华担任财务总监，后续对基于工作负荷及个人身体缘由选择从公司离职，双方友好协商一致，解除劳动合同关系。"

董事会秘书离职原因为："公司原财务总监及董事会秘书徐某斌于 2020 年 11

月从发行人处离职后，公司拟从外部聘请在上市公司领域具有丰富经验的专业人士担任董事会秘书。2020 年 12 月，公司已经与现任董事会秘书龚某华达成了初步合作意向，但由于当时龚某华从原公司办理离职手续需要一定的时间，当时公司同时在进行股份制改造的工作，为了更好地完善公司的治理机构，公司决定先行聘请公司的董事、副总经理刘某玲兼任董事会秘书。2021 年 1 月，龚某华办理完成原单位的离职手续，具备担任公司董事会秘书的条件，因此刘某玲辞去董事会秘书一职，经公司第一届董事会第二次会议审议通过了关于聘任龚某华为公司董事会秘书的议案，聘任龚某华为公司董事会秘书，任期自议案通过、生效之日起至公司第一届董事会任期届满之日止。"

案例 3－258 报告期内多名财务总监离职

零点有数(301169)于 2020 年 7 月申报 IPO，其报告期内，财务总监兼董事会秘书梁某仪(2016 年 7 月开始任职)于 2017 年 8 月离职；当月，公司聘任殷某飞为公司财务总监，其于 2019 年 5 月离职；当月，公司聘任董事周某古暂时代行公司财务总监职务，2019 年 9 月聘任刘某为公司财务总监。反馈问题称："报告期内发行人合计 3 名财务总监离职。请发行人补充披露离任财务总监离职的具体原因及离职后去向，逐一核实离任财务总监是否对其任职期间发行人财务数据情况存在异议的情形；结合上述情形，说明发行人最近 2 年内董事、监事、高级管理人员是否构成重大变动。请保荐人、发行人律师、发行人会计师核查并发表明确意见。"

华兰股份(301093)首发上市申请报告期内即 2018 年 5 月，公司财务总监由焦某安变更为顾某，2019 年 6 月变更为徐某中。报告期内，发行人存在部分高级管理人员变动的情形。审核机构问询要求发行人："(1)披露报告期内频繁更换财务总监的原因，是否存在发行人财务基础薄弱、内控机制不完善等导致财务总监无法正常履职的情形。(2)结合发行人高级管理人员的选任标准与流程、新任高级管理人员的履历，说明发行人选任新任高级管理人员的原则、依据与原因。(3)结合董事、高级管理人员最近 2 年的变动情况，说明其在发行人经营管理中所起的作用，相关人员变动是否对公司经营稳定性及内部控制构成重大不利影响。

(4)说明相关高级管理人员变动的背景、原因、离任履行相关程序,高级管理人员离任后的去向,是否与发行人或控股股东、实际控制人存在商业往来或在前述各方任职。请保荐人、申报会计师及发行人律师核查并发表明确意见。”

华纳药厂(688799)存在首发上市的报告期内即2018年3月,财务负责人汤某辉因个人原因申请离职,聘任王某宇为公司财务负责人,接替汤某辉主持公司财务管理工作。反馈问题包含:“请发行人说明财务总监离职的原因、目前就职情况、目前与发行人是否存在股权关系,财务总监的离职与发行人2018年3月自中国证监会撤回发行申请是否存在联系,财务总监离职是否影响发行人财务内控。请保荐机构核查,说明核查方法及依据,发表核查意见。”

光峰科技(688007)的首发上市的报告期内,公司前财务部负责人李某辉系因个人职业发展原因于2018年1月离职。反馈问题称:最近2年,发行人高级管理人员变动较大,总经理和财务总监均发生了变化。请发行人说明:总经理卸任、财务总监离职的具体原因,是否存在应披露未披露事项,离职前在发行人领薪、享有的股权激励等情况;现任高级管理人员加入公司前,公司原管理团队的人员组成情况;上述人员卸任或离职对发行人生产经营的影响,是否属于重大不利变化。请保荐机构、发行人律师对上述事项进行核查,并发表明确意见。

依据《关于金禄电子科技股份有限公司首次公开发行股票并在创业板上市申请文件的审核问询函的回复》(已于2022年2月通过上市委审议),存在报告期内财务总监伍某琼因个人原因于2020年4月辞去财务总监职务。

依据《关于西安诺瓦星云科技股份有限公司首次公开发行股票并在创业板上市申请文件的审核问询函的回复》,审核机构要求说明报告期内财务总监变动较频繁的原因,对发行人财务内控有效性是否构成重大不利影响。

案例3-259 报告期内董事长、总经理、财务总监均变化,论证未发生重大变化

《关于江苏通行宝智慧交通科技股份有限公司首次公开发行股票并在创业板上市申请文件的审核问询函的回复》中的审核意见显示:“根据申报材料,(1)2018年10月15日,通行宝有限召开股东会,董事长张某,董事陈某泉、赵某军因工作调整原因辞去董事职务;(2)2020年4月20日,谢某萌辞去公司董事、总经

理职务;(3)2020 年 8 月 4 日,严某宗辞去公司财务负责人职务;(4)上述人员变化系控股股东江苏交控人事安排所致,变动后新增的董事、高级管理人员来自原股东委派,未对公司日常运营带来不利影响,不属于重大变更。请发行人:(1)补充披露前述人员离职具体原因,离职后去向,是否仍在公司任职;(2)补充披露上述离职人员是否与公司存在争议、纠纷,对报告期内的经营业务、财务数据是否存在异议;(3)结合上述人员在公司的具体分工进一步披露上述人员变动对发行人的影响,不构成重大变更的理由是否充分。请保荐人、发行人律师发表明确意见。"

反馈意见回复如下(有省略):

"董事长张某、董事陈某泉、董事赵某军于 2018 年 10 月的离职系发行人控股股东人事安排所致。张某、陈某泉、赵某军均未与发行人签署劳动合同,也未在发行人处领取任何报酬,具体分工不涉及生产、技术、财务岗位和职责,且 3 人在公司任职时间较短(均为 2 年)。张某、陈某泉、赵某军离职之后,发行人已补选相关人员接替离职人员职务。因此前述 3 人离职不会对公司生产经营造成重大不利影响,不会对公司构成重大变更。

"谢某萌原任发行人董事兼总经理/副总经理,主要负责发行人日常经营管理。2020 年 4 月 20 日,谢某萌向发行人提交辞呈,辞去公司董事、总经理职务。2020 年 4 月 29 日,发行人聘任王某文为公司总经理。王某文为公司董事长,自发行人前身通行宝有限设立之日起即在公司任职,对公司业务熟悉,同时具有丰富的管理经验,能够较好地履行工作职责。因此,谢某萌离职不会对公司生产经营造成重大不利影响。

"严某宗原任发行人财务负责人,主要负责发行人的财务管理。2020 年 8 月 4 日,严某宗向发行人提交辞呈,辞去公司财务负责人一职。同日,发行人召开第一届董事会第四次会议,聘任任某华为公司财务负责人。任某华在担任财务负责人前已任发行人副总经理,且具有上市公司财务管理经验,可以较好地履行工作职责。严某宗虽然辞去财务负责人职务,现仍在发行人担任财务部门经理职务,协助任某华负责公司财务管理,本次岗位变化系发行人管理层的内部调整,不会对公司生产经营造成重大不利影响。

"经核查,上述董事、高级管理人员离职、离任后,发行人已履行程序补选相关人员接替离职人员职务,且新任人员亦具备必要的任职资格、专业知识和经验,能够胜任相关岗位职责的要求。上述人员变动未导致发行人战略决策、经营管理、组织机构运作发生重大变化,未对发行人生产经营产生重大不利影响。

"最近2年,发行人董事、高级管理人员总人数为13人(包括离职及现任,剔除重复人数),总变动人数为8人(同一次人员变化中离职及接任人员只统计为变动1人;如新任人员之前已担任董事、高级管理人员或核心技术人员的,则该新任人员不视为变动人员;如离任人员辞去相关职务后仍担任董事、高级管理人员或核心技术人员的,则该等人员不视为变动人员):其中,因新增股东提名外部董事及新增独立董事相关的变动人数共计5人;因董事、高级管理人员离职及新增高级管理人员相关的变动人数3人。

"经核查,最近2年发行人因董事、高级管理人员离职及新增高级管理人员相关的变动人数占董事、高级管理人员总人数的比例为23.07%,变动人数及变动比例较低;发行人董事、高级管理人员因发行人引入新投资者、治理结构优化等原因发生了增补和调整,但发行人现任董事长王某文、董事兼高级管理人员江某、夏某明以及发行人财务部门经理严某宗自发行人设立以来一直在发行人任职,主要经营管理团队相对稳定。发行人最近2年内董事、高级管理人员没有发生重大不利变化。

"综上,张某、陈某泉、赵某军、谢某萌及严某宗等人员的变动,不会对公司生产经营造成重大不利影响,不构成重大变更的认定依据充分。发行人最近2年内董事、高级管理人员的变动比例较低,没有发生重大不利变化。"

另外,依据山东卡尔电气股份有限公司的首发上市反馈材料,该发行人申报前,财务总监和董事会秘书相继更换。

(三)在审期间更换董事、监事、高级管理人员

并无规定限制IPO受理后的审核过程中,不可以更换董事、监事、高级管理人员,但是应当遵守董事、监事、高级管理人员不可发生重大不利变化的规定,不得对公司的稳定性和经营能力造成重大不利影响。如果因为特殊原因发生了审核过程中董事、监事、高级管理人员的少量变化,不会单纯因为该事项构成上市的障碍。

对比报告期内更换董事会秘书或者财务总监,上市审核过程中更换董事或财务总监影响更大。实务中,一般不建议在审期间更换董事、监事、高级管理人员,更不建议在审期间更换财务总监或者董事会秘书,但是对于确实需要更换的,也能够更换,不会因为更换了财务总监或者董事会秘书对上市造成实质性障碍。

案例3-260 在审期间更换了董事会秘书

依据《关于中汽研汽车试验场股份有限公司首次公开发行股票并在创业板上市申请文件的审核问询函的回复》,该发行人在审期间,更换了董事会秘书,由财务总监兼任董事会秘书。

案例3-261 在审期间更换独立董事

依据《关于宁波微科光电股份有限公司首次公开发行股票并在创业板上市申请文件的审核问询函的回复》,该发行人在审期间,更换了独立董事。

案例3-262 在审期间董事会秘书兼财务总监离职

依据《关于北京中科润宇环保科技股份有限公司首次公开发行股票并在创业板上市申请文件的第三轮审核问询函之回复报告》,发行人副总经理、财务总监及董事会秘书孙某萍于在审期间离职。审核机构要求发行人:说明副总经理、财务总监及董事会秘书孙某萍离职的具体原因,对任职期间发行人财务数据及财务内控意见,是否存在公司会计基础薄弱导致其无法履职的情形,离职对发行人的具体影响及后续人员安排,孙某萍所持股份处理约定、相关会计处理是否符合企业会计准则相关规定。

公司反馈回复如下:

"(一)说明副总经理、财务总监及董事会秘书孙某萍离职的具体原因

"孙某萍作为职业董事会秘书、财务管理人员,与市场上多家企业具有良好关系。出于个人职业发展规划及居住地较远等考虑,孙某萍拟谋求职业调整机会。但中科环保自2020年年底首次申报后,一直处于审核阶段,孙某萍作为上市工作

小组主要成员,对经营、财务等信息较为熟悉,为确保发行人审核工作的顺利完成,故其在2021年6月30日加期审计报告签报完成及第二轮反馈问询进入收尾阶段方才决定启动离职事宜,已向公司提出离职申请。

“(二)对任职期间发行人财务数据及财务内控意见,是否存在公司会计基础薄弱导致其无法履职的情形

“在孙某萍履职期间至本回复报告出具日,签署了历次的财务报告、招股说明书等申报文件,作为高级管理人员,确认招股说明书及申请材料真实、准确、完整,作为财务负责人,确认招股说明书中财务会计资料真实、完整。孙某萍在履职期间认可发行人的财务数据及财务内控意见,不存在发行人会计基础工作或公司内控薄弱等原因导致无法履职的情况。在孙某萍履职期间,公司董事会、监事会以及公司时任董事长、总经理未收到其关于对发行人财务数据存在不一致意见的反映,公司聘请的会计师事务所在对公司进行财务审计时亦未发现孙某萍对发行人财务数据存在不一致意见的情形。孙某萍本人通过访谈确认,在公司履职期间对公司财务数据与公司已公开披露信息不存在不一致意见的情形。

“(三)孙某萍所持股份处理约定、相关会计处理是否符合企业会计准则相关规定

“发行人经过审批的《员工股权激励方案》规定:因本人提出离职或者个人原因被解聘、解除劳动合同或因公调离公司的员工不得继续持有股权,股权由公司收回后进行以下处置:指定符合方案规定的其他对象受让该员工所持持股平台的合伙份额,或由持股平台办理对公司相应出资的减资手续,该员工应当在半年内根据公司指令完成持股平台合伙份额转让或退伙手续,退出持股平台。

“发行人第一届董事会第二次会议审议通过《关于明确北京中科润宇环保科技股份有限公司〈员工股权激励方案〉锁定期内特殊情形股权转让办理程序的议案》,该议案明确,锁定期内符合特殊情形的员工所持股权转让,优先选择指定符合《员工股权激励方案》规定的其他激励对象受让的方式,由公司董事会授权总经理办公会对受让合伙份额的具体激励对象进行审议确认,并由总经理办公会按照《员工股权激励方案》规定的原则具体办理转让手续。

“上述方案中未规定持股平台中的已持股员工拥有优先受让权,符合《员工股权激励方案》规定的其他激励对象可以是原持股平台中员工或总经理办公会审议

确认的符合激励条件的新增员工。

“发行人持股平台的《合伙协议》约定，合伙人入伙、退伙及合伙份额转让应该严格遵守《员工股权激励方案》及其细则的规定。根据《合伙企业法》的规定，合伙企业财产的转让遵循合伙协议的约定。故根据《合伙协议》及《合伙企业法》，合伙份额转让应遵循《员工股权激励方案》的规定，发行人《员工股权激励方案》中关于股份转让的约定符合合伙企业的《合伙协议》及《合伙企业法》的规定。

“孙某萍离职后，应在半年内将其持有的持股平台的合伙份额转让或办理退伙手续。经谨慎考虑，孙某萍自愿将间接持有发行人的266,160股份按原入股价格转让给发行人董事、总经理栗某。根据孙某萍及栗某确认的访谈记录，上述合伙份额转让系双方真实意思表示，并签署转让协议，不存在争议和潜在纠纷。

“发行人已于2021年9月30日召开总经理办公会审议通过上述转让事项，将按照《员工股权激励方案》要求完成后续股权转让及工商变更事宜。

“该转让为持股平台内部的合伙人之间的转让，相关方拥有一致平等受让权，且转让行为及受让方需按照公司的股权激励方案及董事会决议履行决策流程。同时，孙某萍拟按原入股价格将间接持有发行人的股份转让给栗某，该等事项系不符合条件员工退出，符合条件员工按原定条件持股的过程。此外，孙某萍拟转让间接持有发行人股份数量较少，涉及转让金额较低。由上，发行人报告期内对此无须进行会计处理，后续会计处理方式亦对发行人不存在重大影响。”

案例3－263　在审期间财务总监离职

依据《关于上海华依科技集团股份有限公司首次公开发行股票并在科创板上市申请文件的第二轮审核问询函的回复》（华依科技、688071），关于在审期间财务总监离职的事项审核问询意见如下：“6. 关于高级管理人员变动。发行人财务总监施某惠于2019年10月入职发行人。2020年9月，施某惠在发行人科创板IPO在审期间离职。施某惠于2015年2月至2018年6月任上海天永智能装备股份有限公司（以下简称天永智能）财务总监。请发行人说明：(1)公司引入施某惠的过程、目的及其离职原因；公司与施某惠之间是否存在纠纷。(2)施某惠对天永智能是否负有保密义务和竞业限制义务，公司与天永智能是否存在纠纷或潜在纠纷。

请保荐机构及发行人律师核查并发表明确意见。”

公司反馈回复如下：

1. 公司引入施某惠的过程、目的及其离职原因；公司与施某惠之间是否存在纠纷

2019 年发行人筹划 IPO 事宜，为进一步优化管理层分工、提高管理效率，公司通过猎头公司介绍引进施某惠担任公司财务总监。

上市准备过程中，由于工作强度较大且持续时间较长，施某惠个人身体状况不佳，难以支撑工作，在坚持完成首次申报后，施某惠因个人身体健康原因向公司提出辞职。公司考虑到其入职时间较短，其曾任职财务总监的某上市公司因定期报告事项受到监管问询，同意其离职。

根据发行人及施某惠出具的说明，公司与施某惠不存在任何纠纷或潜在纠纷。

2. 施某惠对天永智能是否负有保密义务和竞业限制义务，公司与天永智能是否存在纠纷或潜在纠纷

根据施某惠出具的说明：“本人曾在天永智能担任财务总监职务，从天永智能离职时，未被要求履行竞业限制义务。此外，自离职至今未收到天永智能支付的竞业限制补偿金，亦未收到天永智能向其提出的关于竞业限制事项的主张。本人承诺不负有竞业限制义务。除本人与天永智能签署的《劳动合同》约定了通常性保密事项外，未签署其他协议。本人确认履行了对天永智能的保密义务，不存在侵犯天永智能权益的情形，且未收到天永智能向其提出的关于保密事项的主张。”

因此，施某惠对天永智能负有并履行了保密义务，不存在竞业限制义务。发行人主要从事汽车动力总成智能测试设备的研发、设计、制造、销售及提供相关测试服务，而天永智能主要生产动力总成自动化装配线、白车身焊装自动化生产线等，发行人与天永智能在产品功能、业务结构及细分领域均有所不同，故生产过程中应用的核心技术亦存在较大差异。且施某惠曾在天永智能任职财务人员，非其技术人员，发行人不存在通过施某惠利用天永智能相关技术的可能性。

根据发行人的说明并经保荐机构、发行人律师网络查询，公司与天永智能不存在纠纷或潜在纠纷。

另外，依据《北京百华悦邦科技股份有限公司创业板首次公开发行股票申请

文件反馈意见》(百邦科技、300736),关于财务总监兼董事会秘书于在审期间离职的问询意见:“14. 招股说明书披露,在发行人申报前的 2015 年 5 月温某海辞去公司副总经理职务,李某生辞去公司监事会主席职务,在申报后在审期间的 2016 年 3 月王某香辞去公司财务负责人及董事会秘书职务。请发行人补充说明公司部分监事和高级管理人员在最近 2 年内发生变化的原因,特别是原财务负责人及董事会秘书王某香在申报后离职的原因,是否说明公司内控存在重大缺陷或高级管理人员之间在公司经营管理事务上出现重大分歧,是否属于公司董事、监事和高级管理人员发生重大变化。请保荐机构、发行人律师进行核查并发表明确意见。”

三、董事、监事、高级管理人员的提名

(一)法律依据

《公司法》(2018 修正)第 102 条第 2 款规定:“单独或者合计持有公司百分之三以上股份的股东,可以在股东大会召开十日前提出临时提案并书面提交董事会;董事会应当在收到提案后二日内通知其他股东,并将该临时提案提交股东大会审议。临时提案的内容应当属于股东大会职权范围,并有明确议题和具体决议事项。”

《上市公司章程指引》(2022 修订)第 82 条规定:“董事、监事候选人名单以提案的方式提请股东大会表决。股东大会就选举董事、监事进行表决时,根据本章程的规定或者股东大会的决议,可以实行累积投票制。前款所称累积投票制是指股东大会选举董事或者监事时,每一股份拥有与应选董事或者监事人数相同的表决权,股东拥有的表决权可以集中使用。董事会应当向股东公告候选董事、监事的简历和基本情况。注释:1. 公司应当在章程中规定董事、监事提名的方式和程序,以及累积投票制的相关事宜。2. 单一股东及其一致行动人拥有权益的股份比例在百分之三十及以上的公司,应当采用累积投票制,并在公司章程中规定实施细则。”

(二)相关分析

1. 董事和监事的提名以议案提案的方式提出

对于董事和监事的提名以及候选人名单等,新的章程指引明确以提案的方式

提交。结合对提案的要求可知,单独或合计持有公司 3% 以上股份的股东,可以在股东大会召开 10 日前提出临时提案并书面提交董事会。实务中,对董事和监事的提名通常也是按照提案的方式作出。

2. 对提名董事和监事的主体和持股比例要求

《上市公司章程指引》明确相关的提名以提案方式作出,所以具有提案权的主体均可以提出董事或监事人选。《上市公司章程指引》第 54 条第 1 款和第 2 款规定:"公司召开股东大会,董事会、监事会以及单独或者合并持有公司百分之三以上股份的股东,有权向公司提出提案。单独或者合计持有公司百分之三以上股份的股东,可以在股东大会召开十日前提出临时提案并书面提交召集人。召集人应当在收到提案后两日内发出股东大会补充通知,公告临时提案的内容。"董事会、监事会以及单独或者合并持有公司 3% 以上股份的股东,有权向公司提出提案,所以其均有权提名董事或监事。

公司法未明确具有董事和监事提名权的股东的持股比例要求,但是要求单独或者合并持有公司 3% 以上股份的股东可以提出提案。

案例 3-264 要求披露董事具体提名方以及董事席位分配计划

依据《关于江苏固德威电源科技股份有限公司首次公开发行股票并在科创板上市申请文件审核问询函的回复》(固德威、688390),审核问询意见:"问题 4. 关于董事、监事、高级管理人员及核心技术人员。4.1 根据招股说明书,发行人 8 名董事均为董事会提名。报告期内,涂某文因个人原因请求辞去董事职务、王某津因个人原因提出不再作为第二届董事会被提名人、肖某因个人原因请求辞去独立董事、财务总监兼董事会秘书马某荣因个人原因从公司离职。请发行人说明:(1)各位董事的具体提名方及后续发行人的董事席位在各股东间的分配计划;(2)黄某是否能通过控制董事会半数以上成员从而实际控制发行人,发行人的控制权是否稳定;(3)上述董事及高级管理人员在发行人处的任职经历,在发行人生产经营中发挥的具体作用,离职的具体原因,是否签订竞业禁止协议或保密协议及有关协议的具体执行情况,上述离职人员是否与发行人存在纠纷或潜在纠纷及其所持有股份(若有)的处置方式;(4)报告期内公司高级管理人员是否发生重大变化，上述人员变化是否符合《上海证券交易所科创板股票发行上市审核问答》问题 6 的要求。”

反馈回复如下：

“1. 各位董事的具体提名方及后续发行人的董事席位在各股东间的分配

“2018 年 8 月，发行人进行董事会换届选举，根据有提案权股东的提前沟通，公司第二届董事会成员 8 名，除郑某炫、景某霏分别由郑某炫和高新富德推荐并实际提名外，其余董事均由黄某推荐并实际提名。黄某、郑某炫、高新富德将各自提名的第二届董事候选人提交给第一届董事会，并以第一届董事会的名义向股东大会提名了该等董事候选人。2019 年 5 月，原独立董事肖某离职后，黄某推荐了行业专家吕某为公司独立董事，并以第二届董事会名义向股东大会提名了该董事候选人。因此，招股说明书披露的 8 名董事的提名人均为董事会。根据发行人董事会成员的实际提名情况，发行人全部董事均存在具体提名主体。截至本问询函回复出具之日，发行人暂未制订后续发行人的董事席位在各股东间的分配计划，后续进行董事选举前，公司将按照公司章程及相关法律法规的要求提名董事。

“2. 黄某是否能通过控制董事会半数以上成员从而实际控制发行人，发行人的控制权是否稳定

“经核查，截至本问询函回复出具之日，黄某直接持有发行人 2725 万股股份，直接持股比例为 41.29%，并通过合众聚德间接控制公司 308 万股股份，间接控制的股份比例为 4.67%，黄某通过直接和间接方式合计控制发行人 45.96% 的股份，系发行人控股股东，并长期担任发行人董事长兼总经理，其可以通过行使表决权对发行人的战略规划、经营管理、人事任免、投资决策等施加控制或重大影响，进而支配公司行为。黄某自发行人设立以来一直系控股股东及实际控制人。发行人董事会由 8 名董事组成，其中 6 名董事由黄某实际提名产生。根据《公司法》及公司章程的相关规定，本次发行完成后，黄某仍系发行人控股股东及实际控制人，并且能通过控制董事会半数以上成员从而实际控制发行人，从而保证发行人控制权的稳定。”

3. 申请 IPO 时董事可以由实际控制人一人提名

《上市公司章程指引》第 82 条规定，单一股东及其一致行动人拥有权益的股份比例在 30% 及以上的公司，应当采用累积投票制，并在公司章程中规定实施细

则。但是对于上市前的股份公司的董事或监事来源并无明确的限制,要求其必须采取累计投票制。若发行人的控股股东或者实际控制人持股比例较高,则相关的人员均可以由实际控制人提名。

案例3-265 全体董事由实际控制人一人提名

依据《中自环保科技股份有限公司审核问询函回复报告》,各董事提名人实际情况如下:"李某、陈某容均系公司自设立起即在公司任职的内部人员,陈某强系公司设立时与四川大学合作开展科技成果产业化的技术负责人,基于该等人员对公司的贡献以及对其能力的认可,陈某章作为实际控制人提名其本人及上述人员为董事;马某虎为上海银鞍股权投资管理有限公司之投资总监,系公司股东银鞍岭英推荐的董事,为程序便利,银鞍岭英同意由陈某章统一进行提名;粟某为上海尚颀投资管理合伙企业(有限合伙)董事、总经理,系扬州尚颀、珠海尚颀推荐的董事,扬州尚颀、珠海尚颀因持股比例均未超过3%,根据中自环保公司章程的相关规定不享有提名董事的临时提案权,扬州尚颀、珠海尚颀同意由陈某章统一进行提名;尧某发、曹某麟、逯某均系公司选聘的独立董事,由陈某章提名选举。综上所述,发行人董事的提名符合实际情况。"

案例3-266 问询董事提名与实际控制人的关系

依据《关于北京市博汇科技股份有限公司首次公开发行股票并在科创板上市申请文件的二轮审核问询函之回复报告》(博汇科技、688004),"1.2 回复资料显示,公司共有董事7名,其中独立董事3名,非独立董事4名。孙某明、郭某武为公司董事,占据非独立董事的一半席位,1名独立董事为孙某明提名,其余董事均为董事会提名。根据问询回复,发行人认为其他董事各方均无法单独控制董事会,因此,孙某明、郭某武从事实上对发行人董事会实施控制;若公司其他董事未来保持一致行动,孙某明、郭某武则可根据公司章程的规定,通过改选董事会或修改公司章程,增加董事会席位等方式,进一步加强对公司董事会的控制,达到控制董事会的目的。请发行人结合《公司法》《公司章程》等规定说明:(1)实际控制人在仅控制董事会3席且无法单独作出有效决议的情形下,认定其从事实上对发行人董事会实施控制的依据是否充分,是否存在董事会无法达成有效决议的情形;在孙某明、郭某武无法有效控制董事会的情形下,认定其为实际控制人的依据是否充分。(2)孙某明、郭某武在合计持股比例为39.8%的情形下,能否改选董事会或修改公司章程,增加董事会席位,以达到控制董事会的目的”。

4. 对由董事会提名董事的认定和披露

董事会作为有权提案的主体,有权提名董事尤其是独立董事,但是当独立董事或董事的多数都是董事会提名或者为了论证实际控制人的控制权时,需要明确相关董事的提名主体或者最终的提名主体。所以对相关人员的提名进行分类时不建议仅笼统列为董事会提名,可以补充披露最终的提名主体或者直接披露最终的有权提名主体。

例如,依据《关于江苏固德威电源科技股份有限公司首次公开发行股票并在科创板上市申请文件审核问询函的回复》,审核问询意见:“问题4. 关于董事、监事、高级管理人员及核心技术人员。4.1 根据招股说明书,发行人8名董事均为董事会提名。请发行人说明:各位董事的具体提名方及后续发行人的董事席位在各股东间的分配计划。”

四、董事、监事、高级管理人员的履历等

对于董事、监事、高级管理人员的履历和任职信息需要准确、完整披露,同时,重视相关的学历等的真实性。公司一旦申请首发上市,相关的网络媒体容易关注公司相关人员的职业、身份信息的真实性等,要避免无关紧要的信息成为舆论的焦点。

案例3-267 实际控制人曾任职证券公司

依据《关于成都盛帮密封件股份有限公司首次公开发行股票并在创业板上市申请文件的审核问询函的回复》(盛帮股份、301233),审核问询意见:“11. 关于董事、监事、高级管理人员。申报材料显示,发行人主要董事、监事、高级管理人员的简历信息披露不够完整。其中,发行人实际控制人、总经理赖某曾在太平洋证券

股份有限公司任职,其他主要董事、监事、高级管理人员如范某波、付某、余某胜、邹某平、黄某、刘某云均曾在关联方成都通达精锐机械设备有限公司任职。报告期内,葛某会辞去发行人董事职务。请发行人:(1)结合任职时间顺序等完善发行人董事、监事、高级管理人员及核心技术人员的简历信息。(2)结合赖某在太平洋证券股份有限公司任职时间和职务、主要工作情况等,说明本次发行上市保荐工作及相关工作人员是否与太平洋证券股份有限公司和赖某曾任职部门存在工作外包或人员混同等影响独立性的情形。(3)结合成都通达精锐机械设备有限公司的历史沿革、股权结构、主营业务和注销前主要财务数据等,说明发行人主要董事、监事、高级管理人员均曾在该公司任职的背景和原因,注销的背景和原因,存续期间和注销过程是否合法合规,注销后相关人员、资产、业务、客户资源等去向或安排,报告期内该公司与发行人及其客户、供应商资金、业务往来情况,是否存在为发行人代垫成本支出或费用情况。(4)结合葛某会的履历及投资、控制的企业情况,说明葛某会辞去发行人董事的背景和原因,目前任职情况,与发行人及其实际控制人、董事、监事、高级管理人员是否存在资金、业务往来。请保荐人、发行人律师发表明确意见,请申报会计师对问题(3)、(4)发表明确意见。"

第八节 同业竞争

关于同业竞争的定义并无明确规定,同业竞争主要是指发行人的控股股东、实际控制人、实际控制人控制的其他公司、重要(或特定)关联方所控制的其他企业等直接或者间接从事的业务与发行人从事的主营业务相同或近似,构成或可能构成直接、间接的竞争关系,对发行人的未来业务造成重大不利影响,相关发行人之外的主体通过从事同业业务容易损害上市公司及上市公司公众股东利益。

一、同业竞争的规则依据

(一)上市条件方面要求

《创业板首次公开发行股票注册管理办法(试行)》第12条第1项和《科创板首次公开发行股票注册管理办法(试行)》第12条第1项规定:"资产完整,业务及人员、财务、机构独立，与控股股东、实际控制人及其控制的其他企业间不存在对发行人构成重大不利影响的同业竞争，不存在严重影响独立性或者显失公平的关联交易。”

（二）招股说明书格式准则要求

《公开发行证券的公司信息披露内容与格式准则第 1 号——招股说明书》第 53 条规定：“发行人应披露控股股东、实际控制人作出的避免同业竞争的承诺。”

《公开发行证券的公司信息披露内容与格式准则第 28 号——创业板公司招股说明书》第 63 条规定：“发行人应披露是否存在与控股股东、实际控制人及其控制的其他企业从事相同、相似业务的情况。如存在，应对不存在对发行人构成重大不利影响的同业竞争作出合理解释，并披露发行人防范利益输送、利益冲突及保持独立性的具体安排等。发行人应披露控股股东、实际控制人作出的避免新增同业竞争的承诺。”

《公开发行证券的公司信息披露内容与格式准则第 41 号——科创板公司招股说明书》第 63 条规定：“发行人应披露是否存在与控股股东、实际控制人及其控制的其他企业从事相同、相似业务的情况。如存在，应对不存在对发行人构成重大不利影响的同业竞争作出合理解释，并披露发行人防范利益输送、利益冲突及保持独立性的具体安排等。发行人应披露控股股东、实际控制人作出的避免新增同业竞争的承诺。”

《公开发行证券的公司信息披露内容与格式准则第 46 号——北京证券交易所公司招股说明书》第 58 条规定：“发行人应披露是否存在与控股股东、实际控制人及其控制的其他企业从事相同、相似业务的情况，如存在的，应对不存在对发行人构成重大不利影响的同业竞争作出合理解释，并披露发行人防范利益输送、利益冲突及保持独立性的具体安排。发行人控股股东、实际控制人作出规范或避免同业竞争承诺的，发行人应披露承诺的履行情况。”

二、各上市板块关于同业竞争的核查要求

（一）主板关于同业竞争的核查要求

《首发业务若干问题解答》（2020 年 6 月修订）问题 15：“发行上市监管对同业竞争行为作出了限制性规定，发行人及中介机构在核查判断同业竞争事项时，应

当主要关注哪些方面？答：(1)核查范围。中介机构应当针对发行人控股股东(或实际控制人)及其近亲属全资或控股的企业进行核查。(2)判断原则。同业竞争的'同业'是指竞争方从事与发行人主营业务相同或相似业务。核查认定该相同或相似的业务是否与发行人构成'竞争'时，应按照实质重于形式的原则，结合相关企业历史沿革、资产、人员、主营业务(包括但不限于产品服务的具体特点、技术、商标商号、客户、供应商等)等方面与发行人的关系，以及业务是否有替代性、竞争性、是否有利益冲突、是否在同一市场范围内销售等，论证是否与发行人构成竞争；不能简单以产品销售地域不同、产品的档次不同等认定不构成同业竞争。对于控股股东、实际控制人控制的与发行人从事相同或相似业务的公司，发行人还应当结合目前自身业务和关联方业务的经营情况、未来发展战略等，在招股说明书中披露未来对于相关资产、业务的安排，以及避免上市后出现同业竞争的措施。(3)亲属控制的企业应如何核查认定。如果发行人控股股东或实际控制人是自然人，其夫妻双方直系亲属(包括配偶、父母、子女)控制的企业与发行人存在竞争关系的，应认定为构成同业竞争。发行人控股股东、实际控制人的其他亲属及其控制的企业与发行人存在竞争关系的，应当充分披露前述相关企业在历史沿革、资产、人员、业务、技术、财务等方面对发行人独立性的影响，报告期内交易或资金往来，销售渠道、主要客户及供应商重叠等情况，以及发行人未来有无收购安排。"

(二)创业板关于同业竞争的核查要求

《深圳证券交易所创业板股票首次公开发行上市审核问答》问题5："对发行条件发行人'与控股股东、实际控制人及其控制的其他企业间不存在对发行人构成重大不利影响的同业竞争'中的'重大不利影响'，应当如何理解？答：申请在创业板上市的企业，如存在同业竞争情形认定同业竞争是否构成重大不利影响时，保荐人及发行人律师应结合竞争方与发行人的经营地域、产品或服务的定位，同业竞争是否会导致发行人与竞争方之间的非公平竞争，是否会导致发行人与竞争方之间存在利益输送、是否会导致发行人与竞争方之间相互或者单方让渡商业机会情形，对未来发展的潜在影响等方面，核查并出具明确意见。竞争方的同类收入或毛利占发行人主营业务收入或毛利的比例达30%以上的，如无充分相反证据，原则上应认定为构成重大不利影响。发行人应当结合目前经营情况、未来发展战略等，在招股说明书中充分披露未来对上述构成同业竞争的资产、业务的安排,以及避免上市后出现重大不利影响同业竞争的措施。”

(三)科创板关于同业竞争的核查要求

《上海证券交易所科创板股票发行上市审核问答》问题 4:“对发行条件发行人‘与控股股东、实际控制人及其控制的其他企业间不存在对发行人构成重大不利影响的同业竞争’中的‘重大不利影响’,应当如何理解?答:申请在科创板上市的企业,如存在同业竞争情形,认定同业竞争是否构成重大不利影响时,保荐机构及发行人律师应结合竞争方与发行人的经营地域、产品或服务的定位,同业竞争是否会导致发行人与竞争方之间的非公平竞争、是否会导致发行人与竞争方之间存在利益输送、是否会导致发行人与竞争方之间相互或者单方让渡商业机会情形,对未来发展的潜在影响等方面,核查并出具明确意见。竞争方的同类收入或毛利占发行人该类业务收入或毛利的比例达 30% 以上的,如无充分相反证据,原则上应认定为构成重大不利影响。发行人应在招股说明书中,披露以下内容:一是竞争方与发行人存在同业竞争的情况,二是保荐机构及发行人律师针对同业竞争是否对发行人构成重大不利影响的核查意见和认定依据。”

(四)北交所关于同业竞争的核查要求

《北京证券交易所向不特定合格投资者公开发行股票并上市业务规则适用指引第 1 号》中“1-12 同业竞争”规定:“发行人与控股股东、实际控制人及其控制的其他企业间如存在同业竞争情形,认定同业竞争是否对发行人构成重大不利影响时,保荐机构及发行人律师应结合竞争方与发行人的经营地域、产品或服务的定位,同业竞争是否会导致发行人与竞争方之间的非公平竞争、是否会导致发行人与竞争方之间存在利益输送、是否会导致发行人与竞争方之间相互或者单方让渡商业机会情形,对未来发展的潜在影响等方面,核查并出具明确意见。发行人应在招股说明书中,披露保荐机构及发行人律师针对同业竞争是否对发行人构成重大不利影响的核查意见和认定依据。”

三、同业竞争常见问询问题及注意事项

(一)常见问询问题

关于同业竞争事项,常见问询问题如下:

(1)发行人与关联方之间是否存在对发行人构成(重大不利影响的)同业竞

争,若存在同业竞争业务,请详细说明相关情况及采取的措施等。

(2)披露控股股东或实际控制人控制的公司及其子公司的基本情况,业务运营情况,公司成立时间、注册地和实际办公地,报告期内实际从事的业务,完整披露发行人的控股股东或实际控制人、董事、监事、高级管理人员等控制的公司对外投资情况,说明是否存在与发行人业务相近的情形。

(3)说明实际控制人关系密切的家庭成员控制的其他企业的实际经营业务,并说明是否简单依据经营范围对同业竞争作出判断。

(4)根据问询回复或披露,发行人与特定关联方在部分业务范围内存在从事相同或相似业务的情况。请发行人披露竞争方与发行人存在同业竞争的情况,保荐机构及发行人律师针对同业竞争是否对发行人构成重大不利影响的核查意见和认定依据。

(5)控股股东或实际控制人控制的企业在资产、人员、业务和技术等方面与发行人的关系,是否与发行人存在共同生产、共用采购、销售渠道、为发行人提供外协的情形。

(6)控股股东或实际控制人控制的公司是否与发行人及其实际控制人、董事、监事、高级管理人员、其他主要核心人员、主要客户、供应商及主要股东之间存在资金、业务往来,是否存在关联交易非关联化、为发行人承担成本费用、利益输送或其他利益安排等情形。

(7)进一步披露与发行人历史上是否有生产产品重叠情况,相关产品在下游的应用情况、是否存在替代情形,说明该公司的主要财务数据情况,主要重叠客户情况,包括分别的合作历史、销售收入、适用产品型号情况,说明发行人与重叠客户定价是否与第三方定价情况一致。

(8)披露认定不存在同业竞争关系时,是否已经审慎核查并完整地披露发行人控股股东、实际控制人及其近亲属直接或间接控制的全部企业,相关企业是否与发行人从事相同或相似业务,是否存在上下游关系;与前述企业之间存在相同、相似业务的,说明该等情形是否构成同业竞争,不存在同业竞争的认定依据是否充分审慎;存在上下游业务的,补充披露该等事项对发行人独立性的影响程度,是否构成重大不利影响。

(9)请保荐人、发行人律师核查并发表明确意见,说明对发行人与控股股东及特定关联方与在人员、财务、资产等方面是否独立的核查方式、核查结论。

(10)请发行人律师说明认定不存在同业竞争关系时,是否已经审慎核查并完整地披露发行人控股股东、实际控制人及其亲属直接或间接控制的全部企业。

(11)发行人与企业之间是否存在对发行人构成重大不利影响的同业竞争,对照上市审核问答进行分析。

案例 3-268 控股股东以及实际控制人控制众多企业

依据《威海市泓淋电力技术股份有限公司的首发上市反馈意见》,审核问询意见:"问题 4. 关于同业竞争。招股说明书披露,除已明确未开展实际经营的企业外,发行人控股股东、实际控制人及其近亲属还控制香港泓禧、德州锦城、常熟泓博、惠州德泓、东莞德泓、香港泓鑫、缅甸德泓、常熟景弘盛、惠州攸特、深圳市秉昇科技有限公司、武汉和信光通信科技有限公司、威海茂乾商务咨询有限公司、威海悦已萱川贸易有限公司 13 家公司。"

"请发行人:(1)补充披露上述企业的实际经营业务,发行人是否简单依据经营范围对同业竞争作出判断,是否仅以经营区域、细分产品或服务、细分市场的不同来认定不构成同业竞争;(2)补充披露上述企业资产、人员、业务和技术等方面与发行人的关系,采购销售渠道、客户、供应商等方面是否影响发行人的独立性,是否与发行人存在共同生产、共用采购、销售渠道、通用原材料、为发行人提供外协的情形,是否存在为发行人分担成本费用的情形;(3)如认定上述企业与发行人不存在同业竞争关系,是否已经审慎核查并完整披露发行人控股股东、实际控制人及其亲属直接或间接控制的全部企业;(4)如认定存在同业竞争,请结合《深圳证券交易所创业板股票首次公开发行上市审核问答》等相关规定,补充披露是否构成重大不利影响的同业竞争,以及未来对相关构成同业竞争的资产、业务的安排。请保荐人和发行人律师发表明确意见。"

(二)同业竞争的核查方法及注意事项

1. 全面、准确地了解发行人的业务以及关联业务

首先要全面、准确地了解发行人的业务以及存在同业竞争可能的相似业务的

区分和关联性等，把握业务涉及的产品或者核心技术，全面了解产品的生产设备、生产车间等情况，了解客户群体以及终端客户，了解产品的更新和技术更新迭代等，把是否构成同业竞争的基础掌握准确、清楚。

2. 提高实际控制人和董事、监事、高级管理人员等的思想重视程度

对发行人及其实际控制人、董事、监事、高级管理人员、其他主要核心人员、主要客户、主要供应商及主要股东进行访谈，尤其是要向实际控制人、董事、监事、高级管理人员等介绍关联方和同业竞争问题的重要性、严重性，以及对上市的重要性，促使其从思想认识上全面重视。对于从线索上无法核查的关联方，需要相关人员主动告知，如实对外披露，避免上市过程中被发现相关的情况。

3. 注重关联方和关联关系的核查

充分重视关联方的关联关系调查表，结合不同的第三方工商信息查询平台等，全面识别关联方信息，全面了解发行人的关联方尤其是实际控制人及其近亲属控制的其他企业，了解其实际经营业务及经营的合法合规性。

4. 充分发挥客户合同检查的作用

核查发行人的客户或者供应商与关联方的客户或者供应商的重合情况，核查销售合同约定的产品或者产品的质量或者参数等是否存在相同。

5. 注重银行流水核查

注重银行流水核查，避免出现关联方非关联化的公司，将相关的同业业务放到发行人体外的其他公司经营。查验发行人及其实际控制人、董事、监事、高级管理人员、其他主要核心人员、主要客户、主要供应商及主要股东的相关银行流水，核查是否存在关联交易非关联化、为发行人承担成本费用、利益输送或其他利益安排等情形。

6. 发行人的关联方与其主要客户、供应商之间是否存在资金业务往来

查询与控股股东或实际控制人控制公司相关的产品、生产设备、查阅关联方的合同文件、往来凭证、审计报告和财务报表、招投标网的相关信息及相关企业的工商登记资料。

7. 注重实地走访

走访相关的企业，实地查看办公场所、生产环境、生产设施、生产车间、成本仓库等，实地走访时随机灵活沟通访谈，对企业的业务开展、主要客户、主要供应商

情况进行分析核查，对于公司的产品先进性、所处行业的情况以及发展趋势可通过对客户或供应商访谈等进行了解或者印证。

四、同业竞争以及构成重大影响的认定

（一）目前关于同业竞争的审核政策

1. 各上市板块对同业竞争的要求差异

关于同业竞争问题，主板要求发行人的业务应当独立于控股股东、实际控制人及其控制的其他企业，与控股股东、实际控制人及其控制的其他企业间不得有同业竞争。

而创业板和科创板要求发行人与控股股东、实际控制人及其控制的其他企业间不存在对发行人构成重大不利影响的同业竞争。从科创板注册制开始，对同业竞争的容忍度有所提高，允许存在不构成重大影响的同业竞争存在，但是创业板和科创板均要求，如存在不构成重大影响的同业竞争业务，应对不存在对发行人构成重大不利影响的同业竞争作出合理解释，并披露发行人防范利益输送、利益冲突及保持独立性的具体安排等，发行人应披露控股股东、实际控制人作出的避免新增同业竞争的承诺。

北交所同样能够接受存在不构成重大影响的同业竞争存在，规则要求发行人应披露是否存在与控股股东、实际控制人及其控制的其他企业从事相同、相似业务的情况，如存在，应对不存在对发行人构成重大不利影响的同业竞争作出合理解释，并披露发行人防范利益输送、利益冲突及保持独立性的具体安排。发行人控股股东、实际控制人作出规范或避免同业竞争承诺的，发行人应披露承诺的履行情况。其与创业板和科创板存在差异的地方在于不仅要求对不新增同业竞争作出承诺，而且要求披露相关的承诺履行情况，这是由北交所上市公司已经是新三板公司的公众属性决定的。

2. 同业竞争重大不利影响的判断标准

主板要求不得存在同业竞争业务，所以不存在是否构成同业竞争重大不利影响判断的问题。

创业板和科创板允许存在不构成重大影响的同业竞争，一般竞争方的同业业务收入或毛利占发行人主营业务收入或毛利的比例不足30%以上的，不认定为构

成重大影响,但相关的占比应当越低越好。若竞争方的同类收入或毛利占发行人主营业务收入或毛利的比例达30%以上的,如无充分相反证据,原则上应认定为构成重大不利影响。规则要求未达30%比例,若超过相关的比例,能提供证据证明,也可以不构成重大影响,但是在实质判断和审核实务中应力争避免相关的情况。若相关的比例不足30%,虽说从规则层面是允许的,但是执行中不能卡着规则去执行,即使规则允许,从影响角度可能构成较重大不利影响的,仍然对上市审核存在较大不利影响。科创板公司国盾量子的实际控制人科大控股持有问天量子21.82%的股份(为其第二大股东),问天量子主要从事业务与上市主体国盾量子的业务相关性较大,问天量子实现的销售收入、毛利总额占发行人同期主营业务收入、毛利总额的比例均未超过15%,因此通过上市委审核,另外同类情况还有西部超导(688122)。

北交所未直接明确规定相关重大不利影响的同业竞争业务的判断标准,可以参考创业板和科创板的规定,但是北交所公司多数处于成长期,收入和利润规模相对较小,应当在创业板和科创板的同业竞争重大不利影响的判断标准上从严把握,不能简单地拿创业板和科创板的规则来执行。毕竟从同业竞争的核心问题角度考虑,规模小的公司,其体外关联方更容易发生违反立法本意的行为,相关的体外同业业务更容易形成对公众公司的重大不利影响。

案例3-269 申请北交所公司论证存在同业竞争但不构成重大不利影响

依据《关于吉林瑞科汉斯电气股份有限公司公开发行股票并在北交所上市审核问询函的回复》,审核问询意见:"问题10.同业竞争情况及解决措施有效性。根据申请材料,报告期内,实际控制人廖某春、刘某控制的其他企业包括华冠电力、宇山建筑、华盛电力、电企电力等。发行人与华冠电力、宇山建筑、华盛电力不存在同业竞争。报告期内,实际控制人控制的电企电力主营电力设施承装,与发行人存在同业竞争,但对发行人不构成重大不利影响。电企电力已于2021年1月18日注销,同业竞争情形已经消除。报告期内,发行人因未及时审议延期履行关于避免同业竞争的承诺被全国股转公司挂牌公司监管部门出具监管工作提示。请发行人:(1)披露华冠电力、宇山建筑、华盛电力报告期内业务开展情况,与发行人在资质、供应商及客户方面重合的情况，是否简单依据业务定位的不同来认定不构成同业竞争的情形。(2)补充披露电企电力的主要财务数据，报告期内业务开展情况，结合电企电力与发行人在电力设施承装的经营地域、业务定位、客户和供应商的重合情况，说明是否存在利益输送、相互或者单方让渡商业机会的情形，是否构成重大不利影响。(3)说明防范上市后再次出现同业竞争的具体措施及有效性，对未来发展的潜在影响。请保荐机构、发行人律师核查上述事项，说明是否按照《北京证券交易所向不特定合格投资者公开发行股票并上市业务规则适用指引第1号》第1－12条的相关要求进行逐项核查并发表明确意见。”

案例3－270 存在同业竞争业务，但不构成重大不利影响

依据《关于大连豪森设备制造股份有限公司首次公开发行股票并在科创板上市申请文件第二轮审核问询函的回复》，审核问询意见：“5. 关于同业竞争根据问询回复披露，发行人与今日自动化在部分业务范围内存在从事相同或相似业务的情况。请发行人披露竞争方与发行人存在同业竞争的情况，保荐机构及发行人律师针对同业竞争是否对发行人构成重大不利影响的核查意见和认定依据。”反馈回复如下：今日自动化历史沿革、人员、资产和财务独立于发行人，主营业务、主要产品与发行人存在明显区别，客户与发行人无重叠，主要供应商存在少量重叠，主要是因为该部分供应商产品所处市场高度集中，报告期内发行人与今日自动化之间曾存在的前述业务相同或相似情形，发行人与今日自动化已经根据各自业务定位和技术实力确定由发行人实施新能源汽车驱动电机业务，今日自动化不再承揽驱动电机装配线业务并就避免同业竞争出具相关承诺，上述曾存在业务相同或相似情形不会对发行人未来造成不利影响。从财务数据及指标来看，报告期内各年度，今日自动化营业收入和营业毛利占发行人主营业务收入和主营业务毛利的比例分别为3.23%、6.73%、3.17%和1.98%、6.73%、3.20%，占比远低于构成重大不利影响的30%的比例，对发行人不构成重大不利影响。

3. 界定同业竞争标准时从严把握

核查认定该相同或相似的业务是否与发行人构成“竞争”时，应按照实质重于形式的原则,结合相关企业历史沿革、资产、人员、主营业务(包括但不限于产品服务的具体特点、技术、商标商号、客户、供应商等)等方面与发行人的关系,以及业务是否有替代性、竞争性、是否有利益冲突、是否在同一市场范围内销售等,论证是否与发行人构成竞争;不能简单以产品销售地域不同、产品的档次不同等认定不构成同业竞争。

无论是从发行人及其实际控制人的角度出发,还是从中介机构的角度出发,界定是否构成同业竞争以及关于同业竞争的解决的尺度和标准均应当从严把握,不能单纯以细分行业、具体产品、具体客户、细分市场区域等界定不存在同业竞争,在判断和分析时,应当结合生产、技术、研发、设备、渠道、客户、供应商、历史沿革、未来发展方向和重点等因素要进行综合判断。

(二)判断同业竞争的核心

判断相关的事项时,应当从该事项的核心影响以及规则制定机构和监管机构的立法本意等出发,明确其问题和规则关注的核心,理解该事项的核心,而不能单纯地从规则字面和形式层面去解决单一问题。

关于同业竞争问题的核心点:第一,存在同业业务是否对发行人的独立性构成不利或者重大不利影响;第二,是否对发行人业务运营以及合法权益存在重大影响;第三,是否形成或容易造成实际控制人或者关联方容易侵犯未来上市公司合法权益、损害未来上市公司公众股东的合法权利的情形。若存在前述风险,则应界定为存在同业竞争。反之,对于不构成同业竞争,也不能停留在形式上判断,应该更多从较深层面上理解同业竞争的规则立法本意,从实质和客观等角度出发分析论证不存在同业竞争。

总之,最终无论是尊重客观情况,还是权衡利弊后进行选择,抑或从谨慎角度处理,都应当先从实质影响和问题的核心角度进行定性和判断,进而对相关的问题进行准确的分析和处理。

案例3-271 同样存在制药业务但并非同类,不构成同业竞争,要求重新出具承诺

《关于荣昌生物制药(烟台)股份有限公司首次公开发行股票并在科创板上市

申请文件的审核问询函的回复》中的审核问询意见包括:“问题 1. 关于同业竞争。根据招股说明书:(1)发行人实际控制人控制的其他企业实际从事的主营业务包括五大类:未开展实际经营;投资管理、企业管理咨询等;场地及仪器设备租赁;医疗诊断器械的研发;中成药及化药的研发、生产与销售,SMO(临床试验现场管理组织)与 CDMO(医药合同定制研发生产企业)服务以及细胞培养基的研发、生产及销售。其中,荣昌制药及其下属部分主体从事中成药及化药的研发、生产与销售,而发行人曾为荣昌制药子公司。(2)控股股东、实际控制人关于避免同业竞争的承诺较为原则化。

请发行人:列表披露实际控制人控制的其他医药企业的名称、主要产品(包括产品适应症),是否构成同业竞争。请控股股东、实际控制人:根据其控制的其他企业的经营情况,出具切实可行的避免同业竞争的承诺。请发行人说明:(1)从资产人员、主要产品及销售规模、产品适应症、核心技术、生产工艺、商标等方面说明实际控制人控制的其他医药企业与发行人之间是否存在相同或相似业务,相关业务是否有替代性、竞争性、与发行人之间是否有利益冲突。(2)拆分重组中荣昌制药与发行人之间是否涉及人员、资产、技术转让;拆分重组后荣昌制药剩余的主要资产、技术、主要产品及对应的适应症,是否与发行人属于同类业务、是否构成竞争关系。请保荐机构、发行人律师对上述事项进行核查,说明是否存在同业竞争及其依据,并发表明确意见。”

反馈回复如下:

1. 请发行人列表披露实际控制人控制的其他医药企业的名称、主要产品(包括产品适应症),是否构成同业竞争

截至本招股说明书签署日,发行人实际控制人控制的其他企业实际从事的主营业务包括五大类:未开展实际经营;投资管理、企业管理咨询等;场地及仪器设备租赁;医疗诊断器械的研发;中成药及化药的研发、生产与销售,SMO 与 CDMO 服务,以及细胞培养基的研发、生产及销售。上述发行人实际控制人控制的其他企业中,荣昌制药及其子公司荣昌淄博、荣昌药物研究院(以下合称发行人实际控制人控制的其他医药企业)主要从事中成药及化药的研发、生产与销售(以中成药为主),其与发行人之间不存在同业竞争,主要说明如下:

(1)两者的主营业务及产品类别之间存在明显区别。发行人实际控制人控制

的其他医药企业主要从事中成药及化药的相关业务，与发行人从事的融合蛋白、抗体药物偶联物（ADC）、单抗及双抗等生物药的相关业务，中成药、化药与生物药本身属于不同药品类型，故两者的主营业务及产品类别之间存在明显区别，不属于从事相同或相似业务的情形。

（2）两者的产品适应症之间不存在重合。

发行人实际控制人控制的其他医药企业的主要产品情况如下（省略）。

发行人实际控制人控制的其他医药企业主要经营肛肠类、神经精神类、心脑血管类、小儿类等药品，而发行人产品则用于自身免疫疾病、肿瘤疾病、眼科疾病领域，两者的产品适应症之间不存在重合。

综上，发行人与发行人实际控制人控制的其他医药企业之间的主营业务及产品类别之间存在明显区别且产品适应症之间不存在重合，故两者之间不存在同业竞争。

综上所述，发行人实际控制人控制的其他企业与发行人主营业务及其所属的业务细分领域与产品类别之间存在明显区别，不存在从事与发行人相同或相似的业务，与发行人之间不存在同业竞争。

2. 请控股股东、实际控制人根据其控制的其他企业的经营情况，出具切实可行的避免同业竞争的承诺

发行人实际控制人王某东、房某民、林某、王某强、王某东、邓某、熊某滨、温某凯、杨某华、魏某良承诺如下：

（1）截至本承诺函出具之日，发行人及其下属子公司（以下合称为发行人集团）系本人控制的企业中唯一从事融合蛋白、抗体药物偶联物（ADC）、单抗及双抗的生物制药企业，在本人作为发行人的实际控制人期间，本人将保持发行人集团从事上述业务的唯一性，本人及本人控制的公司、企业及其他机构在中国境内外未以任何方式经营任何与发行人及其下属子公司相同或相似或者对发行人集团构成或可能构成竞争的业务，亦不存在与发行人集团主要产品的适应症相同或相似的情况。

（2）自本承诺函出具之日起，本人及本人控制的公司、企业及其他机构不会在中国境内外以任何方式经营任何与发行人集团中的任何成员相同或相似或者对发行人集团构成或可能构成竞争的业务，不会存在与发行人集团主要产品的适应

症相同或相似的情况,不会以任何形式支持或以其他方式介入发行人集团以外的其他企业从事与发行人集团中的任何成员相同或相似或者对发行人集团构成或可能构成竞争的业务,或生产与发行人集团主要产品的适应症相同或相似的产品。如发行人集团中的任何成员进一步拓展主营业务范围,本人及本人控制的公司、企业及其他机构将不与发行人集团中的任何成员拓展后的主营业务相竞争。

(3)自本承诺函出具之日起,若本人及本人控制的公司、企业及其他机构今后不可避免地从事与发行人集团中的任何成员的相同或相似的业务、或对发行人集团构成或可能构成竞争的业务,或存在与发行人集团主要产品的适应症相同或相似的情况,或有任何机会取得任何与发行人集团中的任何成员的相同或相似的业务相关的资产、股权,或其他可能损害发行人集团利益或与发行人集团构成竞争或可能构成竞争的商业机会,则本人或本人控制的公司、企业及其他机构应于7个工作日内通知发行人集团,并由发行人集团的管理层或者董事会判断上述业务是否属于与发行人集团中的任何成员的相同或相似的业务或者对发行人集团构成或可能构成竞争的业务,或是否存在与发行人集团主要产品的适应症相同或相似的情况;如是,本人应尽力配合并按照发行人集团能够接受的方式进行处理,包括但不限于停止经营竞争业务、将竞争业务纳入发行人经营、转让给无关联关系的第三方等对发行人集团有利的合法方式解决,以防止侵害发行人集团的利益,其中发行人集团享有优先受让权。

(4)对于发行人集团和本人及本人控制的公司、企业及其他机构截至本承诺函出具之日均尚未从事的业务领域,或生产与发行人集团主要产品的适应症相同或相似的产品(以下简称新业务领域),如未来发行人集团在本人及本人控制的公司、企业及其他机构之前先进入该等新业务领域,本人及本人控制的公司、企业及其他机构将按照本承诺函上述第(2)、(3)条相同承诺内容保证本人及本人控制的公司、企业及其他机构不会直接或间接从事与发行人集团新业务领域构成竞争或可能构成竞争的业务,亦不会以任何方式取得或尝试取得该等新业务领域的资产、股权或商业机会。

(5)除上述承诺外,本人进一步保证:将不利用本人的地位,进行任何损害发行人集团及其股东权益的活动。

(6)如违反上述任何承诺,本人将依法赔偿发行人及发行人其他股东因此遭受的一切经济损失,将按照本人及本人控制的公司、企业及其他机构从事与发行人集团相竞争的业务或生产相竞争的产品所产生的营业收入金额向发行人集团支付赔偿费用。

(7)本人保证,本人的直系亲属(含夫妻双方配偶、父母、子女)亦视同本人同样遵守以上承诺。

(8)本承诺函自本人签署之日起生效,直至本人不再为发行人实际控制人之日止。

案例 3-272 存在同业竞争的业务,但该业务因债务担保等特殊安排形成

依据《关于三一重能股份有限公司首次公开发行股票并在科创板上市申请文件的审核问询函之回复报告》中关于同业竞争的相关内容,三一重能实际控制人控制的企业三一集团间接持有中赢正源新能源 100% 的股权,三一集团向其委派总经理及财务总监;中赢正源新能源主营业务为风力发电项目建设,旗下运营中赢正源刘家沟风电场,与发行人存在相同的业务。三一集团另通过段某为持有罗尔斯公司 100% 的股权,该公司主营业务为风电场运营,在美国持有 3 个风电场运营项目公司,目前均在运营中。三一重能实际控制人控制的企业香港三一重能现持有山东临邑湘临新能源 49% 的股权,2021 年 1 月,香港三一重能与三一重能签署《股权收购协议》,约定香港三一重能将持有的 49% 股权转让给三一重能。

请发行人说明:(1)中赢正源新能源、罗尔斯公司、山东临邑湘临新能源从事风电场建设及运营业务的具体情况,与发行人业务是否构成同业竞争,是否构成重大不利影响;(2)公司实际控制人是否采取有效措施消除该等同业竞争对发行人的重大不利影响,解决措施是否有效、可行;(3)以三一集团未实际控制中赢正源新能源认定其与发行人之间不构成实质同业竞争依据是否充分,三一集团转让中赢正源新能源 100% 股权的进度,受让方刘某 1 与发行人及其董事、监事、高级管理人员的关系,委派人员的后续安排,转让后三一集团是否仍可对中赢正源新能源施加影响;(4)以正在运营的发电项目存在境外与境内电力输送的区域隔离认定罗尔斯境外电力业务不构成与三一重能境内电力业务的实质性同业竞争的依据是否充分;(5)山东临邑湘临新能源股权收购进展情况。

请保荐机构、发行人律师进一步核查并说明:(1)认定不存在同业竞争关系时,是否已经审慎核查并完整地披露发行人控股股东、实际控制人及其亲属直接或间接控制的全部企业;(2)上述企业的实际经营业务,并说明是否简单依据经营范围对同业竞争作出判断,是否仅以经营区域、细分产品/服务、细分市场的不同来认定不构成同业竞争;(3)上述企业的历史沿革、资产、人员、业务和技术等方面与发行人的关系,采购销售渠道、客户、供应商等方面是否影响发行人的独立性。

请保荐机构、发行人律师:(1)核查上述事项并发表意见;(2)结合发行人控股股东、实际控制人及其亲属的对外投资情况、相关主体从事的具体业务等核查上述主体与发行人是否存在同业竞争或潜在同业竞争,并发表明确核查意见。

关于同业竞争业务反馈回复如下:"中赢正源新能源成立于2015年1月7日,主营业务为风电场运营及发电业务,旗下运营中赢正源太阳山刘家沟100MW风电场,该风电场已于2016年3月开始并网发电并取得电力业务许可证,主要运营以中赢正源新能源为主。目前中赢正源新能源100%股权由实际控制人控制的三一集团通过其全资子公司长沙三一太阳山贸易有限公司(以下简称三一太阳山贸易)间接持有。为解决建设中赢正源太阳山刘家沟100MW风电场的资金问题,中赢正源新能源与中国康富国际租赁股份有限公司签署了《融资租赁合同(直租)》,合同约定中国康富国际租赁股份有限公司将包括发行人生产的风力发电设备在内等风电设备作为租赁物出租给中赢正源新能源,设备总价为5.5亿元,租赁期限从2015年9月28日至2022年9月27日,三一集团为该融资租赁提供连带保证。中赢正源股东刘某1、刘某2、马某、杨某、施某5名自然人(以下简称刘某1等5名股东)将中赢正源新能源股权及刘家沟100MW风电场收费权作为质押。

"中国康富国际租赁股份有限公司成立于1988年6月,为商务部直属最早成立的以中字头命名的融资租赁公司之一。截至本回复报告签署日,控股股东为国核资本控股有限公司,实际控制人为国务院国资委,中国康富国际租赁股份有限公司为新三板挂牌公司(833499)。

"中赢正源新能源建成后,运营效果未达预期,导致难以按照合同约定偿付融资租赁款,三一集团根据《担保与收购协议》的约定代中赢正源新能源偿付了融资租赁款。根据三一太阳山贸易(曾用名:三一集团新能源开发有限公司)与中赢正源新能源股东刘某1等5名股东签署的《股权转让协议》以及三一太阳山贸易与中赢正源新能源以及刘某1于2019年7月签署《宁夏太阳山刘家沟100MW风电项目及惠安堡150MW风电项目合作协议》(以下简称《太阳山合作协议》)的约定,由于三一集团为中赢正源新能源向中国康富垫付了53,439万元融资租赁款(以下简称太阳山一期代垫款),为保护三一集团作为债权人的利益,担保太阳山一期代垫款及滚存利息等(以下简称主债权)主债权的安全,确保中赢正源新能源能够及时还款,中赢正源新能源股东刘某1等5名股东将合计持有的100%股权分别以1元的价格(合计5元)转让给三一太阳山贸易作为债务履行担保。根据协议约定,中赢正源新能源清偿三一集团债务后,三一太阳山贸易应将持有的中赢正源新能源的股权以合计5元的价格返还给中赢正源新能源原股东。

"根据三一集团的说明,三一集团对中赢正源新能源的间接持股仅为担保上述债权的履行,三一集团及其持股主体三一太阳山贸易对中赢正源新能源未参与实质业务管理,未享有完整的股东权利,且中赢正源新能源原股东在主债权清偿后享有以5元的价格回购三一太阳山贸易持有的中赢正源新能源100%股权的权利。"

分析:该案例属于根据同业竞争的影响实质和核心事项判断是否构成重大不利影响的典型案例,三一重能实际控制人控制的企业三一集团间接持有中赢正源新能源100%的股权,三一集团向其委派总经理及财务总监,从形式上来说,控股股东控制其他同业公司,符合上市规则要求的构成同业竞争的情形。但从公司反馈回复中体现的实质为相关的持股行为仅为债务履行的担保,三一集团对中赢正源新能源的间接持股仅为担保债权的履行,对中赢正源新能源未参与实质业务管理,未享有完整的股东权利,且中赢正源新能源原股东在主债权清偿后享有以5元的价格回购中赢正源新能源100%股权的权利。所以该同业竞争的实质不构成重大影响,从本质上看,不存在从事同业竞争业务的行为。

案例3-273 认定下游应用领域和产品功能差异较大而不存在同业竞争

珠海科瑞思科技股份有限公司的反馈回复文件中的问询问题显示:"问题21.关于同业竞争申报材料显示,发行人主营业务范围包括向客户销售全自动绕线设备和全自动电子元器件装配线。公司控股股东、实际控制人控制的其他企业包括珠海博杰电子股份有限公司、珠海禅光科技有限公司等，主营业务包括从事工业自动化设备与配件的研发、生产、销售及相关技术服务，主要产品为自动化测试设备和自动化组装设备等。此外，实际控制人及其近亲属有多家控制、共同控制或施加重大影响的企业，珠海市春田科技有限公司、珠海市椿田机械科技有限公司、珠海市宏泰机械科技有限公司等，业务与发行人相似。请发行人：(1)对照《深圳证券交易所创业板股票首次公开发行上市审核问答》问题5说明认定不存在同业竞争关系的依据；(2)说明公司控股股东、实际控制人及其近亲属控制、共同控制或施加重大影响的其他企业股权结构、资产、人员、业务和技术等方面与发行人的关系，采购销售渠道、客户、供应商等方面与发行人是否存在重合，相关情形是否影响发行人的独立性。请保荐人、发行人律师：(1)对上述事项发表明确意见；(2)审慎核查并完整披露发行人控股股东、实际控制人及其近亲属直接或间接控制、共同控制，以及施加重大影响的全部关联企业。发行人与前述企业之间存在相同、相似业务的，应说明该等情形是否构成重大不利影响的同业竞争，是否构成潜在同业竞争或利益冲突，并发表明确意见；存在上下游业务的，应对该事项对公司独立性的影响程度发表意见。"

反馈回复主要内容为：发行人是一家依托自主研发的全自动绕线设备为客户提供小型磁环线圈绕线服务，向客户销售或租赁全自动绕线设备以及向客户销售全自动电子元器件装配线的高新技术企业。根据国家统计局发布的《国民经济行业分类》(GB/T 4754—2017)，公司所处行业为"C39 计算机、通信和其他电子设备制造业"的子行业"C3981 电阻电容电感元件制造"。发行人的业务与上述发行人控股股东、实际控制人及其近亲属控制、共同控制或施加重大影响的其他企业不属于从事相同或相似业务，下游应用领域不同，产品功能及作用差异较大，除珠海鼎泰芯源晶体有限公司、苏州焜原光电有限公司和珠海禅光科技有限公司外，不存在属于中国证监会及国家统计局分别颁布的行业分类标准的同一类行业。珠海鼎泰芯源晶体有限公司主要从事半导体晶体材料磷化铟的研发、生产和销售；苏州焜原光电有限公司主要从事Ⅲ－Ⅴ族化合物半导体材料和器件的研发和生产；珠海禅光科技有限公司主要从事激光、位移及测距传感器的研发、生产和销售，上述3家公司与发行人主营业务及主要产品均具有显著差异。综上所述，发行人与上述企业不属于相同行业，上述企业业务与发行人业务之间不存在替代性、竞争性，也不存在利益冲突，认定不存在同业竞争的依据充分、合理。

（三）判断同业竞争时适用的主体范围

判断同业竞争时，主要关注公司的控股股东、实际控制人、董事、监事、高级管理人员等，其中对控股股东和实际控制人的直系亲属的关注，实际上属于对控股股东和实际控制人核查的应有之义，而公司的董事、监事、高级管理人员直接并具体负责发行人的管理和运营，从操作层面更容易造成对发行人的利益倾斜行为，所以需要重点关注董事、监事、高级管理人员的同业竞争事项。

需要适用判断同业竞争的主体范围如下：

1. 公司的控股股东、实际控制人。

2. 公司的控股股东、实际控制人的直系或相关近亲属。

如果发行人控股股东或实际控制人是自然人，其夫妻双方直系亲属（包括配偶、父母、子女）控制的企业与发行人存在竞争关系的，应认定为构成同业竞争。

相关近亲属主要包括控股股东、实际控制人年满18周岁的子女及其配偶、父母及配偶的父母、兄弟姐妹及其配偶、配偶的兄弟姐妹、子女配偶的父母。

发行人控股股东、实际控制人的其他亲属及其控制的企业与发行人存在竞争关系的，应当充分披露前述相关企业在历史沿革、资产、人员、业务、技术、财务等方面对发行人独立性的影响，报告期内交易或资金往来，销售渠道、主要客户及供应商重叠等情况，以及发行人未来有无收购安排。

3. 公司的控股股东、实际控制人及其直系亲属直接或间接控制的除发行人及发行人控制的公司之外的其他关联方公司。

4. 发行人的董事、监事、高级管理人员。

《公司法》（2018修正）第148条规定，董事、高级管理人员不得有以下行为：未经股东会或股东大会同意，利用职务便利为自己或他人谋取属于公司的商业机会，自营或为他人经营与所任职公司同类的业务。这是法律规定对董事、高级管理人员的约束。董事、监事、高级管理人员作为公司的经营管理人员，若存在同业竞争的情形，更容易对发行人的利益产生重大影响。

5. 发行人的主要股东。

发行人的主要股东一般是指持股5%及以上的股东。

（四）实际控制人的近亲属从事同业业务是否必然构成同业竞争

如果发行人控股股东或实际控制人是自然人，其夫妻双方直系亲属（包括配偶、父母、子女）控制的企业与发行人存在竞争关系的，应认定为构成同业竞争。

对于发行人实际控制人的近亲属，尤其是其兄弟姐妹、兄弟姐妹的配偶等，若从事具有存在同业竞争的业务，应当优先考虑通过公司收购、业务整合、吸收合并等方式解决。解决同业竞争问题（暂考虑构成重大资产重组的运营期限问题），不仅能够扩大发行人的经营规模，同时能够降低上市审核的风险，一般情况下，有利的方面要大于不利的方面。这个也是解决兄弟姐妹等亲属之间同业竞争的主流倾向。

如果发行人实际控制人的近亲属，尤其是发行人实际控制人的兄弟姐妹等从事发行人同类业务，但是，相关的公司之间不存在业务往来，或者当地具有相关的产业集群特征等，相关的关联方在历史沿革、资产、人员、业务和技术等方面与发行人不存在关系，在采购销售渠道、客户、供应商等方面不影响发行人的独立性且发行人互相之间无重大依赖关系等，甚至发行人与相关的关联方在客户群体或者客户区域等方面也不存在交集，或者产品使用的核心技术或者应用场景存在显著差异的，具有前述合理原因的情况下，在综合判断和个案分析的基础上，可以在保证不损害上市公司独立性以及合法权益的前提下，不解决相关的同业问题，同时认为发行人与相关公司之间的业务不存在同业竞争。

案例3－274 发行人实际控制人的胞妹、舅舅等均控制不同公司，从事同业业务

依据浙江晨丰科技股份有限公司的招股说明书及反馈意见等材料，审核反馈意见关于同业竞争相关问题的审核问询意见为："13. 请保荐机构、发行人律师说明是否简单依据经营范围对同业竞争作出判断，是否仅以经营区域、细分产品、细分市场的不同来认定不构成同业竞争。请保荐机构、发行人律师核查控股股东、实际控制人及其配偶的其他亲属是否从事与发行人相同或相似业务，上述企业的

历史沿革、资产、人员、业务和技术等方面与发行人的关系,采购销售渠道、客户、供应商等方面是否影响发行人的独立性。是否存在控股股东、实际控制人及其配偶、董事、监事和高级管理人员利用该等其他亲属关系,或者以解除婚姻关系规避监管的情形。”另外,关于其同业竞争问题,发审会问询:“1. 请发行人代表进一步说明:(1)发行人实际控制人魏某娟之胞妹魏某华、胞妹夫钱某杰全资控股的海宁杰瑞灯头有限公司(以下简称海宁杰瑞)、魏某娟之舅舅宋某明持股48%且担任法定代表人的海宁飞宇灯头电器股份有限公司(以下简称海宁飞宇),主要经营灯头类产品,与发行人存在相同或者相似业务的情形,海宁杰瑞、海宁飞宇与发行人是否存在同业竞争,发行人的独立性是否存在缺陷;(2)海宁杰瑞、海宁飞宇是否存在人员、技术、资产、客户和销售渠道来源于发行人的情形;(3)报告期内,海宁杰瑞、海宁飞宇与发行人在技术上是否相互独立,是否存在共用采购及销售渠道,是否存在资产、人员、技术共用、产供销环节分不开的情形;(4)报告期内海宁杰瑞与发行人主要客户部分重叠,海宁飞宇与发行人主要供应商、主要客户部分重叠,发行人与海宁杰瑞、海宁飞宇是否存在通过重叠客户及供应商输送利益的情形;(5)不将海宁杰瑞、海宁飞宇并入发行人主体的原因,在市场、客户、供应商上是否存在其他协议安排;(6)发行人是否符合《首次公开发行股票并上市管理办法》(2022 修正)第 42 条、《公开发行证券的公司信息披露内容与格式准则第 1 号——招股说明书》(2015 年修订)第 51 条第 5 项以及《上市公司治理准则》的相关规定。请保荐代表人发表核查意见。”

《关于浙江恒达新材料股份有限公司首次公开发行股票并在创业板上市申请文件的审核问询函之回复问题》中的审核问询意见显示:“6. 关于同业竞争。申报文件显示:(1)潘某除控制意立得外,其与配偶的直系亲属还控制龙游晶晶壁纸经营部、浙江强盟实业股份有限公司、上海君伟盛装饰材料有限公司等多家经营实体;根据潘某的简历,其曾担任恒润装饰总经理职务。(2)潘某母亲的姐妹杨某青控制的企业为立可达包装,立可达包装曾是国内规模较大的烟标、水松纸和拆封拉线的生产企业,其于 2015 年开始将主要业务转移至增和包装开展。报告期内发行人与增和包装存在关联交易。

“请发行人:(1)说明恒润装饰的基本情况,包括成立时间、注册资本、主要业务及与发行人业务的关系、控股股东及实际控制人的演变情况;结合潘某的任职经历等,说明杨某卫等人持有的恒润装饰股权是否替潘某代持,是否存在规避同业竞争、关联交易等监管政策的情形。(2)结合立可达包装、增和包装等杨某青家族企业主营业务情况、报告期内经营情况、客户、供应商重叠情况等说明杨某青家族企业对发行人生产、销售、人员、资产等方面独立性影响情况,是否存在为发行人代垫成本、费用的情形。请保荐人、发行人律师发表明确意见,并说明对同业竞争的核查范围、判断原则及依据。"

反馈回复主要内容如下:

"1. 杨某卫等人持有的恒润装饰股权不存在替潘某代持的情形,恒润装饰的壁纸生产、销售业务与公司不构成同业竞争。报告期内,公司未曾从事过壁纸原纸的生产经营业务,与恒润装饰没有原纸方面的关联交易,不存在规避同业竞争、关联交易等监管政策的情形。

"2. 杨某青家族企业从事的卷烟包装印刷材料业务在生产的产品、下游客户、采购的主要原材料及生产工艺等方面与公司主营业务均不同,两者不存在业务重合或同业竞争的情形,杨某青家族企业不影响发行人生产、销售、人员、资产等方面的独立性,杨某青家族企业不存在为发行人代垫成本、费用的情形。

"3. 立可达包装与公司不存在重叠的客户和供应商,增和包装与公司不存在重叠的客户,曾在报告期期初至2021年6月末存在一家重叠的供应商友丰新材,但在该段时间区间内增和包装和公司向友丰新材的采购额均较小,且公司通过友丰新材采购并转售的产品交易价格合理公允,杨某青家族企业不存在为发行人代垫成本、费用的情形。"

五、同业竞争的解决方法

(一)对不存在同业竞争的认定及解释

发行人及其关联方的产品存在一定上下游关系或从形式上看可能存在一定的竞争关系,或者产品的客户重合、应用场景存在重合等情形,但从应用场景、技术先进性、核心技术等角度出发,确实不存在同业竞争的,应当如实认定不存在同业竞争。为论证不存在同业竞争,解释的方向主要为:(1)产品或者服务所使用的核心技术或者关键资源、核心竞争力等存在显著差异;(2)公司的技术以及未来的技术储备、研发项目等存在显著差异;(3)公司的业务定位、产品的应用场景、未来的业务发展方向不同;(4)产品的生产工艺和核心设备不同,双方均不具有快速跨界生产对方产品的条件、可能性等;(5)主要客户群体或终端客户等存在差异(或部分客户虽存在重叠,但由于其细分市场客户相对较为集中,从事相关业务的企业难以完全避免客户发生重叠,但发行人与关联企业在各自与客户合作过程中独立进行销售推广,不存在因客户重叠而产生利益冲突的情形);(6)产品形态、用途不同,相互间不存在替代关系;(7)不同公司或者产品之间的毛利率、净利率的差异较大;(8)历史上公司的运营完全独立,从侧面可以结合公司历史沿革方面相互独立印证;(9)业务获取机会方式、商业模式、客户所处国家或者地区、区域等存在差异。

案例3-275 审核机构要求列示不存在同业竞争的认定依据

《关于西部超导材料科技股份有限公司首次公开发行股票并在科创板上市申请文件审核问询函的回复》中的审核意见表明:"西北院控制的其他企业中,部分企业从事钛或钛制品相关业务或以钛为原材料,涉及企业主要包括西部钛业、西安赛特等9家。请发行人披露:(1)与西部钛业在核心技术上是否存在差异,发行人是否具备生产钛合金板、管材的能力;(2)发行人的产品能否用于石油化工装备、核电装备、环保装备等领域;(3)发行人与西部钛业不构成同业竞争的核心原因及依据;(4)与西安赛特是否存在同业竞争,解决措施。请发行人:(1)结合前述情况说明西北院及其控制的企业是否经营与发行人主营业务相同或相似的业务;(2)结合相关主体的历史沿革、资产、人员、经营范围、主营业务(包括但不限于产品服务的具体特点、技术、商标商号、客户、供应商等)等方面与发行人的关系,以及业务是否有替代性、竞争性,是否有利益冲突等,判断是否对发行人构成竞争。发行人不能简单以产品销售地域不同、产品档次不同等认定不构成同业竞争。请保荐机构及发行人律师核查并发表明确意见。"

回复如下:在钛合金材料业务领域,西部超导主要从事航空用高端钛合金棒、丝材、锻坯的生产和销售。西部钛业主要从事钛合金板、管材的生产和销售。西部超导与西部钛业虽然都从事钛合金材料业务,但两者在生产工艺和核心设备、产品的形态和用途、下游客户、技术储备、业务定位和发展方向等方面均存在较大差异,两家公司之间不存在实质性竞争关系。具体分析如下:(1)产品的生产工艺和核心设备不同,双方均不具备生产对方产品的能力。从生产工艺来看,西部超导生产钛合金棒材、丝材的关键工序在熔炼和锻造,西部钛业生产钛板、钛管的关键工序在熔炼和轧制。虽然双方的工序均有熔炼环节,但二者的熔炼工艺和控制技术存在一定差异,导致二者熔炼出来的钛合金铸锭性能存在较大差异,钛合金铸锭的性能是决定其后续使用领域的关键因素。公司的熔炼需保持"成分和组织的高均匀性、成分的高纯净性和质量批次的高稳定性"以满足国防军工要求。从公司参与承担的外部课题以及内部自立课题来看,大量的研发投入集中于钛合金铸锭的熔炼。熔炼完成后,西部超导后续的关键工艺是锻造,西部钛业的后续关键工序是轧制,使用的技术明显不同,后续其他工序也存在明显差异。从核心设备来看,西部超导生产钛合金棒材、丝材、锻坯的核心设备是真空自耗电弧炉、快锻机、精锻机、拉丝机;西部钛业生产钛合金板材、管材的核心设备是真空自耗电弧炉、板材轧机、轧管机,两者存在较大差异。因此从生产工艺和核心设备来看,二者存在明显差异。(2)产品形态、用途不同,相互间不存在替代关系。西部超导的钛合金主要用于制造军用及民用飞机的结构件(框、梁等)、紧固件(铆钉、螺栓等)、航空发动机零部件(盘、叶片、机匣、轴等)等部件,其材料产品形态要求是棒材、丝材。公司的高端钛合金材料基于NbTi合金的制备技术,自主开发了高/中强损伤容限型钛合金棒材和铆钉专用钛合金丝材并实现批量生产。自主研发的TC21、TC4-DT、Ti45Nb等牌号关键钛合金材料率先应用于我国新型飞机的承力部件和紧固件,极大地延长了我国新一代军用飞机的服役寿命,其产品形态只有棒材、丝材。西部钛业钛材的形态主要为板材、管材,主要用于石油化工装备、核电装备、环保装备等领域。由于产品形态和用途不同,两者的产品在功能上不存在替代关系。(3)主要客户群体存在差异。西部超导钛合金棒材、丝材的客户主要为中国航空工业集团公司的下属公司及其配套的航空锻件生产商,如中国第二重型机械集团德阳万航模锻有限责任公司、西安三角防务股份有限公司等军用领域,客户集中度较高。西部钛业板材、管材的客户主要为石油化工装备制造商,电力、环保等民用领域的客户,下游客户分布较为分散。两者的客户群体存在明显差异。(4)技术储备不同。公司与西部钛业在技术方面的储备存在较大差异。公司已授权的与钛相关的专利主要集中于熔炼和锻造工艺技术以及钛合金棒材、丝材的制备方法,钛合金相关专利中相当大比例的专利为国防专利。西部钛业已取得和在申请的与钛相关的专利主要集中于钛合金管材、板材的轧制工艺等制备技术,二者在技术储备方向上存在较大差异。技术储备的差异,决定了两家公司分别在各自专长的领域发展,不存在竞争关系。(5)业务定位和发展方向不同。根据西北院对两家公司的定位和规划,在钛及钛合金相关行业,西部超导一直以来以航空、舰船用钛合金棒材、丝材以及发动机部件为发展方向,定位于解决国家急需,填补国内空白,尤其是弥补军用基础材料方面的短板。西部钛业一直以民用钛合金为主要应用领域,以钛合金板材、管材为发展方向。两家公司业务定位及发展方向不同,不存在竞争关系。(6)两家公司的毛利率、净利率的差异较大,是不存在同业竞争最有力的证据。毛利率是一个公司在行业中具体领域的重要体现,一般来讲,相竞争的两家公司或两项业务呈现出近似的毛利率或净利率,经营成果的趋势保持一致。西部超导和西部钛业在各自的领域内充分竞争,形成了各自的毛利率水平。从西部超导和西部钛业 2016 年至 2018 年的经营成果来看,西部超导高端钛合金材料板块 2016 年、2017 年和 2018 年的毛利率分别为 47.47%、45.43% 和 39.73%,西部材料的钛制品板块 2016 年、2017 年和 2018 年的毛利率分别为 13.32%、8.55% 和 14.56%,西部超导大幅高于西部钛业。从净利率来看,西部超导 2016 年、2017 年和 2018 年的净利率分别为 16.31%、14.77% 和 12.30%,西部钛业分别为 -6.66%、1.17% 和 3.09%,二者的净利率水平存在巨大差异,且变动趋势相反。

分析:该案例存在关联方从事的业务与发行人的业务相似,均从事钛合金材料业务,发行人从多个维度论证关联方与发行人不存在同业竞争。若其他公司存在相关情况,可以参考该发行人关于不构成同业竞争的回复思路。

案例 3-276 实际控制人存在代管或者托管公司

依据《关于力同科技股份有限公司首次公开发行股票并在创业板上市申请文件的审核问询函的回复》(通过上市委审核后终止注册申请),实际控制人存在代管公司,审核问询意见表明:"发行人前次申报文件显示发行人实际控制人曾代管深圳市锐迪新科通讯科技有限公司、锐德科无线通信技术(上海)有限公司,并发生销售和采购交易。请发行人披露实际控制人曾代管深圳市锐迪新科通讯科技有限公司、锐德科无线通信技术(上海)有限公司的原因背景,发行人或其实际控制人是否曾经实际控制上述两家公司,上述两家公司与 RDA Technologies Limited (公司客户)是否曾经存在关联关系。请保荐人、申报会计师、发行人律师核查并发表明确意见。"

(二)存在同业竞争的解决方法

1. 发行人收购或者吸收合并存在同业竞争业务的公司

若存在同业竞争的业务公司的资产相对优质,可以将这部分存在同业竞争的关联方资产通过收购合并的形式,装入发行主体中或者成为发行人的子公司,进行资产的有机整合。这既能解决同业竞争的问题,又可以扩大发行人的资产及业务规模。

依据青岛海泰新光科技股份有限公司的审核问询函的回复,实际控制人控制的其他企业如上海飞锐、美国飞锐等与公司第一大客户史赛克业务往来的具体情况,美国飞锐曾与史赛克存在业务往来,后续为公司承接美国飞锐,曾与史赛克之间存在业务往来,主要为美国飞锐向史赛克提供内窥镜维修业务。2019 年,公司收购并承接了美国飞锐的内窥镜维修业务后,美国飞锐不再从事该类业务。

2. 停止经营同业业务或注销同业竞争的公司

在综合权衡后,若部分同业竞争业务主体能够停业或者注销,可以通过将这部分存在同业竞争的业务进行注销或停业处理,或改变其经营范围并放弃竞争业务。

案例 3-277 停止经营并注销从事同业竞争业务的公司

依据华特气体(688268)的招股说明书等,华特气体的实际控制人之一石某湘曾投资厦门市华成特种气体有限公司、江西省华东特种气体研究所有限公司。报告期以前,两家公司均已停止实际经营活动,同时办理注销手续。公司的控股股东、实际控制人、董事、高级管理人员、持股 5% 以上的自然人股东以及核心技术人员均已向华特气体就避免同业竞争有关事宜出具了承诺函。

案例 3－278 多家亲属存在同业可能的公司均注销

依据《关于广东鸿铭智能股份有限公司首次公开发行股票并在创业板上市申请文件审核问询函的回复》，审核问询意见："3. 关于同业竞争。申报材料显示，报告期内实际控制人金某的姐夫刘某勇控制的豫申机械主营产品与发行人同为包装机械设备，目前已注销。关联方控制的 5 家其他包装制品行业相关的企业目前也已注销或正办理注销程序。请发行人说明：(1)其认定不存在同业竞争关系时，是否已经审慎核查并完整地披露发行人控股股东、实际控制人及其亲属直接或间接控制的全部企业；(2)上述企业注销的原因，资产、人员、业务和技术等方面与发行人的关系，采购及销售渠道、客户、供应商等方面是否影响发行人的独立性，是否曾与发行人存在共同生产、共用采购、销售渠道、通用原材料、为发行人提供外协等情形，是否存在为发行人分担成本费用的情形。请保荐人、发行人律师发表明确意见。"

反馈回复如下：相关公司注销的原因为规范同业竞争和关联交易问题或为避免同处于包装行业而存在的潜在利益输送风险。

保荐机构、发行人律师执行了以下核查程序：(1)查阅了发行人出具的说明，访谈了发行人实际控制人金某、蔡某辉并查阅其出具的情况自查表。(2)查阅了发行人的企业信用报告、发行人控股股东、实际控制人出具的情况调查表及个人信用报告。(3)查询了国家企业信用信息公示系统(网址：www. gsxt. gov. cn)、企查查网站(网址：www. qcc. com)的公开披露信息；查阅我国香港特别行政区公司注册处处长签发的香港鸿铭时代注销通知，查询我国香港特别行政区公司注册处网上查册中心(网址：www. icris. cr. gov. hk/csci)、国家企业信用信息公示系统(网址：www. gsxt. gov. cn)、企查查网站(网址：www. qcc. com)的公开披露信息。(4)实地走访了鸿铭时代，分别访谈了裕融投资执行事务合伙人夏某阳、豫申机械的实际控制人刘某勇、鸿铭时代和香港鸿铭时代的实际控制人蔡某辉、益合包装的实际控制人蔡某、东莞辰日和东莞益合的实际控制人苏某莲，查阅了豫申机械实际控制人刘某勇、鸿铭时代、香港鸿铭时代、东莞辰日、深圳市创胜辉电子科技有限公司实际控制人吴某晖、万珍商店经营者蔡某虎出具的说明文件，以确认上述企业的实际经营情况及主营业务情况、是否与发行人之间存在竞争性。(5)获取并查阅了灏德祺颂、涵和祺颂、豫申机械、香港鸿铭时代、鸿铭时代、万珍商店经营者蔡某虎、益合包装、东莞辰日提供的报告期期初至其注销之日止金额5万元以上(含5万元)的银行流水,香港鸿铭时代、鸿铭时代、益合包装、东莞辰日提供的报告期期初至其注销之日止客户和供应商名单、财务报表(鸿铭时代未经审计)。(6)获取并查验了豫申机械、鸿铭时代、益合包装、东莞辰日、东莞益合的工商、税务注销资料,香港鸿铭时代提供的注销决议书、清算公告登报资料、我国香港特别行政区税务局受理的经审计财务报表和利得税计算表。(7)查验了发行人及其控股股东、实际控制人、非独立董事、监事、高级管理人员、核心技术人员出纳报告期内银行流水。(8)查验了发行人与豫申机械签署的《机器设备转让合同》、《东莞市豫申机械科技有限公司向广东鸿铭智能股份有限公司转让资产交割清单》、国众联评估出具的"国众联评报字(2017)第2-0563号"《资产评估报告》、发行人第一届董事会第四次会议文件、相关价款支付凭证、豫申机械人员入职发行人的相关资料。(9)查验了发行人与鸿铭时代发生关联交易的相关协议、发票等资料,并将发行人与鸿铭时代的交易价格与第三方客户销售单价进行对比。(10)抽查了发行人与上述企业重合的客户、供应商之间发生业务的相关协议、发票、银行付款等资料。(11)就发行人与上述企业的主要重合客户、供应商,查询其与上述企业交易的主要产品的市场价格。

另外,依据《周六福珠宝股份有限公司首次公开发行股票申请文件反馈意见》,审核机构问询:香港周六福为实际控制人的其他企业,于2017年已停止经营。请保荐机构、发行人律师:(1)补充说明公司实际控制人、董事、监事、高级管理人员及其近亲属控制的企业实际经营业务情况,是否与发行人构成潜在同业竞争或利益冲突。(2)补充披露香港周六福未来经营规划,是否可能从事与发行人相同或类似业务。

3. 转让存在同业竞争业务公司的股份

若存在相关的同业竞争类资产对发行人并无积极意义,也可以考虑将相关的资产或者公司股份转让给无关联的第三人。在通过资产、股份转让的方式解决同业竞争问题时,应着重注意是否真实转让,而不能存在股份代持、虚假转让的情形。

案例 3－279 实际控制人转让关联公司股份至公司员工，且其仍作为公司经销商

依据《中科微至智能制造科技江苏股份有限公司首次公开发行股票并在科创板上市第二次反馈回复》，2020 年年初，为解决上市同业竞争问题，李某燕考虑将其持有的杭州中微股权转让给发行人或无关联第三方。由于当时杭州中微的主要资产为根据招商引资协议约定购置的土地房产，而公司业务快速增长需要大量营运资金，没有闲置资金投资于此类资产；同时公司当时正在进行战略融资，根据各方约定计划于 1 月底完成增资并进行股改，如果此时李某燕以其持有的杭州中微股权向发行人增资，将面临重新谈判和一系列股权变更程序，从而影响公司的引战及股改时间表。基于上述原因，李某燕及发行人决定将其持有的杭州中微股权转让给无关联第三方。考虑到业务负责人朱某军具备较好的市场开拓和商业运作能力，由其继续经营杭州中微有利于业务开拓，因此与朱某军协商由其受让杭州中微股权，并在转让后延续合作。朱某军因看好公司产品在网点加盟商市场的良好前景，联合另一位桐庐当地具有资金实力的商人张某庆共同设立上海誉泰智能科技有限公司受让杭州中微股权。股权转让后，杭州中微继续作为销售公司，向公司采购自动化分拣设备并销售给网点加盟商客户。2020 年 1 月至 9 月，杭州中微通过进一步的市场开拓新签约订单 19 套，帮助公司产品提升了在网点加盟商市场的占有率。

案例 3－280 转让或注销多家关联方企业

依据珠海科瑞思科技股份有限公司的招股说明书及反馈回复文件，该公司控股股东、实际控制人及其关系密切的家庭成员控制或实施重大影响或担任董事、高级管理人员的关联方 37 家，实际控制人曾控制或实施重大影响此后转让、注销的关联方 9 家。说明发行人实际控制人曾控制或实施重大影响的企业转让、注销原因，转让真实性，是否存在规避同业竞争、关联方认定等情形。

依据金冠电气股份有限公司问询回复，报告期内，发行人的实际控制人及其近亲属（包括配偶、父母、子女、兄弟姐妹及其配偶、配偶的兄弟姐妹、成年子女的配偶、配偶的父母）控制的除发行人及其子公司以外的企业共 60 家；截至问询回复出具之日，60 家企业中已注销解散企业 31 家，已转让给第三人的企业共 10 家，

仍存续的企业共19家。审核机构要求发行人说明:(1)已注销、解散的31家企业是否存在经营异常、纠纷或潜在纠纷;(2)已转让给第三人的10家企业是否与发行人存在同业竞争,转让情况是否真实。

另外,依据安徽省建筑设计研究总院股份有限公司首发上市反馈回复文件,存在将控股股东控制其他存在同业竞争业务的公司股份通过划转的形式由其他国有控股公司持有。2020年7月,国控集团与安徽省港航集团有限公司签订了《安徽水安建设集团股份有限公司国有股份无偿划转协议》,约定国控集团将所持安徽水安建设集团股份有限公司(以下简称水安集团)全部40.01%的股份无偿划转给安徽省港航集团,协议经安徽省国资委批准后生效。2020年8月10日,安徽省国资委出具《省国资委关于安徽国控集团持有水安集团、水安控股国有股权无偿划转有关事项的批复》同意将国控集团持有的水安集团40.01%的股权、水安控股40.01%的股权无偿划转至安徽省港航集团。安徽省港航集团系国有独资公司,其股东为安徽省国资委。因水安集团系股份有限公司,其股权变动无须办理工商变更登记手续,水安集团股份无偿划转事宜已完成。本次无偿划转后,水安集团的控股股东由国控集团变更为安徽省港航集团,不再为发行人控股股东控制的其他企业,而安徽省港航集团系安徽省国资委下属国有独资公司。因此,发行人与水安集团的业务竞争不属于发行人与控股股东、实际控制人及其控制的其他企业间的同业竞争。故股权转让后,水安集团不构成对发行人有重大不利影响同业竞争的依据充分。

4. 业务或者竞争公司整体托管经营

国有企业或者存在特殊原因的公司,可以考虑将竞争企业通过整体业务托管给发行人管理或者托管运营,待发行人上市后将这部分资产或者整个竞争标的公司转让至发行人,但一般不建议采用该方法,此操作并未真正的解决同业竞争问题,所以从审核角度难以得到支持。

案例3-281 将存在同业竞争的业务委托给拟发行人经营

银座股份(600858)将存在同业竞争的业务委托给拟发行人经营,具体如下:

2007 年 10 月上市公司银座股份向原有股东配股时公开披露的配股说明书显示，该股份公司采用了托管经营方式处理同业竞争问题。该公司主要以销售门店的形式从事日用百货等商品的零售业务，属于零售业。银座股份的控股股东山东省商业集团总公司(以下简称商业集团)控制的济南银座北园购物广场有限公司是在济南地区的大型超市，直接与银座股份业务存在同业竞争。2004 年 2 月 26 日银座股份与济南银座北园购物广场有限公司签署《委托经营管理协议》和《关于解决同业竞争问题的协议书》，由该公司托管济南银座北园购物广场有限公司 2 年，并约定在托管期内，若济南银座北园购物广场有限公司开始盈利后，银座股份将按照公允价格收购其控股股权或商品零售业务。2006 年 8 月 23 日双方将《委托经营管理协议》的期限延长了 2 年。

第九节　关联方及关联交易

一、关联方的认定

(一)关联方认定依据

关联方是指具有关联关系的关联法人和关联自然人。《公司法》(2018 修正)第 216 条第 4 项规定："关联关系，是指公司控股股东、实际控制人、董事、监事、高级管理人员与其直接或者间接控制的企业之间的关系，以及可能导致公司利益转移的其他关系。但是，国家控股的企业之间不仅因为同受国家控股而具有关联关系。"

1. 关联方认定的主要规则

关联方认定标准的主要法律依据为《公司法》《企业会计准则第 36 号——关联方披露》《上市公司信息披露管理办法》《上海证券交易所股票上市规则》《上海证券交易所科创板股票上市规则》《深圳证券交易所股票上市规则》《深圳证券交易所创业板股票上市规则》《北京证券交易所股票上市规则(试行)》《非上市公众公司信息披露管理办法》。

2. 企业会计准则关于关联方认定的主要规定

《企业会计准则第 36 号——关联方披露》第 3 条规定："一方控制、共同控制另一方或对另一方施加重大影响,以及两方或两方以上同受一方控制、共同控制或重大影响的,构成关联方。控制,是指有权决定一个企业的财务和经营政策,并能据以从该企业的经营活动中获取利益。共同控制,是指按照合同约定对某项经济活动所共有的控制,仅在与该项经济活动相关的重要财务和经营决策需要分享控制权的投资方一致同意时存在。重大影响,是指对一个企业的财务和经营政策有参与决策的权力,但并不能够控制或者与其他方一起共同控制这些政策的制定。"

《企业会计准则第36号——关联方披露》第4条规定:"下列各方构成企业的关联方:(一)该企业的母公司。(二)该企业的子公司。(三)与该企业受同一母公司控制的其他企业。(四)对该企业实施共同控制的投资方。(五)对该企业施加重大影响的投资方。(六)该企业的合营企业。(七)该企业的联营企业。(八)该企业的主要投资者个人及与其关系密切的家庭成员。主要投资者个人,是指能够控制、共同控制一个企业或者对一个企业施加重大影响的个人投资者。(九)该企业或其母公司的关键管理人员及与其关系密切的家庭成员。关键管理人员,是指有权力并负责计划、指挥和控制企业活动的人员。与主要投资者个人或关键管理人员关系密切的家庭成员,是指在处理与企业的交易时可能影响该个人或受该个人影响的家庭成员。(十)该企业主要投资者个人、关键管理人员或与其关系密切的家庭成员控制、共同控制或施加重大影响的其他企业。"

《企业会计准则第36号——关联方披露》第5条规定:"仅与企业存在下列关系的各方,不构成企业的关联方:(一)与该企业发生日常往来的资金提供者、公用事业部门、政府部门和机构。(二)与该企业发生大量交易而存在经济依存关系的单个客户、供应商、特许商、经销商或代理商。(三)与该企业共同控制合营企业的合营者。"

《企业会计准则第36号——关联方披露》第6条规定:"仅仅同受国家控制而不存在其他关联方关系的企业,不构成关联方。"

《企业会计准则解释第13号》第1条规定:"……下列各方构成关联方,应当按照第36号准则进行相关披露:(一)企业与其所属企业集团的其他成员单位(包括母公司和子公司)的合营企业或联营企业;(二)企业的合营企业与企业的其他合营企业或联营企业。除36号准则第五条和第六条规定外,两方或两方以上同受一方重大影响的,不构成关联方……”

3. 上海证券交易所关于关联方认定的主要规定

(1)主板上市规则关于关联方的规定

《上海证券交易所股票上市规则》第 6.3.2 条规定:“上市公司的关联交易,是指上市公司、控股子公司及控制的其他主体与上市公司关联人之间发生的转移资源或者义务的事项,包括:(一)本规则第 6.1.1 条规定的交易事项;(二)购买原材料、燃料、动力;(三)销售产品、商品;(四)提供或者接受劳务;(五)委托或者受托销售;(六)存贷款业务;(七)与关联人共同投资;(八)其他通过约定可能引致资源或者义务转移的事项。”

《上海证券交易所股票上市规则》第 6.3.3 条规定:“上市公司的关联人包括关联法人(或者其他组织)和关联自然人。

“具有以下情形之一的法人(或者其他组织),为上市公司的关联法人(或者其他组织):(一)直接或者间接控制上市公司的法人(或者其他组织);(二)由前项所述法人(或者其他组织)直接或者间接控制的除上市公司、控股子公司及控制的其他主体以外的法人(或者其他组织);(三)关联自然人直接或者间接控制的或者担任董事(不含同为双方的独立董事)、高级管理人员的,除上市公司、控股子公司及控制的其他主体以外的法人(或者其他组织);(四)持有上市公司 5% 以上股份的法人(或者其他组织)及其一致行动人。

“具有以下情形之一的自然人,为上市公司的关联自然人:(一)直接或者间接持有上市公司 5% 以上股份的自然人;(二)上市公司董事、监事和高级管理人员;(三)直接或者间接地控制上市公司的法人(或者其他组织)的董事、监事和高级管理人员;(四)本款第(一)项、第(二)项所述人士的关系密切的家庭成员。

“在过去 12 个月内或者相关协议或者安排生效后的 12 个月内,存在本条第二款、第三款所述情形之一的法人(或者其他组织)、自然人,为上市公司的关联人。

“中国证监会、本所或者上市公司可以根据实质重于形式的原则,认定其他与上市公司有特殊关系,可能或者已经造成上市公司对其利益倾斜的法人(或者其他组织)或者自然人为上市公司的关联人。”

《上海证券交易所股票上市规则》第 6.3.4 条规定:“上市公司与本规则第

6.3.3条第二款第(二)项所列法人(或者其他组织)受同一国有资产管理机构控制而形成该项所述情形的,不因此构成关联关系,但其法定代表人、董事长、总经理或者半数以上的董事兼任上市公司董事、监事或者高级管理人员的除外。"

《上海证券交易所股票上市规则》第6.3.5条规定:"上市公司董事、监事、高级管理人员、持有公司5%以上股份的股东及其一致行动人、实际控制人应当及时向上市公司董事会报送上市公司关联人名单及关联关系的说明,由公司做好登记管理工作。"

(2)科创板上市规则关于关联方的规定

《上海证券交易所科创板股票上市规则》(2020年12月修订)第15.1条第1款第14项规定:"上市公司的关联人,指具有下列情形之一的自然人、法人或其他组织:1.直接或者间接控制上市公司的自然人、法人或其他组织;2.直接或间接持有上市公司5%以上股份的自然人;3.上市公司董事、监事或高级管理人员;4.与本项第1目、第2目和第3目所述关联自然人关系密切的家庭成员,包括配偶、年满18周岁的子女及其配偶、父母及配偶的父母、兄弟姐妹及其配偶、配偶的兄弟姐妹、子女配偶的父母;5.直接持有上市公司5%以上股份的法人或其他组织;6.直接或间接控制上市公司的法人或其他组织的董事、监事、高级管理人员或其他主要负责人;7.由本项第1目至第6目所列关联法人或关联自然人直接或者间接控制的,或者由前述关联自然人(独立董事除外)担任董事、高级管理人员的法人或其他组织,但上市公司及其控股子公司除外;8.间接持有上市公司5%以上股份的法人或其他组织;9.中国证监会、本所或者上市公司根据实质重于形式原则认定的其他与上市公司有特殊关系,可能导致上市公司利益对其倾斜的自然人、法人或其他组织。"

《上海证券交易所科创板股票上市规则》(2020年12月修订)第15.1条第2款规定:"在交易发生之日前12个月内,或相关交易协议生效或安排实施后12个月内,具有前款所列情形之一的法人、其他组织或自然人,视同上市公司的关联方。"

4.深圳证券交易所关于关联方认定的规定

(1)深圳证券交易所上市规则关于关联方的规定

《深圳证券交易所股票上市规则》(2022年修订)第6.3.3条规定:"上市公司

的关联人包括关联法人(或者其他组织)和关联自然人。

"具有下列情形之一的法人或者其他组织,为上市公司的关联法人(或者其他组织):(一)直接或者间接地控制上市公司的法人(或者其他组织);(二)由前项所述法人(或者其他组织)直接或者间接控制的除上市公司及其控股子公司以外的法人(或者其他组织);(三)持有上市公司5%以上股份的法人(或者其他组织)及其一致行动人;(四)由上市公司关联自然人直接或者间接控制的,或者担任董事(不含同为双方的独立董事)、高级管理人员的,除上市公司及其控股子公司以外的法人(或其他组织)。

"具有下列情形之一的自然人,为上市公司的关联自然人:(一)直接或者间接持有上市公司5%以上股份的自然人;(二)上市公司董事、监事及高级管理人员;(三)直接或者间接地控制上市公司的法人(或者其他组织)的董事、监事及高级管理人员;(四)本款第(一)项、第(二)项所述人士的关系密切的家庭成员。

"在过去十二个月内或者根据相关协议安排在未来十二个月内,存在第二款、第三款所述情形之一的法人(或者其他组织)、自然人,为上市公司的关联人。

"中国证监会、本所或者上市公司根据实质重于形式的原则,认定其他与上市公司有特殊关系、可能或者已经造成上市公司对其利益倾斜的自然人、法人(或者其他组织),为上市公司的关联人。"

《深圳证券交易所股票上市规则》(2022 年修订)第 6.3.4 条规定:"上市公司与本规则第6.3.3条第二款第(二)项所列法人(或者其他组织)受同一国有资产管理机构控制而形成该项所述情形的,不因此构成关联关系,但其法定代表人、董事长、总经理或者半数以上的董事兼任上市公司董事、监事或者高级管理人员的除外。"

(2)创业板上市规则关于关联方的规定

《深圳证券交易所创业板股票上市规则》(2020 年 12 月修订)第 7.2.3 条规定:"具有下列情形之一的法人或者其他组织,为上市公司的关联法人:(一)直接或者间接控制上市公司的法人或者其他组织;(二)由前项所述法人直接或者间接控制的除上市公司及其控股子公司以外的法人或者其他组织;(三)由本规则第 7.2.5 条所列上市公司的关联自然人直接或者间接控制的,或者担任董事(独立董事除外)、高级管理人员的,除上市公司及其控股子公司以外的法人或者其他组织;(四)持有上市公司5%以上股份的法人或者一致行动人;(五)中国证监会、本所或者上市公司根据实质重于形式的原则认定的其他与上市公司有特殊关系,可能造成上市公司对其利益倾斜的法人或者其他组织。”

《深圳证券交易所创业板股票上市规则》(2020年12月修订)第7.2.4条规定:“上市公司与本规则第7.2.3条第二项所列法人受同一国有资产管理机构控制而形成第7.2.3条第二项所述情形的,不因此构成关联关系,但该法人的董事长、经理或者半数以上的董事属于本规则第7.2.5条第二项所列情形者除外。”

《深圳证券交易所创业板股票上市规则》(2020年12月修订)第7.2.5条规定:“具有下列情形之一的自然人,为上市公司的关联自然人:(一)直接或者间接持有上市公司5%以上股份的自然人;(二)上市公司董事、监事及高级管理人员;(三)直接或者间接控制上市公司的法人或者其他组织的董事、监事及高级管理人员;(四)本条第一项至第三项所述人士的关系密切的家庭成员,包括配偶、父母、配偶的父母、兄弟姐妹及其配偶、年满十八周岁的子女及其配偶、配偶的兄弟姐妹和子女配偶的父母;(五)中国证监会、本所或者上市公司根据实质重于形式的原则认定的其他与上市公司有特殊关系,可能造成上市公司对其利益倾斜的自然人。”

《深圳证券交易所创业板股票上市规则》(2020年12月修订)第7.2.6条规定:“具有下列情形之一的法人或者自然人,视同为上市公司的关联人:(一)因与上市公司或者其关联人签署协议或者作出安排,在协议或者安排生效后,或者在未来十二个月内,具有本规则第7.2.3条或者第7.2.5条规定情形之一的;(二)过去十二个月内,曾经具有第7.2.3条或者第7.2.5条规定情形之一的。”

5. 北交所关于关联方认定的规定

《北交所股票上市规则(试行)》第12.1条规定:“本规则下列用语的具体含义或计算方法如下:……(十二)关联方,是指上市公司的关联法人和关联自然人。具有以下情形之一的法人或其他组织,为上市公司的关联法人:1. 直接或者间接控制上市公司的法人或其他组织;2. 由前项所述法人直接或者间接控制的除上市公司及其控股子公司以外的法人或其他组织;3. 关联自然人直接或者间接控制的或者担任董事、高级管理人员的,除上市公司及其控股子公司以外的法人或其他组织;4. 直接或者间接持有上市公司5%以上股份的法人或其他组织;5. 在过去12个月内或者根据相关协议安排在未来12个月内,存在上述情形之一的;6. 中国证监会、本所或者上市公司根据实质重于形式的原则认定的其他与公司有特殊关系,可能或者已经造成上市公司对其利益倾斜的法人或其他组织。

“上市公司与上述第 2 目所列法人或其他组织受同一国有资产管理机构控制的,不因此构成关联关系,但该法人或其他组织的董事长、经理或者半数以上的董事兼任上市公司董事、监事或高级管理人员的除外。

“具有以下情形之一的自然人,为上市公司的关联自然人:1. 直接或者间接持有上市公司 5% 以上股份的自然人;2. 上市公司董事、监事及高级管理人员;3. 直接或者间接地控制上市公司的法人的董事、监事及高级管理人员;4. 上述第 1、2 目所述人士的关系密切的家庭成员,包括配偶、父母、年满 18 周岁的子女及其配偶、兄弟姐妹及其配偶,配偶的父母、兄弟姐妹,子女配偶的父母;5. 在过去 12 个月内或者根据相关协议安排在未来 12 个月内,存在上述情形之一的。

“中国证监会、本所或者上市公司根据实质重于形式原则认定的其他与上市公司有特殊关系,可能或者已经造成上市公司对其利益倾斜的自然人。”

(二)招股说明书格式准则关于关联方和关联交易披露的规定

关联方披露的主要规定有:《公开发行证券的公司信息披露内容与格式准则第 1 号——招股说明书》《公开发行证券的公司信息披露内容与格式准则第 28 号——创业板公司招股说明书》《公开发行证券的公司信息披露内容与格式准则第 41 号——科创板公司招股说明书》《公开发行证券的公司信息披露内容与格式准则第 46 号——北京证券交易所公司招股说明书》。

1. 主板招股说明书关于关联方等的披露要求

《公开发行证券的公司信息披露内容与格式准则第 1 号——招股说明书》第 54 条规定:“发行人应根据《公司法》和《企业会计准则》的相关规定披露关联方、关联关系和关联交易。”

《公开发行证券的公司信息披露内容与格式准则第 1 号——招股说明书》第 55 条规定:“发行人应根据交易的性质和频率,按照经常性和偶发性分类披露关联交易及关联交易对其财务状况和经营成果的影响。购销商品、提供劳务等经常性的关联交易,应分别披露最近三年及一期关联交易方名称、交易内容、交易金额、交易价格的确定方法、占当期营业收入或营业成本的比重、占当期同类型交易的比重以及关联交易增减变化的趋势,与交易相关应收应付款项的余额及增减变化的原因,以及上述关联交易是否仍将持续进行。偶发性的关联交易,应披露关联交易方名称、交易时间、交易内容、交易金额、交易价格的确定方法、资金的结算情况、交易产生利润及对发行人当期经营成果的影响、交易对公司主营业务的影响。”

《公开发行证券的公司信息披露内容与格式准则第1号——招股说明书》第56条规定:“发行人应披露是否在章程中对关联交易决策权力与程序作出规定。公司章程是否规定关联股东或利益冲突的董事在关联交易表决中的回避制度或做必要的公允声明。发行人应披露最近三年及一期发生的关联交易是否履行了公司章程规定的程序,以及独立董事对关联交易履行的审议程序是否合法及交易价格是否公允的意见。”

《公开发行证券的公司信息披露内容与格式准则第1号——招股说明书》第57条规定:“发行人应披露拟采取的减少关联交易的措施。”

2. 创业板招股说明书准则关于关联方等的披露要求

《公开发行证券的公司信息披露内容与格式准则第28号——创业板公司招股说明书》第64条规定:“发行人应根据《公司法》、企业会计准则及中国证监会有关规定披露关联方、关联关系和关联交易。”

《公开发行证券的公司信息披露内容与格式准则第28号——创业板公司招股说明书》第65条规定:“发行人应根据交易的性质和频率,按照经常性和偶发性分类披露关联交易及关联交易对其财务状况和经营成果的影响。

“购销商品、提供劳务等经常性关联交易,应分别披露报告期内关联方名称、交易内容、交易价格的确定方法、交易金额、占当期营业收入或营业成本的比重、占当期同类型交易的比重以及关联交易增减变化的趋势,与交易相关应收应付款项的余额及增减变化的原因,以及上述关联交易是否仍将持续进行。

“偶发性关联交易,应披露关联方名称、交易时间、交易内容、交易金额、交易价格的确定方法、资金结算情况、交易产生的利润及对发行人当期经营成果的影响、交易对公司主营业务的影响。

“发行人应披露报告期内所发生的全部关联交易的简要汇总表。”

《公开发行证券的公司信息披露内容与格式准则第28号——创业板公司招股说明书》第66条规定:“发行人应披露报告期内发生的关联交易是否履行了公司章程规定的程序,以及独立董事对关联交易履行的审议程序是否合法及交易价格是否公允的意见。”

《公开发行证券的公司信息披露内容与格式准则第 28 号——创业板公司招股说明书》第 67 条规定:“发行人应披露报告期内关联方的变化情况。由关联方变为非关联方的,发行人应比照关联交易的要求持续披露与上述原关联方的后续交易情况,以及相关资产、人员的去向等。”

3. 科创板招股说明书准则关于关联方的披露要求

《公开发行证券的公司信息披露内容与格式准则第 41 号——科创板公司招股说明书》第 64 条规定:“发行人应根据《公司法》、企业会计准则及中国证监会有关规定披露关联方、关联关系和关联交易。”

《公开发行证券的公司信息披露内容与格式准则第 41 号——科创板公司招股说明书》第 65 条规定:“发行人应根据交易的性质和频率,按照经常性和偶发性分类披露关联交易及关联交易对其财务状况和经营成果的影响。购销商品、提供劳务等经常性关联交易,应分别披露报告期内关联方名称、交易内容、交易价格的确定方法、交易金额、占当期营业收入或营业成本的比重、占当期同类型交易的比重以及关联交易增减变化的趋势,与交易相关应收应付款项的余额及增减变化的原因,以及上述关联交易是否仍将持续进行。偶发性关联交易,应披露关联方名称、交易时间、交易内容、交易金额、交易价格的确定方法、资金结算情况、交易产生的利润及对发行人当期经营成果的影响、交易对公司主营业务的影响。发行人应披露报告期内所发生的全部关联交易的简要汇总表。”

《公开发行证券的公司信息披露内容与格式准则第 41 号——科创板公司招股说明书》第 66 条规定:“发行人应披露报告期内发生的关联交易是否履行了公司章程规定的程序,以及独立董事对关联交易履行的审议程序是否合法及交易价格是否公允的意见。”

《公开发行证券的公司信息披露内容与格式准则第 41 号——科创板公司招股说明书》第 67 条规定:“发行人应披露报告期内关联方的变化情况。由关联方变为非关联方的,发行人应比照关联交易的要求持续披露与上述原关联方的后续交易情况,以及相关资产、人员的去向等。”

4. 北交所招股说明书准则关于关联方的披露要求

《公开发行证券的公司信息披露内容与格式准则第 46 号——北京证券交易

所公司招股说明书》第 59 条规定:“发行人应根据《公司法》、企业会计准则及中国证监会有关规定进行关联方认定,充分披露关联方、关联关系和关联交易。

“发行人应披露报告期内发生的关联交易是否已履行《公司法》、公司章程规定的决策程序,以及是否履行相关信息披露义务。

“发行人应根据交易的性质和频率,按照经常性和偶发性分类披露关联交易及关联交易对其财务状况和经营成果的影响。

“购销商品、提供劳务等经常性关联交易,应分别披露报告期内关联方名称、交易内容、交易价格的确定方法、交易金额、占当期营业收入或营业成本的比重、占当期同类型交易的比重以及关联交易增减变化的趋势,与交易相关应收应付款项的余额及增减变化的原因,以及上述关联交易是否仍将持续进行。

“偶发性关联交易,应披露关联方名称、交易时间、交易内容、交易金额、交易价格的确定方法、资金结算情况、交易产生的利润及对发行人当期经营成果的影响、交易对公司主营业务的影响。

“发行人应披露报告期内关联方的变化情况。由关联方变为非关联方的,发行人应比照关联交易的要求持续披露与上述原关联方的后续交易情况,以及相关资产、人员的去向等。

“发行人应披露报告期内所发生的全部关联交易的简要汇总表。”

二、关联交易的披露和核查要求

(一)各上市板块关于关联交易的披露和核查要求

1. 主板关于关联交易的披露和核查要求

《首发业务若干问题解答》(2020 年 6 月修订)问题 16:“首发企业报告期内普遍存在一定比例的关联交易,请问作为拟上市企业,应从哪些方面说明关联交易情况,如何完善关联交易的信息披露?中介机构核查应注意哪些方面?答:中介机构在尽职调查过程中,应当尊重企业合法合理、正常公允且确实有必要的经营行为,如存在关联交易的,应就交易的合法性、必要性、合理性及公允性,以及关联方认定,关联交易履行的程序等事项,基于谨慎原则进行核查,同时请发行人予以充分信息披露,具体如下:(1)关于关联方认定。发行人应当按照《公司法》《企业会计准则》和中国证监会的相关规定认定并披露关联方。(2)关于关联交易的必要性、合理性和公允性。发行人应披露关联交易的交易内容、交易金额、交易背景以及相关交易与发行人主营业务之间的关系;还应结合可比市场公允价格、第三方市场价格、关联方与其他交易方的价格等,说明并摘要披露关联交易的公允性,是否存在对发行人或关联方的利益输送。对于控股股东、实际控制人与发行人之间关联交易对应的收入、成本费用或利润总额占发行人相应指标的比例较高(如达到30%)的,发行人应结合相关关联方的财务状况和经营情况、关联交易产生的收入、利润总额合理性等,充分说明并摘要披露关联交易是否影响发行人的经营独立性、是否构成对控股股东或实际控制人的依赖,是否存在通过关联交易调节发行人收入利润或成本费用、对发行人利益输送的情形;此外,发行人还应披露未来减少与控股股东、实际控制人发生关联交易的具体措施。(3)关于关联交易的决策程序。发行人应当披露章程对关联交易决策程序的规定,已发生关联交易的决策过程是否与章程相符,关联股东或董事在审议相关交易时是否回避,以及独立董事和监事会成员是否发表不同意见等。(4)关于关联方和关联交易的核查。保荐机构及发行人律师应对发行人的关联方认定,发行人关联交易信息披露的完整性,关联交易的必要性、合理性和公允性,关联交易是否影响发行人的独立性、是否可能对发行人产生重大不利影响,以及是否已履行关联交易决策程序等进行充分核查并发表意见。"

2. 北交所关于关联交易的披露和核查要求

《北京证券交易所向不特定合格投资者公开发行股票并上市业务规则适用指引第1号》中"1-13关联交易":"发行人应严格按照《企业会计准则第36号——关联方披露》《上市规则》以及相关业务规则中的有关规定,完整、准确地披露关联方关系及其交易。发行人的控股股东、实际控制人应协助发行人完整、准确地披露关联方关系及其交易。发行人与控股股东、实际控制人及其关联方之间的关联交易应根据业务模式控制在合理范围。

"保荐机构、申报会计师及发行人律师应重点关注:关联方的财务状况和经营情况;发行人报告期内关联方注销及非关联化的情况,非关联化后发行人与上述原关联方的后续交易情况;关联交易产生的收入、利润总额合理性,关联交易是否影响发行人的经营独立性、是否构成对控股股东或实际控制人的依赖,是否存在通过关联交易调节发行人收入利润或成本费用、对发行人利益输送的情形;发行人披露的未来减少关联交易的具体措施是否切实可行。

"保荐机构、申报会计师及发行人律师在核查发行人与其客户、供应商之间是否存在关联方关系时,不应仅限于查阅书面资料,应采取实地走访,核对工商、税务、银行等部门提供的资料,甄别客户和供应商的实际控制人及关键经办人员与发行人是否存在关联方关系。

"保荐机构、申报会计师及发行人律师应对发行人的关联方认定,关联交易信息披露的完整性,关联交易的必要性、合理性和公允性,关联交易是否影响发行人的独立性、是否可能对发行人产生重大不利影响,以及是否已履行关联交易决策程序等进行充分核查并发表意见。"

(二)关于关联方认定及关联交易的常见审核问询问题

关于关联方认定及关联交易的常见问询主要问题如下:(1)披露是否严格按照《公司法》及中国证监会的有关规定披露关联方和关联交易。(2)报告期内注销或对外转让多家关联方的,请披露注销或转让关联方的具体情况,包括名称、注销或转让原因、注销或转让前一年及一期的主要财务数据、注销或转让关联方与发行人之间存在的资产、业务和资金往来情况,是否存在为发行人承担成本费用或其他输送利益情形。(3)报告期内,发行人向控股股东购买土地使用权的,请补充披露上述土地使用权的具体情况、收购原因、交易定价的公允性。(4)披露报告期内关联销售金额占交易对方同期采购总额的比例、上述关联交易与同期同类产品非关联方交易的定价方式及价格差异、信用条件及回款情况差异等,分析该类关联交易的必要性及持续交易的合理性,是否履行了必要的审批程序及信息披露义务,是否存在利益输送或关联方为发行人分摊成本、费用的情形;披露报告期各期末关联方应收账款逾期、期后回款、坏账准备计提情况,说明期末应收账款金额较大的原因及合理性,坏账计提的充分性。(5)逐笔披露发行人向关联方拆入资金的背景、用途、利率及公允性。(6)逐笔披露发行人向关联方拆出资金的具体用途、流向、偿还过程及资金来源,是否存在替发行人体外承担成本、费用的情形。(7)特定时期期末发行人仍存在较多应收关联方款、应付关联方款项的,请逐笔披露相关交易合同约定的还款时限及期后款项偿还情况。(8)披露发行人资金拆借是否履行了相应的审批程序,程序是否合法合规;发行人是否建立了关于资金管理的相关内部控制制度,是否健全并有效执行。(9)报告期内发行人与关联方存在多笔股权收购及出售业务、资金拆借的,请发行人说明关联方的具体情况,包括但不限于成立时间、注册资本、股权结构及变动、主营业务、主要财务数据、与发行人主营业务关系,是否代发行人承担费用;披露公司转让关联方股权的原因、受让方的具体情况,是否与发行人及相关方存在关联关系,是否存在其他利益安排;披露多次向发行人拆借资金的原因及用途,期后偿还资金的来源。(10)补充披露相关通过关联方转贷事项发生的原因,对照各上市板块的审核规则说明是否存在其他财务不规范情形,如是,补充披露相关情形内容、形成时间、原因、资金及利息、违反有关法律法规具体情况及后果、后续可能影响的承担机制、整改措施、相关内控建立及运行情况。(11)披露从控股股东及实际控制人无偿受让的商标情况,是否为发行人主要商标,说明发行人是否仍存在使用控股股东及其关联方商标的情形。(12)结合关联交易价格与市场价格比较情况,分析相关交易价格的公允性,关联销售毛利率与同类产品平均毛利率差异情况及原因。(13)除已披露的外,发行人是否存在员工、前员工及其近亲属或者关系密切的人员投资的企业为发行人客户、供应商的情形,是否存在机构股东及其穿透后出资人、关联对外投资主体为发行人客户、供应商的情形,如有,请披露相关情况。(14)进一步说明是否存在公司关联方替公司承担成本、费用的情况,是否存在关联交易非关联化的情况。

三、核查关联方以及关联交易时的重点关注事项

对正常情况的关联方和关联交易客观认定和如实披露即可。关联方和关联交易的核查最核心的问题在于是否存在隐藏或者遗漏的关联方或者关联交易。《北注协专家提示〔2021〕第 4 号——中小企业 IPO 咨询的关注事项》中“(三)关联交易关注重点”表明:“中小企业应当充分披露关联方关系及关联交易,作到关联交易程序合规、选取价格公允以及关联交易占比符合资本市场监管要求等。中小企业应当重点关注关联方非关联化的问题,具体如下方面:1. 对于非关联化,无论是报告期内还是报告期外均需要关注受让方基本情况,比如实际控制人、经营情况、关联度、转出前后交易情况等。2. 充分关注被注销关联企业的情况,包括资产和债务处理方式、注销程序,以及注销企业存续期间受到的行政处罚等情况。”

实务中,关联方非关联化的问题是最常见的财务舞弊手段之一。例如,依据证监会出具的行政处罚决定书(〔2021〕98 号),关于北京蓝山科技股份有限公司

等,其记载如下:“根据设立意图、人员关系、财务管理、员工工资及福利发放、资料保管等方面的证据,北京天越五洲科技有限公司、北京康居网络科技有限公司、北京博雅君立科技有限公司、成都可勤达尔科技有限公司、成都蜀晟科学技术研究所(以下简称成都蜀晟)、北京拓普星际科技有限公司(以下简称拓普星际)、北京伊普赛斯电子设备有限公司(以下简称伊普赛斯)、北京吉祥林克通讯技术有限公司、北京天雨鸿大网络科技有限公司、北京中创昊天物联科技有限公司(以下简称中创昊天)等公司均由公司实际控制人实际控制。根据《企业会计准则第36号——关联方披露》第4条第10项以及《非上市公众公司信息披露管理办法》(中国证券监督管理委员会令第162号)第65条第4项的规定,上述公司为公司关联方。公司在2017年至2019年年报和2020年4月29日《向不特定合格投资者公开发行股票说明书(申报稿)》中对其与中创昊天的关联关系未披露或披露不准确,未披露其与其他9家公司的关联关系。公司通过上述未如实披露的关联方以及外部客户、供应商虚构无实际生产、无实物流转的采购销售循环业务,在采购、生产、销售、库管、物流运输、财务记账等各个环节实施全链条造假。”另外,依据证监会行政处罚决定书(〔2013〕23号和24号),对绿大地(002200)利用关联方及员工的账户等虚假交易进行处罚,主要内容为:“司法机关认定,为促使绿大地发行股票并上市,绿大地相关人员注册了一批由绿大地实际控制或者掌握银行账户的关联公司,并利用相关银行账户操控资金流转,采用伪造合同、发票、工商登记、资料等手段,达到少付多列、将款项支付给其控制的公司、虚构交易业务、虚增资产、虚增收入等”。宁波东力(002164)历史上并购标的即深圳富裕控股有限公司、年富供应链有限公司等正是通过隐藏的关联方等虚增收入,进而达到虚增规模用于宁波东力收购,所以对关联方和关联交易的核查尤其重要。

(一)从交易事项核查

1. 若交易对方长期拖欠发行人款项,但发行人仍继续与其交易,则需要重点关注相关的主体是否是隐藏的关联方,相关交易的真实性等。另外,若存在单次交易金额较大且违反正常的商业逻辑或者正常的合同金额,业务销售的时间集中在年底且与所长行业的季节性不符,采购的时间集中在年初或支付不符合采购金额或者正常情况的大额预付款等情形,需要重点关注核查交易对手是否为隐藏的关联方等。

2. 关注重大或异常交易的交易对方是否与发行人或其控股股东、实际控制人、重要股东、董事、监事、高级管理人员等存在关联关系，要与关联方调查表详细对比。

3. 关注重大或异常交易的交易对方是否为当年新增的异常重要客户或供应商，或者该供应商、客户的成立时间是否较短、注册资本是否较小等。

4. 重点对比客户和供应商明细，是否存在既是客户又是供应商的情形。实务中可能存在通过一个中间主体交易一次，导致隐藏的关联方通过多次交易致使无法使用该方法判断，但是可以从一段区间内采购和销售的对比进行印证核查。

5. 关注交易的内容与对方公司的行业或者营业范围是否存在显著差异，登记的营业范围与发行人的业务或者服务是否存在能够发生交易的可能性，关注公司的交易金额是否与对方的注册资本等存在较大差异。

(二)从细节分析判断

1. 从登记的联系人或者方式判断，比如，关注重大或异常交易的交易对方的网站地址、工商登记信息的联系人、工商登记的联系电话和邮箱、税务登记的联系人和地址，或公司IP地址、邮箱域名等是否与发行人或者发行人关联方相似。

2. 从登记的或者实际办公地址查看，比如关注重大或异常交易的交易对方的注册地址或办公地址与拟挂牌主体或其控股股东、实际控制人、董事、监事、高级管理人员是否在同一地点或接近。

3. 从员工或股东情况判断，关注重大或异常交易的交易对方的经办人员、股东、董事、监事、高级管理人员等，核查与发行人的员工名录是否存在重合，或存在特殊关系。

4. 从公司的交易流水、工资和报销流水中核查，从公司的业务合同和业务银行流水，公司关键人员的银行流水等发现是否存在与客户或者供应商存在频繁或者大额的银行流水往来，进而分析判断是否存在隐藏的关联关系。对重点关注公司的大额或者异常的自然人收款账户，通过对个人账户的核查关注对方是否在其他客户或者供应商中任职或者持股。

5. 关注重大或异常交易的交易对方是否可以通过互联网检索其信息，是否能通过公开途径获得其作为客户或者供应商的信息。

6. 关注交易金额较大而合同条款非常简单或者与其他合同有显著区别的业

务合同及合同主体。

7.关注公司印章和营业执照的管理等，是否存在其他公司的公章和营业执照与发行人的公章或者营业执照保管在一起等情况。

四、关联交易占比较高的界定及其影响

（一）关联交易占比较高的界定及实质影响

1.各资本市场板块对关联交易的总体要求

（1）主板对关联交易的总体要求

《首次公开发行股票并上市管理办法》（2022修正）第25条规定："发行人应完整披露关联方关系并按重要性原则恰当披露关联交易。关联交易价格公允，不存在通过关联交易操纵利润的情形。"

《首发业务若干问题解答》（2020年6月修订）问题16，对于控股股东、实际控制人与发行人之间关联交易对应的收入、成本费用或利润总额占发行人相应指标的比例较高（如达到30%）的，发行人应结合相关关联方的财务状况和经营情况、关联交易产生的收入、利润总额合理性等，充分说明并摘要披露关联交易是否影响发行人的经营独立性、是否构成对控股股东或实际控制人的依赖，是否存在通过关联交易调节发行人收入利润或成本费用、对发行人利益输送的情形；此外，发行人还应披露未来减少与控股股东、实际控制人发生关联交易的具体措施。

（2）创业板对关联交易的总体要求

《创业板首次公开发行股票注册管理办法（试行）》第12条规定："发行人业务完整，具有直接面向市场独立持续经营的能力：（一）资产完整，业务及人员、财务、机构独立，与控股股东、实际控制人及其控制的其他企业间不存在对发行人构成重大不利影响的同业竞争，不存在严重影响独立性或者显失公平的关联交易……"

（3）科创板对关联交易的总体要求

《科创板首次公开发行股票注册管理办法（试行）》第12条规定："发行人业务完整，具有直接面向市场独立持续经营的能力：（一）资产完整，业务及人员、财务、机构独立，与控股股东、实际控制人及其控制的其他企业间不存在对发行人构成重大不利影响的同业竞争，不存在严重影响独立性或者显失公平的关联

交易……”

(4)北交所对关联交易的总体要求

《北京证券交易所向不特定合格投资者公开发行股票并上市业务规则适用指引第 1 号》“1 – 13 关联交易”规定,发行人与控股股东、实际控制人及其关联方之间的关联交易应根据业务模式控制在合理范围。关联交易的必要性、合理性和公允性,关联交易是否影响发行人的独立性、是否可能对发行人产生重大不利影响,以及是否已履行关联交易决策程序等进行充分核查并发表意见。

综上,主板在《首发业务若干问题解答》界定“关联交易对应的收入、成本费用或利润总额占发行人相应指标的比例较高(如达到 30%)”的标准是占比 30%,而创业板、科创板、北交所均未界定关联交易占比较高的具体要求。按照统一的标准,参考 30% 作为创业板、科创板、北交所界定关联交易占比较高的要求。

2. 关联交易的实质影响

从主板、创业板、科创板、北交所等关于关联交易的要求,可知,关联交易是否构成上市障碍,其影响的实质是否影响或者严重影响发行人的独立性,是否构成对控股股东或实际控制人的依赖,是否存在通过关联交易调节发行人收入利润或成本费用、对发行人利益输送,是否存在显失公平的关联交易等。关联交易或者关联交易占比较高影响了发行人的独立性,则会构成上市重大影响。

案例 3 – 282 审核问询向关联方采购是否存在重大依赖

依据《上海沿浦金属制品股份有限公司首次公开发行股票申请文件反馈意见》(上海沿浦、605128),审核问询意见:“16. 招股说明书披露了关联方交易的情况,请发行人:(1)逐项说明公司各项关联交易的必要性、合理性、具体商业背景、定价情况及公允性,说明未来是否仍将持续发生,说明与各类关联交易有关的内部控制制度建立健全情况以及执行情况;(2)请发行人补充披露东方沿浦的基本情况,包括实际控制人、主营业务、经营业绩及主要财务指标、与发行人的合作历史及合理性;(3)说明控股股东、实际控制人及关联方从事的与发行人类似业务的具体情况、上下游关系、共用客户和供应商渠道的情况,并从供应渠道等方面说明公司向关联方采购是否存在重大依赖;(4)说明报告期内发生关联担保的原因、背景,是否收取/支付利息或担保费,是否履行相关决策程序,说明未来是否仍将持续发生;(5)是否存在其他未披露的关联方或关联交易。请保荐机构、申报会计师、发行人律师对上述情况进行核查,说明核查过程和结论,并发表明确意见。"

(二)关联交易占比较高的合理原因

解释关联交易占比较高合理性和必要性时,需要结合行业的特殊性和行业的普遍性论述。如果不是因为行业原因造成的关联交易占比较大,则相关业务的独立性和可持续性会遭到质疑。需要重点解释和论证:发行人向关联方销售采购和销售金额占对方销售和采购成本的比重情况;发行人关联交易是否履行公司章程规定的决策程序;是否存在对关联方的重大依赖,是否构成重大不利影响;是否具有完整的业务体系和直接面向市场独立经营的能力;关联交易是否构成发行上市的实质性障碍,假设剔除关联交易的影响,发行人的业绩是否能够满足创业板首次公开发行并上市条件等。

关联交易占比较高的问题,可以结合客户集中度较高的审核问答进行综合分析,如果可以解释客户或者供应商集中较高或者对单一客户依赖的合理性,则就能够解释关联交易占比较高的合理性。《首发业务若干问题解答》问题38:"部分首发企业客户集中度较高,如向单一大客户销售收入或毛利占比超过50%,在何种情况下不构成重大不利影响?答:……对于发行人由于下游客户的行业分布集中而导致的客户集中具备合理性的特殊行业(如电力、电网、电信、石油、银行、军工等行业),发行人应与同行业可比上市公司进行比较,充分说明客户集中是否符合行业特性,发行人与客户的合作关系是否具有一定的历史基础,有充分的证据表明发行人采用公开、公平的手段或方式独立获取业务,相关的业务具有稳定性以及可持续性,并予以充分的信息披露。针对因上述特殊行业分布或行业产业链关系导致发行人客户集中情况,中介机构应当综合分析考量以下因素的影响:一是发行人客户集中的原因,与行业经营特点是否一致,是否存在下游行业较为分散而发行人自身客户较为集中的情况及其合理性。二是发行人客户在其行业中的地位、透明度与经营状况,是否存在重大不确定性风险。三是发行人与客户合作的历史、业务稳定性及可持续性,相关交易的定价原则及公允性。四是发行人与重大客户是否存在关联关系,发行人的业务获取方式是否影响独立性,发行人是否具备独立面向市场获取业务的能力。同时，保荐机构应当提供充分的依据说明上述客户本身不存在重大不确定性，发行人已与其建立长期稳定的合作关系，客户集中具有行业普遍性，发行人在客户稳定性与业务持续性方面没有重大风险。发行人应在招股说明书中披露上述情况，充分揭示客户集中度较高可能带来的风险。符合上述要求，一般不认为对发行条件构成重大不利影响。”

综上，发行人由于下游客户的行业原因而导致的客户集中较高具备合理性的特殊行业，如电力、电网、电信、石油、银行、军工等行业，也是关联交易占比较高能够得到认可的行业，但是行业特殊性也不能影响发行人的独立性等。

（三）关联交易占比较高的反馈问询意见

1. 关联交易占比较高，控股股东既是第一大客户又是第一大供应商

对于一般公司来说，与关联方之间的交易要慎之又慎。发行人的控股股东既是第一大客户又是第一大供应商的情况，一般比较少见，从上市审核的角度也很难得到认可，但是特殊行业除外。

案例3-283 控股股东既是第一大客户又是第一大供应商

依据《关于株洲中车时代电气股份有限公司首次公开发行股票并在科创板上市申请文件的审核问询函的回复》，审核问询意见：“问题11.1.招股说明书披露，2017年度、2018年度、2019年度和2020年1～9月，公司自间接控股股东中车集团控制的企业采购商品及接受劳务金额分别为171,729.64万元、205,191.18万元、240,174.62万元和166,629.96万元，占各期营业成本的比例分别为18.02%、20.96%、24.10%和27.31%；向中车集团控制的企业销售商品及提供劳务金额分别为630,794.39万元、633,535.87万元、733,584.17万元和409,349.82万元，占各期营业收入的比例分别为41.65%、40.46%、44.99%和41.43%。报告期内，公司客户集中度较高，且控股股东既是发行人第一大客户又是第一大供应商。

“请发行人披露：(1)报告期内向前五大客户销售的具体内容及金额，向前五大供应商采购的具体内容及金额；(2)报告期内前五大客户的变动原因，主要客户销售收入变动的原因；(3)按细分产品列表披露关联销售金额及其占相应业务收入的占比；(4)报告期内前五大供应商的变动原因；(5)关联交易产生的利润占

比,关联交易是否对发行人业绩稳定性产生影响。

"请发行人说明:(1)报告期内存在客户及供应商重合的具体情况及原因,与重合部分客户的业务合作方式及合同属性类别,属于购销业务还是委托加工业务,相关会计处理是否符合企业会计准则;(2)是否存在采购后直接销售的情况。请申报会计师对说明部分核查并发表意见。

"请发行人说明:(1)报告期各期关联交易产品和服务的定价按分类的具体收入金额、比例,结合定价依据及合理性、同类产品的第三方定价、毛利率等情况说明关联采购及关联销售定价的合理性及公允性;(2)是否存在关联方为公司代垫成本费用的情形,若有,整改是否到位,公司与关联方或第三方是否存在利益输送或其他安排。

"问题12.关于关联租赁。报告期内,公司作为出租方、承租方发生关联租赁,并向关联方采购、销售水电等能源。根据申报材料,截至2020年9月30日,公司及其控股子公司在境内租赁使用1000平方米以上的房产共计39项,建筑面积总计约290,810.40平方米。

"请发行人说明:(1)结合具体房产的性质、用途、生产地点等,说明同时租赁及出租房产及配套设施的原因、合理性;(2)上述39项租赁中向关联方与向非关联方租赁的具体情况;(3)结合同地区同类房产的租赁价格水平,说明租赁价格的定价依据及公允性,租金及水电能源等费用的完整性,是否存在第三方为公司承担成本、费用的情形;(4)报告期内主要能源耗用与产量的匹配性。请申报会计师核查并发表意见。"

2. 对关联方的销售占比较高

关联方作为客户,需要论证相关交易的必要性、公允性等,如果对关联方的销售存在重大依赖,则发行人的独立性将存疑。只有对特殊行业的公司,方能接受对关联方的销售占比较高。

案例3-284 对关联方的销售占比超过50%

依据《关于中铁高铁电气装备股份有限公司首次公开发行股票并在科创板上

市申请文件的审核问询函之回复报告》,审核问询意见:“14.1 招股说明书披露,公司关联销售比例较高,2017 年度、2018 年度、2019 年度和 2020 年 1～6 月,公司对中国中铁下属单位的销售金额占营业收入的比例分别为 58.65%、60.11%、42.45%和 60.54%。中国中铁公告显示,在 2017 年 156 号文发布前高铁电气与公司及下属企业发生的关联交易金额及占营业收入比例较大,156 号文发布后电气化铁路接触网产品的关联交易金额及占营业收入比例均有所下降。

“请发行人说明:(1)发行人对外披露内容与中国中铁的信息披露是否一致,如不一致,说明原因;(2)156 号文对发行人关联交易的具体影响。请发行人披露:(1)按三类产品披露主营业务关联销售金额及其占比;(2)关联交易的必要性;结合可比市场公允价格、第三方市场价格、关联方与其他交易方的价格等,关联交易作价的公允性;是否存在对发行人或关联方的利益输送。”

案例 3－285 关联销售收入占比超过 70%

依据金鹰重工(301048)的招股说明书以及公开资料,该公司主要从事轨道工程装备产品的研发、生产、销售与维修业务,公司主要产品包括大型养路机械、轨道车辆及接触网作业车。公司作为轨道交通运维设备及服务的提供商,主要为铁路及城市轨道交通领域的客户提供轨道维修及养护等工程装备,其中铁路领域的销售收入主要来自向实际控制人国铁集团及其下属公司的销售,该销售构成关联交易。2018 年度、2019 年度和 2020 年度,该公司向国铁集团及其下属公司销售商品及提供劳务的收入金额占主营业务收入的比例分别为 73.66%、87.35%和 74.92%。

3. 关联销售占比较高且存在技术授权和关联研发

需要重点关注与关联方之间存在的技术授权或者关联研发事项,首先需要保证发行人的独立性,业务独立性和资产完整性等。一般情况下,不建议存在技术授权或者关联研发事项。

案例 3-286 关联销售占比较高且存在技术授权和关联研发

依据《北京铁科首钢轨道技术股份有限公司审核问询函的回复》,报告期内,发行人向控股股东、实际控制人及其控制企业关联销售金额分别占营业收入的比例分别为 44.00%、24.02% 以及 34.68%。审核问询意见:“问题 18. 关于关联交易。(1)招股说明书披露,报告期内,发行人实际控制人国铁集团为其第一大客户(2016 年为第二大客户)及前五大供应商,发行人控股子公司铁科翼辰的参股股东翼辰实业、控股子公司铁科腾跃的参股股东河北腾跃、河北首科既是发行人的客户又为其供应商。其中,报告期内发行人控股子公司铁科翼辰的参股股东翼辰实业系发行人前五大客户及前五大供应商。报告期内,发行人通过铁科翼辰向翼辰实业销售金额分别为 9372.31 万元、3358.99 万元、10,392.57 万元、6551.30 万元。发行人同时向翼辰实业采购,采购金额分别为 3502.89 万元、4589.56 万元、4291.24 万元、397.89 万元。报告期内,发行人控股子公司铁科腾跃参股股东河北腾跃为发行人前五大供应商和客户,发行人向河北腾跃及其子公司采购金额分别为 1589.79 万元、2019.89 万元、3158.96 万元、2436.94 万元,发行人向河北腾跃的销售金额为 612.59 万元、849.83 万元、877.63 万元、106.56 万元。报告期内,发行人向河北首科的销售金额分别为 2616.25 万元、3641.58 万元、3420.12 万元、1193.10 万元;发行人向河北首科的采购金额分别为 789.85 万元、4524.06 万元、3397.69 万元、2028.41 万元。

“请发行人说明:①结合第三方价格情况,说明国铁集团、翼辰实业及其下属公司、河北腾跃及其下属公司、河北首科向发行人销售对应产品的价格是否公允,是否存在替发行人承担成本的情况,分析是否存在重大不利影响;②相关原材料与发行人向国铁集团、翼辰实业及其下属公司、河北腾跃及其下属公司、河北首科销售产品的对应关系,既向国铁集团、翼辰实业及其下属公司、河北腾跃及其下属公司、河北首科采购原料又向相关方销售产品的原因,是否作为相关方的外协厂商或存在其他依赖事项;③发行人采购商品除前述关联方之外的主要供应商,并对比其他供应商在价格、质量、服务、规模等方面与各关联方的差别,能否替代;④结合客户主要为关联方的情况说明发行人是否采用公开、公平的手段或方式独立获取业务,相关业务是否具有稳定性及可持续性;⑤结合翼辰实业及其下属公司、河北腾跃及其下属公司、河北首科的业务情况、发行人采购占比等，分析以上关联方是否仅仅同发行人进行交易，发行人是否对以上关联方存在采购依赖。请保荐机构、发行人律师及申报会计师核查以上内容，重点核查报告期是否存在关联方替发行人承担成本、费用以及其他向发行人输送利益的情形，发行人是否存在严重影响独立性或显失公平的关联交易，并发表明确意见。

"(2)招股说明书披露，公司向铁科院集团及国铁集团下属企业获取技术授权支付相关费用，同时铁建所授权铁科轨道在世界范围内无偿使用扣件及预应力体系技术，授权期限为协议生效之日起50年；授权期限届满后，铁科轨道具有按协议约定的条款选择优先续期的权利，授权期限届时由双方协商确定。请发行人说明：①公司向铁科院集团及国铁集团下属企业获取技术授权相关费用的具体内容，认为相关费用为市场统一价格的依据；②公司报告期各期末存在大量对关联方的应收账款、应付票据、应付账款、应付股利情形的原因，相应款项是否按照合同约定进行支付，发行人与关联方之间是否存在往来款相互抵销的约定，是否存在发行人与关联方之间输送利益或提供资金支持的情形。

"(3)招股说明书披露，公司存在关联委托研发业务。请发行人进一步说明公司关联委托研发业务的定价依据及公允性，说明报告期内整体预算与各期费用支出金额之间的关系，说明部分委托研发项目中两者差异较大的原因及合理性，说明公司与关联委托研发预算相关内控制度设计和执行情况是否有效。

"(4)请申报会计师对问题(2)与(3)中相关事项核查并发表意见。"

4. 军工企业关联采购和销售比例较高

军工企业的关联销售和采购占比较高也需要重点关注，相关行业一般属于特殊行业，关联销售和采购占比较高一般能够得到认可。

案例3-287 军工企业关联采购和销售比例较高

依据《关于合肥江航飞机装备股份有限公司首次公开发行股票并在科创板上市申请文件的审核问询函之回复报告》，审核问询意见："20.关于关联销售的比例较高。报告期内，发行人关联销售金额分别为28,375.30万元、31,668.62万元、

35,534.30 万元和 23,339.38 万元,占营业收入的比例分别为 36.99%、46.61%、53.76%和 66.72%。关联销售主要为军品,定价基于军方的审价,采用成本加成模式,价格具有公允性。

“请发行人:(1)披露关联方销售的各类交易的价格确定方法,军品定价和非军品定价的关联方销售占比情况;(2)结合报告期内关联销售价格的变化情况和依据,补充披露报告期内各类关联销售价格的公允性,如何保障未来持续关联交易价格的公允性;(3)充分揭示关联销售占比较高的相关风险并作重大事项提示。

“请发行人说明:(1)关联销售在报告期内的金额和占比较高且逐步增加的合理性,未来该等关联销售的发展趋势;(2)发行人对关联客户的重大依赖是否影响发行人独立性;(3)报告期内主要产品的价格是否发生重大变化,同类产品价格是否有明显上升的情况,如有,是否由军方审价变化所致;(4)公司采用成本加成模式的销售比例情况,成本加成模式的具体情况,包括成本的确定方式,归集成本的范围,加成比例的确定及变化情况;(5)同类产品关联方与非关联方的价格是否存在差异,如有较大差异,请说明原因。

“请保荐机构、申报会计师说明关联销售占比较高对发行人业务独立性影响的核查过程、依据和结论。

“21.关于关联采购的比例较高。报告期内,关联采购金额分别为 9825.63 万元、10,236.16 万元、11,308.93 万元和 4813.77 万元,占采购总额的比例分别为 29.52%、31.63%、28.71%和 35.65%,比例较高。请发行人:(1)披露关联方采购的各类交易的价格确定方法,军品定价和非军品定价的关联方采购占比情况;(2)结合报告期内关联采购价格的变化情况和依据,披露报告期内交易价格的公允性,如何保障未来持续关联交易价格的公允性;(3)充分揭示关联采购占比较高的相关风险。

“请发行人说明:(1)关联采购的必要性,未来关联采购的发展趋势;(2)发行人是否向关联方采购核心零部件,是否对关联供应商存在重大技术依赖,采购业务是否具备独立性。请保荐机构、申报会计师说明关联采购占比较高对发行人业务独立性影响的核查过程、依据和结论。”

主要回复为:公司报告期内关联交易金额及占比较高主要系由我国航空防务装备研制、生产体系布局所致,该等分工布局有利于保证产品稳定性、可靠性,有利于保护国家秘密安全,有利于保障我国航空事业的稳步发展,具有必要性及合理性;关联交易定价大多基于军方有权部门定价或基于正常的市场化安排,发行人通过军审定价、暂定价、协商定价、集采平台比价以及公开招标等方式确定关联采购价格,能够保证关联采购定价公允性,报告期内关联采购价格整体较为稳定,具有公允性,且报告期内,发行人关联销售价格与非关联销售价格不存在显著差异,不存在显失公平的关联交易。

5. 非国有控股企业存在关联方采购和销售

非国有控股或者非军工类特殊企业,与关联方之间存在采购和销售的,需要重点关注并进行充分的解释。

案例3-288 发行人与关联方存在持续的采购和销售

依据《关于杭州当虹科技股份有限公司首次公开发行股票并在科创板上市申请文件的审核问询函之回复报告》(当虹科技、688039),审核问询意见:“22. 2015年发行人管理层收购完成后,发行人与虹软集团及其关联方存在持续的关联采购和关联销售。请发行人充分披露:(1)发行人与虹软集团及其关联方既存在关联采购又存在关联销售的原因,关联销售、关联采购数据与虹软集团招股说明书披露内容不一致的原因,发行人招股说明书‘业务与技术’章节相关内容与关联交易内容披露不一致的原因,关联方的认定依据是否存在差异。(2)目前当虹科技与虹软集团在资产、技术、人员、业务及财务等方面是否存在重叠的情形,是否存在共同客户、共同供应商,是否存在共用销售渠道和供应渠道,是否完全独立运营、是否存在关联关系或其他利益安排;在非关联化后发行人与虹软集团及其关联方的后续交易情况,非关联化后相关资产、人员的去向等。(3)发行人与虹软集团境外子公司发生交易而未直接与其境内子公司交易的具体情况及商业合理性。(4)结合可比市场公允价格、第三方市场价格、关联方与其他交易方的价格等,说明关联交易的公允性,是否存在对发行人或关联方的利益输送,是否存在显失公平情形。(5)发行人从虹软集团购买的6项软件著作权的定价依据及定价公允性,6项软件著作权的具体情况、对发行人经营业务的重要性、对应的销售收入金额及占比。请保荐机构、申报会计师和发行人律师逐项说明对上述事项的核查程序、核查措施、核查依据和核查结果,并发表明确意见。”

五、关联方及关联交易的解决方案

(一)通过将相关业务剥离等停止关联交易

存在关联方或者存在较频繁的关联交易,且关联交易业务不属于拟上市公司的主要业务,或者盈利能力不强甚至拖累拟上市主体的利润水平,或者交易的标的可替代性比较强,则可以考虑将该企业业务剥离、停止关联交易或者将该部分业务转让给第三方。

具体操作中的注意事项如下:注意调查受让方与拟上市公司的控股股东、实际控制人及其亲属之间是否存在关联关系,审核机构会关注是否真的剥离,此问题属于首要核查点;关注受让方在人员、资产、业务、财务等方面与拟上市公司是否存在关联关系;重点关注转让价格是否真实、公允、合理;剥离给关联方的,尤其要注意转让价格的公允、交易程序的合规,确保不存在损害拟上市主体利益的情况。

判断相关业务是否应纳入或剥离出上市主体,不能仅考虑该业务的直接经济效益,同时还要考虑该业务对公司的间接效益,正常情况(已持续经营)下不鼓励资产剥离、分立,为梳理同业竞争及关联交易进行的相关安排不能影响业绩计算的合理性、连续性。

案例 3-289　关联方业务剥离

国安达(300902)的首发上市申请经审核机构要求说明关联方业务剥离转让的背景、定价公允性、是否存在关联关系、转让后是否存在交易等。依据《国安达股份有限公司首次公开发行股票申请文件反馈意见》,其审核意见如下:“关于关联交易。请发行人:(1)按照《首发业务若干问题解答》的要求说明与斯迪尔、元通汽车零部件关联交易的合理性、必要性、公允性,2017 年以后未继续发生关联销售、采购的原因;(2)说明斯迪尔的设立背景、主营业务及产品,发行人向斯迪尔采购变速箱、停车牌等的原因、用途、下游客户、应付货款长期挂账的原因，洪某艺转让斯迪尔股权的背景、定价依据是否公允，受让方是否与发行人及其董事、监事、高级管理人员存在关联关系，转让后斯迪尔是否与发行人发生交易。”“请发行人说明：斯迪尔曾为公司控股股东洪某艺、董事许某青的参股公司，2016年9月，洪某艺、许某青将其持有的该公司股权全部对外转让，转让股份的价格为出资额原价转让。请说明转让的原因；说明斯迪尔的主要业务内容、2015～2016年主要财务数据；说明转让作价的依据及公允性；是否与发行人存在同业竞争情形，斯迪尔是否存在为发行人代垫成本、费用及其他利益输送情形。”

（二）转让股份终止关联关系

如果关联企业由于拟上市公司持有其股权而成为关联方，而拟上市公司与该关联企业并无关联交易事项，则可以考虑将股权转让给独立第三方。

将关联方股份转让出去，首先要考虑的是转让的真实性、程序合规性等。以金春股份为例，依据《安徽金春无纺布股份有限公司首次公开发行股票并在创业板上市申请文件反馈意见》（金春股份、300877），关于关联方问题的反馈意见如下：“关于发行人董事、监事、高级管理人员控制或担任董事、监事、高级管理人员的其他关联方。部分关联方下游为护理用品、建材、无纺布等与发行人行业相关或相同的公司。请发行人：（1）说明上述公司的基本情况，包括成立时间、注册地、注册资本及实缴资本、报告期内主要财务状况，实际从事的业务，与发行人、发行人的客户、供应商或主要股东是否存在交易或资金往来，如存在，说明交易的内容、金额、占比，比照市场价格说明交易的公允性，说明资金往来的背景及清理情况。安徽双孚无纺布科技有限公司转让的情况，受让方的基本情况及受让是否具有商业合理性，价款及支付情况、定价依据及公允性，资金来源及合法合规性，转让是否真实。（2）说明其他从事投资业务的关联方是否投资与发行人业务相关的公司，是否存在为发行人承担成本费用、利益输送等情形。（3）说明关联方、关联交易的披露是否按要求完整准确披露，关联交易是否履行规定程序。昆仑制桶原为金晨包装的控股子公司，2016年1月，金晨包装将其持有的60%的股权转让给了自然人高某，说明转让的原因、价格、定价依据及公允性，受让方的基本情况，受让是否真实合理，资金来源及合规性，转让前后交易情况，是否存在关联交易非关联化的情形。

“报告期内关联方薪酬波动较大,说明波动的合理性,关联方薪酬的支付与同行业公司、地区薪酬水平相比是否存在重大差异。请发行人:(1)进一步说明关联交易的必要性、合理性;(2)说明报告期内是否存在关联方或第三方为发行人支付成本、费用或采用不公允的交易价格向发行人提供经济资源的情形。请保荐机构、申报会计师核查前述事项并发表明确意见。”

案例3-290 存在多种操作解决关联交易占比及关联方认定问题

依据《关于山东新巨丰科技包装股份有限公司首次公开发行股票并在创业板上市申请文件的审核问询函的回复报告》,审核问询意见:“问题6.关于关联方。申报文件显示:(1)发行人实际控制人袁某军和郭某红通过北京京巨丰持有发行人26.54%的股份,二人的关联企业还包括珠海聚丰瑞、北京超力嗨体育发展有限公司、北京超力嗨体育文化有限公司、北京尚本卓信教育咨询有限公司、尚东德正、北京承源尚心文化传媒有限公司等。(2)发行人部分董事、监事、高级管理人员曾在纷美包装有限公司、北京鹏鑫包装制品有限公司、河北鸿源华腾包装技术发展有限公司、光厦包装(厦门)有限公司、上海绿新包装材料科技股份有限公司等同行业公司任职,此外董事、监事、高级管理人员的关联方还包括好样文化娱乐股份有限公司、上海温盟投资管理有限公司、杭州隆欣建材有限公司等。(3)报告期内,注销的关联方包括秦皇岛市红升建筑材料有限公司、山东九华科贸有限公司。

“请发行人:(1)结合上述关联企业的历史沿革、注册地址、注册资本、主营业务和实际经营情况、经营规模、主要财务数据等,补充说明关联企业是否与发行人从事相同或类似业务,在资产、人员、技术、客户、供应商等方面与发行人是否存在重合,上述关联方与发行人客户、供应商及其关系密切人员是否存在资金、业务往来,是否存在为发行人分担成本支出及费用的情况。(2)补充说明关联企业被注销的原因,生产经营和注销过程的合法合规性,涉及的资产处置和人员去向,说明该等主体的基本情况、主营业务及财务数据,在资产、人员、技术、客户、供应商等方面与发行人的关系,是否与发行人存在重叠的销售渠道、客户和供应商。(3)补充说明上述同行业公司在资产、人员、技术、客户、供应商等方面与发行人的关系,发行人核心人员、客户、供应商是否来源于相关同行业公司。(4)补充披露发行人现有核心技术的具体来源和形成过程,是否涉及发行人核心人员曾经任职单位的职务成果,是否存在知识产权纠纷或潜在纠纷;结合相关人员履历,说明核心技术人员是否存在违反竞业禁止和保密协议的情形,发行人核心人员是否与原任职单位存在纠纷或潜在纠纷。请保荐人、发行人律师发表明确意见。

"问题 3. 关于伊利与苏州厚齐持股。申报文件显示:(1)2015 年 10 月,新巨丰有限通过增资引入新股东伊利作为战略投资者,伊利持有新巨丰有限 20% 的股权,增资价格为 2.81 元/出资额,低于同期股权转让或增资价格。基于伊利入股的产业意义,公司对伊利增资已进行股份支付处理,入股价格与公允价值差异合计 6455.84 万元已计入公司 2015 年度销售费用。伊利承诺本次首次公开发行股票锁定期为首次公开发行的股票上市之日起 36 个月,同时在 2017 年与发行人签署了有效期为 10 年的战略合作框架协议。2020 年 3 月,伊利将持有的发行人部分股权转让给苏州厚齐和黑河食品投资基金有限公司(Black River Food 2 Pte Ltd),截至目前仍持有发行人 4.8% 的股份。(2)截至目前,苏州厚齐持有发行人 10.26% 的股份。苏州厚齐的实际控制人为王某,王某目前担任新希望集团有限公司(以下简称新希望集团)的副董事长。发行人的第二大客户为新希望乳业,但苏州厚齐与新希望乳业不存在任何控制关系。

"请发行人:(1)提供与伊利签署的战略投资者协议,并补充披露战略投资者协议的主要内容,签订战略投资者协议前发行人和伊利的合作情况和入股的背景;结合伊利持有的发行人股权变动具体情况、委派董事情况、伊利作为战略投资者的主要权利义务、限售期承诺安排等,充分披露伊利逐步减持发行人股份但同时承诺限售时间较长的原因,本次入股是否存在对赌协议、业务交换协议或其他与入股相关的特殊安排,是否存在规避监管的情况,并说明伊利减持发行人股份是否实质影响发行人获取伊利订单及业务合作,是否影响 10 年战略合作框架协议的效力和存续期,未来伊利进一步减持发行人股份是否会导致伊利战略投资者身份发生变化,并在招股说明书中充分揭示伊利持股目的和未来持股计划对发行人与伊利合作可持续性和稳定性存在的影响及潜在风险。

"(2)结合苏州厚齐和新希望集团、新希望乳业的基本情况和关联关系等,分析并披露新希望集团及其关联方通过苏州厚齐投资发行人的原因,新希望乳业没有被认定为发行人关联方的依据是否充分、合理,是否存在故意规避关联方认定的情形或其他未披露的利益安排;补充说明苏州厚齐承接伊利持有的发行人股份的原因和入股发行人的背景和定价公允性,本次入股是否存在对赌协议、业务交换协议或其他与入股相关的特殊安排,苏州厚齐持股对发行人获取新希望乳业的订单及业务合作是否存在重大影响,苏州厚齐未与发行人签署战略合作协议的原因。

"(3)补充说明除持有发行人股权外,发行人及其股东、董事、监事、高级管理人员是否与伊利、苏州厚齐及其关联方存在关联关系或其他利益安排,是否存在共同投资或任职经历重叠的情形;发行人的业务获取方式是否存在影响独立性的情形,发行人是否具备独立面向市场获取业务的能力。

"(4)补充说明苏州厚齐入股发行人是否涉及股份支付,如涉及,说明股份支付相关权益工具公允价值的计量方法及结果是否合理,与伊利入股价格或同期可比公司估值是否存在重大差异,股份支付相关会计处理是否符合企业会计准则相关规定。

"请保荐人、发行人律师对问题(1)~(3)发表明确意见,请保荐人、申报会计师按照中国证监会《首发业务若干问题解答》(2020年6月修订)问题26的要求对问题(4)发表明确意见。"

分析:新巨丰有限的关联方和关联交易的案例非常典型,存在利用多种方法解决关联交易金额较大的问题。伊利原来是持股20%的重要股东,并且是公司第一大客户,首次IPO申报后撤回上市申请,后期伊利将其部分股份转让给苏州厚齐和黑河食品投资基金有限公司。二次申报时伊利股份持股降至4.8%,申报报告期内对伊利销售占比分别为75.67%、74.44%、73.13%和76.24%,公司将其认定为关联交易进行披露。监管机构要求说明伊利等主要客户是否设置排他性合作条款,是否存在通过绑定销售买断发行人产能的情形,以及除日常生产经营合同外,(伊利)是否存在影响发行人利益的相关协议安排。

案例 3－291 解除关联关系需要关注原因及真实性等

依据《新疆宝地矿业股份有限公司首次公开发行股票申请文件反馈意见》,审核问询意见:“7. 请发行人补充披露:报告期内曾经的关联方的基本情况,解除关联关系的原因,主要从事业务情况,与发行人业务之间的关系,是否存在因重大违法违规情形,关联关系解除是否真实、程序是否合规,是否存在为发行人承担成本或费用的情形,是否存在关联交易非关联化的情形。请保荐机构和发行人律师核查并发表明确意见。”

依据《恒盛能源股份有限公司首次公开发行股票申请文件反馈意见》,审核反馈意见:“27. 注销或转让关联方。请发行人补充说明:(1)报告期内注销或转让的关联方的基本情况,注销或转让原因;报告期内及期后关联企业注销后资产、业务、人员的去向,报告期内与发行人的业务、资金往来情况,交易价格是否公允,是否存在为发行人代为承担成本、费用或调节利润的情形。(2)对外转让关联方是否属于真实转让,受让方是否存在代持,目前是否与发行人存在业务、资金往来,是否存在关联交易非关联化的情形。请保荐机构、发行人律师发表明确意见。”

(三)关联方收购合并

如果该关联企业在拟上市公司的生产或者销售中扮演了重要角色,则可以考虑将该企业或该业务购买并入作为拟上市企业的子公司等。若关联企业的业务、资产、人员、财务等与拟上市企业存在混同,则建议将该企业与拟上市企业合并,可以是吸收合并或者新设合并。

将关联方并入拟上市公司主体范围内,首先要考虑的是规范性问题。如果拟并入主体存在严重不规范的问题,则会导致拟上市主体可能不符合上市条件,同时应当关注交易价格的公允性和税收成本等问题。

案例 3－292 将关联方收购为全资子公司

依据《关于中科微至智能制造科技江苏股份有限公司首次公开发行股票并在科创板上市申请文件的审核问询函之回复报告》,该公司披露收购中科贯微的原因为:"中科贯微从事视觉识别技术研究及产品应用开发业务,系公司相机等图像识别设备的主要供应商,公司总经理姚某同时在中科贯微担任总经理,为公司的关联方。因此,公司为完善公司的产业链布局,提高公司对关键部件研发、生产及产品质量的控制力,增强竞争优势规范,并减少关联交易、增强公司业务的独立性,经与其原股东协商一致后,决定收购中科贯微100%股权。"

案例3-293 为消除同业竞争并减少关联交易进行资产重组

依据《关于浙江开创电气股份有限公司首次公开发行股票申请文件审核问询函的回复报告》,审核问询意见:"问题2.关于资产重组。申请文件显示:为消除同业竞争并减少关联交易,2016~2018年开创电气与金磐机电等公司进行了资产重组。重组后,金磐机电不再从事电动工具业务,中动工具等构成同业竞争的企业分别停止了相关业务并办理注销。因历史债务问题,金磐机电无法注销,其承诺不再从事电动工具相关业务。吴某1将其持有的开创电气部分股权分别无偿转让给吴某2、吴某3。"

(四)关联方清算注销

如果关联企业已经停止经营、未实际经营或者其存在可能对拟上市企业产生障碍或不良影响,如经营不善、未通过年检、曾受过行政处罚等,则应考虑将关联企业进行清算、注销。操作过程中,应重点关注相应资产与人员是否已清理完毕。

《监管规则适用指引——法律类第2号:律师事务所从事首次公开发行股票并上市法律业务执业细则》第31条第2款规定,律师应当查验报告期内发行人是否存在通过关联方注销、转让等方式进行关联关系非关联化的情况。如存在,律师应当通过查验决策程序、注销程序、转让协议及定价、受让方等,判断关联方转让的真实性,查验非关联化后发行人与原关联方的后续交易情况。从监管对律师核查的角度可知,关联方的注销和转让确实属于解决关联方和关联交易问题的方式之一,但是应当保证关联方的注销和转让是真实的。

案例 3-294 报告期注销多个关联方

依据《关于杭州当虹科技股份有限公司首次公开发行股票并在科创板上市申请文件的审核问询函之回复报告》(当虹科技、688039),审核问询:“23. 报告期内,发行人已经注销或正在注销的关联方较多,关联销售金额分别为 4469.43 万元、2043.79 万元及 275.12 万元,销售占比分别为 44.03%、14.71%及 1.35%,关联交易占比迅速下降。德清盈润投资管理合伙企业(有限合伙)2017 年 7 月前曾为发行人 2018 年第五大客户百途新媒体技术(北京)有限公司的股东,该合伙企业的合伙人为王某和沈某敏。”

“请发行人充分披露:(1)是否严格按照《公司法》及中国证监会的有关规定披露关联方和关联交易。(2)报告期内相关关联方注销的原因、合法合规性,业务、人员和资产等处置情况、是否存在争议或潜在纠纷,报告期内是否存在重大违法行为;注销前一年及一期的主要财务数据;报告期内上述注销关联方与发行人之间存在的资产、业务和资金往来情况,交易公允性,是否存在为发行人承担成本费用或其他输送利益情形。(3)报告期北京先看网络科技有限公司等关联客户是否存在注销后,股东重新注册公司与发行人发生交易的情况。(4)华数传媒与浙江广播电视集团是否存在关联关系。(5)关联交易的定价机制、交易价格的公允性,交易价格与市场公允价格、独立第三方客户的价格相比是否存在重大差异;结合前述关联交易发生的商业合理性、金额及比例情况,充分论证发行人是否具备独立面向市场开拓业务的能力。(6)结合相关关联方的财务状况和经营情况、关联交易产生的收入、利润总额合理性等,充分论证关联交易是否严重影响发行人的经营独立性、是否构成对关联方的依赖,是否存在通过关联交易调节发行人收入利润或成本费用、对发行人利益输送的情形。(7)董事、监事、高级管理人员及核心技术人员的具体薪酬情况。”

“请发行人说明:(1)沈某敏本人和谷某颖的亲属于 2015 年通过日金投资和科驰投资成为发行人股东后又于 2017 年退出的原因;(2)盈润投资、日金投资、日盈投资、安致投资和科驰投资历史沿革,沈某敏和谷某颖及其关联方、上述企业的股东或合伙人及其关联方的简要情况及报告期内的对外投资情况,是否与发行人客户和供应商的控股股东、实际控制人、董事、监事、高级管理人员、员工之间存在资金往来和其他利益安排;(3)是否存在应披露未披露的关联关系和关联交易。请保荐机构、申报会计师和发行人律师逐项说明对上述事项的核查程序、核查措施、核查依据和核查结果,并发表明确意见。请保荐机构、申报会计师和发行人律师对发行人的关联方认定,发行人关联交易信息披露的完整性和准确性,关联交易的必要性、合理性和公允性以及是否履行了关联交易决策程序等进行充分核查并发表核查意见。"

案例 3-295　将报告期内其他关联方进行注销

依据《广东惠云钛业股份有限公司首次公开发行股票并在创业板上市申请文件反馈意见》(惠云钛业、300891),关于注销的关联方等事项,相关反馈意见如下:"3. 关于关联方。根据披露,实际控制人控制 11 家公司,部分公司业务与发行人或为上下游。另外,实际控制人具有重大影响的企业有 4 家,其中部分在报告期内与发行人存在交易。实际控制人钟某光近亲属控制或具有重大影响的企业部分报告期内发行人存在交易。请发行人:(1)补充披露实际控制人、实际控制人近亲属、董事陈某杰控制或具有重大影响的企业的具体情况,包括设立时间、股权结构、注册资本、主营业务演变情况,与发行人业务之间的关系,报告期内主要财务数据,部分企业名称与披露的主营业务不符的原因,比照上述要求说明张某广及其近亲属控制或具有重大影响企业的相关情况,张某广辞职原因,其辞职后上述与其相关企业是否与发行人存在交易和资金往来。(2)补充披露报告期内注销关联方原因,注销程序是否合法合规,是否存在法律瑕疵和纠纷,转让惠州永通塑料股权原因,受让方情况,交易定价依据是否公允,交易价款支付情况,转让是否真实、有效,受让方是否与发行人股东、实际控制人、董事、监事、高级管理人员存在关联关系或其他利益安排,转让后是否与发行人存在交易和资金往来。请保荐机构、发行人律师发表核查意见。

"关于关联交易。报告期内,发行人与实际控制人近亲属具有重大影响的煜辉建材、三盈邦运输存在销售、采购的交易。其中向煜辉建材销售钛白粉,2016 年、2017 年的销售金额分别为 1400.37 万元、460.41 万元,2018 年煜辉建材注销。2016~2018 年,三盈邦运输向发行人提供运输服务,交易金额为 853.59 万元、

917.87万元、213.6万元。请发行人补充披露:(1)报告期内关联交易发生原因,交易合理性、必要性,交易具体内容,交易定价依据是否公允,说明报告期内关联交易金额占交易对方同期营业收入/采购总额的比例,是否存在利益输送或关联方为发行人分摊成本、费用的情形,关联方使用公司资源的原因和必要性,是否存在资产、人员、机构、人员等混同的情形。(2)报告期内关联方应收应付往来款项的发生情况,对关联方无息借款的发生金额,发行人对关联方是否存在资金依赖。请保荐机构、发行人律师发表核查意见。

"32.关于关联方转让和注销。请发行人补充披露报告期内转让或注销多家关联方的原因,相关公司设立以来的生产经营情况、财务状况、存续期间是否合法经营,注销前从事的业务与发行人的主营业务之间的关系、注销后管理人员和生产人员的工作去向,与发行人是否重叠。请保荐机构、申报会计师核查,并发表核查意见。"

另外,依据《固克节能科技股份有限公司的发行人及保荐机构第一轮问询回复意见》,炬光科技(688167)等的首发上市反馈回复等,相关主体报告期内存在多个关联方注销、股份转让的情形。

案例3-296 作为大股东的关联方既是客户又是供应商,且关联交易金额较大

浙江盛泰服装集团股份有限公司发审委会议提出询问的主要问题包括:"1.雅戈尔集团和伊藤忠商事为持有发行人5%以上股份的股东,同时为发行人的供应商和主要客户,报告期内发行人与上述股东关联交易金额较大。请发行人代表说明:(1)发行人向雅戈尔集团、伊藤忠商事既有采购又有销售的原因及合理性,关联交易价格的公允性,是否存在通过关联交易调节收入、费用、利润的情形;(2)发行人向伊藤忠商事销售平均价格高于向优衣库销售平均价格的原因及合理性,优衣库委托伊藤忠商事向发行人采购,而不直接向发行人采购的原因及合理性;(3)发行人与雅戈尔集团存在资金拆借的原因,资金是否被持续占用;(4)发行人与雅戈尔集团和伊藤忠商事之间的关联交易是否影响发行人的独立性,发行人与雅戈尔集团、伊藤忠商事是否存在与本次发行上市相关的特殊利益安排;(5)发行人的客户、供应商与雅戈尔集团的客户、供应商是否存在重合或受同一主

体控制的情况，雅戈尔集团是否存在向发行人输送客户资源、代垫成本费用等利益输送情形。请保荐代表人说明核查依据、过程，并发表明确核查意见。”

案例3－297　问询关联方注销和转让原因，转让是否存在代持

依据《昆山兴协和科技股份有限公司首次公开发行股票申请文件反馈意见》，其关于注销或转让关联方的审核问询意见包括，请发行人补充说明：(1)报告期内注销或转让的关联方的基本情况，注销或转让原因；报告期内及期后关联企业注销后资产、业务、人员的去向，报告期内与发行人的业务、资金往来情况，交易价格是否公允，是否存在为发行人代为承担成本、费用或调节利润的情形。(2)对外转让关联方是否属于真实转让，受让方是否存在代持，目前是否与发行人存在业务、资金往来，是否存在关联交易非关联化的情形。(3)报告期注销或转让的子公司是否存在重大违法违规行为，江苏喜滔目前的生产经营状态，与发行人是否存在业务竞争。请保荐机构、发行人律师核查并发表明确意见。

（五）辞职

发行人的董事或高级管理人员在其他公司任职董事或者管理人员等，则类似公司构成发行人的关联方。由于任职等形成的关联方（假定不存在其他关联关系），可以通过辞去相关的职务等形式改变关联方的属性，进而不适用认定关联方的依据，在12个月后不再将相关主体作为关联方。但是按照规定，在过去12个月内具有关联关系的主体，即使关联关系不再存续，在12个月内发生类似情况的，仍应当按照关联方处理。

依据浙江恒威电池股份有限公司的审核问询函，要求补充披露发行人的董事柯某青曾担任董事或高管的杭州新世纪电子科技有限公司等3家公司目前是否存续，柯某青不再担任董事或高级管理人员的原因，是否存在关联交易非关联化的情形。

第十节 控股子公司及参股公司

一、子公司常见关注事项

(一)关于发行人的子公司实缴出资的要求

《公司法》(2018修正)第28条规定:股东应当按期足额缴纳公司章程中规定的各自所认缴的出资额。股东以货币出资的,应当将货币出资足额存入有限责任公司在银行开设的账户;以非货币财产出资的,应当依法办理其财产权的转移手续。股东不按照前款规定缴纳出资的,除应当向公司足额缴纳外,还应当向已按期足额缴纳出资的股东承担违约责任。

上市审核要求发行人的认缴出资必须全部实缴,但未要求发行人的子公司的出资需要全部实缴到位。

1.重要子公司应尽量出资到位

子公司的出资是否需要实缴到位,首先要区分子公司的重要性,对发行人重要的子公司原则上应完成注册资本实缴。对重要子公司的判断,要按照IPO审核过程中对重要子公司的要求进行,另外,在相关的收入和利润占比的基础上,需要关注持有发行人合并范围内的核心技术或关键资源的子公司,持有重要的资质以及开展发行人未来业务的子公司等。

2.对于临近出资期限的,应当出资或延长出资期限

一般情况下,子公司的注册资本应在公司章程约定的期限内缴纳,未按期足额缴纳的,应及时补足或召开股东会延长实缴期限,对个别子公司实缴出资存在困难的,可以考虑对实缴期限出具相关承诺。

3.需要关注子公司注册资本数额合理性及出资对发行人的影响

需要关注子公司注册资本数额的合理性以及与开展业务规模的匹配性,关注相关的出资义务和时间对发行人的影响。同时,需要考虑子公司的净资产情况、业务经营情况等,要结合子公司的设置合理性和小股东的情况考虑。

案例 3-298 发行人境外子公司未实缴出资,未实际运营

依据《关于上海合合信息科技股份有限公司首次公开发行股票并在科创板上市申请文件的首轮审核问询函的回复》,审核问询意见:“16.1 关于控股子公司根据招股说明书,(1)苏州贝尔塔、上海生腾等子公司存在净资产、净利润为负的情形;(2)公司投资设立美国子公司即 CC Imtelligence Corporation(CCI)及转让 CCI 股权未履行境外投资备案手续,上海临冠向 CCI 实缴出资未履行外汇登记手续,未来仍存在主管部门对发行人进行处罚的风险;(3)发行人新加坡子公司于 2020 年 11 月成立,截至目前暂未开始运营,未实缴资本金。请发行人说明:(1)部分子公司亏损、净资产为负的原因,是否存在债务履约风险;(2)相关主管部门就 CCI 境外投资手续存在瑕疵事项对发行人进行处罚的预计影响、是否对发行人经营活动及本次发行上市产生障碍,发行人境外设立公司及开展业务是否履行了所在国相关审批或备案程序(如需)、是否依法履行纳税义务;(3)新加坡子公司成立时是否履行了境外投资相关审批程序(如需),自成立以来未实缴出资也未实际经营的原因。请保荐机构、发行人律师对上述事项进行核查并发表明确意见。”

案例 3-299 要求说明子公司未足额出资的原因以及参股公司是否能够持续经营

依据《关于北京亿华通科技股份有限公司首次公开发行股票并在科创板上市申请文件审核问询函的回复》(亿华通、688339),审核问询意见:“问题 7. 招股说明书披露,发行人拥有 3 家一级子公司神力科技、亿华通动力、青谷科技(法人独资),1 家二级子公司神融科技,2 家重要参股公司张家口海珀尔、亿氢科技。其中神融科技为神力科技全资子公司,暂未开展具体业务,主要收入来源于其自有房产出租,其净资产为 -557.98 万元。张家口海珀尔净资产为 -466.43万元。神力科技对发行人主营业务发展具有重要作用,发行人仅持有神力科技 31.26% 的股权。请发行人:(1)说明神力科技、张家口海珀尔未足额缴纳注册资本的原因及欠缴出资的具体股东;(2)补充披露青谷科技与亿氢科技的实收资本,并说明设立目的及迄今未开展业务的原因;(3)说明发行人财产与青谷科技财产是否相互独立;(4)说明神融科技未开展具体业务却净资产为负的原因,是否存在破产风险,其财产是否与神力科技财产相互独立;(5)说明张家口海珀尔是否存在破产风险,发行

人与其是否存在项目合作与债权债务关系;(6)比照上市公司的标准简要补充说明上述公司的历史沿革,其设立、存续是否依法履行相关程序(如需),报告期内的规范运行情况;(7)说明神力科技、亿华通动力、张家口海珀尔净利润发生明显波动的原因;(8)说明控股子公司其他主要股东的基本情况,包括股权结构、主营业务或近5年的从业经历,公司与其开展合作的背景,其对合资公司除出资外的其他资源要素投入情况,其与发行人除共同投资外是否存在其他关联关系、业务关系或资金往来,发行人及控股子公司对其是否存在技术研发、市场开拓等方面的依赖,是否存在利益输送安排,是否合法合规;(9)说明控股子公司股权结构的设定依据,股东各方实缴出资,股东表决和分红是否按照持股比例进行;(10)说明发行人是否能实际控制神力科技和张家口海珀尔,神力科技是否有被其他股东控制的风险。请保荐机构和发行人律师对核查并发表明确意见。"

案例 3-300 子公司的少数股东资金来源以及与实际控制人的关联关系

依据《关于远信工业股份有限公司首次公开发行股票并在创业板上市申请文件的审核问询函之回复报告》(远信工业、301053),审核问询意见:"12. 关于新设子公司。2019 年 8 月 16 日,发行人与洪某、宋某里共同投资设立控股子公司盛星装备,生产用于梭织面料的拉幅定形机;2020 年 3 月 26 日,发行人与戴某超、朱某共同投资设立控股子公司普信智能,生产自动缝头机;2020 年 5 月 9 日,发行人与唐某涛、黎某朋共同投资设立控股子公司远能环保,生产污泥烘干设备。请发行人:补充披露盛星装备、普信智能、远能环保截至目前的出资实缴情况、相关股东实缴出资资金来源,是否存在代缴、代持相关子公司股权的情形,戴某超、朱某、唐某涛、黎某朋、洪某、宋某里与发行人及其控股股东、实际控制人、董事、高级管理人员是否存在实质或潜在关联关系。"

(二)转让、注销子公司

报告期内对于子公司的股份转让、注销等需要谨慎处理,需要全面考虑相关的处理方法,确实存在相关情况的,需要关注的事项包括:在上市审核过程中,子公司发生股份转让或者注销的,首先要解释发行人、发行人的实际控制人报告期内注销或转让子公司的情况及原因、背景;子公司转让或者受让主体的履历、资金来源,是否有相关的从业经验等;公司在报告期内的股权结构、主营业务、财务状况等,以及相关业务、资产、人员、债务处置情况;相关的交易是否构成关联交易,是否存在关联交易非关联化的情况;相关的主体是否属于发行人或者发行人实际控制人的关联方,是否存在特殊的利益安排,是否存在股份代持等;相关的交易后对发行人尤其是合并财务数据额的影响;报告期内纳入合并范围的损益情况,是否存在为发行人承担成本、费用及利益输送等情形;子公司是否存在违法违规行为,是否存在因受到行政处罚或存在重大违法违规而被注销的情况,是否影响发行人董事、监事、高级管理人员任职资格;交易定价的合理性和公允性。

案例 3-301 论证存在注销或者转让子公司情形的原因

依据《关于成都国光电气股份有限公司首次公开发行股票并在科创板上市申请文件的审核问询函之回复报告》,审核问询意见:“问题 26. 关于注销或转让子公司。请保荐机构和发行人律师核查以下事项并发表明确意见:(1)发行人、发行人的实际控制人报告期内注销或转让子公司的情况及原因;(2)上述公司在报告期内的股权结构、主营业务、财务状况等,以及相关业务、资产、人员、债务处置情况;(3)报告期内上述公司是否存在违法违规行为,是否属于破产清算或吊销营业执照的情形,是否存在纠纷或潜在纠纷,相关债务处置是否合法合规,是否存在关联交易非关联化的情况。”

反馈回复如下:1. 发行人报告期内注销或转让、减资子公司见表 13:

表 13 发行人报告期注销或转让子公司情况

序号	公司名称	转让/注销/减资完成时间	转让/注销/减资	发行人原持股比例	转让/注销/减资的原因
1	国光包装	2018 年 8 月	转让	30.77%	集中主业,剥离辅业
2	国雄光电	2018 年 9 月	转让	51.19%	集中主业,剥离辅业

续表

序号	公司名称	转让/注销/减资完成时间	转让/注销/减资	发行人原持股比例	转让/注销/减资的原因
3	机电公司	2018年10月	转让	85.41%	集中主业,剥离辅业
4	房地产公司	2018年10月	转让	99.99%	集中主业,剥离辅业
5	新产业公司	2018年12月	减资	89.81%	集中主业,剥离辅业
6	珍宴堂	2019年4月	注销	75.00%	多年未经营,在报告期内注销

2.发行人实际控制人报告期内注销或转让其控制的其他企业。

案例3-302 短时间内收购、转让、注销子公司

依据《关于中科微至智能制造科技江苏股份有限公司首次公开发行股票并在科创板上市申请文件的审核问询函之回复报告》,其反馈意见如下:"2.3招股说明书披露,中科贯微为公司于2020年1月非同一控制下收购的全资子公司。公司曾持有广东凌广70%的股份,于2019年1月对外转让所持股权;公司、李某燕曾分别持有杭州中微25%、75%的股权,于2020年3月向上海誉泰智能科技有限公司转让所持全部股权;公司曾持有资阳微至100%的股权,资阳微至于2019年8月注销。报告期内,公司存在向杭州中微及广东凌广销售产品的情形。请发行人说明:(1)广东凌广、资阳微至、杭州中微的基本情况,报告期内主要的财务数据,简要的历史沿革;(2)前述公司主要从事的业务,注销、转让的原因及对发行人生产经营的影响;(3)报告期内纳入合并范围的损益情况,是否存在为发行人承担成本、费用及利益输送等情形;(4)前述子公司是否存在违法违规行为,是否存在因受到行政处罚或存在重大违法违规而被注销的情况,是否影响发行人董事、监事、高级管理人员任职资格;(5)转让方的具体情况,股权转让定价的公允性,转让价款是否实际支付,转让是否真实;(6)转让、注销后资产、人员的处置或安置情况,是否存在纠纷或潜在纠纷;(7)公司与前述公司的交易模式,交易价格的公允性。请保荐机构、申报会计师、发行人律师对上述核查并发表明确意见。"

反馈回复如下:

1.广东凌广、资阳微至、杭州中微主要从事的业务,注销、转让的原因及对发

行人生产经营的影响

广东凌广、资阳微至、杭州中微主要从事的业务及注销、转让的原因及对公司生产经营的影响具体分析见表 14：

表 14　相关公司的注销或转让情况

公司名称	注销、转让前从事的业务	注销、转让的原因	对生产经营的影响
广东凌广	销售交叉带分拣系统等物流装备，主要覆盖广东地区快递物流集团网点加盟商	因公司发展战略整，与广东凌广原股东曾某协商一致后终止合作	转让后，公司与广东凌广不再继续合作，广东地区客户由公司新成立的广东微至进行覆盖，对公司的生产经营不构成重大影响
资阳微至	原计划在资阳建立物流装备生产基地，后因生产基地设在安徽南陵，资阳微至未实际开展经营性业务	注销未实际开展业务的子公司	无影响
杭州中微	销售交叉带分拣系统等物流装备，主要覆盖快递物流集团网点加盟商	为集中优势资源重点服务中通、顺丰等总部集团公司大客户，同时为了保持公司产品在快递物流行业的市场占有率，并解决公司同业竞争的问题，杭州中微股东李某燕和公司选择对外转让杭州中微股权	转让后，杭州中微作为公司的经销商覆盖快递物流集团网点加盟商，转让前后，公司与杭州中微的合作模式未发生变化，对公司的生产经营不构成重大影响

上述控股及参股子公司的注销和转让均为公司调整发展战略、进一步优化资源配置的结果，对公司生产经营不构成重大不利影响。

2. 收购的子公司为重要的供应商且为关联方

中科贯微从事视觉识别技术研究及产品应用开发业务，系公司相机等图像识别设备的主要供应商，公司总经理姚某同时在中科贯微担任总经理，为公司的关联方。因此,公司为完善公司的产业链布局,提高公司对关键部件研发、生产及产品质量的控制力,增强竞争优势规范,并减少关联交易,增强公司业务的独立性,经与其原股东协商一致后,决定收购中科贯微100%的股权。

公司将相机生产相关专利免费授权给中科贯微使用,系双方基于购销关系协商确定,该等授权主要基于如下商业考虑:

(1)公司免费授权给中科贯微使用的3项专利属于图像识别方面的专利技术,主要应用于公司智能物流分拣系统中核心部件相机的生产。中科贯微主要从事工业视觉识别技术研究及相关设备开发业务,系公司相机等图像识别设备的主要供应商。公司向中科贯微授权使用图像识别方面相关专利,主要为保障中科贯微能够根据公司的定制需求生产高质量的工业相机设备。

(2)报告期内,公司是中科贯微的第一大客户,中科贯微向公司销售产品收入占其各期营业收入的比例均超过88%,中科贯微生产的相机、灰度仪等设备均主要应用于公司的智能物流分拣系统产品。因此,公司免费授权中科贯微使用上述专利,也最终应用于公司产品。

案例3-303 报告期内发行人注销多家子公司

依据《关于杭州光云科技股份有限公司首次公开发行股票并在科创板上市申请文件的审核问询函之回复》(光云科技、688365),“招股说明书披露,发行人报告期内注销了大连旺店、北京移动未来等4家子公司。请发行人说明上述子公司:(1)报告期内的经营情况,主要财务数据(总资产、净资产、收入、利润总额、净利润);(2)注销的原因,注销前是否存在违法违规事项,注销所履行的程序及合法合规性,注销后资产、人员的处置或安置情况,是否存在纠纷或潜在纠纷。请保荐机构、发行人律师对上述事项进行核查,并发表明确意见”。

案例3-304 将子公司转让给离职员工

依据《江西阳光乳业股份有限公司首次公开发行股票申请文件反馈意见》,其审核问询意见如下:2020年,发行人转让子公司乳业电商,交易对手方为付某及其控制的南昌远博广告传媒有限公司,付某为发行人前员工,于2018年离职;同年,发行人转让参股公司纽籁特乳业35%的股权,交易对手方为陕西欢恩宝乳业股份有限公司。请发行人补充说明:(1)前述交易中交易对手方的具体情况,交易背景,交易定价依据及公允性,交易对手方是否与发行人及其股东、关联方、客户、供应商存在资金、业务往来;(2)所转让子公司资产、负债、人员、技术、设备、客户、供应商情况,转让后与发行人是否存在资金、业务往来,转让前后是否与发行人股东、关联方、客户、供应商存在资金、业务往来,上述转让行为是否仍对发行人有持续影响;(3)上述转让对发行人经营情况及财务报表的影响,相关会计处理是否符合企业会计准则的相关规定,是否履行涉及的相关纳税义务。请保荐机构、申报会计师核查并发表明确意见。

(三)控股子公司其他股东

关于发行人控股子公司的其他股东,需要关注:是否属于发行人与发行人的董事、监事、高级管理人员或者关联方进行的共同投资;相关的其他股东是否属于发行人的客户或者供应商的实际控制人或者其关联方;少数股东的背景、从业经历,是否具有相关的从业经历,相关投资的合理性;少数股东是否曾在发行人处任职或持有发行人股份;相关的主体是否属于发行人或者发行人实际控制人的关联方,发行人与其他股东之间是否存在特殊的利益安排,是否存在股份代持等。

案例3-305 上市公司的控股股东从控股发行人变更为参股

浙江盛泰服装集团股份有限公司审核中,发审委会议提出询问的主要问题为:"2.发行人控股股东原为雅戈尔集团,截至目前,雅戈尔集团通过雅戈尔服装持有发行人19.85%的股份。雅戈尔集团既是发行人客户也是发行人供应商,发行人、宁波盛泰、香港盛泰中多人存在雅戈尔集团的任职经历。请发行人代表说明:(1)雅戈尔集团减持发行人股权的具体原因,宁波盛泰、伊藤忠商事、伊藤忠亚洲认购雅戈尔集团所持发行人股权的资金来源,是否存在由雅戈尔集团向上述单位提供借款或财务资助的情况,股权转让价格是否公允;(2)雅戈尔集团与宁波盛泰、徐某及其控制的关联方、伊藤忠商事、伊藤忠亚洲是否存在委托持股安排;(3)雅戈尔集团将发行人从控股转为参股的原因及合理性,是否存在股权转让后,雅戈尔集团仍然控制发行人的情况,发行人的股权是否存在代持的情况;(4)发行人是否主要借助雅戈尔集团取得客户订单或进行采购,发行人是否具备自主开发客户和采购的能力,发行人对雅戈尔集团是否存在重大依赖。请保荐代表人说明核查依据、过程,并发表明确核查意见。”

案例3-306 关于控股子公司的其他股东的关注事项

依据《北京盈建科软件股份有限公司创业板首次公开发行股票申请文件反馈意见》(盈建科、300935),其审核反馈意见如下:“招股说明书披露,发行人拥有1家控股子公司北京盈建科建筑结构设计事务所有限公司,其股东构成为发行人持有其51%的出资额,自然人唐某、王某分别持有其35%、14%的出资额。请发行人:(1)说明北京盈建科建筑结构设计事务所有限公司的历史沿革及其合规性,相关合资股东最近5年履历,是否与发行人之间存在资金业务往来或相关安排;(2)发行人对其控股子公司、参股公司、分公司的披露是否真实、准确、完整。”

案例3-307 设立公司未开展业务的原因与其他小股东是否有关联

依据《关于深圳英集芯科技股份有限公司首次公开发行股票并在科创板上市申请文件审核问询函的回复》,其审核问询意见如下:“4. 关于子公司。根据申报材料:(1)子公司启承科技有限公司成立于2017年9月8日,未实际开展业务;(2)发行人于2021年1月以增资方式入股苏州智集芯,持股53%,苏州智集芯成立于2020年12月11日。请发行人说明:(1)启承科技有限公司未实际开展业务的原因;(2)发行人增资入股苏州智集芯的原因,与其他少数股东之间是否存在关联关系,入股苏州智集芯对发行人报告期后业务、财务状况的影响。”

案例3-308 问询少数股东的背景及联合设立子公司的合理性

依据《苏州纽克斯电源技术股份有限公司第三轮问询函回复》,其审核问询意见如下:“关于控股子公司佰仕朗。申报材料显示,佰仕朗于2018年成立,主营业务为研发、生产和销售室内LED灯,发行人持有佰仕朗65%的股权,张某持有佰仕朗35%的股权。请发行人说明与自然人张某合资设立子公司佰仕朗的背景、原因及合理性,佰仕朗的历史分红情况,是否存在利益输送;佰仕朗少数股东的背景、从业经历,是否在发行人处任职或持有发行人股份,与发行人、控股股东、实际控制人、董事、监事、高级管理人员、主要客户、供应商以及中介机构等关联方之间是否存在关联关系或其他利益安排。请保荐人、发行人律师发表明确意见。”

反馈回复如下:

“发行人与自然人张某合资设立子公司佰仕朗的背景、原因及合理性:

“2018年度,发行人与自然人张某合资设立子公司佰仕朗,系基于双方共同意愿与商业利益追求。一方面,张某自2008年起一直从事照明行业工作,具有较为丰富的照明行业履职经历,2018年其从原任职公司离职,但仍希望继续在照明行业发展,且有利用自有或自筹资金在该领域开展个人投资的意愿。在寻找商业伙伴的过程中,张某与发行人达成合意,与发行人共同投资设立佰仕朗并继续从事智能设备及配件、照明灯具及配件的研发、生产与销售的管理工作。另一方面,发行人看中张某在照明灯具行业多年的从业经验及经营管理能力等,决定与张某共同设立佰仕朗。

“发行人与自然人张某于2018年3月28日共同设立佰仕朗,并由张某担任董事兼总经理,负责佰仕朗的经营管理。佰仕朗设立时注册资本为750.00万元,其中发行人实缴487.50万元注册资本并持有佰仕朗65.00%的股权,张某实缴262.50万元注册资本并持有佰仕朗35.00%的股权。”

案例3-309 公司将控股子公司的股份转让至小股东及其他方

依据《关于三未信安科技股份有限公司首次公开发行股票并在科创板上市申请文件审核问询函的回复》,其审核问询意见如下:“问题13.关于关联方。根据申报材料:(1)2020年1月,公司与合作方何某芳、程某希设立天津三未(公司持股51%),主要从事商用密码产品的销售,股东未实缴全部出资;(2)因天津三未业务拓展无实质进展,2020年年末公司将天津三未41%的股权(未实缴出资部分)分别以0元价格转让给何某芳及无关联第三方高某。本次转让完成后,公司仍持有天津三未10%的股权,天津三未成为公司的参股公司。请发行人说明:

(1)何某芳、程某希、高某的基本情况,是否为发行人员工、董事、监事、高级管理人员的亲属、客户及供应商员工或其他利益相关方;(2)天津三未的销售区域、业务拓展无进展的原因,上述股权转让后天津三未的业务开展情况,是否仍从事发行人相关业务,天津三未及其股东与发行人及其客户、供应商的业务、资金往来情况,是否存在为发行人代垫成本费用的情形。请保荐机构对上述事项、申报会计师对上述事项(2)进行核查并发表明确意见,说明核查程序、核查过程及取得的核查证据。”

案例3-310 问询母子公司的业务定位、收购子公司时情况及参股公司其他股东

依据《关于昆船智能技术股份有限公司首次公开发行股票并在创业板上市申请文件的审核问询函的回复》,其审核问询意见中的问题2是关于子公司的问询。招股说明书披露:

(1)发行人于2017年纳入昆船烟机、昆船电子、昆船智能装备成为公司全资子公司,2020年上述3家子公司的净利润分别为3023.69万元、2315.13万元、1174.36万元,合计占发行人净利润的70%。

(2)报告期内,昆船数码、深蓝睿控曾为发行人的子公司。2018年,昆船电子将其持有的昆船数码45.10%的股权转让给昆船集团,转让完成后昆船电子不再持有昆船数码的股权;同时,由深蓝睿控原股东昆明海阔科技有限公司对深蓝睿控增资扩股,增资完成后昆明海阔科技有限公司持有深蓝睿控51%的股权,昆船电子持有深蓝睿控49%的股权。

请发行人说明:

(1)发行人母子公司的业务定位和主营业务开展情况,母子公司以及子公司间是否涉及转移定价;

(2)收购昆船烟机、昆船电子、昆船智能装备100%股权的过程、原因、履行程序、定价依据、收购价格及公允性、被收购时的经营业绩情况(包括但不限于营业收入、总资产、净资产、净利润等)、对报告期发行人主要财务指标的影响;被收购股权的相关评估或审计情况,具体的会计处理和核算过程,相关会计处理是否符合企业会计准则的规定;

(3)昆船烟机、昆船电子、昆船智能装备报告期内的主要财务数据,并提供经审计的财务报表;

(4)转让子公司的原因、设立以来的生产经营情况和主要财务状况;

(5)参股公司除发行人以外其他股东的基本情况,成立时间,注册地,注册及实缴资本,实际从事的业务,主要产品及与发行人业务、产品的关系,合作设立前述公司的背景,其他股东的实际控制人、主要股东与发行人、控股股东、实际控制人、董事、监事、高级管理人员的关系。

请保荐人、发行人律师、申报会计师发表明确意见。

反馈回复如下:

经核查,保荐机构、发行人律师、申报会计师认为:

(1)昆船智能与各子公司的产品和业务定位清晰,虽各有侧重,但相关产品业务在所属行业、核心技术、下游客户等各方面均具有显著的关联性和协同性;母子公司以及子公司间不涉及转移定价。

(2)发行人2017年收购昆船烟机、昆船电子、昆船智能装备100%股权系为充分发挥4家公司的竞争优势以及相互之间的业务协同性,形成完整的智能物流系统、智能产线系统产业链而进行的业务资源整合,本次收购背景具有合理性;收购过程依法履行了必要的审批程序,定价依据符合国资监管规定;因本次收购及相关会计处理均在报告期外的2017年完成,因此收购行为本身未对发行人报告期主要财务指标产生直接影响;本次收购的相关会计处理符合企业会计准则的规定。

(3)昆船烟机、昆船电子、昆船智能装备在报告期内的财务数据良好,发行人已补充提供3家公司经审计的财务报表。

(4)昆船数码自设立以来主要从事有线电视机顶盒的生产、销售;深蓝睿控自设立以来主要从事传统烟草电控系统项目的生产与销售,报告期内均合法开展生产经营活动。为聚焦主业发展,报告期内发行人将与主营业务相关性不强或与发行人未来发展战略定位有一定差异的昆船数码、深蓝睿控分别通过转让股权、转移控制权的方式进行了剥离,深蓝睿控虽与发行人的业务属于类似业务领域,但不会对发行人构成重大不利影响。

(5)参股公司深蓝睿控除发行人以外的其他股东海阔科技的基本情况、成立时间、注册地、注册及实缴资本情况属实,其主营业务为机械设备的配套电控系统开发与销售,与发行人子公司昆船电子所从事业务相似;深蓝睿控为昆船电子与海阔科技基于传统烟草行业电控系统的云南市场拓展而共同设立的公司;深蓝睿控另一股东海阔科技的实际控制人、主要股东与发行人、控股股东、实际控制人、董事、监事、高级管理人员之间不存在关联关系。

(四)收购控股子公司小股东的股份

子公司掌握核心技术、在发行人体系内收入和利润占比较高或者掌握发行人的关键资源的(一般排除销售子公司),原则上发行人应当提高子公司的持股比例,对于子公司的其他股东,原则上应当予以收购相关的股份,或者将子公司的股份换股至发行人层面。

案例 3-311 将子公司的股份换股至发行人层面

依据《广州市金钟汽车零件股份有限公司的招股说明书》,广州市金钟汽车零件股份有限公司(以下简称金钟有限)收购子公司即清远市纳格汽车零件制造有限公司(以下简称清远纳格)40% 的股权,并将子公司的股东通过增资换股至发行人。

具体情况如下:周某本次向公司增资与 2017 年 7 月公司收购周某配偶刘某芳持有的清远纳格 40% 股权构成"一揽子"交易。2013 年 6 月,金钟有限与刘某芳分别出资 120 万元、80 万元共同设立清远纳格。由于周某、刘某芳夫妇长期看好公司,拟由持有清远纳格的股权变为直接持有金钟有限股权,而清远纳格主要为公司提供电镀加工服务,对公司业务发展较为重要,公司有意全资持有,故经协商,2017 年 7 月刘某芳将持有清远纳格的股权以 1080 万元转让给金钟有限,同时,周某以等额资金向金钟有限增资,上述交易构成"一揽子"交易。公司与周某、刘某芳夫妇不存在对赌协议或其他未披露的特殊利益安排。

刘某芳参与设立清远纳格的出资金额 80 万元于 2013 年 6 月实缴到位,出资来源为家庭积累的自有资金。刘某芳出资参与设立清远纳格时,具有出资的资金能力,相关出资资金均为自有资金且通过自有账户出资,不存在资金来源于其他人的情形,不存在股权代持或其他特殊利益安排的情形。

周某本次向公司增资与公司收购周某配偶刘某芳持有的清远纳格40%股权均以各公司账面净资产为定价基础。截至2017年6月30日,刘某芳持有的清远纳格40%股权对应的净资产为1071.95万元,经双方协商,确定交易价格为1080.00万元,周某以等额资金向公司增资。周某向公司增资前,截至2017年6月30日,公司归属于母公司所有者的净资产为19,377.19万元,归属于母公司所有者的每股净资产为38.15元。考虑到发行人在花都区拥有土地使用权及房屋建筑物,其市场价值已远高于账面价值,而清远纳格的经营场所均为租赁取得,未拥有土地使用权或房屋建筑物,因此经双方协商,周某本次增资价格在金钟有限截至2017年6月30日归属于母公司所有者的每股净资产38.15元的基础上,上浮至42.00元,上浮比例为10.09%,按2017年11月整体变更为股份公司后的总股本计算的增资价格为3.14元/股,上述作价依据及增资价格具有公允性。

周某本次增资价格与2017年12月外部投资者增资入股价格11.93元/股存在较大差异,其主要原因为:周某配偶刘某芳是清远纳格的创始股东之一,在转让清远纳格股份前其已持股超过4年,周某本次向公司增资与2017年7月公司收购刘某芳持有的清远纳格股权构成“一揽子”交易,并均以标的公司账面净资产为定价基础,而2017年12月外部股东作为财务投资者向公司增资入股,增资价格以公司2018年预估净利润8000.00万元及12倍市盈率计算确定,采用了市场较为通行的市盈率法进行估值,周某与外部股东的增资入股在增资背景、估值方式上均存在较大差异,导致其增资价格存在较大差异,上述差异具备合理性。

周某与发行人实际控制人不存在股份代持或其他特殊利益安排。周某本次向公司增资的实质系将其配偶刘某芳持有公司子公司清远纳格的股权转换为直接持有公司股权,其目的并非为获取周某提供的服务,周某除在发行人担任董事之外,未担任其他具体职务,未参与公司的日常经营管理,且周某本次增资的作价依据及增资价格具有公允性,因此周某本次向公司增资未按股份支付处理,具有合理性。

另外,斯瑞尔环境科技股份有限公司(已终止)的首发上市申请材料存在收购子公司少数股东股权的情形。

案例3-312 合资设立子公司后,股份转让至其他股东,后子公司又注销

依据《中自环保科技股份有限公司审核问询函回复报告》,其审核问询意见如下:“问题4.关于子公司。招股说明书披露,公司与河北亿利是一汽解放部分发动机尾气后处理产品公告中的涂层和封装供应商,双方于2016年7月投资设立河北中自,旨在开展封装业务。2017年10月19日,公司将持有的河北中自60%的股权转让给河北亿利,转让对价约定为人民币1800万元。河北中自目前已注销。请发行人说明:(1)公司与河北亿利设立河北中自由发行人控股的原因,发行人与河北亿利设立河北中自时各自的出资情况;(2)河北中自设立后是否开展业务,对发行人业务及财务的影响;(3)公司转让河北中自股权给河北亿利的背景、原因,股权转让价格的定价依据及公允性,是否存在利益输送情形,相关价款支付情况、是否缴清相关税费;(4)河北中自是否存在替发行人承担成本、费用的情况,注销原因,是否存在重大违法违规情形。请申报会计师对第(1)项、第(2)项、第(3)项核查并发表意见,请发行人律师对第(4)项核查并发表意见。”

反馈回复如下:“河北中自成立后,尽管生产运营状况良好,但双方股东逐渐在公司管理、运营模式等方面持有不同看法,经充分协商后亦无法消除彼此在经营理念上的差异,因此中自环保决定退出。中自环保于2017年10月将所持河北中自股权转出后,河北中自不再是中自环保的子公司,后于2020年3月完成注销。河北中自的注销原因为河北中自后续经营不善,尹某伟作为河北中自当时唯一的股东决定注销公司。”

(五)调出合并报表范围的国有公司应审批备案

若控股子公司属于国有企业,出让股份导致子公司不再是合并报表范围的企业,应当履行国有资产审批或备案程序。

案例3-313 调出报表范围需履行的审批程序

依据《关于北京华大九天科技股份有限公司首次公开发行股票并在创业板上市申请文件第二轮审核问询函之回复报告》,存在从国有控股合并范围的子公司

调出合并报表范围的事项,审议机构反馈意见如下:"(1)中国电子集团2017年度财务报表及审计报告中将九天有限调整为'本期不再纳入合并范围的子公司'所履行的审批、备案程序,就发行人发行上市事项中国电子集团所履行的有关审批、备案程序是否完整。(2)根据中国电子集团内部关于控股、参股企业的管理制度,发行人内部管理规程等,发行人在公司治理、经营决策方面需要向中国电子集团或其他除发行人股东会、董事会外的有权机构履行的审批、备案流程;报告期内,发行人资金管理、费用支出是否存在统一管理,或需向中国电子集团及其下属企业进行报备、审批的事项。"

回复如下:中国电子集团2017年度财务报表及审计报告中将九天有限调整为"本期不再纳入合并范围的子公司"所履行的审批、备案程序,就发行人发行上市事项中国电子集团所履行的有关审批、备案程序是否完整。

1. 中国电子集团2017年度财务报表及审计报告中将九天有限调整为"本期不再纳入合并范围的子公司"所履行的审批、备案程序

中国电子集团2017年度财务报表及审计报告中将九天有限调整为"本期不再纳入合并范围的子公司"所履行的审批、备案程序具体如下:

(1)中国电子集团向国务院国资委报备《中国电子信息产业集团有限公司关于2017年度财务决算管理备案的报告》(中电财〔2017〕679号):2017年12月24日,中国电子集团将包含当期(2017年度)出表企业清单在内的相关内容报国务院国资委备案。(2)中国电子集团编制2017年度财务报表及附注:如中国电子集团2017年度财务报表及附注所述,发行人为中国电子集团"本期不再纳入合并范围的原子公司",出表原因为"丧失控制权"。中国电子集团法定代表人、主管会计工作负责人、会计机构负责人均已在财务报表中签字,中国电子集团对财务报表及附注加盖公章。(3)中国电子集团召开董事会审议通过2017年度财务决算报告:2018年4月26日,中国电子集团召开董事会审议通过2017年度财务决算报告。(4)中国电子集团2017年度审计机构对出表事项进行确认并出具审计报告:2018年4月26日,立信会计师事务所(特殊普通合伙)出具信会师报字(2018)第ZG27525号《审计报告》,认为中国电子集团2017年度财务报表的编制符合企业会计准则的规定,并对包括九天有限出表及出表原因等事项进行确认。(5)中国电子集团向九天有限下发出表通知:2018年5月,中国电子集团向九天有限下发

书面通知,对将九天有限列为中国电子集团参股企业并进行管理的事项予以正式确认。中国电子集团已出具声明书,确认2017年已将包含九天有限出表的财务决算事项向国务院国资委报备,且2017年度中国电子集团不合并九天有限的财务决算报告已经其董事会审议通过,并按国有资产相关管理规定完整履行所需的审批、备案程序。

综上所述,中国电子集团2017年度财务报表及审计报告中将九天有限调整为“本期不再纳入合并范围的子公司”已履行所需审批、备案程序。

2. 就发行人发行上市事项,中国电子集团所履行的有关审批、备案程序是否完整

根据中国电子集团关于参股企业管理制度的规定,中国电子集团及其下属企业的参股企业或参股企业所属子公司的首发上市事宜需与中国电子集团及其下属企业沟通,提名董事也应将拟议事项上报审议并履行内部决策程序。

就发行人发行上市事项中国电子集团已履行的有关审批、备案程序具体如下:

(1)2021年2月26日、3月3日,发行人分别向包括中国电子集团下属企业提名董事/授权股东代表在内的全体董事/股东代表发出召开第一届董事会第三次会议及2021年第二次临时股东大会的通知及与发行人本次发行上市事宜相关会议材料;

(2)2021年3月,中国电子集团下属企业向其对发行人提名董事/授权股东代表出具《对投资企业股东会议案意见及对董事沟通事项建议》,同意包括《关于北京华大九天科技股份有限公司申请首次公开发行人民币普通股并在深圳证券交易所创业板上市的议案》等与本次发行上市相关的议案;

(3)2021年3月3日、3月18日,发行人分别召开第一届董事会第三次会议及2021年第二次临时股东大会,全体董事、股东均一致审议同意《关于北京华大九天科技股份有限公司申请首次公开发行人民币普通股并在深圳证券交易所创业板上市的议案》等与发行人本次发行上市相关的议案。

中国电子集团已出具声明书,确认其已就发行人本次发行上市事宜履行相应审批、备案程序,相关程序完备,符合中国电子集团内部制度及其关于参股企业管理制度的要求。

综上所述,发行人本次发行上市事项已经发行人董事会、股东大会审议通过,相关审批、备案程序符合中国电子集团内部管理制度及其关于参股企业管理制度的要求。

(六)业务及资质

子公司的业务定位、与发行人业务的关系等属于重点事项,子公司业务的合法合规性属于发行人合法合规性的同等关注事项。子公司从事特定行业的,需要依法办理相关的资质,如果子公司从事特定业务,那么相关的业务需要满足合法合规性要求,原则上应申请相关主管部门对合法合规性出具确认意见。

案例3-314 海外子公司投资合规性以及发行人对海外子公司的控制权

依据《关于致欧家居科技股份有限公司首次公开发行股票并在创业板上市申请文件的第二轮审核问询函的回复》,审核问询意见中的问题4是关于海外子公司的问询意见。申报文件和审核问询回复显示:(1)根据日本律师的法律意见书,依据日本外汇和外贸相关法律的规定海外投资原则上需在投资后向日本银行报告相关情况,发行人子公司株式会社(发行人的日本子公司,以下简称ZIELJP)未提交该报告,日本律师认为该行为对ZIELJP影响很小。(2)日本子公司采用委托第三方协助管理的模式开展经营活动。(3)2014年7月,宋某、ZHOUXIN共同出资设立美国公司即Wuppessen Inc(以下简称Wuppessen),宋某持股80.00%,ZHOUXIN持股20.00%;2015年5月,Wuppessen股权转让后,宋某持股80.00%,ZHOUXIN持股15.00%,HUANGKETAO持股5.00%。(4)发行人子公司收购Wuppessen的主要经营性资产及业务后,Wuppessen于2018年12月7日完成注销。

请发行人补充说明:(1)子公司ZIELJP未按照日本外汇和外贸相关法律的规定提交报告的背景、原因和合理性,该行为可能产生的具体影响;(2)ZIELJP采用委托第三方协助管理的具体操作模式,是否存在相关合法合规风险,发行人能否有效控制该公司;(3)Wuppessen的原少数股东的基本情况,与发行人及其关联方是否存在关联关系,宋某与相关少数股东合作的背景和原因;(4)发行人的子公司收购Wuppessen安排中,关于原少数股东的权利义务安排情况,是否存在股份代持等情形,发行人及其子公司、实际控制人宋某等人与原少数股东是否存在纠纷或潜在纠纷。请保荐人、发行人律师发表明确意见。

依据《关于江西兆驰光元科技股份有限公司首次公开发行股票并在创业板上市申请文件审核问询函的回复》,其反馈回复如下:“依据公司子公司江西兆驰和深圳光元已在全国排污许可证管理信息平台进行了排污登记管理,并取得了《固定污染源排污登记回执》。公司子公司南昌兆驰并未开展LED相关业务,其拥有的厂房租赁给江西兆驰作为生产经营用地,无须取得排污许可证或进行排污登记。”

案例3-315 问询设立子公司的商业合理性及业务定位

依据《艾郎科技股份有限公司首次公开发行股票申请文件反馈意见》,其审核问询意见如下:“37. 招股说明书披露,发行人所拥有多家子公司。请发行人:(1)补充披露设立各子公司的商业合理性,各子公司之间的业务关系、发展定位、与发行人主营业务的对应关系,子公司报告期是否受到过行政处罚,是否构成重大违法行为;(2)补充披露发行人实际控制人、董事、高级管理人员是否直接或间接持有发行人子公司的权益。请保荐机构、发行人律师发表明确意见。”

案例3-316 存在未实际开展业务的子公司

依据《上海仁度生物科技股份有限公司问询函回复》,其审核问询意见如下:“14. 关于子公司。招股书披露:(1)公司拥有4家全资子公司,2家全资孙公司,部分子公司成立多年但未开展实际经营。境外子公司美国仁度从事酶的研发生产,主要为仁度生物供应产品原料。(2)发行人的境外专利Self-foldingamplificationoftargetnucleicacid,系美国仁度受让于发行人原子公司RDBioScience,Inc。请发行人说明:(1)子公司未实际经营的原因、各子公司之间的战略及业务定位、与发行人主营业务的关系;(2)RDBioScience,Inc获取发明专利的背景、技术应用情况、对应的产品销售情况等,子公司注销的原因、注销前的股权结构、主营业务、财务状况等,注销后相关资产、人员、债务处置情况,是否存在纠纷;(3)美国仁度的业务开展情况,采购原材料的名称、供应商、采购金额、加工过程，其原材料采购是否存在重大依赖；其研发生产的酶是否全部销售给发行人，是否存在其他客户；发行人通过境外子公司而非境内主体研发生产酶的商业考虑。请保荐机构、发行人律师核查并发表明确意见。”

案例3-317　问询子公司业务以及子公司的设立是否符合境外投资规定

依据《关于青岛豪江智能科技股份有限公司首次公开发行股票并在创业板上市申请文件的审核问询函的回复问题》，其审核问询意见中的第7点是关于子公司的问询。招股说明书显示：

(1)发行人于2018年设立韩国子公司，负责进口驱动器以及相关配件，并将此直接销售或组装后销售，于2019年设立美国子公司，负责销售升降柱、单马达驱动器、双马达驱动器、控制器等，于2020年设立日本子公司，拟主要进行医疗器械及其组件、驱动器、控制系统的进出口及销售；

(2)韩国员工潘某淑因个人资金需要于2020年12月30日向发行人借入1.70亿韩元，2020年12月31日归还0.20亿韩元，于2021年1月7日归还剩余的1.50亿韩元(折合人民币89.96万元)。

请发行人说明：

(1)韩国子公司采购和销售业务对应的主要供应商和客户，是否负责产品组装，工作人员人数与业务规模是否匹配；

(2)韩国子公司、美国子公司、日本子公司主要业务存在一定差异的原因，报告期各期前五大外销客户没有韩国、日本公司却在韩国长期经营子公司且在日本开设子公司的原因；

(3)潘某淑在韩国子公司的任职经历及职位，借款币种及资金来源，借款事项是否存在异常情形；

(4)发行人与境外子公司的资金往来是否与其业务往来规模相匹配，是否存在较大金额资金异常流出的情形，发行人的境外经营与外汇资金往来是否符合相关规定；

(5)发行人投资设立境外子公司是否符合我国有关境外投资、外汇管理等方面的有关规定，相关子公司的生产经营活动是否符合所在国家或地区的相关规定，是否存在违法违规行为。

请保荐人、发行人律师发表明确意见。

二、参股公司

（一）参股公司关注事项

参股公司尤其是投资额较大的参股公司，需要关注事项如下：(1)投资目的、投资背景，合作协议主要条款；(2)参股公司的业务定位以及与发行人业务关系；(3)参股公司是否认定为公司的关联方；(4)与参股公司之间交易定价是否公允；(5)发行人董事、监事、高级管理人员、核心技术人员和其他员工在参股公司的任职或实质参与工作情况；(6)参股公司的客户情况；(7)参股公司使用发行人的商标或者字号的合理性等；(8)参股公司其他股东的情况，是否与发行人的实际控制人存在关联关系或一致行动关系等。

案例 3-318 问询发行人为何不从事参股公司业务

依据《关于有研半导体硅材料股份公司首次公开发行股票并在科创板上市申请文件的审核问询函之回复报告》，其审核问询意见中的第4点是关于参股公司的问询意见。根据招股说明书及申报文件，(1)2019年12月18日，德州市人民政府、有研科技集团有限公司（以下简称有研集团）、株式会社RS Technologies、德州汇达基金签署合作协议书，拟投资62亿元用于12英寸集成电路用大硅片产业化项目，第一阶段的120万片/年生产线投资25亿元人民币，第二阶段的240万片/年生产线投资约37亿元。(2)山东有研艾斯于2020年3月成立，股东有德州惠达、有研集团和发行人，持股比例分别为60.82%、19.99%、19.99%，公司无实际控制人。(3)发行人通过山东有研艾斯参与12英寸硅片项目，该项目目前尚处于研发、认证阶段。发行人将抛光机、清洗机，以及前期为实施12英寸产业化项目采购的12英寸单晶炉等设备转让给山东有研艾斯北京研发中心，用于12寸硅片的研发生产。请发行人说明：(1)2019年合作协议的签署背景、具体安排和履行情况,发行人及关联方就12英寸产品产业化合作是否签署对赌协议或其他特殊权利安排;(2)发行人向山东有研艾斯北京研发中心转让设备的金额和定价依据;(3)德州惠达、有研集团和发行人在山东有研艾斯日常经营中的具体作用;截至目前,山东有研艾斯的经营情况、员工人数和员工结构;(4)12英寸硅片项目的实施情况、所处阶段、研发成果及预计研发成功时间,截至目前已形成的产品情况,是否已有在手订单或其他意向性合同;(5)发行人董事、监事、高级管理人员、核心技术人员和其他员工在山东有研艾斯的任职或实质参与工作情况,发行人未自主开展12英寸硅片项目的原因。请保荐机构核查并发表明确意见。

案例 3-319 参股公司使用发行人字号

依据《关于苏州德龙激光股份有限公司首次公开发行股票并在科创板上市申请文件的审核问询函回复》,其审核问询意见如下:"6. 关于子公司。根据招股说明书,(1)发行人拥有4家境内全资一级子公司、1家境内全资二级子公司、2家境外全资一级子公司;(2)发行人拥有2家境内参股公司;(3)发行人实际控制人赵某(澳大利亚籍)在参股公司江阴德龙、深圳德龙任职董事;(4)2017年3月,发行人与江阴德龙签订《注册商标使用许可合同》,将发行人的3项商标许可给江阴德龙生产的光伏切片机使用。请发行人按照重要子公司的披露要求,补充披露贝林激光的历史沿革等相关情况。请发行人说明:(1)参股公司江阴德龙、深圳德龙冠名'德龙'的原因及合理性,参股公司其他股东的基本情况、从业经历或主营业务,与发行人及发行人的主要股东是否存在股权代持等特殊关系;(2)发行人对参股公司除出资外是否存在其他方面的支持或业务安排,是否存在共同客户、供应商,发行人与参股公司的主要客户、供应商是否存在上下游关系;如存在,相关交易是否公允。请发行人律师、申报会计师分别核查并发表意见。"

案例 3-320 发行人的参股公司是其客户

依据《关于珠海科瑞思科技股份有限公司首次公开发行股票并在创业板上市申请文件的第二轮审核问询函的回复》,其审核问询意见如下:"5. 关于参股公司。申报文件及问询回复显示:(1)德阳弘翌系发行人子公司珠海恒诺与客户德阳世筆合资成立的公司,珠海恒诺持股49.00%,德阳世筆持股51.00%,发行人将其作为长期股权投资,并采用权益法核算收益。报告期内,公司按权益法核算的长期股权投资收益分别为1172.90万元、819.42万元、674.07万元、524.69万元,占发行人扣非后归母净利润的比例分别为18.29%、13.27%、9.61%、10.87%。(2)报告期内,德阳弘翌营业收入分别为6613.97万元、5724.31万元、5798.53万元、5440.36万元,绕线服务收入分别为3246.26万元、4074.63万元、3689.32万元、4454.51万元,向德阳世筆及其关联方提供绕线服务占比分别为100%、100%、92.36%、96.72%。请发行人说明:(1)德阳弘翌除经营绕线服务外,经营的其他业务类型,是否主要向股东德阳世筆及其关联方销售,发行人是否就德阳弘翌向德阳世筆及其关联方的销售价格等与德阳世筆等公司进行约定,德阳弘翌销售价格是否公允。(2)就发行人向德阳弘翌销售设备、确认投资收益等事项对发行人财务状况的影响进行重大风险提示。请保荐人、申报会计师发表明确意见。"

反馈回复如下:

1. 德阳弘翌主要经营小型磁环线圈绕线服务,主要销售对象为股东德阳世筆及其关联方

报告期内,德阳弘翌营业收入分别为3689.32万元、4074.3万元、6840.17万元,其中小型磁环线圈绕线服务类产品销售占比分别为100%、100%、98.81%,仅2021年存在少量原料销售。报告期内,德阳弘翌主要向德阳世筆及其关联方销售,销售的比例分别为100%、92.00%和97.94%。德阳弘翌销售情况如下:(明细省略)。

2. 珠海恒诺与德阳世筆约定产品销售价格,其价格与公司对外销售的价格不存在重大差异,德阳弘翌销售价格公允

珠海恒诺与德阳世筆于2016年8月签订合作协议,并对合资公司的产品售价作出了如下约定:"双方协商公司成立、设备全部投产之日起第一年产品加工单价0.045元人民币(不含税);第二年产品加工单价0.042元人民币(不含税);第三年产品加工单价0.038元人民币(不含税),双方应共同遵守此协议市场销售价格规定"。磁环线圈的定价受规格型号、时产能、合格率、生产设备配件损耗以及设备维护周期等因素影响,协议中约定的销售价格仅针对常规型小型磁环线圈,其他规格型号的小型磁环线圈销售价格依据当时市场价格确定。合作协议中仅

约定了2016年至2018年具体的销售价格，基于双方稳定的合作关系，珠海恒诺未与德阳世笙约定2018年以后具体的产品销售价格，定价均参考当时市场价格。2018年至2021年，德阳弘翌向德阳世笙及其关联方、其他客户与公司对外提供常规型小型磁环线圈绕线服务的销售均价对比如下：(内容省略)。德阳弘翌向德阳世笙及其关联方提供常规型小型磁环线圈绕线服务的销售均价与公司对外销售的销售均价差异较小。德阳弘翌向其他客户销售均价较高，主要系其他客户订单规模较小、集中度低所致。综上所述，德阳弘翌的销售价格公允。

发行人已在招股说明书"重大事项提示"部分补充披露风险。

案例3-321 问询参股公司的业务定位和业务关系

依据《新疆宝地矿业股份有限公司首次公开发行股票申请文件反馈意见》，其审核问询意见如下："4.请发行人补充披露：(1)发行人及各控股公司、参股公司的业务定位和关系；(2)发行人与其他主体共同投资的背景、原因和必要性，共同投资主体是否与发行人控股股东、实际控制人、董事、监事、高级管理人员及其亲属存在关联关系，是否为发行人员工或前员工，与发行人客户或供应商是否存在关联关系；(3)参股公司业务与发行人业务的关系，是否存在通过参股公司进行体外利益输送的情况。请保荐机构和发行人律师核查并发表明确意见。"

案例3-322 问询参股公司与发行人业务关系

依据《关于武汉长盈通光电技术股份有限公司首次公开发行股票并在科创板上市申请文件审核问询函的回复报告》，申报材料显示：(1)长盈通热控系发行人参股公司，其中发行人持股46%，柳某万持股35%，盈新同创持股19%。长盈通与盈新同创已签署《一致行动人协议》，约定盈新同创为长盈通的跟随式一致行动人。盈新同创系员工持股平台，出资人为发行人及其全资子公司长盈鑫科技的员工。(2)发行人子公司北京长盈通持有河北长盈通60%的股权，其余40%的股权由盈和同川持有。盈和同川系员工持股平台，出资人为发行人及河北长盈通的员工。请发行人说明：(1)与柳某万、盈新同创、盈和同川合作共同投资的背景及原因，柳某万、盈和同川的基本情况，与发行人及其实际控制人是否存在关联关系或其他利益安排;(2)盈新同创、盈和同川是否为发行人的员工持股平台,分别入股长盈通热控、河北长盈通的原因,是否符合《上海证券交易所科创板股票发行上市审核问答》问题 11 的规定;(3)请说明在参股子公司、孙公司层面设置员工持股平台的原因,是否存在股权代持或其他利益安排,相关激励效果如何实现,长盈通热控、河北长盈通是否存在上市计划或计划使用募投资金的情况;是否涉及股份支付的情形,以及相应会计处理情况;在"发行人基本情况"章节披露该等员工持股平台的信息。请发行人补充披露:(1)发行人控股子公司及其参股公司与发行人主营业务的关系;(2)董事、监事、高级管理人员、核心技术人员对外投资是否与发行人及其业务相关,是否存在利益冲突及其解决情况。

案例 3-323 问询与竞争对手共同设立的公司是否签订排挤竞争对手的协议

依据《关于江苏华绿生物科技股份有限公司首次公开发行股票并在创业板上市申请文件的审核问询函之回复报告》(华绿生物,300970),其审核问询意见如下:"发行人董事、高级管理人员余某朝及冯某曾在雪榕生物子公司任职。请发行人补充披露:(1)雪榕生物及其关联方与发行人及其股东、控股股东、实际控制人及其近亲属、冯某是否存在关联关系;余某朝及冯某在雪榕生物子公司任职期间的主要职责,获取了哪些职务研发成果,权属约定如何。(2)发行人核心技术的详细产生过程,涉及研发团队人数,研发内容及获取的成果;发行人商标、专利权及软件著作权的形成背景,由转让、授权获得的,定价是否公允;发行人核心技术、商标、专利权及软件著作权是否存在由雪榕生物及其关联方转让或授权至发行人的情形;发行人是否存在与雪榕生物及其关联方关于核心技术、商标、专利权及软件著作权方面的纠纷诉讼或其他利益安排。(3)公司与雪榕生物、众兴菌业、如意情、万辰生物共同设立和正生物的必要性,发行人实际控制人及上述竞争对手实际控制人间是否协商签订市场一致价格条款、排挤其他竞争对手约定等协议,是否违反我国反不正当竞争法、反垄断法以及工商管理的相关规定。"

(二)对外参股公司是否会构成重大资产重组

即使是通过参股的形式,也可能因为参股公司构成重大资产重组。在判断资产重组时若存在未实缴的情况，原则以认缴的注册资本测算指标进行重大资产重组的判定。

《上市公司重大资产重组管理办法》第 2 条第 1 款规定："本办法适用于上市公司及其控股或者控制的公司在日常经营活动之外购买、出售资产或者通过其他方式进行资产交易达到规定的比例，导致上市公司的主营业务、资产、收入发生重大变化的资产交易行为（以下简称重大资产重组）。"

《上市公司重大资产重组管理办法》第 15 条规定："本办法第二条所称通过其他方式进行资产交易，包括：（一）与他人新设企业、对已设立的企业增资或者减资；（二）受托经营、租赁其他企业资产或者将经营性资产委托他人经营、租赁；（三）接受附义务的资产赠与或者对外捐赠资产；（四）中国证监会根据审慎监管原则认定的其他情形。上述资产交易实质上构成购买、出售资产，且按照本办法规定的标准计算的相关比例达到 50% 以上的，应当按照本办法的规定履行相关义务和程序。"

参考案例《深圳市零七股份有限公司重大资产购买报告书》（源自荣达二郎神，网址：http://doc.rongdasoft.com/report/detail? id = 336），具体情况为公司拟认缴出资 18,000 万元对联合金控进行增资。交易完成后，联合金控注册资本变更为 28,000 万元，其中公司占联合金控 64.29% 的股权，成为联合金控的控股股东。联合金控首期实收资本为其注册资本的 20%，剩余认缴出资由股东在 3 年内按比例实缴到位。其中，资产总额、净资产、营业收入占比分别为 26.43%、50.72%、0。

（三）发行人作为有限合伙人对外投资

对发行人作为有限合伙人的投资行为，主要关注点包括以下几个方面：（1）发行人作为有限合伙人进行财务性投资，其投资目的是否符合商业实质，是否具有商业合理；（2）发行人投资行为的资金来源是否为自有资金，是否动用本次募集资金；在发行人用自有资金开展此类财务投资的背景下，发行人募集资金是否具有必要性；（3）发行人在合伙企业中的决策能力，相关投资行为是否构成同业竞争；（4）发行人的会计核算方式是否符合准则规定。

案例3-324 问询参股合伙企业的财务情况和历史沿革

依据《关于湖南飞沃新能源科技股份有限公司首次公开发行股票并在创业板上市申请文件审核问询函的回复》,其审核问询意见如下:"问题3.关于共同投资。申报材料显示,常德智能制造装备产业投资合伙企业(有限合伙)为发行人的参股公司,执行事务合伙人为上海合金汇盈资产管理股份有限公司,发行人作为有限合伙人于2017年1月认缴出资额1000万元,占该合伙企业的5%。工商信息显示,上海合金汇盈资产管理股份有限公司的实际控制人为蔡某芬,蔡某芬在报告期内曾担任发行人董事职务。请发行人补充披露:(1)常德智能制造装备产业投资合伙企业(有限合伙)最近一年又一期主要财务数据及简要历史沿革;(2)报告期内发行人与常德智能制造装备产业投资合伙企业(有限合伙)的业务资金往来情况,相关交易的内容、金额、背景以及与发行人主营业务之间的关系;(3)蔡某芬任职履历、辞任发行人董事职务的原因、辞任后的去向,辞任后任职单位与发行人之间是否存在业务资金往来。请保荐人逐条对照《深圳证券交易所创业板股票首次公开发行上市审核问答》及审核关注要点关于与关联方共同投资的核查要求,发表明确意见。"

案例3-325 发行人参股的基金投资发行人的第一大客户

依据《关于孚能科技(赣州)股份有限公司首次公开发行股票并在科创板上市申请文件的第二轮审核问询函之回复报告》,其审核问询意见如下:"发行人作为有限合伙人于2016年2月参与设立孚能基金。根据孚能基金的《合伙协议》,孚能基金的合伙目的为专项股权投资新能源产业企业,北汽新能源为国内新能源汽车制造商的龙头企业之一,具有较强的投资价值和上市预期,符合孚能基金的投资要求。孚能基金于2016年4月及2017年7月向北汽新能源增资入股,合计持有3135万股股份,持股比例为0.59%。北汽集团是北汽新能源的第一大股东,此时双方并未交叉持股。2018年,孚能基金通过持有标的公司北汽新能源的股权,在北京前锋电子股份有限公司的重大资产置换及发行股份购买资产项目中以换股的方式成为北汽蓝谷的股东,北汽集团为北汽蓝谷的第一大股东。截至本回复报告签署日,孚能基金仅投资北汽新能源。"

案例 3－326 问询参股合伙企业的背景

依据《关于浙江齐治科技股份有限公司首次公开发行股票并在科创板上市申请文件的审核问询函的回复》，其审核问询意见如下："28.1 招股说明书披露，发行人持有苏州苹果天使四期投资中心（有限合伙）7.56% 的份额，苏州苹果的执行事务合伙人为北京苹果天使投资中心（有限合伙）。请发行人说明：发行人参股私募投资基金的背景，苏州苹果、北京苹果的实际控制人，是否与发行人存在关联关系或其他利益关系，苏州苹果对外投资的情况，发行人与被投资单位是否存在合作。请发行人律师对上述事项进行核查，并发表明确意见。"

反馈回复如下：发行人参股私募投资基金，主要原因系苏州苹果的主要投资方向为网络安全领域的企业，公司为获取行业内的技术发展动态而投资苏州苹果。苏州苹果的执行事务合伙人为北京苹果，北京苹果的执行事务合伙人为北京艾普优计算机系统有限公司，胡某涛持有北京艾普优计算机系统有限公司合计 87.50% 的股权。根据苏州苹果、北京苹果、胡某涛出具的说明，苏州苹果无实际控制人，北京苹果的实际控制人为胡某涛。除发行人作为有限合伙人持有苏州苹果 7.56% 的份额之外，苏州苹果、北京苹果及其实际控制人与发行人之间不存在关联关系或其他利益关系。

三、共同投资

《首发业务若干问题解答》（2020 年 6 月修订）问题 20、《深圳证券交易所创业板股票首次公开发行上市审核问答》问题 20、《上海证券交易所科创板股票发行上市审核问答（二）》问题 8，对发行人在经营中存在与其控股股东、实际控制人或董事、监事、高级管理人员的相关共同投资行为，请问发行人对此应如何披露，中介机构应把握哪些核查要点有基本相同的规定。

（一）上海证券交易所和深圳证券交易所关于共同投资的规定

以创业板为例，《深圳证券交易所创业板股票首次公开发行上市审核问答》问题 20："一些发行人在经营中存在与其控股股东、实际控制人或董事、监事、高级管理人员的相关共同投资行为,请问发行人对此应如何披露,中介机构应把握哪些核查要点?

"答:发行人如存在与其控股股东、实际控制人、董事、监事、高级管理人员及其亲属直接或者间接共同设立公司情形,发行人及中介机构应主要披露及核查以下事项:

"(一)发行人应当披露相关公司的基本情况,包括但不限于公司名称、成立时间、注册资本、住所、经营范围、股权结构、最近一年又一期主要财务数据及简要历史沿革。

"(二)中介机构应当核查发行人与上述主体共同设立公司的背景、原因和必要性,说明发行人出资是否合法合规、出资价格是否公允。

"(三)如发行人与共同设立的公司存在业务或资金往来的,还应当披露相关交易的交易内容、交易金额、交易背景以及相关交易与发行人主营业务之间的关系。中介机构应当核查相关交易的真实性、合法性、必要性、合理性及公允性,是否存在损害发行人利益的行为。

"(四)如公司共同投资方为董事、高级管理人员及其近亲属,中介机构应核查说明公司是否符合《公司法》第148条规定,即董事、高级管理人员未经股东会或者股东大会同意,不得利用职务便利为自己或者他人谋取属于公司的商业机会,自营或者为他人经营与所任职公司同类的业务。"

(二)北交所关于共同投资的规定

《北京证券交易所向不特定合格投资者公开发行股票并上市业务规则适用指引第1号》"1-26共同投资"规定:"发行人如存在与其控股股东、实际控制人、董事、监事、高级管理人员及其亲属直接或者间接共同设立公司情形,发行人及中介机构应主要披露及核查以下事项:

"(一)发行人应当披露相关公司的基本情况,包括但不限于公司名称、成立时间、注册资本、住所、经营范围、股权结构、最近一年及一期主要财务数据及简要历史沿革。

"中介机构应当核查发行人与上述主体共同设立公司的背景、原因和必要性,说明发行人出资是否合法合规、出资价格是否公允。

"(二)如发行人与共同设立的公司存在业务或资金往来的,还应当披露相关交易的交易内容、交易金额、交易背景以及相关交易与发行人主营业务之间的关系。中介机构应当核查相关交易的真实性、合法性、必要性、合理性及公允性,是否存在损害发行人利益的行为。

“(三)如公司共同投资方为董事、高级管理人员及其近亲属,中介机构应核查说明公司是否符合《公司法》第148条规定,即董事、高级管理人员未经股东会或者股东大会同意,不得利用职务便利为自己或者他人谋取属于公司的商业机会,自营或者为他人经营与所任职公司同类的业务。”

第十一节　员工、核心技术人员、员工持股、股权激励

一、员工

(一)员工独立性

1.公司的员工独立,不可交叉使用

发行人应当保证员工独立,人员不得与发行人的控股股东和其他单位交叉使用。

按照规定,律师应当查验发行人的人员是否独立。发行人的总经理、副总经理、财务负责人和董事会秘书等高级管理人员是否独立于发行人的控股股东、实际控制人及其控制的其他企业,是否在控股股东、实际控制人及其控制的其他企业中担任除董事、监事以外的其他职务,是否在控股股东、实际控制人及其控制的其他企业领薪资,发行人的财务人员是否在控股股东、实际控制人及其控制的其他企业中兼职。

案例3-327　要求律师对员工借用是否影响员工独立性发表意见

依据《成都兴蓉环保科技股份有限公司首次公开发行股票申请文件反馈意见》,审核问询意见:“申报文件披露,公司存在向环境集团及下属子公司借出人员以及向成都环晨环境实业有限公司借入人员情形。请发行人补充说明和披露:(1)报告期发行人所有借出借入人员的具体情况,包括但不限于人员人数、借出借

入人员情况、具体职位、承担的工作任务；借出借入人员的原因和合理性；(2)借出借入人员薪金等相关费用的负担主体，发行人是否符合人员独立性的要求。请保荐机构、发行人律师核查并发表明确意见。”

2. 财务人员独立性

发行人的财务人员不得在其他单位兼职，更不可在控股股东单位任职。相关的劳动合同签订、社会保险缴纳、工资发放等应当在发行人。同时，为了保证财务人员的独立性和内控制度的有效性，不建议与公司董事、监事、高级管理人员、控股股东及实际控制人(如为个人)具有亲属关系的人员担任公司财务部门人员。

按照规定，律师应当查验发行人的财务是否独立。发行人是否建立了独立的财务部门，是否存在与控股股东、实际控制人及其控制的其他企业共用银行账户的情形。

案例 3－328 问询财务人员是否是实控人亲属

依据《浙江真爱美家股份有限公司首次公开发行股票申请文件反馈意见》，审核问询意见：“26. 请保荐机构、会计师说明公司财务部门人员与公司董事、监事、高级管理人员、控股股东及实际控制人(如为个人)是否具有亲属关系，如有，是否会影响财务工作独立性。请保荐机构、会计师就与财务相关内部控制设计和执行的有效性予以说明。”

案例 3－329 实际控制人亲属兼任财务总监

依据《关于安徽安芯电子科技股份有限公司首次公开发行股票并在科创板上市申请文件审核问询函的回复》，反馈回复主要内容：实际控制人亲属兼任财务总监和会计机构负责人对公司治理和内部控制有效性的影响，发行人的治理结构是否完善，财务审批流程是否有效，发行人改进公司治理结构的具体措施及其有效性。

1. 对公司治理和内部控制有效性的影响，发行人的治理结构是否完善，财务审批流程是否有效

财务总监方某琴从事财务工作 20 年，具有丰富的财务工作经验，自 2013 年 5

月入职后,为发行人组建了财务部门团队,搭建了财务核算体系,建立健全财务管理相关内部控制制度和业务流程,对发行人财务管理工作起到了重要作用。方某琴主要负责统筹公司的财务管理工作,各会计主体分别配置了财务经理负责具体财务工作。

方某琴系实际控制人汪某恩、汪某美的姐姐汪某美之子之配偶,虽与实际控制人有亲戚关系,但其担任财务总监并未违反相关法律法规的规定。

发行人已建立健全了相互独立、权责明确、相互监督的股东大会、董事会、监事会和管理层,组建了较为规范的公司内部组织机构,制定并有效执行了《公司章程》《股东大会议事规则》《董事会议事规则》《监事会议事规则》《总经理工作制度》《独立董事工作制度》《关联交易管理办法》《对外担保管理办法》等法人治理制度和规则。发行人建立了较为完善的内部控制体系,规定了不相容职务分离控制措施、授权审批控制措施、会计系统控制措施、财产保护控制措施、预算控制措施、绩效考评控制措施等。报告期内,涉及投资、筹资、担保、关联方交易或其他重大事项均依照公司章程规定提交董事会或股东会决策,发行人日常内控管理有序运行,财务审批流程未出现重大缺陷。

容诚会计师事务所对公司内部控制进行了审核,出具了标准无保留意见的《内部控制鉴证报告》,认为安芯电子于2021年12月31日按照《企业内部控制基本规范》和相关规定在所有重大方面保持了有效的财务报告内部控制。

综上所述,发行人、实际控制人亲属兼任财务总监和会计机构负责人未对公司治理和内部控制的有效性产生重大不利影响,发行人的治理结构基本完善,财务审批流程基本有效。

2. 发行人改进公司治理结构的具体措施及其有效性

为进一步完善公司治理结构,避免可能发生的潜在独立性影响,截至反馈意见提交日,发行人采取并完成了以下具体措施:

(1)发行人已任命与实际控制人无关联关系的杨某冬为会计机构负责人,降低公司治理结构中可能存在的独立性风险。

(2)修订并完善了相关内部控制制度,强化会计机构负责人在财务审批流程中的职责,从制度上保证了发行人岗位职责分离,并形成完善的监督机制。

(3)加强财务审批流程中的授权与监督。对于财务支付事项,由申请人员根据相关合同、发票等原始凭证,提起付款申请交所属部门负责人审核,部门负责人对业务真实性及合理性进行审核确认后,提交财务部复核人员,财务部复核人员按内控规定对付款条件、付款金额、付款权限等复核无误后交总经理审批支付。

(4)发行人已对前期内部控制中的控制瑕疵进行了整改,对财务人员进行了专门培训,对各项业务活动的账务处理标准予以统一和明确,加强了财务账务处理后的财务稽核管理,同时严格要求业务部门及时、准确、完整反映各项经济事项,加强业务部门与财务部门的信息沟通。另外,发行人完善了公司的内部审计体系,提高内审部门对业务活动的监督频率,有效保证发行人内部控制设计及运行的有效性。

(二)员工人数变化及波动

需要结合发行人的营业收入、净利润、产能产量、固定资产变化等分析报告期内员工数量变化的合理性以及原因;需要关注员工平均薪酬、人员变动是否与业务规模相匹配;对于员工的具体情况需要按照专业构成分析报告期各期员工平均工资变动及原因,与同行业、同地区公司相比是否存在显著差异。

案例3-330 员工变化与净利润变动是否一致

依据《关于北京嘉曼服饰股份有限公司首次公开发行股票并在创业板上市申请文件审核问询函的回复》,审核问询意见:"10.关于员工申报材料显示:(1)公司共有员工1221人、1271人、1110人、1070人;(2)报告期内发行人存在未按规定缴纳员工社保、公积金的情形。请发行人:(1)补充披露员工人数变化与发行人主营业务、净利润变动是否一致,与发行人经营发展情况是否匹配;发行人员工的受教育背景,薪酬情况,结合同行业可比企业上述情况,披露发行人员工薪酬是否合理,是否存在刻意压低员工薪酬的情形;(2)补充披露报告期内存在部分员工未按规定缴纳社保、公积金的原因,是否导致行政处罚,测算补缴应缴未缴员工的社会保险和住房公积金金额及占当期净利润比重,是否构成本次发行上市的实质性法律障碍;(3)补充披露是否存在劳务外包或劳务派遣,若是,补充披露人数及占比,用途及管理情况,是否涉及核心岗位,是否违反劳务派遣相关规定。请保荐人、发行人律师核查并发表明确意见。”

（三）离职员工成立公司作为发行人经销商

离职员工作为经销商是符合商业逻辑及客观情况的，实际上对于销售人员管理不规范或者工资薪金未如实纳税的企业，销售人员离职成立公司作为经销商也是一个解决方法。但是离职员工作为经销商，势必会引起审核机构的关注，主要关注的问题是相关交易的真实性，相关的资金流水是否能够解释清楚，是否实现了终端销售，是否存在调节利润的情形，相关的销售定价是否公允等。当然，发行人在上市规范过程中，应尽力避免员工经销商，若相关的经销商收入绝对值和占比较小则更合适一些。对于真实性不存在问题且能够有效核查并提供充分证据的离职员工控制的经销商，是能够得到监管机构认可的。关于离职员工作为经销商甚至作为前五大经销商的过会案例不在少数。

审核机构关于离职员工成立或任职董事、监事、高级管理人员的经销商的主要关注点和问询重点如下：(1)离职员工的职务、在公司工作的时间、离职原因以及积累的相关客户资源情况；(2)离职员工经销商是否与发行人的相关人员存在关联关系；(3)离职员工成立经销商后采购发行人产品的定价与其他经销商之间是否存在显著差异；(4)经销商相关人员在发行人处任职时的工资收入水平，形成的销售金额，相关的产品销售金额跟成立经销商公司后实现的销售金额是否存在逻辑关系；(5)经销商相关人员与发行人及其董事、监事、高级管理人员是否存在大额资金往来；(6)经销商的商品是否实现终端销售，存货是否合理，是否存在协助发行人调节利润的情形；(7)与发行人是否存在资金、人员、客户等交叉的情形；(8)发行人对经销商的账期和付款方式是否与其他经销商存在差异；(9)经销商是否存在代替发行人承担销售费用或者其他费用的情形。

案例 3-331 发行人与多名员工合资成立子公司，且员工为经销商

依据《江西阳光乳业股份有限公司首次公开发行股票招股说明书》，“2019年，公司决定开拓安徽市场。安徽为全新市场，公司在安徽无任何品牌基础、市场基础，为整合当地奶源资源、市场资源，并提高员工创业的积极性，公司联合南昌

合达、华好商贸共同设立安徽阳光开拓安徽市场，其中南昌合达部分股东为阳光乳业的员工、经销商或阳光集团的员工。随着安徽市场业务的发展，市场开拓逐步取得积极成效，安徽阳光部分员工看好鲜奶市场，离职创业成为安徽阳光的经销商”。

案例 3-332 发行人前五大经销商中有两个为离职员工实际控制

依据《关于深圳市唯特偶新材料股份有限公司首次公开发行股票并在创业板上市申请文件的第二轮审核问询函的回复》，维佳海象、唯创兴及唯铭新材料系发行人报告期前五大经销商，除深圳市唯创兴电子材料有限公司、深圳市唯铭新材料有限公司的股东为唯特偶前员工外，其他客户、供应商不存在股东、董事、监事、高级管理人员为公司前员工的情形。

客户深圳市唯创兴电子材料有限公司系公司前员工伍某明创立的公司。伍某明 2012 年入职公司，担任客户部经理职务，因个人原因于 2014 年从公司离职。

2016 年 6 月，伍某明设立深圳市唯创兴电子材料有限公司，并于当年开始代理销售公司产品。深圳市唯铭新材料有限公司系公司前员工张某明创立的公司。张某明 1998 年入职公司，担任销售部经理职务，因个人原因于 2015 年从公司离职。2015 年 10 月，张某明设立深圳市唯铭新材料有限公司，并于当年开始代理销售公司产品。

案例 3-333 第一大客户为发行人前员工控制的公司

依据《关于广东绿岛风空气系统股份有限公司首次公开发行股票并在创业板上市申请文件的审核问询函之回复》，关于经销模式，招股说明书披露，报告期内发行人内销收入中经销模式占比分别为 98.87%、99.51%、99.20%，外销收入中经销模式占比分别为 7.81%、12.49%、16.51%。发行人通过“抵扣额度”核算对经销商促销返利、运费折扣、维修补贴等。申报文件显示，发行人报告期每年第一大客户暨经销商广州建朝环境科技有限公司为发行人前员工控制的公司，每年第一大客户暨经销商广州杰泰贸易有限公司股东原是发行人客户的员工；发行人经销商名称中含有“绿岛风”商号的共有如下5家：合肥绿岛机电设备有限公司、南京绿岛风工贸有限公司、青岛绿岛风通风设备有限公司、郑州绿岛风商贸有限公司、西安绿岛风环境工程有限公司。

审核机构要求发行人补充披露以下事项：

(1)结合产品与业务性质、行业惯例、经销商作用、同行业可比公司销售模式等，补充披露采用经销模式的商业合理性；发行人与经销商之间的合作模式（买断式交易、撮合式交易等），买断式销售是否附有退换货条款；不同合作模式下，经销商数量、占比情况，以及经销商如何获得经济利益；经销商与终端客户之间的销售方式、是否实现最终销售。

(2)补充披露经销商的各类销售渠道，报告期内各销售渠道销售收入金额及占比，经销商期末库存与其销售规模是否相符，是否存在经销商渠道压货情形，各渠道是否实现最终销售及判断依据。

(3)发行人对经销商进销存系统或进货、销售数据的获取权限，对经销商最终销售情况及库存水平的管理措施，如何了解经销商库存数量与订单匹配性。

(4)对经销商的配送方式、运费的分担方式，对经销商销售管理控制情况，包括库存量、终端零售价、折扣比例、经销品牌排他性控制等。

(5)合同中与主要客户约定的关于换货、退货和索赔的相关条款的具体内容，报告期内退货、换货、索赔的具体情况，包括涉及的客户、产品、金额、单价、数量、原因、发出及退换时间等，具体会计处理方式，是否符合企业会计准则的规定。

(6)报告期内“抵扣额度”账户余额的变动情况，发行人按扣除“抵扣额度”的净额确认销售收入是否符合企业会计准则的规定；发行人给予经销商的折扣安排及经销商给予其客户的折扣安排，是否违反《反不正当竞争法》等相关法律规定，是否涉及商业贿赂或其他违法违规情形。

(7)按照工程代理类和非工程代理类，分别补充披露报告期各期向前5名经销商销售产品的细分类别、销售金额及占比。

(8)按照新风系列产品和风幕机，分别补充披露报告期各期向前5名经销商销售产品的细分类别、销售金额及占比。

(9)发行人选择经销商的原则，经销商的层级设置情况；是否为独家经销，是否存在不同层级经销商互相转售的情形；是否存在对经销商经销地域范围的限制;是否存在其他特别限制;分析并披露终端客户与经销商地域的匹配性;请发行人按适当的标准对经销商进行分层,补充披露不同层级的经销商数量、销售金额及占比、销售覆盖范围等。

(10)发行人对经销商是否存在年度业绩考核指标,是否存在与业绩挂钩的奖励约定,业绩指标是否符合实际情况。

(11)报告期内与发行人在职、离职员工(含董事、监事、高级管理人员)、股东存在关联关系的全部经销商的情况,包括成立时间、注册资本、实际从事的业务、实际控制人、报告期内销售发行人产品收入金额和占比、是否实现了最终销售等,以及报告期内上述经销商及其股东、实际控制人、员工,与发行人及其实际控制人、股东、董事、监事、高级管理人员、员工之间是否存在资金、业务往来、关联关系或其他利益安排。

(12)报告期内是否存在其他发行人的经销商使用发行人商号的情形,相关原因、是否存在利益安排,分析、披露使用发行人商号的经销商如涉及与消费者之间的产品质量纠纷或其他类型纠纷,发行人是否将承担相关法律责任,以及发行人的应对措施及有效性;报告期内发行人经销商是否存在滥用发行人商号的情形,是否会对相关客户、供应商或潜在消费者构成误解或混同,是否存在纠纷或潜在纠纷。

(13)发行人主要经销商在经营过程中是否存在不正当竞争等违法违规情形。

请保荐人、发行人律师和申报会计师:

(1)说明对上述事项的核查过程,并发表明确意见。

(2)对发行人主要客户、供应商、终端客户的控股股东、实际控制人、董事、监事、高级管理人员、经办人员,与发行人及其控股股东、实际控制人、董事、监事、高级管理人员、关联方、员工或前员工之间,是否存在资金、业务往来、关联关系或其他利益安排的核查情况,并发表明确核查意见。

(3)披露对经销渠道的终端客户的核查手段、核查内容、核查比例、核查结论;对于未纳入函证的客户,需披露原因;对于函证差异,披露具体客户、差异金额及原因。

分析:该案例的上市审核问询意见,详细记载了客户具有一定关联关系时,审核机构的关注要点。在解决类似问题时,可以参考该案例的审核问询函之回复报告。

二、核心技术人员

(一)核心技术人员的认定

公司的实际控制人对公司的核心竞争力和核心技术要有准确的理解和定性。对于是否是核心(技术)人员应当客观公正地披露,不可为了特殊目的认定并非真正核心的人员作为核心(技术)人员,如果相关人员未掌握核心技术但是对公司的发展起比较重要作用的,可以认定核心人员,但不可硬凑核心技术人员。公司认定核心(技术)人员的时候,要结合年龄、学历、成果、经验、行业地位及影响力、对公司的贡献等综合考虑。如果公司属研发型企业,而拟认定的人员属于大学毕业不久或者无过多的学习、研究经历且工作时间不长的人员,则表明公司的技术能力或者优势有限,或者认定的核心技术人员明显存在问题等。

原则上,核心技术人员通常包括公司技术负责人、研发负责人、研发部门主要成员、主要知识产权和非专利技术的发明人或设计人、主要技术标准的起草者等。

案例3-334 关于核心技术人员的介绍

2020年,华绿生物(300970)申请首发上市时,关于核心技术人员冯某的介绍如下:参与完成的《金针菇栽培工艺》获得上海市奉贤区职工技术创新奖;2015年获得CQO企业首席质量官任职证书;获得2019年江苏省泗阳县"五一劳动奖章"荣誉称号;2019年参与中国食用菌协会主持的《金针菇工厂化生产技术规程》《真姬菇工厂化生产技术规程》行业技术标准的起草;通过市级科技成果鉴定1项;授权发明专利1项,实用新型专利6项,外观专利7项;在《食药用菌》发表专业论文7篇。

关于核心技术人员余某朝(实际控制人)的介绍如下:主持了3项国家级星火计划项目;主持研发的白色金针菇新品种获得宿迁市科学技术三等奖,主持研发生产的金针菇产品被认定为江苏省高新技术产品;2013年获得宿迁市人民政府颁发的科学技术奖;2014年获得宿迁市人民政府颁发的宿迁市科技创新功臣称号;2018年获得江苏省科技厅颁发的江苏省科技企业家称号;2019年获得江苏省发改委颁发的苏北创业领军人物称号;2019年参与中国食用菌协会主持的《金针菇工厂化生产技术规程》《真姬菇工厂化生产技术规程》行业技术标准的起草;授权发明专利 5 项,实用新型专利 27 项,外观专利 15 项;在《食药用菌》发表专业论文 1 篇。

另外,依据《关于江苏华绿生物科技股份有限公司首次公开发行股票并在创业板上市申请文件的审核问询函之回复报告》(华绿生物、300970),审核问询意见:发行人核心技术的详细产生过程,涉及研发团队人数,研发内容及获取的成果;发行人商标、专利权及软件著作权的形成背景,由转让、授权获得的,定价是否公允;发行人核心技术、商标、专利权及软件著作权是否存在由雪榕生物及其关联方转让或授权至发行人的情形;发行人是否存在与雪榕生物及其关联方关于核心技术、商标、专利权及软件著作权方面的纠纷诉讼其他利益安排。

(二)实际控制人能否作为核心技术人员

发行人的实际控制人或者董事、监事、高级管理人员等,如果是发行人的核心技术人员的,应当如实认定并披露,但是对于相关的工资报酬支出是否算入研发费用应当客观且谨慎处理。

案例 3-335 问询发行人是否依赖实际控制人的核心技术

依据《上海仁度生物科技股份有限公司问询函回复》(仁度生物、688193),审核问询意见:"问题 3.2. 关于核心技术人员。招股书披露,发行人核心技术人员共 5 名,核心技术人员居某良、崔某玲发表多篇核心论文。请发行人:结合核心技术人员的学历背景、发明专利的情况、是否独立承担课题或科研项目等,进一步说明发行人核心技术 RNA 恒温扩增检测技术的研发过程是否主要依赖居某良。"

公司反馈回复:"在分子诊断领域,传统的实时荧光 PCR 检测技术与 RNA 恒温扩增技术互有优劣势,彼时技术人员在进行技术选择与优化的过程中面临两难境地。由于发行人实际控制人居某良在创办仁度生物前长期专注于 PCR 技术的研究开发工作,并对行业内技术方法及长期发展趋势始终保持关注,认为若能将已有的两类技术进行有机结合,发挥两种技术路径的各自优势,或能够产生新的 RNA 检测方法。基于上述研发方向的选择,发行人相关研发人员于 2008 年便着手开始进行相关技术的整合探索与技术研发。其中,实际控制人居某良先生作为发行人首席科学家,在制定公司整体技术发展路线上起到了关键作用,扮演了奠定技术体系和引领研发方向的总负责人角色。在发行人整体研发部门的合理分工和通力协作下,经过10多年的不断完善和发展,发行人RNA实时荧光恒温扩增(SAT)的技术内涵不断丰富、应用领域不断拓展,截至本回复出具之日,发行人已持有13项第3类医疗器械注册证产品。上述核心技术人员均深度参与了发行人实时荧光RNA恒温扩增检测技术的研究和应用开发过程,持续推进该技术的体系化与产业化,不断充实发行人试剂与配套仪器的产品线,且均对公司核心技术有深刻的理解,将继续在公司技术研究和产品开发过程中承担主导作用,不断提升检测效率、降低检测成本、实现技术发展和产品管线扩充。截至2021年6月30日,公司专职研发人员(不含承担部分管理职能的核心技术人员居某良、于某辉)41人,已经形成良性发展的研发梯队。

"综上所述,居某良作为发行人首席科学家,对引领发行人整体研发方向起关键作用;但在10余年的发展历程中,发行人已经建立起核心技术团队,共同研究,不断丰富技术内涵、扩充产品管线;发行人RNA实时荧光恒温扩增检测技术,是公司整体研发团队持续优化的研发成果,不存在主要依赖居某良的情形。"

案例3-336 公司实际控制人、董事长、监事会主席均为核心技术人员

华绿生物(300970)首发上市时,公司实际控制人兼董事长、总经理余某朝为公司核心技术人员,公司的监事会主席余某为公司核心技术人员之一,另一核心技术人员冯某为公司董事兼副总经理。公司核心技术人员中,余某朝为公司实际控制人,主要负责研发战略规划,新技术和新产品研发决策,分配研发资源,研发项目指导工作;冯某为公司分管技术研发及生产的副总经理,主要负责华东大区研发课题的确定、审核,实际研发过程的技术指导,结题的审核和研发成果评估,推进研发的实际开展和科研成果转化工作;余某为重庆华绿总经理,主要负责重庆华绿研发课题的确定、审核,实际研发过程的技术指导,结题的审核和研发成果评估,推进研发的实际开展和科研成果转化工作。

（三）科创板核心技术人员的认定及稳定性要求

《上海证券交易所科创板股票发行上市审核问答》问题6：原则上，核心技术人员通常包括公司技术负责人、研发负责人、研发部门主要成员、主要知识产权和非专利技术的发明人或设计人、主要技术标准的起草者等。

《上海证券交易所科创板股票发行上市审核问答》问题6："对发行条件中发行人最近2年内'董事、高级管理人员及核心技术人员均没有发生重大不利变化'，应当如何理解？答：申请在科创板上市的企业，应当根据企业生产经营需要和相关人员对企业生产经营发挥的实际作用，确定核心技术人员范围，并在招股说明书中披露认定情况和认定依据。原则上，核心技术人员通常包括公司技术负责人、研发负责人、研发部门主要成员、主要知识产权和非专利技术的发明人或设计人、主要技术标准的起草者……"

案例3-337 问询技术部门正职未认定为核心技术人员的合理性

依据《关于安徽华恒生物科技股份有限公司首次公开发行股票并在科创板上市申请文件的审核问询函的回复》（华恒生物、688639），审核问询意见："7.2 根据招股说明书，发行人共有8名核心技术人员，刘某蓬、邓某勇、刘某成和刘某均为其所任职部门的副职；邓某勇、刘某成、刘某和韩某秀在2019年度的薪酬分别为13.24万元、15.08万元、22.22万元和13.94万元。

"请发行人说明：（1）未将上述核心技术人员所任职部门的负责人认定为核心技术人员的原因和合理性；（2）目前认定的核心技术人员是否符合《上海证券交易所科创板股票发行上市审核问答》的相关规定；（3）除兼任董事、高级管理人员外的其他核心技术人员的薪酬与同地区同行业可比公司的比较情况，是否偏低，发行人核心技术人员目前薪酬安排的合理性，是否有利于激励核心技术人员。请发行人律师核查，并发表明确意见。"

反馈回复主要内容如下：公司核心技术人员共8名，其中，部分人员担任所属部门的副职管理岗位。为持续保持公司员工的进取精神，充分激发员工的工作动力，公司在职级设置方面给员工留有一定的成长空间，因此上述部门均未设置正职负责人。虽然相关核心技术人员的职称为副职，但是实际履行部门负责人职责,主持开展部门内部的管理协调工作。因此,上述核心技术人员的认定具有合理性。

案例 3-338 问询特定人员未认定为核心技术人员的原因

依据《恒玄科技(上海)股份有限公司审核问询函的回复》(恒玄科技、688608),审核问询意见:“问题 3. 关于核心技术人员。招股说明书披露,发行人共有 6 名核心技术人员,其中 Liang Zhang、周某、童某峰曾分别担任锐迪科微电子的工程副总裁(2004 年至 2014 年)、工程师和设计总监(2004 年至 2015 年)、主任工程师(2005 年至 2016 年)。此外,公司副董事长、副总经理、董秘赵某光曾于 2004 年至 2015 年历任锐迪科微电子设计经理、运营总监、运营副总裁。请发行人披露核心技术人员的具体认定标准。请发行人说明未将赵某光认定为核心技术人员的原因。”

“发行人在反馈回复中补充披露如下:公司核心技术人员为 Liang Zhang、周某、丁某鹏、郑某、童某峰、陈某,公司对核心技术人员认定时综合以下因素考虑:(1)拥有与公司业务匹配且深厚的资历背景;(2)在公司研发、设计、知识产权布局等重要岗位上担任负责人或有突出贡献;(3)任职期间主导核心技术或产品的研发。公司认定的核心技术人员包括公司技术或产品负责人、研发部门主要成员、主要知识产权和非专利技术的发明人或设计人等。

未将赵某光认定为核心技术人员的原因:公司成立后,赵某光全面负责公司运营管理,未参与产品技术研发相关工作,也不属于公司技术负责人、研发负责人、研发部门主要成员、主要知识产权和非专利技术的发明人或设计人、主要技术标准的起草者,不符合公司核心技术人员的认定标准,因此未将赵某光认定为核心技术人员。”

三、首发前的员工持股和期权激励

(一)首发申报前实施员工持股计划应当符合的要求及核查

依据《首发业务若干问题解答》(2020 年 6 月修订)以及《深圳证券交易所创

业板股票首次公开发行上市审核问答》等的规定，发行人首发申报前实施员工持股计划的，原则上应当全部由公司员工构成，体现增强公司凝聚力、维护公司长期稳定发展的导向，建立健全激励约束长效机制，有利于兼顾员工与公司长远利益，为公司持续发展夯实基础。依据《证券法》(2019 修订)第 9 条的规定，向特定对象发行证券累计超过 200 人视为公开发行，但依法实施员工持股计划的员工人数不计算在内。2019 年《证券法》施行之前(2020 年 3 月 1 日之前)设立的员工持股计划，参与人包括少量外部人员的，可不做清理。

1. 员工持股计划一般要求

(1)员工持股的人员要求

发行人首发申报前实施员工持股计划的，原则上应当全部由公司员工构成。

(2)员工持股的程序要求

发行人实施员工持股计划，应当严格按照法律、法规、规章及规范性文件要求履行决策程序，并遵循公司自主决定、员工自愿参加的原则，不得以摊派、强行分配等方式强制实施员工持股计划。

(3)员工入股主要以货币出资为主

参与持股计划的员工，与其他投资者权益平等，盈亏自负，风险自担，不得利用知悉公司相关信息的优势，侵害其他投资者合法权益。

员工入股应主要以货币出资，并按约定及时足额缴纳。按照国家有关法律法规，员工以科技成果出资入股的，应提供所有权属证明并依法评估作价，及时办理财产权转移手续。

(4)员工持股形式

发行人实施员工持股计划，可以通过公司制企业、合伙制企业、资产管理计划等持股平台间接持股，并建立健全持股在平台内部的流转、退出机制，以及所持发行人股权的管理机制。

(5)员工持股特殊事项的处理

参与持股计划的员工因离职、退休、死亡等原因离开公司的，其间接所持股份权益应当按照员工持股计划章程或协议约定的方式处置。

2. 主板和创业板关于员工持股计划计算股东人数的原则

(1)依法以公司制企业、合伙制企业、资产管理计划等持股平台实施的员工持股计划,在计算公司股东人数时,按 1 名股东计算。

(2)参与员工持股计划时为公司员工,离职后按照员工持股计划章程或协议约定等仍持有员工持股计划权益的人员,可不视为外部人员。

(3)2019 年《证券法》施行之前(2020 年 3 月 1 日之前)设立的员工持股计划,参与人包括少量外部人员的,可不做清理,在计算公司股东人数时,公司员工部分按照 1 名股东计算,外部人员按实际人数穿透计算。

3. 科创板关于员工持股计划计算股东人数的规定

依据《上海证券交易所科创板股票发行上市审核问答》问题 3 的规定,员工持股计划符合以下要求之一的,在计算公司股东人数时,按 1 名股东计算;不符合下列要求的,在计算公司股东人数时,穿透计算持股计划的权益持有人数。

(1)员工持股计划遵循"闭环原则"。员工持股计划不在公司首次公开发行股票时转让股份,并承诺自上市之日起至少 36 个月的锁定期。发行人上市前及上市后的锁定期内,员工所持相关权益拟转让退出的,只能向员工持股计划内员工或其他符合条件的员工转让。锁定期后,员工所持相关权益拟转让退出的,按照员工持股计划章程或有关协议的约定处理。

(2)员工持股计划未按照"闭环原则"运行的,员工持股计划应由公司员工持有,依法设立、规范运行,且已经在基金业协会依法依规备案。

4. 发行人信息披露要求及中介机构核查要求

发行人应在招股说明书中充分披露员工持股计划的人员构成、人员离职后的股份处理、股份锁定期等内容。

保荐机构及发行人律师应当对员工持股计划的设立背景、具体人员构成、价格公允性、员工持股计划章程或协议约定情况、员工减持承诺情况、规范运行情况及备案情况进行充分核查,并就员工持股计划实施是否合法合规,是否存在损害发行人利益的情形发表明确意见。

另外,科创板要求员工持股计划未按照"闭环原则"运行的,员工持股计划应由公司员工持有,依法设立、规范运行,且已经在基金业协会依法依规备案。从规范性和管理角度,员工持股的退出管理原则上都应当遵守"闭环原则"。

相关的核查规定详见:(1)《首发业务若干问题解答》(2020 年 6 月修订)问题 24:"新《证券法》实施后,发行人在首发申报前实施员工持股计划的,信息披露有哪些要求？中介机构应当如何进行核查？”(2)《深圳证券交易所创业板股票首次公开发行上市审核问答》问题 22:“新《证券法》实施后,发行人在首发申报前实施员工持股计划的,信息披露有哪些要求？中介机构应当如何进行核查？”(3)《上海证券交易所科创板股票发行上市审核问答》问题 11:“发行人在首发申报前实施员工持股计划的,信息披露有哪些要求？中介机构应当如何进行核查？”

（二）首发申报前制定的期权激励计划

依据《首发业务若干问题解答》(2020 年 6 月修订)、《深圳证券交易所创业板股票首次公开发行上市审核问答》、《上海证券交易所科创板股票发行上市审核问答》等的规定,发行人可以存在首发申报前制定的期权激励计划,并在公司上市后实施。

1. 发行人首发申报前制定的期权激励计划应当符合的要求

发行人存在首发申报前制定、上市后实施的期权激励计划的,应体现增强公司凝聚力、维护公司长期稳定发展的导向。原则上应符合下列要求:(1)激励对象应当符合相关上市板块的规定;(2)激励计划的必备内容与基本要求,激励工具的定义与权利限制,行权安排,回购或终止行权,实施程序等内容,应参考《上市公司股权激励管理办法》的相关规定予以执行;(3)期权的行权价格由股东自行商定确定,但原则上不应低于最近 1 年经审计的净资产或评估值;(4)发行人全部在有效期内的期权激励计划所对应股票数量占上市前总股本的比例原则上不得超过 15%,且不得设置预留权益;(5)在审期间,发行人不应新增期权激励计划,相关激励对象不得行权,最近一期末资产负债表日后行权的,申报前须增加一期审计;(6)在制定期权激励计划时应充分考虑实际控制人稳定,避免上市后期权行权导致实际控制人发生变化;(7)激励对象在发行人上市后行权认购的股票,应承诺自行权日起 3 年内不减持,同时承诺上述期限届满后比照董事、监事及高级管理人员的相关减持规定执行。

依照目前的期权激励政策规定,无论是主板、创业板还是科创板,均要求发行人全部在有效期内的期权激励计划所对应股票数量占上市前总股本的比例原则上不得超过 15%,且不得设置预留权益,激励对象在发行人上市后行权认购的股票,应承诺自行权日起 3 年内不减持,同时承诺上述期限届满后比照董事、监事及高级管理人员的相关减持规定执行。

2. 发行人信息披露及中介机构核查要求

(1) 发行人应在招股说明书中充分披露期权激励计划的有关信息

第一,期权激励计划的基本内容、制订计划履行的决策程序、目前的执行情况;第二,期权行权价格的确定原则,以及和最近1年经审计的净资产或评估值的差异与原因;第三,期权激励计划对公司经营状况、财务状况、控制权变化等方面的影响;第四,涉及股份支付费用的会计处理等。

(2) 中介机构核查要求

保荐机构及申报会计师应核查并发表核查意见事项:第一,期权激励计划的制定和执行情况是否符合以上要求;第二,发行人是否在招股说明书中充分披露期权激励计划的有关信息;第三,股份支付相关权益工具公允价值的计量方法及结果是否合理;第四,发行人报告期内股份支付相关会计处理是否符合《企业会计准则》的相关规定。

(3) 相关的核查规定

相关的核查规定详见:①《首发业务若干问题解答》(2020年6月修订)问题24:"新《证券法》实施后,发行人在首发申报前实施员工持股计划的,信息披露有哪些要求?中介机构应当如何进行核查?"

②《深圳证券交易所创业板股票首次公开发行上市审核问答》问题23:"发行人存在首发申报前制定的期权激励计划,并准备在上市后实施的,信息披露有哪些要求?中介机构应当如何进行核查?"

③《上海证券交易所科创板股票发行上市审核问答》问题12:"发行人存在首发申报前制定的期权激励计划,并准备在上市后实施的,信息披露有哪些要求?中介机构应当如何进行核查?"

四、员工持股和股权激励注意事项

(一) 时间选择

拟IPO企业应尽早拟定股权激励方案,最好是在公司整体改制前实施。如后期有引入投资机构的打算,实施股权激励方案的时间在公允价值定价方面有所差异,建议应与引入外部投资者的时间间隔在6个月以上。

如果股改前未实施员工持股或者股权激励,或者相关的股份价格较高,可以优先考虑上市后再进行员工持股或者股权激励。

(二)员工持股及股权激励的总额

1. 期权原则上不超过发行人上市前股本 15%

依照目前的期权激励政策规定,主板、创业板、科创板均要求发行人全部在有效期内的期权激励计划所对应股票数量占上市前总股本的比例原则上不得超过 15%,且不得设置预留权益,激励对象在发行人上市后行权认购的股票,应承诺自行权日起 3 年内不减持,同时承诺上述期限届满后比照董事、监事及高级管理人员的相关减持规定执行。

2. 员工持股计划等股比并未明确限制

相关规则对于股改或者上市前的员工持股计划等持股比例并未明确限制,但是根据操作管理和具体情况,员工持股比例一般控制在 10% ~15% 比较合适。

(三)合理确定股权激励的价格

拟 IPO 企业在指定股权激励方案时,一定要考虑到激励前后是否还有投资者进入,并以此作为公允价格,进而确认股权激励价格。如企业在股权激励前 6 个月内有外部投资者进入,在确认激励价格时,首先应当选择依照该价格作为公允价格的定价依据,如果股权激励的价格与该价格差异较大,则相应的股份支付的费用就较高。

如果引进外部投资机构的定价较高,且准备再以较低价格开展股权激励或者员工持股,则可以考虑在引进投资者 6 个月之前甚至更早的时间去开展股权激励或者员工持股。如果相关的股权激励和员工持股定价与较短时间的融资价格差异,可以结合入股时间、财务指标情况与变动预期、市场环境变化、行业特点、同行业并购重组市盈率水平、股份支付实施或发生当年市盈率与市净率指标、对赌条款的溢价等因素充分论证公允价格确定问题。

(四)合理约定服务期限

拟 IPO 企业如在报告期内进行股权激励,可能会对报告期利润产生重大影响,可以通过设定较长的服务期等限制条件的方式使股份支付费用在服务期内进行分摊,由此可以适当减轻对利润指标的影响。拟 IPO 企业应当与激励对象签署服务期协议或进行相关约定,并经股东大会审议通过包括服务期等内容的股权激励或员工持股方案。即使未约定服务期,上市审核过程中,拟 IPO 企业仍应当按照具体情况合理估计相关的服务期限进行会计处理。所以在采取股权激励过程中,应明确服务期进而准确地进行会计处理。

(五)控股股东、实际控制人向激励对象提供财务资助

《上市公司章程指引》(2022修订)第21条规定:“公司或公司的子公司(包括公司的附属企业)不得以赠与、垫资、担保、补偿或贷款等形式,对购买或者拟购买公司股份的人提供任何资助。”可知,从上市公司章程指引层面,不支持公司为购买公司股权的人提供担保或者借款等任何资助,也并未禁止控股股东、实际控制人向激励对象提供财务资助,但是控股股东或实际控制人为相关的激励对象提供财务资助的,反而容易被怀疑存在股份代持,或者存在其他特殊安排等。

关于控股股东、实际控制人向激励对象提供财务资助的关注要点如下:

1. 存在借款等财务资助的应当注意完善相关的证据

对于存在财务资助的,应当签订相关的借款合同等,明确借款或者股份转让合同的主要条款安排,银行流水、签订合同的会场证据等应当齐备、完善。其中,相关的协议应当明确财务资助还款或者解除相关担保借款的时间、方式、资金来源等。

存在财务资助的,首要解决的问题就是能够提供充分证据证明相关持股和财务资助的真实性,不存在股份代持或者其他特殊持股安排。

案例3-339 员工持股因付款能力仅支付部分股份款项,问询是否存在代持

依据《苏州纽克斯电源技术股份有限公司第三轮问询函回复》(2022年4月终止上市申请),审核问询意见:“3. 关于员工持股平台。申报材料显示:(1)上海挚脉为发行人的员工持股平台,发行人的董事、监事、高级管理人员及其他主要核心人员,作为激励对象受让实际控制人持有的上海挚脉合伙份额时,仅向实际控制人支付了转让价款的30%,转让价款剩余70%系实际控制人提供的借款(蒋某明、邱某各承担转让价款35%);(2)除上述上海挚脉入股款产生的资金往来情况之外,发行人实际控制人蒋某明、邱某还存在向发行人董事、副总经理张某阳、浦某拆借资金用于其2人购房、房屋装修、资金周转等。请发行人说明上述事项是

否构成股份代持,是否存在其他利益安排,是否存在纠纷或潜在纠纷。请保荐人、发行人律师发表明确意见。"

反馈回复的主要内容如下:

"截至本回复出具之日,上海挚脉的人员构成及因入股上海挚脉而向实际控制人借款情况具体如下:上海挚脉系发行人的员工持股平台,由于发行人董事、监事、高级管理人员及其他主要核心人员作为激励对象受让实际控制人持有的上海挚脉合伙份额时,难以一次性支付份额转让款,因此发行人部分董事、监事、高级管理人员及其他主要核心人员与实际控制人签订了《借款及还款协议》及《借款及还款协议之补充协议》,约定发行人董事、监事、高级管理人员及其他主要核心人员向实际控制人支付转让价款的30%,转让价款剩余的70%由实际控制人提供借款,借款人可以选择以自有资金清偿上述借款。或选择在发行人上市之股份锁定期届满后在出售或转让其持有的上海挚脉财产份额时清偿上述借款。无论选择何种方式还款,借款人应当在不晚于2025年12月31日前的期限内向实际控制人清偿全部借款。

"根据发行人董事、监事、高级管理人员及其他主要核心人员出具的确认函,确认所持有的上海挚脉相关财产份额已足额缴纳出资,出资资金来源均为自有或自筹资金,其与发行人实际控制人蒋某明、邱某之间仅为借款关系,不存在委托他人持股或受他人委托持股、信托持股的情况。

"基于前述,发行人董事、监事、高级管理人员及其他主要核心人员获得股权激励已经由相关工商管理部门登记确认,其持股真实、合法、有效,且上述借款人已确认各方之间不存在代持股份的情形,并签署了相关借款协议。发行人董事、监事、高级管理人员及其他主要核心人员入股上海挚脉时的资金往来不构成股份代持的情况,不存在其他利益安排,也不存在纠纷或潜在纠纷。"

案例3-340 历史上存在借款且已经归还仍披露

依据《关于广西天山电子股份有限公司首次公开发行股票并在创业板上市申请文件的审核问询函之回复》(已通过上市委审议),该发行人2016年设立持股平台时,部分员工资金紧张,共同控制人王某纬、王某镇结合相应人员的工资收入水平以及还款能力,为相应人员入股提供部分借款,后均已经归还完毕。

2.结合证据等充分论证相关持股和借款的真实性

控股股东或实际控制人为相关的激励对象或者其他股东提供财务资助的,首先要关注的问题是持股真实性及是否存在股份代持、是否存在利害关系或者关联关系、是否存在其他特殊的利益安排、相关的股份是否稳定等。但是论证相关财务资助的真实性主要从形式证据上论证,所以把相关的形式完善性放在首位。

对于是否存在股份代持的,应当取得相关持股主体或者激励对象的书面确认,说明不存在股份代持及其他利益安排。另外,股权激励多数情况下是通过合伙企业等持股平台持股,若本身就是由实际控制人控制,按照实际控制人持股对相关的股票进行限售,若是激励人员或者其他持股主体直接持股,存在通过使用控股股东或实际控制人的财务资助的,建议其所持有股份比照实际控制人持股进行限售。

案例 3-341 问询实际控制人借款情况及是否存在代持

依据《关于浙江中科磁业股份有限公司首次公开发行股票并在创业板上市申请文件的审核问询函的回复报告》,审核问询意见:“问题 13. 关于股权激励,申请文件显示:

“(1)2017 年 3 月,发行人股权激励平台盛亿富投资向发行人进行增资,增资价格为 3.68 元/1 元注册资本。2019 年 5 月吴某平将其持有的盛亿富投资的 257.4 万元财产份额转让给 11 名员工,对应价格为 4.3 元/股。2020 年 10 月,吴某平将其持有的盛亿富投资的 99 万元财产份额转让给范某,对应价格为 4.71 元/股。

“(2)《保荐工作报告》显示,2017 年 7 月和 2019 年 2 月,吴某军、陈某将其持有的盛亿富投资份额转让给吴某平。同时,金某旦等 5 位员工持有盛亿富投资约 27.86% 的份额,且存在部分出资款向公司实际控制人吴某平、吴某萍、吴某平及副总经理陈某仁借款情况。

“请发行人:

“(1)说明盛亿富投资章程或协议中关于退出、回购等主要条款,吴某军、陈某将其所持盛亿富投资份额转让给吴某平对应发行人每注册资本或股本的价格,相关份额转让原因,上述转让行为是否存在纠纷,是否构成股份支付。

“(2)说明金某旦等5位员工向发行人实际控制人借款金额、条件、归还情况,相关人员是否存在为实际控制人代持的情况,发行人实际控制人是否实际控制盛亿富投资。

“请保荐人、发行人律师发表明确意见,请申报会计师对相关股份转让是否构成股份支付发表明确意见。”

另外,依据《关于深圳市维海德技术股份有限公司首次公开发行股票并在创业板上市申请文件的第二轮审核问询函之回复》,该发行人2017年股权激励存在实际控制人向部分员工借出资金情况,累计210万元。审核机构问询意见:“结合相关资金流水情况说明实际控制人向员工借出资金已清偿的依据,是否存在代持情形或其他利益安排。”

3. 提供财务资助的资金来源及还款人的资金来源

需要关注控股股东或实际控制人提供的财务资助的资金规模,考虑相关资金来源的说明合理性,尤其要关注相关的资金来源与历史上的发行人利润分配和未分配滚存的关系。另外从还款的角度来看,还需要关注还款的资金来源问题。

案例3-342 实际控制人将股权激励出资款赠与或借款

依据《关于上海瑞晨环保科技股份有限公司首次公开发行股票并在创业板上市审核问询函》,关于员工持股平台。申报文件及审核问询回复显示:(1)发行人实际控制人陈某东考虑到上海馨璞中的激励对象主要为公司创立时期的老员工,为对该等员工的历史贡献进行激励,因此出资款项均由陈某东赠与。(2)员工持股平台扬动管理中,朱某涛、赵某举及王某彬因个人资金压力向实际控制人借款出资。

请发行人:(1)补充说明上海馨璞中的各激励对象入职发行人的时间,在发行人生产、经营过程中所起的作用,实际控制人陈某东向相关员工赠与资金参与股权激励计划的原因及合理性,陈某东与相关方是否签订赠与协议,是否存在代持或其他特殊安排;(2)补充说明朱某涛、赵某举及王某彬是否具有还款能力及具体还款计划,借款出资行为是否存在股权代持或其他潜在纠纷。请保荐人、发行人律师发表明确意见。

4. 提供财务资助的背景和合理性

控股股东或实际控制人向持股主体提供财务资助,多数是因为资金压力。但是需要考虑相关的财务资助的背景以及相关原因的合理性问题,对于个别异常的情况需要关注,比如,对一个司机或者保安的持股数额巨大且提供巨大的财务资助等,需要充分解释相关的合理性。

案例3-343 实际控制人向持股平台提供借款

依据《关于江西杏林白马药业股份有限公司首次公开发行股票并在创业板上市申请文件的第三轮审核问询函回复》,审核问询意见:关于资金流水与员工持股平台资金来源。申请文件及问询回复显示:

(1)发行人实际控制人存在向参股公司南昌东投置业有限公司偿还以前年度股东借款的情形,与东旭集团实际控制人存在大额资金借贷的情形,实际控制人党某的配偶、发行人董事兼销售总监殷某明存在大额资金流水或理财情形,但未说明具体情况。

(2)发行人2019年实施员工持股计划,由32名员工投资设立白马投资,持发行人10.01%的股权。除党某外,31名合伙人与党某远签署借款协议,党某远借款4182.76万元,占白马投资整体出资额的94.63%,借款利率4.75%。截至目前,已偿还2170.86万元,占总额比例51.90%。

请发行人:

(1)说明控股股东、实际控制人向其参股公司南昌东投置业有限公司借款、与东旭集团实际控制人存在大额资金借贷的具体情况、是否存在股份代持的情形,实际控制人是否存在大额负债的情形。

(2)说明实际控制人、董事、监事、高级管理人员大额资金流水涉及的原因、资金流向等情况、相关理财投资项目的底层资产情况。

(3)说明实际控制人向员工持股平台合伙人借款的原因及必要性、还款计划的具体内容、还款期限安排,截至目前其偿还资金的具体来源,是否存在涉及前述对象的特殊约定、承诺事项或股份代持事宜。

请保荐人、申报会计师、发行人律师发表明确意见。

关于前述问题,发行人反馈回复如下:

(1)实际控制人向员工持股平台合伙人借款的原因及必要性

2019年10月,为调动员工积极性、增强团队凝聚力、保持员工个人利益与公司长远利益的一致性,发行人实施了员工持股计划,由殷某明等发行人员工32人共同投资设立白马投资,并通过白马投资持有发行人10.01%的股权。

员工持股平台合伙人从实际控制人处借款参与股权激励,主要有以下两方面原因:

①持股平台杏林白马成立于2019年10月,并于当月完成实缴。部分员工因现金储备不足导致其在短期内进行出资的压力较大,提出向实际控制人借款,为支持骨干员工参与股权激励,同时由于涉及员工人数较多,基于公平性考虑,实际控制人同意向除实际控制人党某以外的其他31名合伙人提供借款;

②实际控制人向员工提供借款的利率较为合理,借款利率参考同期银行贷款基准利率约定为4.75%,员工从实际控制人处借款参与发行人股权激励,承担的利息费用不高,不需要投入自有家庭财产性收入和资产或另行筹措资金,符合员工自身利益,因此员工选择以借款方式参与投资。

(2)还款计划的具体内容、还款期限安排、偿还资金的具体来源

发行人实际控制人党某远与31名持股员工就员工持股出资的借款事宜签署了个人借款合同,就借款用途、借款期限、借款利率、清偿安排等核心内容进行了明确约定。

截至本反馈意见回复出具日,相关持股员工已全部偿还实际控制人借款,共计4182.76万元,上述持股员工的还款资金均为个人及家庭积累等自有资金、向亲朋好友暂时性少量借款等。

(3)不存在涉及前述对象的特殊约定、承诺事项或股份代持事宜的情形

①上述持股员工与实际控制人已确认不存在特殊约定、承诺事项或股份代持事宜等情形

根据实际控制人、持股平台合伙人出具的调查表及承诺，确认其直接或通过持股平台真实持有发行人股份，不存在权属纠纷及潜在纠纷，不存在委托持股或利益输送等情形。

发行人实际控制人党某远、党某承诺内容如下："本人确认与发行人持股关系真实、准确、完整，不存在委托、信托等代理持有的情形，不存在股权权属争议或纠纷；本人直接/间接持有发行人股份合法、权属清晰，为本人真实持有，不存在质押、司法冻结或司法查封等第三方权利限制等情形，不存在委托持股、信托持股、资产管理计划或其他利益安排，也不存在任何第三方替本人代持发行人股份的情形。"

持股平台合伙人承诺内容如下："本人确认上述合伙企业财产份额持有关系真实、准确、完整，不存在委托、信托等代理持有的情形，不存在权属争议或纠纷。本人直接/间接持有发行人股份合法、权属清晰，为本人真实持有，不存在质押、司法冻结或司法查封等第三方权利限制等情形，不存在委托持股、信托持股、资产管理计划或其他利益安排，也不存在任何第三方替本人代持发行人股份的情形……对于上述向控股股东借款还款事宜，以及本人作为参与杏林白马股权激励计划的员工，通过持有共青城杏林白马投资合伙企业(有限合伙)的财产份额，间接持有杏林白马的股份，均确认不存在特殊约定、承诺事项或股份代持事宜。"

②持股平台及其合伙人持有发行人上市前的股份自愿锁定36个月

上述32名持股平台合伙人通过白马投资间接持有发行人股票。白马投资已承诺："自发行人股票上市之日起36个月内，不转让或委托他人管理本单位持有的发行人公开发行股票前已发行的股份，也不由发行人回购本单位持有的发行人公开发行股票前已发行的股份。"白马投资全体合伙人已承诺："自发行人股票上市之日起36个月内，不转让或委托他人管理本人直接或间接持有的发行人公开发行股票前已发行的股份，也不由发行人回购本人直接或间接持有的发行人公开发行股票前已发行的股份。"白马投资的股权管理、流转及退出机制约定："激励对象所持平台份额存在锁定期，期满后，如激励对象因为任何原因从持股平台退出

的,自其可退出之日起3年内,激励对象转让该部分份额每年不得超过该年1月1日起间接持有白马药业股份的25%。”由上可见,白马投资该等股份锁定和减持安排与实际控制人一致,不存在实际控制人通过股权激励对象代持公司股份规避锁定期减持限制的情形。

③中介机构核查情况

针对持股员工与实际控制人是否存在特殊约定、承诺事项或股份代持事宜等情形,保荐人、申报会计师、发行人律师执行了以下核查程序:

A. 查阅发行人的“三会”会议文件、员工持股计划及员工持股管理办法、员工花名册、员工持股平台各合伙人提供的身份证件复印件、员工持股平台合伙协议、员工持股平台的工商登记/注册登记资料;

B. 获取实际控制人与持股平台合伙人之间的借款协议、资金支付凭证、间接股东调查表、持股平台合伙人承诺等文件;

C. 获取并核查实际控制人银行账户流水、白马投资银行流水,核查相关员工借款、出资情况;

D. 获取并核查持股平台合伙人还款资金流水,确认其还款资金来源;

E. 获取实际控制人、持股平台合伙人关于不存在特殊约定、承诺事项或股份代持事宜等情形的承诺函,根据上述股东出具的承诺,白马投资全体合伙人对发行人增资系各方真实意思表示,不存在争议或潜在纠纷;

F. 在裁判文书网、中国执行信息公开网搜索查询发行人股东,白马投资股东的诉讼、仲裁、执行信息情况,核查白马投资合伙人相互之间,白马投资合伙人与发行人及其股东之间是否存在因股权纠纷而提起诉讼、仲裁的情形。

经核查,员工持股平台合伙人已全部归还实际控制人借款,其偿还资金的具体来源主要为个人及家庭积累等自有资金、向亲朋好友暂时性少量借款等;员工持股平台合伙人与实际控制人不存在特殊约定、承诺事项或股份代持事宜的情形;员工持股平台合伙人对发行人增资系各方真实意思表示,不存在争议或潜在纠纷。

另外,艾为电子(688798)、艾力斯(688578)均存在实际控制人为激励对象提供借款的情形。所以,在特殊情况下,可以选择由实际控制人向激励对象提供资金支持。

第十二节 规范运作、重大诉讼或仲裁

一、业务合法合规

(一)业务真实性及是否符合国家产业政策

1. 业务真实性

业务真实性是前提和基础,但是业务真实性主要通过财务数据的真实性体现。从规范性角度来看,主要包括业务合同真实性、如何核查业务真实性、客户真实性、海外销售的真实性等。

案例3-344 问询经销收入的真实性

依据《关于浙江通力传动科技股份有限公司首次公开发行股票并在创业板上市申请文件审核问询函的回复》(上市委审议通过),审核问询意见:"问题14:关于经销模式。请保荐人、申报会计师发表明确意见,并说明对发行人经销收入真实性、完整性的核查方法、比例及结论;对报告期内是否存在发行人控股股东、实际控制人、董事、监事、高级管理人员、员工或前员工及上述人员关系密切人员参与设立或作为发行人经销商运营的情形,是否存在经销商为发行人承担成本费用等情形的核查过程及结论。"

案例3-345 问询海外收入的真实性

依据《依据北京亚康万玮信息技术股份有限公司首次公开发行股票并在创业板上市申请文件审核问询函的回复》(亚康股份、301085),审核问询意见:"27.关于海外收入。报告期内发行人IT设备销售和IT运维服务的海外收入大幅增长。

"请发行人:(1)按照业务类型补充披露报告期内前五大海外客户的客户名称、国家地区、产品或服务种类、销售金额、收入占比及毛利率,相关交易内容是否与该客户主营业务具有相关性,是否与其海外新增业务规模相匹配,海外销售毛利率与境内销售毛利率是否存在重大差异;(2)补充披露发行人海外订单获取方式,报告期内新增订单的签署情况,订单金额是否与实际销售金额相匹配;(3)发行人海外客户主要是百果园、奥飞数据、首都在线等,请补充披露上述客户在海外的经营内容,向发行人采购设备的用途及购买数量的合理性;(4)补充披露报告期内前五大海外客户的股权结构、实际控制人,相关客户与发行人是否存在实质或潜在关联关系。

"请保荐人对上述事项,发行人律师对事项(2)、(3)、(4),申报会计师对事项(1)发表明确意见。保荐人、申报会计师进一步说明针对发行人海外收入真实性采用的核查方法、程序。"

案例3-346 问询公司未来发展规划及是否符合产业政策发展要求

依据《恒盛能源股份有限公司首次公开发行股票申请文件反馈意见》,审核反馈意见:"30.关于产业政策。请发行人补充披露:(1)发行人的热电联产和热力供应是否符合国家产业政策及项目所在地的产业政策和环保要求,是否属于《产业结构调整指导目录》淘汰类或限制类产能,是否属于落后产能,燃煤热电联产和热力供应是否存在产能被限制或取消的风险;(2)发行人是否针对'煤改气'制定应对措施,量化分析'煤改气'对发行人的影响,相关风险披露是否充分;(3)发行人项目所处开发区和工业园区是否属于重污染园区或化工园区,如属于请说明国家环保政策对园区企业的影响,是否影响发行人未来持续经营;(4)结合热电联产和热力供应行业的产业政策,说明募投项目的必要性和合理性,公司未来发展规划及是否符合产业政策发展要求,未来收入和利润是否有新的增长点。请保荐机构发表明确意见。"

2.律师执业监管的相关规定

《监管规则适用指引——法律类第2号:律师事务所从事首次公开发行股票并上市法律业务执业细则》第25条规定:"律师应当查验发行人的生产经营是否真实,是否符合法律法规的规定,是否符合国家产业政策,具体查验内容包括:(一)发行人的经营范围是否符合法律法规的规定,是否符合市场监督管理部门、有关行业监督管理部门注册、登记、核准或者备案的经营范围;(二)报告期内发行人的生产经营是否取得了有关部门的核准、备案;(三)报告期内发行人的主营业务是否稳定,主营业务是否发生过变更,是否构成重大变化,是否已经履行内部决策程序,是否完成市场监督管理部门的登记手续,是否需要取得有关部门的核准、备案。"

第 26 条规定:"律师应当按照中国证监会、证券交易所相关规定要求,查验发行人已经完成或者拟进行的收购或出售资产、资产置换、资产剥离等行为是否符合法律法规的规定,具体查验内容包括:(一)上述行为是否按照法律法规及公司章程的规定履行内部决策程序,是否需要取得国有资产管理部门、外商投资管理部门、反垄断主管部门等有关部门的批准或者备案。(二)发行人是否签署相关协议,所签署的协议是否真实、合法、有效,以及协议履行情况。如尚未履行完毕的,是否存在继续履行的重大法律障碍,是否存在纠纷、潜在纠纷或者重大法律风险。(三)上述行为是否会导致发行人主营业务发生重大变化。"

(二)业务合法合规

业务合法合规是根本,如果业务合法合规性存在问题,则无从谈起其他的财务规范性或上市板块选择的问题,对于业务的合法合规性需要彻底规范后方可申报 IPO。

案例 3-347　审核问询能否保证业务合法合规

依据《关于苏州浩辰软件股份有限公司首次公开发行股票并在科创板上市申请文件审核问询函的回复》,审核问询意见:"11.2 关于合规经营。根据申报材料:发行人 CAD 看图王软件 2019 年 12 月因存在未经用户允许获取用户信息的违法行为被苏州市公安局行政处罚,CAD 看图王 App 产品于 2020 年 12 月被江苏省通信管理局认定为违规搜索个人信息并要求限期整改。发行人已提交整改结果。

"请发行人说明:结合发行人关于获取、存储、使用用户信息的相关制度规范的制定时间、主要内容、执行情况等,说明发行人是否能够有效保障信息安全及业务合法合规,相关风险揭示是否充分。

"请保荐机构、发行人律师对上述事项进行核查并发表明确意见。"

案例 3－348 北交所上市审核问询是否取得全部经营资质

广脉科技(83892、北交所)第一轮审核问询意见:(1)按对公司生产经营的重要程度列示上述证书,并列表详细披露证书信息,包括名称、编号、核定范围、级别、颁发单位、资质申请依据、资质申请条件、公司实际情况是否符合资质条件、与主营业务的对应关系等,并结合华东区域取得上述资质的企业数量及情况,说明业务是否存在明显的资质壁垒,发行人拥有的资质等级是否具有明显竞争优势。(2)说明是否已取得所需的全部经营资质,维持或再次取得相关重要资质是否存在法律风险或障碍;公司从业人员是否需要并已取得施工、安装及项目管理等业务资质,报告期内的经营活动是否合法合规。

案例 3－349 海外子公司未向发展改革委履行备案手续

依据《关于苏州朗威电子机械股份有限公司首次公开发行股票并在创业板上市申请文件的第二轮审核问询函的回复》,审核问询意见:"问题 2. 关于合规经营。申请文件及首轮问询回复显示,朗威股份设立美国戴维斯、澳大利亚鲨克瑞克、欧洲朗威、香港鲨克瑞克时,未向苏州市发展改革委履行备案手续;公司上述程序瑕疵事项存在被发展改革委部门会同有关部门责令其停止项目实施,并提请或者移交有关机关依法追究有关责任人的法律责任风险。请发行人说明如发展改革委部门会同有关部门要求美国戴维斯、澳大利亚鲨克瑞克、欧洲朗威、香港鲨克瑞克停止营业对发行人生产经营所可能产生的影响。请保荐人、发行人律师、申报会计师发表明确意见。"

(三)产品或服务质量合法合规

《监管规则适用指引——法律类第 2 号:律师事务所从事首次公开发行股票并上市法律业务执业细则》第 56 条规定:"律师应当查验报告期内发行人的产品是否符合有关产品质量和技术监督标准,是否因违反有关产品质量和技术监督的法律法规而受到有关部门的行政处罚,是否构成重大违法行为。”

关于产品质量的常见审核问询意见:(1)是否存在质量事故及纠纷,是否存在产品召回事件;(2)质量保证约定及执行情况;(3)产品质量纠纷受到处罚的原因及是否构成重大行政处罚,相关处罚的整改情况;(4)质量控制的措施及其有效性;(5)存在报废和不合格品的原因及影响;(6)产品质量问题对于业绩稳定性的影响。

案例3-350 存在多起产品质量处罚

依据《关于孩子王儿童用品股份有限公司首次公开发行股票并在创业板上市申请文件的审核问询函的回复》(孩子王、301078),审核问询意见:“问题12.关于诉讼和行政处罚。根据申报材料,发行人主要从事母婴童商品零售,其中包括食品。发行人及其下属企业涉及的标的金额100万元以上的未决诉讼共5起,其中1起为侵害著作权诉讼。发行人及其分、子公司受到罚款以上行政处罚共计67项,其中2项处罚金额超过10万元,37项处罚事由为销售不合格商品。请发行人补充披露:

“(1)发行人针对食品、保健品质量、保质期、食品安全的内部控制措施;在销售中是否出现因食品、保健品质量问题导致食品安全、人身安全事故等纠纷;发行人与食品、保健品供应商的法律责任划分情况,发行人是否拥有向其索赔的权利;是否存在向客户或第三方赔偿的风险;该情况若产生对发行人的影响,是否会对发行人持续经营产生重大不利影响。

“(2)侵害著作权诉讼的产生背景,进展情况;涉案著作权与发行人的主要销售产品、服务的对应情况,是否为发行人主要销售或核心服务内容;测算该著作权报告期内对应的发行人主营收入及占比、净利润及占比情况,若败诉是否对发行人持续经营及业绩利润造成重大不利影响;其他未决诉讼的进展情况。

“(3)2项超过10万元处罚的罚款缴纳及整改情况,是否对相应门店经营产生重大不利影响,是否构成重大违法违规;37项处罚事由为‘销售不合格商品’的行政处罚的具体过程,罚款缴纳及整改情况,是否对相应门店经营产生重大不利影响。

针对前述问询意见,发行人反馈意见回复:

“1.关于2项超过10万元处罚的罚款缴纳及整改情况,是否对相应门店经营产生重大不利影响,是否构成重大违法违规

“报告期内,公司共有2项超10万元的行政处罚,具体情况如下:

“(1)2019年3月21日,上海市杨浦区市场监督管理局向上海爱乐孩子王儿童用品有限公司出具《行政处罚决定书》[沪监管杨处字(2019)第102018000492号],因上海孩子王在松江万达广场三楼孩子王儿童专柜销售的木质婴儿床的旁板和床头要求及使用说明2项项目不符合检测依据和相关规定,涉嫌违反了《产品质量法》第39条的规定,对其处以没收违法所得5617.52元,罚款105,840.18元。

“(2)2018年3月6日,宁波市鄞州区市场监管局向宁波孩子王儿童用品有限公司出具行政处罚决定书(甬鄞市监处〔2018〕124号),因宁波孩子王儿童用品有限公司销售的‘童年时光’儿童营养液属于未经检验检疫进口的食品,违反了《食品安全法》第34条第13项的规定,属于经营其他不符合法律规定的食品行为,对其罚处没收违法所得12,939.88元,没收违法经营的‘童年时光’维生素C(活力)营养液14瓶、钙(成长)营养液3瓶,并罚款113,864元。

“针对上述处罚,公司下属子公司上海孩子王、宁波孩子王已按时足额缴纳了相关罚款,并主动进行全面自查整改,停止销售不合格商品,进一步加强商品质量管理和人员培训,重新评估供应商资质,并制定了《商品准入经营资质管理规范》《配送中心商品入库验收标准》《商品质量问题分类分级评价及处理办法》等一系列的内部规章制度以及控制手段。考虑到上述罚款金额较小且未导致门店停业整顿,因此不会对相应门店经营产生重大不利影响。同时,2020年2月24日,上海市杨浦区市场监督管理局出具合规证明,证明上海爱乐孩子王儿童用品有限公司已缴纳罚款,上述案件不属于严重违法案件;2020年5月19日,宁波市鄞州区市场监督管理局出具证明,证明上述处罚不属于情节严重的情形。

“2.关于37项处罚事由为‘销售不合格商品’的行政处罚的具体过程,罚款缴纳及整改情况,是否对相应门店经营产生重大不利影响

“针对上述销售不合格产品的处罚,公司下属子公司已按时足额缴纳了相关罚款,并主动进行全面自查整改,停止销售不合格商品,进一步加强商品质量管理和人员培训,重新评估供应商资质,并制定了《商品准入经营资质管理规范》《配送中心商品入库验收标准》《商品质量问题分类分级评价及处理办法》等一系列的内

部规章制度以及控制手段。

“考虑到上述罚款金额合计为21.18万元，金额较小，且未导致相关门店停业整顿，因此不会对相应门店经营产生重大不利影响。同时，针对2020年以前的第2项、第7项、第12项、第19项行政处罚，根据行政处罚决定书，主管机关对发行人及其分、子公司处以的处罚措施不属于该等处罚依据的法律法规中规定的‘情节严重’的情形对应的处罚措施，因此上述处罚行为不属于重大违法违规行为。除上述4项行政处罚外，针对其他处罚行为，发行人或其分子公司已取得相关政府机关出具的该等行为不属于情节严重、不属于重大违法、不属于严重违法的确认文件。

“综上所述，报告期内，公司下属子公司、分公司已进行整改；上述行政处罚均不属于重大行政处罚，且未要求门店闭店，不会对门店经营产生重大不利影响。”

（四）业务的独立性及发展目标与主营业务的一致性

《监管规则适用指引——法律类第2号：律师事务所从事首次公开发行股票并上市法律业务执业细则》第24条规定：“律师应当查验发行人的业务是否独立。发行人的业务是否独立于控股股东、实际控制人及其控制的其他企业，是否存在不符合中国证监会、证券交易所关于发行人同业竞争和关联交易规定的情形。”第62条规定：“律师应当查验发行人的业务发展目标与主营业务是否一致，是否符合法律法规的规定，是否存在潜在的法律风险。”

二、劳动用工合法合规

《首发业务若干问题解答》（2020年6月修订）问题21：“对于发行人执行社会保障制度的相关问题，应当如何做好披露工作，中介机构在核查有关问题时应如何把握？答：发行人报告期内存在应缴未缴社会保险和住房公积金情形的，应当在招股说明书中披露应缴未缴的具体情况及形成原因，如补缴对发行人的持续经营可能造成的影响，揭示相关风险，并披露应对方案。保荐机构、发行人律师应对前述事项进行核查，并对是否属于重大违法行为出具明确意见。”

《监管规则适用指引——法律类第2号：律师事务所从事首次公开发行股票并上市法律业务执业细则》第58条规定，律师应当查验报告期内发行人的劳动保护情况，是否与员工签订劳动合同，是否依法为员工缴纳社会保险和住房公积金，是否因违反有关劳动保护的法律法规而受到有关部门的行政处罚，是否构成重大违法行为。

（一）劳务派遣和劳务外包

1. 劳务派遣

劳务派遣是指具有劳务派遣业务资质的劳务派遣单位（用人单位）与劳动者订立劳动合同，劳务派遣单位再与有用工需求的用工单位签订劳务派遣协议，劳务派遣单位将劳动者派遣至用工单位工作的一种用工方式。劳务派遣用工方式只能在临时性、辅助性或者替代性的工作岗位上实施。

（1）合规性

关于劳务派遣，首先需要关注的是劳务派遣的合规性，需要论证并说明是否符合劳务派遣相关法律法规的规定，主要包括报告期各期末的劳务派遣员工人数、占比，包括劳务派遣用工比例；对于存在不规范情况的，需要在报告期最后1年解决劳务派遣合规性问题。

（2）劳务派遣单位的资质

上市过程中，需要关注劳务派遣单位资质及相关劳务派遣单位给劳务派遣人员的社会保险及公积金缴纳情况，相关劳务派遣公司的构成、变动情况及经营合法合规情况，是否为独立经营的实体，是否具备必要的专业资质、业务实施及人员管理是否符合相关法律法规规定。

（3）劳务派遣人员数量与发行人业绩的匹配性及定价公允性

需要关注劳务派遣人员数量及费用变动是否与发行人经营业绩相匹配，劳务派遣费用定价是否公允，是否存在跨期核算的情形。

实务中，劳务派遣公司代替发行人承担的员工赔偿金等属于需要重点关注的事项，其核查方法主要是从相关诉讼公告或相关的文书、劳务派遣费用的稳定性等途径予以关注，在审核过程中对相关问题关注较少，需要将规范工作提前。

（4）劳务派遣交易的真实性及关联关系

发行人与其发生业务交易的背景，是否存在重大风险；说明相关劳务派遣公司是否专门或主要为发行人服务，如存在主要为发行人服务的情形，需要说明其合理性及必要性，相关劳务派遣公司是否与发行人存在关联关系。

案例3-351 报告期人员变动较大

依据润建股份(002929)申请上市时的反馈意见,截至2016年6月30日,公司共有员工6340名,其中725名员工未缴纳社会保险,3574名员工未缴纳住房公积金,报告期内,公司员工人数变动较大。请保荐机构、发行人律师核查并披露:(1)报告期各期发行人员工与劳务分包、劳务派遣员工的人数;报告期各期人员变动较大的原因,与发行人业务规模的是否匹配。(2)发行人缴纳社保和住房公积金的起始日期,报告期内年度缴纳人数、金额及缴费比例,是否符合相关法律法规规定,是否存在欠缴情形。(3)是否存在劳务派遣用工,包括劳务派遣用工比例、劳务派遣单位资质及劳务派遣人员的社保缴费情况等,并说明是否符合我国劳务派遣相关法律法规的规定。(4)如存在欠缴或其他违法违规情形,请披露形成原因、欠缴金额及拟采取的措施,分析如补缴对发行人经营业绩的影响,并就是否构成重大违法行为及本次发行的法律障碍出具明确意见。

案例3-352 劳务派遣

依据《海程邦达供应链管理股份有限公司首次公开发行股票申请文件反馈意见》,审核问询意见:"10.招股说明书披露,发行人子公司在报告期内存在劳务派遣人数超过用工总人数10%的情形,自2019年起,发行人及各子公司已将劳务派遣用工比例降至10%以内。请发行人:(1)补充披露报告期各期末的劳务派遣员工人数、占比、社会保险及公积金缴纳情况,劳务外包合同的主要内容,并请说明劳务数量及费用变动是否与发行人的经营业绩相匹配,劳务费用定价是否公允,是否存在跨期核算情形;(2)说明相关劳务派遣公司的构成及变动情况及经营合法合规情况,是否为独立经营的实体,是否具备必要的专业资质、业务实施及人员管理是否符合相关法律法规规定,发行人与其发生业务交易的背景,是否存在重大风险;(3)说明相关劳务派遣公司是否专门或主要为发行人服务,如存在主要为发行人服务的情形,请说明其合理性及必要性,相关劳务派遣公司是否与发行人存在关联关系。请保荐机构及发行人律师核查并发表明确意见。"

另外,依据苏州纽克斯电源技术股份有限公司的反馈回复文件,该发行人存在劳务派遣的问询意见,其中问询意见指出,公司的劳务派遣供应商之一苏州英菲迅企业管理有限公司的股东及执行董事顾某赛为发行人前生产线员工，其于2018年2月从发行人处离职；军信股份（301109，原872664）、瑜欣电子（原870156）等均存在劳务派遣的问询问题。

2. 劳务外包

(1)上市审核问答关于劳务外包的规定

《首发业务若干问题解答》(2020年6月修订)问题47:“首发企业劳务外包情形，中介机构需重点关注哪些方面内容？

“答:部分首发企业存在将较多的劳务活动交由专门劳务外包公司实施的情况的。中介机构应当充分关注以下方面：

“(1)该等劳务公司的经营合法合规性等情况，比如是否为独立经营的实体，是否具备必要的专业资质，业务实施及人员管理是否符合相关法律法规规定，发行人与其发生业务交易的背景及是否存在重大风险。

“(2)劳务公司是否专门或主要为发行人服务，如存在主要为发行人服务的情形的，应关注其合理性及必要性、关联关系的认定及披露是否真实、准确、完整。中介机构对于该类情形应当从实质重于形式角度按关联方的相关要求进行核查，并特别考虑其按规范运行的经营成果对发行人财务数据的影响，以及对发行人是否符合发行条件的影响。

“(3)劳务公司的构成及变动情况，劳务外包合同的主要内容，劳务数量及费用变动是否与发行人经营业绩相匹配，劳务费用定价是否公允，是否存在跨期核算情形。

“中介机构应当就上述方面进行充分论证，并发表明确意见。”

(2)关于劳务外包的重点关注事项

关于劳务外包需要关注的主要事项如下：

①劳务外包涉及的岗位、人员数量及占比情况；

②披露主要劳务外包单位的具体情况，包括名称、注册地、注册时间、注册资本、经营范围、资质情况、股权结构、与发行人合作时间等，关注发行人及控股股东、实际控制人及其关联方与劳务外包公司是否存在关联关系、委托持股的情形，是否存在利益输送或其他利益安排；

③结合上述劳务外包人员在发行人工作的实际情况,从工作时间、场所的决定和控制关系,生产工具、原材料提供方、外包公司的经营范围等说明认定上述关系为劳务外包而不是劳务派遣的依据是否充分,是否符合实际情况,是否符合《劳务派遣暂行规定》的相关规定,是否存在以劳务外包形式规避劳务派遣的相关法律法规限制;

④说明劳务外包人员数量及费用变动是否与发行人的经营业绩相匹配,劳务外包费用的确定方式,定价是否公允;

⑤说明劳务外包费用中实际支付给工人的工资情况,劳务外包人员的人均工资与发行人自有员工人均工资的对比情况,劳务外包公司实际为劳务外包人员缴纳社保情况,发行人是否对劳务外包单位构成重大依赖;

⑥说明劳务外包对发行人业务、资产独立性和完整性的影响;

⑦是否通过劳务外包规避劳务派遣的问题。

案例3-353 劳务外包问询意见

依据《艾郎科技股份有限公司首次公开发行股票申请文件反馈意见》,审核问询意见:“32.关于劳务外包。申报材料显示,发行人报告期内存在较大比例的劳务外包。请发行人:(1)披露劳务外包涉及的岗位、人员数量及占比情况;(2)披露主要劳务外包单位的具体情况,包括名称、注册地、注册时间、注册资本、经营范围、资质情况、股权结构、与发行人合作时间等,并进一步说明发行人及控股股东、实际控制人及其关联方与劳务外包公司是否存在关联关系、委托持股的情形,是否存在利益输送或其他利益安排;(3)结合上述劳务外包人员在发行人工作的实际情况,从工作时间、场所的决定和控制关系,生产工具、原材料提供方、外包公司的经营范围等说明认定上述关系为劳务外包而不是劳务派遣依据是否充分,是否符合实际情况,是否符合《劳务派遣暂行规定》的相关规定;是否存在以劳务外包形式规避劳务派遣的相关法律法规限制;(4)说明劳务外包人员数量及费用变动是否与发行人的经营业绩相匹配,劳务外包费用的确定方式,定价是否公允;(5)说明劳务外包费用中实际支付给工人的工资情况,劳务外包人员的人均工资与发行人自有员工人均工资的对比情况,劳务外包公司实际为劳务外包人员缴纳社保情况,发行人是否对劳务外包单位构成重大依赖;(6)结合上述情况,说明劳务外包对发行人业务、资产独立性和完整性的影响,相关风险是否充分披露。请保荐机构和发行人律师进行核查并发表明确核查意见。”

案例3-354 劳务外包人员数量接近公司员工总量

广东奥迪威传感科技股份有限公司在北交所上市委员会审议会议提出问询的主要问题:“2.关于劳务外包。报告期内,公司主要采购内容为原材料、劳务外包和外协加工,其中劳务外包采购额各期占比分别为23.04%、21.29%和21.48%,占比较高,外协加工各期占比分别为5.58%、4.73%和5.61%,主要劳务外包供应商为深圳穗智,同时,深圳穗智是发行人2021年度的第一大供应商。发行人2021年年末员工数量为773人,根据劳务外包服务采购金额和测算得出2021年劳务外包人员数量为616人,数量接近发行人员工数量。

“请发行人说明:(1)深圳穗智是否专门或主要为发行人服务,如是,请说明其合理性及必要性。(2)深圳穗智是否为独立的经营实体,是否具备必要的专业资质,是否已履行相关行政主管部门必要的行政许可或备案手续,其业务实施及人员管理是否符合相关法律法规规定,其与发行人发生的劳务外包交易是否存在重大风险,发行人对深圳穗智是否存在重大依赖。(3)外包的具体工序,是否涉及公司的核心技术。请保荐机构、发行人律师对上述事项核查并发表意见。”

(二)社保缴纳

《劳动法》第100条规定,用人单位无故不缴纳社会保险费的,由劳动行政部门责令其限期缴纳,逾期不缴的,可以加收滞纳金。

1.自愿放弃社保缴纳的效力问题

对于农村户籍人员以及不具有社保缴纳意愿的人员,出具相关的放弃社保缴纳的承诺,从上市审核角度来看,如果相关的占比较低且经访谈相关人员出具确认,同时控股股东或实际控制人出具了相关的兜底承诺,一般监管机构能够接受相关的解决方法。

但是从法律效力的角度出发,相关的放弃社保的承诺原则上不被认可有效,依然不影响主管机关追缴社保款项,所以即使存在相关的承诺,也不妨碍相关的员工行使主张要求补缴社会保险的权利。

《国务院关于整合城乡居民基本医疗保险制度的意见》(国发〔2016〕3号)第2条第1项规定:“城乡居民医保制度覆盖范围包括现有城镇居民医保和新农合所有应参保(合)人员,即覆盖除职工基本医疗保险应参保人员以外的其他所有城乡居民。农民工和灵活就业人员依法参加职工基本医疗保险,有困难的可按照当地规定参加城乡居民医保。各地要完善参保方式,促进应保尽保,避免重复参保。”即使不从相关承诺的效力出发,农村户籍人员和灵活就业人员依法参加职工基本医疗保险,可知,对于参加工作的农村户籍人员应当依法缴纳社会保险。

2. 社保的规范性可分步解决

社保和公积金缴纳的规范,可以按照报告期逐步规范,从开始的人员比例覆盖逐步提高,在报告期的最后1年争取最大限度地规范包括缴纳标准的规范等,争取全部人员如实缴纳社会保险和公积金。

案例3-355 逐步规范社保缴纳

依据《路德环境科技股份有限公司反馈意见回复》,相关分步规范的主要内容如下:发行人已针对社会保险和住房公积金缴纳情况进行了积极整改,持续提高公司缴纳社会保险及住房公积金的员工占比。截至报告期末,发行人已实现城乡社会保险全员覆盖,所有应缴城乡社会保险的人员均已完成缴纳或报销。截至本回复报告出具日,发行人员工人数为341人,缴纳住房公积金的员工人数为322人,所有应缴纳住房公积金人员均已完成缴纳,差异均为退休返聘和新入职员工。

反馈回复后,发行人在招股说明书中补充披露如下内容:发行人员工社会保障补缴的风险报告期内,发行人系以员工基本工资为缴费基数缴纳社会保险和住房公积金,并确保不低于所在地区社保部门及住房公积金中心认可的最低缴费基数标准,存在员工社会保险和住房公积金的缴费基数与有关规定不符的风险。虽然发行人所在地相关主管部门已出具相应证明,证明报告期内发行人不存在因违反劳动保障、社会保险、公积金方面的法律、法规而被处罚的情形,且实际控制人已经作出补缴义务承诺,但若未来相关部门对社会保险和住房公积金的缴纳提出更高要求,则可能存在被要求严格按照相关规定补缴社会保险或住房公积金的风险。

案例3-356 报告期内社保和公积金缴纳逐步规范

依据《关于金禄电子科技股份有限公司首次公开发行股票并在创业板上市申请文件的审核问询函的回复》,审核问询意见:"关于社保公积金。申报文件显示,2020年6月发行人社保、公积金未缴纳人数约160人,较2019年年末出现大幅上升。2017年度发行人未缴纳社保人数为251人,未缴纳公积金人数为1049人。请发行人:(1)说明发行人未缴纳住房公积金人数出现大幅上升的原因,相关内部控制制度是否健全。(2)结合报告期初发行人未缴纳社保公积金人数比例较高情形,说明发行人是否存在受到行政处罚风险,是否构成重大违法行为。请保荐人、发行人律师发表明确意见。"

反馈回复:2017年年末公司未缴纳社保人数为251人,未缴纳公积金人数为1049人,未缴纳社保、住房公积金人数比例较高的原因系公司2017年对员工社保公积金缴存管理重视不够,存在不规范的情况,部分生产员工来自外地、具有农村户籍,自身购买社保公积金的意愿也较弱。同时,公司也为该等员工提供宿舍等措施解决员工生活问题。公司在报告期内已逐步规范,为符合条件的员工缴纳了社保及公积金。

另外,湖北东田微科技股份有限公司在申请创业板首发上市时,其报告期初未缴纳社会保险和住房公积金的比例分别为66.81%、81.4%,而报告期的最近一期,公司未缴纳社会保险和住房公积金的比例分别为4.00%、3.80%,逐步规范社会保险和住房公积金的缴纳事项。

3.退休返聘人员原则应当按劳务处理

《劳动合同法》第44条规定:"有下列情形之一的,劳动合同终止:……(二)劳动者开始依法享受基本养老保险的待遇的……"

《最高人民法院关于审理劳动争议案件适用法律若干问题的解释(一)》(法释〔2020〕26号)第32条规定:"用人单位与其招用的已经依法享受养老保险待遇或者

领取退休金的人员发生用工争议而提起诉讼的,人民法院应当按劳务关系处理。”

实务中,有不少企业存在部分员工为退休返聘人员,因相关的人员已经享受退休待遇不需要缴纳社会保险。但是,多数公司对退休返聘人员均按照劳动合同关系处理,对相关的人员未按劳务人员管理,发放的报酬一般按照工资薪酬所得,未按照劳务报酬处理,相关的人员占比一般较小,审核机构也未过多关注,但随着社保入税和相关的规范要求越来越高,仍需谨慎处理。

既然相关的退休返聘人员对外公告按照劳务关系处理,其与公司之间建立的非为劳动合同关系,发行人不可一边解释无须为相关人员缴纳社会保险及住房公积金,公司未为其缴纳社保公积金符合相关规定,另一边又按照工资薪酬为相关的人员发放工资。此做法本身就是矛盾的,建议准确处理。可参考关于优利德科技(中国)股份有限公司首次公开发行股票并在科创板上市申请文件的审核问询函的回复关于退休返聘人员的处理。

4. 社保问题的解决思路

(1)全面梳理社会保险和住房公积金的缴纳情况

全面梳理社会保险和住房公积金的缴纳情况,包括缴纳人员和比例等,如果不规范的情况占比较小,具体披露相关的未缴纳或未如实缴纳的原因和情况即可;如果未全面覆盖或者未如实足额缴纳的金额较大或占比相对较高,需要测算相关的应当承担的费用和实际支出的费用,如实披露相关未缴纳的费用对公司净利润的影响等。

案例 3－357　测算相关费用对利润影响及测算口径

依据《路德环境科技股份有限公司反馈意见回复》,审核问询意见:“四、关于员工社会保障报告期各期末,发行人为其员工缴纳城镇职工社会保险的比例分别为 34.15%、41.08%、58.21%,缴纳住房公积金的比例分别为 25.47%、26.63%、45.07%。请发行人补充披露:(1)员工社会保险、住房公积金缴费基数是否符合相关法律法规和地方政府规定,是否足额缴纳,如未足额缴纳,进一步测算对报告期各期经营业绩及本次发行上市是否符合相关上市条件的影响;(2)报告期内员工社会保障情况(包括社会保险缴纳险种、社保及公积金缴纳人数、社保及公积金缴费基数)的合规性是否获得政府主管部门确认;(3)公司实际控制人是否承诺限期整改到位,并就前述事项作出了重大事项提示。请保荐机构、发行人律师、申报会计师对上述事项进行核查并发表意见,说明核查过程、计算方法。"

反馈回复:

经测算,若按照当前城乡社会保险的并行规定口径,2017 年、2018 年和 2019 年发行人应缴未缴社会保险及住房公积金金额占当期扣除非经常性损益后归属于母公司股东的净利润的比例分别为 5.36%、11.01% 和 6.44%;若严格按照城镇社会保险口径,2017 年、2018 年和 2019 年发行人应缴未缴社会保险及住房公积金金额占当期扣除非经常性损益后归属于母公司股东的净利润的比例分别为 15.77%、26.06% 和 10.99%。因此,如需补缴,对发行人的净利润影响较小,不会对本次发行上市造成障碍。

上述数据的计算方法见表 15、表 16:

①城乡社会保险

表 15 城乡社会保险计算方法

项目	计算方法
因缴费基数差异应补缴的社会保险金额	已缴纳城镇社会保险员工人数 ×(以上一年度月平均工资为缴费基数企业应为单个员工缴纳的城镇社会保险金额 - 发行人为单个员工实际缴纳的城镇社会保险金额)
应缴未缴员工应补缴的社会保险金额	应缴未缴城镇社会保险及新农村社会保险的员工人数 × 单个员工应缴纳新农村社会保险金额
应补缴社会保险金额	因缴费基数差异应补缴的社会保险金额 + 应缴未缴员工应补缴的社会保险金额
应补缴住房公积金金额	以上一年度月平均工资为缴费基数企业应缴纳的住房公积金总额 - 发行人实际缴纳的住房公积金总额
扣除所得税和少数股东影响金额	各主体应补缴社保公积金金额 ×(1 - 各主体所得税税率)×(1 - 各主体少数股东比例),再将各主体金额加和得出扣除所得税和少数股东影响后对净利润的影响金额

②城镇社会保险

表 16 城镇社会保险计算方法

项目	计算方法
应补缴社会保险金额	以上一年度月平均工资为缴费基数企业应缴纳的城镇社会保险总额－发行人实际缴纳的城镇社会保险总额
应补缴住房公积金金额	以上一年度月平均工资为缴费基数企业应缴纳的住房公积金总额－发行人实际缴纳的住房公积金总额
扣除所得税和少数股东影响金额	各主体应补缴社保公积金金额×(1－各主体所得税税率)×(1－各主体少数股东比例),再将各主体金额相加得出扣除所得税和少数股东影响后对净利润的影响金额

(2)核查并分类披露未如实缴纳社保的原因

全国各地具体情况差异较大,公司员工可能享受当地特殊补贴政策不能转移社保,或者公司所处行业的员工农村户籍人员较多,或部分员工年龄较大在工作地长期生活的意愿不强等,其参保意愿同时受个人缴费比例、经济承受能力等因素影响,同时多数农村户籍人员已参加新型农村合作医疗保险、新型农村养老保险,且在农村有自有住房,自愿放弃公司为其缴纳社会保险或公积金的情况确实存在。

需要据实核查并披露相关的未缴纳社会保险人员的情况及具体原因。不可以等问询反馈时再补充核查相关情况,力争核查清楚并在招股说明书中披露,避免构成核查遗漏事项。

(3)由员工出具相关的放弃社保缴纳的承诺

员工出具放弃承诺,不论在法律上的效力如何,在上市审核过程中,相关文件是具有一定的效力且一般是必需的。

可参考主要内容:本人为公司的员工,与公司之间不存在劳动争议。本人不以未购买住房公积金或者足额缴纳社会保险等为由要求与公司解除劳动关系或要求公司进行赔偿、补偿,本人自愿放弃追究公司补缴社会保险和住房公积金的权利,同时放弃追究公司因未购买社会保险或住房公积金产生的责任。

(4)由社保主管机关出具无重大违法违规的证明

需要由发行人及其子公司所在地的当地社会保险和住房公积金的有关部门

出具证明文件,不存在因社保和公积金缴纳事项被处罚或重大处罚的情形。

对于存在历史上特殊处理的,需要明确相关的处理行为不违法或者主管机构不会追究相关的责任。

(5)未因社保等问题发生重大诉讼或者仲裁纠纷

报告期内,公司未因劳动用工及社会保险、公积金缴存事项而与劳动者、其他用人单位等第三方产生(重大)劳动仲裁或诉讼纠纷;未因违反国家和地方劳动用工以及社会保险、公积金存缴方面的法律、法规而受到政府部门的行政处罚。

(6)为在其他地方缴纳社会保险的人员报销相关费用或发放住房补贴

对于在人才交流中心或者在农村或其他集体组织缴纳了社会保险的,公司可以依法为其报销相关的社会保险缴纳费用。

案例 3-358 多人在工作地自行购买社保由公司报销费用

依据《深圳市泛海三江电子股份有限公司创业板首次公开发行股票招股说明书》(后终止注册),称:"公司按照有关规定为员工缴纳了基本养老保险等,但存在公司未为个别员工缴纳社会保险和住房公积金的情形。截至报告期末,发行人未为 131 名员工缴纳社保,原因为:7 人为退休返聘人员,无须缴纳社保;60 人根据自己意愿申请自愿在工作当地购买,公司给予补偿;29 人为新入职员工,社保手续办理中;35 人根据自己意愿申请不在公司购买社保。发行人未为 109 名员工缴纳住房公积金,原因为:7 人为退休返聘人员;28 人根据自己意愿申请自愿在工作当地购买,公司给予补偿;30 人为新入职员工,住房公积金手续正在办理中;44 人根据自己意愿申请不在公司购买住房公积金。

"公司及各子公司所在地的社保管理部门、住房公积金管理部门出具了合法合规证明。为进一步保障公众股东利益,公司控股股东泛海投资和实际控制人卢某强先生出具了书面承诺。"

另外,依据《关于洛阳建龙微纳新材料股份有限公司首次公开发行股票并在科创板上市反馈意见回复》,该公司为农村户籍人员缴纳新型农村养老保险的人员报销相关的费用。

(7)实际控制人出具兜底承诺

实际控制人应当对相关的未如实足额缴纳社会保险的事项出具兜底性承诺，相关承诺主要内容包括：①本人将通过行使股东权利、履行股东职责，保证和促使发行人及其子公司依法遵守社会保险（包括养老保险、医疗保险、失业保险、生育保险和工伤保险）及住房公积金方面的相关法律法规规定，履行为其员工缴纳社会保险费和住房公积金的义务；②如发行人及其子公司因有关政府部门或司法机关在任何时候认定发行人及其子公司需补缴社会保险费（包括养老保险、医疗保险、工伤保险、失业保险、生育保险）和住房公积金，或因社会保险费和住房公积金事宜受到处罚，或被任何相关方以任何方式提出有关社会保险费和住房公积金的合法权利要求，本人将无条件全额承担有关政府部门或司法机关认定的需由发行人及其子公司补缴的全部社会保险费和住房公积金、罚款或赔偿款项，全额承担被任何相关方以任何方式要求的社会保险费和住房公积金或赔偿款项，以及发行人及其子公司因上述事项所支付的所有相关费用，并督促发行人尽快整改到位。

案例3－359　实际控制人兜底承诺

依据《关于优利德科技（中国）股份有限公司首次公开发行股票并在科创板上市申请文件的审核问询函的回复》，实际控制人的兜底承诺是："本企业/本人将无条件全额连带承担公司及其直接或间接控制的企业补缴的社会保险费/住房公积金及因此所产生的相关费用。"

案例3－360　要求披露社保未缴纳的具体情况及原因

依据《江西阳光乳业股份有限公司首次公开发行股票申请文件反馈意见》，审核问询意见："29. 招股说明书披露报告期内存在未足额缴纳社保和公积金情况，期末未缴纳人数424人，占比约40%。请发行人补充披露：(1)发行人社会保险和住房公积金是否存在应缴未缴的情形，如存在请披露具体情况、形成原因，如足额缴纳请披露对经营业绩的影响，并揭示相关风险、披露应对方案；(2)是否存在因违反社会保险、住房公积金方面的相关法律法规而受到处罚的情形，是否构成重大违法行为；(3)报告期内是否存在劳务派遣用工，如存在请说明是否符合《劳务派遣暂行规定》,是否存在重大违法行为。请保荐机构、发行人律师发表明确意见。"

三、关于环境保护和安全生产

(一)上市核查相关规定

1. 主板上市审核问答关于环保核查的规定

《首发业务若干问题解答》(2020年6月修订)问题19:"请问对于环境保护问题,发行人应在信息披露中关注哪些事项,中介机构核查相关问题中应重点把握哪些核查要求? 答:发行人应当在招股说明书中充分做好相关信息披露,包括:生产经营中涉及环境污染的具体环节、主要污染物名称及排放量、主要处理设施及处理能力;报告期内,发行人环保投资和相关费用成本支出情况,环保设施实际运行情况,报告期内环保投入、环保相关成本费用是否与处理公司生产经营所产生的污染相匹配;募投项目所采取的环保措施及相应的资金来源和金额等;公司生产经营与募集资金投资项目是否符合国家和地方环保要求,发行人若发生环保事故或受到行政处罚的,应披露原因、经过等具体情况,发行人是否构成重大违法行为,整改措施及整改后是否符合环保法律法规的有关规定。

"保荐机构和发行人律师应对发行人的环保情况进行核查,包括:是否符合国家和地方环保要求,已建项目和已经开工的在建项目是否履行环评手续,公司排污达标检测情况和环保部门现场检查情况,公司是否发生环保事故或重大群体性的环保事件,有关公司环保的媒体报道。

"在对发行人全面系统核查基础上,保荐机构和发行人律师应对发行人生产经营总体是否符合国家和地方环保法规和要求发表明确意见,发行人曾发生环保事故或因环保问题受到处罚的,保荐机构和发行人律师应对是否构成重大违法行为发表明确意见。"

2. 规则对律师关于环保和安全生产的核查要求

《监管规则适用指引——法律类第2号:律师事务所从事首次公开发行股票并上市法律业务执业细则》第55条规定:"律师应当查验报告期内发行人的生产经营活动是否符合国家和地方环保要求,是否取得生产经营所需要的排污许可证等行政许可证书或者依法办理排污登记手续，已建项目和已经开工的在建项目是否履行了环境影响评价手续；发行人的排污达标检测情况和环保部门现场检查情况；发行人是否发生环保事故或者重大群体性的环保事件，是否因违反有关环境保护的法律法规而受到有关部门的行政处罚，是否构成重大违法行为。"第57条规定："律师应当查验报告期内发行人的安全生产情况，是否符合安全生产的法律法规的要求，是否采取保障安全生产的措施。发行人是否发生过重大的安全事故，是否因违反有关安全生产的法律法规而受到有关部门的行政处罚，是否构成重大违法行为。"

案例3-361 子公司生产环节涉及高污染、高环境风险产品目录的产品

依据《关于鸿日达科技股份有限公司首次公开发行股票并在创业板上市的审核中心意见落实函之回复》，审核问询意见："3.关于子公司电镀金半成品，申请文件及审核问询回复显示：

"(1)发行人子公司东台润田生产流程中，电镀环节的半成品氰化亚金钾电镀金产品属于《环境保护综合名录(2021年版)》中'高污染、高环境风险'产品名录里的'氰化金钾电镀金产品(无氰镀金工艺除外)'。

"(2)发行人计划实施的压降方案包括对现有电镀产线进行加工产品升级、使用不含氰原材料及无氰电镀金工艺、增加电镀金加工外协比例等多种方式，预计2025年年底含氰电镀金加工自产金额占发行人电镀加工合计金额(自产+外协采购)的比例降至20%以内，含氰电镀金加工自产金额占发行人营业收入的比重降至3%以内。"

审核机构要求发行人说明：

(1)说明生产经营是否符合国家产业政策，是否纳入相应产业规划布局，生产经营和募投项目是否属于《产业结构调整指导目录(2021年本)》中的限制类、淘汰类产业，是否属于落后产能，请按照业务或产品进行分类说明。

(2)说明已建、在建项目和募投项目是否满足项目所在地能源消费双控要求，是否按规定取得固定资产投资项目节能审查意见，发行人的主要能源资源消耗情况以及其是否符合当地节能主管部门的监管要求。

(3)说明募投项目是否涉及新建自备燃煤电厂,如是,是否符合《关于加强和规范燃煤自备电厂监督管理的指导意见》中“京津冀、长三角、珠三角等区域禁止新建燃煤自备电厂,装机明显冗余、火电利用小时数偏低地区,除以热定电的热电联产项目外,原则上不再新(扩)建自备电厂项目”的要求。

(4)说明现有工程是否符合环境影响评价文件要求,是否落实污染物总量削减替代要求;募投项目是否按照《环境影响评价法》(2018修正)的要求,以及《建设项目环境影响评价分类管理名录》和《生态环境部审批环境影响评价文件的建设项目目录》的规定,获得相应级别生态环境主管部门环境影响评价批复;发行人的已建、在建项目和募投项目是否需履行主管部门审批、核准、备案等程序及履行情况。

(5)说明是否存在大气污染防治重点区域内的耗煤项目。依据《大气污染防治法》第90条的规定,国家大气污染防治重点区域内新建、改建、扩建用煤项目的,应当实行煤炭的等量或者减量替代。发行人是否履行应履行的煤炭等量或减量替代要求。

(6)说明已建、在建项目或者募投项目是否位于各地城市人民政府根据《高污染燃料目录》划定的高污染燃料禁燃区内,如是,是否在禁燃区内燃用相应类别的高污染燃料,是否已完成整改,是否受到行政处罚,是否构成重大违法行为。

(7)说明是否按规定取得排污许可证,是否存在未取得排污许可证或者超越排污许可证范围排放污染物等情况,是否违反《排污许可管理条例》第33条的规定,是否已完成整改,是否构成重大违法行为。

(8)说明除子公司东台润田的电镀环节半成品氰化亚金钾电镀金产品外,发行人是否有其他产品或半成品属于《环境保护综合名录(2021年版)》中规定的“高污染、高环境风险”产品名录(以下简称双高名录)。发行人及子公司涉及前述双高名录中相关产品所产生的收入及占发行人主营业务收入的比例,是否为发行人生产的主要产品;请明确相关产品未来压降计划,并说明压降计划的可行性及对发行人业绩的影响。如发行人产品属于双高名录中“高环境风险”产品的,请说明是否满足环境风险防范措施要求、应急预案管理制度是否健全、近1年内是否未发生重大特大突发环境事件等要求;如产品属于双高名录中“高污染”产品的,请说明发行人是否满足国家或地方污染物排放标准及已出台的超低排放要求、是否达到行业清洁生产先进水平、近1年内是否无因环境违法行为受到重大处罚的情形。

(9)生产经营中涉及环境污染的具体环节、主要污染物名称及排放量、主要处理设施及处理能力,治理设施的技术或工艺先进性、是否正常运行、达到的节能减排处理效果以及是否符合要求、处理效果监测记录是否妥善保存;报告期内环保投资和费用成本支出情况,环保投入、环保相关成本费用是否与处理公司生产经营所产生的污染相匹配;募投项目所采取的环保措施及相应的资金来源和金额;公司的日常排污监测是否达标和环保部门现场检查情况。

(10)发行人最近36个月是否存在受到环保领域行政处罚的情况,是否构成重大违法行为,整改措施及整改后是否符合环保法律法规的规定。公司是否发生过环保事故或重大群体性的环保事件,是否存在公司环保情况的负面媒体报道。

保荐人、发行人律师应当勤勉尽责,对发行人上述情况进行全面系统的核查,说明核查范围、方式、依据,并发表明确核查意见。发行人应当及时向中介机构提供真实、准确、完整的资料,积极和全面配合中介机构开展尽职调查工作。上述所指发行人包括母公司及其合并报表范围内子公司。

发行人和保荐机构针对前述问题反馈回复:

(1)东台润田电镀工序不属于《产业结构调整指导目录》中的限制类、淘汰类产业,不属于落后产能。

根据国家发展改革委与商务部颁布的《市场准入负面清单(2020年版)》《市场准入负面清单(2022年版)》,东台润田电镀工序不属于上述负面清单内行业,符合国家行业准入要求。根据《促进产业结构调整暂行规定》《产业结构调整指导目录(2019年本)》,东台润田生产工序中电镀金、电镀钯金、电镀铂金等电镀工序均属于允许类。根据《国务院关于进一步加强淘汰落后产能工作的通知》(国发〔2010〕7号)、《关于印发淘汰落后产能工作考核实施方案的通知》(工信部联产业〔2011〕46号)以及《2015年各地区淘汰落后和过剩产能目标任务完成情况》(工业和信息化部、国家能源局公告2016年第50号)等规范性文件,国家淘汰和落后产能主要为炼铁、炼钢、焦炭、铁合金、电石、电解铝、铜冶炼、铅冶炼、水泥(熟料及磨机)、平板玻璃、造纸、制革、印染、铅蓄电池(极板及组装)、电力、煤炭16个行业,东台润田主营业务以及电镀工序均不属于落后产能。

根据《环境保护综合名录(2021年版)》中的“高污染、高环境风险”产品名录,子公司东台润田电镀金采用氰化亚金钾作为主要原材料,属于含氰电镀金工艺,使用该工艺对金属冲压半成品进行电镀加工后的电镀金半成品属于该目录的“高污染、高环境风险”产品——氰化金钾电镀金产品(无氰镀金工艺除外)。

根据《生态环境部关于印发〈环境保护综合名录(2021年版)〉的通知》(环办综合函〔2021〕495号),并经走访盐城市东台生态环境局以及咨询江苏省生态环境厅,《环境保护综合名录(2021年版)》有利于引导企业绿色转型,为企业技术改造升级提供政策指向和技术支持,鼓励企业优先使用除外工艺(包括亚硫酸盐电镀金等无氰镀金工艺),但《环境保护综合名录(2021年版)》并不限制或淘汰已办理相应环评、排污手续的生产项目的继续生产使用。子公司东台润田现有电镀产线均已办理相应环评、排污手续,也不存在环保检测不合格或受到过环保相关行政处罚的情形,其继续生产使用合法合规。

综上所述,发行人子公司东台润田的生产经营符合国家产业政策,已纳入相应产业规划布局,不属于《产业结构调整指导目录(2021年本)》中的限制类、淘汰类产业,不属于落后产能。

(2)中介机构的核查程序

①了解发行人生产经营及主要产品情况;查阅发行人募投项目相关的备案文件、环评批复文件、可行性研究报告等资料,了解发行人本次募投项目内容;查阅发行人主营业务相关的国家产业政策和产业规划;查阅《产业结构调整指导目录(2019年本)》及《国务院关于进一步加强淘汰落后产能工作的通知》等文件。

②查阅国家和发行人项目所在地有关能源消费双控和节能审查方面的法律、法规及规范性文件,以及江苏省重点用能单位“百千万”行动企业名单;查阅发行人及子公司建设项目的环评文件、节能评估报告以及发改部门就节能评估报告书出具的审批文件等资料;取得发行人报告期内主要能源耗用数据明细表,抽查能源采购相关的支付凭证及发票,并查阅国家单位国内生产总值能耗的公开数据;通过公开网络渠道检索发行人报告期内是否因固定资产投资项目能源消费、节能审查或能源消耗违规等事项受到行政处罚。

③查阅发行人募投项目“昆山汉江精密连接器生产项目”的可行性研究报告、环境影响评价报告等相关文件;对发行人相关人员进行了访谈。

④核查发行人现有工程环境影响评价报告、环评批复、环保竣工验收报告等文件;查阅与污染物排放总量指标相关法律法规和规范性文件,核查发行人是否落实污染物总量削减替代要求;查阅《环境影响评价法》《建设项目环境影响评价分类管理名录》《生态环境部审批环境影响评价文件的建设项目目录(2019年本)》等文件,结合相关法律法规,对发行人募投项目环境影响评价批复情况进行核查;核查发行人募投项目环境影响评价报告、环评批复等文件。获取发改备案、环评批复等文件。结合相关法律法规,对发行人现有、在建生产项目及募投项目的审批、备案、环评等程序及履行情况进行核查。

⑤对公司的生产经营场所进行了实地走访;查阅公司相关电费支付凭证及消耗情况;对发行人相关人员进行了访谈。

⑥查阅生态环境部颁布的《高污染燃料目录》、昆山市政府发布的《市政府关于扩大昆山市高污染燃料禁燃区的通告》、东台市政府发布的《关于调整高污染燃料禁燃区的通告》等文件;查阅发行人已建、在建、募投项目的环评、备案相关报批文件;查阅环保部门出具的证明;网络检索发行人及子公司所属各级人民政府环保部门网站,查阅是否存在环保处罚情形;对发行人相关人员进行了访谈。

⑦核查发行人固定污染源排污登记回执等相关资质证书;在盐城市生态环境局查询重点排污单位名录;核查报告期内第三方检测机构出具的排污检测报告;查阅《排污许可管理条例》等相关法律法规,核查发行人是否存在违反条例相关规定的情形。

⑧查阅《环境保护综合名录(2017年版)》、《环境保护综合名录(2021年版)》及其他环保法律、法规、规范性文件并实地查看发行人及其子公司的生产线,了解发行人(含募投项目)各类产品生产工艺及流程,结合公司业务具体情况分析发行人产品及生产环节的合法合规情况;获取发行人电镀金工序生产明细情况,分析发行人涉及"高污染、高环境风险"的工艺环节产值占比情况;获取发行人涉及"高污染、高环境风险"的工艺环节未来压降计划并复核发行人关于压降计划对发行人毛利率影响的测算结果;获取报告期各期发行人及子公司东台润田财务报表,分析东台润田经营占比情况;获取发行人电镀生产完工入库明细表、外协采购明细表等资料,汇总分析发行人涉及"高污染、高环境风险"产品的电镀金工序自产及外协具体金额及占比情况。

查验东台润田与污染治理及环境保护相关的内控制度及防治管理措施；实地查看东台润田主要生产经营场所、环保设施及东台润田采取的环境风险防范措施；查验东台润田《突发环境事件综合应急预案》及其备案证明、《环境管理体系认证证书》；访谈发行人环保管理员；通过网络检索的方式查询发行人及其子公司最近1年是否发生过重大特大突发环境事件；取得了发行人就相关情况出具的书面说明；取得了环保部门出具的关于东台润田环保合规性的说明；查验东台润田出具的《清洁生产自查情况表》；查阅相关污染物国家或地方的排放标准及相关行业最低排放标准；登录全国排污许可管理信息平台并查看，确认发行人报告期内是否存在超标排放污染物的情况；通过网络检索的方式查验发行人及其子公司是否因存在超标排放污染物而受到处罚的情况。

⑨走访发行人及其子公司的生产线，了解发行人产品生产工艺及流程，了解发行人生产过程中涉及环境污染的环节及具体污染物的排放情况；核查发行人环境影响评价报告、环保竣工验收报告、第三方环境检测机构出具的污染物排放检测报告、发行人与第三方签署的污染物处置协议及第三方的资质文件；实地走访发行人生产厂区，查看污染治理设施及其运行情况；查阅发行人污染物处理设施和技术相关的公开资料并对相关人员进行访谈，了解治理设施的技术或工艺先进性；核查发行人排污监测记录、在江苏省危险废物全生命周期监控系统查看发行人危险废物备案记录；核查发行人就相关情况出具的书面说明。

获取报告期内发行人环保投入明细，核查发行人报告期环保投入及与发行人生产经营的匹配情况；核查发行人与第三方签署的污染物处置协议及第三方的资质文件。

查阅发行人募投项目的可行性研究报告、建设项目环境影响报告表等文件，核查发行人募投项目的环保措施及相应的资金来源和金额；查阅第三方环境检测机构出具的污染物排放检测报告等文件；查阅发行人排污监测记录、在江苏省危险废物全生命周期监控系统查看发行人危险废物备案记录；查阅发行人报告期内的环保现场检查记录；取得了环保部门出具的关于东台润田环保合规性的说明。

⑩通过网络检索的方式核查发行人及其子公司的环保检查、处罚情况；对发行人及其子公司当地生态环境主管部门进行实地走访；取得了环保部门出具的关于东台润田环保合规性的说明；查验发行人就相关情况出具的书面说明。

通过网络检索的方式对发行人是否发生过环保事故或重大群体性的环保事件，是否存在公司环保情况的负面媒体报道等事项进行核查；对发行人及其子公司当地生态环境主管部门进行实地走访；取得了环保部门出具的关于东台润田环保合规性的说明；查验发行人就相关情况出具的书面说明。

（二）高能耗和高排放行业

1. 相关依据

2020年2月26日，国家发展改革委办公厅发布《关于明确阶段性降低用电成本政策落实相关事项的函》，明确高耗能行业范围为："石油、煤炭及其他燃料加工业，化学原料和化学制品制造业，非金属矿物制品业，黑色金属冶炼和压延加工业，有色金属冶炼和压延加工业，电力、热力生产和供应业。"

根据《企业环境信用评价办法（试行）》（环发〔2013〕150号）等相关规定，重污染行业包括火电、钢铁、水泥、电解铝、煤炭、冶金、化工、石化、建材、造纸、酿造、制药、发酵、纺织、制革和采矿业16类行业，以及国家确定的其他污染严重的行业。

2. 属于高能耗或者高排放企业的论证和解释

高能耗企业，主要是指耗能较高的企业，其单位耗能和总耗能较高。高耗能企业主要集中在：石油、煤炭及其他燃料加工业，化学原料和化学制品制造业，非金属矿物制品业，黑色金属冶炼和压延加工业，有色金属冶炼和压延加工业，电力、热力生产和供应业。

关于是否属于高耗能企业如何界定和论述方法如下：

（1）判断公司的产品所处的行业是否属于高能耗等行业

对公司的产品进行准确的行业分类，从行业分类判断公司所处行业是否属于高能耗或者高排放，是否属于鼓励类、淘汰或者限制类产业。

其中，《关于明确阶段性降低用电成本政策落实相关事项的函》，明确规定了高耗能行业范围。另外，可以参考国家发展改革委、工业和信息化部、生态环境部、市场监管总局、国家能源局能联合发布的《高耗能行业重点领域能效标杆水平和基准水平》（2021年版）、《产业结构调整指导目录（2021年本）》等。

(2)根据企业客观情况判断企业是否属于高能耗企业

在对产品所处的行业界定后,根据公司生产过程中的电力、燃气、水等能源的消耗成本占比论证公司的产品是否属于高能耗企业。即使公司所处的行业属于高能耗产业,但是公司自身可能不属于高能耗的企业。对于改变能耗或者生产工艺或方法的,同样可能构成《产业结构调整指导目录》鼓励类的产业。

另外,可参考《国务院关于印发"十三五"节能减排综合工作方案的通知》中对于"环保、能耗、安全等不达标或生产、使用淘汰类产品的企业和产能"的定义,判断发行人是否属于高耗能企业。

(3)根据地方标准或者政府颁布的产业名录等文件或认定界定

根据所在地政府颁布的产业名录等文件或者高能耗企业的企业目录等判断发行人所属行业是否属于高耗能行业。关于是否属于高排放行业或企业的论述,一般可以通过核查所在地的重点排污名录、重点监管清单及环保部门出具的说明等,说明不属于高排放企业。

但是该文件或认定只能作为间接的印证或者起辅助作用,主要的论证应该集中在国家对高能耗企业的认定以及企业的客观情况上。

案例 3-362 属于高能耗但不属于高排放

依据《关于山东力诺特种玻璃股份有限公司首次公开发行股票并在创业板上市申请文件审核中心意见落实函的回复》,审核问询意见:"问题 2. 发行人的能耗及排放情况。申报文件及审核问询回复显示,报告期各期,发行人主营业务成本中燃料动力成本占比分别为 23.52%、24.15%、24.21% 及 25.09%。

"请发行人披露:(1)发行人所属行业是否属于高耗能高排放行业,主营业务是否符合国家产业政策和行业准入条件。(2)发行人已建、在建、拟建项目是否属于高耗能高排放项目,是否需履行审批、核准、备案、环评等程序及履行情况,是否存在被关停的情况或被关停风险,以及对公司生产经营的影响。(3)发行人主要能源资源消耗和污染物排放是否符合国家法律法规的要求和国家标准。(4)发行人是否曾发生环保事故、重大群体性环保事件或受到环保行政处罚,以及有关公司执行国家产业政策和环保守法情况的媒体报道。(5)发行人生产经营和募投项目是否符合国家和地方产业政策和环保规定，是否符合相关主管部门的要求。请保荐人、发行人律师发表明确意见。”

发行人反馈回复如下（节选）：

一、发行人是否属于高耗能高排放行业，主营业务是否符合国家产业政策和行业准入条件。

发行人已在招股说明书中补充披露如下：

发行人所属行业属于高能耗行业，但不属于高排放行业，发行人的主营业务符合国家产业政策和行业准入条件，具体情况如下：

1. 发行人属于高能耗行业根据国家发展改革委 2020 年 2 月发布的《关于明确阶段性降低用电成本政策落实相关事项的函》，进一步明确 6 大高耗能行业范围为：石油、煤炭及其他燃料加工业，化学原料和化学制品制造业，非金属矿物制品业，黑色金属冶炼和压延加工业，有色金属冶炼和压延加工业，电力、热力生产和供应业。发行人属于其中的非金属矿物制品业。

2017 年至 2019 年，发行人与同行业可比上市公司营业成本中燃料动力的对比，无明显差异。

发行人营业成本中燃料动力占比较高，符合行业惯例，与同行业可比公司不存在明显差异，发行人所属行业属于高耗能行业。

2. 发行人所属行业不属于高排放行业

发行人在生产过程中使用的能源主要是电力和天然气，天然气作为一种清洁能源，燃烧后主要产生二氧化碳，仅涉及少量废气；发行人的废水主要是生活污水；发行人生产过程中产生少量固体废物，均回收再利用或作安全处理。

根据《环境保护综合名录（2017 年版）》，发行人的产品不属于其规定的“高污染、高环境风险”产品名录，发行人所处的行业“C305 玻璃制品制造”也不属于其规定的高污染行业。

发行人所属行业属于排污许可简化管理类。根据生态环境部《固定污染源排污许可分类管理名录（2019 年版）》（生态环境部令第 11 号）规定，“国家根据排放污染物的企业事业单位和其他生产经营者（以下简称排污单位）污染物产生量、排放量、对环境的影响程度等因素，实行排污许可重点管理、简化管理和登记管理……对污染物产生量、排放量和对环境的影响程度较小的排污单位，实行排污许可简化管理”,其中以天然气为燃料的“玻璃制品制造305”属于简化管理类别,以电力为能源的“玻璃制品制造305”属于登记管理类别,因此发行人所属行业属于污染物产生量、排放量和对环境影响程度较小的情形,不属于高排放行业。

2020年7月,发行人取得济南市生态环境局换发的排污许可证,有效期为2020年7月16日至2023年7月15日。排污许可证管理类别为简化管理。

根据济南市生态环境局商河分局出具的证明,报告期内,发行人日常经营一直能够遵守国家在环境保护方面的有关法律、法规及规范性文件的规定,建设项目依法进行环境评估并取得相关环评批复和验收,不存在因违反相关环境保护法律、法规及规范性文件的行为而被环保部门处罚的情形。

3.发行人主营业务符合国家产业政策和行业准入条件

(1)发行人主要产品属于国家鼓励类根据国家发展改革委2019年10月发布的《产业结构调整指导目录(2019年本)》①,明确将“新型药用包装材料与技术的开发和生产(中性硼硅药用玻璃……)”“汽车关键零部件:……随动前照灯、LED前照灯……”“高硼硅玻璃”“节能环保型玻璃窑炉(全电熔、电助熔、全氧燃烧技术、NO_x产生浓度≤1200mg/m^{3}的低氮燃烧技术)的设计、应用”等列为鼓励类项目和技术。

根据《产业结构调整指导目录(2019年本)》,报告期内公司主要产品属于鼓励类项目,符合行业准入条件,具体如下(内容略)。

报告期内,公司的耐热玻璃、电光源玻璃、中硼硅药用玻璃瓶等主要产品均属于《产业结构调整指导目录(2019年本)》所列的鼓励类项目,收入合计占比86.15%。低硼硅药用玻璃瓶和低硼硅药用玻璃管收入虽不在鼓励类项目中,但也不属于《产业结构调整指导目录(2019年本)》所列的限制类项目中,且其收入占比较小。

(2)公司主要技术工艺属于国家鼓励类根据工业和信息化部发布的《日用玻璃行业规范条件(2017年本)》,日用玻璃行业生产工艺与装备的燃料应优先使用清洁能源,生产高附加值的高档日用玻璃产品和特殊品种玻璃产品,鼓励采用氮氧化物产生量较小的全电熔窑或全氧燃烧玻璃熔窑。

---

① 已经修改。

报告期内，公司共拥有8台窑炉，主要情况如下：全电熔窑炉6台，天然气窑炉2台，消耗天然气和电。公司窑炉均属于《日用玻璃行业规范条件（2017年本）》《产业结构调整指导目录（2019年本）》所列的鼓励类技术。

综上所述，发行人所属行业属于高能耗行业，但不属于高排放行业，发行人的主营业务符合国家产业政策和行业准入条件。

二、发行人主要能源资源消耗和污染物排放是否符合国家法律法规和国家标准。

（一）发行人主要能源资源消耗符合国家法律法规和国家标准

发行人生产使用窑炉的能耗指标均符合相关标准的要求，且均达到了行业标准要求的先进值要求，不属于落后产能。

（二）发行人主要污染物排放符合国家法律法规和国家标准

发行人已在招股说明书中补充披露如下：根据《环境保护综合名录（2017年版）》，发行人的产品不属于其规定的“高污染、高环境风险”产品名录，发行人所处的行业“C305玻璃制品制造”也不属于其规定的高污染行业。发行人属于排污许可简化管理类。根据生态环境部《固定污染源排污许可分类管理名录（2019年版）》（生态环境部令第11号），“国家根据排放污染物的企业事业单位和其他生产经营者（以下简称排污单位）污染物产生量、排放量、对环境的影响程度等因素，实行排污许可重点管理、简化管理和登记管理……对污染物产生量、排放量和对环境的影响程度较小的排污单位，实行排污许可简化管理”，其中以天然气为燃料的“玻璃制品制造305”属于简化管理类别，以电力为能源的“玻璃制品制造305”属于登记管理类别，因此发行人所属行业属于污染物产生量、排放量和对环境影响程度较小的情形，不属于高排放行业。

自设立以来，发行人严格执行国家有关环境保护的法律法规，严格按照相关法律法规的要求开展生产经营活动，不存在违法违规行为。发行人生产过程中产生的废弃物主要包括废气、废水及固体废物等，具体情况如下：

1. 废气

发行人生产过程中产生的废气主要来源于熔制过程中产生的窑炉烟气，主要污染物包括颗粒物、氮氧化物等。发行人将废气通过管道进行余热回收后，通过袋式除尘和选择性催化还原技术处理后达标排放。

公司的废气排放标准执行《山东省建材工业大气污染物排放标准》(DB 37/2373—2018)、《山东省工业炉窑大气污染物排放标准》(DB 37/2375—2019),排放限值远低于国家标准《平板玻璃工业大气污染物排放标准》(GB 26453—2011)。

发行人废气排放值远低于山东省和国家标准。

2. 废水

发行人的废水主要是员工日常生活产生的生活废水,统一进入污水处理站,处理达标后排入市政污水处理管网,排放标准执行国家标准《污水排入城镇下水道水质标准》(GB/T 31962—2015)。

3. 固体废物

发行人生产过程中产生的固体废物主要包括废旧包材、玻璃碴、生活垃圾以及机器设备运转所产生的废弃机油。发行人对固体废物的处理符合国家法律法规的规定和国家标准,对于生产过程中产生的废弃包材,发行人收集后统一卖给第三方;对于生产过程中产生的玻璃碴,发行人对其进行统一收集,主要用作再次生产的原材料;对于生活垃圾,发行人集中收集后由当地环卫部门统一处置;对于机器设备运转所产生的废弃机油,发行人按规定实行分类收集、集中管理后,委托有危险废物处理资质的单位处置。

分析:该案例所做的关于高能耗和高排放的解释值得参考,该解释的依据和逻辑充分。其中,该企业所生产的产品多数属于鼓励类行业,也比较容易解释相关的问题。

案例 3-363 行业属于高能耗但发行人称不属于高能耗高排放

依据《杭州星华反光材料股份有限公司审核中心意见落实函回复》,发行人称:

(1)发行人所处行业虽属于高能耗行业,但发行人不属于高能耗企业

发行人主要从事反光材料及其制品的研发、设计、生产及销售。根据《国民经济行业分类》(GB/T 4754—2017),发行人主营业务所处行业属于"化学原料和化学制品制造业"中的"其他合成材料制造(行业分类代码 C2659)"。

根据国家统计局于 2018 年 2 月 28 日发布的《2017 年国民经济和社会发展统计公报》、浙江省人民政府于 2014 年 9 月 10 日发布的《浙江省工业企业"零土地"

技术改造项目审批目录清单(2014 年)》(浙政发〔2014〕38 号)以及浙江省经济和信息化厅于 2020 年 10 月 28 日印发的《关于调整工业企业“零土地”技术改造项目审批目录清单的通知》(浙经信投资〔2020〕141 号)的有关规定,发行人所处的行业“化学原料和化学制品制造业”属于高能耗行业。

发行人报告期内能源采购金额占主营业务成本比例情况如下:1.85%、1.73%、1.50%、1.84%。

发行人报告期内各期的平均能耗情况(按折标系数转化为标准煤计算)显著低于我国单位 GDP 能耗,且发行人能源采购金额占主营业务成本的比例均在 2%以下,发行人生产过程中的能耗较低且不依赖于消耗能源。发行人所处行业虽属于高能耗行业,但发行人不属于高能耗企业。

(2)发行人不属于高排放企业

根据《重点排污单位名录管理规定(试行)》的相关规定,设区的市级地方人民政府环境保护主管部门依据相关筛选条件以及本行政区域的环境承载力、环境质量改善等,每年筛选并公布行政区域内重点排污企业事业单位名录,经核查,浙江省生态环境厅公布的国家重点监控企业名单和历年浙江省重点排污单位名录、杭州市生态环境局/湖州市生态环境局公布的历年杭州市/湖州市重点排污单位名录,发行人及子公司浙江星华均未被列入国家重点监控废水、废气、重金属企业名单,也未被列入浙江省及杭州市/湖州市重点排污单位,不属于污染物排放量较大、排放有毒有害污染物等具有较大环境风险的企业事业单位。经查询杭州市生态环境局历年主要污染物总量减排指标计划的通知,发行人不在需减排的企业之列。综上所述,发行人不属于高排放企业。

(3)发行人主营业务是否符合国家产业政策和行业准入条件

发行人主营业务为反光材料及其制品的研发、设计、生产及销售,不属于《产业结构调整指导目录(2019 年本)》中“限制类”“淘汰类”产业。故发行人主营业务符合国家产业政策和行业准入条件。

综上所述,发行人不属于高能耗高排放企业,主营业务符合国家产业政策和行业准入条件。

分析:该发行人所处行业不属于国家产业鼓励类,但是也未列入《产业结构调整指导目录(2021 年本)》中“限制类”“淘汰类”产业,经过分析和论证,若发行人的主营业务符合国家产业政策和行业准入条件是可以成功上市的。

案例 3-364 问询发行人是否属于高耗能高排放行业

依据《关于江苏新瀚新材料股份有限公司申请首次公开发行股票并在创业板上市的审核中心补充意见落实函的回复》,补充问询意见:关于发行人业务情况。

请发行人披露:(1)发行人所属行业是否属于高耗能高排放行业,主营业务是否符合国家产业政策和行业准入条件。(2)发行人已建、在建、拟建项目是否属于高耗能高排放项目,是否需履行审批、核准、备案、环评等程序及履行情况,是否存在被关停的情况或被关停风险,以及对公司生产经营的影响。(3)发行人主要能源资源消耗和污染物排放是否符合国家法律法规的规定和国家标准。(4)发行人是否曾发生环保事故、重大群体性环保事件或受到环保行政处罚,以及有关公司执行国家产业政策和环保守法情况的媒体报道。(5)发行人生产经营和募投项目是否符合国家和地方产业政策和环保规定,是否符合相关主管部门的要求;发行人现有工程和募投项目是否具有排污许可证,说明排污许可排放范围,排污许可证是否仍在有效期内;发行人是否在大气污染重点防治区域内有耗煤项目;发行人现有工程是否符合环评批复文件要求、是否落实污染物总量削减替代要求;发行人募投项目建设是否符合《环境影响评价法》的要求,是否符合《建设项目环境影响评价分类管理名录(2021 年版)》和《生态环境部审批环境影响评价文件的建设项目目录》的规定;募投项目是否自备燃煤电厂;发行人现有工程及募投项目是否位于城市人民政府规定的禁燃区域;若在禁燃区域内,是否涉及燃用相应类别的高污染燃料;发行人现有工程及募投项目是否存在《产业结构调整指导目录》中的淘汰类工艺或装备。请保荐人、发行人律师对上述事项进行核查并发表明确意见。

另外,关于厦门嘉戎技术股份有限公司首次公开发行股票并在创业板上市申请文件的第三轮审核问询函的回复存在相关问题的问询和回复。

案例 3-365 证监会注册阶段 3 次问询是否属于高污染、高环境风险产品

2022 年 3 月 24 日,证监会对昆山亚香香料股份有限公司在申请注册阶段发出第 3 次问询,监管部门在此次问询中不再要求发行人说明其产品是否属于高污

染、高环境风险产品，而是直接提出《环境保护综合名录(2021 年版)》中发行人香兰素相关产品属于“高污染、高环境风险”产品的事实，并要求发行人披露未来对该类产品的压降计划并披露环保政策要求对发行人未来经营是否造成重大不利影响。

2022 年 3 月 31 日，发行人更新招股书注册稿，补充披露了“发行人执行香兰素产品压降计划引致业绩下降的风险”，说明报告期内公司主要产品丁香酚香兰素、阿魏酸香兰素所属类别“香兰素(产品代码 2625030300)”，被列为“高污染、高环境风险产品”。

(三)环保或安全生产处罚

1. 重大环保或安全生产违法行为构成上市实质性障碍

(1)主板规定

《首次公开发行股票并上市管理办法》(2022 修正)第 18 条规定：“发行人不得有下列情形：……(二)最近 36 个月内违反工商、税收、土地、环保、海关以及其他法律、行政法规，受到行政处罚，且情节严重……”

(2)创业板和科创板规定

《创业板首次公开发行股票注册管理办法(试行)》第 13 条和《科创板首次公开发行股票注册管理办法(试行)》第 13 条均规定，发行人生产经营符合法律、行政法规的规定，符合国家产业政策。最近 3 年内，发行人及其控股股东、实际控制人不存在贪污、贿赂、侵占财产、挪用财产或者破坏社会主义市场经济秩序的刑事犯罪，不存在欺诈发行、重大信息披露违法或者其他涉及国家安全、公共安全、生态安全、生产安全、公众健康安全等领域的重大违法行为。

(3)北交所规定

《北京证券交易所向不特定合格投资者公开发行股票注册管理办法(试行)》第 11 条规定：“发行人及其控股股东、实际控制人存在下列情形之一的，发行人不得公开发行股票：……(二)最近三年内存在欺诈发行、重大信息披露违法或者其他涉及国家安全、公共安全、生态安全、生产安全、公众健康安全等领域的重大违法行为……”

《北京证券交易所向不特定合格投资者公开发行股票并上市业务规则适用指

引第 1 号》第“1－7 重大违法行为”规定:“《上市规则》第 2.1.4 条第(一)项规定了发行人及其控股股东、实际控制人最近三年内不得存在重大违法行为。最近 36 个月内,发行人及其控股股东、实际控制人在国家安全、公共安全、生态安全、生产安全、公众健康安全等领域,存在以下违法行为之一的,原则上视为重大违法行为:被处以罚款等处罚且情节严重;导致严重环境污染、重大人员伤亡、社会影响恶劣等。有以下情形之一且保荐机构及发行人律师出具明确核查结论的,可以不认定为重大违法:违法行为显著轻微、罚款数额较小;相关规定或处罚决定未认定该行为属于情节严重;有权机关证明该行为不属于重大违法。但违法行为导致严重环境污染、重大人员伤亡、社会影响恶劣等并被处以罚款等处罚的,不适用上述情形。”

2. 是否构成重大环保或安全生产处罚的论证

对于存在环保或者安全生产方面的行政处罚的,需要判断相关的处罚是否构成重大行政处罚,相关的违法行为是否构成重大违法。需要分析相关的处罚的具体原因及整改情况、发行人安全生产和环境保护的内部控制制度及执行情况,分析并披露发行人内控制度的有效性,是否存在再次被处罚风险;披露报告期内安全生产情况,如果涉及的危险化学品、易制毒化学品的名称,生产、储存、运输、交易等各环节的具体情况,委托处理单位的资质情况,是否符合危险化学品、易制毒化学品管理的相关规定;发行人所属行业是否属于重污染行业,对比同行业可比公司情况,量化分析报告期发行人环保设备处理能力与污染物排放量的匹配性,环保投入、环保相关成本费用与发行人产能、排污量的匹配性,环境保护税开征后对公司业务、相关财务指标及持续经营能力的影响。

案例 3－366 发行人报告期存在 3 次环保类行政处罚

依据《关于浙江联盛化学股份有限公司首次公开发行股票并在创业板上市申请文件的审核问询函的回复》,审核问询意见:“问题 20. 关于环境保护及安全生产。申报文件显示,发行人生产经营过程中涉及危险化学品及腐蚀性或有毒物质,且在生产经营过程中产生废气、废水、固体废物等污染物。报告期内,报告期内发行人因安全生产、环境保护问题 3 次受到行政处罚。”

审核机构要求发行人：

(1)结合3次行政处罚的具体原因及整改情况、发行人安全生产和环境保护的内部控制制度及执行情况，分析并披露发行人内控制度的有效性，是否存在再次被处罚风险。

(2)披露报告期内安全生产情况，涉及的危险化学品、易制毒化学品的名称，生产、储存、运输、交易等各环节的具体情况，委托处理单位的资质情况，是否符合危险化学品、易制毒化学品管理的相关规定。

(3)结合市场需求及销售情况，分析并披露发行人2018年、2019年ABL产能利用率均超过100%的原因及合理性，超产能生产是否符合安全生产和环境保护等方面的规定，是否存在被处罚风险。

(4)发行人所属行业是否属于重污染行业，对比同行业可比公司情况，量化分析报告期发行人环保设备处理能力与污染物排放量的匹配性，环保投入、环保相关成本费用与发行人产能、排污量的匹配性，环境保护税开征后对公司业务、相关财务指标及持续经营能力的影响。

请保荐人、发行人律师对问题(1)～(3)发表明确意见，并说明发行人生产经营总体是否符合国家和地方环保法规和要求。请保荐人、申报会计师对问题(4)发表明确意见。

案例3－367　要求量化分析环保投入与发行人产能、排污量的匹配性

依据《关于浙江鑫甬生物化工股份有限公司首次公开发行股票并在创业板上市申请文件审核问询函的回复》，审核问询意见："15. 关于环境保护及安全生产。申报材料显示，发行人生产过程中涉及丙烯腈、丙烯酰胺、丙烯酸、盐酸、液碱等危险化学品及腐蚀性或有毒物质的运输、储存、使用，且产生废气、废水、固体废物等污染物。报告期内发行人存在超产能生产情形。"

审核机构要求发行人说明：(1)结合市场需求及销售情况，分析并披露发行人2019年丙烯酰胺、聚丙烯酰胺产能利用率均超过100%的原因及合理性，超产能生产是否符合安全生产和环境保护等方面的规定，是否存在被处罚风险。(2)披露发行人安全生产和环境保护的内部控制制度及执行情况。(3)披露报告期内安

全生产情况，涉及的危险化学品、易制毒化学品的名称，生产、储存、运输、交易等各环节的具体情况，委托处理单位的资质情况，是否符合危险化学品、易制毒化学品管理的相关规定；2019年未委托宁波北仑处理固体废物原因。（4）披露发行人所属行业是否属于重污染行业，对比同行业可比公司情况，量化分析报告期公司环保投入、环保相关成本费用与发行人产能、排污量的匹配性。

案例3-368 论证没收超过100万元的并处15万元罚款不构成重大处罚

依据《关于湖南松井新材料股份有限公司首次公开发行股票并在科创板上市申请文件第2轮审核问询函的回复》，审核问询意见："因发行人未取得危险化学品安全生产许可证从事危险化学品的生产，深圳市宝安区应急管理局没收发行人122.40元违法所得，并处罚款人民币15万元。合作方德信嘉邦涂料（深圳）有限公司因将生产经营场所出租给不具备相应资质的单位，被没收违法所得人民币6113元，并处罚款人民币19万元。

"根据深圳市宝安区应急管理局出具的说明，该违法行为没有造成人员伤亡。因上述行为，发行人于2018年12月19日至2019年12月18日被纳入宝安区安全生产'黑名单'管理。根据长沙市应急管理局出具的证明，发行人受罚系事出有因，情节轻微，相关违法违规情节并未造成严重后果。

"根据首轮问询问题19的回复，除东莞鸥哈希外，发行人及其他子公司尚未取得危险化学品安全生产许可证。"

审核机构要求发行人回复：

（1）结合《上海证券交易所科创板股票发行上市审核问答》（以下简称《上海证交所审核问答》）问题3的规定，说明长沙市应急管理局是否属于"有权机关"，是否能证明相关违法违规情节并未造成严重后果，深圳市宝安区应急管理局认定"该违法行为没有造成人员伤亡"是否等同于认定"不属于重大违法"，如否，认定上述行为不属于重大违法违规是否具有充分依据，是否符合《科创板首次公开发行股票注册管理办法（试行）》（以下简称《注册办法》）及《上海证交所审核问答》等相关法律法规的要求；

（2）说明发行人被纳入安全生产"黑名单"对发行人生产经营的影响，是否表明上述行为属于重大违法违规；

(3)说明德信嘉邦涂料(深圳)有限公司仅向发行人出租场地，发行人以其证照齐全为由进行危化品生产是否合理，发行人内控制度是否完善；

(4)说明发行人及其他子公司的生产经营是否必须取得危险化学品安全生产许可证，如是，说明发行人及其他子公司迄今尚未取得危险化学品安全生产许可证的原因，是否存在受到行政处罚的风险。

发行人关于前述问题(1)和问题(2)的回复如下：

(1)关于问题(1)的回复

①相关证明出具机构是否为有权机构及相关证明出具情况

公司注册经营地址为：湖南宁乡经济技术开发区三环北路777号，系为湖南省长沙市下属宁乡市辖区内设立的股份有限公司，根据湖南省人民政府工作部门权力清单，长沙市应急管理局系监督、管理公司危险性化学品生产、经营业务的主管机关，属注册地有权监管机关之一。根据长沙市应急管理局于2019年5月31日出具的证明，从行政监管角度分析可间接证明公司相关违法违规情节并未造成严重后果。

公司危险性化学品处罚事件发生地为深圳市宝安区，处罚机关为深圳市宝安区应急管理局(原为深圳市宝安区安全监督管理局)。深圳市宝安区应急管理局属发生地有权机关，其出具的证明可直接证明公司相关违法违规情节并未造成严重后果。

深圳市宝安区应急管理局已于2019年5月8日出具说明，认定本次违规事项未产生人员伤亡后果；于2020年1月15日，再次出具说明，确认公司的上述违法行为未造成人员伤亡等严重后果，依据现行法律规定，无法认定该违法行为属于重大违法。据此，处罚机关并未认定该事项为重大违法事项。

②该处罚行为不属于重大违法违规行为的认定依据充分性情况

按照《上海证交所审核问答》问题3“相关规定或处罚决定未认定该行为属于情节严重；有权机关证明该行为不属于重大违法”所述情形之一且中介机构出具明确核查结论的，可以不认定为重大违法。

A. 相关规定或处罚决定未认定该行为属于情节严重。

a. 深圳市宝安区安全监督管理局行政处罚决定书的内容未认定公司的行为

属于情节严重。

b. 根据《安全生产许可证条例》第19条的规定：违反本条例规定，未取得安全生产许可证擅自进行生产的，责令停止生产，没收违法所得，并处10万元以上50万元以下的罚款；造成重大事故或者其他严重后果，构成犯罪的，依法追究刑事责任。

c. 法律规定的处罚标准为10万元以上50万元以下，公司被处罚的金额为15万元，主管部门结合公司显著轻微的违规情节，从轻作出了处罚。

d. 上述合作开发行为主要系进行小范围的实验样品物理混配，并没有开展商品化规模生产，且其客观危害相对较小，未导致严重环境污染、重大人员伤亡、社会影响恶劣等后果。

B. 有权机关未认定该行为属于重大违法。湖南省长沙市应急管理局作为公司所属地主管机关，于2019年5月31日出具证明，确认公司本次受罚系事出有因，情节轻微，相关违法违规情节并未造成严重后果，有关隐患已彻底消除。

深圳市宝安区应急管理局作为处罚机关，于2020年1月15日出具说明，确认公司的上述违法行为未造成重大人员伤亡等严重后果，依据现行法律规定，无法认定该违法行为属于重大违法。

C. 中介机构出具明确核查结论。

a. 保荐机构和发行人律师已在《湖南松井新材料股份有限公司首次公开发行股票并在科创板上市招股说明书(申报稿)》《发行保荐工作报告》《法律意见书》中出具以下核查结论："保荐机构和发行人律师认为，发行人该违法违规行为未被认定属于'情节严重'；未导致严重环境污染、重大人员伤亡、社会影响恶劣等。不属于涉及国家安全、公共安全、生态安全、生产安全、公众健康安全等领域的重大违法行为。"

b. 保荐机构和发行人律师已在《关于湖南松井新材料股份有限公司首次公开发行股票并在科创板上市申请文件审核问询函的回复》《补充法律意见书(一)》中出具以下核查结论：

"经核查，保荐机构及发行人律师认为：发行人已说明上述处罚的具体情况，对合作方的处罚情况，对发行人生产经营不构成重大影响；结合《上海证交所审核问答》问题3及相关规定，认定上述事项不属于重大违法违规行为依据充分，不会构成本次发行上市障碍。”

综上所述,针对公司上述处罚事项,相关规定或处罚决定未认定该行为属于情节严重、有权机关已出具证明未认定该行为属于重大违法、保荐机构和发行人律师已出具不属于重大违法违规行为的明确核查结论,因此,上述处罚事项不属于重大违法违规,符合《科创板首次公开发行股票注册管理办法(试行)》及《上海证交所审核问答》等相关法律法规的要求。

(2)关于问题(2)的回复

①纳入“黑名单”对公司生产经营的影响

A.“黑名单”管理已过有效期。

根据深圳市宝安区《2018年12月安全生产黑名单企业名单》:公司因未取得危险性化学品安全生产许可证从事危险性化学品生产,被列入深圳市宝安区2018年12月安全生产黑名单企业名单,黑名单管理期限为2018年12月18日至2019年12月18日,截至本审核问询函回复出具日,已过黑名单管理有效期。

B.“黑名单”管理并未对企业继续从事生产经营进行严格法律限制。

《深圳市生产经营单位安全生产不良记录“黑名单”信息管理暂行办法》第14条规定:信息采集部门应当把纳入“黑名单”管理的生产经营单位作为重点监管监察对象,建立常态化暗查暗访机制,不定期开展抽查;加大执法检查频次,每半年至少进行1次检查,每年至少约谈1次其主要负责人;发现有新的安全生产违法行为的,要依法依规从重处罚。第15条规定:在生产经营单位纳入“黑名单”信息管理期间,负有安全监管监察职责的部门应当严格执行《国务院办公厅关于加强安全生产监管执法的通知》(国办发〔2015〕20号)有关规定,制定并落实各项制约措施和惩戒制度,在各级各类评先表彰中,对该生产经营单位及其主要负责人实行“一票否决”。第16条规定:相关部门和单位可通过深圳信用网等媒介查询生产经营单位相关信息,并按照有关规定,对生产经营单位被纳入“黑名单”信息管理期间,在项目立项、土地使用、行政审批、政府采购、银行信贷、政策性资金和财税政策扶持等方面,依法进行限制或者禁入。

由上可知,纳入“黑名单”管理的企业仅在日常监管、评先表彰、新建项目审批及融资和财税补贴等方面存在限制,对企业继续从事生产经营无相关严格法律限制。

C.“黑名单”管理范围仅限于深圳市宝安区,并未对公司主体生产经营产生重大影响。

公司从事新型功能涂层材料的研发、生产等生产经营主体位于湖南省长沙市宁乡市,“黑名单”管理范围则仅限于深圳市宝安区,上述“黑名单”管理事项不会对公司主体生产经营活动产生重大影响。

公司原在深圳市宝安区经营业务为与德信嘉邦涂料(深圳)有限公司合作进行少量研发和实验活动,具体体现为进行小范围的实验样品物理混配,并没有开展商品化规模生产,上述处罚所对应的场所仅为公司在广东地区的初级实验研发工作场所,并非公司重大生产经营场地,相关业务的暂停、终止对公司生产经营亦不构成重大影响。

综上所述,公司被纳入“黑名单”管理,对公司生产经营不会产生重大不利影响。

②纳入“黑名单”是否表明上述行为属于重大违法违规

根据《深圳市生产经营单位安全生产不良记录“黑名单”信息管理暂行办法》第 9 条的规定:生产经营单位安全生产不良记录“黑名单”信息管理的期限一般为 1 年,发生较大事故、重大事故、特别重大事故的,“黑名单”信息管理的期限分别为 1 年半、2 年、3 年。

公司被列入“黑名单”管理期限为 1 年的一般标准,非属于发生较大事故、重大事故、特别重大事故等严重情形,且该文件也未明确说明纳入“黑名单”管理企业即属于重大违法违规,因此,公司被纳入“黑名单”并非表明相关处罚行为属于重大违法违规。

(四)生产经营资质

对于需要取得资质的企业,如果未取得生产经营资质则直接涉及整体业务合法合规性问题。常见的生产经营资质主要包括:工业企业的生产许可证,危险化学品的生产、仓储、运输等许可证,设计行业许可证,药品注册证,特许经营权许可等。

如果涉及报告期内未取得资质开展业务或者超越资质等级、范围开展业务的,需要依法规范。相关的规范措施主要包括:停止经营相关业务并取得主管机关不予处罚的证明;上市申报前取得相关资质并运行一定时间;对取得许可证书前开展经营的情形的收入和比例分析,对无资质的业务收入和利润占比进行分析;对是否存在后续被要求整改或行政处罚等影响进行分析并取得相关证明;分析在取得经营资质前从事经营活动对发行人可能产生的影响及潜在风险等;分析相关内部控制制度是否健全有效,并能保证公司合法合规经营。另外,可以参考值得买(300785)(中科星图、688568)等公司的反馈回复。

案例 3-369 审核问询经营资质

依据《关于广州凌玮科技股份有限公司首次公开发行股票并在创业板上市申请文件的审核问询函的回复》,审核问询意见:"问题 18. 关于经营资质。申报文件显示:(1)报告期内,发行人生产基地冷水江三 A 已取得湖南省排污权证、排污许可证,发行人及其他子公司未取得相关证书。(2)发行人取得了危险化学品登记证、危险化学品经营许可证,冷水江三 A 取得了非药品类易制毒化学品经营备案证明。发行人子公司上海凌盟、佛山凌鲲、东莞凌瑞、成都展联、长沙凌玮取得了危险化学品经营许可证。(3)发行人产品涉及危险化学品运输,曾组建车队自行运输。请发行人:(1)披露发行人及其他子公司是否存在需办理排污许可证而未办理情形;冷水江三 A 是否存在超出排污许可相关证书规定范围的排污情形。(2)披露公司生产基地冷水江三 A 未取得危险化学品登记证、危险化学品经营许可证是否合规;发行人组建车队自行运输化学品是否合规。(3)披露发行人已建项目、在建项目、拟建项目是否依法履行环评手续,是否依法执行环境保护、安全生产'三同时'制度,是否符合环境保护和安全生产相关法律法规。(4)披露发行人及其子公司所属行业是否属于重污染行业,是否已取得从事生产经营活动所必需的全部行政许可、备案、注册或者认证,是否存在超越许可范围从事生产经营的情形。(5)说明报告期内发行人环保支出与发行人生产经营规模的增长是否匹配。请保荐人、发行人律师对问题(1)~(4)发表明确意见,请保荐人、申报会计师对问题(5)发表明确意见。"

案例 3-370 问询开展贸易业务以及供应商是否具备相关的资质

依据《关于首次公开发行股票并在创业板上市申请文件的第二轮审核问询函的回复》,审核问询意见:"问题 2. 关于贸易业务。申请文件及问询回复显示,报告期内,发行人存在部分贸易业务,其中光学元件贸易品收入占比分别为 0.43%、2.97%和 2.11%;光学组件贸易品收入占比分别为 7.74%、9.57%和 6.61%。请发行人:(1)说明开展贸易业务的背景和原因,开展贸易业务是否符合行业惯例;从事贸易业务是否具备相关资质,贸易业务主要销售地区,是否需要经过国际、国内相关认证、注册、许可等程序;发行人就贸易业务相关产品的质量管理采取的保障措施,发行人贸易业务相关风险是否充分披露。(2)说明贸易业务供应商是否具备相关资质,贸易业务与自产业务的供应商是否一致,贸易业务与自产业务是否存在竞争或利益冲突,贸易业务的定位和未来的发展方向。(3)说明贸易业务主要产品毛利率,与自产产品毛利率差异情况,报告期贸易业务的收入确认政策、会计处理是否符合企业会计准则的规定。请保荐人、发行人律师对问题(1)、问题(2)发表明确意见,请保荐人、申报会计师对问题(3)发表明确意见。"

(五)安全生产

对于安全生产需要重视,报告期内不可存在重大安全事故以及存在重大的行政处罚。

案例 3-371 报告期内发生数十起轻微事故

合盛硅业股份有限公司(合盛硅业、603260)报告期内,公司员工曾发生灼伤、烫伤、砸伤、骨折等数十起轻微伤害事故。公司为员工购买了工伤保险,并在伤害事故发生后积极做好员工的治疗和协助申请理赔等善后工作。报告期内,公司共发生致人死亡的安全事故 1 起,死亡 1 人,根据相关有权机关出具的证明,该等事故均属一般生产安全事故,相关处罚不属于重大行政处罚。

四、重大诉讼或者仲裁

(一)关于重大诉讼或仲裁的规定

1. 主板规定

《首次公开发行股票并上市管理办法》(2022 修正)第 28 条规定:"发行人不

存在重大偿债风险,不存在影响持续经营的担保、诉讼以及仲裁等重大或有事项。”

《首发业务若干问题解答》(2020 年 6 月修订)问题 13:“对于发行人的诉讼或仲裁事项,应如何进行核查和信息披露?”

“答:(1)发行人应当在招股说明书中披露对股权结构、生产经营、财务状况、未来发展等可能产生较大影响的诉讼或仲裁事项,包括案件受理情况和基本案情,诉讼或仲裁请求,判决、裁决结果及执行情况,诉讼或仲裁事项对发行人的影响等。如诉讼或仲裁事项可能对发行人产生重大影响,应当充分披露发行人涉及诉讼或仲裁的有关风险。

“(2)保荐机构、发行人律师应当全面核查报告期内发生或虽在报告期外发生但仍对发行人产生较大影响的诉讼或仲裁的相关情况,包括案件受理情况和基本案情,诉讼或仲裁请求,判决、裁决结果及执行情况,诉讼或仲裁事项对发行人的影响等。

“发行人提交首发申请至上市期间,保荐机构、发行人律师应当持续关注发行人诉讼或仲裁的进展情况,发行人是否新发生诉讼或仲裁事项。发行人诉讼或仲裁的重大进展情况以及新发生的对股权结构、生产经营、财务状况、未来发展等可能产生较大影响的诉讼或仲裁事项,应当及时补充披露。

“(3)发行人控股股东、实际控制人、控股子公司、董事、监事、高级管理人员和核心技术人员涉及的重大诉讼或仲裁事项比照上述标准执行。

“(4)涉及主要产品、核心商标、专利、技术等方面的诉讼或仲裁可能对发行人生产经营造成重大影响,或者诉讼、仲裁有可能导致发行人实际控制人变更,或者其他可能导致发行人不符合发行条件的情形,保荐机构和发行人律师应在提出明确依据的基础上,充分论证该等诉讼、仲裁事项是否构成本次发行的法律障碍并审慎发表意见。”

2. 创业板和科创板规定

《创业板首次公开发行股票注册管理办法(试行)》第 12 条和《科创板首次公开发行股票注册管理办法(试行)》第 12 条规定:“发行人业务完整,具有直接面向市场独立持续经营的能力:……(三)不存在涉及主要资产、核心技术、商标等的重大权属纠纷,重大偿债风险,重大担保、诉讼、仲裁等或有事项,经营环境已经或者将要发生重大变化等对持续经营有重大不利影响的事项。"

3. 北交所规定

《北京证券交易所向不特定合格投资者公开发行股票并上市业务规则适用指引第1号》"1－6 直接面向市场独立持续经营的能力"规定："……二、发行人存在以下情形的，保荐机构及申报会计师应重点关注是否影响发行人持续经营能力，具体包括：……(九)对发行人业务经营或收入实现有重大影响的商标、专利、专有技术以及特许经营权等重要资产或技术存在重大纠纷或诉讼，已经或者未来将对发行人财务状况或经营成果产生重大影响……"

《北京证券交易所向不特定合格投资者公开发行股票并上市业务规则适用指引第1号》"1－27 重大事项报告"规定："发行人及中介机构应当按照本所发行上市审核相关规定，对下列重大事项进行报告、核查并发表明确意见：……(二)发生涉及公司主要资产、核心技术等诉讼仲裁，或者公司主要资产被查封、扣押等；(三)发行人控股股东和受控股股东、实际控制人支配的股东所持发行人股份被质押、冻结、拍卖、托管、设定信托或者被依法限制表决权，或发生其他可能导致控制权变更的权属纠纷……"

(二)重大诉讼常见问询意见

存在重大诉讼的常见问询意见：(1)披露相关纠纷及纠纷对应的合同的具体内容、相关纠纷形成原因和具体诉求，截至目前的诉讼进展情况，对发行人股权结构及生产经营的具体影响；(2)说明相关会计处理情况，是否计提了充足的预计负债；(3)补充披露发行人历史上存在的重大诉讼纠纷类型，说明产生原因、处理措施，对发行人生产经营和股权结构的影响。

案例3－372 擅自对外提供未审报表被认为隐藏财务数据，被提出仲裁要求撤销股份回购

依据《关于中自环保科技股份有限公司首次公开发行股票并在科创板上市申请文件的第二轮审核问询函之回复意见》，在该公司市审核过程中，中自环保科技股份有限公司存在主张回购权已经退出的投资机构股东即金智百业源向仲裁委提出仲裁申请，要求撤销股份回购协议，投资机构申请仲裁的主要理由是其认为中自环保的实际控制人等隐瞒中自环保最近一次增资时的真实价格及提供的财务报表与披露的财务数据不一致，隐藏真实的财务数据，导致金智百业源与陈某章协商股份回购事宜时对回购定价依据存在误解。因投资机构未协助实际控制人办理原股份的解除质押，2020年8月12日，实际控制人陈某章向成都仲裁委员会提起仲裁，请求解除金智百业源对陈某章、陈某容持有的中自环保科技股份有限公司315.9万股股份的质押登记。

具体情况如下："2013年9月，金智百业源以增资方式入股中自净化时，就投资相关事宜与陈某章、中自净化等相关方另行签署了《关于〈四川中自尾气净化有限公司增资扩股协议〉之补充协议》，并于后续陆续签署了《关于〈四川中自尾气净化有限公司增资扩股协议〉之补充协议二》等相关协议，根据该等协议的相关约定，因中自环保未能在约定时间内完成相应业绩，也未在约定时间内实现上市，陈某章需依约履行回购义务，由陈某章或其指定方受让金智百业源持有的中自环保相关股份。

"2018年11月30日，陈某章与金智百业源签订协议书，就陈某章应支付金智百业源股权回购款相关事宜进行了补充约定，确认'回购金额=投资本金×(1+n×12%/365)-投资期间甲方自公司取得的股息红利(如有)-乙方已支付的现金'。

"2020年4月3日，经双方对股份回购事宜达成合意并对回购价格重新协商一致，金智百业源与陈某章签署了《中自环保科技股份有限公司股份回购协议》及《中自环保科技股份有限公司股份回购协议的补充协议》，协议约定：金智百业源将其持有的中自环保200.5782万股股份转让给陈某章，转让价格为13.87元/股。

"2020年9月，金智百业源认为因公司于2020年1月就增资事宜发出的股东大会通知等相关会议文件记载的增资价格为'不低于13.87元/股'，但公司于2020年5月办理增资相关工商登记时，相关文件记录的实际增资价格为'不低于21.94元/股'，中自环保存在向金智百业源故意隐瞒中自环保本次增资时的真实价格及中自环保当时真实的财务数据的情形，导致金智百业源与陈某章协商股份回购事宜时对回购定价依据存在误解。因此，金智百业源认为其于2020年4月与陈某章签署《中自环保科技股份有限公司股份回购协议》、《中自环保科技股份有限公司股份回购协议的补充协议》及相关股份转让行为，系中自环保以欺诈手段使其在违背其真实意思表示的情况下订立的合同，故向成都仲裁委员会提起仲裁请求撤销相关股份回购协议。

"2020年9月21日,成都仲裁委员会向陈某章送达(2020)成仲案字第1624号《答辩通知书》,确认受理该案;2020年12月15日,成都仲裁委员会对该案进行了开庭审理;并于2021年1月27日进行了二次开庭审理,就中自环保是否存在故意隐瞒真实增资价格、财务数据等问题进行了进一步的补充审查。2021年4月26日,成都仲裁委员会作出(2020)成仲案字第1624号《决定书》,因申请人金智百业源于2021年4月26日请求撤回仲裁申请,仲裁庭决定准予申请人成都金智百业源股权投资基金合伙企业(有限合伙)撤回仲裁申请。"

公司反馈如下:

1. 公司向金智百业源提供《资产负债表(未经审计)》(2019年12月31日)《利润表(未经审计)》(2019年12月31日)的背景及原因。

因金智百业源以股东身份主动向公司提出要求查看相关财务报表,表示系因后台留档需要且表明查看该等报表与退出不关联的情况下,公司财务总监向金智百业源提供了相关报表。具体情况为:2020年2月14日,金智百业源执行事务合伙人梅某同先生微信联系公司财务总监龚某旭先生,要求查看公司的相关财务报表;龚某旭先生考虑到疫情影响,公司尚未进行年度财务数据统计工作,因此明确回复金智百业源"未经审计的报表公司不能提供";但金智百业源仍反复请求查看,且金智百业源明确表示索要财务报表为"和退出不冲突,不是一个事""后台需要留档",在此背景下,公司财务总监龚某旭先生向金智百业源发送了公司当时真实的未经审计的相关财务报表《资产负债表(未经审计)》(2019年12月31日)、《利润表(未经审计)》(2019年12月31日)。

2. 所提供财务数据中的总资产、净资产、净利润与审计数的差异情况及原因

公司向金智百业源所提供财务数据中的总资产、净资产、净利润与《审计报告》的相关审计数据存在差异的情况如下:

向金智百业源提供的报表数据(未经审计)与审计数据的差异,总资产、净资产、净利润分别差异19.22%、12.87%、4.80%。

主要差异调整事项如下:

(1)根据《中国银保监会办公厅关于进一步加强企业集团财务公司票据业务监管的通知》(银保监办发〔2019〕133号)、《上市公司执行企业会计准则案例解析(2019)》相关案例,同时基于谨慎性原则,公司将除信用等级高的银行为6家大型

商业银行和9家上市股份制商业银行以外的其他银行票据不进行终止确认,对于已贴现及已背书转让的票据,还原应收票据,同时确认为其他流动负债。此项调增总资产10,815.86万元,不影响净资产和净利润。

(2)根据政府补助文件对尚未验收的与资产相关的政府补助已摊销金额予以冲回,此项调整不影响总资产,调减净资产1997.59万元、调减当期净利润80.66万元。

(3)根据收入确认准则和权责发生制原则,对公司归属于2019年的补差收入及跨期收入、成本、存货、应收账款等进行调整等。此项调整调增总资产3530.05万元、调增净资产1986.23万元、调减当期净利润1337.01万元。

(4)结合企业会计准则并参考同行业会计政策及会计估计,根据公司实际业务状况及公司的财务状况,调整公司固定资产预计残值率、产品质量保证金计提比例、应收款项减值准备和存货减值准备等政策,该等调整事项调增总资产346.83万元、调增净资产1017.04万元、调增当期净利润943.09万元。

(5)根据审定利润总额及纳税调整及以前年度可弥补亏损、各项减值准备调整当期所得税及递延所得税,此项调整事项调增总资产330.21万元、调增净资产1264.94万元、调增当期净利润906.03万元。

公司在IPO申报材料中以向主管税务机关提交的财务报表作为原始报表,且以经审计的财务报表办理年度汇算清缴,因此公司的申报财务报表与原始财务报表不存在差异,较此处的申报财务报表与提供给金智百业源报表的差异事项不存在矛盾。

3. 不存在向金智百业源隐瞒公司真实财务状况的情形

公司财务总监龚某旭先生向金智百业源提供相关报表系因金智百业源作为股东身份主动向公司提出;公司已提示相关报表未经审计不便提供,但金智百业源表示系因后台留档需要且表明查看该等报表与退出不关联的情况下,公司财务总监龚某旭先生按照金智百业源的要求提供了相关报表;同时,若中自环保希望通过财务报表使金智百业源相信公司经营状况不佳,中自环保不可能提供销售收入和净利润较2018年度明显增加等反映公司财务状况好转的2019年度相关财务报表。因此,公司不存在向金智百业源隐瞒真实财务状况的主观故意。

此外,金智百业源提出需要相关报表的时间为2020年2月14日,由于公司年报审计机构尚未进场开展审计工作;因此提供给金智百业源的相关财务报表与审计报告中的数据存在差异的情形具有合理性。

综上所述,公司不存在向金智百业源故意隐瞒发行人当时真实财务数据的情形。

4. 回购价格的确定为双方的真实意思表示

本次回购价格系因金智百业源综合考虑其基金投资周期、年化收益率、企业预期等因素后作出的意思表示,定价依据具有合理性。具体而言,回购价格系金智百业源在参考B轮增资价格的基础上测算所得,B轮增资价格是2019年12月底B轮投资者进行严格的财务调查和公司评估后确定的价格,公允反映了公司当时的股权价值,金智百业源也作为股东表决认可了该价格。而陈某章与金智百业源协商回购价格时,中自环保正处于受新冠肺炎疫情影响最严重的时候,公司财务状况较2019年年底更差,金智百业源在此时以公司业绩更好时期的B轮增资价格作为协商基础,是金智百业源最大收益化的真实选择的真实意思表示。此外,在双方协商回购价格之前陈某章已经支付了570万元的股份回购款,金智百业源在疫情期间实际退出价格是15.00元/股,高于B轮增资价格。综上,回购价格是金智百业源经过测算,并符合其当时收益预期而作出的真实意思表示。

此外,根据《华西证券股份有限公司首次发行股票招股说明书》,金智百业源系上市公司华西证券股份有限公司的全资子公司,系经验丰富的专业投资机构,同期对外投资金额高达1.24亿元。因此,金智百业源与陈某章协议退股的决策应系基于其专业决策和谨慎判断后作出的真实意思表示,其因陷于错误认知作出意思表示的可能性较小。

综上所述,金智百业源因陷于错误认知作出意思表示的可能性较小,回购价格的确定是双方的真实意思表示。

案例3-373 存在业务类重大诉讼,审核问询意见第一个问题询问诉讼

依据《关于精进电动科技股份有限公司首次公开发行股票并在科创板上市申请文件的审核问询函之回复报告》,该公司存在重大业务诉讼事项,审核问询函第一个问题就是公司的诉讼问题。审核意见为:"1.1 公司存在与赛米控集团的未

决仲裁事项待国际商会国际仲裁院裁决。赛米控集团向发行人索赔金额合计约为1996万欧元、2320万元人民币和70万美元(不包括利息)。2020年3月31日,国际商会国际仲裁院将仲裁庭作出本案裁决的期限延长至2020年6月30日。请发行人补充披露争议产生原因,相关设备在公司业务中的应用情况和可替代性、成本差异,仲裁裁决是否已作出并生效。如已作出,补充披露对公司财务状况、持续经营的影响;如未作出,补充披露延期原因,并测算仲裁请求对公司财务状况、持续经营的影响。请保荐机构、发行人律师、申报会计师分别核查上述仲裁事项对发行人持续经营是否存在重大不利影响,发行人本次发行上市是否符合相关发行条件,并审慎发表核查意见。”

发行人针对前述问题回复的主要内容如下:“发行人与赛米控集团的仲裁事项,争议系双方在控制器产品采购相关业务合作过程中所产生的纠纷所致。2020年9月4日,国际商会国际仲裁院作出最终仲裁裁决,发行人需要赔偿赛米控集团赔偿金额、利息及仲裁费合计分别约为1639.57万欧元、1190.09万港元、297.29万元人民币和42.54万美元(不包括裁决后到实际支付日所产生的利息)。发行人根据仲裁结果,作为资产负债表日后调整事项在2020年半年度财务报表中计提营业外支出11,427.87万元。”

案例3-374 知识产权纠纷

依据《深圳英集芯科技股份有限公司审核问询函回复》,审核问询意见:“6.关于诉讼事项。根据首轮问询回复:2021年7月20日,富满电子、鑫恒富科技、刘某俊与发行人及黄某伟等10人签署《和解协议》,约定双方全面息诉,就双方的一系列知识产权纠纷、商业秘密纠纷及合同纠纷达成和解协议并开展合作。要求发行人披露:(1)《和解协议》的执行情况,是否存在纠纷或潜在纠纷;(2)相关案件目前的结案进展情况,预计结案时间,是否存在影响结案的其他事项;(3)除富满电子、鑫恒富科技外,发行人及相关人员与其他主体之间是否存在知识产权纠纷、侵害技术秘密或商业秘密纠纷,相关风险是否充分揭示。请保荐机构、发行人律师对上述事项进行核查,并发表明确意见。”

案例3-375 子公司存在境外被调查、重大诉讼等

依据《先正达集团股份有限公司首次公开发行股票并在科创板上市申请文件的第三轮审核问询函之回复报告》,审核问询意见:“问题4.关于子公司境外受调查、重大诉讼和仲裁。

“(1)发行人在问询回复中提出,与欧亚经济委员会签订的‘协议仅限制瑞士先正达在上述国家对除草剂产品的进口销售,并未限制本地产品的销售。自协议约定以来,瑞士先正达通过在上述国家委托本地第三方外协厂商生产相关产品,加大了本地产品销售量’。请发行人补充说明,委托外协厂商生产产品的销售主体,相关生产销售模式是否存在因违反相关承诺协议而被终止或被追究责任的风险。

“(2)关于FTC非公开调查,发行人在问询回复中仅说明发行人否认有任何不当行为。请发行人补充说明调查的后续程序和环节,预计结束时间及可能出现的后果。如果被认定存在不当行为,是否面临禁止或限制销售及后续追偿的风险,对发行人子公司先正达植保(美国)或发行人其他子公司是否构成重大不利影响,量化分析可能的影响程度。

“(3)根据招股说明书,除已经和解的诉讼外,截至2021年6月22日发行人子公司已收到起诉状的或所知已提起的百草枯未决诉讼为136起,部分退出和解的原告、未参与2018年和解的玉米出口商单独提起诉讼,上述案件涉及金额未予说明。魁北克省转基因玉米种子集体诉讼、魁北克蜂农集体诉讼、反垄断诉讼、FMC仲裁案、经济合作与发展组织以及相关产品责任指控、Roundup产品纠纷案件的具体金额未定。另外,较多税务争议案件尚在审理中。请发行人补充说明相关重要诉讼、仲裁或调查未结案的原因、进展情况,是否可能为发行人及子公司带来大额赔偿责任、限制产品销售、同类诉讼增加等影响,对发行人及子公司持续经营是否构成重大不利影响,相关会计处理是否符合企业会计准则的规定。

“(4)请发行人在招股说明书中简要披露保荐机构、发行人律师、申报会计师关于上述调查、案件、税务争议等对发行人经营不构成重大不利影响的依据。

“请保荐机构及发行人律师、会计师核查并发表意见。”

五、资金占用、转贷、票据贴现等

(一)资金占用

1. 资金占用的整改

对于报告期内存在资金占用经过规范整改是可以接受的,但是对报告期末不可存在资产占用情形。在规范和上市辅导过程中,建议在股份制改制后及上市辅导前解决资金占用问题。

按照要求,保荐机构在上市辅导期间,应会同申报会计师、律师,要求发行人严格按照现行法规、规则、制度要求对涉及问题进行整改或纠正,在提交申报材料前强化发行人内部控制制度建设及执行有效性检查。

具体要求:

(1)首发企业申请上市成为公众公司,需要建立、完善并严格实施相关财务内部控制制度,保护中小投资者合法权益。拟上市公司在报告期内作为非公众公司,在财务内控方面存在上述不规范情形的,应通过中介机构上市辅导完成整改或纠正(如收回资金、结束不当行为等措施)和相关内控制度建设,达到与上市公司要求一致的财务内控水平。

(2)对首次申报审计截止日前报告期内存在的财务内控不规范情形,中介机构应根据有关情形发生的原因及性质、时间及频率、金额及比例等因素,综合判断是否构成对内控制度有效性的重大不利影响,是否属于主观故意或恶意行为并构成重大违法违规。

(3)发行人已按照程序完成相关问题整改或纠正的,中介机构应结合此前不规范情形的轻重或影响程度的判断,全面核查、测试并确认发行人整改后的内控制度是否已合理、正常运行并持续有效,出具明确意见。

(4)首次申报审计截止日后,发行人原则上不能再出现上述内控不规范和不能有效执行情形。

2. 资金占用的常见问询意见

(1)是否存在控制股东、实际控制人和关联方占用资金的情况;控股股东、实际控制人及其关联方是否通过财务不规范行为,或通过购买理财产品、境外存款、关联交易等手段非经营性占用发行人资金,是否存在关联方为发行人承担各类成本费用、对发行人进行利益输送或存在其他利益安排的情形。

(2)发行人违规为实际控制人提供担保,发行人是否实际承担了担保责任,是否形成了实际控制人对公司资金的占用。

(3)报告期内曾存在资金占用,占用发行人资金的原因、用途、资金占用方式及对公司生产经营的影响,实际控制人清偿相关款项是否支付相应利息,是否存在资金管理制度不规范的情形,发行人的整改措施、相关防范非经营性资金占用内控建立及运行情况等。

(4)是否存在通过预付账款构成资金占用的情况;相关责任人员的整改情况,是否存在其他资金占用情形。

案例3-376 问询实际控制人因资金占用被行政处罚的风险

浙江日发纺织机械股份有限公司在上市委会议时提出问询的主要问题:

(1)报告期内,发行人控股股东资产负债率较高,实际控制人主要股票资产的质押率较高,实际控制人、控股股东及其关联方存在资金占用、违规担保等行为。请发行人代表说明:①发行人实际控制人存在的资金占用、违规担保行为是否构成重大违法行为;②防范实际控制人、控股股东及其关联方资金占用和违规担保的内控制度是否健全且被有效执行;③实际控制人、控股股东存在的债务偿还风险可能对发行人产生的重大不利影响。请保荐人代表发表明确意见。

(2)报告期内,发行人资产负债率持续较高,担保余额占净资产比例高于同行业可比公司。请发行人代表说明发行人面临的偿债风险及应对措施。请保荐人代表发表明确意见。

上市委要求需进一步落实事项:

(1)请发行人在招股说明书中补充披露:①发行人实际控制人因资金占用、违规担保行为被行政处罚的风险及对发行人的影响;②防范实际控制人、控股股东及其关联方资金占用和违规担保相关制度的主要内容及保障措施;③发行人面临的偿债风险及应对措施。请保荐人、申报会计师、发行人律师发表明确意见。

(2)请发行人在招股说明书中进一步披露实际控制人、控股股东存在的债务偿还风险可能对发行人产生的重大不利影响。请保荐人、申报会计师发表明确意见。

案例 3 – 377 资金占用当天归还是否构成资金占用前后披露不一致被监管

依据中国证监会网站发布的《关于对保荐代表人王水兵、杨涛的监管函》，国信证券股份有限公司推荐的浙江日发纺织机械股份有限公司首次公开发行股票并在创业板上市申请，国信证券股份有限公司指定的项目保荐代表人，履行保荐职责不到位，存在以下信息披露违规情形："招股说明书（申报稿）显示，2019 年 1 月 25 日，发行人向控股股东日发集团提供借款 5000 万元，日发集团于当日全额归还。截至招股说明书签署之日，发行人不存在资金被控股股东、实际控制人及其控制的其他企业占用的情况。发行保荐工作报告（申报稿）中的核查结论为，发行人报告期内不存在被控股股东、实际控制人及其控制的企业占用资金的情形。保荐工作底稿相关材料显示，发行人曾于 2020 年 4 月作出资金被控股股东、实际控制人及其控制的其他企业占用的情况说明。招股说明书披露信息、保荐工作报告核查结论与保荐工作底稿材料不一致。2020 年 9 月 23 日，交易所发出第二轮审核问询函，要求发行人明确说明并披露向日发集团提供的 5000 万元借款是否构成控股股东非经营性资金占用，保荐机构核查并发表明确意见。10 月 12 日，保荐机构回复称，发行人向日发集团提供的借款已履行必要的决策程序，借款期限仅为 1 天且日发集团未实际使用，不构成控股股东非经营性资金占用。10 月 15 日，保荐机构向交易所再次提交的问询回复以及发行保荐工作报告中称，上述借款构成控股股东非经营性资金占用，并相应修改了招股说明书中披露内容。"

交易所认为："作为项目的保荐代表人，直接承担了发行上市申请文件的编制和核查验证工作，但未按照《保荐人尽职调查工作准则》的规定，重点核查报告期内发行人是否存在资金被控股股东占用的情况，核查结论不审慎，未按照《公开发行证券的公司信息披露内容与格式准则第 28 号——创业板公司招股说明书》的规定，在招股说明书中准确披露发行人资金被控股股东占用的情形，且披露信息、核查结论与保荐工作底稿相关材料不一致。在回复审核问询及更新的招股说明书中又披露为构成控股股东非经营性资金占用，对同一事实的信息披露前后存在实质性差异。上述行为违反了《深圳证券交易所创业板股票发行上市审核规则》

第 30 条、第 42 条、第 74 条等有关规定。鉴于上述事实和情节，根据《深圳证券交易所创业板股票发行上市审核规则》第 72 条、第 74 条以及《深圳证券交易所自律监管措施和纪律处分实施细则》等有关规定，本所决定对你们采取书面警示的自律监管措施。”

（二）转贷

“转贷”在实务中非常普遍，几乎是企业发展过程中的共性问题，该问题是《首发业务若干问题解答》（2020 年 6 月修订）明确规定的发行人财务内控的规范性事项，其中也是发审机构和监管机构历来所关注的重点。

1. 转贷的定义和形式

按照《首发业务若干问题解答》（2020 年 6 月修订[①]）问题 41 的规定，转贷指发行人为满足贷款银行受托支付要求，在无真实业务支持情况下，通过供应商等取得银行贷款或为客户提供银行贷款资金走账通道的行为。转贷，通俗的理解就是，作为借款人的公司向银行等贷款，银行将相关款项直接支付给其他与借款人有业务关系或者虚构的业务关系的主体后，相关贷款资金转圈返回借款人公司，所谓的转贷主要是指贷款资金流转路径。

对于首发业务问答规定的情况描述并不全面，第一，转贷的公司为关联方的概率更高，因为涉及资金的安全性，发行人往往更多倾向于选择关联方或者具有一定的信任基础的公司走银行流水，并非完全是通过供应商或者协助客户流转银行贷款；第二，对于银行的受托支付，转贷公司如果是供应商的，则是可能有真实业务基础，只是相关的业务基础与贷款的金额可能存在差异。

转贷问题普遍存在主要是由于银行等金融机构对贷款用途监管的需要，要求对相关的款项进行受托支付。

2. 审核问答关于转贷的规定

存在转贷问题不仅涉及合法合规性问题，同时构成上市的内控规范性问题。

《首发业务若干问题解答》（2020 年 6 月修订）问题 41：“首发条件要求发行人内部控制制度健全且被有效执行，如首发企业报告期存在财务内控不规范情形，

---

① 已失效。

应如何把握?

“答:部分首发企业在提交申报材料的审计截止日前存在财务内控不规范情形,例如:①为满足贷款银行受托支付要求,在无真实业务支持情况下,通过供应商等取得银行贷款或为客户提供银行贷款资金走账通道(以下简称‘转贷’行为);②向关联方或供应商开具无真实交易背景的商业票据,通过票据贴现后获取银行融资;③与关联方或第三方直接进行资金拆借;④通过关联方或第三方代收货款;⑤利用个人账户对外收付款项;⑥出借公司账户为他人收付款项;⑦违反内部资金管理规定对外支付大额款项、大额现金借支和还款、挪用资金等重大不规范情形。

“(1)保荐机构在上市辅导期间,应会同申报会计师、律师,要求发行人严格按照现行法规、规则、制度要求对涉及问题进行整改或纠正,在提交申报材料前强化发行人内部控制制度建设及执行有效性检查。具体要求可从以下方面把握:

“①首发企业申请上市成为公众公司,需要建立、完善并严格实施相关财务内部控制制度,保护中小投资者合法权益。拟上市公司在报告期内作为非公众公司,在财务内控方面存在上述不规范情形的,应通过中介机构上市辅导完成整改或纠正(如收回资金、结束不当行为等措施)和相关内控制度建设,达到与上市公司要求一致的财务内控水平。

“②对首次申报审计截止日前报告期内存在的财务内控不规范情形,中介机构应根据有关情形发生的原因及性质、时间及频率、金额及比例等因素,综合判断是否构成对内控制度有效性的重大不利影响,是否属于主观故意或恶意行为并构成重大违法违规。

“③发行人已按照程序完成相关问题整改或纠正的,中介机构应结合此前不规范情形的轻重或影响程度的判断,全面核查、测试并确认发行人整改后的内控制度是否已合理、正常运行并持续有效,出具明确意见。

“④首次申报审计截止日后,发行人原则上不能再出现上述内控不规范和不能有效执行情形。

“⑤发行人的对外销售结算应自主独立,内销业务通常不应通过关联方或第三方代收货款,外销业务如因外部特殊原因确有必要通过关联方或第三方代收货款的,应能够充分提供合理性证据,不存在审计范围受到限制的重要情形。

“⑥连续 12 个月内银行贷款受托支付累计金额与相关采购或销售(同一交易

对手或同一业务）累计金额是否基本一致或匹配，是否属于‘转贷’行为。

“（2）中介机构对发行人财务内控不规范情形及整改纠正、运行情况的核查，一般需注意以下方面：

“①关注发行人前述行为信息披露充分性，如对相关交易形成原因、资金流向和使用用途、利息、违反有关法律法规具体情况及后果、后续可能影响的承担机制、整改措施、相关内控建立及运行情况等。

“②关注前述行为的合法合规性，由中介机构对公司前述行为违反法律法规规章制度（如《票据法》《贷款通则》《外汇管理条例》《支付结算办法》）的事实情况进行说明认定，是否属于主观故意或恶意行为并构成重大违法违规，是否存在被处罚情形或风险，是否满足相关发行条件的要求。

“③关注发行人对前述行为财务核算是否真实、准确，与相关方资金往来的实际流向和使用情况，是否通过体外资金循环粉饰业绩。

“④不规范行为的整改措施，发行人是否已通过收回资金、纠正不当行为方式、改进制度、加强内控等方式积极整改，是否已针对性地建立内控制度并有效执行，且申报后未发生新的不合规资金往来等行为。

“⑤前述行为不存在后续影响，已排除或不存在重大风险隐患。

“⑥中介机构能够对前述行为进行完整核查，能够验证相关资金来源或去向，能够确认发行人不存在业绩虚构情形，并发表明确意见，确保发行人的财务内控在提交申报材料的审计截止日后能够持续符合规范性要求，能够合理保证公司运行效率、合法合规和财务报告的可靠性，不存在影响发行条件的情形。

“审计截止日为经审计的最近一期资产负债表日。”

3. 转贷的解决方案

（1）已经发生的转贷应当如实客观披露

对于报告期内存在的转贷行为，发行人及中介机构需要充分、详细、真实地披露相关信息，尤其是对相关的转贷的主体情况、金额进行准确披露；详细核查转贷资金流向，关注相关款项最终用途及去向。

（2）根据具体情况分析是否构成重大违法违规以及对内控的影响

首先需要结合《商业银行法》《贷款通则》《支付结算办法》《票据法》等，论证相关的行为是否构成重大违法违规，根据相关的金额综合评判对公司的内控有效性的影响。

(3)对于发生的转贷行为按照约定及时还款

对于已经发生但尚未履行完毕的转贷情况,需要按照合同约定切实履行,避免发生延期偿还贷款或其他会给银行造成损失的情形。

(4)对于发生的金额较大的,争取取得银行或有权机构的确认

实务中,可以与贷款银行协商并取得确认,主要包括相关贷款已经还清且未造成贷款银行的损失,贷款行不会因转贷行为而对发行人追究违约责任等。

根据《贷款通则》第 19 条的规定,借款人负有如下义务:①应当如实提供贷款人要求的资料(法律规定不能提供者除外),应当向贷款人如实提供所有开户行、账号及存贷款余额情况,配合贷款人的调查、审查和检查;②应当接受贷款人对其使用信贷资金情况和有关生产经营、财务活动的监督;③应当按借款合同约定用途使用贷款;④应当按借款合同约定及时清偿贷款本息;⑤将债务全部或部分转让给第三人的,应当取得贷款人的同意;⑥有危及贷款人债权安全情况时,应当及时通知贷款人,同时采取保全措施。

根据《贷款通则》第 71 条的规定,借款人有下列情形之一,由贷款人对其部分或全部贷款加收利息,情节特别严重的,由贷款人停止支付借款人尚未使用的贷款,并提前收回部分或全部贷款:①不按借款合同规定用途使用贷款的。②用贷款进行股本权益性投资的。③用贷款在有价证券、期货等方面从事投机经营的。④未依法取得经营房地产资格的借款人用贷款经营房地产业务的;依法取得经营房地产资格的借款人,用贷款从事房地产投机的。⑤不按借款合同规定清偿贷款本息的。⑥套取贷款相互借贷牟取非法收入的。

另外,取得银保监会关于无违法违规的证明,或者对相关的贷款行为确认不再追究责任且不构成重大违法违规。

(5)建立健全完善的内控制度并切实有效执行,确保在上市辅导备案前不再发生相关行为。

案例 3-378 转贷的问询意见

依据《关于赣州逸豪新材料股份有限公司首次公开发行股票并在创业板上市

申请文件的审核问询函之回复》，审核问询意见："问题19.关于财务内控。2017年、2018年，发行人存在转贷行为，具体包括通过供应商托克投资、赣州市工矿物资供销公司取得银行贷款后将贷款资金转入公司，由公司使用并偿还，共4笔，金额合计9584万元；同时，存在为客户龙宇电子提供转贷通道的情形，共4笔，金额合计2110万元。"

审核机构要求发行人：

"(1)结合转贷事项发生的原因及性质、时间及频率、金额及占比、可能承担的后果等，充分论证相关事项属于主观故意或恶意行为，是否违反相关法律法规并构成重大违法行为，是否存在被处罚的风险或可能产生其他潜在不利影响。

"(2)充分论证对以上不规范行为的整改情况，是否已针对性建立财务内控制度并有效执行，且有效执行期间的情况是否足以说明整改后的财务内控制度已严格、正常、持续运行。

"(3)补充说明以上转贷行为中相关资金的实际流向和使用情况，是否存在通过体外资金循环粉饰经营业绩的情形。

"请保荐人、申报会计师、发行人律师按照《创业板首次公开发行上市审核问答》问题25的要求逐条发表明确意见。"

案例3-379 转贷问题

上能电气(300827)在二次申报时，审核机构问询了3个关于转贷的问题，相关的反馈意见如下：

问题3，江苏日风为发行人实际控制人之一吴某之妻丁某控制的企业，于2015年5月注销。永济市上电恒能新能源开发有限公司为发行人参股公司，于2018年4月注销。报告期内，发行人曾向关联方龙达纺织借款。2015年、2016年发行人分别有累计7200万元、12,600万元的银行贷款经关联方龙瑞信、上海日风账户周转。请发行人：逐笔说明报告期内银行贷款转贷涉及的借款合同签订主体、资金划转路径、借款期限、利率及相关款项归还情况；说明前述贷款转贷情形是否构成重大违法行为，是否存在受到行政处罚的风险，发行人相关内控制度是否健全并有效执行。

问题22,转贷情况。根据发行保荐工作报告,公司2017年、2018年1~6月以受托支付方式取得的银行贷款分别为21,400万元、3000万元,受托支付对象包括上能绿电、维通利、意兰可、鹰峰、元六鸿、江海电容、苏新、天石、聚美、人民电器等。请在招股说明书中补充披露前述以受托支付方式取得的银行贷款的具体情况,包括但不限于取得贷款时间、贷款合同中对于受托支付方式的规定、发行人实际取得贷款方式与合同要求差异及影响、贷款资金后续管理和使用情况、贷款偿还时间等。请保荐机构、会计师核查并发表意见。请保荐机构、会计师进行核查,就发行人的财务内控是否能够持续符合规范性要求,不存在影响发行条件的情形并明确发表意见。

问题38,请发行人说明申报期内存在转贷、票据融资、银行借款受托支付、非经营性资金往来、关联方或第三方代收货款等情形(如有),包括但不限于相关交易形成时间、原因、资金流向和使用用途、利息、违反有关法律法规的具体情况及后果、后续可能影响的承担机制、整改措施、相关内控建立及运行情况。请保荐机构、申报会计师进行核查,就发行人的财务内控是否能够持续符合规范性要求,不存在影响发行条件的情形并明确发表意见。

针对前述问题,依据相关反馈回复可知,发行人解决方法为:依据招股书及法律意见书等,该发行人2016年经关联方周转银行贷款后未用于国家禁止生产、经营的领域和用途,且经过公司董事会/股东大会的决策程序,同时所涉银行均出具了证明文件确认不会对上能电气提出任何违约或侵权赔偿请求;无锡市人民政府金融工作办公室已出具情况说明,相关贷款合同均已履行,未给相关银行造成损失,也未发生争议或纠纷;中国银行业监督管理委员会无锡银监分局已出具情况说明确认发行人上述贷款事项与相关银行不存在债务纠纷;因此,发行人上述事项不构成重大违法行为,不存在处罚风险,对发行人本次发行上市不构成法律障碍。发行人2017~2018年存在的受托支付银行贷款系正常贷款行为,相关贷款合同均已按约履行完毕,与所涉银行不存在纠纷或潜在纠纷,不存在处罚风险。发行人自2018年5月起,银行贷款均采取自主支付的形式。

案例3-380 转贷的解决措施

依据《关于浙江同星科技股份有限公司首次公开发行股票并在创业板上市申请文件的审核问询函的回复报告》，发行人存在转贷情形，具体为：

公司选择外协厂商进行转贷，主要原因系公司与上述外协厂商合作时间较长，合作关系良好。发行人转出相关资金后短期内外协厂商均全额转回给发行人，不存在其他特殊利益安排。

自2020年4月起，发行人已对资金使用进行规范，未再发生转贷业务，上述贷款均已到期还款或提前还款。

发行人已对上述事项进行整改与规范，并增加了相应的内部控制措施：根据财务预算和预测，公司财务部分应先确定公司短期内所需资金，提出年度银行借款授信额度方案，明确筹资用途、规模、结构和方式等相关内容，对筹资成本和潜在风险作出充分预测；使用贷款资金时由财务部门编制使用计划，经由相应高级管理人员审批后方能支付。公司及其子公司严格按照有关规定使用借款资金，不得随意改变资金用途，如有变动须经原审批机构批准。

发行人就前述贷款均已按时还本付息，不存在其他违约情形，与相关银行之间不存在现实争议或潜在纠纷，上述转贷事项不构成重大违法违规行为。同时，发行人实际控制人出具承诺，若因前述转贷行为导致发行人收到监管机构处罚或贷款银行的违约索赔，发行人所受经济损失将由实际控制人足额及时补偿。

浙江新昌农村商业银行城中支行、浙江新昌浦发村镇银行已分别出具确认函，确认公司涉及转贷的借款均已到期还本付息，上述转贷行为对贷款行未造成资金损失，贷款行不会因转贷行为而对公司追究违约责任；2021年9月6日，中国银保监会绍兴监管分局新昌监管组出具说明，未发现同星科技及其子公司在融资过程中存在违法违规行为，也未发现该等公司存在其他违反《商业银行法》《票据法》《贷款通则》《支付结算办法》等法律法规及部门规章的情形。截至该证明出具日，监管组未曾给予上述公司行政处罚，目前监管组也未有对上述公司进行调查或给予行政处罚的计划。

另外，浙江美硕电气科技股份有限公司、佳诺威集团股份有限公司、拓新药业（301089）、中红医疗（300981）、银河微电（688689）、越博动力（300742）等均存在银行转贷情况。

（三）票据违规

存在票据违规问题不仅涉及合法合规性问题，同时构成上市的内控规范性问题。《首发业务若干问题解答》（2020 年 6 月修订）问题 41："首发条件要求发行人内部控制制度健全且被有效执行，如首发企业报告期存在财务内控不规范情形，应如何把握？"明确回复：部分首发企业在提交申报材料的审计截止日前存在财务内控不规范情形：向关联方或供应商开具无真实交易背景的商业票据，通过票据贴现后获取银行融资。

关于票据违规常见解决方案：

（1）如实披露相关的票据违规情况。

包括开具的金额、出票人、受票人、背书人等基本情况。

（2）票据到期结清、兑付。

（3）由相关银行或者银保监局出具确认文件。

确认文件的主要内容为：所涉票据已结清、兑付，在银行不存在任何逾期、欠息情形，不存在票据欺诈等情形，银行未因此遭受任何损失等；对相关的行为未作出行政处罚或者开具报告期内无重大违法违规记录的证明等。

案例 3－381 存在开具无交易背景票据

合盛硅业股份有限公司（合盛硅业、603260）在上市报告期内，公司因产能扩张等原因对资金需求较大，同时受限于民营企业融资渠道较少的限制，公司在向内部开具银行承兑汇票的过程中存在开具无交易背景票据进行融资的情况。2014～2016 年，公司开具无交易背景票据发生额分别为 8.34 亿元、0.90 亿元及 0 亿元。

自 2015 年 4 月起，公司已停止采取无交易背景票据融资的不规范行为，并积极进行整改，采取了补缴保证金、规范票据使用行为、公司控股股东和实际控制人出具无条件承担赔偿责任承诺等措施。尽管公司已积极进行了整改，但未来如果公司因票据使用不规范行为而受到主管部门的追究或处罚，仍可能对公司的生产经营造成不利影响。

案例 3 - 382 发行人存在合并范围内违规票据开具和背书

依据《关于江苏瑞泰新能源材料股份有限公司首次公开发行股票并在创业板上市申请文件的审核问询函之回复报告》，发行人称：发行人报告期内存在合并范围主体之间无真实交易背景的票据开具和背书情况，违反了《票据法》(2004 修正)第 10 条第 1 款“票据的签发、取得和转让应当遵循诚实信用原则，具有真实的交易关系和债权债务关系”的规定。

报告期内，华荣化工向子公司宁德华荣开具无真实交易背景的银行承兑汇票 3405.62 万元，背书转让无真实交易背景的银行承兑汇票 750.00 万元，主要用于宁德华荣建设工程款，未向银行进行贴现。

公司上述无真实交易背景的银行承兑汇票开具及背书仅发生在华荣化工和宁德华荣之间，与外部客户、供应商不存在无真实交易背景的票据开立和背书，相关票据均用于支付宁德华荣工程项目等正常生产经营活动，且均已如期兑付，不存在票据逾期，不存在虚假记载、恶意骗取钱财及资金等行为，不属于主观故意或恶意行为，不构成重大违法违规行为。

中国农业银行股份有限公司张家港分行于 2020 年 8 月 18 日出具证明：“2018 年 7 月 30 日至 2019 年 7 月 23 日，张家港市国泰华荣化工新材料有限公司向宁德国泰华荣新材料有限公司开具 146 张，共计金额为 3350 万元人民币的承兑汇票。目前上述所涉票据已结清、兑付，在我行不存在任何逾期、欠息情形，不存在票据欺诈等情形，本行未因此遭受任何损失。特此证明。”中国农业银行股份有限公司张家港分行于 2021 年 3 月 2 日出具证明：“2020 年 5 月 13 日，张家港市国泰华荣化工新材料有限公司向宁德国泰华荣新材料有限公司开具银票 1 张、金额55.623万元人民币的银行承兑汇票。目前上述所涉票据已结清、兑付，在我行不存在任何逾期、欠息情形，不存在票据欺诈等情形，本行未因此遭受任何损失。特此证明。”

2021 年 7 月 14 日，中国人民银行张家港市支行出具《核查报告》，确认：“经核查，2017 年 1 月 1 日至 2021 年 7 月 9 日，我支行未对张家港市国泰华荣化工新材料有限公司作出行政处罚。”

公司已就上述情形进行整改,自2020年6月30日至本招股说明书签署日,公司未新增无真实交易背景的票据开具和背书等票据使用不规范的行为。

此外,发行人已制定《票据管理制度》等财务管理方面的内控制度,进一步规范公司票据管理工作。

案例3-383　与关联方存在票据拆分换票

依据《关于上海真兰仪表科技股份有限公司首次公开发行股票并在创业板上市申请文件的第二轮审核问询函回复》,审核问询意见:"关于财务内控规范性首轮问询回复显示,发行人2019年存在与客户河北华通互换票据的情形,公司共收到2600.00万元的票据,拆出票据2517.00万元,差额部分作为货款,上述行为不符合《票据法》的有关规定。

"请发行人说明开展票据互换业务的具体原因,上述票据交易是否属于无真实交易背景的票据业务,是否存在被处罚的风险。结合《票据法》及相关法律法规的具体条款,说明上述行为是否构成重大违法违规情形及判断依据,上述不规范情形的整改情况,以及相应的内控措施及执行情况。

"请保荐人、申报会计师和发行人律师按照《深圳证券交易所创业板股票首次公开发行上市审核问答》问题25的要求说明核查过程、依据,并发表明确意见。"

发行人关于前述问题回复如下:

1. 票据互换情况及原因

发行人2019年度存在河北华通以大额银行承兑汇票换取公司小额银行承兑汇票的情形。公司共收到2600.00万元的票据,拆出票据2517.00万元,差额部分作为货款,具体情况见表17:

表17　发行人拆入和拆出票据情况

关联方	期间	收到票据(万元)	拆出票据(万元)
河北华通	2019年4月	700.00	666.00
河北华通	2019年6月	900.00	900.00
河北华通	2019年8月	1000.00	951.00
合计		2600.00	2517.00

河北华通为发行人客户，与发行人存在票据结算货款的情形。发行人将小额票据换给河北华通满足了河北华通对外支付小额票据的需求，同时收到的大额票据与换出的小额票据差额作为结算货款。发行人出于满足客户需求实施上述行为。

2. 上述行为不存在被处罚的风险，不构成重大违法违规及判断依据

发行人前述票据互换行为属于无真实交易背景的票据转让，但不属于通过无真实交易背景的票据开具或贴现进行违规融资，不符合《票据法》第 10 条的相关规定，不构成《票据法》第 102 条规定的票据欺诈行为，且《票据法》《票据管理实施办法》未对该等无真实交易背景的"票据互换"行为设置相应的处罚条款。

前述票据互换行为涉及的所有票据均按照《票据法》及相关票据制度及时履行了票据付款义务，不存在违约和延期偿还票据的情况，未因该等行为给任何单位造成任何经济损失，也与任何单位不存在纠纷。

根据发行人的企业信用报告，并查询了中国人民银行上海分行网站行政处罚公示栏，发行人不存在因前述票据行为而被监管机构处罚的情形，中国人民银行上海分行也未对其他单位就该等票据行为作出过处罚；经查询中国银行保险监督管理委员会上海监管局网站行政处罚公示栏、信用中国等网站，发行人不存在因票据行为而受到行政处罚的记录。

中国人民银行上海分行于 2022 年 1 月出具情况说明："2018 年 1 月 1 日至 2021 年 12 月 31 日，我分行对上海真兰仪表科技股份有限公司未作出过行政处罚。"综上，发行人报告期内与河北华通的票据互换行为不存在被处罚的风险。

《票据法》第 10 条第 1 款规定："票据的签发、取得和转让，应当遵循诚实信用的原则，具有真实的交易关系和债权债务关系。"上述票据使用行为不符合该规定，但发行人前述票据使用不规范行为不存在恶意套取银行票据融资及骗取财物的行为，不属于《票据法》第 102 条规定的票据欺诈及《刑法》第 194 条规定的票据诈骗行为，涉及的所有票据均已到期兑付，未对其他方造成损害，且已纠正上述不规范行为。《票据法》《票据管理实施办法》对无真实交易背景但不存在票据欺诈的票据行为也未设置处罚条款。

因此，发行人前述票据使用不规范行为不构成重大违法违规行为，不会对发行人本次发行上市构成实质性法律障碍。

3. 整改情况以及相应的内控措施及执行情况

根据发行人的制度文件,公司已根据《公司法》《商业银行法》等法律法规的要求制定了《资金结算管理制度》等财务管理制度。其中,《资金结算管理制度》在票据的收取、支出、管理等方面作了明确规定,应付票据的业务必须以具有真实的商品购销业务并签订经济合同为前提,不符合这一前提条件的业务不得使用这种结算方式。

另外,发行人已下发《关于规范公司票据使用的通知》,对公司的票据使用行为进行规范,具体如下:①严格依照《票据法》及相关法律法规、规范性文件的规定签发、取得、转让票据,以真实的交易关系和债权债务关系为基础使用票据,确保公司的票据行为符合真实的交易关系和债权债务关系原则;②严格规范票据使用行为,加强公司内部控制,加强票据转让的签批管理,避免票据互换等类似不规范行为;③组织公司财务及业务人员对《票据法》等相关法律法规进行深入学习,了解票据违法行为的危害,杜绝票据违法使用行为。

发行人已对票据使用不规范行为予以整改,上述内控措施得到了有效执行。

此外,发行人控股股东真诺上海及其一致行动人、股东李某华均已出具关于规范发行人票据使用的承诺,其将依法行使公司股东和管理权限,确保公司票据使用规范。若公司因报告期内存在的票据使用不规范事宜而导致违约责任并给公司造成损失或因此受到处罚的,发行人控股股东真诺上海及其一致行动人、股东李某华及其一致行动人将承担因此而产生的全部费用、罚款或其他经济损失。

4. 中介机构意见

(1)核查程序

保荐机构、申报会计师和发行人律师履行了以下核查程序:

查阅了应收票据明细账,发行人与河北华通票据互换的各票据清单,相关票据的流转及到期兑付情况,向发行人管理层和财务部门了解了票据互换的相关情况;查询了中国人民银行上海分行、中国银行保险监督管理委员会上海监管局、信用中国等网站;取得了发行人股东出具的关于规范发行人票据使用的承诺;向发行人了解了票据使用相关的内部制度及整改措施执行情况。

(2)核查意见

经核查,保荐机构、申报会计师和发行人律师认为:

河北华通为发行人客户，与发行人存在票据结算货款的情形，发行人将小额票据换给河北华通满足了河北华通对外支付小额票据的需求，同时收到的大额票据与换出的小额票据差额作为结算货款，发行人出于满足客户需求实施上述行为具有合理性。

上述业务属于无真实交易背景的票据业务，不符合《票据法》第10条“票据的签发、取得和转让，应当遵循诚实信用的原则，具有真实的交易关系和债权债务关系”的相关规定，但不存在恶意套取银行票据融资及骗取财物的行为，《票据法》《票据管理实施办法》未对该等无真实交易背景的“票据互换”行为设置相应的处罚条款，不存在被处罚的风险；上述行为不属于《票据法》第102条规定的票据欺诈及《刑法》第194条规定的票据诈骗行为，涉及的所有票据均已到期兑付，未对其他方造成损害，且已纠正上述不规范行为；因此，发行人前述票据使用不规范行为不构成重大违法违规行为，不构成发行人本次发行上市的实质性障碍。

上述不规范情形发行人已进行整改，相应的内控措施得以有效执行。

案例3-384 大票换小票

依据《新疆宝地矿业股份有限公司首次公开发行股票申请文件反馈意见》，审核问询意见：“13.报告期内发行人存在违规对外开展票据贴现业务，与子公司‘大票换小票’的情形。请发行人：(1)说明‘大票换小票’的具体情况，开具无真实交易背景票据的原因及性质，涉及的交易对象、时间及频次、金额及比例，票据具体的使用情况及核算情况；(2)说明开展票据贴现业务的原因及商业背景，涉及的纸质票据及电子票据的情况，银行承兑汇票和商业承兑汇票的情况，涉及的出票方、贴现方的情况及与发行人及发行人关联方的关系，贴现利率的确定依据及贴现利息的支付方式，逐笔说明贴现利率及利息情况、利息冲减财务费用是否合规、具体的贴现操作形式、相关权利义务安排、是否对贴现方具有追偿权利、报告期内是否存在票据超期或无法承兑事项；(3)披露上述违规使用票据行为是否违反相关法律法规，是否存在后续影响，财务核算是否真实准确，是否已建立内控制度并有效执行；(4)报告期内是否存在转贷、现金收付款、个人账户收款等情形，如存在，请补充披露具体情况，是否符合行业特性，是否符合相关规则要求，相关财务内控不规范情形是否已整改,并说明针对性的内控措施是否已建立并是否得到有效执行。请保荐机构和申报会计师核查上述事项,并对上述事项及发行人财务规范性、内控有效性发表明确意见。"

六、税务及外汇合法合规

(一)税务合规问题

1. 原始财务报表

(1)原始财务报表的界定

成立不满3年的股份有限公司的原始财务报表是指报告期各年度提供给地方财政、税务部门的财务报表,包括:①股份有限公司设立当年及以后年度的原始财务报表及审计报告;②股份有限公司设立之前的原始财务报表,该财务报告应包括各发起人(如有多个投入经营性资产的发起人)投入股份有限公司的经营性资产原所在法人单位的原始财务报表,如果该原始财务报表已经审计,一并提供其审计报告;如果未经审计,则应注明"未经审计"。

设立运行满3年的股份有限公司提供的原始财务报表是指报告期内各年度公司的原始财务报表及审计报告。

申报财务报表是经发行人申请发行材料中提供的经注册会计师审计的3年一期会计报表。

发行人应编制原始财务报表与申报财务报表的差异比较表,并请注册会计师对差异情况出具意见。

(2)原始财务报表差异的影响实质

若原始财务报表与申报财务报表差异情况较大,尤其最近一期仍存在较大差异的,直接涉及发行人是否存在会计核算基础不规范、内控制度不健全、内控程序是否得到有效执行的问题。关于相关的报表差异,需要发行人说明差异的原因、会计调整的合理性以及会计核算是否规范、内控制度是否健全、内控程序是否有效执行等。问题反馈思路:可根据具体差异的科目,从会计核算谨慎性、会计信息质量方面对调整的合理性和必要性进行回复。

实务中,不少公司通过对报告期内的原始财务报表更正补充申报,将更正后的财务报表作为原始财务报表，但是也存在以更换纳税申报前的财务报表作为原始财务报表，不论何种认定，原始财务报表与申报财务报表的差异都应当如实对比分析，同时需要关注调整事项及是否涉及相关补税问题以及是否如实补税。

案例 3-385 因新三板挂牌期间进行了差错更正所以认为不存在差异

依据《关于广东雅达电子股份有限公司首次公开发行股票并在科创板上市申请文件审核问询函的回复》(2021 年 11 月终止上市申请)，审核问询意见："关于会计调整。

"根据申报材料，发行人原始财务报表与申报财务报表存在大量差异调整项目，涉及跨期收入、成本、费用、坏账准备计提、存货跌价准备计提、研发费用错误挂账等方面；根据发行人在股转系统公布的《前期会计差错更正公告》，发行人 2018 年度、2019 年度、2020 年度存在较多会计差错更正事项。请发行人：(1)逐项说明主要报表科目发生调整的原因和具体情况，收入确认政策、坏账准备计提政策、存货跌价准备计提政策等会计政策是否一致执行，相关会计政策是否发生变更；(2)原始报表与申报报表存在较多差异是否影响发行人的会计基础工作的规范性及财务相关内控的完善性，相关会计差错是否整改完毕。请申报会计师对上述事项进行核查并发表明确意见；请申报会计师对财务内控有效性发表明确意见。"

关于前述问题中的差异调整事项，发行人反馈回复："2020 年度合并申报财务报表与原始财务报表主要差异。

"发行人于 2021 年 4 月 28 日在股转系统披露了 2020 年年度报告，后续因 2020 年年度报告部分数据与 IPO 申报财务报表存在差异，发行人于 2021 年 6 月 15 日公告了《广东雅达电子股份有限公司前期会计差错更正公告》(公告编号 2021—051)，对差错进行更正。

"2021 年 6 月 15 日发行人向主管税务机关报送了 2020 年度企业所得税纳税申报表，发行人申报报表与企业所得税纳税申报表所附财务报表数据一致，故发行人 2020 年度原始报表与申报报表不存在差异。"

案例3-386 问询是否向税务部门重新提交报税报表并替换原报税报表

依据《武汉菱电汽车电控系统股份有限公司审核问询函的回复》(菱电电控、688667),审核问询意见:“问题29.1.根据申报材料:(1)公司报告期内原始报表与申报报表无差异;(2)公司2017年年末未终止确认的已背书且在资产负债表日尚未到期的应收票据金额649万元。请发行人说明:(1)提交的原始报表是否为初始报税报表,发行人是否向税务部门重新提交报税报表并替换原报税报表;(2)初始报税报表与本次申报报表的差异情况,并说明差异原因。请发行人提交2017年度与2018年度所得税汇算清缴报告。”

发行人关于前述问题反馈回复如下:

申报财务报表对初始报税报表进行了追溯调整,为降低税收风险,公司以更正申报企业所得税的形式向主管税务部门重新提交了2017年和2018年的报税报表,并以更正申报后的报税报表作为原始财务报表。

1.2019年申报财务报表与初始报税报表的差异

2019年申报财务报表与初始报税报表不存在差异。

2.2018年申报财务报表与初始报税报表的差异

主要调整事项包括:(1)不符合终止确认条件的已背书票据调整:调增应收票据3405.80万元、其他流动负债3405.80万元;(2)技术服务收入原按发票开具时间分步确认收入,更正为按结项时间一次性确认收入,进行跨期调整:调增预收款项1033.91万元、以前年度损益130.08万元,调减应收账款52.72万元、营业收入1155.20万元和销项税61.51万元;(3)技术服务收入调整,技术服务成本相应调整:调增存货376.09万元、管理费用25.68万元和以前年度损益75.65万元,调减营业成本-326.13万元;(4)研发费用改列调整:调增研发费用2210.31万元,调减管理费用2210.31万元;(5)职工薪酬跨期调整:调增管理费用90.88万元、销售费用17.85万元、应付职工薪酬153.86万元、应交税费-个人所得税为8.29万元,调减营业成本3.03万元、以前年度损益56.45万元。

3.2017年申报财务报表与初始报税报表的差异

主要调整事项包括:(1)质押应收票据误计入其他应收款和其他货币资金:调增应收票据3802.38万元,调减货币资金1476.38万元、其他应收款2326.00万元;(2)不符合终止确认条件的已背书票据调整:调增应收票据739.00万元、其他流动负债739.00万元;(3)技术服务收入原按发票开具时间分步确认收入,更正为按结项时间一次性确认收入,进行跨期调整:调增营业收入116.60万元、以前年度损益141.96万元、销项税25.86万元,调减预收款项284.42万元;(4)技术服务收入调整,技术服务成本相应调整:调增存货26.64万元、营业成本85.96万元、以前年度损益60.34万元,调减管理费用52.26万元;(5)政府补助摊销调整:调减以前年度损益37.44万元、长期应付款－专项应付款为22.11万元、递延收益242.24万元,调增其他收益301.79万元;(6)研发费用改列调整:调增研发费用1368.75万元,调减管理费用1368.75万元;(7)与日常活动相关的政府补助改列:调增其他收益1042.20万元,调减营业外收入1042.20万元。

案例3－387 问询原始财务报表是否为报税报表

依据《关于山大地纬软件股份有限公司首次公开发行股票并在科创板上市申请文件审核问询函的回复》(山大地纬、688579),审核问询意见:“问题58.请保荐机构、申报会计师说明:申请文件所申报的原始财务报表是否为发行人当年实际向税务局报送的报表,所履行的核查程序及取得的证据;相关调整是否存在涉税风险,若是,发行人是否已采取相关措施。”

针对前述问题,发行人反馈回复:

1.中介机构核查程序

(1)检查公司各主体各年度所得税汇算清缴申报表,以及报送税务局的报表与原始合并财务报表所用的报表是否一致;

(2)前往公司及各子公司所在地的税务主管部门核对原始财务报表数据与公司的纳税申报报表数据是否一致;

(3)复核公司合并财务报表的编制过程;

(4)复核发行人根据调整后的报告期内各年度利润及加计扣除数字重新测算的各年度应纳所得税费用;

(5)取得发行人及其子公司所在地主管税务部门出具的证明文件。

2. 中介机构核查情况说明

2018年公司根据《企业会计准则第14号——收入》的规定，为了保证公司财务报表能公允地反映财务状况、经营成果，对相关业务流程进行了进一步梳理，根据充分、合理的证据，细化具体会计处理方法，并对2016年度、2017年度主要会计差错进行了更正，导致2017年应交增值税增加，故公司在2019年上半年对2016年度、2017年度的增值税在公司注册所在地的税务系统中进行重新申报时，由此产生了滞纳金。截至2019年8月31日，公司已全额缴纳前期税款和相应滞纳金，已按照相关税法依法纳税。因2016年度、2017年度主要会计差错进行更正使应纳税所得额减少从而导致所得税费用的减少。由于在当地纳税系统中，对于2016年度和2017年度的所得税汇算清缴的期限分别在次年5月31日之前，故公司在2019年下半年对2016年度、2017年度的所得税汇算清缴在公司注册所在地的税务系统中进行重新申报，导致多缴纳的所得税经税务局同意在后期进行抵扣。

截至2019年8月31日，公司已全额缴纳前期应缴纳的税款和相应滞纳金，已按照相关税收方面的法律依法纳税。2019年9月，公司取得了国家税务总局济南高新技术产业开发区税务局出具的《涉税证明》，2016年1月1日至2019年8月31日正常纳税申报，暂未发现欠税及因违反税收法律法规而受到税务处罚的记录。公司各子公司也均已取得其所在地税务局出具相关文件，子公司均未受到过税务行政处罚。

3. 经核查，中介机构的核查结论为，保荐机构及申报会计师认为，申报文件所申报的原始财务报表为发行人当年实际向税务局报送的报表，公司合并口径原始报表根据公司及各子公司当年实际向税务局报送的报表为基础编制，编制合并财务报表过程无误。公司相关调整不存在涉税风险。

案例3-388 因重新申报与原始报表无差异，审核机构问询核查程序

依据《广东莱尔新材料科技股份有限公司审核问询函的回复》（莱尔科技、688683），审核问询意见："23. 关于原始报表根据原始报表与申报报表的差异比较表，发行人报告期不存在差异调节情况。请保荐机构和申报会计师说明申请文件所申报的原始财务报表是否为发行人当年实际向税务局报送的报表所履行的核

查程序及取得的证据。”

针对前述问题,发行人反馈回复如下:

1. 保荐机构和申报会计师说明

发行人对2017 年、2018 年财务报表进行了调整,并重新申报纳税。因此申报材料中对公司调整后并重新申报纳税的报表作为原始报表。

相关调整由对会计准则的理解偏差造成。本次调整事项对发行人财务状况、经营成果无实质性重大影响,不影响发行人在科创板发行上市条件,符合《上海证券交易所科创板股票发行上市审核问答(二)》的相关规定,调整后,发行人的核算更符合企业会计准则的规定,能够提供更加准确的会计信息。

2. 保荐机构和会计师核查程序

针对上述事项,履行了如下核查程序:(1)访谈财务负责人,了解发行人会计差错调整的原因;(2)查阅同行业上市公司的会计政策,核查发行人相关会计处理是否符合行业惯例;(3)获取发行人2017 年、2018 年财务报表调整明细表,以及调整涉及的相关会计凭证,核查会计差错更正的准确性和合理性;(4)获取了主管税务机关已盖章确认的2017 年、2018 年所得税申报资料及原始报表,并与企业财务报表进行核对,核实是否存在差异。

综上所述,经核查,发行人重新申报纳税的报表与申请文件所申报的原始财务报表一致。

另外,依据《关于北京慧辰资道资讯股份有限公司首次公开发行股票并在科创板上市申请文件的第二轮审核问询函之回复报告》(慧辰资讯、688500),申报材料中对公司调整后并重新申报纳税的报表作为原始报表;依据《关于杭州当虹科技股份有限公司首次公开发行股票并在科创板上市申请文件的审核问询函之回复报告》,保荐机构和发行人律师认为:“经核查,保荐机构和发行人律师认为,发行人申请文件所申报的原始财务报表中2016 年度的财务报表非2017 年当年向税务局所申报的报表,而系2018 年5 月进行汇算清缴时向主管税务机关重新申报的财务报表,本次重新申报不涉及补缴税款和相关处罚;其余2017 年和2018 年的原始财务报表均系当年申报。”

案例 3-389 财务报表差异的问询事项

依据《关于华融化学股份有限公司首次公开发行股票并在创业板上市申请文件的审核问询函的回复保荐》(华融化学、301256),审核问询意见:“15. 关于原始财务报表与申报财务报表的差异。申报文件显示,发行人原始财务报表与申报财务报表存在差异,涉及对收入确认、固定资产减值相关事项进行会计差错调整,主要是发行人对收入确认原则及时点、固定资产减值测试理解不准确。”

请发行人:(1)逐项披露产生会计差错的具体事项及原因,差异调整的合理性与合规性,对各期财务状况的影响。(2)说明原始报表与申报报表差异较多的原因、会计基础是否规范、财务会计人员是否具备专业胜任能力,内部控制是否存在重大缺陷。(3)说明报告期内因销售收入跨期的会计差错的具体情况及发生原因,结合业务流程分析造成原始财务报表中收入跨期差错的原因,并说明报告期内为消除收入跨期差错所采取的措施及相应内部控制的情况及整改情况。(4)说明固定资产减值相关会计差错更正所涉及的固定资产内容、减值测试方式,该项调整是否合理,相关资产评估依据是否充分、减值迹象如何认定以及目前相关资产是否存在减值迹象、相关减值准备计提是否充分。

“请保荐人、申报会计师发表明确意见。”

案例 3-390 问询要求律师对原始财务报表来源发表意见

依据《幺麻子食品股份有限公司首次公开发行股票申请文件反馈意见》,审核问询意见:“38. 请保荐机构和发行人律师专项说明就申请文件所申报的原始财务报表是否为发行人当年实际向税务局报送的报表所履行的核查程序及取得的证据,保荐机构和申报会计师专项说明申请文件所申报的原始财务报表所列示的收入及净利润数据与当年的增值税纳税申报表及年度所得税纳税申报表之间的差异,若有重大差异,应专项说明原因;请发行人说明对原始财务报表的调整情况,包括对涉及差异调整的具体事项、内容和理由予以逐项说明,并说明相关项目截止性或重分类调整、差错更正的原因、依据及其合规性,重点说明对损益的影响、涉及纳税义务的处理与履行情况。请保荐机构和会计师核查调整是否符合企业会计准则的规定。

“另外，依据《成都兴蓉环保科技股份有限公司首次公开发行股票申请文件反馈意见》《昆山兴协和科技股份有限公司首次公开发行股票申请文件反馈意见》《浙江海森药业股份有限公司首次公开发行股票申请文件反馈意见》等，该等发行人均存在被审核机构同样的问询，要求保荐机构和发行人律师专项说明就申请文件所申报的原始财务报表是否为发行人当年实际向税务局报送的报表所履行的核查程序及取得的证据。”

案例3-391 以初始报税报表作为原始财务报表

依据《关于江苏微导纳米科技股份有限公司首次公开发行股票并在科创板上市申请文件的第三轮审核问询函的回复》(2020年11月版，后终止上市申请，不含另行IPO申请)，审核问询意见：“问题1. 关于委托经营管理根据二轮问询回复，委托经管理期间，先导智能提供的服务主要系财务监督、采购审批和监督、法务等行政管理的支持等服务，均属于公司经营的辅助服务，公司实际的经营管理主要由LIWEIMIN、LIXIANG和胡某三人负责，并且能够独立行使经营管理职权。根据首轮问询回复，有限公司期间，倪某兰虽为公司登记的总经理，但其仅为名义上的总经理，实际并不参与公司日常经营管理决策。请发行人说明：……(5)委托经营期间财务报表的编制基础是否具备，相关原始凭证是否满足审计证据的要求，是否存在与其他企业共用财务软件或账套的情形，2017年和2018年原始财务报表与所得税纳税申报表存在差异的原因。”

公司反馈回复：“2017年和2018年原始财务报表与所得税纳税申报表存在差异是因发行人对以前年度进行了更正申报，而原始财务报表系采用初始报税报表导致的申报财务报表对初始报税报表进行了追溯调整，为了降低税收风险，公司于2019年所得税汇算清缴开始前以更正申报企业所得税的形式向主管税务部门重新提交了2017年和2018年的报税报表，但本次仍以初始报税报表作为原始财务报表，所得税纳税申报表数据即为本次申报财务报表的数据，故二者存在差异，同时天职国际已于2020年8月14日出具了天职业字〔2020〕33138号原始财务报表与申报财务报表的差异比较表的专项说明报告，根据该报告，差异主要系收入成本费用跨期，计提坏账准备和存货跌价准备、计提股份支付及重分类等原因形成,不存在因为先导智能代垫成本费用以及财务报表编制基础薄弱而导致差异的情况。”

2.高新企业等税收优惠政策合法合规性

(1)认定高新技术企业应当满足的条件

依据《高新技术企业认定管理办法》第11条的规定,认定为高新技术企业须同时满足以下条件:

①企业申请认定时须注册成立1年以上。

②企业通过自主研发、受让、受赠、并购等方式,获得对其主要产品(服务)在技术上发挥核心支持作用的知识产权的所有权。

③对企业主要产品(服务)发挥核心支持作用的技术属于《国家重点支持的高新技术领域》规定的范围。

④企业从事研发和相关技术创新活动的科技人员占企业当年职工总数的比例不低于10%。

⑤企业近3个会计年度(实际经营期不满3年的按实际经营时间计算,下同)的研究开发费用总额占同期销售收入总额的比例符合如下要求:

第一,最近1年销售收入小于5000万元(含)的企业,比例不低于5%;

第二,最近1年销售收入在5000万元至2亿元(含)的企业,比例不低于4%;

第三,最近1年销售收入在2亿元以上的企业,比例不低于3%。

其中,企业在中国境内发生的研究开发费用总额占全部研究开发费用总额的比例不低于60%。

⑥近1年高新技术产品(服务)收入占企业同期总收入的比例不低于60%。

⑦企业创新能力评价应达到相应要求。

⑧企业申请认定前1年内未发生重大安全、重大质量事故或严重环境违法行为。

实务中,拟上市公司的企业规模较大,如果发行人申请高新技术企业难度较大,可以考虑通过子公司申请或者将母公司利润率较低的业务调整至子公司开展,可以考虑集中研发人员和费用的支出在母公司本体或者集中在个别子公司,对于非研发类和技术创新类的劳动人员可以集中在特定的子公司开展。

(2)如果不满足却申请高新技术企业有补缴税务风险

《国家税务总局关于实施高新技术企业所得税优惠政策有关问题的公告》(国家税务总局公告 2017 年第 24 号)规定:“……企业获得高新技术企业资格后,自高新技术企业证书注明的发证时间所在年度起申报享受税收优惠,并按规定向主管税务机关办理备案手续。

“企业的高新技术企业资格期满当年,在通过重新认定前,其企业所得税暂按 15% 的税率预缴,在年底前仍未取得高新技术企业资格的,应按规定补缴相应期间的税款。

“二、对取得高新技术企业资格且享受税收优惠的高新技术企业,税务部门如在日常管理过程中发现其在高新技术企业认定过程中或享受优惠期间不符合《认定办法》第十一条规定的认定条件的,应提请认定机构复核。复核后确认不符合认定条件的,由认定机构取消其高新技术企业资格,并通知税务机关追缴其证书有效期内自不符合认定条件年度起已享受的税收优惠……”

可知,对于不符合高新技术企业认定的,税务机关有权追缴其证书有效期内自不符合认定条件年度起已享受的税收优惠。

对于报告期内公司不符合条件却申请了高新技术企业的,应当在 IPO 申报前不再继续申请高新技术企业。

案例 3-392 软件企业和高新企业税收优惠双重政策选择

依据《北京盈建科软件股份有限公司创业板首次公开发行股票招股说明书》(盈建科、300935,首发上市日期 2021 年 1 月 20 日),其披露如下:“根据《企业所得税法》及《财政部、国家税务总局关于进一步鼓励软件产业和集成电路产业发展企业所得税政策的通知》(财税〔2012〕27 号)的有关规定,本公司于 2013 年 9 月 2 日取得《软件企业认定证书》,享受自获利年度起,第 1 年至第 2 年免征企业所得税,第 3 年至第 5 年按照 25% 的法定税率减半征收企业所得税。财税〔2012〕27 号第 14 条获利年度,是指该企业当年应纳税所得额大于零的纳税年度,公司 2014 年弥补以前年度亏损后应纳税所得额大于零,故 2014 年为第一个获利年度,公司 2014 年至 2015 年免税、2016 年至 2018 年按照 25% 的税率减半征收。

“公司2013年11月11日经北京市科学技术委员会、北京市财政局、北京市国家税务局、北京市地方税务局批复认定为高新技术企业，证书编号GR201311000404，有效期3年。公司2016年12月22日通过高新技术企业审核，经北京市科学技术委员会、北京市财政局、北京市国家税务局、北京市地方税务局认定为高新技术企业，证书编号:GR201611004933，有效期3年。公司符合《高新技术企业认定管理办法》中关于高新技术企业认定的条件，2019年预计可再次通过高新技术企业审核。公司在2018年享受两免三减半税收优惠期满后，可适用高新技术企业15%的优惠税率。

“报告期(2016年至2018年)各期，税收优惠金额(含增值税退税金额及当期减免所得税额)占利润总额的比重分别为45.52%、41.70%和39.67%。如果公司享受的上述税收优惠政策发生变化，公司的盈利将受到不利影响。”

3.税收优惠是否属于经常性损益

《首发业务若干问题解答》(2020年6月修订)问题30，对首发企业部分涉税事项，如取得的税收优惠是否属于经常性损益、税收优惠续期申请期间是否可以按照优惠税率预提预缴、外资企业转内资企业补缴所得税费用如何确认归属期间等，发行人和相关中介机构通常应如何把握?

“答:发行人依法取得的税收优惠，如高新技术企业、软件企业、文化企业及西部大开发等特定性质或区域性的税收优惠，符合《公开发行证券的公司信息披露解释性公告第1号——非经常性损益》规定的，可以计入经常性损益。

“发行人取得的税收优惠到期后，发行人、保荐机构、律师和申报会计师应对照税收优惠的相关条件和履行程序的相关规定，对拟上市企业税收优惠政策到期后是否能够继续享受优惠进行专业判断并发表明确意见:(1)如果很可能获得相关税收优惠批复，按优惠税率预提预缴经税务部门同意，可暂按优惠税率预提并做风险提示，并说明如果未来被追缴税款，是否有大股东承诺补偿;同时，发行人应在招股说明书中披露税收优惠不确定性风险。(2)如果获得相关税收优惠批复的可能性较小，需按照谨慎性原则按正常税率预提，未来根据实际的税收优惠批复情况进行相应调整。

“外商投资企业经营期限未满10年转为内资企业的，按税法规定，需在转为内资企业当期,补缴之前已享受的外商投资企业所得税优惠。补缴所得税费用系因企业由外资企业转为内资企业的行为造成,属于该行为的成本费用,应全额计入补缴当期,不应追溯调整至实际享受优惠期间。

"发行人补缴税款,符合会计差错更正要求的,可追溯调整至相应期间;对于缴纳罚款、滞纳金等,原则上应计入缴纳当期。"

(二)外汇合规问题

相关问题的表现形式、问题的解决方法和上市审核中反馈回复的思路相对明确,关于外汇的合法合规性,主要通过相关的案例来把握。

案例3-393 军工企业的实际控制人个人涉及违规兑汇,问询是否违反保密等规定

依据《关于北方长龙新材料技术股份有限公司首次公开发行股票并在创业板上市申请文件的第二轮审核问询函的回复》,审核问询意见:"问题2.关于资金流水核查。申请文件及首轮问询回复显示:

"(1)首轮问询回复中资金流水核查相关内容表述不够简洁清晰,较多金额或数据没有以表格形式列示分析。同时,资金流水核查主体不完整,如未包括重要关联方杨某敏,杨某敏系发行人实际控制人陈某配偶杨某玉的姐姐,担任发行人关联方华跃长龙的财务经理、长龙投资的经理、横琴长龙的执行事务合伙人委派代表、横琴艾芙瑞特执行事务合伙人委派代表。

"(2)报告期内,发行人实际控制人陈某及其配偶杨某玉存在频繁、大额的资金转出用于换汇,违反《个人外汇管理办法》等法律法规,首轮问询回复未说明报告期内金额及资金往来路径情况。"

请发行人:

"(1)说明报告期内发行人实际控制人及其近亲属的资金转出换汇的主要内容、过程,资金往来路径及金额匹配情况,是否存在被行政处罚的风险。

"(2)结合发行人从事军工业务,以及承担的保密责任和要求等,说明发行人实际控制人及其近亲属与境外发生资金往来是否合法合规,报告期内与境外资金往来总体情况;结合上述情况,说明是否存在违反国家保密规定的情形,是否存在泄露国家秘密或损害国家利益的风险,是否存在应当向有权机构报备说明而未报备说明的情形。

“请保荐人、发行人律师发表明确意见。请保荐人、申报会计师根据中国证监会《首发业务若干问题解答》(2020 年 6 月修订)问题 54 的要求出具资金流水专项核查报告,详细说明对相关法人及非法人主体进行资金流水核查的具体情况、核查结论,相关账户核查的完整性及采取的措施,列示大额支出、取现情况及流向,发行人实际控制人及其关联方与客户供应商等发行人合作主体及其主要股东或经营层的资金往来情况、相关主体(含发行人)之间非经常性资金往来情况,结合上述资金流水核查情况就发行人内控制度是否健全有效、是否存在体外资金循环形成销售回款、承担成本费用的情形发表明确意见。”

针对前述问题,发行人反馈回复如下:

1. 说明报告期内发行人实际控制人及其近亲属的资金转出换汇的主要内容、过程,资金往来路径及金额匹配情况,是否存在被行政处罚的风险。

(1)2018~2021 年发行人实际控制人及其近亲属的资金转出换汇的主要内容、过程,资金往来路径及金额匹配情况

2018~2020 年发行人实际控制人的配偶杨某玉存在较大金额资金转出换汇至其在我国香港特别行政区的账户,主要用于支付其子女在我国香港特别行政区上学及其与子女在我国香港特别行政区的生活费用,除上述情况外,实际控制人及其配偶不存在其他外币账户和外汇资金情况。

(2)是否存在被行政处罚的风险

根据《个人外汇管理办法实施细则》(2018 年修改),对个人结汇和境内个人购汇实行年度总额管理,每人每年等值 5 万美元的额度,个人年度总额内的结汇和购汇,凭本人有效身份证件在银行办理;个人经常项目项下非经营性购汇超过年度总额的,凭本人有效身份证件和有交易额的相关证明材料在银行办理。

根据《个人外汇管理办法实施细则》(2018 年修改)第 39 条的规定,违反《个人外汇管理办法》以及《个人外汇管理办法实施细则》(2018 年修改)规定的,外汇局将依据《外汇管理条例》以及其他相关规定予以处罚;对于《外汇管理条例》以及其他相关规定没有明确规定的,对银行和个人应分别处以人民币 3 万元和 1000 元以下的罚款。根据《外汇管理条例》第 39 条的规定,有违反规定将境内外汇转移境外,或者以欺骗手段将境内资本转移境外等逃汇行为的,由外汇管理机关责

令限期调回外汇,处逃汇金额30%以下的罚款;情节严重的,处逃汇金额30%以上等值以下的罚款;构成犯罪的,依法追究刑事责任。

根据国家外汇管理局网站公布的国家外汇管理局关于外汇违规案例的通报,对于用于境外投资、购买境外房产、非法向境外转移资产目的而构成逃汇行为的案件,均为处以罚款的行政处罚,罚款金额主要为该案件被认定非法转移资金总额的3% ~7%。

经核查,杨某玉换取外汇主要用于支付其子女在我国香港特别行政区上学及其与子女在我国香港特别行政区的生活费用,符合银行购汇用途中的"境外留学"类型,符合外汇相关法律法规关于购汇用途的规定,不属于用于境外投资、购买境外房产、非法向境外转移资产目的;购汇超过便利化年度额度5万美元的,可按照《个人外汇管理办法实施细则》(2018年修改)第12条规定在银行办理。由于杨某玉不了解相关规定,因此通过家人资助、向亲戚朋友拆借等方式筹集外币,杨某玉以境内人民币资金支付给相关亲戚朋友方式筹集其子女上学及生活费用。根据《个人外汇管理办法》、《个人外汇管理办法实施细则》(2018年修改)、《外汇管理条例》的规定,杨某玉的部分换汇行为存在被行政处罚的风险。

根据杨某玉的书面说明并经保荐机构、发行人律师公开查询,杨某玉未曾收到《个人外汇业务"关注名单"告知书》,也未被外汇管理部门列入"关注名单",也未因此受到主管外汇管理部门的处罚;2021年9月,经访谈外汇管理部门,杨某玉用于子女上学换汇金额超过便利化购汇额度可按照相关规定在银行申请办理,其换汇行为不属于情节严重的违规行为。自2021年1月起,杨某玉已自我规范并消除违规情形,未有新增较大金额的资金转出用于换汇。参考国家外汇管理局关于外汇违规案例的通报,杨某玉可能受到的处罚金额较小。

鉴于杨某玉未在发行人处任职,也未持有发行人股份,其上述行为为个人行为,对发行人本次发行上市不构成实质法律障碍。杨某玉已出具书面承诺,"如本人因此受到行政处罚,本人将按照外汇管理机关的要求办理,并足额缴纳罚款;如发行人因此承担任何费用或造成任何损失,本人将无条件全额承担,保证发行人不会因此受到任何损失。"综上所述,杨某玉的部分换汇行为存在被行政处罚的风险。

2. 结合发行人从事军工业务,以及承担的保密责任和要求等,说明发行人实际控制人及其近亲属与境外发生资金往来是否合法合规,报告期内与境外资金往来总体情况;结合上述情况,说明是否存在违反国家保密规定的情形,是否存在泄露国家秘密或损害国家利益的风险,是否存在应当向有权机构报备说明而未报备说明的情形。

发行人回复:公司主营业务为以非金属复合材料的性能研究、工艺结构设计和应用技术为核心的军用车辆配套装备的研发、设计、生产和销售业务。公司主要从事军工业务,并已取得武器装备科研生产单位保密资格证书,应根据《保守国家秘密法》《保守国家秘密法实施条例》等相关法律法规的规定严格执行国家安全保密法律法规,建立保密工作制度、保密责任制度和军品信息披露审查制度,落实涉密股东、董事、监事、高级管理人员及中介机构的保密责任,接受有关安全保密部门的监督检查,确保国家秘密安全。

经核查,2018~2020年发行人实际控制人的配偶杨某玉存在换取外汇的行为,主要用于支付其子女在我国香港特别行政区上学及其与子女在我国香港特别行政区的生活费用,属于个人家庭事务支出,与发行人生产经营无关。发行人未开立境外资金账户,也无任何境外资金或业务往来。杨某玉换取外汇行为存在违反《个人外汇管理办法》第7条“不得以分拆等方式逃避限额监管”的情形,外汇管理部门有可能将其列入“关注名单”,取消其之后两年内的便利化购汇额度,或根据情节对其进行罚款。

陕西省国防科工办于2022年2月出具证明:“北方长龙新材料技术股份有限公司自2019年7月18日至今,遵守国家有关国防军工、保密方面的法律法规。我办管理范围内,未发现该公司有违反有关国防军工、国家保密方面法律法规的行为,也无违反前述相关规定而遭受处罚或整改的记录。”2021年12月15日,经访谈陕西省国防科技工业办公室,实际控制人陈某配偶杨某玉换汇用于子女上学和生活费用事宜属于个人行为,与北方长龙不存在直接关系,不存在违反国家保密规定的情形,不存在泄露国家秘密或损害国家利益的风险,不存在应当向有权机构报备说明的情形。

综上所述,2018~2021年杨某玉与境外资金往来总体情况清晰,资金用途明确,不存在违反国家保密规定的情形,不存在泄露国家秘密或损害国家利益的风险,不存在应当向有权机构报备说明而未报备说明的情形。

案例3-394 境外投资合法合规性

依据《关于深圳市美好创亿医疗科技股份有限公司首次公开发行股票并在创业板上市申请文件审核问询函回复》,审核问询意见:“六、子公司美好医疗(香港)有限公司(以下简称香港美好)及美好医疗(马来西亚)有限公司(以下简称马来美好)在发行人体系内的业务定位、主要业务区域及收入来源,其业绩规模与发行人海外销售收入、利润金额是否匹配;发行人境外子公司报告期内经营的合法合规性,设立原因和背景,是否根据《境外投资管理办法》《企业境外投资管理办法》等规定,履行了相关外汇、对外投资审批程序,如否,披露相关法律后果及对本次发行上市的影响,是否属于重大违法违规行为,是否构成本次发行上市的法律障碍,境外子公司的生产经营是否符合所在国家或地区法律法规的规定。”

针对前述问题,发行人反馈回复如下:

1. 子公司香港美好及马来美好在发行人体系内的业务定位、主要业务区域及收入来源,其业绩规模与发行人海外销售收入、利润金额是否匹配

(1)香港美好及马来美好在发行人体系内的业务定位、主要业务区域及收入来源

①香港美好

香港美好为公司设立在我国香港特别行政区的贸易主体。香港美好与客户签订合同、订单后,由深圳美好、马来美好进行生产,再通过香港美好将货物销售给境外客户。香港美好销售区域主要为新加坡和澳大利亚。

②马来美好

马来美好为公司设立在马来西亚的生产主体,是香港美好的全资子公司。马来美好承接香港美好的订单后组织生产,货物通过香港美好销售给境外客户。马来美好销售区域包括新加坡、澳大利亚、马来西亚。

香港美好为发行人的贸易主体,深圳美好、马来美好为发行人的生产主体,发行人主要通过香港美好进行海外销售。

报告期内(3年),公司合并境外销售收入为70,535.47万元、75,728.27万元、101,350.38万元。其中,香港美好、马来美好的境外销售收入分别为67,657.60万元、73,038.52万元、100,972.05万元,占比分别为95.92%、96.45%、99.63%。

因此,香港美好、马来美好业绩规模与发行人海外销售具备匹配性。

报告期内(3 年),公司利润总额分别为 26,548.69 万元、29,388.52 万元、34,815.69 万元,公司利润总额主要源于生产主体深圳美好、马来美好,符合发行人各子公司的业务定位。

2. 发行人境外子公司报告期内经营的合法合规性,设立原因和背景

(1)香港美好的设立背景和原因,经营合规性

美好有限为搭建海外贸易平台,在我国香港特别行政区设立香港美好。香港美好自设立以来,一直为发行人的海外销售平台。

根据我国香港特别行政区律师就香港美好相关情况出具的法律意见书(以下简称《香港美好法律意见书》),香港美好报告期内的经营合规情况如下:①不存在涉及重大诉讼程序或因被我国香港特别行政区有关政府部门作出重大处罚而提出诉讼的情形;②无安全生产方面的违法违规问题;③无员工保险及公积金方面的违法违规问题;④无税务方面的违法违规问题。

(2)马来美好的设立背景和原因,经营合规性

发行人的主要客户出于供应商稳定性考虑,要求发行人建立两个生产基地,综合考虑后,发行人选择在马来西亚设立马来美好从事呼吸机组件的生产制造。

根据马来美好法律意见书,马来美好报告期内的经营合规情况如下:

①马来美好不存在与水、空气和废料有关的环境问题;马来美好已取得其适用的环境法项下在马来西亚开展业务所需的全部许可、执照或批准,并遵守许可、执照或批准中的条款和条件。马来美好不存在涉及 1974 年《环境质量法》和其他相关法令监管的重大环境问题。

②马来美好已遵守马来西亚安全生产和产品质量法律法规的规定;已取得马来西亚安全法规所规定的所有许可证、执照或其他批准,并遵守证照中的规定;马来美好没有发生安全责任事故。

③马来美好已按照马来西亚法律的规定,缴纳雇员公积金、社会保险、人力资源发展基金及外籍劳工的医疗保险,符合马来西亚法律规定的劳动保障政策。

综上所述,马来美好报告期内的经营合法合规,不存在重大违法违规行为。

3. 是否根据《境外投资管理办法》《企业境外投资管理办法》等规定,履行了相关外汇、对外投资审批程序,如否,披露相关法律后果及对本次发行上市的影

响,是否属于重大违法违规行为,是否构成本次发行上市的法律障碍

(1)设立香港美好已取得商务部门企业境外投资证书、外汇登记等程序

美好有限于2015年3月20日设立香港美好。美好有限设立香港美好已办理商务部门境外投资证书,美好有限向香港美好已投入的投资资金30万美元已办理外汇登记,但未办理发改委备案,具体情况如下:

①已办理商务部门企业境外投资证书

美好有限设立香港美好,不涉及在敏感国家和地区、敏感行业投资,属于《境外投资管理办法》(商务部令2014年第3号)规定的需要办理备案情形。美好有限设立香港美好已在深圳市经济贸易和信息化委员会办理备案并取得《企业境外投资证书》,符合《境外投资管理办法》(商务部令2014年第3号)的相关规定。

②已办理境外投资外汇登记

美好有限实际向香港美好投资的30万美元,已在国家外汇管理局深圳市分局办理对外直接投资中方股东对外投资义务出资业务登记,符合《境内机构境外直接投资外汇管理规定》(汇发〔2009〕30号)的相关规定。

③未办理境外投资发改委备案

第一,境外投资发改委备案的相关法规规定

美好有限设立香港美好时适用当时有效的《境外投资项目核准和备案管理办法》(国家发展和改革委员会令第9号,2014年5月18日实施),根据该办法,香港美好从事贸易业务,不属于敏感行业,投资金额在3亿美元以下,在发展改革委按备案管理。

《企业境外投资管理办法》(国家发展和改革委员会令第11号)自2018年3月1日实施后,取代了《境外投资项目核准和备案管理办法》(已失效),前述规定有关未办理境外投资发展改革委备案的法律责任规定如下:

《企业境外投资管理办法》第33条规定:"属于核准、备案管理范围的项目,投资主体未取得有效核准文件或备案通知书的,外汇管理、海关等有关部门依法不予办理相关手续,金融企业依法不予办理相关资金结算和融资业务。"《企业境外投资管理办法》第53条规定:"属于核准、备案管理范围的项目,投资主体有下列行为之一的,由核准、备案机关责令投资主体中止或停止实施该项目并限期改正,对投资主体及有关责任人处以警告;构成犯罪的,依法追究刑事责任:(一)未取得

核准文件或备案通知书而擅自实施的;(二)应当履行核准、备案变更手续,但未经核准、备案机关同意而擅自实施变更的。”

第二,美好有限向香港美好投资30万美元未办理境外投资发展改革委备案

美好有限向香港美好已投入的投资资金30万美元按规定应当办理境外投资发展改革委备案,公司未办理备案,不符合相关制度的规定。

根据保荐人、发行人律师对深圳市发展改革委的访谈确认,发行人上述对香港美好投资30万美元的事项无法补办备案手续。发行人未收到发展改革委责令改正的通知,也未受到处罚。2021年11月,深圳市发展和改革委员会向发行人出具《境外投资项目备案通知书》,对发行人增资香港美好6万美元扩建医疗器械用品销售平台项目予以备案。2021年12月,发行人已向香港美好支付增资款。截至本问询回复出具之日,发行人与香港美好的日常经营往来、外汇收付等活动均正常进行。

综上所述,美好有限设立香港美好未办理发展改革委备案手续,未收到主管部门发改委的责令改正通知,也未受到处罚,不属于《创业板首次公开发行股票注册管理办法(试行)》规定的在涉及国家安全、公共安全、生态安全、生产安全、公众健康安全等领域的重大违法行为。因此,美好有限设立香港美好未办理发展改革委备案手续不属于重大违法违规行为,不会构成本次发行上市的法律障碍。

(2)香港美好设立马来美好已办理中资企业再投资报告

①商务部门境外再投资报告

根据《境外投资管理办法》(商务部令2014年第3号)第25条的规定,企业投资的境外企业开展境外再投资,在完成境外法律手续后,企业应当向商务主管部门报告。地方企业通过商务部门“境外投资管理系统”填报相关信息,打印《再投资报告表》并加盖印章后报省级商务主管部门。香港美好向马来美好投资1000万美元,美好有限已办理境外中资企业再投资报告,符合《境外投资管理办法》(商务部令2014年第3号)第25条的规定。

②发展改革委部门备案

香港美好投资马来美好不属于在敏感地区、敏感行业投资,系香港美好以自有资金投资,且投资额不超过3亿美元。根据国家发展和改革委员会在其官方网站(全国境外投资管理和服务网络系统)发布的《境外投资核准备案常见问题解答》,美好有限不需要办理发展改革委境外投资备案,香港美好对马来美好的投资

额未达到3亿美元以上,也不需要提交大额非敏感类项目情况报告表。

③外汇备案

《国家外汇管理局关于进一步简化和改进直接投资外汇管理政策的通知》(汇发〔2015〕13号)规定:"境内投资主体设立或控制的境外企业在境外再投资设立或控制新的境外企业无需办理外汇备案手续"。美好有限设立的香港美好在马来西亚再投资设立马来美好无须在境内办理外汇备案手续。

案例3-395 未办理外汇备案但违规状态已经消除,即使处罚不会构成重大影响

依据《浙江恒威电池股份有限公司首发上市审核问询函的回复》,审核问询意见:"共同实际控制人汪某红、徐某云历史上存在返程投资行为且未按规定办理外汇补登记手续,是否存在被主管机关处罚的风险,是否构成重大违法行为,是否构成本次发行上市的实质障碍,是否需补充风险提示。"

发行人在招股说明书补充披露如下:

"(四)历史上存在返程投资情况分析。

"2017年4月,茂某达已将其持有的恒威有限全部股权转让给嘉兴恒茂,茂某达已不再持有发行人股份,发行人历史上的返程投资架构已拆除。根据国家外汇管理局嘉兴市中心支局2020年8月25日的复函,截至该复函出具之日,发行人返程投资架构已拆除,且架构拆除前汪某红、徐某云均未持有恒威电池股份,发行人'曾存在返程投资的情形'已不属于37号文规定的需要办理外汇补登记的情形。根据国家外汇管理局嘉兴市中心支局的查询结果,报告期内,不存在汪某红、徐某云因违反外汇管理规定而受到国家外汇管理局嘉兴市中心支局处罚的记录。因此,发行人历史上的返程投资架构已拆除,汪某红、徐某云无须按照37号文的规定办理境内居民境外投资外汇补登记手续。截至本招股说明书签署之日,汪某红、徐某云不存在被国家外汇管理局嘉兴市中心支局处罚的记录。根据《外汇管理条例》第48条的规定:违反外汇登记管理规定的,由外汇管理机关责令改正,给予警告,对机构可以处30万元以下的罚款,对个人可以处5万元以下的罚款。如国家外汇管理部门认为,汪某红、徐某云未办理境内居民境外投资外汇补登记手续违反

了前述外汇登记管理相关规定的,汪某红、徐某云可能存在被外汇管理机关处以5万元以下罚款的风险。保荐人与发行人律师认为,即使汪某红、徐某云被处以前述罚款,该处罚不构成重大违法行为,不构成本次发行上市的实质障碍。”

案例3-396　发行人存在外汇违规行为且被处罚超10万元

依据《苏州纽克斯电源技术股份有限公司第三轮问询函回复》,审核问询意见:关于外汇违规事项。申报材料显示,2021年6月,国家外汇管理局苏州市中心支局对发行人及实际控制人蒋某明、邱某下发行政处罚决定书,发行人将360.62万元转移至蒋某明、邱某境内个人账户的行为属于非法买卖外汇的行为。根据《外汇管理条例》的规定,拟对发行人非法买卖外汇的行为给予警告,处罚款17万元整;对蒋某明、邱某非法买卖外汇的行为给予警告,分别每人处罚款8.5万元整。请发行人:(1)结合相关法律法规的规定,说明发行人以及实际控制人是否存在被刑事立案或追究刑事责任的可能,并充分提示相关风险;(2)说明认定上述违法行为不属于重大违法行为的具体判断依据以及充分性;(3)说明除上述事项外,发行人及控股股东、实际控制人是否存在其他违法违规行为。请保荐人、发行人律师进行核查并发表明确意见。

针对前述问题发行人和保荐机构共同反馈回复:

1. 结合相关法律法规的规定,说明发行人以及实际控制人是否存在被刑事立案或追究刑事责任的可能,并充分提示相关风险

(1)关于非法买卖外汇行为的刑事责任适用法律如下:

《最高人民法院关于审理骗购外汇、非法买卖外汇刑事案件具体应用法律若干问题的解释》第2条规定:“违反国家规定,实施倒买倒卖外汇或者变相买卖外汇等非法买卖外汇行为,扰乱金融市场秩序,情节严重的,依照刑法第二百二十五条第四项的规定以非法经营罪定罪处罚。”

第3条规定:“非法从事资金支付结算业务或者非法买卖外汇,具有下列情形之一的,应当认定为非法经营行为‘情节严重’:(一)非法经营数额在五百万元以上的;(二)违法所得数额在十万元以上的。非法经营数额在二百五十万元以上,或者违法所得数额在五万元以上,且具有下列情形之一的,可以认定为非法经营

行为'情节严重':(一)曾因非法从事资金支付结算业务或者非法买卖外汇犯罪行为受过刑事追究的;(二)二年内因非法从事资金支付结算业务或者非法买卖外汇违法行为受过行政处罚的;(三)拒不交代涉案资金去向或者拒不配合追缴工作,致使赃款无法追缴的;(四)造成其他严重后果的。"

除此之外,《全国人民代表大会常务委员会关于惩治骗购外汇、逃汇和非法买卖外汇犯罪的决定》第 4 条规定:"在国家规定的交易场所以外非法买卖外汇,扰乱市场秩序,情节严重的,依照刑法第二百二十五条的规定定罪处罚。单位犯前款罪的,依照刑法第二百三十一条的规定处罚。"

而对于"非法经营罪"定义及适用法律为《刑法》第 225 条的规定"违反国家规定,有下列非法经营行为之一,扰乱市场秩序,情节严重的,处五年以下有期徒刑或者拘役,并处或者单处违法所得一倍以上五倍以下罚金;情节特别严重的,处五年以上有期徒刑,并处违法所得一倍以上五倍以下罚金或者没收财产:……(四)其他严重扰乱市场秩序的非法经营行为。"

(2)发行人及实际控制人不存在被刑事立案且追究刑事责任的可能性

发行人、发行人实际控制人蒋某明及邱某的上述非法买卖外汇行为均不属于《最高人民法院关于审理骗购外汇、非法买卖外汇刑事案件具体应用法律若干问题的解释》第 3 条规定的情节严重的情形:

发行人及实际控制人的情况:本次发行人及实际控制人非法买卖外汇的金额合计为 360.62 万元不属于非法经营数额在 500 万元以上的情形,发行人及实际控制人均不存在任何获益的情形,不存在违法所得。

本次发行人实际控制人非法买卖外汇金额分别为 180.31 万元,不属于非法经营数额在 250 万元以上的情形。本次发行人非法买卖外汇的金额为 360.62 万元属于非法经营数额在 250 万元以上的情形,但不存在构成重大的其他情形。

因此,发行人及其实际控制人的违法行为不属于《最高人民法院、最高人民检察院关于办理非法从事资金支付结算业务、非法买卖外汇刑事案件适用法律若干问题的解释》中规定的因从事非法买卖外汇行为应被或可以被认定为"情节严重"而被刑事立案且追究刑事责任的情形。

另外,经访谈苏州市公安局相城分局经侦大队,确认截至 2022 年 1 月 18 日,发行人及实际控制人不存在违法犯罪记录,公安机关未收到任何单位移送的关于发行人及实际控制人的违法犯罪线索。

综上所述,发行人以及实际控制人不存在被刑事立案且追究刑事责任的可能,不存在提示相关风险的情形。

2. 说明认定上述违法行为不属于重大违法行为的具体判断依据以及充分性

由于发行人及实际控制人非法买卖外汇的行为未造成严重后果,行政处罚决定书未认定相应违法行为属于法定情节严重的情形,对发行人及实际控制人的行政处罚金额均为违法金额的4.7%,低于违法金额的5%。

《外汇管理行政罚款裁量办法》第10条规定:“根据外汇管理政策和外汇执法实践,符合下列情形,且具备两项以上的,按较轻情节对应的处罚幅度进行处罚:(一)外汇违规行为被发现前,当事人及时整改的;(二)初次实施外汇违规行为且危害后果较小的;(三)违规行为情节轻微且危害后果较小的;(四)积极主动配合检查或调查的;(五)交易背景真实或用途合理的;(六)利于国家利益或者公共利益保护的;(七)其他较轻情节的情形。”根据其附表罚款幅度裁量区间,以违法金额为基准计算罚款金额“3% ~5%”属“较轻情节”区间。

发行人及实际控制人在意识到可能存在违法行为时主动向外汇管理部门汇报、主动纠正违法行为并积极配合调查,其实施的外汇违规行为属于情节轻微且危害后果较轻的情况,该违法行为的交易背景是真实存在的且不具有社会危害性。结合发行人及实际控制人的罚款金额区间及上述规定,发行人及实际控制人的违法行为不属于重大违法行为的判断合理、充分。

3. 说明除上述事项外,发行人及控股股东、实际控制人是否存在其他违法违规行为

报告期内,除上述事项外,发行人及控股股东、实际控制人不存在重大违法违规行为。

4. 请保荐人、发行人律师进行核查并发表明确意见

保荐机构及发行人律师履行了包括但不限于以下核查程序:

①取得了发行人实际控制人出具的调查问卷及说明,对发行人实际控制人、董事、监事、高级管理人员的银行流水进行核查;

②取得了 HKGM 的公司登记资料、卢王徐律师事务所出具的法律意见书,并对发行人所在地发改主管部门、税务主管部门及外汇主管部门进行访谈;

③查阅 HKGM 的银行流水转账凭证；

④获取了实际控制人蒋某明及邱某出具的书面承诺；

⑤取得了国家外汇管理局苏州市中心支局向发行人、实际控制人蒋某明和邱某分别出具的行政处罚决定书（苏苏汇检罚〔2021〕4 号、苏苏汇检罚〔2021〕5 号、苏苏汇检罚〔2021〕6 号）以及罚款缴纳凭证；

⑥对苏州市公安局相城分局经侦大队就发行人及实际控制人是否存在违法犯罪记录进行访谈；

⑦取得报告期内发行人主管政府部门出具的合规证明；取得实际控制人蒋某明、邱某的无犯罪记录证明；对发行人和实际控制人是否存在违法违规记录进行网络核查；

⑧取得发行人、蒋某明、邱某无其他违法违规行为的承诺函；

⑨查阅了《最高人民法院、最高人民检察院关于办理非法从事资金支付结算业务、非法买卖外汇刑事案件适用法律若干问题的解释》、《外汇管理行政罚款裁量办法》及其附表罚款幅度裁量区间等。

经核查，保荐机构关于该问题的意见，同本回复前面发行人的意见。

第十三节　主要资产及核心技术

一、发行人资产基本要求及核查要求

（一）首发上市对资产的基本要求

1. 发行人资产质量良好，资产完整

发行人的主要资产应当完整，合法拥有与生产经营有关的主要土地、房屋、机器设备、特许经营权以及商标、专利、非专利技术、著作权等资产的所有权或者使用权。主要财产一般不得存在为关联方或者其他主体控制、占有、使用的情形，相关主要财产需要关注是否存在抵押、质押、查封等权利受到限制的情况。

2. 发行人不存在涉及主要资产、核心技术、商标等的重大权属纠纷

主要土地、房屋、机器设备、特许经营权以及商标、专利、非专利技术、著作权等资产的所有权或者使用权不存在与其他主体的权属纠纷，不存在相关的核心技

术来源或者主要产品的核心环节存在侵权或者抄袭的技术等。

3. 发行人在用重要资产或技术不存在重大不利变化的风险

具体是指发行人在用的商标、专利、专有技术以及特许经营权等重要资产或技术的取得或者使用不存在重大不利变化的风险，相关的重要资产在可预期的未来不会发生重大不利变化。

（二）各交易所关于资产的审核关注要点

1. 主板审核要求

《首发业务若干问题解答》（2020 年 6 月修订）问题 14："如果发行人租赁控股股东、实际控制人房产或者商标、专利来自控股股东、实际控制人的授权使用，中介机构核查应注意哪些方面？

"答：保荐机构和发行人律师通常应关注并核查以下方面：相关资产的具体用途、对发行人的重要程度、未投入发行人的原因、租赁或授权使用费用的公允性、是否能确保发行人长期使用、今后的处置方案等，并就该等情况是否对发行人资产完整性和独立性构成重大不利影响发表明确意见。

"如发行人存在以下情形之一的，保荐机构及发行人律师应当重点关注、充分核查论证并发表意见：一是生产型企业的发行人，其生产经营所必需的主要厂房、机器设备等固定资产系向控股股东、实际控制人租赁使用；二是发行人的核心商标、专利、主要技术等无形资产是由控股股东、实际控制人授权使用。"

《首发业务若干问题解答》（2020 年 6 月修订）问题 8："如果发行人的资产部分来自于上市公司，中介机构核查应重点关注哪些方面？

"答：境内上市公司在境内分拆子公司上市，保荐机构和发行人律师应核查是否符合境内分拆上市的相关规定并发表意见；境外上市公司在境内分拆子公司上市，保荐机构和发行人律师应核查是否符合境外监管的相关规定并发表意见。

"除上述情形外的发行人部分资产来自上市公司，保荐机构和发行人律师应当针对以下事项进行核查并发表意见：

"（1）发行人取得上市公司资产的背景、所履行的决策程序、审批程序与信息披露情况，是否符合法律法规、交易双方公司章程以及证监会和证券交易所有关上市公司监管和信息披露要求，资产转让是否存在诉讼、争议或潜在纠纷。

"（2）发行人及其关联方的董事、监事和高级管理人员在上市公司及其关联方的历史任职情况及合法合规性,是否存在违反竞业禁止义务的情形,与上市公司及其董事、监事和高级管理人员是否存在亲属及其他密切关系,如存在,在相关决策程序履行过程中,相关人员是否回避表决或采取保护非关联股东利益的有效措施;资产转让过程中是否存在损害上市公司及其中小投资者合法利益的情形。

"(3)发行人来自上市公司的资产置入发行人的时间,在发行人资产中的占比情况,对发行人生产经营的作用。"

2. 创业板审核要求

(1)创业板审核要求

《深圳证券交易所创业板股票首次公开发行上市审核问答》问题3:"发行条件规定发行人'资产完整,业务及人员、财务、机构独立'。发行人租赁控股股东、实际控制人房产或者商标、专利、主要技术来自控股股东、实际控制人的授权使用,中介机构核查应当注意哪些方面?

"答:保荐人和发行人律师通常应关注并核查以下方面:相关资产的具体用途、对发行人的重要程度、未投入发行人的原因、租赁或授权使用费用的公允性、是否能确保发行人长期使用、今后的处置方案等,并就该等情况是否对发行人资产完整和独立性构成重大不利影响发表明确意见。如发行人存在以下情形之一的,保荐人及发行人律师应当重点关注、充分核查论证并发表意见:一是生产型企业的发行人,其生产经营所必需的主要厂房、机器设备等固定资产系向控股股东、实际控制人租赁使用;二是发行人的核心商标、专利、主要技术等无形资产是由控股股东、实际控制人授权使用。"

问题6:"发行条件规定发行人'资产完整,业务及人员、财务、机构独立'。发行人的部分资产来自上市公司,中介机构核查应当重点关注哪些方面?

"答:境内上市公司在境内分拆子公司并在创业板上市,保荐人和发行人律师应核查是否符合境内分拆上市的相关规定并发表意见;境外上市公司在境内分拆子公司并在创业板上市,保荐人和发行人律师应核查是否符合境外监管的相关规定并发表意见。

"除上述情形外的发行人部分资产来自上市公司,保荐人和发行人律师应当针对以下事项进行核查并发表意见:

"(一)发行人取得上市公司资产的背景、所履行的决策程序、审批程序与信息披露情况，是否符合法律法规、交易双方公司章程以及证监会和证券交易所有关上市公司监管和信息披露要求，资产转让是否存在诉讼、争议或潜在纠纷；

"（二）发行人及其关联方的董事、监事和高级管理人员在上市公司及其关联方的历史任职情况及合法合规性，是否存在违反竞业禁止义务的情形，与上市公司及其董事、监事和高级管理人员是否存在亲属及其他密切关系，如存在，在相关决策程序履行过程中，相关人员是否回避表决或采取保护非关联股东利益的有效措施；资产转让过程中是否存在损害上市公司及其中小投资者合法利益的情形。

"（三）发行人来自上市公司的资产置入发行人的时间，在发行人资产中的占比情况，对发行人生产经营的作用。"

（2）创业板审核关注要点要求

依据深圳证券交易所于 2021 年 7 月 23 日发布的《深圳证券交易所创业板发行上市审核业务指南第 2 号——创业板首次公开发行审核关注要点》的规定：

问题：发行人是否租赁控股股东、实际控制人主要固定资产或存在主要无形资产来自控股股东、实际控制人授权使用的情形。

披露要求：发行人应在招股说明书中披露对主要业务有重大影响的主要固定资产、无形资产的情况，例如，披露租赁控股股东、实际控制人主要固定资产或主要无形资产来自控股股东、实际控制人授权使用的基本情况、主要权利义务约定情况、该等情况是否对发行人资产完整和独立性构成重大不利影响。

核查要求：保荐人及发行人律师应当核查如下事项，并发表明确意见：相关资产的具体用途、对发行人的重要程度、未投入发行人的原因、租赁或授权使用费用的公允性、是否能确保发行人长期使用、今后的处置方案等；该等情况是否对发行人资产完整和独立性构成重大不利影响。

如发行人存在以下情形之一的，保荐人及发行人律师应当重点关注、充分核查论证发表意见：

①生产型企业的发行人，其生产经营所必需的主要厂房、机器设备等固定资产系向控股股东、实际控制人租赁使用；

②发行人的核心商标、专利、主要技术等无形资产是由控股股东、实际控制人授权使用。

3. 科创板审核要求

《上海证券交易所科创板股票发行上市审核问答(二)》问题 7:“发行人租赁控股股东、实际控制人房产或者商标、专利、主要技术来自控股股东、实际控制人的授权使用,中介机构核查应当注意哪些方面?

“答:发行人存在从控股股东、实际控制人租赁或授权使用资产的,中介机构应当予以关注。存在以下两种情况的:一是生产型企业的发行人,其生产经营所必需的主要厂房、机器设备等固定资产系向控股股东、实际控制人租赁使用;二是发行人的核心商标、专利、主要技术等无形资产是由控股股东、实际控制人授权使用,中介机构应结合相关资产的具体用途、对发行人的重要程度、未投入发行人的原因、租赁或授权使用费用的公允性、是否能确保发行人长期使用、今后的处置方案等,充分论证该等情况是否对发行人资产完整和独立性构成重大不利影响,督促发行人做好信息披露和风险揭示,并就发行人是否符合科创板发行条件审慎发表意见。”

问题 4:“发行人的部分资产来自上市公司,中介机构核查应当重点关注哪些方面?

“答:如发行人部分资产来自上市公司,保荐机构和发行人律师应当针对以下事项进行核查并发表意见:

“(一)发行人取得上市公司资产的背景、所履行的决策程序、审批程序与信息披露情况,是否符合法律法规、交易双方公司章程以及证监会和证券交易所有关上市公司监管和信息披露要求,是否存在争议或潜在纠纷。

“(二)发行人及其关联方的董事、监事和高级管理人员在上市公司及其控制公司的历史任职情况及合法合规性,是否存在违反竞业禁止义务的情形;上述资产转让时,发行人的董事、监事和高级管理人员在上市公司的任职情况,与上市公司及其董事、监事和高级管理人员是否存在亲属及其他密切关系。如存在上述关系,在相关决策程序履行过程中,上述人员是否回避表决或采取保护非关联股东利益的有效措施。

“(三)资产转让完成后,发行人及其关联方与上市公司之间是否就上述转让资产存在纠纷或诉讼。

“(四)发行人及其关联方的董事、监事、高级管理人员以及上市公司在转让上述资产时是否存在损害上市公司及其中小投资者合法利益的情形。

"(五)发行人来自上市公司的资产置入发行人的时间,在发行人资产中的占比情况,对发行人生产经营的作用。

"(六)境内外上市公司分拆子公司在科创板上市,是否符合相关规定。"

4. 北交所审核要求

《北京证券交易所向不特定合格投资者公开发行股票并上市业务规则适用指引第1号》:"1-8业务、资产和股份权属"规定:"关于发行人的业务、资产和股份权属等事项,保荐机构、发行人律师及申报会计师应重点关注发行人报告期内的业务变化、主要股东所持股份变化以及主要资产和核心技术的权属情况,核查发行人是否符合以下要求并发表明确意见……(二)对发行人主要业务有重大影响的土地使用权、房屋所有权、生产设备、专利、商标和著作权等不存在对发行人持续经营能力构成重大不利影响的权属纠纷……"

(三)律师执业监管细则关于资产类核查要求

《监管规则适用指引——法律类第2号:律师事务所从事首次公开发行股票并上市法律业务执业细则》第20条规定:"律师应当查验发行人的资产是否完整,是否合法拥有与生产经营有关的主要土地、房屋、机器设备、特许经营权以及商标、专利、非专利技术、著作权等资产的所有权或者使用权。"

第36条规定:"律师应当查验发行人拥有或者使用的土地使用权、房屋建筑物、在建工程、机器设备、商标、专利、著作权、特许经营权等主要财产情况,发行人主要财产的取得方式和使用情况,是否实际由发行人使用,是否存在生产经营所必需的主要财产为关联方或者其他主体控制、占有、使用的情形,是否存在抵押、质押、查封等权利受到限制的情况,是否存在纠纷或者潜在纠纷。"

第37条规定:"律师应当查验发行人拥有的土地使用权和房屋所有权情况,具体查验内容包括:

"(一)发行人是否取得土地使用权证书、房屋所有权证书或者不动产权证书;

"(二)对于尚未完成建设,未取得房屋所有权证书的土地使用权,发行人取得土地使用权的方式是否合法合规,是否按照法律法规的规定履行相关程序,签订相应的出让或者转让合同等协议。发行人以出让方式取得土地使用权的,是否按照出让合同约定的土地用途、动工开发期限开发或者使用土地,是否存在被有关部门征收土地闲置费或者收回土地使用权的风险；

“(三)发行人取得房屋所有权的方式是否合法合规，是否按照法律法规的规定履行相关的程序；

“(四)发行人所拥有的土地使用权和房屋所有权是否存在未取得产权证书的情况。如存在，律师应当查验未取得产权证书的原因，是否存在无法办理相应产权证书的法律风险；

“(五)发行人是否按照土地使用权证书、房屋所有权证书或者不动产权证书所记载的用途使用相应的土地和房屋。发行人的房屋是否存在违章建设情况，是否存在被拆除的风险，以及拆除对发行人生产经营的影响；

“(六)发行人土地使用权、房屋所有权是否存在抵押、查封等权利限制以及权属纠纷情形。”

第 38 条规定：“律师应当查验发行人在建工程情况，具体查验内容包括：

“(一)发行人在建工程是否取得相应的土地使用权。

“(二)发行人在建工程是否依法完成所处建设阶段应当取得的规划、环境影响评价、安全评价、施工、竣工验收等批准或者备案。如尚未完成的，发行人是否存在无法取得上述批准、备案的法律风险。

“(三)发行人是否签订设计合同、施工合同等合同。

“(四)发行人在建工程是否存在抵押、查封等权利限制以及权属纠纷情形。”

第 39 条规定：“律师应当查验发行人拥有的商标、专利、著作权、特许经营权等无形资产的情况，具体查验内容包括：

“(一)发行人拥有的商标、专利、著作权、特许经营权等无形资产情况，发行人是否合法拥有上述无形资产；

“(二)发行人取得无形资产的方式是否合法。如为购买取得的，发行人是否已经与权利人就上述无形资产的取得签订相关协议，并支付相应的价款；

“(三)发行人无形资产的权利期限情况，发行人取得上述无形资产的审批、登记或者注册是否仍在有效期内，发行人是否为保持拥有上述无形资产足额缴纳相关的审批、登记或者注册费用；

“(四)报告期内发行人无形资产是否存在被宣告无效或者经申请正在进行无效宣告审查的情形，相关无效宣告审查的程序进展、审查决定情况，上述无效宣告程序是否构成本次发行的法律障碍；

“（五）发行人上述无形资产是否存在质押等权利限制以及权属纠纷情形；

“（六）发行人将无形资产许可第三方使用的，是否签订相应的许可使用合同，许可使用合同是否合法合规，是否影响发行人对该无形资产的使用。”

第 40 条规定：“律师应当查验发行人拥有的重大机器设备情况，具体查验内容包括：

“（一）发行人重大机器设备情况，发行人是否合法拥有上述重大机器设备的所有权；

“（二）发行人重大机器设备是否存在抵押、质押、查封等权利限制以及权属纠纷情形。”

第 41 条规定：“发行人存在租赁房屋、土地使用权、重大机器设备，或者存在被许可使用商标、专利、著作权、特许经营权等情形的，律师应当查验发行人租赁、被许可使用行为是否合法有效，具体查验内容包括：

“（一）发行人租赁、被许可使用资产的期限、费用等具体情况。

“（二）发行人是否签订租赁、被许可使用合同，签订的合同是否合法有效，是否办理了备案登记手续，是否依约履行，是否存在纠纷或者潜在纠纷。租赁、许可使用合同期限届满，发行人继续租赁、被许可使用该资产的，是否存在重大法律障碍。

“（三）出租方、许可方是否合法拥有上述资产，发行人租赁、被许可使用的对生产经营有重大影响的资产是否存在抵押、质押、查封、扣押等权利限制以及权属纠纷情形。

“（四）上述租赁、被许可使用的情形对发行人资产完整和独立性的影响。”

第 42 条规定：“发行人从控股股东、实际控制人租赁、被许可使用主要资产的，律师应当查验发行人租赁、被许可使用资产的具体用途、对发行人的重要程度、未将该资产投入发行人的原因、租赁或者授权使用费用的公允性、发行人能否长期使用上述资产、后续的处置方案等，判断上述情况是否对发行人的资产完整和独立性构成重大不利影响。”

第 43 条规定：“发行人部分资产来自上市公司的，律师应当查验以下内容：

“（一）发行人取得上市公司资产的背景、所履行的决策程序、审批程序与信息披露情况,是否符合法律法规、交易双方公司章程以及中国证监会和证券交易所有关上市公司监管和信息披露要求,资产转让是否存在诉讼、纠纷或者潜在纠纷;

"(二)发行人及其关联方的董事、监事和高级管理人员在上市公司及其关联方的历史任职情况及合法合规性,是否存在违反竞业禁止义务的情形,与上市公司及其董事、监事和高级管理人员是否存在亲属及其他密切关系。如存在,在相关决策程序履行过程中,相关人员是否回避表决或者采取保护非关联股东利益的有效措施,资产转让过程中是否存在损害上市公司及其中小投资者合法权益的情形。

"(三)发行人来自上市公司的资产置入发行人的时间,在发行人资产中的占比情况,对发行人生产经营的作用;

"(四)境内外上市公司分拆子公司在境内上市的,是否符合相关规定。"

二、上市实务中常见的资产问题

(一)土地和房产

1. 审核问答要求

《首发业务若干问题解答》(2020年6月修订)问题18:"土地使用权是企业赖以生产发展的物质基础,对于生产型企业尤其重要。中介机构核查及发行人披露涉土地资产时,应重点把握哪些方面?

"答:发行人存在使用或租赁使用集体建设用地、划拨地、农用地、耕地、基本农田及其上建造的房产等情形的,保荐机构和发行人律师应对其取得和使用是否符合《土地管理法》等法律法规的规定、是否依法办理了必要的审批或租赁备案手续、有关房产是否为合法建筑、是否可能被行政处罚、是否构成重大违法行为出具明确意见,说明具体理由和依据。

"上述土地为发行人自有或虽为租赁但房产为自建的,如存在不规范情形且短期内无法整改,保荐机构和发行人律师应结合该土地或房产的面积占发行人全部土地或房产面积的比例、使用上述土地或房产产生的收入、毛利、利润情况,评估其对于发行人的重要性。如面积占比较低、对生产经营影响不大,应披露将来如因土地问题被处罚的责任承担主体、搬迁的费用及承担主体、有无下一步解决措施等,并对该等事项做重大风险提示。

“发行人生产经营用的主要房产系租赁上述土地上所建房产的，如存在不规范情形，原则上不构成发行上市障碍。保荐机构和发行人律师应就其是否对发行人持续经营构成重大影响发表明确意见。发行人应披露如因土地问题被处罚的责任承担主体、搬迁的费用及承担主体、有无下一步解决措施等，并对该等事项做重大风险提示。

“发行人募投用地尚未取得的，需披露募投用地的计划、取得土地的具体安排、进度等。保荐机构、发行人律师需对募投用地是否符合土地政策、城市规划、募投用地落实的风险等进行核查并发表明确意见。”

2. 未取得产权证书或违规建筑

对于未取得房产证的房产或者违规建筑，首先要明确土地性质，土地用途是否符合《土地管理法》等法律法规的规定；有关房产是否为合法建筑、是否可能被行政处罚、是否构成重大违法行为等；相关房产是否可以稳定使用，相关房产生产的产品以及其对公司整体生产经营的影响，是否对公司的持续经营能力具有重大影响等。

案例3-397 国有土地但未办理房产证，主管机构出具证明

依据《关于固克节能科技股份有限公司首次公开发行股票并在创业板上市申请文件的审核问询函的回复》，审核问询意见：“18. 关于房屋、土地及机器设备申报文件显示，发行人及子公司6处房屋尚未办妥产权证书（合计约9501.91平方米），其中3处为厂房、1处为仓库。发行人厦门基地尚有部分厂房等建筑物未办妥产权证书（约3592平方米）。

“请发行人：(1)披露5处房屋产权证书的办理进展。(2)披露瑕疵房屋的具体用途、总建筑面积、账面价值及占比。(3)结合瑕疵厂房的具体用途、相关生产线涉及的具体产品、厂房搬迁周期等因素，分析并披露若因厂房瑕疵发生搬迁或拆除，对发行人主营业务、营业收入、利润的影响，是否涉及发行人主要产品的生产加工。(4)结合《公开发行证券的公司信息披露内容与格式准则第28号——创业板公司招股说明书》(2020修订)第53条的要求，区分‘房屋建筑物情况’‘土地使用权’分别披露房屋建筑物的权利人名称、产权证号、坐落地址、用途、面积、账

面价值、取得方式、他项权利情况，土地使用权的权利人名称、产权证号、坐落地址、使用权类型、使用期限、用途、面积、他项权利情况。(5)结合《首发业务若干问题解答》(2020年6月修订)问题18的要求，披露土地使用权相关信息。(6)披露针对房屋、土地的瑕疵，发行人已采取或拟采取的措施。(7)披露主要机器设备是否存在抵押、租赁等情形。(8)披露与同行业可比公司的产能、机器设备原值比较情况及差异原因。(9)说明是否存在闲置固定资产，若是，说明具体情况，减值迹象的判断标准，固定资产减值准备是否计提充分。

"请保荐人、发行人律师对上述问题发表明确意见，请申报会计师就问题(3)发表明确意见。"

针对前述问题，发行人反馈回复：

"上述瑕疵厂房系在公司拥有土地使用权的国有土地上建设，该国有土地使用权系通过出让方式取得，规划用途为工业用地。由于建设手续不齐全等历史原因，尚未办妥产权证书，目前正在积极补办相关手续。

"根据相关主管部门出具的证明，上述瑕疵厂房不会对公司的生产经营构成重大不利影响，具体证明情况如下：2020年9月15日，厦门市同安区城市管理局出具证明：我局已对上述房屋建筑物作出行政处罚决定，固克节能已在补办相关建设手续，我司不会予以强制拆除或要求固克节能自行拆除或对其作出其他行政处罚。同日，厦门市自然资源和规划局同安分局也出具证明：固克节能上述房屋建筑物用于日常生产经营，不存在不符合我市城乡规划的情形。建筑物均已符合结构安全、消防安全、环保等各项要求，固克节能可以按现状继续使用该等房屋建筑物。因此，即使上述未办理权属证书的厂房无法按时补办权证，上述瑕疵房屋被强制拆除、被强制要求搬迁等风险较小，不会对发行人的生产经营构成重大不利影响。

"固克节能子公司天津固克位于天津市宝坻区节能环保工业区有1处临时仓库未办理产权证，建筑面积约3592平方米。该等房屋建筑物用于临时仓储，不属于公司生产经营重要的固定资产。发行人已于2020年12月1日开始对该临时仓库计提全额减值准备，且天津固克名下可替代使用的土地使用权、房屋建筑物面积较大，即使拆除也不会对天津固克的生产经营造成重大不利影响。根据天津市规划和自然资源局宝坻分局、天津市宝坻区住房和建设委员会出具的证明，自2017

年1月1日至证明出具日,天津固克不存在被该等单位予以行政处罚的记录。

"若因固克节能厂房瑕疵发生厂房搬迁或拆除的情形,公司将通过扩大天津厂区的产能、委托生产等多种方式及时补充公司产能,且公司实际控制人已出具承诺,如因固克节能或其子公司前述房屋产权瑕疵导致固克节能或其子公司受到行政处罚、被责令拆除或其他不利影响,其将全额补偿固克节能或其子公司因行政处罚、拆除建筑物等情形对其造成的损失,保证固克节能及其子公司不会因此遭受任何损失。

"综上所述,上述未办妥产权证书的房屋不存在权属争议或纠纷,不会对本次发行以及发行人的生产经营构成重大不利影响。"

案例 3-398 部分土地房产未取得产权证

依据《蒙娜丽莎集团股份有限公司首次公开发行股票申请文件反馈意见》(蒙娜丽莎、002918),审核问询意见:"14. 关于发行人部分土地、房产未取得产权。公司全资子公司蒙娜丽莎建陶有约 580.50 亩土地尚未办理土地权属证明,相应的地上房屋建筑物受此影响尚未办理房产权属证明,招股书披露相关情况。请保荐机构和律师核查并补充披露:(1)上述土地的性质,根据《土地管理法》《土地管理法实施条例》等法律法规,发行人占用以上土地是否违法违规及可能导致法律风险,发行人取得以上土地、房产产权存在的障碍情况。(2)上述土地、房产在公司生产经营中发挥的作用和重要性,如果搬迁,请估算取得新场所费用、搬迁费用、停产损失及对公司业绩的影响。(3)请就以上情况完善补充招股书风险提示。"

案例 3-399 多处房产未取得产权证

依据《新疆宝地矿业股份有限公司首次公开发行股票申请文件反馈意见》,审核问询意见:"9. 招股说明书披露,发行人有 20 处房产未取得权属证书,建筑面积共计 4380.69 平方米,占公司自有房屋总建筑面积的 6.56%。其中,鄯善宝地下属部分房屋涉及主要生产经营用房。鄯善县住房和城乡建设局于 2021 年 8 月 31 日出具的证明,确认:鉴于连木沁选矿厂符合所在地的总体规划,同意鄯善宝地位于连木沁的选矿厂继续使用上述房产,自证明出具之日5年内不予拆除,不会因该事项对鄯善宝地进行行政处罚。请发行人补充披露:(1)发行人土地使用权的取得、使用是否符合《土地管理法》等相关规定,是否依法办理必要的审批或租赁备案手续、有关房产是否为合法建筑、是否可能被行政处罚、是否构成重大违法行为;(2)涉及主要生产经营用房的,相关房产所涉业务收入、利润占比,相关房屋未取得证书对发行人生产经营是否构成重大不利影响,目前所有权证的办理进展情况,发行人采取的应对措施,是否能在5年内进一步解决。请保荐机构和发行人律师核查并发表明确意见。"

3. 集体建设用地

依照过去的法律规定,任何单位和个人进行建设,需要使用土地的,必须依法申请使用国有土地;但是,兴办乡镇企业和村民建设住宅经依法批准使用本集体经济组织农民集体所有的土地的,或者乡(镇)村公共设施和公益事业建设经依法批准使用农民集体所有的土地的除外。但是,目前的法律取消了集体建设用地的限制。

《土地管理法》(2019修正)第63条规定:"土地利用总体规划、城乡规划确定为工业、商业等经营性用途,并经依法登记的集体经营性建设用地,土地所有权人可以通过出让、出租等方式交由单位或者个人使用,并应当签订书面合同,载明土地界址、面积、动工期限、使用期限、土地用途、规划条件和双方其他权利义务。前款规定的集体经营性建设用地出让、出租等,应当经本集体经济组织成员的村民会议三分之二以上成员或者三分之二以上村民代表的同意。通过出让等方式取得的集体经营性建设用地使用权可以转让、互换、出资、赠与或者抵押,但法律、行政法规另有规定或者土地所有权人、土地使用权人签订的书面合同另有约定的除外。集体经营性建设用地的出租,集体建设用地使用权的出让及其最高年限、转让、互换、出资、赠与、抵押等,参照同类用途的国有建设用地执行。具体办法由国务院制定。"第64条规定:"集体建设用地的使用者应当严格按照土地利用总体规划、城乡规划确定的用途使用土地。"

案例3-400 发行人租赁集体土地建房以及租赁集体所有的无证房产

依据《上海沿浦金属制品股份有限公司首次公开发行股票申请文件反馈意见》(上海沿浦、605128),审核问询意见:“7.1999年,光继村将5.56亩土地出租给发行人使用,租期50年,总租金为19.59万元。发行人在该块土地上自建厂房1560平方米。2003年8月,光继村将5亩土地出租给发行人使用,租期30年,总租金为60万元。发行人在该土地上自建厂房3251平方米。发行人前身上海沿浦金属制品厂1999年承租光继村集体土地时尚为集体企业。请发行人补充披露2003年以村集体企业时期低价租赁取得的土地使用权从事工业生产是否损害集体经济组织利益,集体土地出租用于非业农建设是否符合《土地管理法》《土地管理法实施条例》《农村土地承包法》等法律法规的规定,是否经过县级人民政府登记造册,核发证书,是否存在被处罚的风险,相关厂房是否发行人主要生产经营场所,是否存在搬迁的风险,如有搬迁费用如何承担,请保荐机构、发行人律师核查并发表意见。

“8.发行人子公司昆山沿浦、柳州沿浦租赁集体土地,未办理房屋所有权证;郑州沿浦租赁厂房未取得房屋产权证;大连分公司、襄阳分公司租赁厂房土地、房屋权属情况未披露。请发行人补充披露大连分公司、襄阳分公司租赁厂房土地、房屋权属情况,发行人及其子公司租赁集体土地上的房屋、未办理所有权证的房屋的行为是否合法,是否存在搬迁或行政处罚的可能,以发行人生产经营有何影响,相关费用如何承担。请保荐机构、发行人律师核查并发表意见。”

案例3-401 前次申报存在土地问题,新申报存在少量租赁集体土地

依据《关于陕西嘉禾生物科技股份有限公司首次公开发行股票并在创业板上市申请文件的第二轮审核问询函之回复报告》,审核问询意见:“问题12.关于房产土地。申报文件及首轮问询回复显示,发行人向西安市未央区三桥街道和平村村民委员会租赁的土地因相应集体经营性建设用地登记不完善、尚未取得权属证书,存在一定瑕疵;向陕西美乐集团公司租赁的土地存在陕西美乐集团公司处于吊销状态。

“请发行人:(1)说明向西安市未央区三桥街道和平村村民委员会租赁的相关

土地未进行相应集体经营性建设用地登记、未取得权属证书的原因,该事项对发行人在相关土地上自建房屋的合规性的影响,发行人房屋是否存在违规或被拆除的风险,针对该瑕疵事项的整改、补救措施。(2)结合陕西美乐集团公司处于吊销状态的现状,分析并说明对发行人继续使用相关租赁土地的影响。(3)细化说明并量化分析发行人在第一轮审核问询回复中所称整改与补救的措施。请保荐人、发行人律师发表明确意见。”

针对前述问题,发行人反馈回复如下:

(1)原因、影响、风险等

①相关土地未进行相应集体经营性建设用地登记、未取得权属证书的原因

公司向西安市未央区三桥街道和平村村民委员会(以下简称和平村委会)租赁的合计45.95亩土地分别位于西安市未央区红光路45号、西安市未央区三桥镇和平工业园一号路南段3号。根据和平村委会于2022年2月出具的情况说明,上述土地未进行相应集体经营性建设用地登记、未取得权属证书系由于该等土地所属行政区划调整所致。

截至本反馈回复出具之日,相应登记手续正在协调办理中。

②该事项对发行人在相关土地上自建房屋的合规性的影响,发行人房屋是否存在违规或被拆除的风险

由于上述集体建设用地尚未取得权属证书,发行人在租赁的该等土地上所建房产亦未按照规定履行规划及报建手续,无法取得权属证书,存在瑕疵。

2021年6月,和平村委会出具情况说明,其中明确“……确认上述土地系集体建设用地,目前与该等土地利用总体规划、城乡规划不发生冲突……发行人租赁上述集体土地不存在违反土地用途使用土地的情形,也不存在损害和平村经济利益的情形,不存在违规现象”。2022年2月,和平村委会出具情况说明,其中明确“……该土地目前未进行相应集体经营性建设用地登记、未取得权属证书系由于该等土地所属行政区划调整所致……目前,我村委会正在协调政府有关部门办理相关集体经营性建设用地登记的手续”。2021年9月,陕西省西咸新区沣东新城住房和城乡建设局出具情况说明,明确“关于确认陕西嘉禾生物科技股份有限公司租赁土地上建设情况的申请收悉……目前我局未发现陕西嘉禾生物科技股份有限公司在使用上述土地期间,在建设方面的重大违法、违规行为。该土地上建

筑物不属于重大违法建筑、不存在被强制拆除及其他影响正常使用的情形，未造成其他严重后果，故不予处罚”。综上，虽然公司在向和平村委会租赁的土地上自建的房屋存在权属瑕疵，但相关政府主管部门已出具相关证明，确认该土地上建筑物不属于重大违法建筑，且不存在被强制拆除的风险。

③针对该瑕疵事项的整改、补救措施

前述房屋瑕疵属于短期内无法整改事项，因此公司已通过扩大子公司嘉禾药业的产能，逐步替代嘉禾生物瑕疵房产对应产能的方式进行补救；同时，公司计划利用本次募投项目的建设，进一步转移上述瑕疵土地、房产对应的生产、办公等用途，持续减少对公司正常生产经营的影响。

除此之外，发行人控股股东、实际控制人杜某虎、张某琴夫妇已出具承诺函，承诺：对于发行人及其分公司、子公司租赁集体建设用地或自建房产存在权属瑕疵的情形，将积极协助发行人及其分公司、子公司予以规范或合法处置，保证发行人及其分公司、子公司不致因前述土地、房产权属事项影响其正常的生产经营，并对发行人因此遭受的经济损失给予全额补偿，确保发行人及其分公司、子公司不会因此遭受任何经济损失。

(2)结合陕西美乐集团公司处于吊销状态的现状，分析并说明对发行人继续使用相关租赁土地的影响

《土地管理法》第11条规定：“农民集体所有的土地依法属于村农民集体所有的，由村集体经济组织或者村民委员会经营、管理；已经分别属于村内两个以上农村集体经济组织的农民集体所有的，由村内各该农村集体经济组织或者村民小组经营、管理；已经属于乡(镇)农民集体所有的，由乡(镇)农村集体经济组织经营、管理。”《民法典》第262条规定：“对于集体所有的土地和森林、山岭、草原、荒地、滩涂等，依照下列规定行使所有权……(三)属于乡镇农民集体所有的，由乡镇集体经济组织代表集体行使所有权。”根据三原县大程镇人民政府出具的情况说明，陕西美乐集团公司系大程镇镇属集体企业，其出租给三原润禾使用的下属分支机构美乐化工厂10亩土地系大程镇农民集体所有，并由大程镇人民政府代表集体行使所有权。虽然陕西美乐集团公司处于吊销状态，但其企业法人资格并未终止，同时美乐化工厂持有的上述土地《集体土地建设用地使用证》尚未到期并出租给三原润禾使用，为保障企业日常经营活动的正常开展，三原县大程镇人民政府

作为代表集体行使所有权的权利人,同意三原润禾按照其与陕西美乐集团公司的约定继续使用上述租赁土地,不会提前收回上述土地。

因此,虽然出租方存续状态存在瑕疵,但对三原润禾继续使用陕西美乐集团公司出租的土地不存在重大不利影响。

(3)细化说明并量化分析发行人在第一轮审核问询回复中所称整改与补救的措施

如上所述,前述房屋瑕疵系行政区域划分调整导致的相关手续办理进度滞后所致。截至 2021 年年末,该等房产目前账面原值金额为 1571.34 万元,净值金额为 392.36 万元,占公司房屋建筑物总原值的比例为 3.96%,净值比例为1.22%,占比较小。

由于公司持续增加对子公司嘉禾药业的投资,2019 年年末至 2021 年年末,子公司嘉禾药业固定资产分别为 30,318.43 万元、35,201.67 万元和 44,405.92 万元,因此,上述房产瑕疵所对公司经营的潜在影响持续降低。截至 2021 年年末,前述瑕疵房产对应产能仅占公司整体产能的 2.67%。若将余下少量的产能立即予以搬迁,预计搬迁费用约 300 万元人民币,占公司 2021 年净利润的比例为 0.68%。

(4)结合前次申报房屋土地不合规情形、审核问题第 18 题的要求、市场同类可比过会案例,说明目前房屋土地瑕疵及合规性。

①发行人前次申报房屋土地不合规情形及完善情况

A. 发行人在租赁土地上房屋建筑物所有权权属整体情况

截至前次申报受理日(2017 年 12 月),发行人当时 3 个生产基地所占用土地中,公司本部及三原润禾土地均为租赁取得,另外一个生产基地嘉禾药业获得权属证书的土地面积占其拥有土地面积的比例为 68.27%;自有房产中,公司本部及三原润禾生产所用房屋均属于在租赁土地上建设的房屋,均未取得房产权属证明且在短期内无法整改。

本次发行申报过程中,发行人自有土地合规性问题全面得到解决,仅少量租赁土地存在瑕疵,存在瑕疵的土地占公司整体土地面积(自有 + 租赁)的比例为 7.55%;房产部分,在租赁集体建设用地上建设的房产占公司整体房产面积(自有 + 在租赁土地上自建 + 租赁)的比例仅为 8.65%,且该部分房产对应产能已降至公司总产能的2.67%,对公司影响较小。同时,发行人及其子公司已取得相关政府主管部门出具的合规证明,截至本回复报告出具之日,发行人及其子公司未因上述事项受到相关政府主管部门的行政处罚。

综上所述,保荐机构及发行人律师认为,本次申报中公司土地、房产合规性已大幅得以改善。瑕疵房产占发行人整体房屋面积的比例不超过10%,对发行人产能的影响也相对较小,且相关政府主管部门已出具合规证明,发行人及其子公司租赁集体建设用地并在其上自建房屋事宜不会对发行人持续经营构成重大影响。

B.《首发业务若干问题解答》(2020年6月修订)问题18相关要求比对情况

根据中国证监会《首发业务若干问题解答》(2020年6月修订)问题18的相关要求,发行人存在租赁使用集体建设用地的情况,保荐机构和发行人律师相关核查情况如下:

a.集体建设用地取得和使用是否符合《土地管理法》等法律法规的规定、是否依法办理了必要的审批或租赁备案手续

公司取得集体土地租赁权的过程已履行了相关程序。根据《土地管理法》(2019修正)第63条的规定,"土地利用总体规划、城乡规划确定为工业、商业等经营性用途,并经依法登记的集体经营性建设用地,土地所有权人可以通过出让、出租等方式交由单位或者个人使用……前款规定的集体经营性建设用地出让、出租等,应当经本集体经济组织成员的村民会议三分之二以上成员或者三分之二以上村民代表的同意……",集体用地在满足规划要求等条件下可以通过租赁方式交由单位使用。公司取得集体建设用地租赁权的过程已履行了如下相关程序(内容节选):

2005年6月,西安市未央区三桥街道和平村村民委员会与嘉禾有限签署场地租赁合同及土地有偿使用合同,2017年7月,上述土地所属村村民委员会召开了村民代表会议,经全体村民代表同意,审议通过了向发行人出租该村集体所有45.95亩土地(其中10.45亩系肖里村村民委员会授权和平村村民委员会对外出租,该事项已经其全体村民代表同意)的事项。2021年6月,西安市未央区三桥街道和平村村民委员会召开了村民代表会议,经全体村民代表同意,审议通过了与公司签署土地租赁合同之补充协议的事项;经审议,租赁期变更为自补充协议生效之日起20年。

尽管发行人及其子公司租赁集体建设用地已履行上述程序，但该等土地仍存在以下瑕疵：第一，虽然发行人租赁的集体土地使用用途与其对应规划用途一致，但该等土地因所属行政区划调整致使出租方未办理完毕土地权属证书、相应集体经营性建设用地登记也不完善；第二，发行人子公司三原润禾租赁集体建设用地的出租方陕西美乐集团公司处于吊销状态。

就上述情形，发行人取得了相关村民委员会及政府主管部门的合规证明，具体情况下：

2021年6月，和平村委会出具情况说明，其中明确"……确认上述土地系集体建设用地，目前与该等土地利用总体规划、城乡规划不发生冲突……发行人租赁上述集体土地不存在违反土地用途使用土地的情形，也不存在损害和平村经济利益的情形，不存在违规现象"。

2021年6月，陕西省西咸新区沣东新城自然资源与规划局出具情况说明，其中明确"关于确认陕西嘉禾生物科技股份有限公司租赁土地权属情况的申请收悉……目前我局暂未发现陕西嘉禾生物科技股份有限公司在租赁、使用上述土地过程中存在重大违法、违规行为"。

2021年5月，三原县自然资源局出具关于三原润禾生物科技有限公司土地使用情况证明，明确"……该公司能遵守国家土地管理方面的法律、法规及规范性文件，并按相关的土地管理规定和核定的用途使用土地。自2018年1月1日至本证明出具之日，该公司不存在违反土地管理相关法律法规的情形，该公司未因违反土地管理法律、法规及规范性文件而受到处罚"。

2021年12月，三原县大程镇人民政府出具情况说明："陕西美乐集团公司系大程镇镇属集体企业，其出租给三原润禾使用的下属分支机构美乐化工厂10亩土地系大程镇农民集体所有，并由本政府代表集体行使所有权。鉴于陕西美乐集团公司虽处于吊销状态，但其企业法人资格并未终止，同时美乐化工厂持有的上述土地的集体土地建设用地使用证尚未到期且上述土地已出租给三原润禾使用，为保障该企业日常经营活动的正常开展，本政府作为代表集体行使土地所有权的权利人，同意三原润禾按照其与陕西美乐集团公司的约定继续使用上述租赁土地，不会提前收回上述土地……"

综上所述，鉴于第一，发行人租赁的集体建设用地虽然尚未取得权属证书、经营性建设用地登记手续也不尽完善,存在瑕疵,但是发行人租赁上述集体建设用地未改变土地用途,符合土地利用总体规划,并经所在村集体经济组织合法履行了相关决策程序,政府主管部门已相应出具了合规证明;第二,发行人子公司三原润禾租赁土地的出租方陕西美乐集团公司虽然存续状态存在瑕疵,但根据三原县大程镇人民政府及三原县自然资源局出具的情况说明,三原润禾继续使用该等出租土地不存在重大不利影响。据此,律师认为,发行人取得和使用集体建设用地不存在严重违反《土地管理法》等法律法规的情形。

b. 与集体建设用地有关房产是否为合法建筑、是否可能被行政处罚、是否构成重大违法行为、是否存在土地为发行人租赁但房产为自建,且存在不规范情形,短期内无法整改的情形

公司与集体建设用地有关的房产为在租赁集体建设用地上自建的房产,由于上述集体建设用地尚未取得权属证书,该等房产亦未按照规定履行规划及报建手续,无法取得权属证书,预计上述嘉禾生物及三原润禾在集体用地上建设房屋的瑕疵事项在短期内无法整改。

基于以上情况,对于本次申请,保荐机构和律师认为,虽然发行人在集体用地上建设的房屋合规性方面存在瑕疵,但鉴于该等事项系历史原因形成,相关政府主管部门已出具发行人或三原润禾不存在重大违法违规行为、相关房屋不予拆除的合规证明,因此上述建筑非重大违法建筑,后续被行政处罚的风险较低,不构成重大违法行为。

c. 结合短期内无法整改的土地或房产的面积占发行人全部土地或房产面积的比例、使用上述土地或房产产生的收入、毛利、利润情况,评估其对于发行人的重要性

如上所述,公司土地以自有产权为主,存在瑕疵的土地均为通过租赁取得的集体建设用地,且规模相对较小,截至本反馈回复签署之日,占公司整体(自有产权部分+租赁部分)土地资源的比例仅为7.55%。公司大部分房产系在自有产权土地上建设,存在瑕疵且短期内无法整改的房产均系在租赁集体建设用地上建设的房产,此部分房产规模相对较小,截至本反馈回复签署之日,占公司整体房产面积(自有+在租赁土地上自建+租赁)的比例仅为8.65%。

上述瑕疵土地及房产对公司正常生产经营影响较小,其中,嘉禾生物瑕疵土

地、房产对应的主要功能不仅包括车间，还包括办公室及宿舍，且公司未单独对某个车间单独编制利润表，因此，从收入、毛利等角度分析对公司的影响可实施性较差，但是该区域占用的资产量及对应产能数据相对客观，从该角度分析，嘉禾生物存在瑕疵且短期内无法整改的土地、房产对公司影响较小；三原润禾存在瑕疵且短期内无法整改的房屋为蓄水池及简易仓库等，非公司生产核心用房，也不单独产生利润。

综上所述，公司存在瑕疵且短期内无法整改的土地及房产的面积占发行人全部土地或房产面积的比例较小、从使用用途、资产规模及对应产能来看，上述瑕疵土地或房产对于发行人的生产经营不构成重大影响。

d. 将来如因土地、房产问题被处罚的责任承担主体、搬迁的费用及承担主体、有无下一步解决措施等

第一，发行人控股股东、实际控制人杜某虎、张某琴夫妇承诺承担处罚的责任及搬迁费用。

就租赁的集体建设用地产权及其上自建房产权属瑕疵问题，发行人控股股东、实际控制人已出具承诺函，承诺：对于发行人及其分公司、子公司租赁集体建设用地或自建房产存在权属瑕疵的情形，将积极协助发行人及其分公司、子公司予以规范或合法处置，保证发行人及其分公司、子公司不致因前述土地、房产权属事项影响其正常生产经营，并对发行人因此遭受的经济损失给予全额补偿，确保发行人及其分公司、子公司不会因此遭受任何经济损失。

第二，下一步解决措施。

针对上述瑕疵事项，公司已通过扩大子公司嘉禾药业的产能，并可逐步替代嘉禾生物瑕疵房产对应的产能，同时计划利用本次募投项目的建设，转移上述瑕疵土地、房产对应的生产、办公等用途，进一步减少对公司正常生产经营的影响。

②市场同类可比过会案例情况

保荐机构及发行人律师通过公开途径查询到如下与发行人存在同类情况的案例有沃得农机、新元科技(300472)、天能重工(300569)。

综上所述，保荐机构及发行人律师认为，发行人及其子公司租赁集体建设用地及其上自建房屋面积占发行人整体土地面积、整体房屋面积的比例均不超过10%，对发行人产能的影响为2.67%，相关政府主管部门已就该等事项出具合规

证明,且市场也存在同类可比过会案例情况,发行人及其子公司租赁集体建设用地并在其上自建房屋事宜不会对发行人持续经营构成重大影响,也不会对发行人本次发行构成实质性障碍。

尚品宅配(300616)、美联新材(300586)、金发拉比(002762)在论证其集体土地瑕疵时,均是围绕广东当地法规包括《广东省集体建设用地使用权流转管理办法》、广东省人民政府《关于推进"三旧"改造促进节约集约用地的若干意见》(粤府〔2009〕78号)、广东省国土资源厅《关于深入推进"三旧"改造工作的实施意见》等论证其合法合规性的,保荐机构与律师核查发行人符合广东当地相关法规后,均发表意见认为发行人合法取得了相关产权证书,不存在法律瑕疵。

4. 房产租赁

发行人生产经营用的主要房产系租赁集体、土地上所建房产的,如存在不规范情形,原则上不构成发行上市障碍。保荐机构和发行人律师应就其是否对发行人持续经营构成重大影响发表明确意见。

案例3-402 公司无产权房产且租赁瑕疵房产占比较大

依据《关于深圳市杰普特光电股份有限公司首次公开发行股票并在科创板上市申请文件审核问询函的回复》(杰普特、688025),审核问询意见:"问题13. 招股说明书披露,发行人及子公司未拥有自有产权的房屋建筑物。发行人及子公司东莞杰普特租入的部分厂房和宿舍尚未取得房产证,其产权存在瑕疵。请发行人说明:(1)公司生产经营所用场地主要通过租赁取得是否会影响公司的持续经营;(2)瑕疵土地或房产的面积占发行人全部土地或房产面积的比例、使用上述土地或房产产生的收入、毛利、利润情况;(3)发行人是否存在使用或租赁使用集体建设用地、划拨地、农用地、耕地、基本农田及其上建造的房产,所租赁房屋的权属是否存在纠纷,有关房产未能取得房产证的原因,是否为合法建筑,是否办理租赁备案手续、相关租赁合同是否合法有效,是否存在不能续租的风险;(4)该等租赁的出租方与发行人股东、董事、监事、高级管理人员及主要客户、供应商是否存在关联关系,租赁价格是否公允;(5)前述事项是否影响发行人的资产完整性和独立持续经营能力,发行人是否可能被行政处罚、是否构成重大违法行为,是否构成本次发行上市的法律障碍。请发行人披露租入的部分厂房和宿舍尚未取得房产证的具体情况,相关房产未取得房产证的原因,如对土地问题被处罚的责任承担主体、搬迁的费用及承担主体等产生分歧,并对该等事项做重大风险提示。请保荐机构,发行人律师核查,并就下列事项发表意见,且说明具体理由和依据:(1)发行人是否存在使用或租赁使用集体建设用地、划拨地、农用地、耕地、基本农田及其上建造的房产,是否依法办理了必要的审批或租赁备案手续、有关房产是否为合法建筑、是否可能被行政处罚、是否构成重大违法行为;(2)结合该瑕疵土地或房产的面积占发行人全部土地或房产面积的比例、使用上述土地或房产产生的收入、毛利、利润情况,评估其对于发行人的重要性,是否对发行人持续经营能力构成重大不利影响,是否构成本次发行上市的法律障碍。"

针对前述问题,公司反馈回复称:

"(1)截至本回复出具日,发行人租赁的部分厂房及宿舍存在产权瑕疵,其中部分房产无证载面积,但上述无证载面积房产均用于发行人员工宿舍,对发行人生产经营不构成重大影响。其他用于发行人生产经营办公的瑕疵土地房产具体情况如下:瑕疵土地或房产的面积占比44.04%(对发行人及子公司全部租赁厂房及办公物业总面积的占比)。

"(2)截至本回复出具日,上述公司租赁用于生产经营的瑕疵房产全部用于激光/光学智能装备事业部和光纤器件事业部的研发、生产和经营,2018年,上述土地或房产形成的收入、毛利和净利润情况占比分别为63.08%、66.93%、40.77%。"

案例3-403 主要生产场所为租赁且存在出售土地

依据《关于北京怡和嘉业医疗科技股份有限公司首次公开发行股票并在创业板上市申请文件的首轮审核问询意见回复》,审核问询意见:"关于租赁房产。申报材料显示:

"(1)目前发行人主要生产场所、仓库、办公场所均以租赁的方式取得,发行人及分子公司共租赁12处房屋作为主要生产经营场地,其中,2处租赁房屋的出租

方未能提供房屋所有权证,部分租赁房屋未能完成租赁备案;

“(2)2018年,发行人与天津新技术产业园区武清开发区总公司签订《土地回购协议》,发行人出售账面价值为774.37万元的土地使用权,报告期各期末,发行人对其押金、保证金、应收暂付款金额分别为59.51万元、59.51万元、614.09万元、85.53万元;

“(3)发行人本次募投项目将在租赁房屋上实施,其中,年产30万台呼吸机及350万套配件项目拟在位于天津市武清开发区新兴路1号、4号的租赁房屋上实施,天津怡和已通过租赁方式取得相关场地的使用权。医疗设备研发中心项目拟分别在位于北京市石景山区苹果园路28号院1号楼前海人寿大厦9层907~908室、天津市武清开发区创业总部基地C20号楼的租赁房屋上实施。

“请发行人:

“(1)补充披露主要生产场所、仓库、办公场所、募投项目用地均以租赁方式取得的原因和商业合理性,上述租赁土地是否属于集体建设用地、划拨地、农用地、耕地等情形,出租方是否享有出租土地、房屋完整的权利权属,租赁价格是否公允,出租方与发行人及其实际控制人、董事、监事、高级管理人员、其他核心人员及其近亲属之间是否存在关联关系、委托持股、其他资金业务往来等利益安排;

“(2)补充披露出租方未能提供房屋所有权证以及未办理租赁备案的租赁房屋面积以及占租赁房屋面积的比例,上述租赁瑕疵产生的原因及整改情况,是否存在重大障碍或重大不确定性,是否存在被要求搬迁、被主管部门处罚等风险,是否对发行人持续经营产生重大不利影响,以及是否可能构成重大违法行为;

“(3)结合上述租赁土地、房屋所在地区土地规划情况、出租方生产经营情况、租赁合同期限及续签约定等,补充披露租赁合同是否存在违约风险,租赁是否具有稳定性和长期性,如提前解约、搬迁等对发行人生产经营和募投项目实施的具体影响,发行人是否制定了相关应对措施,并结合前述情况作重大风险提示;

“(4)补充披露2018年出售天津新技术产业园区武清开发区地块的原因,该地块的面积、地址、价格及定价依据,是否位于发行人租赁用地附近,上述土地权属转让、款项支付等进度,是否存在纠纷或潜在纠纷,2019年发行人对天津新技术产业园区武清开发区总公司其他应收款大幅增长的原因。

“请保荐人、发行人律师、申报会计师发表明确意见。”

案例3－404 问询瑕疵房产用途和占比

依据《关于可孚医疗科技股份有限公司首次公开发行股票并在创业板上市申请文件的审核问询函的回复》(可孚医疗、301087),审核问询意见:"关于租赁。发行人及其分子公司共使用155处租赁房产,其中有68处租赁场所存在瑕疵,主要为未取得房屋产权证、租赁面积大于产权面积、土地性质为集体用地等情况。请发行人补充披露:(1)瑕疵租赁对发行人的重要程度,结合瑕疵房产和瑕疵租赁房产的用途、面积占比及相应生产单位的收入、利润指标占比情况披露对经营的影响,分析是否构成重大违法违规,是否影响发行人持续经营;(2)未取得权属证书的租赁土地及房产是否存在法律障碍,补办相关权属登记手续所需时间,租赁期限到期后是否存在无法续租的风险,对可能出现的搬迁情形的应对措施,如无法持续租赁该部分物业对发行人生产经营的影响。请保荐人、发行人律师及申报会计师发表明确意见。"

案例3－405 发行人无自有厂房且存在较多租赁

依据《上海南方模式生物科技股份有限公司的首发上市反馈意见回复》,审核问询意见:"问题17.关于租赁。招股说明书披露,发行人及其子公司尚无自有房屋建筑物,目前共租赁主要生产经营使用房产合计11处,部分房产租约已到期或即将到期。此外,公司于2020年9月与上海张江金山高科技产业开发有限公司约定从其处受让2幢工业房地产。该项房产转让已经上海联合产权交易所公开挂牌,且公司已支付交易价款。截至目前,该房产尚未办理过户。"

请发行人说明:(1)列表说明发行人报告期内租赁或使用的生产及饲养场地情况,包括场地地址、场地面积、场地使用费用等,分析各场地使用费用的公允性,是否存在损害发行人权益的情形;(2)所租赁的房屋权属是否存在纠纷,租赁用房是否为合法建筑,相关土地使用权的取得和使用是否合法;(3)发行人使用租赁用房是否合法,相关租赁合同和租赁备案是否合法合规,是否存在不能续租的风险;发行人如需更换租赁房产,可能对发行人生产经营和业绩造成的影响;(4)租赁房产的出租方与发行人股东、董事、监事、高级管理人员及客户是否存在关联关系,租赁价格是否公允、程序是否合法合规;(5)租赁用房的具体用途、是否为主要生产经营用房,说明发行人主要生产经营用房通过租赁取得是否会影响公司的持续经营,是否影响发行人资产完整性;(6)针对租约已到期或即将到期的房产,目前的续租进展情况,是否存在无法续租的风险;(7)结合发行人经营模式,说明发行人生产经营涉及的主要资产、生产经营场地需要满足的相关条件、无法续租或搬迁对发行人的影响,无固定生产经营场所是否影响生产经营的稳定性,是否对生产经营存在不利影响;(8)各生产场地是否均应取得相关使用资质或认证,以及发行人的取得情况;(9)各场地涉及的初始装修费用,分析长期待摊费用规模及各期摊销金额是否同生产规模相匹配。

请保荐机构核查以上情况,对发行人所有生产场地是否均取得必要资质和认证、租赁场所对资产完整性和生产经营稳定性的影响发表意见。

5. 关于土地和房产常见问询意见

土地使用权作为发行人的无形资产,是发行人生产经营的重要资产,对生产型企业来说,是其赖以生产发展的基础。

监管部门在首发上市审核中对土地使用权的常见问询意见:

(1)请发行人补充披露房屋或土地未取得不动产权证的原因,是否为违章建筑,相关土地使用权是否合法,是否有被强制拆除的风险,对发行人生产经营有何影响;

(2)区分“房屋建筑物情况”“土地使用权”分别披露房屋建筑物的权利人名称、产权证号、坐落地址、用途、面积、账面价值、取得方式、他项权利情况,土地使用权的权利人名称、产权证号、坐落地址、使用权类型、使用期限、用途、面积、他项权利情况;

(3)披露国有建设用地使用权的土地使用权证或相关房屋产权证书的办理进展;

(4)披露瑕疵房屋的具体用途、总建筑面积、账面价值及占比;

(5)结合瑕疵厂房的具体用途、相关生产线涉及的具体产品、厂房搬迁周期等因素,分析并披露若因厂房瑕疵发生搬迁或拆除,对发行人主营业务、营业收入、利润的影响,是否涉及发行人主要产品的生产加工;

(6)请补充说明土地使用权的取得方式、入账成本、后续核算、实际使用情况,是否存在应摊销未计提情况、是否存在应计提减值准备未足额计提的情况;

(7)划拨土地未按用途使用及租用集体土地是否符合国家法律和行政法规的规定,是否需要补缴土地出让金,是否存在被收回和被主管机关处罚的风险;

(8)发行人土地使用权和房产用于抵押的债权信息,是否存在抵押权被行使的风险及对发行人的影响。

(二)专利

1. 专利来源合法以及不存在侵权

专利首先应当是来源合法,不存在侵犯其他主体合法权益的情形。对于技术型公司而言,专利或技术来源的合法合规尤其重要,否则会涉及整个业务来源合规性问题或者核心资产的完整性。

对于公司核心技术人员来源于高校、事业单位或者同类公司的,需要在发行人最初设立或者相关人员初到公司任职时,由原单位出具确认函知悉相关人员投资或者任职,与原单位之间不存在知识产权争议的确认函,不存在相关的业务侵权以及竞业禁止的约定等。在公司成立之初,公司规模尚处于发展初期,所以出具相关的证明文件的难度或影响力较小,更容易出具相关证明。

案例3-406 全部专利被其他人申请宣告无效

依据《成都极米科技股份有限公司首次公开发行股票并在科创板上市申请文件的第二轮审核问询函的回复》(极米科技、688696),审核机构反馈:"关于专利诉讼及专利无效宣告事项,根据招股说明书及首轮问询回复,(1)峰米(北京)科技有限公司(以下简称峰米科技)以发行人制造的Z6系列型号投影仪所采用的技术方案完全落入深圳光峰科技股份有限公司(以下简称光峰科技)作为专利权人且已以'排他许可'方式许可峰米科技使用的ZL201110086731.9号发明专利之权利要求的保护范围构成侵权为由,向天津市第三中级人民法院提起诉讼,请求判令发行人立即停止侵权行为,即停止制造、销售、许诺销售侵害涉案专利权的Z6系列型号投影仪,并立即销毁专用于制造被诉侵权产品的模具和设备,销毁库存侵权产品;请求判令极米视界天津第二分公司立即停止销售、许诺销售被诉侵权产品;请求判令两被告赔偿原告经济损失 4500 万元人民币,以及维权合理支出共计 100 万元人民币,合计 4600 万元人民币;请求判令两被告承担本案的全部诉讼费用。(2)截至 2019 年 12 月 31 日,发行人共拥有发明专利 16 项。2020 年 7 月 21 日,光峰科技发布公告,对发行人的 16 项发明专利向国家知识产权局提出无效宣告请求。截至 2020 年 7 月 27 日,发行人已收到 10 份无效宣告请求受理通知书,国家知识产权局对光峰科技提出的其中 10 项发明专利权之无效宣告请求准予受理。(3)截至目前,上述诉讼及专利无效宣告申请均处于未决状态。

"请发行人说明:(1)上述诉讼及专利无效宣告事项的最新进展;(2)发行人涉诉技术方案的基本情况,包括主要内容、研发过程、在智能投影整机中发挥的作用、是否为核心或必不可少的技术方案、是否涉及核心零部件、对整机性能的贡献率等,涉诉技术方案是否为原始创新或集成了行业通用技术或其他竞争对手的技术;请结合发行人 Z6 系列型号投影仪所采用的技术方案与涉诉专利的权利要求进行比对分析的情况,进一步论证发行人 Z6 系列是否存在侵犯光峰科技或第三方知识产权的情形;除 Z6 系列产品外,发行人其他系列产品是否存在侵权行为或潜在侵权风险;(3)发行人报告期内生产、销售的产品中涉及或可能涉及使用上述涉诉专利的具体情况,包括可能使用到上述涉诉专利的产品名称、收入及毛利金额、占比,相关产品目前的库存情况等;(4)上述诉讼案件中的原告是否已采取相关诉讼保全措施及对发行人的影响,发行人目前相关产品是否仍在使用上述涉诉专利,是否会持续扩大'因侵权所获得的利益',从而导致赔偿金额增加;发行人控股股东、实际控制人等是否采取相应措施保证发行人的利益不受损害;(5)结合原告的诉讼请求及发行人实际情况,测算本次诉讼事项可能给发行人产生的赔偿金额,进一步论述不利诉讼后果对发行人核心技术、在研技术、产品销售、存货、经营成果、业绩以及财务状况可能造成的不利影响;(6)被提出无效宣告申请的专利是否属于发行人的核心技术,结合相关专利在发行人核心技术中的地位及其发挥的作用,进一步说明如果被宣告无效对发行人经营的具体影响,是否会导致发行人不符合《科创属性评价指引(试行)》关于'形成主营业务收入的发明专利 5 项以上'的规定以至于不符合科创板定位;(7)上述涉诉技术方案及被提出无效宣告申请的专利是否有相应的替代技术方案,相关技术方案的成熟程度,替换原有技术方案是否会导致产品成本上升或者产品质量不稳定,进而影响公司经营业绩或商品的美誉度,相关风险是否充分揭示;(8)结合上述情形进一步论证上述诉讼事项及专利无效宣告事项对发行人持续经营的影响,如果败诉或相关专利被宣告无效是否会对持续经营构成重大不利影响,发行人是否符合《科创板首次公开发行股票注册管理办法(试行)》第12条第3项的规定。请发行人结合上述内容,对知识产权的诉讼风险及专利无效宣告事项进行针对性的量化分析和重大事项提示。请保荐机构、发行人律师对上述事项进行核查,说明核查手段、核查方式,并依据充分、独立、客观的内外部证据发表明确意见。"

反馈意见记载:"发行人极米科技与峰米科技及其母公司深圳光峰科技股份有限公司于2020年8月31日签署《和解协议》。同日,发行人与光峰科技签署《战略合作协议》和《专利许可协议》,约定:(1)发行人与光峰科技在激光投影仪技术领域开展合作,由光峰科技按照发行人的要求开发激光光机产品,发行人支付一次性NRE费用(一次性产品委托研制开发费)500万元;(2)发行人分5年向光峰科技支付专利许可费合计2500万元人民币,获得未来可能有助于发行人产品研发的光峰科技33项专利的实施许可权利;(3)基于各方已同意搁置争议共谋发展,在《和解协议》、《战略合作协议》和《专利许可协议》生效后5日内,峰米科技、光峰科技及发行人互相撤回针对对方的所有行政、民事案件,并且不对针对对方在和解协议签署之前或者合作期内的任何行为、产品提起诉讼或其他权利主张。天津市第三中级人民法院已于2020年9月18日裁定准许峰米科技撤回起诉。

"就光峰科技针对发行人16项发明专利向国家知识产权局提出无效宣告请求事宜,发行人已收到国家知识产权局专利局复审和无效审理部于2020年7月22日至2020年7月31日下发的16份无效宣告请求受理通知书。光峰科技已于2020年9月4日向国家知识产权局专利局复审和无效审理部提交撤回针对发行人16项发明专利提出的无效宣告请求,并已收到国家知识产权局出具的提交回执确认相关撤回申请文件已经由国家知识产权局接收。"

案例3-407 专利发明人存在非公司员工,问询专利是否侵权及业务合规性

依据《关于上海毕得医药科技股份有限公司首次公开发行股票并在科创板上市申请文件第二轮审核问询函的回复》,审核问询意见:"问题7.关于知识产权侵

权风险及业务合规性。根据问询回复,专利'4,7 - 二氮杂吲哚及其5位取代物的制备方法'的发明人中存在非发行人员工的情况。

"请发行人说明该项专利是否存在侵权风险及具体依据。请发行人律师对公司核心技术来源的合法合规性进行核查并发表明确意见。"

针对前述问题,发行人反馈回复:

根据发行人持有的专利证书,"4,7 - 二氮杂吲哚及其5位取代物的制备方法"专利专利号为 ZL201010137164.0, 申请日为2010年3月31日,该专利系公司原始取得,发明人为马某娟、于某、王某国、宋某红、梁某伟。经查验该专利相关发明人的劳动合同、个人简历并对相关人员进行访谈,于某、王某国为毕得有限当时员工,为该专利实际研发人员;马某娟、宋某红、梁某伟3人当时未在发行人任职,未实际参与该专利的研发工作,其中马某娟为王某国的配偶,宋某红、梁某伟为王某国好友;将马某娟等3人错误登记为发明人,主要原因为当时该项研发工作的主要负责人王某国认为将该等人员作为发明人共同填报有利于该等人员的个人发展,而毕得有限成立初期对专利申请材料的填报疏于管理和审查而导致。

根据对马某娟、宋某红、梁某伟3人的访谈确认:

①马某娟当时在第二军医大学(现更名为中国人民解放军海军军医大学)担任讲师,宋某红当时在山西省兽药监察所(现更名为山西省畜牧产品质量安全检验监测中心)从事畜产品兽药残留检测工作,梁某伟当时在山西医科大学从事学生管理工作,均未在公司任职,且其在任职单位所从事的工作与发明的内容也无关联;

②相关发明均不属于职务发明;

③其3人对该专利当前的权利归属无任何异议,与发行人或其他第三方不存在纠纷或者争议。

马某娟、宋某红、梁某伟3人已签署变更发明人证明及专利变更申请材料,对申请变更事项无异议。

根据发行人的书面确认并经查询中国执行信息公开网、中国裁判文书网、人民法院公告网、信用中国等网站的公开信息,发行人未因"4,7 - 二氮杂吲哚及其5位取代物的制备方法"专利与第三方发生任何纠纷或者争议。

综上所述,专利"4,7 - 二氮杂吲哚及其5位取代物的制备方法"不存在侵权风险。

2. 专利独立以及重要性

专利应当独立，相关的专利原则上应当属于发行人的财产。若专利来自控股股东、实际控制人的授权使用，应当充分考虑是否对发行人的独立性和持续经营能力具有重大影响，如果具有重大影响，应考虑将相关的专利转让至发行人所有。

专利作为发行人的财产，在披露其重要性时，应当如实披露对发行人主营业务或未来发展方向的影响。不可扩大个别专利的重要性，也不能隐瞒重要专利诉讼或潜在纠纷对公司的影响。

案例3-408 专利纠纷案例前后披露不一致被采取监管措施

依据《关于力同科技股份有限公司首次公开发行股票并在创业板上市申请文件的审核问询函的回复》(通过上市委审核后终止注册)，关于专利侵权纠纷，反馈意见："申报材料显示，(1)(2018)粤03民初3902号侵害发明专利权纠纷，该案目前仍处于审理过程中；(2)博通集成向国家知识产权局提出专利无效宣告请求，该案目前尚未审结；(3)深圳市塘朗城科技有限公司向国家知识产权局提出专利权无效宣告请求，该案目前尚未审结。请发行人：(1)披露上述专利在发行人生产经营中的作用，涉及的相关销售收入占发行人报告期各期营业收入比例；(2)分析并披露如上述专利被宣告无效，对发行人持续经营能力的影响，并进行风险提示。请保荐人、发行人律师核查并发表明确意见。"

依据中国证监会于2022年1月12日公告的《关于对力同科技股份有限公司采取出具警示函监管措施的决定》，主要内容："经查，我会发现你公司在申请首次公开发行股票并上市过程中，存在未合并披露主要客户关联方，涉诉专利涉及产品金额前后披露不一致且差异大的事项。我会决定对你公司采取出具警示函的监督管理措施。"

另外，依据《关于格力博(江苏)股份有限公司首次公开发行股票并在创业板上市申请文件的第三轮审核问询函的回复》，该发行人存在专利侵权纠纷。

（三）商标

1. 商标独立性

对于发行人的业务或持续经营具有重大影响的商标，原则上应归发行人所有，应当保证发行人的商标类资产独立，尤其是关键商标。对于控股股东属于集团公司且控制多种业态的公司，优先考虑将相关行业类别的商标转让至发行人所有。但是，对于例如国有控股集团下不同业务板块共用商标的情况的，根据具体情况采取永久性无偿使用授权的方式等处理。

案例3-409 控股股东将商标无偿转让至发行人，发行人将不用商标转让给控股股东

依据《江西阳光乳业股份有限公司首次公开发行股票招股说明书》，为避免同业竞争、增强公司的独立性，报告期内，阳光集团将其持有的12个商标无偿转让给发行人，同时，发行人将未使用的“长寿秋实”商标无偿转让给阳光集团，公司未经营相关产品，故将该商标转让。该商标核定使用的商品国际分类为第29类：豆制品；豆腐；开花豆；五香豆；熟制豆；豆奶粉；低脂土豆片；食用腌黄豆；豆奶。

案例3-410 商标不属于发行人所有

依据《关于江苏通行宝智慧交通科技股份有限公司首次公开发行股票并在创业板上市申请文件的审核问询函回复》，该公司曾经的核心资产商标不在发行人名下，关于商标问题，反馈意见：“8. 关于苏通卡商标江苏高网为‘苏通卡’的商标所有人，报告期内，江苏高网授权发行人无偿、长期使用‘苏通卡’注册商标。请发行人补充披露‘苏通卡’商标对于发行人主营业务的作用，发行人未购买该商标的原因，江苏高网无偿授权发行人长期使用该商标是否构成为发行人不当输送利益。请保荐人、发行人律师发表明确意见。”

反馈回复如下：

（1）“苏通卡”商标对发行人主营业务的作用发行人成立前，江苏省内ETC卡发行机构为江苏高网，其为注册商标“苏通卡”的所有权人，江苏省内发行的ETC

卡上均标注“苏通卡”字样。后江苏高网将 ETC 发行业务相关资产协议转让给发行人，发行人成为江苏省 ETC 发行服务主体，并继续使用“苏通卡”商标发行 ETC 卡。2019 年 7 月 31 日，《交通运输部路网监测与应急处置中心关于加强 ETC 客户发展工作的函》（交路网函〔2019〕228 号）要求全国 ETC 发行机构发行标识为“中国交通 ETC”字样的 ETC 卡，发行人在其发行的 ETC 卡上不再标注“苏通卡”字样。“苏通卡”商标对发行人后续发行已无实际使用价值，不会对发行人的主营业务产生重大不利影响。

（2）发行人作为江苏省内唯一的 ETC 发行机构，发行 ETC 卡上所附商标仅是沿用习惯，该商标并不直接影响公司发行 ETC 卡。

发行人成立前，江苏省内发行的 ETC 卡已使用“苏通卡”注册商标。成立初期，发行人继续使用“苏通卡”商标发行 ETC 卡，系发行人成为江苏省 ETC 发行服务主体后在过渡期内暂时使用；在此期间，交通运输部计划统一全国 ETC 卡标识，并要求全国 ETC 发行机构发行标识为“中国交通 ETC”字样的 ETC 卡，发行人不再发行标识有“苏通卡”字样的 ETC 卡。“苏通卡”对后续发行无实际使用价值，发行人无须收购该商标，江苏高网无偿授权发行人长期使用该商标不构成向发行人不当输送利益。

案例 3-411 商标来源于控股股东的授权使用

依据《关于昆船智能技术股份有限公司首次公开发行股票并在创业板上市申请文件的审核问询函的回复》，审核问询意见：“问题 7. 关于资产完整性。招股说明书披露：

“（1）截至 2020 年 12 月 31 日，发行人拥有专利 407 项，其中 222 项系 2018 年从关联方无偿受让取得；拥有软件著作权 69 项，其中 25 项系 2018 年从关联方无偿受让取得；

“（2）截至 2020 年 12 月 31 日，发行人 15 项商标中，14 项商标系昆船集团授权使用；发行人部分房产系向关联方租赁使用。

“请发行人说明：

“（1）从关联方无偿取得专利、软件著作权的背景、原因及合理性，相关专利、

软件著作权对发行人的重要程度,是否构成发行人核心技术的主要来源;

"(2)商标及租赁房产的具体用途、对发行人的重要程度、未投入发行人的原因、租赁或授权使用费用的公允性、是否能确保发行人长期使用、今后的处置方案等,是否对发行人资产完整和独立性构成重大不利影响。

"请保荐人、发行人律师根据《创业板首次公开发行股票注册管理办法(试行)》和《深圳证券交易所创业板股票首次公开发行上市审核问答》的相关规定进行核查,对发行人资产完整性是否符合发行条件发表明确意见。"

针对前述问题,发行人反馈回复:

(1)从关联方无偿取得专利、软件著作权的背景、原因及合理性,相关专利、软件著作权对发行人的重要程度,是否构成发行人核心技术的主要来源

①从关联方无偿取得专利、软件著作权的背景、原因及合理性

2018年以前,基于昆船集团对专利、软件著作权等实施统筹管理的历史背景,发行人及子公司负责或参与研发形成的部分专利、软件著作权由昆船集团统筹安排登记在昆船研究院等名下。相关专利、软件著作权为发行人或其子公司主要负责或参与研发,并由发行人或其子公司实际使用。为保证上市主体的资产完整性,昆船集团对下属公司申请的专利、软件著作权进行梳理,将与发行人及其子公司业务相关的专利、软件著作权转让给发行人或其子公司。

②相关专利、软件著作权对发行人的重要程度,是否构成发行人核心技术的主要来源

发行人于2018年从关联方处受让了222项专利(其中197项专利仍在有效期,25项专利已过保护期限)、25项软件著作权。截至2021年12月31日,发行人披露的465项有效专利中,有199项为从关联方处受让取得(其中2项为2016年受让取得,197项为2018年受让取得);发行人披露的77项软件著作权中,有24项为2018年从关联方处受让。

发行人于2016年从关联方取得的2项专利系由发行人或其子公司主要负责或参与研发(其中1项为发行人或其子公司主要负责研发,1项为发行人或其子公司参与研发);发行人于2018年从关联方处受让的222项专利、25项软件著作权也系由发行人或其子公司主要负责或参与研发(其中受让的仍在有效期的197项专利中,有129项为发行人或其子公司主要负责研发,68项为发行人或其子公司

参与研发;受让的25项软件著作权均为发行人或其子公司主要负责研发),并自始由发行人及其子公司实际应用。上述199项专利、24项软件著作权中有90项专利、4项软件著作权仍构成发行人核心技术的组成部分,对发行人的生产经营具有一定的重要性。

综上,上述专利、软件著作权系主要由发行人或其子公司负责或参与研发,由于昆船集团统筹管理原因未登记在发行人或其子公司名下,发行人具备独立研发能力,不存在对昆船集团技术依赖;发行人已于报告期初以受让方式取得前述与发行人生产经营有关的专利、软件著作权,拥有相关专利、软件著作权完整的所有权。

(2)商标及租赁房产的具体用途、对发行人的重要程度、未投入发行人的原因、租赁或授权使用费用的公允性、是否能确保发行人长期使用、今后的处置方案等,是否对发行人资产完整和独立性构成重大不利影响

许可商标的具体用途、对发行人的重要程度、未投入发行人的原因、租赁或授权使用费用的公允性、是否能确保发行人长期使用、今后的处置方案等

①许可商标的具体用途、对发行人的重要程度

截至本问询函回复出具之日,昆船集团授权发行人及子公司使用的注册商标具体情况如下:(表格内容略)。

昆船集团许可发行人及其子公司的商标主要用于发行人及其子公司的产品铭牌、媒体宣传和日常办公(如包装盒、文件袋)等。

发行人及其子公司作为智能物流、智能产线等业务的生产型企业,其客户主要看重于产品、设备质量,发行人及其子公司的主要产品在行业内具有较强的市场竞争力,已经拥有较高的市场知名度和影响力,发行人及其子公司的产品、设备的口碑与其质量的联系密切程度远高于与被许可使用商标的联系密切程度,发行人及其子公司的生产经营对被授权使用商标的依赖程度较小。

②未投入发行人的原因

A."昆船"系列商标未投入发行人的原因

根据昆船集团现行商标管理办法规定,所属全资子公司、控股子公司以及经许可的企业,可以使用昆船集团注册的商标。"昆船"系列商标均由昆船集团长期统一管理,包括商标的注册申请、续展、授权使用、异议、侵权等方面。除授权许可

给发行人及其子公司的“昆船”系列商标外,昆船集团已经注册的“昆船”系列商标还包括如下:(表格内容略)。

昆船集团未将“昆船”系列商标投入发行人,系因发行人及其子公司被许可使用的商标仅是“昆船”系列商标中的一部分,且昆船集团也将该等“昆船”系列商标授权给其下属其他企业使用。基于上述原因,无法将“昆船”系列商标转让给发行人。

B. 其他商标未投入发行人的原因

为预防其他公司抢注商标,昆船集团出于保护目的,于2019年4月向国家知识产权局商标局申请了“昆船智能”“昆船烟机”“昆船物流”等系列商标,并于2019年11月取得商标注册证。

为增强发行人资产独立性,发行人曾与昆船集团于2020年7月签署《商标专用权转让协议》,约定将昆船集团注册申请的“昆船智能”“昆船烟机”“昆船物流”系列商标转让给发行人,并向国家知识产权局商标局提交了转让申请。

经国家知识产权局商标局审查,对于昆船集团拟申请转让的上述商标下发了《商标转让申请补正通知书》,补正要求昆船集团申请注册的部分商标与拟转让商标近似,应当一并办理转让。核定结果如下所示:(表格内容略)。

因补正要求一并办理转让的“昆船”系列商标由昆船集团及其下属公司(包括发行人)共同使用,而非发行人独享,因此无法一并转让。基于前述原因,“昆船智能”“昆船烟机”“昆船物流”系列商标无法投入发行人。

同时,为保障发行人及其子公司在日常经营过程中长期、稳定地使用上述商标,昆船集团采用长期许可的方式授权发行人及其子公司使用名下商标。

③授权使用费用的公允性

综合考虑昆船集团申请“昆船”系列商标的申请费用、后续续展及公司有关部门管理商标的人员成本,昆船集团在估量前述费用的基础上,结合发行人及其子公司具体使用被授权商标的情况,2018~2020年度内按照1000元/类(项)的标准向发行人及其子公司收取了商标授权使用费用。考虑到昆船集团将长期将“昆船”系列商标授权给发行人及其子公司使用,除前述费用外,商标维护成本较低,因此,2021年续签合同时约定,自2021年开始昆船集团不再向发行人及其子公司收取商标授权使用费,前述安排具有合理性和公允性。

④是否能确保发行人长期使用、今后的处置方案

为保证发行人及其子公司能够长期使用被许可商标，发行人及其子公司与昆船集团签订的《商标许可使用协议》约定了许可使用注册商标的期限为至商标的有效期限届满，昆船集团亦有义务及时办理许可商标的续展。

同时昆船集团就授权许可商标事宜出具了说明，承诺对到期的注册商标在续展后将与发行人及其子公司继续签订商标许可协议，以确保发行人及其子公司可以持续且长期使用被授权使用商标。

综上所述，发行人与昆船集团的商标许可使用协议已明确许可期限且昆船集团承诺将到期商标及时续展，并及时与发行人签署续签协议，有效保证了发行人可以长期使用授权许可商标。

2. 以发行人子公司持有商标为例外

商标类资产属于核心资产，对品牌效应或者影响较大的公司来说，商标尤为重要，由发行人对商标统一管理为宜。若因为特殊原因由发行人子公司持有商标的，发行人应当保证对子公司的控股比例尽量高，同时力争将相关的权利变更至发行人。

案例3-412 商标归子公司

依据《四川郎酒股份有限公司首次公开发行股票申请文件反馈意见》，审核机构意见："8. 发行人通过子控股子公司久盛投资持有主要商标和专利。宝光集团依据《无形资产使用许可合同》取得久盛投资40%股权，根据《补充协议》'2009年1月1日起商标等无形资产价值增值部分归品牌投入方所有'的约定，宝光集团陆续再取得久盛投资累计40%股权，合计持有久盛投资80%股权。请保荐机构、发行人律师详细核查：(1)发行人主要产品商标、专利(如'郎'牌)对发行人的重要性情况；(2)主要产品商标、专利的历史沿革及权属变更情况；(3)发行人未直接拥有和控制主要产品商标、专利的原因；(4)发行人对主要产品商标、专利的控制情况；(5)发行人关于主要产品商标、专利控制的下一步打算；(6)发行人历次取得久盛投资股权的合法合规性是否得到泸州市政府确认，泸州市政府是否有

权对此确认;(7)发行人通过拥有久盛投资80%股权而拥有'郎'牌商标部分产权,商标类无形资产是否可以依法拆分产权,是否影响发行人独立使用该商标,是否对资产完整性和业务独立性构成重大不利影响,是否存在制约其独立使用商标的约定条件;(8)宝光集团和郎酒集团目前拥有的与酒类业务相关的商标情况,是否因根据资产完整性,全部纳入发行人主体。请保荐机构、发行人律师对上述事项进行核查,并就是否构成本次发行的法律障碍出具明确意见。"

3. 商标与字号

实务中,控股股东或者实际控制人控制的其他主体使用上市公司的字号或者商标作为公司名称的现象非常普遍,造成社会公众无法区分其和上市公司的关联性。首发上市的企业中,公司名称中的字号可能与公司商标相同,这容易侵犯发行人的利益。所以对于与发行人的商标或者字号相同的其他关联方应当谨慎处理相关的字号问题。

案例3-413　经销商与发行人字号近似

依据《关于深圳市唯特偶新材料股份有限公司首次公开发行股票并在创业板上市申请文件的第二轮审核问询函的回复》,审核问询意见:"问题10. 关于发行人经销商及受让商标专利。申请文件及首轮问询回复显示:维佳海象、唯创兴及唯铭新材料系发行人报告期前五大经销商。

"(1)说明发行人经销商维佳海象、唯创兴及唯铭新材料与发行人商号近似的原因,是否存在其他与发行人商号近似的客户、供应商,上述相关客户、供应商的股东、董事、监事、高级管理人员与发行人的实际控制人、董事、监事、高级管理人员、主要股东是否存在关联关系或曾为发行人的员工,是否存在相互持股情形。

"(2)分析说明向上述商号近似的经销商销售毛利率、销售价格的公允性。"

针对前述问题,发行人反馈回复:

发行人经销商维佳海象、唯创兴及唯铭新材料与发行人商号近似的原因:

(1)公司突出的行业地位、良好的品牌效应是公司部分经销商的商号与公司相似的主要原因自设立20多年来,公司深耕微电子焊接材料领域,凭借齐全的产品系列、可靠的产品质量、完备的生产工艺、完善的销售服务体系,公司与国内外众多客户建立了长期稳定的合作关系,积累了良好的市场声誉。公司是国内微电子焊接材料的领先企业之一,特别是在锡膏和助焊剂两个细分领域行业地位突出。在中国电子材料行业协会举办的第二届(2017年)及第三届(2019年)中国电子材料行业专业十强企业评选活动中,唯特偶均位列"电子锡焊料专业十强"第二。2019年和2020年,公司连续两年锡膏产销量国内排名第一,助焊剂产销量国内排名第二。

基于公司突出的行业地位和良好的品牌效应,因此维佳海象、唯创兴、唯铭新材料作为公司经销商,在其公司设立时商号中就包含"唯"或"维佳"字样,该做法会让客户觉得上述经销商与公司存在紧密的联系,对其对外宣传、提升营销的效果有一定的帮助。此外,该做法在国内的商业环境中也较为常见,具有商业合理性。

(2)根据法规规定,经销商申请企业商号是其自主行为,不需要公司的同意或授权

根据《企业名称注册管理规定》的规定,企业名称由企业自主向相关登记主管机关提出申请。因此,公司的经销商申请企业商号,是经销商的自主行为,经销商向相关登记主管机关提交申请材料时,并不需要公司同意或授权。

案例3-414 发行人与原股东共用商号

依据《关于苏州京浜光电科技股份有限公司首次公开发行股票并在创业板上市申请文件的审核问询函之回复》,审核问询意见:"一、说明日本光膜出售京浜有限的背景;日本光膜(全称京浜光膜工业株式会社)是否与发行人共用'京浜'商号,发行人商标、商号使用是否存在限制,发行人仅拥有一个'京浜'相关商标的原因,双方是否存在商号争议、商标纠纷。"回复:"'京浜'是指东京和横浜城市间工业地带的地方名字,发行人前身京浜有限系由日本光膜出资在中国设立的子公司,故设立时一并使用'京浜'二字,日本在各个不同的行业中有多家带有'京浜'字眼的公司,日本光膜也未就'京浜'申请过商号。"

另外,依据《关于苏州德龙激光股份有限公司首次公开发行股票并在科创板

上市申请文件的审核问询函回复》,发行人的参股公司使用发行人的字号。

4. 商标对外授权

与发行人的主营业务相关的关键商标的对外授权许可需要谨慎处理。对于商标对外的授权许可,需要关注:相关的授权是否具有商业合理性,是否符合商业逻辑;相关的商标授权是否收取费用,定价是否公允;发行人对商标授权的管理,如何保证不侵犯发行人的重大权益或对发行人造成重大不利影响。

案例3-415 商标授权供应商使用

依据《关于可孚医疗科技股份有限公司首次公开发行股票并在创业板上市申请文件的审核问询函的回复》(可孚医疗、301087),审核问询意见:关于商标及店铺代运营。招股说明书披露,发行人存在以下商标授权或被授权情形:(1)发行人存在将商标授权部分供应商进行"可孚"自有品牌成品采购的情形,根据发行人与供应商签署的合作协议,供应商仅能使用发行人授权的商标为发行人生产产品,且相关产品仅销售给发行人及子公司,不得用作其他任何用途;(2)根据发行人子公司与阿里健康大药房医药连锁有限公司签署的《品牌旗舰店外包运营合作协议》,发行人子公司授权阿里健康大药房医药连锁有限公司使用其品牌并开设品牌旗舰店,阿里健康大药房医药连锁有限公司将该店铺委托发行人子公司代为运营;(3)发行人通过与相关品牌方签署品牌授权及采购协议,向相关品牌方采购产品,并在线上开设并运营相关品牌的旗舰店,主要包括"瑞思迈""仙鹤""拜安康""康德莱""英维康"等。

"请发行人补充披露:(1)发行人授权供应商使用商标的原因和数量,报告期内相关供应商与发行人的业务往来金额;(2)阿里健康大药房合作协议对商标授权的具体约定;(3)报告期内发行人商标授权或被授权使用是否收取或支付许可使用费,相关费用涉及的主要对象、内容及其确定依据,是否公允;(4)商标授权或被授权方与发行人及其关联方是否存在关联关系,是否存在共同的客户或供应商或者可能导致利益输送的其他情形;(5)发行人商号、商标等知识产权是否存在侵权、不正当竞争的情形,是否存在被撤销的情形或风险,是否存在诉讼、纠纷或其他引致发行人对相关知识产权等权利的权属不确定性的情形,是否对发行人的持续经营能力构成重大不利影响;(6)报告期内发行人代客户和供应商运营店铺相关协议的主要内容,包括但不限于收入确认、信用政策、结算方式、运费承担、返利(如有)、退换货处理等,发行人是否收取代运营费用,如是,披露费用金额及与相关店铺当期收入的匹配关系。请保荐人、发行人律师及申报会计师发表明确意见。"

案例3-416 商标免费授权其他主体使用

依据《恩威医药股份有限公司首次公开发行股票并在创业板上市申请文件的审核问询函之回复》,审核问询意见:"问题28.关于专利技术及商标。申报文件显示,发行人享有的专利技术主要为2012年前的专利技术,获取方式主要为继受取得。此外,发行人共有19项商标专用权授权给第三方使用。请发行人:(1)披露上述继受取得的专利来源,是否支付对价,如是,请说明交易价格的公允性,是否存在争议或纠纷,是否存在其他主体共同享有权益的情形。(2)结合报告期内研发投入情况,说明公司是否存在依赖外部获取专利技术的情形,分析公司相关技术及产品是否存在被挤占市场份额或淘汰的风险。(3)披露19项商标专用权的授权使用对象信息及授权原因,授权对象是否与控股股东、实际控制人、董事、监事、高级管理人员存在关联关系或导致同业竞争的情形,是否收取授权使用费,如是,请说明定价依据,如否,请说明免费授权的合理性。请保荐人、发行人律师发表明确意见。"

针对前述问题,发行人反馈回复:

继受取得的专利来源分别为公司控股股东恩威集团、实际控制人薛某新、同一控制下关联方成都恩威药业有限公司,恩威制药没有就上述专利转让另行支付转让对价,上述专利转让不存在争议或纠纷,不存在其他主体共同享有权益的情形。

截至2021年年末,公司有23项商标专用权授权给第三方使用。除此之外,公司不存在其他与他人共享资源要素的情形。具体对外商标授权新信息(略)。

上述商标授权均为无偿授权,被授权方主要为公司外购贴牌产品的供应商,公司授权的原因主要是增加公司产品类型,提升公司品牌认知度,无偿授权被许可人贴牌生产产品,并由公司或参股子公司恩威锐邦对外销售。报告期内,除恩威锐邦为恩威制药参股公司外,授权对象与控股股东、实际控制人、董事、监事、高级管理人员不存在关联关系或导致同业竞争的情形。

（四）客户关系或客户资源类无形资产

1. 客户关系或客户资源类无形资产注意事项

《首发业务若干问题解答》(2020 年 6 月修订)问题 31:“部分首发企业在合并中识别并确认无形资产,以及对外购买客户资源或客户关系等事项,实务中应注意哪些方面?

“答:对于无形资产的确认,应符合《企业会计准则第 6 号——无形资产》的相关规定。根据《企业会计准则第 6 号——无形资产》,符合无形资产的可辨认性应源自合同性权利或其他法定权利,并且只有在与该无形资产有关的经济利益很可能流入企业,该无形资产的成本能够可靠地计量,才能确认无形资产;企业在判断无形资产产生的经济利益是否很可能流入时,应当对无形资产在预计使用寿命内可能存在的各种经济因素作出合理估计,并且应当有明确证据支持。

“对于客户资源或客户关系,只有在合同或其他法定权利支持,确保企业在较长时期内获得稳定收益且能够核算价值的情况下,才能确认为无形资产。如果企业无法控制客户关系、人力资源等带来的未来经济利益,则不符合无形资产的定义,不应将其确认为无形资产。发行人在开拓市场过程中支付的正常营销费用,或仅从出售方购买了相关客户资料,而客户并未与上述出售方签订独家或长期买卖合同,即在没有明确合同或其他法定权利支持情况下,‘客户资源’或‘客户关系’通常理解为发行人为获取客户渠道而发生的费用。若确认为无形资产,发行人应详细说明确认的依据,是否符合无形资产的确认条件,保荐机构及申报会计师应针对上述事项谨慎发表明确意见。

“对于非同一控制下企业合并中无形资产的识别与确认,根据中国证监会发布的《2013 年上市公司年报会计监管报告》的有关要求,购买方在初始确认企业合并中购入的被购买方资产时,应充分识别被购买方拥有的、但在其财务报表中未确认的无形资产,对于满足会计准则规定确认条件的,应当确认为无形资产。

“在上述企业合并确认无形资产的过程中，发行人应保持专业谨慎，充分论证是否存在确凿的证据、合理的理由以及可计量、可确认的条件，评估师应按照公认可靠的评估方法确认其公允价值，不存在其他相反的证据。保荐机构和申报会计师应保持应有的职业谨慎，详细核查发行人确认的无形资产是否符合准则规定的确认条件和计量要求，是否存在虚构无形资产情形，是否存在估值风险和减值风险。”

2. 较大金额无形资产的常见问询

发行人应披露对主要业务有重大影响的主要固定资产、无形资产等资源要素的构成，分析各要素与所提供产品或服务的内在联系，是否存在瑕疵、纠纷和潜在纠纷，是否对发行人持续经营存在重大不利影响。

发行人与他人共享资源要素的，如特许经营权，应披露共享的方式、条件、期限、费用等。

对于金额较大的无形资产的问询意见通过案例的形式进行分析。

案例 3 - 417　无形资产占非流动资产比例较高构成核心资产

依据《关于翱捷科技股份有限公司首次公开发行股票并在科创板上市申请文件的审核问询函的回复》（翱捷科技、688220），审核问询意见：“问题 26. 关于无形资产。根据招股说明书：（1）公司无形资产包括软件、IP 等特许使用权以及非同一控制下企业/业务合并取得的知识产权及专利；（2）报告期各期末，公司无形资产账面价值分别为 31,867.05 万元、28,074.77 万元、44,705.95 万元和 40,159.06 万元，占非流动资产比例分别为 75.70%、68.09%、81.02% 和 76.12%，系公司核心资产；（3）软件摊销年限为 1～10 年。

“请发行人说明：（1）软件的具体构成、主要来源和供应商名称，与发行人主营业务之间的关系，区分不同摊销年限的软件类无形资产金额和占比，与同行业可比公司是否存在差异；（2）特许权使用费的具体构成以及与发行人主要产品之间的关系，授权期限及到期后的续约安排，是否能保证长期使用，是否会对发行人持续经营产生影响；公司特许使用权的摊销年限高于同行业可比公司的原因和合理性，摊销费用计入的会计科目及相关金额，是否符合企业会计准则的要求。请申报会计师对上述事项进行核查并发表明确意见。”

案例 3－418 关于无形资产和商誉

依据《关于上海睿昂基因科技股份有限公司首次公开发行股票并在科创板上市申请文件的审核问询函的回复》(睿昂基因、688217),审核问询意见:“问题24. 关于无形资产和商誉。招股说明书披露,报告期各期末,发行人无形资产账面价值分别为 4945.56 万元、4335.79 万元、3798.69 万元,主要为专利及专有技术,其账面原值占无形资产账面原值的比例分别为 96.68%、96.68%、95.57%。报告期各期末,发行人商誉账面价值分别为 4538.07 万元、2406.42 万元、2352.45 万元。专利及专有技术、商誉主要系收购源奇生物、百泰基因形成。发行人于 2018 年年末,针对百泰基因的商誉计提了 2131.64 万元的减值准备。

“请发行人说明:(1)收购源奇生物、百泰基因的具体情况(包括交易对方、交易金额、定价依据、交易时间等);(2)收购形成的无形资产评估增值和商誉的具体情况及入账依据;(3)报告期各期末,针对源奇生物、百泰基因所形成资产组的减值测试情况,重点说明百泰基因在产品销量增长较慢、毛利率偏低、销售单价大幅下滑的背景下,报告期各期末,商誉和无形资产减值计提是否充分;(4)报告期后,源奇生物、百泰基因的经营状况,相关资产组是否已经出现减值迹象,减值准备计提情况。

“请发行人结合收购子公司经营状况、账面商誉和无形资产等情况作出有针对性的重大事项提示。

“请保荐机构、申报会计师核查并就报告期各期末商誉、无形资产减值计提是否充分,报告期后商誉、无形资产是否已经出现减值迹象发表明确意见并说明形成相关意见的依据。”

案例 3－419 终止上市申请案例的无形资产问题

依据《关于苏州瑞博生物技术股份有限公司首次公开发行股票并在科创板上市申请文件的审核问询函的回复》(2021 年 5 月终止上市申请),审核问询意见:“问题 23. 关于无形资产。招股说明书披露,报告期各期末发行人无形资产账面价值分别为 304.95万元、9986.00 万元、8848.94 万元和 8099.93 万元,2018 年年末公司无形资产账面价值较 2017 年年末增加 9681.04 万元,主要系 Ionis 以其拥有的专利/专利申请作价 10,736.84 万元增资至公司所致。

"报告期内,公司研究开发费用于实际产生时计入当期损益,不存在资本化的情形。请发行人细化披露区分研究阶段和开发阶段的具体标准。

"请发行人说明:(1)上述专利/专利申请的具体内容,与发行人核心技术、主营业务及主要产品的关系,将其作为无形资产确认的依据;(2)专利/专利申请的作价依据,是否经过评估,评估的具体过程及假设依据,作价的公允性;(3)专利/专利申请的摊销期限及其依据;(4)对该专利/专利申请进行减值测试的具体内容,各期末可收回金额及其计算过程,是否存在减值迹象,减值计提是否充分;(5)结合该专利/专利申请作价的公允性以及 Ionis 授权发行人 ssRNAi 平台技术、SR065 项目、SR062 项目、SR063 项目相关费用的公允性,进一步说明 Ionis 入股发行人与上述授权合同是否构成'一揽子'交易。"

另外,依据《关于北京乐普诊断科技股份有限公司首次公开发行股票并在科创板上市申请文件审核问询函的回复》(2021 年 6 月终止上市申请),审核问询意见:"问题 23. 关于无形资产。根据申报材料,2017 年发行人并购产生的无形资产,主要为商标权与非专利技术,金额分别为 1968.47 万元和 5423.17 万元。2020 年上半年发行人存在无形资产减值损失 1432.62 万元。

"请发行人说明:(1)上述非专利技术及商标权的具体情况,相关金额,评估方法及具体假设,是否具有相关合同或法定权利的支持,是否符合资产的确认条件,是否存在虚构无形资产情形,是否存在估值风险和减值风险;(2)上述资产摊销年限,结合市场技术的变化情况说明确认的摊销年限是否合理,摊销年限确认与行业均值及可比案例是否存在差异;(3)报告期上述资产的减值计提情况,结合市场技术的变化和经营业绩情况,说明减值测试的具体过程,报告期各年减值计提是否充分;(4)2020 年上半年无形资产减值是否对应并购产生的相关资产,并结合无形资产减值依据,论证并购商誉报告期内不予减值的合理性;(5)就无形资产减值风险在风险因素中予以披露。请保荐机构及申报会计师核查以上情况,对发行人无形资产减值计提充分性发表明确意见。"

三、核心技术

主板、创业板、北交所与科创板对发行人的技术要求和行业类别存在差异,其中,科创板对科技属性和核心技术要求尤为突出。

(一)核心技术的描述

对于核心技术的描述应当客观,不应当夸大技术的先进性或者专门委托第三方机构出具定向的行业或者技术分析报告。同时,相关的核心技术应当结合公司产品中的应用,未来的发展,公司的专利情况,所处行业的技术进步的方向和趋势,发行人自身技术实力及其先进性,与同行业公司在产品、技术、工艺等方面的比较情况等,对比说明发行人对竞品的技术优势,结合产品特性、工艺改进等说明发行人技术先进性的具体依据。

1. 不宜夸大技术且不能混淆工艺

对于拟上市或挂牌主体的技术与研发问题,首先要明确是否存在核心技术以及核心技术是什么。有些类型的公司实际上不存在核心技术,但可能存在先进的工艺、关键人员的优势、销售渠道优势、资金进入壁垒等。尤其是存在生产工艺优势的,不能描述自己具有核心的技术优势。实际上多数投资机构和审核机构对公司是否有技术优势还是有一定的判断能力的,过多地拼凑或者描述实际上不存在的技术优势,反而对自身的业务描述存在一定的反向作用。

对于个别公司来说,可能技术先进性并不是很突出,但是在特定时期,由于产品的竞争主体较少,则可能维持销售价格和利润率水平的绝对优势,对此类公司应当不断地加强技术研发和巩固自身的行业地位,通过内延式和外延式相结合的方法巩固并扩大公司市场地位和竞争力水平。此类公司应当凭市场进入先占优势,根据行业标准、协会标准、国家标准等制定以及技术更新换代等维持竞争地位等。

2. 传统行业具有技术优势的企业应当说明

区别于扩大自身技术优势的企业,也存在无法让机构投资者以及审核机构发现自身优势的公司。对于传统行业的公司,投资机构以及审核机构从主观上倾向于认定其是不具有技术优势的,这样对存在一定传统技术产业的新材料或者新技术的研发公司来说不一定是认定准确的。而多数时候责任并非完全在于投资者或者上市审核机构，公司管理层自身以及中介机构可能并未发现或者并未通过数据或者合同等体现公司的优势。

对此类有一定的研发、设计、技术服务优势的传统行业的公司，也要通过合同、业务、营业执照的登记的范围、审计报告的业务分类等充分的体现公司自身区别于其他传统行业公司的设计、技术服务等优势。

案例 3-420 问询行业技术方向以及产品特性

依据《关于苏州朗威电子机械股份有限公司首次公开发行股票并在创业板上市申请文件的第二轮审核问询函的回复》，审核问询意见："问题 3. 关于技术先进性。申请文件及首轮问询回复显示，发行人主要产品包括数据中心机柜、综合布线产品及其他定制机柜。发行人已形成服务器机柜温湿度调节技术等 26 项核心技术，核心技术均非行业通用技术，具有一定的先进性。

"请发行人结合所在行业技术进步的方向和趋势、发行人自身技术实力及其先进性、与同行业公司在产品、技术、工艺等方面的比较情况等，补充说明发行人对竞品的技术优势，结合产品特性、工艺改进等进一步说明发行人技术先进性的具体依据。

针对前述问题，发行人反馈回复如下：

"(一)结合所在行业技术进步的方向和趋势、发行人自身技术实力及其先进性、与同行业公司在产品、技术、工艺等方面的比较情况等，补充说明发行人对竞品的技术优势

"1. 发行人所在行业技术进步的方向和趋势

"(1)预制化加快数据中心发展速度

"随着信息技术快速发展和迭代，业务竞争日趋激烈，用户对数据中心的交付时间要求越来越高，另外，数据中心涉及的设备和系统繁杂，现场安装调试复杂，为了满足数据中心大规模快速高效部署，数据中心产业开始探索预制化模式，预先标准化设计，工厂组装、集成、预测试，现场即插即用，实现快速安装、快速交付，并减少现场施工带来的安全隐患，将数据中心的建设由工地迁移到工厂。预制化加快数据中心发展速度，实现部件预制、设备预制、系统预制及建筑预制。

“(2)模块化数据中心成为数据中心建设新模式模块数据中心进入大批量投产应用阶段

“模块化数据中心是由很多模块化的设备,比如IT设备、供配电、制冷、机柜、综合布线等组成。数据中心的模块化设计大大简化了施工,也极大降低了维护难度。可实现40天完成部署,大幅降低传统2~3年的建设周期,并且以模块为单位,可按照需求快速灵活部署。模块化数据中心高效、灵活、快速、节能的特点解决了数据中心建设运营中的大量问题,在互联网、电信、金融、政府等多个行业得到了快速应用。

“(3)绿色化将成为数据中心发展的必然方向

“全球数据中心的建设步伐不断加快,PUE已成为数据中心规划和建设过程中需要考虑的必不可少的因素之一。国家发布了‘东数西算’规划,中国向世界宣布了堪称史诗级的能源革命政策:碳中和与碳达峰,这些剧烈的变化给IDC行业带来巨大的挑战以及机遇。冷热通道、微模块、T-block等不断出现的技术方案对降低数据中心PUE值、优化能效水平发挥着重要基础性作用。

“2.发行人自身技术实力及其先进性自成立以来,公司始终坚持产品研发及技术创新,同时根据下游行业发展趋势及客户不断更新的需求持续创新创造新的生产工艺、产品类型,围绕主营业务产品积累了一系列核心生产技术,截至2021年12月31日,共取得5项发明专利、94项实用新型专利、13项外观设计专利。依靠多年的研发积累,主导产品持续保持技术先进性,陆续发布冷热通道、微模块、T-block机架等新一代数据中心机房产品,是公司技术实力的综合体现。公司积累了中兴通讯、海康威视、腾讯、维谛技术、科华数据、英维克、城地香江等知名上市企业客户,相继获得‘江苏省高新技术企业’‘江苏省企业技术中心’‘江苏省民营科技企业’,获得科华数据等多家上市公司优秀供应商荣誉。公司技术实力受到客户及相关部门的认可。

“公司以技术发展趋势与客户需求为导向,积极响应碳中和等绿色节能政策,持续投入产品及工艺的研发,陆续推出服务器机柜、冷热通道、微模块、T-block机架等数据中心机柜解决方案。公司产品应用案例如下:(表格内容略)。

“随着数据中心行业整体技术的发展,出现了冷热通道、微模块、T-block机架等新的类型,公司能够紧跟技术趋势和客户需求,始终保持技术先进性,研发设计出最新的数据中心机柜系列产品。公司的数据中心机柜产品应用于京东云华东数据中心、中国移动长三角(南京)数据中心、腾讯上海青浦数据中心、腾讯河北怀来数据中心、腾讯江苏仪征数据中心及腾讯广东清远数据中心,作为数据中心基础的结构系统,在降低数据中心PUE中发挥着重要基础性作用。

"综上所述,发行人技术实力受客户及相关部门认可,能够紧跟技术趋势和客户需求,始终保持技术先进性。

"3.与同行业公司在产品、技术、工艺等方面的比较情况

"发行人目前在国内的同行业竞争对手主要为深圳市图腾通讯科技有限公司、广州南盾通讯设备有限公司。公司与同行业竞争对手在产品、技术、工艺等方面的比较情况如下:(表格内容略)。

"注:专利情况来源于中国专利审查信息官网查询公司产品相较于同行业竞争对手具有优势。公司以技术发展趋势与客户需求为导向,积极响应碳中和等绿色节能政策,持续投入产品及工艺的研发,陆续推出服务器机柜、冷热通道、微模块、T-block机架等数据中心机柜解决方案。公司在数据中心机柜系统领域拥有丰富的成功案例,产品终端应用于腾讯清远云计算数据中心、中国移动长三角(南京)数据中心、北京金汉王(阿里巴巴)数据中心、京东云华东数据中心、上海证券交易所金桥数据中心、蔚海智谷数据中心、汇天云端数据中心等大型数据中心,同时在美国、澳大利亚、德国设有子公司,不断开拓海外市场,拥有全球销售渠道和优质客户。在行业内具备较高的知名度和美誉度,积累了众多优质客户资源,其中包括中兴通讯、海康威视、腾讯、维谛技术、科华数据、英维克、城地香江等知名上市企业,公司产品力受到客户认可。

"公司技术相较于同行业竞争对手具有优势。在技术创新方面,公司在数据中心机房设备制造领域已掌握众多核心技术,截至2021年12月31日,已拥有专利权112项,共取得5项发明专利、94项实用新型专利、13项外观设计专利。公司拥有较为完善的创新体制平台,2019年,公司被江苏省民营科技企业协会评为'江苏省民营科技企业';同年,公司被江苏省科学技术厅认定为'江苏省企业技术中心';2020年,公司通过高新技术企业复审,再次被江苏省科学技术厅、江苏省财政厅、国家税务总局江苏省分局认定为'江苏省高新技术企业'。公司技术水平受到相关部门认可。

“公司生产工艺相较于同行业竞争对手具有优势。公司生产线根据自身生产条件和设计能力,兼顾客户产品需求,与国内外领先设备供应商共同集成开发,使得生产线都能满足柔性制造的先进技术要求。柔性制造体系主要通过设备柔性、工艺柔性和生产能力柔性等方面予以体现。在设备柔性方面,生产设备随产品变化而进行调整,从而满足不同系列不同类型产品的生产;在工艺柔性方面,弹性的工艺流程能够适应产品或原材料变化,并根据产品或原材料变化改变相应的工艺;生产能力柔性方面,可根据订单情况迅速地匹配产能、调整产量。

“综上所述,发行人相对于竞品具有技术优势。

“(二)结合产品特性、工艺改进等进一步说明发行人技术先进性的具体依据。

“1.公司产品特性

“数据中心普遍面临设备发热密度高、电力能耗大、机柜的空间不足等问题。一直以来,传统数据中心机房为了满足不断上升的散热要求,主要采取持续增加和更换空调设备的方式来解决,但是机房内部仍然存在局部热岛问题。同时,随着高密度服务器与低密度服务器混合使用的模式出现,从而导致数据中心机房服务器密度不均衡,产生的热量也不均衡,冷空气和热空气直接混合,致使冷空气的浪费很大,因此传统数据中心机房的平均制冷方法已经很难满足需求。

“(1)冷热通道

“公司的冷通道/热通道的工作原理均是通过一组服务器机柜和通道结构件共同形成一个封闭通道式结构设计,将冷热空气进行隔离,并分别引导冷空气和热空气有序流动。冷热通道产品利用了冷通道平移门技术、冷通道天窗技术、数据中心环境状态反馈技术、热通道密封技术等多项核心技术。

“冷通道的重点在于对数据中心制冷所需的冷气流进行管理和引导,将冷空气密闭在设计的数据中心机柜组成的通道,避免其与通道外的热空气混合,集中对通道两侧的服务器等设备精准制冷。冷通道的冷空气由通道间或高架地板下制冷设备送入密闭的冷通道内部,通道两侧机柜前端的设备吸入冷气给设备降温,降温后形成热空气由机柜后端排出到冷通道之外。

“热通道的重点在于对数据中心产生的热气流进行管理和引导,将数据中心服务器等设备散热形成的热气流集中在密闭的通道内,通过管道或者回风装置将密闭热通道内的热气流直接引导进入制冷设备进行处理,避免热气流与热通道之外的冷气流混同。制冷所需冷空气经由热通道外部两侧机柜吹入，对机柜内的服务器等设备制冷后形成的热气流进入密闭的热通道，之后用管道或者回风设备把热通道内的热风引入到空调机组内，达到热回风与热通道之外冷气量完全隔离。公司冷热通道作为数据中心重要基础结构产品，在降低数据中心PUE值中发挥着重要基础性作用，应用案例主要有京东云华东数据中心、中国移动长三角（无锡）数据中心，PUE值可以达到1.4。

“（2）微模块

“微模块是一个可以独立运行的微型数据中心，其物理体积相较于传统数据中心更小，但是集成数据中心所必需的机柜、服务器、气流遏制系统、供配电系统、制冷系统、动环监控系统、线缆管理系统于一体，一个模块就是一个独立微型数据中心。不同于大型数据中心需要在项目地因地制宜进行建设，微模块所需全部组件在工厂即完成标准化预制，在项目地快速拼装。微模块适用于建设场地较为复杂、算力需求比较灵活、数据中心建设周期比较紧迫的数据中心建设项目。

“公司微模块产品利用了承重增强技术、无痕焊接技术、模块化技术、快速组装技术、连续模技术等多项核心技术。公司可以根据客户项目的不同场景设计有针对性的模块化数据中心机房解决方案，满足个性化需求。微模块全部组件在工厂预制，为其他服务器设备预留标准化接口，便于客户对数据中心进行灵活快速部署，具有绿色节能、节省成本和用地的特点。

“公司微模块产品作为数据中心重要基础结构产品，在降低数据中心PUE值中发挥着重要基础性作用，应用案例主要有中国移动长三角（南京）数据中心、南京吉山中国电信数据中心、万国昆山数据中心，PUE值可以达到1.4、1.4、1.37。

“（3）T-block机架

“T-block机架是工厂预制化大型数据中心的结构件。T-block机架系统包括机柜方仓及结构系统，全部组件在工厂预制，机柜方仓为配电柜、电池柜、UPS方仓、IT方仓等预留标准化空间，结构系统为工厂预制装配式钢结构，实现了数据中心建设由工程向产品化转变。

“公司T-block机架产品利用承重增强技术、无痕焊接技术、线缆管理技术、快速组装技术、连续模技术等多项核心技术。公司T-block机架以标准化、产品化形式实现数据中心机房像搭积木一样快速建设交付，降低了对机房土建条件的依赖和约束,通过更加绿色环保的装配式钢结构形成实现主体建筑的低成本快速建设,土建建设周期缩短约50%,采用工厂预制、现场拼装,机电交付周期缩短约40%。公司T-block机架产品作为数据中心重要基础结构产品,在降低数据中心PUE值中发挥着重要基础性作用,应用案例主要有腾讯河北怀来数据中心、腾讯江苏仪征数据中心、腾讯广东清远数据中心,PUE值可以达到1.2以下。

“2.公司工艺改进

“随着客户需求差异化的趋势以及对产品精度、复杂度要求的不断提高,公司根据自身生产条件和设计能力,兼顾客户产品需求,与国内外领先设备供应商共同集成开发,使得生产线能满足柔性制造的先进技术要求。公司柔性制造体系主要通过设备柔性、工艺柔性和生产能力柔性等方面予以体现。在设备柔性方面,生产设备随产品变化而进行调整,从而满足不同系列不同类型产品的生产;在工艺柔性方面,弹性的工艺流程能够适应产品或原材料变化,并根据产品或原材料变化改变相应的工艺;在生产能力柔性方面,可根据订单情况迅速地匹配产能、调整产量。”

(二)科创板关于应当依靠核心技术开展生产经营的界定

《上海证券交易所科创板股票发行上市审核问答》问题10:“《上市审核规则》规定,发行人应当主要依靠核心技术开展生产经营,对此应当如何理解?信息披露有哪些要求?中介机构应当如何进行核查?

“答:(一)主要依靠核心技术开展生产经营的理解

“主要依靠核心技术开展生产经营,是指企业的主要经营成果来源于依托核心技术的产品或服务。一是发行人能够坚持科技创新,通过持续的研发投入积累形成核心技术。二是发行人主要的生产经营能够以核心技术为基础,将核心技术进行成果转化,形成基于核心技术的产品(服务)。如果企业核心技术处于研发阶段,其主要研发投入均应当围绕该核心技术及其相关的产品(服务)。三是核心技术的判断主要结合发行人所处行业的国家科技发展战略和政策、整体技术水平、国内外科技发展水平和趋势等因素,综合判断。

“(二)发行人信息披露要求

“发行人应在招股说明书中披露以下信息:

“1. 报告期内通过核心技术开发产品(服务)的情况,报告期内核心技术产品(服务)的生产和销售数量,核心技术产品(服务)在细分行业的市场占有率;

“2. 报告期内营业收入中,发行人依靠核心技术开展生产经营所产生收入的构成、占比、变动情况及原因等。

“(三)保荐机构核查要求

“保荐机构应结合发行人所处的行业、技术水平和产业应用前景,重点核查以下事项:

“1. 发行人的研发投入是否主要围绕核心技术及其相关产品(服务);

“2. 发行人营业收入是否主要来源于依托核心技术的产品(服务),营业收入中是否存在较多的与核心技术不具有相关性的贸易等收入,核心技术能否支持公司的持续成长;

“3. 发行人核心技术产品(服务)收入的主要内容和计算方法是否适当,是否为偶发性收入,是否来源于显失公平的关联交易;

“4. 其他对发行人利用核心技术开展生产经营活动产生影响的情形。

“保荐机构应当就发行人是否‘主要依靠核心技术开展生产经营’发表明确意见。保荐机构在全面核查并发表明确核查意见的基础上,应审慎选择并推荐符合科创板定位的企业上市,督促发行人做好相关信息披露和风险揭示。”

(三)关于核心技术的常见问询意见

1. 常见审核问询意见

(1)披露核心技术来源、形成过程,关联方拥有或使用与发行人业务相关的商标、专利等知识产权的情况,是否存在对核心技术人员依赖,是否与其他机构或研发人员存在纠纷及潜在纠纷。

(2)披露发行人现有核心技术中能够衡量发行人核心竞争力或技术实力的关键指标及与可比公司的比较情况等,用简明扼要的语言及数据分析其核心技术的先进性,在境内与境外发展水平中所处的位置;结合国内主要竞争对手的研发情况、技术水平等,说明发行人核心技术为行业通用技术还是发行人独创技术,是否存在被国际、国内市场上其他技术替代、淘汰的风险。

(3)结合发行人核心技术、重点在研项目、核心研发团队背景、研发投入、研发设备、技术储备等情况,补充披露发行人现有研发体系是否具备持续创新能力;补充披露报告期内发行人在研项目研发投入情况;说明研发费用率低于同行业可比公司平均水平的原因,结合发行人生产工艺的变革、核心技术研发和专利申请情况分析报告期各期研发投入是否充足,是否足以支撑生产工艺的更新换代。

(4)披露核心技术人员主导的发行人已取得及申请中专利情况,并说明是否涉及前期公司的职务发明,若是,请充分说明是否取得所在单位或权利人的同意,是否采取了防范风险、解决争议或潜在纠纷的有效措施。

(5)补充披露发行人核心技术人员离职是否涉及竞业禁止、职务发明等情形,是否存在纠纷或潜在纠纷。

(6)披露发行人就防止技术泄密所采取的措施以及有效性,发行人是否存在较大的技术泄密风险;披露发行人核心技术人员离职是否涉及竞业禁止、职务发明等情形,是否存在纠纷或潜在纠纷,是否存在核心技术人员流失等风险。

(7)补充披露发行人在合作研发项目过程中参与的环节,目前的研发成果、研发成果所有权归属等,是否能独家使用专利技术,是否存在使用期限,对应的主要产品是否在可预见的未来存在市场竞争力;各合作研发项目的具体情况及相关协议安排,包括发行人与合作方在合作中的分工、主要承担的角色和任务,发行人在研发过程中参与的环节,研发重要时间节点,已经取得或正在形成的研发成果、是否形成专利或专利申请权,研发成果所有权归属、相关权属约定是否明确,是否存在纠纷或潜在纠纷;结合合作研发项目的权利义务分配约定,披露是否主要由科研机构进行相应的技术研究,是否存在纠纷或潜在纠纷;就合作研发中权利归属于发行人的约定,发行人是否需要支付额外费用,如否,披露原因及合理性;相关合作研发项目协议约定知识产权归双方共有,是否影响发行人对相关知识产权的使用;合作研发的费用承担分配、收益分成安排等,研发费用是否由各方独立核算,是否存在相关参与主体为发行人分担费用的情形;除合作研发外,发行人是否存在委托研发情形,如是,补充披露各委托研发的具体情况;合作研发项目在发行人技术体系中的地位,发行人核心技术是否对合作研发、委托研发存在依赖,发行人持续经营能力是否依赖于合作研发、委托研发或相关单位,是否存在纠纷或潜在纠纷;合作研发过程中,是否存在使用第三方核心设备、人员、资产、场所,或使用合作院校科研费用、挂靠国家基金相关项目进行研发等情况。

(8)补充列示受让专利及商标的具体情况,包括受让取得时间、对发行人的重要程度及对应产品销售收入、利润情况，出让方的基本情况、出让价格及公允性，出让方与发行人及相关方是否存在关联关系，相关转让是否存在纠纷或潜在纠纷。

(9)披露被授权使用专利的具体情况，包括但不限于相关专利的行业地位及竞争力、授权使用期限、在发行人技术体系中的地位、发行人依靠相关专利开展生产经营所产生的收入在发行人总收入中的占比情况、是否影响发行人持续经营，并做相关风险揭示。

(10)按产品类别披露发行人核心技术产品收入具体内容，核心技术产品和非核心技术产品毛利率比较情况及差异原因；披露报告期内未使用核心技术生产的产品具体构成，占比波动的原因。

案例 3－421 问询核心技术未申请专利的原因

依据《关于青岛豪江智能科技股份有限公司首次公开发行股票并在创业板上市申请文件的审核问询函的回复问题》，审核问询意见："4. 关于核心技术。招股说明书显示：

"(1)发行人拥有 116 项专利，其中发明专利 2 项、实用新型专利 23 项、外观设计专利 91 项，另外拥有 26 项境外注册专利，均为外观设计专利；

"(2)发行人 12 项核心技术中，有 9 项属于技术机密，未申请专利。

"请发行人：

"(1)补充披露发行人与同行业可比公司在专利数量及构成方面的对比情况，发行人拥有的发明专利较少、外观设计专利较多的原因，是否表明发行人的技术壁垒与可比公司存在一定差距；

"(2)说明 9 项核心技术未申请专利的原因，是否已存在相似专利导致无法申请，发行人的核心技术是否具有独创性。

"请保荐人和发行人律师发表明确意见。"

针对前述问题，发行人反馈回复：

9 项核心技术中的 7 项(排除高可靠性驱动器限滑技术、机械防夹和手动开启技术)主要以将现行通用的物联网技术和产品，通过自研算法、定制软件等方式与发行人产品相结合，从而使公司产品的多方式控制、智能化功能的特征越发明显。

相关技术主要以软件著作权或技术秘密的方式对其代码和算法予以保护，对其中可以申请专利的技术，发行人已视必要性提出了相关申请。

经北京华仁联合知识产权代理有限公司（以下简称华仁联合）对国家知识产权局专利检索及分析数据库中截至2021年12月31日的国内专利进行检索，同时通过对公司核心技术摘要选取关键词（对如限滑、阻尼、非接触式传感器、防夹等关键词进行组合）、对可比公司名下的专利进行检索和筛选，最后将前两项检索结果进行交叉核验，最终筛选出部分与发行人9项核心技术可能存在疑似相似的专利。结合有关机构提供的说明等资料，公司9项未申请专利的核心技术的情况如下：

（1）高可靠性驱动器限滑技术

高可靠性驱动器限滑技术涉及众多的应用领域，并根据在不同应用产品上进行相应的细节调整，不适合整体申请专利技术，但公司除通过技术秘密对此技术中的窍门进行保护外，也就该项专利申请了实用新型专利"一种具有自锁功能的电机（专利号：2020229640666）"。

截至2021年12月31日，该项核心技术的具体应用已获专利授权，公司该项核心技术不存在相似专利导致无法申请的情况，发行人的核心技术具有独创性。

（2）多维度非接触式生命体征检测技术

多维度非接触式生命体征检测技术是从多个方面对生命体进行非接触形式的生命体征监测，涉及监测、分析和行为控制等多个方面，公司未就技术整体申请专利，但公司在该项核心技术方面已经拥有豪江睡眠质量监测分析系统V1.0（登记号：2018SR933966）和基于穿戴设备的睡眠监测系统V1.0（登记号：2018SR933974）的软件著作权，并且已经申请了智能睡眠监测系统（申请号：2021209855072）和智能止鼾系统（申请号：2021206642591）的实用新型专利，申请截至2021年12月31日仍在审查中。

根据华仁联合出具的说明，与该项核心技术存在疑似相似的可比公司专利见表18：

表18　疑似可比专利

序号	专利权人	疑似相似专利	专利信息
1	捷昌驱动	基于多传感器的无线升降桌系统	授权公告日:2020.08.18 类型:实用新型

经对比分析,同行业公司的相关专利应用场景具有明显差异,主要用于升降桌系统,发行人就该项核心技术的具体应用申请的实用新型专利已在审核中,未被驳回,公司该项核心技术不存在相似专利导致无法申请的情况,发行人的核心技术具有独创性。

2. 审核问答关于核心技术披露的要求

发行人应披露主要产品或服务的核心技术及技术来源,结合行业技术水平和对行业的贡献,披露发行人的技术先进性及具体表征。披露发行人的核心技术是否取得专利或其他技术保护措施、在主营业务及产品或服务中的应用和贡献情况。

发行人应披露核心技术的科研实力和成果情况,包括获得重要奖项,承担的重大科研项目等。

发行人应披露正在从事的研发项目、所处阶段及进展情况、相应人员、经费投入、拟达到的目标;结合行业技术发展趋势,披露相关科研项目与行业技术水平的比较;披露报告期内研发投入的构成、占营业收入的比例。与其他单位合作研发的,还应披露合作协议的主要内容,权利义务划分约定及采取的保密措施等。

发行人应披露核心技术人员、研发人员占员工总数的比例,核心技术人员的学历背景,取得的专业资质及重要科研成果和获得奖项情况,对公司研发的具体贡献,发行人对核心技术人员实施的约束激励措施,报告期内核心技术人员的主要变动情况及对发行人的影响。

发行人应披露保持技术不断创新的机制、技术储备及技术创新的安排等。

3. 核心技术描述或反馈时注意事项

(1)公司技术或工艺等描述

对公司的产品或者服务所采取的核心技术应当如实披露,不应当无根据地扩大技术的先进性及其优势。实际上,通过竞争对手以及商业上下游的产品和技术应用很容易理解技术的先进性。公司的利润率水平在一定程度上也代表了技术的优势。

对已经应用的技术以及代表公司未来发展方向的技术应当区分描述,同时对未来发展方向所代表的技术应当重点描述。不能将目前已经采用的技术和没有形成销售收入的技术混为一谈。实际上在行业部分和在财务部分都可以对形成销售收入的技术有一定的描述,特别是报告期末的新技术若形成一定的订单或者销售收入可以特别说明一下。不能单纯把技术的先进性描述的比较突出,同时技术形成时间较长,而多年未形成销售收入,对于类似情形需要解释长时间未创造价值原因,技术的先进性也容易遭到质疑。

对技术的创新性、优势和可替代性以及能够发挥的价值可以适当地描述。

(2)研发基本情况

公司研发机构的部门设置情况、研发人员数量和构成、核心技术(业务)人员情况、研发支出的具体情况及其占营业收入比例、研发项目与成果等属于关于研发披露的基本内容。若拟挂牌或上市主体对相关事项不理解,中介机构可以拿制度依据说服拟上市或挂牌主体。实际上如果认定自身有研发内容等,就需要按照规定披露相关信息。

研发存在研发模式的问题,有时候披露的合同有委外研发合同或者技术合作合同,而公司披露的研发模式是单一的独立研发。若存在相关问题,单从披露合同来看,公司披露的研发模式属于不准确的。

若存在联合研发、委外研发的情况,需要关注知识产权的归属、研发费用的支出以及归类、是否存在争议,更主要的是如何判定后期技术或者知识产权的利用以及经济利益的分配等。如果联合研发主体为政府控制的研究所、大学等机构的,需要关注其是否侵犯了相关主体的利益,是否取得了相关机构的审批,是否相关的技术属于前述主体单位的权利还是属于个人的权利等。

案例 3-422 要求结合研发费率下降说明研发能力和技术实力

依据《关于北京怡和嘉业医疗科技股份有限公司首次公开发行股票并在创业板上市审核中心意见落实函的回复》,审核问询意见:“问题二、关于业务与技术。

申报材料及审核问询回复显示：

“(1)报告期内，公司研发费用分别为2534.06万元、2581.41万元、3364.54万元、2034.40万元，占当期营业收入比重分别为13.40%、10.01%、6.00%、7.46%；

“(2)报告期内发行人竞争对手飞利浦因产品质量风险在全球召回约400万台设备，发行人生产工序主要为零部件组装，相关定制化的零部件均由供应商提供。

“请发行人：

“(1)结合研发费用率下降趋势，进一步说明发行人的研发能力、技术实力及其竞争优劣势；

“(2)结合现有技术储备、在研产品情况、发行人产品与同行业可比公司产品的比较情况进一步说明发行人的核心竞争力及成长性；

“(3)结合产品各项零部件的来源、原材料及生产流程的安全性、对供应商的管理制度等，分析发行人是否存在产品被召回、生产经营违法违规等方面的风险，如是，请充分提示相关风险；

“(4)分析《医疗器械监督管理条例》《医疗器械生产监督管理办法》《医疗器械经营监督管理办法》等最近实施的行业监管政策对发行人生产经营的具体影响。

“请保荐人、发行人律师发表明确意见。”

(3)披露技术明细以及是否存在侵权

披露公司所取得的技术的明细，以及是否存在侵犯他人知识产权情形。针对公司区分技术的不同取得形式进行不同方面的核查：①若是原始取得，核查是否存在其他单位的职务发明问题、是否侵犯他人知识产权、是否存在竞业禁止事项，根据发明人的履历、学历、成果等也能判断其是否为真实的技术发明人，个别公司的技术来源可能并非登记的发明人等，需要关注是否存在研发团队以及是否是通过受让的方式取得的技术；②若是合作研发取得，核查合作概况、相关权属和利益分配的约定；③若是受让取得，核查受让的原因、受让概况、技术是否存在权属瑕疵。对于有些公司的核心技术可能是通过受让取得的，甚至个别公司的核心技术仅仅是授权使用,对于类似情形应当充分论证技术的先进性以及如何保证使用的稳定性等。

案例3-423 核心技术来源及人员与原单位是否存在竞业禁止

阿尔特首发上市相关反馈意见:"发行人主要从事整车设计及其他汽车行业相关的技术服务。请发行人:说明发行人核心技术的来源及形成发展过程,发行人现有各项知识产权、核心技术,是否涉及董事、高级管理人员或其他核心人员在曾任职单位的职务成果,是否存在权属纠纷或潜在纠纷;前述人员是否违反与曾任职单位之间的竞业禁止协议(义务)或保密义务。补充披露发行人与国内外主要竞争对手、同行业企业或其他主体之间是否存在知识产权相关的诉讼、仲裁或其他纠纷;报告期内发行人在业务开展中是否存在侵犯他人知识产权或被他人侵犯知识产权的情形,如存在,请披露具体情况。补充披露发行人各项专利权的取得方式,受让取得2项著作权的具体情况;说明发行人实际控制人目前是否拥有其他与发行人业务相关的专利等知识产权。说明发行人是否存在合作研发的情形,如存在,请按照招股说明书信息披露准则的要求进行补充披露。结合发行人业务的特点,说明报告期内发行人的核心设计团队是否稳定,发行人的经营是否对个别关键核心人员构成重大依赖;说明发行人对设计方案等资料的保密措施,并就核心人员流失、设计方案泄密等风险进行补充风险提示。"

第十四节 业务合同

首发上市时,在招股说明书及法律意见书等文件中应当披露发行人的重大或者具有重大影响的合同等。合同的披露内容对公司收入确认、收入真实性印证和核查、商业模式确定、公司的研发模式、公司知识产权分配或归属等具有关键作用,所以就合同相关事项进行专门的讨论。

一、合同披露的相关规则

(一)主板关于合同披露的规定

《公开发行证券的公司信息披露内容与格式准则第 1 号——招股说明书》(2015 修订)第 45 条第 3 款规定:“发行人允许他人使用自己所有的资产,或作为被许可方使用他人资产的,应简要披露许可合同的主要内容,包括许可人、被许可人、许可使用的具体资产内容、许可方式、许可年限、许可使用费等,以及合同履行情况。若发行人所有或使用的资产存在纠纷或潜在纠纷的,应明确说明。”第 124 条规定:“发行人应披露交易金额在 500 万元以上或者虽未达到前述标准但对生产经营活动、未来发展或财务状况具有重要影响的合同内容,主要包括:(一)当事人的名称和住所;(二)标的;(三)数量;(四)质量;(五)价款或者报酬;(六)履行期限;(七)地点和方式;(八)违约责任;(九)解决争议的方法;(十)对发行人经营有重大影响的附带条款和限制条件。总资产规模为 10 亿元以上的发行人,可视实际情况决定应披露的交易金额,但应在申报时说明。”第 143 条规定:“发行人应披露对投资者作出投资决策有重要影响的其他事项,如重大合同、重大诉讼或仲裁事项等。”

(二)创业板关于合同披露的规定

《公开发行证券的公司信息披露内容与格式准则第 28 号——创业板公司招股说明书》(2020 修订)第 58 条规定:“发行人存在协议控制架构的,应披露协议控制架构的具体安排,包括协议控制架构涉及的各方法律主体的基本情况、主要合同的核心条款等。”第 92 条规定:“发行人应披露对报告期经营活动、财务状况或未来发展等具有重要影响的已履行和正在履行的合同情况,包括合同当事人、合同标的、合同价款或报酬、履行期限、实际履行情况等。与同一交易主体在一个会计年度内连续发生的相同内容或性质的合同应累计计算。”

依据深圳证券交易所于 2021 年 7 月 23 日发布的《深圳证券交易所创业板发行上市审核业务指南第 2 号——创业板首次公开发行审核关注要点》,招股说明书应当列表披露对报告期经营活动、财务状况或未来发展等具有重要影响的已履行和正在履行的合同情况,包括合同当事人、签订时间、合同标的、合同价款或报酬、履行期限、实际履行情况、实际确认收入时点等。保荐人和发行人律师应当核查合同形式和内容是否合法，是否履行了内部决策程序，是否存在无效、可撤销、效力待定的情形，是否办理了批准登记手续，合同的履行情况和履行可能性，是否存在重大法律风险，因不能履约、违约等事项对发行人产生或可能产生的影响，并发表明确意见。

（三）科创板关于合同披露的规定

《公开发行证券的公司信息披露内容与格式准则第 41 号——科创板公司招股说明书》第 58 条规定："发行人存在协议控制架构的，应披露协议控制架构的具体安排，包括协议控制架构涉及的各方法律主体的基本情况、主要合同的核心条款等。"第 94 条规定："发行人应披露对报告期经营活动、财务状况或未来发展等具有重要影响的已履行和正在履行的合同情况，包括合同当事人、合同标的、合同价款或报酬、履行期限、实际履行情况等。与同一交易主体在一个会计年度内连续发生的相同内容或性质的合同应累计计算。"

（四）北交所关于合同披露的规定

《公开发行证券的公司信息披露内容与格式准则第 46 号——北京证券交易所公司招股说明书》第 50 条规定："发行人应根据重要性原则披露主营业务的具体情况，主要包括……（四）报告期内对持续经营有重要影响的合同的基本情况，包括合同当事人、合同标的、合同价款或报酬、履行期限、实际履行情况等；与同一交易主体在一个会计年度内连续发生的相同内容或性质的合同应累计计算。发行人还应披露重大影响的判断标准。"第 51 条规定："发行人应遵循重要性原则披露与其业务相关的关键资源要素，主要包括……（四）对主要业务有重大影响的主要固定资产、无形资产的构成，分析其与所提供产品或服务的内在联系，是否存在瑕疵、纠纷和潜在纠纷，是否对发行人持续经营存在重大不利影响。发行人允许他人使用自己所有的资产，或作为被许可方使用他人资产的，应披露许可合同的主要内容，主要包括许可人、被许可人、许可使用的具体资产内容、许可方式、许可年限、许可使用费……"

二、合同形式和内容

(一)合同形式

1.原则上合同应当采取书面形式

在报告期初或者其他早期,发行人可能存在部分合同未采用书面形式或者以短信、微信、邮件等形式单方告知而形成合意。按照相关法律的规定合同可以以书面形式以及其他形式设立,但是在上市过程中,为了保证公司内部控制的有效性以及方便中介机构、监管机构和上市审核机构的审核,建议采取书面合同形式,同时需要双方正常的签字和盖章。

客户若属于较大规模的强势企业,客户可能采用供应商采购系统,相关销售合同或订单通过客户的供应商系统进行,一般通过线上生产电子订单或者通过内网邮件、消息通知的形式形成采购订单,此类业务合同需要注重对整体电子系统订单截图并保存,同时将相关的其他佐证作为合同的附件。

2.可以采取框架或者年度合同

根据公司的行业、产品性质、商业模式、交易习惯等差异,在满足内控制度的要求下,为了能够高效地开展业务,对于灵活、不定期的订单可以通过灵活的方式处理,比如对于类似情况,可以采取年度或者特定期间的框架协议或者总体采购协议的形式。后期通过电子邮件等方式进行下单或者采购,定期补充订单盖章或者通过定期对账单及定期验收单的形式进行补充确认。

案例3-424 发行人的重要合同均为框架合同无金额

依据《关于杭州光云科技股份有限公司首次公开发行股票并在科创板上市申请文件的第二轮审核问询函之回复》,审核问询意见:"问题11.关于其他问题。请发行人:披露'重大合同'中'重要性水平'的确定标准和依据;严格按照《公开发行证券的公司信息披露内容与格式准则第41号——科创板公司招股说明书》第94条的规定,披露重大合同的合同当事人、合同标的、合同价款或报酬、履行期限、实际履行情况等。"

回复:"发行人已按照《公开发行证券的公司信息披露内容与格式准则第41

号——科创板公司招股说明书》第94条的规定,在招股说明书之第十一节其他重要事项之一、重大合同中修订披露:公司签订的合同以框架合同为主,框架合同中未对交易具体金额明确约定,公司日常经营中通过订单或其他形式与交易对方约定具体交易信息,单笔交易金额较小,无法体现其重要性。此外,公司的客户主要为各平台电商商家,分散度高,公司向报告期内合计销售金额前十名的客户销售的产品以打印机为主;与公司业务相关的采购则以打印机和互联网服务为主。因此,公司选取与报告期内前十大客户、供应商发生的与公司业务有紧密关联的已履行、正在履行的重大销售合同、重大采购合同作为重要合同。”

(二)合同日期

签订业务合同时能确定日期的及时注明日期。类似于合同未写日期等事项或者合同双方写的日期不一致且跨年度的情形,就会涉及收入核算的年度问题,所以对于合同的日期需要完善。实务中,从发行人内控的角度出发,应当严格控制合同的日期书写等。发行人向中介机构提供的材料,不可存在不写合同日期或者合同日期不一致的情形。以创业板为例,其要求招股说明书应当列表披露合同的情况,包括签订时间。

案例3-425 注册环节反馈意见要求说明合同日期和业务发生的差异

依据《关于研奥电气股份有限公司申请首次公开发行股票并在创业板上市发行注册环节反馈意见落实函的专项说明》,该公司存在先发货后补合同的情形,答复监管机构问询如下:

“(3)报告期内发行人检修业务存在先发货后签署合同情形,发行人关于此情形的相关内部控制措施、发出商品与期后签署合同匹配关系的相关说明。

“2019年年末公司检修业务的发出商品余额为1235.34万元,金额较高且较2018年大幅增加1232.17万元,主要系2019年公司对青岛四方所新增CRH3型动车组电气设备检修业务,因新车型检修价格商定、青岛四方所内部审批流程较长等因素导致2019年年末存在检修产品已发出但尚未签署合同的情形,从而形成较大金额发出商品,2020年公司与青岛四方所签署完相应批次检修产品的销售

合同后对上述发出商品进行确认收入并结转成本,现结合公司 ERP 系统操作流程对上述业务的核算过程说明如下:

"①青岛四方所向公司下发回车检修计划。青岛四方所以电子邮件等方式向公司下发回车检修计划、作业指导书等文件,通知公司该批次待检车辆的列数和计划检修时间,作业指导书中会注明各类型号待检产品的检修要求。公司根据回车计划及作业指导书内容制定配置清单,列示需要检修的产品明细。

"②公司销售部根据配置清单在 ERP 系统中生成销售订单。公司销售部根据配置清单中列式的待检修产品明细,在 ERP 系统中生成对应的销售订单,销售订单中包括检修的项目名称、订单号、客户名称、存货名称、存货编码,同时会备注待检产品所属车次。

"③公司生产部门根据销售订单在 ERP 系统中生成生产订单。生产部门根据 ERP 系统生成的销售订单制订生产计划,并在 ERP 系统中生成生产订单,生产订单中的物料编码、物料名称与销售订单中的存货编码、存货名称一一对应,并在订单号中标明待检产品所属车列次。

"④生产完成后产品入库并生成入库单。生产部门按照生产订单进行生产,产品完工后转入产成品库,生成产成品入库单,产品编码、产品名称与生产订单中的物料编码、物料名称一一对应,同时会自动带出相关联的生产订单号对应的所属列次。

"⑤按照客户要求的发货时间,根据销售订单在 ERP 系统生成发货单。公司根据客户要求的发货时间,在 ERP 系统中生成发货单,发货单是依据销售订单自动生成的,发货单中会自动带出关联的对应销售订单号及备注的销售订单列次,同时列明发货明细,包含存货编码、名称、型号、数量等内容。客户放行检验合格、向公司开具放行检验单后,公司组织发货并形成发出商品。

"⑥公司与青岛四方所签订销售合同后,根据放行检验单的产品明细和合同确定的价格结转发出商品并确认收入。

"公司在检修产品发出后会持续跟进销售合同进展并在青岛四方所内部审批完成后及时签署,销售合同会后附青岛四方所出具的采购订单,该采购订单同样是根据回车计划及作业指导书等文件制定,产品名称及数量与公司 ERP 生成的销售订单、发货单等单据一致,可以通过匹配具体订单号下的产品名称做到与合同一一对应。

“实际业务中，公司根据青岛四方所的具体要求，存在同批回车计划中的车辆按照列次分多个合同签署的情形。由于同一车型的待检产品明细及其合同价格均一致，因此销售合同主要起到双方结算依据的作用，公司会按照 ERP 系统中记录的发出商品所属列次，按照发货列次的先后顺序进行结转和确认收入，例如，2019 年年末公司检修业务发出商品中包含 5 列 CRH3 型动车组检修产品，每列产品的检修产品明细和检修价格一致，公司 2020 年与青岛四方所就上述 5 列检修车辆签署 3 份销售合同，每份合同约定的检修产品数量分别对应 2 列车、2 列车和 1 列车，公司在与青岛四方所签署完第一份 2 列车对应产品的销售合同后，将发出商品中归属于 1 ~2 列车的检修产品进行了结转和收入确认，后续在签署其他列次销售合同后，也按照发出商品所属车辆列次进行了顺序结转。

“综上所述，在公司 ERP 系统核算流程下，能够保证检修业务的期末发出商品与最终销售合同的产品明细一一对应，同时由于同一车型待检产品明细、检修价格具有一致性，公司在签署销售合同时按照发货列次顺序确认收入具有合理性，不存在发出商品和销售合同不匹配的情形。”

针对报告期内发行人检修业务存在先发出商品后补签合同的情形，保荐机构、申报会计师进行了 IT 审计、内控测试等相关核查。经核查，保荐机构、申报会计师认为，发行人检修业务的 ERP 核算流程规范，内部控制流程有效，能够对销售订单录入、生产订单录入、产成品入库、产品发出、销售合同签署后的收入确认和成本结转等关键业务环节进行有效控制。发行人报告期期末检修业务发出商品与期后签署的销售合同具有匹配性，发出商品的数量及金额计量准确，发出商品期后结转能够获取充分证据证明发行人收入确认和成本结转真实、准确、完整。

（三）合同内容

以创业板为例，其要求招股说明书应当列表披露对报告期经营活动、财务状况或未来发展等具有重要影响的已履行和正在履行的合同情况，包括合同当事人、签订时间、合同标的、合同价款或报酬、履行期限、实际履行情况、实际确认收入时点等。保荐人和发行人律师应当核查合同形式和内容是否合法，是否履行了内部决策程序，是否存在无效、可撤销、效力待定的情形，是否办理了批准登记手续,合同的履行情况和履行可能性,是否存在重大法律风险,因不能履约、违约等事项对发行人产生或可能产生的影响,并发表明确意见。

主板、科创板等对合同要求披露的内容存在些许差异,但不影响合同披露的关键内容,关键内容均一致。

《监管规则适用指引——法律类第 2 号:律师事务所从事首次公开发行股票并上市法律业务执业细则》第 27 条规定,律师应当查验发行人将要履行、正在履行以及虽然已经履行完毕但可能存在潜在纠纷的对发行人报告期生产经营活动、财务状况或者未来发展等具有重要影响的合同是否合法、有效,具体查验内容包括:

(1)发行人重大合同的判断标准和确定依据,是否与公司业务相关。

(2)发行人重大合同签订形式和内容是否符合法律法规的规定,是否按照法律法规和公司章程的规定履行内部决策程序。

(3)发行人重大合同是否需要办理批准、登记手续。如需要,发行人是否已经办理了相关批准、登记手续。

(4)发行人重大合同的主体是否存在因发行人改制等原因需要变更的情形。如需要,发行人是否已经依法完成变更。

(5)发行人重大合同的履行情况,是否存在重大法律风险。

案例 3 -426 因未对合同内容异常保持怀疑被处罚

依据浙江证监局在网站公开的信息记载,其于 2022 年 1 月 11 日出具的行政处罚决定书〔2022〕1 号,证监局认为,决定书中的审计机构和人员存在部分审计程序执行不到位的情况,包括:“1. 未对合同异常保持合理怀疑。上海某公司部分合同执行周期为 3 年,未对付款条件、业务进度约束、技术服务质量验收标准等合同关键事项作出明确约定。审计机构未对上述合同关键条款异常情况保持合理怀疑,未实施进一步审计程序。2. 未充分关注合同执行情况,未获取充分、适当的审计证据。上海某公司部分合同约定了按照阶段性进展支付研究开发经费的付款条件,以及研究项目应达到的技术指标和参数等。审计底稿中,审计机构未获取技术指标、参数以及相关资料,未对双方确认阶段性进展情况执行进一步审计程序。3. 未对完工进度获取充分、适当的审计证据。上海某公司按照完工百分比法确认成本及对应收入，但作为完工进度主要依据的《下游技术平台项目实施进度确认报告》仅有个人签名、未加盖上海某公司及供应商公章，也未见签字人身份确认及是否得到授权认可等材料。审计底稿中未见获取完工进度的计算依据、量化业务数据支撑、项目研究等原始资料，证明完工进度的审计证据获取不充分。”

案例3-427 合同原约定需要安装调试后出具确认不需要安装调试

依据《关于广东鸿铭智能股份有限公司首次公开发行股票并在创业板上市申请文件审核问询函的回复》，关于问题9“收入确认”的反馈回复中包含下列内容：

“（1）公司在未与客户签订正式书面合同的情况下，根据邮件记录、口头约定及取得的客户验收/签收单据后确认收入，公司将取得验收/签收单据与合同签订跨年的情况进行调整，故相关收入确认时间为合同签订时间与验收/签收时间孰晚，即销售合同正式签订时间。

“（2）公司与重庆凯成签订的合同编号为KCC202003050的销售合同，合同内容为配套设备和零配件。该合同为重庆凯成提供的合同模板，根据合同约定公司需对设备进行安装调试。但在合同实际执行过程中，合同对应的配套设备和零配件为单台设备，不需要跟包装成套设备一样进行复杂的安装调试，拆开包装即可直接使用，公司也未对相关配套设备及零配件进行安装、调试。公司已取得重庆凯成提供的相关说明，证明公司对该笔销售无须承担安装调试义务，产品签收即完成风险报酬转移。”

（四）合同重要性的判断

申请主板上市，发行人应披露交易金额在500万元以上或者虽未达到前述标准但对生产经营活动、未来发展或财务状况具有重要影响的合同内容。总资产规模为10亿元以上的发行人，可视实际情况决定应披露的交易金额，但应在申报时说明。实务中，对于具体的重大业务合同界定，需要明确说明界定的依据和标准，但对于总资产规模不足10亿元的仍应当按照规定以500万元的标准进行重大合同的梳理和披露。

申请创业板、科创板、北交所上市,未明确规定重大合同的判断标准。但在参考主板规定的重大合同的标准基础上,根据发行人的具体情况,应当披露重大业务合同界定的标准和依据。

业务合同所讨论的合同金额和重要性一般是按照合同形式金额计算,并非合同对应的报告期中某一年确认收入的金额。

案例3-428 上市审核问询函要求明确重大合同选取的标准和合理性

依据《关于中铁高铁电气装备股份有限公司首次公开发行股票并在科创板上市申请文件的审核问询函之回复报告》,"7.关于客户。招股说明书披露,发行人报告期内5000万元以上且具有重大影响的合同包括15项。请发行人说明:(1)5000万元的选取标准及合理性。(2)列示电气化铁路接触网产品、城市轨道交通供电设备报告期内的前十大合同情况,具体细项包括但不限于客户名称、项目名称、取得方式、产品类别、合同金额、签订日期、履行情况等;产品类别须具体说明为单一产品、系列产品还是设备集成。(3)采购主要原材料包括接触轨,主要销售合同产品类别包括接触轨的原因及合理性;是否为采购后直接销售。请发行人披露:按照发行人产品类别,列示报告期内取得的全部项目数量、名称、金额。"

三、合同验收单

(一)合同验收单应当作为合同履行阶段性以及内控文件

合同验收单首先从形式上属于合同履行过程和合同履行结果的证明文件,合同管理部门或商务管理部门应当把其作为日常管理工作,相关的验收单或确认单也是公司内控制度的有效性的重要表现。

发行人的合同管理部门和财务管理部门应当互相分配、互相分工,并和业务或商务等部门就合同执行过程中的验收单等进行有效的收集和整理。上市前,关于合同验收单是个普遍性的问题事项,且其属于非常重要事项。一般情况下,客户出具的验收单应当由客户代表签字并盖章,注明日期。

（二）合同验收单的形式

合同验收单需要签字、盖章并以纸质版为原则，对于特殊的情况，如存在供应商管理系统的，需要通过截屏以及录视频保存、律师见证等方式解决。

（三）关于合同验收单的常见问询意见

实务中，实行注册制后，审核机构经常性问询"若验收报告仅签字无盖章情形下如何验证签字人员的真实性及其是否可以代表客户，是否有其他外部支持性证据证明收入确认时间的准确性"，对于只有签字的验收单，通常的反馈回复及中介机构核查如下：

（1）梳理统计并披露报告期各期仅签字无盖章的基本情况（一般需要满足全年收入的较大比例），其中合同明确签字生效的情况和未明确签字的情况，以及相关的执行情况；

（2）验收单仅签字未盖章符合客户日常交易习惯，部分客户用章管控严格，盖章流程烦琐，其内部控制对于验收报告文件不强制要求盖章，但不同部门的人员签字验收，相关的签字具有效力；

（3）验收报告是否需要盖章并非合同约定条款，对合同行使的有效性不产生影响；

（4）主要客户出具说明或通过电话访谈等方式向主要客户问询，确认收入确认单据签字人是否是客户的员工及其职位，其是否有权代表客户确认验收单；

（5）获取外部证据时候，中介机构可以在询证函中注明合同的验收时间并由被函证对象进行确认，或者在访谈中明确提及验收情况由客户进行确认等。

案例3－429　关于合同验收单盖合同专用章等的多轮问询意见

依据《深圳市兴禾自动化股份有限公司第三次审核问询函的回复报告》，问题3："关于营业收入，根据申报材料和审核问询回复：发行人部分客户的验收单上只有签字没有盖章，部分验收单上盖章为合同专用章；大部分验收单中发行人签章在前，客户签章在后，但部分验收单相反，如伟创力2020年11月的验收单。请发行人：说明验收单上只有签字没有盖章的具体情况、原因及合理性，验收单未盖章是否足以表明客户认可相关验收情况；验收单上的主要盖章类型，盖合同专用章或其他非主流章的原因及合理性、相关法律效力；验收单上发行人签章与客户签章的关系，部分验收单客户签章在前发行人签章在后的具体情况、原因及合理性。”

回复如下：

1. 验收单上只有签字没有盖章的具体情况、原因及合理性，验收单未盖章是否足以表明客户认可相关验收情况

报告期内，公司存在验收单只签字未盖章的情形。公司选取了报告期各期收入确认金额占当期主营业务收入前90%的订单，复核其验收单上只有签字没有盖章的情况，具体包括两种情况：

(1)赛尔康的验收单只有签字没有盖章

2020年和2021年1~6月，公司对赛尔康技术(深圳)有限公司(以下简称赛尔康)有较大规模的设备验收收入，未盖章的验收单对应的收入确认金额分别为7627.13万元、3424.73万元，占当期主营业务收入的比例分别为14.32%、19.68%。公司与赛尔康的销售合同约定“安装调试试运行1个月后，买方安排验收，通过双方的合格验收并由买方出具验收报告……验收报告是买方付款凭证的必须项”。根据公司与赛尔康的沟通结果，赛尔康表示：“在完成设备验收后，赛尔康会根据设备验收的具体情况出具内部验收报告，内部验收报告经赛尔康工程部门、财务部门、采购部门等具备验收确认权限的人员审批，最终赛尔康依据审批完成的内部验收报告确认验收完成并安排付款。仅有少数设备供应商要求赛尔康额外签署供应商制式的验收单，由于赛尔康用章流程较为烦琐、耗时较长，因此，对于此类情况，赛尔康会将内部验收报告提供给供应商作为验收完成的依据，对于供应商制式验收单，赛尔康只签字、不盖章。”因此，赛尔康内部验收报告可以作为赛尔康出具的验收单，表明公司完成履约义务并能够确认收入，也与双方合同的约定相符。2020年和2021年1~6月，发行人向赛尔康的销售均获取了其出具的内部验收报告，能够证明客户对设备验收情况的认可。尽管赛尔康明确表示不会为公司出具加盖赛尔康公章版本的验收单，但公司根据内部控制要求，会出具公司制式的验收单，并要求赛尔康设备使用部门工程人员在上述验收单上签字，签字人员通常是设备使用部门的总监或经理，公司的财务部门根据业务人员签回的该等载有赛尔康经办人员签字的验收单确认收入，该等验收单仅为公司执行内

部控制制度的内部凭证，是赛尔康认可相关验收情况的加强性证据，并不作为公司与赛尔康结算的外部依据。

(2)除赛尔康以外的验收单上只有签字没有盖章的情况

报告期各期，只有签字没有盖章的验收单及通过客户内部验收报告确认收入的合计金额分别为1146.10万元、1541.31万元、110.50万元、183.21万元，占当期主营业务收入的比例分别为1.79%、2.19%、0.21%、1.05%。存在上述情况的主要原因是：第一，部分客户在交易过程中处于强势地位，且客户内部盖章流程烦琐，不愿意为公司制式的验收单盖章；第二，相关单笔验收单涉及的收入金额较小，均非当期主营业务收入前70%的订单，订单金额不重大，公司与客户未对相关验收单未盖章的情形引起重视；第三，公司尚处于股份制改造前，业务人员对验收单签章完备性的重视程度不足，以致部分订单客户盖章缺失，但该等现象已整改，最近1年及1期相关验收单金额及占比较2018年和2019年大幅下降且处于较低水平。上述未盖章的验收单对应的订单中关于验收及付款的条款并未要求必须有盖章版的验收单，且上述订单已全部足额回款，因此，客户签字的验收单或客户出具的内部验收报告可以证明客户对相关设备的验收情况的认可。

部分创业板拟上市的设备制造业企业也存在验收单未盖章的情形，具体如下：①报告期内，信邦智能部分终验收凭证未加盖客户公章。其中部分凭证经历过客户对接项目组签字、部门领导签字及汽车厂商分管领导签字等较为完善的审批流程，且项目的终验款收款时间与信邦智能收入确认时间相近，不存在收入跨期问题。②开勒环境的安装验收单由客户委派的直接对接人员签字确认即代表客户签发验收，安装验收单虽未有客户盖章，但开勒环境已对安装成果拍摄取证，并整理相关项目资料留档，相关安装验收单真实有效。

因此，验收单仅签字未盖章的现象较为常见，在此等情形下，销售方根据客户相关负责人在验收单据上的签字确认收入。综上所述，公司出具的验收单上仅签字未盖章具备合理性；尽管存在部分验收单未盖章的情形，但结合客户出具的内部验收报告、客户相关负责人在验收单上的签字确认以及相应订单的回款情况，足以表明客户对公司设备验收情况的认可。

2. 验收单上的主要盖章类型，盖合同专用章或其他非主流章的原因及合理性、相关法律效力

公司选取了报告期各期收入确认金额占当期主营业务收入前90%的订单，复核验收单上的主要盖章类型。经复核，验收单上主要盖章类型为客户公章，除此之外，也存在加盖合同专用章及其他非主流章的情形。

(1)验收单加盖客户的合同专用章

报告期内，加盖合同专用章的验收单对应的收入确认金额分别为13,672.89万元、0万元、1664.20万元、4613.31万元，占核查各期的主营业务收入总额比例分别为23.73%、0%、3.47%、29.70%。在现今司法实践中，对合同和协议而言，合同专用章与公司公章均具备法律效力。《民法典》第490条规定，当事人采用合同书形式订立合同的，自当事人均签名、盖章或者按指印时合同成立，并未明确规定使合同成立的盖章的具体类型。根据《最高人民法院关于在审理经济纠纷案件中涉及经济犯罪嫌疑若干问题的规定》第4条的规定，个人借用单位的业务介绍信、合同专用章或者盖有公章的空白合同书，以出借单位名义签订经济合同，骗取财物归个人占有、使用、处分或者进行其他犯罪活动，给对方造成经济损失构成犯罪的，除依法追究借用人的刑事责任外，出借业务介绍信、合同专用章或者盖有公章的空白合同书的单位，依法应当承担赔偿责任。因此，司法实践中，公章和合同专用章往往具有同等法律地位，合同专用章与公章一样具备法律效力。

在商业实践中，客户在验收单上加盖合同专用章的情形比较常见，通常可以证明验收单的确认效力。部分已上市或拟上市公司也有在验收单上加盖合同专用章或其他章的情形，具体如下：青云科技(688316.SH)，经销商对产品检查无误后当场签署产品验收单，产品验收单由经销商加盖公章、合同专用章或者收款专用章或经经销商项目负责人签字。世纪鼎利(300050.SZ)，IT产品分销业务相关合同约定，货物验收后，需方应当在物流送货单上填写收货时间、加盖其公章、合同章或具有法律效力的货物签收章。凡拓数创，报告期主要业务类型前五大项目对应的部分验收单加盖了客户的合同专用章，部分验收单仅签字未盖章。信邦智能，部分终验收凭证加盖了客户的合同专用章或部门章。

在公司的实际业务执行中，由于相关订单一般只对验收时间、验收方式、验收标准等实质性验收程序作出约定，均未约定需要在验收单上加盖客户公章方能确

认验收或收取款项,鉴于相关设备均已履行实质性验收程序并获得客户认可,在验收单上使用合同专用章,不会导致验收单失去法律效力。验收单上加盖客户的合同专用章的原因有以下两点:第一,客户在相关订单上加盖的通常也是合同专用章,验收单与订单的用章类型具有一致性;第二,公司客户业务规模较大,内部管理及用章制度相对严格,往往会存在公章不在现场,或公章申请周期长、流程烦琐等情况,考虑到验收单上加盖合同专用章不会使验收单失去法律效力,为保证收入确认时点的准确性,公司接受客户使用合同专用章确认验收。综合上述,客户在验收单上加盖合同专用章具备合理性,相关验收单具备法律效力。

(2)验收单加盖客户的其他非主流章

报告期内,公司存在验收单上加盖除公章、合同专用章外的其他非主流章的情形,具体包括业务专用章、财务专用章、采购专用章、收货专用章、设备验收部门的部门章,上述情况对应的各期收入确认金额分别为1861.50万元、16,488.14万元、3071.69万元、796.38万元,占核查的主营业务收入总额比例分别为3.23%、26.01%、6.40%、5.13%。前述验收单对应的订单中均未约定验收单的盖章类型,且相应订单期后回款情况良好,表明客户承认公司已完成履约义务,公司与客户对于加盖非主流章的验收单不存在纠纷或争议,相关验收单具备法律效力。2019年,公司验收单加盖其他非主流章的比例较高,主要由于公司当期对雅达电子(罗定)有限公司、华普电子(常熟)有限公司有较大规模的设备验收收入,部分验收单加盖了客户的非主流章。两家客户对应的收入确认金额分别为10,337.34万元、5792.33万元。雅达电子(罗定)有限公司在公司的部分验收单上加盖了业务专用章。根据其惯例,雅达电子(罗定)有限公司在验收单上优先加盖公章,若公章不在,则用加盖合同专用章或业务专用章代替。2019年,公司尚未进行股份制改制,公司业务人员未能对验收单盖章类型予以充分关注,故接受了客户采用业务专用章代替公章确认验收的处理方式。最近1年及1期,公司对验收单盖章类型加强重视,明确在该等情形下尽量以合同专用章代替,2021年1~6月,公司已不存在因客户公章不在,而采用合同章以外的非主流章代替的情形。华普电子(常熟)有限公司在公司的验收单上加盖了设备验收部门的部门章。根据与客户的沟通,加盖设备验收部门的部门章属于客户的一贯安排,客户对所有的设备供应商的验收单均采用相同的处理方式。公司考虑到客户系行业内知名企业,具有良好的商业信用基础,且客户回款情况良好,故接受客户使用非主流章。除上述两家客户外,报告期内,公司还存在少量因客户惯例、客户用章流程烦琐、客户公章不在(2021 年 1~6 月已不存在该类情形)等原因而在验收单上加盖非主流章的情形,但对应的收入确认规模较小,金额不重大。

综上所述,验收单上加盖合同专用章或其他非主流章的原因包括:①客户公章不在现场;②客户公章申请流程烦琐;③客户对供应商采取一致政策。验收单上加盖合同专用章或其他非主流章具备合理性。

结合法律及商业实践,以及相应订单期后回款情况来看,相关验收单具备法律效力。

3. 验收单上发行人签章与客户签章的关系,部分验收单客户签章在前发行人签章在后的具体情况、原因及合理性

验收单上发行人签章与客户签章的关系公司制式的验收单需发行人签章与客户签章,根据实践情况,两次签章的时间顺序如下:

(1)珠海冠宇。客户珠海冠宇在对公司出具的验收单进行签章确认前,要求公司在验收单上先行签字、盖章,故珠海冠宇在设备验收单上的落款日期往往在公司的落款日期之后。

(2)其余客户。除珠海冠宇外,通常而言,客户不会要求公司先行在验收单上签字盖章,存在公司人员先签章完毕再给客户盖章,或者客户盖章完毕后公10,337.34 万元、5792.33 万元。雅达电子(罗定)有限公司在公司的部分验收单上加盖了业务专用章。根据其惯例,雅达电子(罗定)有限公司在验收单上优先加盖公章,若公章不在,则加盖合同专用章或业务专用章代替。2019 年,公司尚未进行股份制改制,公司业务人员未能对验收单盖章类型予以充分关注,故接受了客户采用业务专用章代替公章确认验收的处理方式。最近 1 年及 1 期,公司对验收单盖章类型加强重视,明确在该等情形下尽量以合同专用章代替,2021 年 1~6 月,公司已不存在因客户公章不在,而采用合同章以外的非主流章代替的情形。

华普电子(常熟)有限公司在公司的验收单上加盖了设备验收部门的部门章。根据与客户的沟通,加盖设备验收部门的部门章属于客户的一贯安排,客户对所有的设备供应商的验收单均采用相同处理方式。公司考虑到客户系行业内知名企业,具有良好的商业信用基础,且客户回款情况良好,故接受客户使用非主流

章。除上述两家客户外,报告期内,公司还存在少量因客户惯例、客户用章流程烦琐、客户公章不在(2021年1~6月已不存在该类情形)等原因而在验收单上加盖非主流章的情形,但对应的收入确认规模较小,金额不重大。

综上所述,验收单上加盖合同专用章或其他非主流章的原因包括:(1)客户公章不在现场;(2)客户公章申请流程烦琐;(3)客户对供应商采取一致政策。验收单上加盖合同专用章或其他非主流章具备合理性。结合法律及商业实践,以及相应订单期后回款情况来看,相关验收单具备法律效力。

案例3-430 如何验证验收单签字人员的真实性

依据《关于四川观想科技股份有限公司首次公开发行股票并在创业板上市申请文件第二轮审核问询函的回复》,审核机构问询:"请保荐机构、申报会计师对上述事项发表明确意见,并说明以下事项……(2)报告期内验收报告上只有客户人员签字没有盖章的情况所涉及的客户、合同金额及占比,如何验证签字人员的真实性及其是否可以代表客户、相关验收时间的准确性,是否有其他外部证据支持,发起验收的具体流程及相关内控制度的有效性。"

四、合同附件

(一)合同附件以及阶段性材料

在重大业务合同执行过程中,发行人应当关注并保存招投标资料、初步商务谈判资料、合同条款反馈沟通函、备忘录、阶段性进展确认函等阶段性文件。对合同真实性的核查,以及对异常客户的核查等,合同的阶段性材料尤其是谈判资料等商业机会获取过程资料尤为关键。对于报告期内新增大客户,尤其是新增的前十大客户以及不同类别的产品对应的前十大客户等,应当重点关注合同附件和阶段性进度材料。

案例 3 -431 审计机构未关注研究资料、技术参数等合同附件被监管

依据浙江证监局于 2022 年 1 月 11 日出具的行政处罚决定书〔2022〕1 号，其关于审计机构的相关事项认定如下："审计底稿中无审计人员获取研究资料并检查技术指标和参数等的相关材料，因此我局对当事人关于合同执行情况的申辩意见不予采纳。当事人未提供证据证明上海新高峰与供应商就项目进展情况举行项目总结会、类似报告仅有个人签字符合商业会议通常做法等，因此我局对当事人关于完工进度问题的申辩意见不予采纳。"

（二）合同应当结合公司的资质

判断合同履行的可行性以及有效性等，应当充分关注合同主体履行合同义务的相关资质是否符合规定的标准，是否具有资质等，如是否存在通过拆分合同以到达规避资质监管的目的。对合同主体履行合同义务是否需要特殊资质以及资质等级的关注，属于对合同核查和披露的应有之义。

在合同签订和管理过程中，公司自身的重要资质文件以及合同相对方的资质等应当作为附件管理。

案例 3 -432 未关注合同业务主体的资质被监管机构采取措施

依据浙江证监局于 2022 年 1 月 11 日出具的行政处罚决定书〔2022〕1 号，认定审计机构和人员存在部分审计程序执行不到位的情况，"未充分关注供应商资质，未对合同异常保持合理怀疑。上海某公司主要从事医药研发外包服务，其中包括临床前安全性评价服务。按照医药行业相关规定，从事安全性评价服务需符合药物非临床研究质量管理规范（GLP）等要求，并具备相应资质。审计机构在关注到上海某公司不具备 GLP 资质、主要向第三方采购相关服务的情况下，未对供应商是否具备 GLP 资质保持充分关注，未对交易合理性保持职业怀疑，未能结合业务性质和交易模式等执行有效的审计程序，以进一步识别和应对重大错报风险。"

第十五节　客户和供应商

一、披露和核查要求

(一)基本披露要求

1. 主板招股书格式准则要求

《公开发行证券的公司信息披露内容与格式准则第 1 号——招股说明书》(2015 修订)第 44 条规定:"发行人应根据重要性原则披露主营业务的具体情况,包括:

"……(四)列表披露报告期内各期主要产品(或服务)的产能、产量、销量、销售收入,产品或服务的主要消费群体、销售价格的变动情况;报告期内各期向前五名客户合计的销售额占当期销售总额的百分比,如向单个客户的销售比例超过总额的 50% 或严重依赖于少数客户的,应披露其名称及销售比例。如该客户为发行人的关联方,则应披露产品最终实现销售的情况。受同一实际控制人控制的销售客户,应合并计算销售额。

"(五)报告期内主要产品的原材料和能源及其供应情况,主要原材料和能源的价格变动趋势、主要原材料和能源占成本的比重;报告期内各期向前五名供应商合计的采购额占当期采购总额的百分比,如向单个供应商的采购比例超过总额的 50% 或严重依赖于少数供应商的,应披露其名称及采购比例。受同一实际控制人控制的供应商,应合并计算采购额。

"(六)发行人应披露董事、监事、高级管理人员和核心技术人员,主要关联方或持有发行人 5% 以上股份的股东在上述供应商或客户中所占的权益。若无,亦应说明……"

2. 创业板招股书格式准则要求

《公开发行证券的公司信息披露内容与格式准则第 28 号——创业板公司招股说明书》(2020 修订)第 51 条规定:"发行人应披露销售情况和主要客户,包括:

"(一)报告期内各期主要产品或服务的规模(产能、产量、销量,或服务能力、服务量)、销售收入、产品或服务的主要客户群体、销售价格的总体变动情况。存在多种销售模式的，应披露各销售模式的规模及占当期销售总额的比重；

“（二）报告期内各期向前五名客户合计的销售额占当期销售总额的百分比，向单个客户的销售比例超过总额的百分之五十的、前五名客户中存在新增客户的或严重依赖于少数客户的，应披露其名称或姓名、销售比例。该客户为发行人关联方的，应披露产品最终实现销售的情况。受同一实际控制人控制的客户，应合并计算销售额。”

第52条规定：“发行人应披露采购情况和主要供应商，包括：

“（一）报告期内采购产品、原材料、能源或接受服务的情况，相关价格变动趋势；

“（二）报告期内各期向前五名供应商合计的采购额占当期采购总额的百分比，向单个供应商的采购比例超过总额的百分之五十的、前五名供应商中存在新增供应商的或严重依赖于少数供应商的，应披露其名称或姓名、采购比例。受同一实际控制人控制的供应商，应合并计算采购额。”

3. 科创板招股书格式准则要求

《公开发行证券的公司信息披露内容与格式准则第41号——科创板公司招股说明书》第51条规定：“发行人应披露销售情况和主要客户，包括：

“（一）报告期内各期主要产品或服务的规模（产能、产量、销量，或服务能力、服务量）、销售收入、产品或服务的主要客户群体、销售价格的总体变动情况。存在多种销售模式的，应披露各销售模式的规模及占当期销售总额的比重；

“（二）报告期内各期向前五名客户合计的销售额占当期销售总额的百分比，向单个客户的销售比例超过总额的50%的、前五名客户中存在新增客户的或严重依赖于少数客户的，应披露其名称或姓名、销售比例。该客户为发行人关联方的，应披露产品最终实现销售的情况。受同一实际控制人控制的客户，应合并计算销售额。”

第52条规定：“发行人应披露采购情况和主要供应商，包括：

“（一）报告期内采购产品、原材料、能源或接受服务的情况，相关价格变动趋势；

“（二）报告期内各期向前五名供应商合计的采购额占当期采购总额的百分比，向单个供应商的采购比例超过总额的50%的、前五名供应商中存在新增供应商的或严重依赖于少数供应商的，应披露其名称或姓名、采购比例。受同一实际控制人控制的供应商，应合并计算采购额。”

4. 北交所招股书格式准则要求

《公开发行证券的公司信息披露内容与格式准则第 46 号——北京证券交易所公司招股说明书》第 50 条规定：“发行人应根据重要性原则披露主营业务的具体情况，主要包括：

“（一）销售情况和主要客户：报告期内各期主要产品或服务的规模（产能、产量、销量，或服务能力、服务量）、销售收入、产品或服务的主要客户群体、销售价格的总体变动情况；存在多种销售模式的，应披露各销售模式的规模及占当期销售总额的比重。报告期内各期向前五名客户合计的销售额占各期销售总额的百分比，向单个客户的销售比例超过总额的 50% 的、前五名客户中存在新增客户的或严重依赖于少数客户的，应披露其名称或姓名、销售比例，该客户为发行人关联方的，应披露产品最终实现销售的情况。受同一实际控制人控制的客户，应合并计算销售额；

“（二）采购情况和主要供应商：报告期内采购产品、原材料、能源或接受服务的情况，相关价格变动趋势；报告期内各期向前五名供应商合计的采购额占当期采购总额的百分比，向单个供应商的采购比例超过总额的 50% 的、前五名供应商中存在新增供应商的或严重依赖于少数供应商的，应披露其名称或姓名、采购比例。受同一实际控制人控制的供应商，应合并计算采购额；

“（三）董事、监事、高级管理人员、主要关联方在上述客户或供应商中所占的权益；若无，应明确说明……”

（二）基本核查要求

1. 律师监管指引要求

《监管规则适用指引——法律类第 2 号：律师事务所从事首次公开发行股票并上市法律业务执业细则》第 31 条第 1 款规定，律师应当查验报告期内发行人的主要客户和供应商情况，包括其登记注册情况，发行人及其控股股东、实际控制人、董事、监事、高级管理人员及其关系密切的家庭成员是否与发行人主要客户、供应商存在关联关系。

2. 核查要点

不论主板、创业板、科创板、北交所,对于客户和供应商核查的要求无明显差异,以创业板的核查要点为例进行分析。

《深圳证券交易所创业板发行上市审核业务指南第2号——创业板首次公开发行审核关注要点》规定,保荐人、发行人律师应当核查如下事项并发表明确意见:

(1)主要客户(如前五大或前十大)的具体情况,如客户名称、注册情况,是否正常经营,与发行人之间的具体销售金额和占比;

(2)发行人、发行人控股股东、实际控制人、董事、监事、高级管理人员及其关系密切的家庭成员是否与相关客户存在关联关系;

(3)是否存在前五大客户及其控股股东、实际控制人是发行人前员工、前关联方、前股东、发行人实际控制人的密切家庭成员等可能导致利益倾斜的情形;

(4)是否存在成立后短期内即成为发行人主要客户的情形,如存在应说明其商业合理性;

(5)外销客户的基本情况,如前五名客户的销售内容、销售金额及占比、成立时间、行业地位、资质情况、订单获取方式和销售金额及占比,是否为发行人关联方,境外客户为经销商的,主要最终客户的情况。

保荐人、发行人律师应当核查如下事项并发表明确意见:

(1)主要供应商(如前五大)的具体情况,如供应商名称、注册情况、具体销售金额和占比、是否正常经营;

(2)发行人、发行人控股股东实际控制人、董事、监事、高级管理人员及其关系密切的家庭成员是否与相关供应商存在关联关系;

(3)是否存在前五大供应商或其控股股东、实际控制人是发行人前员工、前关联方、前股东、发行人实际控制人的密切家庭成员等可能导致利益倾斜的情形;

(4)是否存在成立后短期内即成为发行人主要供应商的情形,如存在应说明其商业合理性。

由前述规定可知,虽未明确要求律师对前五大客户、供应商的变动情况核查进行分析,依照规定,“发行人应披露前五名客户中新增客户的名称或姓名、销售比例。保荐人应当核查如下事项并发表明确意见:新增客户情况的基本情况,如新增客户的成立时间、订单和业务的获取方式、合作历史,与该客户新增交易的原因,与该客户订单的连续性和持续性”。但是对于客户变化情况属于印证公司收入和合同真实性的关键性因素,律师要充分关注前五大客户的变动情况。

(三)同一控制下的客户的合并

依照规定,受同一实际控制人控制的客户或供应商,应合并计算销售额或采购额,尤其是对前五大(或前十大)客户、供应商进行披露主体以及金额时应当合并计算同一控制下的相关的金额。

案例 3-433 未将同一控制下的客户合并导致前五大客户信息披露不准确

依据上海证券交易所于 2022 年 3 月 31 日作出的《关于对广东中图半导体科技股份有限公司予以监管警示的决定》,相关主要内容如下:

1. 相关主体违规情况

经查明,广东中图半导体科技股份有限公司(发行人)在首次公开发行股票并在科创板上市申请过程中,存在以下信息披露违规行为。

(1)前五大客户信息披露不准确

根据首次申报文件,晶智材料股份有限公司(以下简称晶智股份)、EternityGlobalCo.,Ltd(EGK)分别为发行人 2019 年度和 2020 年 1~9 月的第二大、第三大客户,且为发行人主要经销商。晶智股份由恒传寰宇投资股份有限公司(以下简称恒传寰宇)100% 控股,其实际控制人为林某某;EGK 的控股股东、实际控制人为韩国籍自然人。

经查明,EGK 自 2018 年成立以来即由恒传寰宇持有 90% 股份,与晶智股份属于同一控制下的公司。招股说明书(申报稿)未将发行人对晶智股份及 EGK 的相关交易合并披露,导致前五大客户披露不准确,不符合《公开发行证券的公司信息披露内容与格式准则第 41 号——科创板公司招股说明书》相关信息披露的要求,直至举报信核查后才对相关信息披露予以更正。更正后,晶智股份、EGK 成为发行人 2019 年度、2020 年度第一大客户。

(2)未完整披露高级管理人员与主要客户之间的关系

招股说明书(申报稿)披露,简某圣于 2014 年 3 月至 2020 年 9 月任发行人营销总监,自2020年9月起任发行人副总经理。首轮审核问询要求说明主要客户与发行人高级管理人员之间是否存在关联关系、资金往来、其他利益安排或除购销以外的关系。首轮问询回复称,除简某圣及其妻弟等在晶智股份任职,以及简某圣妻弟曾代持恒传寰宇、晶智股份2%股份外,报告期内的主要客户与发行人高级管理人员间不存在关联关系、资金往来、其他利益安排或除购销以外的关系。

经查明,报告期初,简某圣曾通过恒传寰宇间接控制晶智股份和EGK;2018年11月,简某圣向林某某转让其持有的恒传寰宇90%的股份。2018年至2021年6月,简某圣及其关联方自晶智股份及其关联方获得收入款项合计769.47万元。首轮问询回复未披露上述情况,相关回复内容与实际情况不符。

2. 责任认定和监管措施决定

招股说明书及审核问询回复是发行上市申请的重要文件,市场和投资者对此高度关注。发行人主要客户基本情况、与发行人之间是否存在特殊利益关系,是影响审核判断的重要因素,也是投资者作出价值判断和投资决策的重要信息。发行人作为信息披露的第一责任人,招股说明书(申报稿)未按要求对同一控制下的客户进行合并披露,直至举报信核查后才予纠正。审核问询过程中,也未完整披露高级管理人员与主要客户之间曾存在持股关系及资金往来等情况,履行信息披露职责不到位。

科创板上市审核中心决定采取以下监管措施:对广东中图半导体科技股份有限公司予以监管警示。

另外,依据中国证监会于2022年1月12日公告的《关于对力同科技股份有限公司采取出具警示函监管措施的决定》,主要内容:"经查,我会发现你公司在申请首次公开发行股票并上市过程中,存在未合并披露主要客户关联方,涉诉专利涉及产品金额前后披露不一致且差异大的事项。我会决定对你公司采取出具警示函的监督管理措施。"

案例3-434 第一大客户的高级管理人员向发行人的实际控制人提供借款

依据《关于中科微至智能制造科技江苏股份有限公司首次公开发行股票并在科创板上市申请文件的第二轮审核问询函之回复报告》,审核问询意见:"问题

7.3.根据首轮问询回复，中通实际控制人赖某松亲属赖某凤、赖某法、赖某昌，朋友戴某琴、余某桃及中通主要股东王某雷曾向公司实际控制人李某燕提供个人借款。李某燕于2019年2月起陆续借入金额2250万元，主要用于杭州中微出资，于2020年4月起陆续还款，截至2020年6月，2250万元无息借款均归还。

“请发行人说明：(1)上述人员愿意向李某燕提供无息借款的原因，是否存在担保或抵押等，是否符合商业逻辑，是否存在其他利益安排；(2)李某燕、发行人董事、监事、高级管理人员、关键岗位人员与中通实际控制人及亲属、朋友及主要股东是否存在应披露未披露的关系，李某燕通过中通实际控制人亲属、朋友及中通主要股东而非中通实际控制人借款的原因及合理性，是否存在其他利益安排；(3)李某燕向上述人员归还借款的方式，还款资金的来源，相关资金是否已成功归还。

“请保荐机构、申报会计师：(1)结合《首发业务若干问题解答》(2020年6月修订)关于资金流水的核查要求，说明对发行人相关资金流水的核查情况，出具专项核查报告，说明核查过程、核查证据及核查结论，提供主要核查证据作为附件，并核实相关信息是否已充分披露，包括但不限于以下内容：对发行人、实际控制人及其对外投资企业、主要关联方、董事、监事、高级管理人员、关键岗位人员开立或控制的银行账号和资金流水核查情况，包括核查范围、异常标准及确定依据、核查程序和取得的核查证据，核查过程中受到的限制及所采取的替代程序，上述主体是否与发行人、发行人的客户、供应商及其关联方、员工等存在异常大额资金往来等；(2)发行人内部控制是否健全有效、是否存在体外资金循环虚构收入或利润、代垫成本或费用、直接或变相商业贿赂的情形并发表明确意见；(3)对发行人各主要客户销售价格的公允性进行核查，说明核查方式、核查过程、核查比例、核查结论；(4)请保荐机构按照《上海证券交易所科创板股票发行上市审核问答(二)》第12条的相关核查要求，核查发行人客户集中是否对发行人持续经营能力及独立性构成重大不利影响，说明核查程序、核查方式，并发表明确意见。”

关于借款原因，发行人反馈回复的主要内容如下：

上述人员向李某燕提供借款的背景及原因如下：中通首席运营官胡某群曾为浙江桐庐农村商业银行股份有限公司董事长，在桐庐当地具有一定的商业资源。在2017年2月加入中通后，应桐庐政府的号召，为当地政府寻求优质企业入驻以支持当地发展。

胡某群在发行人向中通供应自动化分拣装备的过程中结识李某燕。2018年，经胡某群的推荐及邀请，并基于自身业务发展需要，李某燕及发行人与桐庐政府部门开展招商引资洽谈，并于2018年12月在桐庐成立杭州中微，业务定位为面向快递物流网点加盟商销售自动化分拣装备。2019年2月，为履行对杭州中微的出资义务，李某燕寻求外部借款支持，经胡某群沟通协调，由其周围的朋友赖某凤、赖某法、赖某昌、戴某琴、余某桃、王某雷6人在2019年2~3月以其闲置资金分别向李某燕提供了600万元、300万元、180万元、150万元、720万元、300万元借款。出于该等人员与胡某群的朋友关系及信任基础，该等借款未约定利息或担保、抵押等增信安排。该等借款均由李某燕用于对杭州中微的出资，截至2020年6月30日，李某燕已将上述借款全部偿还。

上述人员愿意向李某燕提供无息借款系因其与胡某群的朋友关系及信任基础，以其闲置资金进行私人朋友间的资金拆借，未约定利息及提供担保或抵押等增信措施的安排，符合商业逻辑，具有合理性，不存在其他利益安排。

二、客户或供应商的合理性

（一）客户或供应商主体的合理性

1.相关主体基本信息

保荐机构通过对发行人的主要客户或供应商（如前五大）的具体情况，如公司名称、注册资本情况、设立时间等，进行核查和分析，从而论证客户或供应商的合理性。

尤其关注：

（1）相关公司设立后就成为发行人的客户或者供应商的情形。

（2）相关公司的注册地址或者联系电话、邮箱等与发行人及其关联方是否存在相似或者地址相似度高等情形。

（3）关注相关公司的实际控制人及董事、监事、高级管理人员等与发行人及其关联方是否存在属于同一地区的身份证号或者地址为同一地区等情形。

2. 相关主体的营业范围与交易的匹配性

通过查阅相关主体的营业范围，搜索相关的产品介绍，现场走访等，核查相关交易与相关客户或供应商的关联性和合理性等，相关采购或销售规模与实际经营情况是否匹配。

3. 相关主体与发行人交易对其整体业务的占比

对于大额的客户或供应商、交易异常的公司等，应充分关注相关的主体是否专门设立与发行人进行交易，相关的交易是否占供应商或者客户的总体比例较高等。

（二）客户或供应商相关交易获取方式合理性

客户或供应商的获取方式需要合法，具有商业逻辑性，同时不能侵犯其他主体的商业秘密以及不能通过不正当竞争的方式获取商业机会，对于通过招投标或者竞争性谈判等方式获取的商业机会，需要提供比较完整的材料支撑。

对于发行人成立后就获取的较大客户的业务机会需要关注商业合理性，发行人及其实际控制人、董事、监事、高级管理人员与相关的客户之间是否存在关联关系，是否存在其他特殊的利益安排等。

案例3－435 问询客户获取方式及招投标是否存在商业贿赂

依据《关于四川君逸数码科技股份有限公司首次公开发行股票并在创业板上市申请文件的审核问询函回复》（君逸数码、836106），审核问询意见："问题6. 关于获客方式。

"申报材料显示，发行人业务订单获取方式包括招标投标、竞争性谈判、直接协商和单一来源采购等。主要是以招标投标方式为主，其中招标投标包括公开招标投标、邀请招标。

"请发行人说明：

"（1）报告期各期通过招标投标、竞争性谈判等获客方式取得收入的金额及占比，各期招标投标费用支出情况，招标投标费用支出与收入的匹配情况，报告期内是否存在应履行招标投标程序而未履行的情形。

"（2）报告期内发行人业务获取方式是否合法合规，是否存在商业贿赂情形，发行人为防范商业贿赂建立的内控措施及其有效性。

“请保荐人、发行人律师发表明确意见。”

反馈回复：

1.关于问题(1)

(1)报告期各期通过招标投标、竞争性谈判等获客方式取得收入的金额及占比

发行人的客户主要为国有企业、政府部门、金融机构、事业单位等，业务订单获取方式包括招标投标、竞争性谈判、直接协商等。

可知，发行人主要通过招标投标方式获得业务，报告期内发行人通过招标投标方式获得业务的收入占比分别为87.03%、84.41%和93.97%，占比均超过80%。

(2)各期招标投标费用支出情况，招标投标费用支出与收入的匹配情况

招标投标费用系发行人在投标过程中发生的费用，包括投标报名费和中标服务费，其中主要为中标服务费，占比在98%左右。

中标服务费为项目中标后产生的费用，系招标代理机构接受委托提供招标投标代理服务后，根据招标文件收取的招标代理服务费用。中标服务费采用费率收费和固定价格收费等形式。因客户招标形式和要求不同、各招标代理机构或平台收费费率不同、中标项目数量和中标金额不同、中标项目规模对应的费率不同等因素的影响，发行人各项目中标服务费不同。

发行人报告期内招标投标费用金额占比各期营业收入的比例分别为0.33%、0.32%和0.15%。

公司中标的合同金额与当期营业收入具有一定的相关性，而公司招标投标费用的波动主要受客户招标形式和要求、各招标代理机构或平台收费费率、中标项目数量、中标项目金额等多重因素的影响，发行人的招标投标费用主要与当年投标项目、中标项目金额具有一定的关联性，与收入不具有匹配性。

(3)报告期内是否存在应履行招标投标程序而未履行的情形

①我国法律法规对履行招标投标程序的具体规定

A.《招标投标法》等法律法规的相关规定

《招标投标法》第3条规定：“在中华人民共和国境内进行下列工程建设项目

包括项目的勘察、设计、施工、监理以及与工程建设有关的重要设备、材料等的采购,必须进行招标:(一)大型基础设施、公用事业等关系社会公共利益、公众安全的项目;(二)全部或者部分使用国有资金投资或者国家融资的项目;(三)使用国际组织或者外国政府贷款、援助资金的项目。前款所列项目的具体范围和规模标准,由国务院发展计划部门会同国务院有关部门制订,报国务院批准。法律或者国务院对必须进行招标的其他项目的范围有规定的,依照其规定。"第66条规定:"涉及国家安全、国家秘密、抢险救灾或者属于利用扶贫资金实行以工代赈、需要使用农民工等特殊情况,不适宜进行招标的项目,按照国家有关规定可以不进行招标。"

《招标投标法实施条例》第9条规定:"除招标投标法第六十六条规定的可以不进行招标的特殊情况外,有下列情形之一的,可以不进行招标:(一)需要采用不可替代的专利或者专有技术;(二)采购人依法能够自行建设、生产或者提供;(三)已通过招标方式选定的特许经营项目投资人依法能够自行建设、生产或者提供;(四)需要向原中标人采购工程、货物或者服务,否则将影响施工或者功能配套要求;(五)国家规定的其他特殊情形……"

《必须招标的工程项目规定》(2018年6月1日起生效适用)规定:"……达到下列标准之一的,必须招标:(一)施工单项合同估算价在400万元人民币以上;(二)重要设备、材料等货物的采购,单项合同估算价在200万元人民币以上;(三)勘察、设计、监理等服务的采购,单项合同估算价在100万元人民币以上。同一项目中可以合并进行的勘察、设计、施工、监理以及与工程建设有关的重要设备、材料等的采购,合同估算价合计达到前款规定标准的,必须招标。"

《国务院办公厅关于促进建筑业持续健康发展的意见》、《房屋建筑和市政基础设施项目工程总承包管理办法》以及《必须招标的工程项目规定》的适用范围规定:除以暂估价形式包括在工程总承包范围内且依法必须进行招标的项目外,工程总承包单位可以直接发包总承包合同中涵盖的其他专业业务。

B.《政府采购法》等法律法规的相关规定

《政府采购法》第2条规定:"本法所称政府采购,是指各级国家机关、事业单位和团体组织,使用财政性资金采购依法制定的集中采购目录以内的或者采购限额标准以上的货物、工程和服务的行为。"第27条规定:"采购人采购货物或者服务应当采用公开招标方式的，其具体数额标准，属于中央预算的政府采购项目，由国务院规定；属于地方预算的政府采购项目，由省、自治区、直辖市人民政府规定；因特殊情况需要采用公开招标以外的采购方式的，应当在采购活动开始前获得设区的市、自治州以上人民政府采购监督管理部门的批准。"第 29 条规定："符合下列情形之一的货物或者服务，可以依照本法采用邀请招标方式采购：（一）具有特殊性，只能从有限范围的供应商处采购的；（二）采用公开招标方式的费用占政府采购项目总价值的比例过大的。"第 30 条规定："符合下列情形之一的货物或者服务，可以依照本法采用竞争性谈判方式采购：（一）招标后没有供应商投标或者没有合格标的或者重新招标未能成立的；（二）技术复杂或者性质特殊，不能确定详细规格或者具体要求的；（三）采用招标所需时间不能满足用户紧急需要的；（四）不能事先计算出价格总额的。"第 31 条规定："符合下列情形之一的货物或者服务，可以依照本法采用单一来源方式采购：（一）只能从唯一供应商处采购的；（二）发生了不可预见的紧急情况不能从其他供应商处采购的；（三）必须保证原有采购项目一致性或者服务配套的要求，需要继续从原供应商处添购，且添购资金总额不超过原合同采购金额百分之十的。"第 32 条规定："采购的货物规格、标准统一、现货货源充足且价格变化幅度小的政府采购项目，可以依照本法采用询价方式采购。"第 85 条规定："对因严重自然灾害和其他不可抗力事件所实施的紧急采购和涉及国家安全和秘密的采购，不适用本法。"

《政府采购法实施条例》第 7 条第 1 款规定："政府采购工程以及与工程建设有关的货物、服务，采用招标方式采购的，适用《中华人民共和国招标投标法》及其实施条例；采用其他方式采购的，适用政府采购法及本条例。"第 23 条规定："采购人采购公开招标数额标准以上的货物或者服务，符合政府采购法第二十九条、第三十条、第三十一条、第三十二条规定情形或者有需要执行政府采购政策等特殊情况的，经设区的市级以上人民政府财政部门批准，可以依法采用公开招标以外的采购方式。"此外，各省份对于需公开招标的政府采购项目最低数额标准单独规定，各省份对于最低数额标准的要求各不相同。

②报告期内发行人取得的业务，客户是否存在应履行招标投标程序而未履行的分析

按照上述法律规定及中央、各省政府采购相关标准分析，报告期内，除披露的

业务应履行招标投标程序而客户未履行招标投标程序外,发行人其他按照《招标投标法》《政府采购法》应履行招标投标程序的业务,客户均已履行招标投标程序。

根据《招标投标法》《政府采购法》等相关法律规定,相关业务是否应履行招标程序以及如何履行招标程序的权利主体和责任主体为客户,君逸数码作为业务承接人无法决定;如相关业务应进行招标而未招标,发行人作为业务承接人无须承担相关法律责任。

综上所述,报告期内发行人上述存在的客户应履行招投标程序而未履行招投标程序的业务不会对发行人本次发行造成重大不利影响。

2. 报告期内发行人业务获取方式是否合法合规,是否存在商业贿赂情形,发行人为防范商业贿赂建立的内控措施及其有效性

(1)报告期内发行人业务获取方式是否合法合规,是否存在商业贿赂情形

发行人业务订单获取方式包括招投标、竞争性谈判、直接协商等,以招投标为主。报告期内,发行人根据《招标投标法》《政府采购法》等相关法律法规的规定及客户的要求,在符合招标文件、竞争性谈判文件等文件规定的前提下,参与客户的招投标、竞争性谈判等业务活动。除因某供应商在发行人参与某项目投标时,将部分计算机软件登记证书名称修改后未告知发行人,导致发行人在某项目投标文件中提供的《计算机软件著作权登记证书》记载的软件名称与中国版权保护中心登记信息不一致,被财政部罚款 10,847.00 元外,发行人不存在其他获取业务过程中违规被处罚的情况。发行人受到 10,847.00 元罚款的行政处罚,未超过 5 万元,根据《财政机关行政处罚听证实施办法》(已失效)第 6 条以及《财政部门行使行政处罚裁量权指导规范》第 7 条之规定,不属于数额较大的重大行政处罚;同时发行人未实施该项目,处罚决定书明确处罚所涉事项没有对采购人造成实际损失。综上分析,该行政处罚不属于重大行政处罚,处罚所涉事项不属于重大违法违规行为。

根据发行人及子公司取得的主管政府单位出具的合规证明及征信报告,公司董事、监事、高级管理人员的无犯罪记录证明及征信报告,发行人及董事、监事、高级管理人员等人员的银行流水,发行人审计报告、管理费用、销售费用以及营业外支出明细账单,中介机构走访发行人主要客户和供应商的访谈记录,发行人及董事、监事、高级管理人员等人员出具的说明,以及保荐机构及发行人律师通过国家企业信用信息公示系统、信用中国、裁判文书网、执行信息网、12309 中国检察网等

公开渠道的公开信息查询记录,报告期内,发行人不存在因商业贿赂而被处罚的情况。

(2)发行人为防范商业贿赂建立的内控措施及其有效性

根据《招标投标法》《反不正当竞争法》等法律法规的规定,为防范商业贿赂和不正当竞争,发行人建立了《反腐败管理制度》《商业贿赂处理办法》《工程项目管理办法》《财务报销制度》等规章制度,前述相关制度从人员廉政及奖惩、业务拓展、业务实施、财务报销等角度对防范商业贿赂进行规定。发行人在业务拓展、业务实施过程中要求所有员工(包括管理人员)在履行职务过程中廉洁自律,遵守法律法规及规章制度的规定,不得有任何商业贿赂等不正当竞争行为。公司财务部门在费用报销及资金支出方面,严格控制费用及保证资金支出的真实性,保证公司支出的费用及资金与真实业务相对应,严防挪用公司资金进行商业贿赂。

综上所述,报告期内,发行人不存在因商业贿赂被立案调查、被处罚以及被法院判决的情形,公司费用成本支出合理,无异常资金支出;同时信永中和对发行人内部控制制度的运行情况进行了审核,并出具了《内部控制鉴证报告》,认为:"君逸数码公司按照《企业内部控制基本规范》及相关规定于 2021 年 12 月 31 日在所有重大方面保持了与财务报表相关的有效的内部控制。"综上所述,为防范商业贿赂和不正当竞争,发行人已建立相应内控措施且相关内控措施有效。

分析:该案例比较典型,该发行人是新三板挂牌公司,同时存在现场检查后撤回上市申请后再次申请 IPO。该公司的客户主要是通过招投标方式获取,对于相关的反商业贿赂事项的反馈回复可以参考。

案例 3-436 公司成立后就与第一大客户开始合作

依据《关于深圳市美好创亿医疗科技股份有限公司首次公开发行股票并在创业板上市申请文件审核问询函回复》,审核问询意见:"问题 6. 关于经营资质及经营的合法合规性。"申报材料显示:发行人设立于 2010 年,与第一大客户 A 合作始于 2010 年。请发行人披露发行人与第一大客户 A 的合作历史与开拓方式、订单获取方式、定价模式、客户认证标准和筛选体系,分析并披露发行人在经营过程中,是否存在不正当竞争、商业贿赂等违法违规情形,发行人是否制定了防范商业贿赂的内部管理制度和有效措施及其执行情况。

反馈回复:发行人与第一大客户A的合作历史与开拓方式。

2007年,熊某川在广东美好药品经营有限公司担任海外部总经理期间,负责为公司拓展海外市场销售和受托加工业务,其间,接触了多家海外医疗企业和食品加工企业,其中,了解到客户A计划将供应链延伸到中国,正在寻找合适的中国供应商,其采购和技术人员即将到中国考察已有联络的多家供应商。在初次接触还不太了解客户A的实际需求的情况下,熊某川安排客户A的技术和采购人员参观了广东美好药品经营有限公司的药瓶供应商。

后来,经过与客户A技术人员的深入沟通和对呼吸机产品及行业的调研,逐渐清晰了客户A在呼吸机零组件及模具方面对供应链的实际需求,熊某川敏感地意识到眼前能够与客户A展开合作是切入医疗器械行业难得的契机,医疗器械行业在全球快速发展,未来医疗器械行业蕴藏的巨大的商业潜力。

2008年,熊某川创建了深圳市美好创亿科技发展有限公司,组建了由模具开发、注塑工程、品质工程、供应商开发、项目管理和商务等人员组成的团队,利用熊某川在创维任小家电事业部总经理期间积累的供应链资源,开始为客户A提供呼吸机非关键零件及模具的开发,同时,为客户A的本土供应商提供呼吸机组件的复制模具开发和生产。在与客户A的合作过程中,熊某川及其团队的敬业精神,以及在技术开发能力、项目开发周期、沟通能力、价格和服务质量等方面在客户A的供应链竞争中展现出的明显优势,得到了客户A研发团队和采购团队的高度认可。

2010年,熊某川及其团队受邀参与客户A呼吸机新产品核心组件产品和模具开发,基于对客户A业务增长的预期和公司未来业务长远发展的规划,2010年7月,美好有限成立,公司在深圳建立了有注塑、后工序加工和产品组装等符合医疗器械零组件生产和品质标准的制造工厂;2011年,熊某川创立了美好开元模具,开始自主开发和制造模具,至此,美好有限具备了医疗器械产品开发和生产转换的全工序能力。

美好有限在参与客户的第一款呼吸机新产品开发的过程中,有效地帮助客户缩短了新产品的历史开发周期和开发成本,获得了客户A公司管理层对美好有限能力的认可,自此以后,美好有限参与了客户A所有家用呼吸机新产品与公司相关组件的开发与生产。

在2011年美好开元模具成立后,开始液态硅胶模具及成型新技术的研发攻关。在2011年液态硅胶模具及成型技术在国内几乎处于空白,全球只有少数几个发达国家掌握液态硅胶模具及成型核心技术的情况下,公司核心团队潜心研究,攻坚克难,在失败中不断取得突破,形成了公司独有的具有自主知识体系的处于行业先进水平的液态硅胶模具及成型技术;2018年,公司的液态硅胶相关核心技术得到客户A的认可,成为客户A在呼吸机面罩硅胶罩组件全球最重要的核心供应商。

近年来,公司自动化团队在液态硅胶辅助加料自动化设备技术、生产自动化控制技术、非标自动化生产装配设备技术等方面进行突破,开发了多个非标自动化生产系统,进一步巩固了公司作为客户A的核心供应商的战略地位。

案例3-437 问询客户和业务的获取

依据《关于山东胜利建设监理股份有限公司申请首次公开发行股票并在创业板上市申请文件的第二轮审核问询函的回复》(2022年4月撤回上市申请)审核问询意见:"问题1.关于客户和业务。"审核问询回复显示:(1)中石化工程管理部门建立了一套完整的承包商考核体系,与优秀监理服务供应商往往保持长期稳定的合作关系。(2)报告期内从中石化获得的订单中,采取独家谈判方式的占比分别为57.73%、68.30%、62.25%和38.14%。(3)报告期各期,发行人来自中石化集团所属企业收入占主营业务收入的比重分别为75.86%、74.43%、71.74%和59.45%,来自中石油的收入占比分别为4.29%、5.48%、6.03%和8.04%。发行人存在客户群体较为集中的风险。(4)公司于2021年进入前景广阔的抗爆治理市场,未来该领域业务将成为公司业绩的新增长点。

审核机构要求发行人补充说明:(1)中石化工程管理部门的承包商考核体系情况,包括但不限于主要的考核指标、考核周期、考核使用方式、选取承包商的程序,除发行人外的其他监理服务供应商情况,承包商廉洁风险防控措施等;(2)从中石化获得的订单以独家谈判为主的原因,中石化监理等业务的其他合格供应商未参与订单竞争的原因和合理性;(3)获得中石油、中海油等化工、石油行业其他客户项目数量和收入水平远低于中石化的原因,拓展行业内其他客户的主要壁垒和措施;(4)石油、化工领域工程监理业务的市场容量情况,发行人未来市场空间是否存在缩减风险;(5)2021年进入抗爆治理市场的背景和原因,该业务的市场空间和发行人竞争优势。请保荐人、发行人律师发表明确意见。

问题2.关于订单获取。审核问询回复显示:(1)发行人招标获取项目的主要竞标对手包括中石化石油工程设计有限公司、中石化中原石油工程设计有限公司、中石化节能环保工程科技有限公司等。(2)报告期内,发行人取得收入的项目中应当通过招标投标程序但以独家谈判方式获取的项目有12个,采取独家谈判原因为经两次公开招标,仅发行人参与投标,招标失败,或为依法可不进行招投标的抢险救灾项目。(3)应当通过招标投标程序但以竞标竞价方式获取的项目1个,采取竞标竞价的原因为经两次公开招标,仅发行人参与投标,招标失败。

审核机构要求发行人补充说明:(1)与中石化石油工程设计有限公司、中石化中原石油工程设计有限公司、中石化节能环保工程科技有限公司等中石化系统竞标对手相比,发行人主要的竞争优劣势;(2)报告期的中标率情况,相关项目未中标的原因;(3)多个项目仅发行人参与投标的背景和原因,就相关招标失败项目,后续以独家谈判或竞标竞价等不同方式获得订单的合法合规性,是否存在商业贿赂等情形。请保荐人、发行人律师发表明确意见。

(三)前五大客户或供应商的变动的合理性

按照正常的商业逻辑,对于能够符合上市标准的企业,一般均属于规模性企业,前五大客户或供应商一般会相对保持稳定。对于随着业务扩张或者产品服务的升级,前五大客户或供应商发生变化也属于正常现象。但是对于报告期内前五大客户或供应商发生变化的,首先需要重点关注相关变动的合理性、真实性等,进而关注是否存在调整收入或者利润的情形,是否实现终端销售等。

案例3-438 前五大客户变动

依据《关于广东鼎泰高科技术股份有限公司首次公开发行股票并在创业板上市申请文件的审核问询函之回复》,审核问询意见:"问题8.关于客户与收入。

"(1)发行人主要产品为钻针、铣刀、刷磨轮、数控刀具和自动化设备主要运用场景为下游PCB厂商,各期前五大客户占比分别为27%、27%和31%,客户较为分散且变动较大,其中红板(江西)有限公司、江门建滔高科技有限公司、东莞美维电路有限公司系发行人2018年前五大客户,2019~2020年未进入前五大客户;生益电子股份有限公司为发行人2019年前五大客户,2020年退出前五大客户,招股说明书未披露变动原因。

"(2)发行人经销模式销售收入占比为7.80%、8.54%和7.50%,招股说明书未披露主要经销客户的基本情况及变动情况。发行人境外销售主要客户为HONGEUNELECTRONICS、HyunwooIndustrialCo.,Ltd.等,此外,发行人存在寄售模式,各期寄售模式销售占比均在50%以上,发行人称对于寄售客户,发行人将产品运送至客户仓库或客户指定的第三方物流仓库,在客户领用产品并对账后确认已领用产品收入。如果客户对已领用产品未及时与公司对账,则公司存在收入确认延迟的风险。

"请发行人:

"(1)结合报告期内前五大客户的基本信息、经营规模和合作历史,说明报告期内前五大客户变动的原因,红板(江西)有限公司、江门建滔高科技有限公司、东莞美维电路有限公司退出前五大客户后与发行人的合作情况。

"(2)区分100万元以下、100~500万元、500~1000万元、1000~2000万元和2000万元以上交易金额,分别说明各期对应区间客户的数量、金额、占比和增减变动情况,前述各期各区间的新增和退出客户的数量及变动原因;各区间的新增客户中已有合作历史和完全新增客户的数量、销售金额和占比;退出客户中继续与发行人进行合作和完全终止与发行人进行合作的数量、金额和占比,是否存在客户退出后注销的情形,短期合作后又终止与发行人合作的客户及占比;各期与发行人存在两年以上合作客户的数量、金额和占比情况。

"(3)说明各期对主要经销商客户的销售单价、数量、金额、销售占比及变动的原因,主要经销客户的基本情况,包括但不限于设立时间、合作背景、注册资本、股权结构、主营业务、经营规模、销售内容、销售金额、占当期发行人营业收入比例,与发行人是否存在关联关系,与实际控制人及其关联方之间是否存在资金往来,经销客户的终端销售实现情况。

"(4)说明各期对主要外销客户的销售单价、数量、金额、销售占比及变动的原因,主要外销客户的基本情况,包括但不限于设立时间、合作背景、注册资本、股权结构、主营业务、经营规模,与发行人是否存在关联关系,与实际控制人及其关联方之间是否存在资金往来。

"(5)区分客户仓库和第三方物流仓库,说明各期对应的寄售数量、金额和占比;结合寄售产品的灭失补偿安排和内部控制等,说明发行人是否对寄售产品存在实际控制,收入确认时点是否符合企业会计准则的规定,结合寄售收入的季度分布和期后客户退货情况,说明是否存在提前确认收入的情形。

"请保荐人、申报会计师发表明确意见,并根据《深圳证券交易所创业板股票首次公开发行上市审核问答》问题29的要求,说明对于经销商的核查情况。

"请发行人律师对问题(3)、问题(4)发表明确意见。"

(四)关于客户与供应商重叠的合理性

一般情况下,客户和供应商不会发生重合,即一般不会发生与发行人之间又买又卖的情形。但是在实务中,对于存在上下游供应链关系的企业,确实可能存在与发行人之间又买又卖的情形。对于存在相应的情形的,首先应当保证相关交易的真实性以及会计核算的准确性,在此基础上,报告期内也应当尽量避免误差,无法避免的尽量减少相应的发生额,对于确实真实发生的且有必要应当保证相关交易证据的完整性的,能够充分证明相关交易的真实性以及必要性等。

案例3-439 既是供应商又是客户且是股东

依据《新疆九洲恒昌供应链管理股份有限公司首次公开发行股票申请文件反馈意见》,审核问询意见:中泰集团、特变集团等既是发行人客户又是供应商,特变集团同时是公司持股3.77%的股东。请补充说明并披露:(1)梳理报告期部分主体既是发行人客户又是供应商的原因,相关交易发生的必要性和合理性,相关销售、采购价格与其他第三方交易价格是否存在差异及原因,交易价格是否公允,是否存在利益输送;(2)发行人、控股股东、实际控制人、董事、监事、高级管理人员及其主要关联方与相关主体是否存在关联关系;(3)报告期,特变集团成为公司股东的背景及入股定价是否公允,在特变集团成为股东后与发行人的交易额、交易单价是否发生明显变化;(4)是否存在其他股东、前员工为公司客户或供应商的情形,相关交易发生的原因及定价是否公允。请保荐机构和申报会计师核查并发表明确意见。

案例3-440 前五大客户和供应商存在重合

依据《关于云从科技集团股份有限公司首次公开发行股票并在科创板上市申请文件的审核问询函》,(1)媒体关注内容:发行人前五大客户和前五大供应商存在部分重叠。联想系是公司2020年上半年和2019年的第二大客户,分别占当期营收比例为8.1%和5.99%。

(2)保荐机构核查意见:发行人已在招股说明书披露相关重要商务合同。发行人自主研发了融合人工智能技术的人机协同操作系统和部分AIoT设备,主要提供人机协同操作系统及其应用软件,基于业务发展需要,发行人需较多采购服务器及相关IT设备产品。因此,公司通过包含联想公司在内的多家供应商采购相关IT或硬件商品。同时,发行人也为联想系相关客户提供产品及技术服务,具体包括鹰眼人脸大库检索平台、OCR识别软件、火眼人脸大数据平台等。发行人与客户、供应商发生的交易均定价公允,不存在影响价格公允性的情况。

经核查,保荐机构认为发行人关于客户与供应商重叠符合商业实质和业务模式,具有合理性。

案例3-441 问询既是客户又是供应商的原因及合理性

依据《关于北京龙软科技股份有限公司首次公开发行股票并在科创板上市申请文件第二轮审核问询函的回复报告》,审核问询意见:关于客户和供应商。重合报告期内,中煤电气有限公司、北京安信创业信息科技发展公司等公司既是发行人客户,也是发行人供应商。发行人主要客户供应商交易数据年报与招股说明书披露差异原因为年报披露有误。请发行人:(1)说明上述公司既是客户又是供应商的原因及合理性、交易内容、定价是否公允、采购和销售合同之间的对应关系,发行人与上述公司是否存在关联关系、是否存在其他利益安排;(2)说明主要客户、供应商及交易金额年报披露错误产生的原因,发行人是否具备准确划分收入、成本的内控制度及执行机制,年报经过会计师事务所审计仍与本次首发申报存在较大差异的原因;(3)说明问询回复中2019年预计新增订单的确定方式、合同是否已实际签订以及当前履约进展情况。请保荐机构就发行人独立经营能力进行核查并发表意见。

另外,依据《关于慧捷(上海)科技股份有限公司首次公开发行股票并在科创板上市申请文件的审核问询函回复》(2020年8月终止上市申请),该公司存在客户同时是供应商的情形。

另外,上市公司中存在既是客户又是供应商的情况案例较多,如优刻得(688158)、山大地纬(688579)、慧辰资讯(688500)、致远互联(688369)等。

(五)关联方转变为客户或者经销商的合理性

对于存在原属于发行人的关联方或者员工的,后成为发行人的客户或供应商的情形,首先需要关注相关从关联方转变的真实性、合理性,相关交易的真实性、合理性等,是否符合商业逻辑。

例如,中科微至智能制造科技江苏股份有限公司存在子公司或者实际控制人控制的公司剥离转让后,成为公司的经销商的情形。

案例3-442　前五大客户成为公司股东

依据苏州宇邦新型材料股份有限公司的招股说明书等文件,2020年6月,该发行人引入天合智慧能源、无锡中元、浙创好雨等新股东。天合智慧能源由发行人前五大客户之一天合光能全资控股,无锡中元系发行人实际控制人朋友设立的企业,浙创好雨系保荐人全资子公司担任执行事务合伙人的私募投资基金。请发行人代表:结合发行人目前对天合光能在手订单情况,说明天合智慧能源入股后对天合光能销售增长的影响。

案例3-443　历史关联方为公司前五大供应商

依据《关于广州凌玮科技股份有限公司首次公开发行股票并在创业板上市申

请文件的审核问询函的回复》，审核问询意见："问题 19. 关于关联方。申报文件显示：(1) 报告期内，发行人曾持有济源海博瑞 33% 的股权，于 2017 年 5 月转让所持股份。(2) 关联公司、历史上关联方江桂化学 2015 年、2016 年曾为发行人前五大供应商。报告期初至 2018 年 6 月，胡某民和胡某仲合计持股 100% 的企业，2018 年 6 月对外转让。(3) 实际控制人胡某妮姐妹的配偶汪某伟控制纬庆高分子、纬庆化工。请发行人：(1) 说明发行人与历史关联方济源海博瑞、江桂化学、纬庆高分子、纬庆化工是否存在供应商、客户重叠情形，是否存在为发行人代垫成本费用，体外资金循环，以及利益输送行为。(2) 说明湖北省纬庆高分子科技有限公司、广州市纬庆化工科技有限公司主营业务情况，与发行人是否存在同业竞争。请保荐人、发行人律师发表明确意见，请申报会计师对问题(1)发表明确意见。"

第十六节　其　　他

一、多次申报及曾新三板挂牌问题

(一) 多次 IPO 申报

对于曾经申报过 IPO 或者多次申报情形，审核机构关注及反馈回复要点：

(1) 前次申报撤回或者终止的原因，相关问题是否整改以及整改结果，是否存在影响发行上市的障碍；

(2) 前几次申报文件信息披露内容存在差异的具体情况及差异的原因；

(3) 说明此次对应报告期间的经营业绩、持续经营能力较前次是否发生重大不利变化；

(4) 说明本次及前次上市申报中，保荐人、证券服务机构及其签字人员是否发生变更及变更原因；

(5) 对照前次申请文件信息披露内容及问询回复内容，说明本次申报与前次申报的主要差异及存在相关差异的原因，请保荐人、申报会计师、发行人律师发表明确意见，并自查报告期内与 IPO 相关媒体质疑情况，就相关媒体质疑核查并发表明确意见；

(6) 是否涉及中国证监会现场检查，若涉及中国证监会现场检查，相关问题的

整改情况;

(7)当次申报的募投项目总额较前次申报变动较大或者增长较大的合理性。

案例3-444 问询前次申报的现场检查

依据《关于四川君逸数码科技股份有限公司首次公开发行股票并在创业板上市申请文件的审核问询函回复》(君逸数码、836106,已通过上市委审议),审核问询意见:“问题5.关于前次申报和现场检查。申报文件显示:(1)发行人曾于2019年5月20日向中国证监会提交了首次公开发行股票并在创业板上市的申请,于2019年7月11日申请撤回。(2)2019年7月15日至2019年8月23日,中国证监会对君逸数码申请境内首次公开发行股票并在创业板上市项目进行了现场检查。

“请发行人说明:(1)前次申报撤回的原因,相关问题是否整改以及整改结果,是否存在影响发行上市的障碍。(2)两次申报文件信息披露内容存在差异的具体情况及差异的原因。(3)中国证监会现场检查相关问题的整改情况。

“请保荐人、申报会计师和发行人律师发表明确意见。”

反馈回复:

“一、前次申报撤回的原因,相关问题是否整改以及整改结果,是否存在影响发行上市的障碍

“(一)前次申报相关情况

“2019年5月20日,发行人向中国证监会提交了首次公开发行股票并在创业板上市的申请。2019年5月27日中国证监会正式受理了公司首发申请。

“经2019年第二届董事会第十次会议审议,2019年7月11日公司向中国证监会申请撤回首次公开发行股票并在创业板上市申请。2019年7月22日,公司收到中国证监会下发的《中国证监会行政许可申请终止审查通知书》(〔2019〕233号),中国证监会决定终止对公司行政许可申请的审查。

“(二)前次申报撤回的原因

“发行人前次申报撤回的主要原因是2019年以来申报IPO的企业数量大幅

增加，而发行人在申报期内的业绩规模较小(发行人前次申报的报告期为2016年至2018年，扣除非经常性损益后的净利润分别为2491.64万元、3828.20万元和5240.04万元)，同时截至2018年年末发行人在手订单约为4.13亿元(按完工百分比法口径统计)，抗风险能力相对较弱，结合当时首次公开发行的审核形势，发行人决定进行战略调整，主动撤回首发申请文件。

"(三)相关问题是否整改以及整改结果，是否存在影响发行上市的障碍

"中国证监会关于发行人前次申报的反馈意见中未涉及要求发行人进行整改的相关事项。发行人前次申报撤回原因主要系发行人当时业绩规模偏小，抗风险能力相对较弱而选择主动撤回。

"二、两次申报文件信息披露内容存在差异的具体情况及差异的原因

"发行人前次申报的报告期为2016年、2017年和2018年，本次申报的报告期为2019年、2020年和2021年，两次申报的报告期存在变化。受申报报告期变化的影响，本次申报发行人对财务数据、历史沿革、业务与技术、资质证书、主要资产、关联方及关联交易等方面进行了更新。同时，在本次申报中，发行人对智慧城市系统集成业务的收入确认方法进行了变更，以及对其他少量会计差错进行了差错更正并追溯调整了财务报表。

"三、中国证监会现场检查相关问题的整改情况

"(一)中国证监会现场检查的基本情况

"按照中国证监会有关工作部署，2019年7月15日至2019年8月23日，中国证监会大连监管局组织检查组对发行人申请境内首次公开发行股票并在创业板上市项目进行了现场检查。检查组重点关注了2016年至2018年发行人智慧城市信息系统集成业务的收入确认政策，营业收入、营业成本的真实性、准确性和截止性，发行人银行流水和董事、监事、高级管理人员在报告期内个人银行流水，公司实际控制人无偿提供办公场所，重大合同信息披露准确性和内部审批流程以及内控控制规范性等方面，并调取了发行人的资金流水，对部分客户、项目及供应商进行了实地走访等，就部分关注事项向公司及保荐机构、会计师和律师进行了问询。发行人和保荐机构、会计师以及律师分别对上述相关情况进行了回复，检查组对于回复内容未提出异议。在现场检查结束后，检查组并未就本次现场检查向公司出具结论性意见，且此后发行人也未收到中国证监会任何关于现场检查结果

的书面文件。2020年4月24日,中国证监会发布‘证监会根据2019年现场检查情况对部分申请主板、中小板、创业板首发企业进行分类处理’。2019年6月以来,中国证监会分两批次启动了对86家首发企业的现场检查工作。截至中国证监会公告日,84家企业已完成检查工作,累计30家已撤回申请终止审查。对于已完成现场检查的企业,中国证监会根据问题性质和情节轻重,作出分类处理如下:(1)对1家企业移送稽查调查处理;(2)对12家企业(其中6家已撤回申请终止审查)采取出具警示函的监管措施;(3)对48家企业采取审核重点关注、督促整改会计处理及内控问题等措施;(4)对其他23家申请撤回企业予以终止审查处理。

“2020年4月29日,中国证监会公布了采取前两类处理措施的具体企业名单和问题情况,经对比,不包含发行人;同时发行人未收到关于‘采取审核重点关注、督促整改会计处理及内控问题等措施’的通知,因此,发行人不属于证监会公告中被采取前3类措施的首发企业。

“(二)中国证监会大连监管局现场检查的主要问题

“1.完工百分比法收入确认会计政策的执行情况

“在前次申报中,公司智慧城市信息系统集成服务采用完工百分比法确认收入,对于未完工项目,在确认完工进度时,采用经甲方或监理确认的完工产值作为完工进度,实际执行中多按客户方的结算相关申请审批单作为收入确认的依据。

“检查组选取部分工程项目,取得相关收入确认、成本发生资料,按累计发生的合同成本占合同预计总成本的比例计算的完工进度与发行人实际确认的完工进度进行了测算比较,部分项目存在较大差异。检查组抽取部分工程项目合同,按照合同约定结算时间、发行人实际申报结算时间及申报金额进行了比对,发现部分项目未按月提交结算申请,发行人亦不能提供与月完工进度相对应的成本结转信息。

“检查组认为发行人部分项目以结算进度作为完工进度,难以完全反映实际完工进度。此外,发行人作为收入确认依据的部分结算单据仅有对方个人签字,无甲方及监理方公章,个别单据缺少甲方项目经理签字确认过程,部分产品销售业务缺少客户验收单据,收入确认、成本结转的依据存在效力不够充分的情形。

“2.收入确认、成本结转时点的规范性方面

“发行人部分工程项目2017年已实际完工或完成阶段性工作量,但由于2018

年进行验收,或取得验收报告,或取得客户进度款审批单据,发行人依据取得验收报告或客户结算审批单据的时点于2018年确认上述项目的收入并结转成本。检查组认为,发行人存在部分项目收入确认及成本结转与实际完工进度不相符、收入确认时点不够准确的情形。

"3. 内控规范性方面

"在现场检查中,检查组实地调取了发行人、部分劳务供应商相关银行账户资金流水和交易对方信息,取得相关劳务供应商合同,实地走访了部分客户、项目及劳务供应商。

"发行人前次申报报告期内存在利用员工个人账户办理公司业务的情形。前次申报期内,发行人员工较为频繁地为发行人垫付、或从发行人借支大额款项的情况,个别款项单笔金额达到83万元。经进一步了解,多系员工代发行人支付异地工程开票预缴税款。同时,发行人报告期内存在利用员工个人账户支付报销款项(主要发生年度系2016年度,2017年该事项得到规范)、与关联方个别交易未进行账务处理、劳务合同签署不规范、存货减值测试欠缺、薪酬管理制度未按规定履行审批程序、购买银行理财产品未按规定履行审批程序、股东大会和董事会会议记录不够规范、董事会下设各专业委员会以及内审部门成立时间较短尚未规范开展工作等情形。据此,检查组认为发行人内部控制尚存薄弱环节。

"4. 关于实际控制人无偿提供办公场所方面

"2016年1月~2017年11月,发行人实际控制人、董事长兼总经理曾某军无偿让渡自有房屋使用权,提供给公司用作办公场所。发行人已就该事项履行了相关审批程序,但未就该事项确认成本费用。

"5. 关联方关系信息披露发行人前次申报招股说明书披露,2017年12月公司关联方曾某军、杜某峰和曾某涛分别将持有的联合众安36%、9%和4.5%的股权向独立第三方转让。股权转让后,公司及公司的关联方与联合众安不再存在关联关系。检查组通过工商登记信息查询,截至2019年7月19日,徐某明为联合众安股东、总经理及法定代表人,同时兼任发行人全资子公司四川君逸易视科技有限公司的总经理。2019年7月19日,君逸易视总经理已进行了变更,徐某明不再担任上述职务。检查组认为,上述工商登记信息显示,联合众安与发行人仍存在关联方关系,发行人招股说明书信息披露不准确。

“6. 重要合同信息披露发行人招股说明书‘重要合同’一节披露的‘发行人正在履行的合同金额在3000万元以上的合同’中,‘云端酒店装修工程设计—施工总承包弱电分包工程’项目合同金额为5691.94万元。发行人审计机构工作底稿中所列客户访谈纪要以及检查组现场访谈记录、相关进度款审核报告显示‘云端酒店装修工程设计—施工总承包弱电分包工程’项目合同金额5691.94万元,发行人2018年确认收入494万元,结转成本317万元,该项工程已于2018年8月处于停工状态,截至2019年7月末尚未开工。检查组认为,发行人未就此事项在招股说明书‘发行人正在履行的合同金额在3000万元以上的合同’栏目予以适当披露。

“(三)中国证监会大连监管局现场检查相关问题的整改情况

“1. 智慧城市信息系统集成业务的收入确认方法变更

“2021年4月,公司已将智慧城市信息系统集成业务的收入确认方法由原先的‘完工百分比法’变更为‘在客户取得相关产品或服务的控制权,项目完工验收后确认收入’,并对2018年、2019年及前期的财务报表数据进行了追溯调整。考虑到拟上市公司申报会计信息的谨慎性以及可比性,以及公司外部环境、销售模式、业务性质等并未发生变化的情况下,公司将上述智慧城市信息系统集成业务收入确认方法变更直接认定为会计差错。2021年4月27日,公司召开的第二届董事会审议通过了《关于前期会计差错更正的议案》,同时在全国股转系统披露了《会计差错更正公告》。公司在进行上述智慧城市信息系统集成业务的收入确认方法变更后,检查组关于‘以结算进度作为完工进度,难以完全反映实际完工进度’以及‘收入确认及成本结转与实际完工进度不相符、收入确认时点不够准确的情形’的问题已不复存在。

“对于‘作为收入确认依据的部分结算单据仅有对方个人签字,无甲方及监理方公章,个别单据缺少甲方项目经理签字确认过程,部分产品销售业务缺少客户验收单据’的情况,由于公司的客户主要为国有企业、政府部门、金融机构和事业单位等,发行人在商务谈判中始终处于劣势地位,话语权较低,部分项目发行人与客户进行多次沟通协调后可能也无法获得要素齐备的完工进度确认书面文件。为保证重要外部资料的效力,公司已深入加强与甲方、业主方的沟通,以取得对方的理解与配合,同时加强对重要业务单据的管控措施,严格要求业务人员在取得工程进度结算、完工验收或签收资料等重要外部单据时需检查单据签字或盖章等要素的完备性,保证公司重要业务单据效力充足。

"2. 内控规范性方面

"(1)员工个人账户为发行人垫付、或从发行人借支大额款项

"发行人发生较为频繁的员工为发行人垫付、或从发行人处借支大额款项的情况多系员工代发行人支付异地工程开票的预缴税款而借支的备用金所致。

"由于公司实施的部分项目所在地为非公司注册地,需在异地办理纳税申报事宜。但由于使用银行对公账户缴纳异地项目税款需办事人员先确认税款金额,待公司完成审批支付税款后,再到税务局查询缴款结果,然后取得税收缴款凭证,办理异地项目纳税的流程较长、效率较低。因此,在前次申报中,存在部分项目异地税款系通过员工在税务大厅通过现场缴费的方式(员工垫付)取得税收缴款凭证,再向公司申请税款报销的情况。

"自2020年起,为避免再次出现上述员工为公司垫付款项的情形,公司要求对于异地缴税的,需由具体经办人员申请员工备用金,并在备用金申请审批流程中注明资金的使用用途(缴税项目、缴税金额等),在完成缴税后,凭缴税凭证冲抵备用金。在年底前,如存在尚未使用完毕的员工备用金按公司规定退回公司。

"(2)报告期前利用员工个人账户支付报销款项

"2016年,公司为避免使用现金报销以及银行对公账户支付的冗余手续,存在通过公司前出纳的个人银行卡支付少量员工报销款的情况,上述报销款均履行了内部审批程序。在2017年年初发行人已停止使用该个人卡支付报销款项,并注销了该个人卡,至此公司已就该事项进行了整改规范,本次申报期内不存在利用员工个人账户支付报销款项的事项。

"(3)针对报告期内个别关联方交易未进行账务处理事项

"主要系2016年1月~2017年11月,发行人控股股东、实际控制人、董事长兼总经理曾某军无偿让渡自有房屋使用权,提供给公司用作办公场所。公司已于2017年11月搬迁至租赁的成都市高新区天府三街迈普大厦办公楼;同时在本次申报中,公司已按照市场价格补充确认了所属期间的费用,并追溯调整了期初财务报表。同时,本次申报中,公司已全面梳理公司关联方关系并完整地识别、记录和披露了报告期内的关联方关系及关联交易情况。

"(4)劳务合同签署不规范

"前次申报中存在部分劳务合同签署日期在合同约定的开工日期或实际开工日期之后的不规范情况,主要原因为部分项目为赶工期,与劳务供应商口头约定后要求劳务分包商按项目工期先行施工,后续按实际审批日期作为合同签署日期,或由于业主或其他客观原因,公司实际施工日期晚于与客户签署的工程施工合同(与客户签署的主合同)约定的施工日期的情形,劳务合同中的施工工期系公司与客户签署合同的施工工期,该类现象在行业内较为普遍。

"2020 年,公司在项目中标后及时与甲方沟通项目施工工期、进场时间,并及时选定劳务供应商并签署劳务合同;对于存在施工延缓的情形,劳务合同的施工工期以预计的施工工期为准,避免再次出现上述劳务合同签署不规范的情形。

"(5)存货减值测试欠缺

"针对原存货减值测试欠缺情形,本次申报发行人与保荐机构和会计师等中介机构对 2020 年年末和 2021 年年末的存货进行了盘点和监盘;并自 2020 年起,公司结合对大额未完工工程项目现场巡视,完工进度,客户确认的产值以及收到工程项目款项等,并按照企业会计准则的要求对资产负债表日的存货进行了减值测试,2020 年年末和 2021 年年末,公司计提了 11.88 万元和 118.11 万元的存货跌价准备。

"(6)薪酬管理制度未按规定履行审批程序

"2020 年 10 月前,公司实际执行的薪酬管理制度较为零散。在 2020 年 10 月,经公司总经理审批通过的《人力管理制度汇编》将与人力资源、薪酬管理制度等纳入统一的文件进行规范。同时,为健全公司薪酬管理体系,君逸数码董事会薪酬与考核委员会制定了《关于董事、监事和高级管理人员薪酬与考核方案的议案》,上述议案已经 2020 年年度股东大会审议通过。

"(7)购买银行理财产品未按规定履行审批程序

"2016 年和 2017 年,公司存在少量(超过一定金额)的银行理财产品需总经理审批,但实际由副总经理审批的情形。公司已重新梳理了相关审批流程和审批权限,自 2020 年开始公司购买的所有银行理财产品,总经理均进行了审批,已不存在未按规定的审批权限进行审批的情形。

"(8)股东大会和董事会会议记录不够规范、董事会下设各专业委员会以及内

审部门成立时间较短尚未规范开展工作

“针对上述发现的股东大会和董事会会议记录不够规范、董事会下设各专业委员会以及内审部门成立时间较短尚未规范开展工作等情形,公司已在保荐机构、律师的协助下就股东大会和董事会会议记录不够规范的事项进行整改,严格要求并保证公司股东大会、董事会会议的记录要准确、完整。董事会下设的各专业委员会系 2019 年 3 月设立,经召开第二届董事会第七次会议,审议通过《关于设立公司董事会专门委员会并选举各专门委员会委员的议案》等议案,因此,公司董事会下设各专门委员会的设立时间较短,截至 2019 年五六月暂未召开相关会议。在检查组提出上述事项后,公司高度重视,并严格按照《公司法》以及相关专业委员制定的规章制度进行规范运作。

“3. 关于实际控制人无偿提供办公场所方面

“2016 年 1 月 ~2017 年 11 月,发行人控股股东、实际控制人、董事长兼总经理曾某军将自有房屋,无偿提供给公司用作办公场所,公司在 2016 ~ 2018 年未作账务处理。2017 年 11 月,公司已搬迁至其租赁的成都市高新区天府三街迈普大厦办公楼,不再使用实际控制人的房屋作为办公场所;同时在本次 IPO 申报中,公司已按照市场价格补充确认了上述房屋在所属期间的租赁费用,并追溯调整了期初财务报表,该问题已解决。

“4. 关联方关系信息披露方面

“(1)前次申报中,发行人根据《深圳证券交易所创业板股票上市规则》[①]将联合众安认定为发行人 2018 年度的关联方。因发行人关联方曾某军、杜某峰、曾某涛在 2017 年 12 月前分别持有联合众安 36%、9%、4.5% 的股权,发行人基于前述股权关系,发行人将联合众安认定为关联方;2017 年 12 月,发行人关联方曾某军、杜某峰和曾某涛在 2017 年 12 月对外转让联合众安的全部股权后,根据《深圳证券交易所创业板股票上市规则》第 7.2.6 条的规定,在过去 12 个月具有关联方情形的,仍应视为关联方,因此发行人在前次申报披露的招股说明书中已将联合众安认定为发行人 2018 年度的关联方。

“(2)徐某明非发行人 5% 以上的股东、董事、监事、高级管理人员及其关系密

---

① 已失效,下同。

切的家庭成员，与发行人不存在关联关系，虽然工商显示徐某明为君逸易视总经理，但根据企业会计准则等相关规定，徐某明不属于发行人的关联方，联合众安也不因为徐某明在君逸易视任总经理而成为发行人的关联方。前次申报时招股说明书披露的'股权转让后，公司及公司的关联方与联合众安不再存在关联关系。根据《深圳证券交易所创业板股票上市规则》第 10.1.6 条之规定，联合众安仍属于公司 2018 年度的关联方'。披露的信息及关联方认定依据符合企业会计准则、《深圳证券交易所创业板股票上市规则》的相关规定。2013 年 4 月，君逸易视成立，徐某明为君逸易视总经理，并在工商登记信息中登记。2014 年，徐某明自君逸易视离职，从此之后徐某明未在君逸易视实际履行职责、领取报酬。保荐机构已在督导过程中提醒公司尽快办理工商登记变更手续，但因公司员工疏忽未及时变更上述工商登记信息，至 2019 年 7 月 19 日，公司已将君逸易视的总经理变更为严波并办理了工商登记信息。

"综上，徐某明不属于君逸数码的关联方，联合众安也不因为徐某明在君逸易视任总经理而成为君逸数码的关联方；发行人前次申报时招股说明书披露的对关联方认定依据以及相关信息符合相关规定。

"5. 重要合同信息披露

"鉴于 ICON 云端项目安装工程材料采购、ICON 云端项目弱电及夜景照明工程、云端酒店精装修工程等云端项目的合同金额较大，系发行人前次申报报告期内的重要项目。保荐机构及其他中介机构于 2019 年 3 月到项目部现场走访、查看项目施工现场，根据当时访谈了解到云端酒店精装修工程系暂时停工，后期工程进度预计不受影响。鉴于发行人未收到总承包方关于'云端酒店装修工程设计—施工总承包弱电分包工程项目'暂停施工的书面文件，该项目的合同金额较大，且仍然有效并未解除。在前次申报中，发行人将该项目列示为'正在履行的重大合同'，但未披露暂停施工信息。

"在本次申报过程中，发行人已按照保荐机构及其他中介机构的要求，对发行人经营业绩具有重大影响的合同完工状态进行梳理，并进行了恰当披露，进一步提高信息披露的质量。"

案例 3-445 多次申报 IPO,前次审核通过后暂停发行

依据《关于四川侨源气体股份有限公司首次公开发行股票并在创业板上市申请文件的审核问询函的回复问题》(侨源股份、301286),审核问询意见:"问题 13.关于前次申报后暂停发行。申报文件显示,侨源气体前次申报创业板 IPO,2017 年 3 月通过中国证监会审核并取得发行批文,后续公司于 2017 年 4 月向中国证监会申请暂停发行。请发行人:(1)披露前次发行人取得发行批文后暂停发行的详细原因,媒体质疑事项具体内容、是否属实,如属实,请进一步披露相关事项的整改情况,是否对本次发行上市申请存在影响。(2)说明前次申报过程中披露信息与本次申报信息披露的差异情况及差异原因,涉及会计处理的,相关调整是否符合企业会计准则的规定。(3)说明前次申报与本次申报的保荐人、证券服务机构及签字人员的变动情况及变动原因。请保荐人、发行人律师、申报会计师发表明确意见。"

发行人反馈回复:

"一、披露前次发行人取得发行批文后暂停发行的详细原因,媒体质疑事项具体内容、是否属实,如属实,请进一步披露相关事项的整改情况,是否对本次发行上市申请存在影响

"发行人已在招股说明书中补充披露如下:

"十七、前次 IPO 申报情况

"公司前次申报创业板 IPO,2017 年 3 月通过中国证监会审核并取得发行批文,2017 年 4 月发行人向中国证监会申请暂停发行,2018 年 5 月申请撤回首发申报材料,终止发行上市。具体情况如下:

"(一)公司暂停发行的原因

"2017 年 4 月 8 日,微信公众号'IPO 案例库'发布文章《董事长近 30 万元行贿案未披露这家拟上市公司拿到 IPO 批文》,文章内容主要是关于公司董事长乔某涌作为黄某平受贿罪案件证人。

"因上述媒体质疑事项,根据中国证监会要求,2017 年 4 月 15 日,发行人暂缓后续发行工作。

“(二)关于黄某平受贿罪案件媒体质疑事项的后续核查情况

“2017年4月24日,江安县人民检察院出具《关于四川侨源气体股份有限公司及其法定代表人乔某涌相关情况的回函》。江安县人民检察院确认‘在侦查及审查起诉中,均未发现乔某涌或四川侨源气体股份有限公司向黄某平谋取非法利益,因此,乔某涌及四川侨源气体股份有限公司的行为不构成犯罪,不符合立案条件,未予立案’。2017年8月2日,都江堰市人民检察院出具《检察机关行贿犯罪档案查询结果告知函》(都检预查〔2017〕283号),在查询期限2012年8月3日至2017年8月2日,未发现发行人及乔某涌有行贿犯罪记录,查询结果来自全国行贿犯罪档案库。

“2018年2月22日,都江堰市人民检察院出具《检察机关行贿犯罪档案查询结果告知函》(都检预查〔2018〕86号),在查询期限2013年2月23日至2018年2月22日,未发现发行人及乔某涌有行贿犯罪记录,查询结果来自全国行贿犯罪档案库。

“除上述外,本次申报对黄某平受贿罪案件的进一步核查内容参见招股说明书‘第十一节其他重要事项’之‘三、(二)发行人控股股东、实际控制人的重大诉讼及仲裁等事项’相关内容。经核查,保荐机构及发行人律师认为,乔某涌及发行人在黄某平受贿罪案件中不存在谋取不正当利益的情形,乔某涌及发行人不存在因上述案件被追究相关责任的风险;上述案件不构成本次发行上市障碍。

“(三)其他媒体质疑事项

“除上述案件外,发行人前次取得发行批文后的其他媒体质疑事项为:

“2017年4月8日,《红周刊》发表题为《财务数据存多处矛盾,侨源气体IPO获批理由何在》的文章,文章内容主要为公司招股书的诸多疑点,前后两版招股书财务数据前后矛盾,经营数据合理性存疑。相关媒体质疑事项不属实,中国证监会未要求公司对《红周刊》2017年4月8日文章质疑事项进行回复。

“(四)发行人放弃发行的原因

“随着钢铁行业经济效益稳步回升,对气体的需求日益增大,公司预计未来几年业绩将出现爆发式增长,综合考虑暂缓发行已逾1年、前次发行拟募集资金可能不满足发行人后续生产经营需求等因素,发行人于2018年5月决定申请撤回首发申报材料,终止发行上市。

“经核查,保荐机构及发行人律师认为:1. 前次发行人取得发行批文后暂停发行的原因是黄某平受贿罪案件媒体质疑事项，发行人在暂停发行后取得了经办检察机关及发行人所在地检察机关的书面确认文件；2. 乔某涌及发行人在黄某平受贿罪案件中不存在谋取不正当利益的情形，乔某涌及发行人不存在因上述案件被追究相关责任的风险；上述案件不构成本次发行上市障碍；3.《红周刊》2017 年 4 月 8 日文章质疑事项不属实。

"二、说明前次申报过程中披露信息与本次申报信息披露的差异情况及差异原因，涉及会计处理的，相关调整是否符合企业会计准则的规定

"公司曾于 2015 年 10 月向中国证监会提交首次公开发行股票并在创业板上市的申请材料，并于 2017 年 3 月披露了预披露更新稿，报告期是 2014 年、2015 年和 2016 年，2018 年 2 月补充了 2017 年年报。发行人本次申报提交的招股说明书的报告期是 2017 年、2018 年、2019 年和 2020 年 1 ~ 6 月，2021 年 4 月补充了 2020 年年报。两次申报差异情况及原因如下：

"（一）报告期变化导致的差异

"由于报告期的变化，本次申报时对发行人的财务数据，历史沿革，子公司情况，董事、监事、高级管理人员及员工情况，业务发展，主要资产资质，重要合同，关联方及关联交易等方面内容进行了更新。

"（二）适用不同招股说明书格式准则的差异

"公司两次申报的拟上市板块均为深圳证券交易所创业板，但发行人前次申报招股说明书的信息披露具体要求按照《公开发行证券的公司信息披露内容与格式准则第 28 号——创业板公司招股说明书》（2015 修订，已失效）的相关规定，本次申报招股说明书的信息披露具体要求按照《公开发行证券的公司信息披露内容与格式准则第 28 号——创业板公司招股说明书》（2020 修订）（以下简称新格式准则）的相关规定。依据新格式准则，本次申报发行人在招股说明书中对部分章节和内容披露顺序进行了调整，并根据新格式准则的要求对研发情况和投资者保护措施等进行了更加充分的披露。

"（三）主要财务数据的差异

"本次申报 2017 年财务数据较前次申报补充 2017 年年报数据有所调整，主要是根据相关规定进行列报披露调整，相关调整符合企业会计准则的规定。

"与前次申报时相比，公司主要财务数据整体呈增长趋势。其中，资产总额和

净资产增长主要受益于公司业务规模的扩大和经营效益的提升，而营业收入、净利润整体较快增长的原因主要包括：

"1. 受到冶金等下游行业景气度提升、国家环保要求提升、工业气体行业竞争格局改善等多方面有利因素影响，工业气体的市场行情整体走强，公司产品销量和价格相应实现了较大幅度的提升。

"2. 公司主要生产基地之一的阿坝侨源自2014年12月投产之后，经过一段时间的产能爬坡期和市场培育期，经济效益逐渐释放，同时随着产量提升，成本规模效益逐渐显现，产品盈利能力增强。

"3. 受益于主要客户闽光钢铁开工率提升，福州侨源的产能利用率和销量不断提高，同时由于周边工业气体市场行情回暖，富余液态气体外销业务量价齐升，贡献了较多超额收入和利润，盈利水平显著提升。

"4. 公司顺应市场发展趋势，积极拓展新能源、新材料、医药及医疗等新兴领域客户，逐渐成为新的收入和利润增长点。

"（四）其他主要差异

"除上述差异以外，前次申报与本次申报信息披露的其他主要差异如下：

"本次申报招股说明书关于募投项目是5个，募集资金金额100,000.00万元，拟公开发行数量为不超过4001万股，占发行后总股本的比例不低于10%；而前次申报招股说明书的募投项目是3个，募集资金金额29,068.46万元，拟公开发行数量为不超过3000万股，占发行后总股本的比例不低于25%。

"三、说明前次申报与本次申报的保荐人、证券服务机构及签字人员的变动情况及变动原因

"本次申报和前次申报相比，保荐机构（主承销商）变更为中信建投证券，经办人员相应发生变化，主要原因是发行人前次IPO终止后短期内暂无IPO申报计划，故与前次申报的保荐机构终止了IPO服务协议。本次申报前，发行人对保荐机构的聘用进行了重新筛选，在综合比较各候选保荐人的业绩、知名度、派出项目团队情况以及对发行人本次发行的具体方案后，决定聘请中信建投证券为本次申报的保荐机构。

"申报会计师变更为大华会计师，主要原因是负责公司前次申报的会计师团队由立信会计师事务所（特殊普通合伙）转入至大华会计师，因此，发行人相应更

换了申报会计师。经办注册会计师之一贺某祥未变,另一经办注册会计师由胡某变更为刘某。公司前后两次申报发行人律师和资产评估机构及其签字人员均未发生变更。”

另外,中荣印刷集团股份有限公司、钜泉光电科技(上海)股份有限公司、陕西嘉禾生物科技股份有限公司等均存在多次申报 IPO 的情形,均涉及相关的问询意见。

案例 3-446 问询中介机构及签字人员是否变更

依据《关于浙江恒达新材料股份有限公司首次公开发行股票并在创业板上市申请文件的审核问询函之回复》(已通过上市委审议),审核问询意见:“问题 1. 关于前次申报。公开信息显示,发行人于 2017 年 5 月向中国证监会报送材料申请首次公开发行,并于 2018 年 1 月撤回。请发行人:

“(1)说明前次向中国证监会申报 IPO 并撤回申请的具体原因,是否存在实质性障碍,相关事项是否已整改完毕。

“(2)说明本次及前次申报中,保荐人、证券服务机构及其签字人员是否发生变更及变更原因。

“(3)说明本次申请文件和前次申请文件信息披露差异情况及差异原因。请保荐人、发行人律师、申报会计师发表明确意见。”

公司反馈回复称:发行人撤回前次申报的具体原因系发行人前次申报时业绩规模较小。

案例 3-447 问询中介服务机构变动原因及媒体质疑情况

依据《关于杭州国泰环保科技股份有限公司首次公开发行股票并在创业板上市申请文件的审核问询函的回复》,审核问询意见:关于前次 IPO 申报。申请文件显示,2020 年 12 月 28 日发行人向上海证券交易所提交科创板 IPO 申请,经两轮问询后于 2021 年 8 月 24 日撤回 IPO 申请。请发行人:

“(1)说明前次申报撤回的具体原因、存在的主要问题及整改情况,影响发行人前次申报相关因素是否已经消除。

“(2)说明此次对应期间的经营业绩、持续经营能力较前次是否发生重大不利变化。

“(3)说明本次申报证券服务机构与签字人员较前次申报发生变化的情况及变化原因。

“(4)对照前次申请文件信息披露内容及问询回复内容,说明本次申报与前次申报的主要差异及存在相关差异的原因。请保荐人、申报会计师、发行人律师发表明确意见,并自查报告期内与 IPO 相关媒体质疑情况,就相关媒体质疑核查并发表明确意见。”

另外,诚达药业股份有限公司(诚达药业、301201)、锦和商业(603682)均是第 3 次上会方通过上市审核。

(二)更换上市板块

在我国多层次资本市场建设中,主板、科创板、创业板、北交所改革齐头并进,企业的上市路径选择多元化,对于拟 IPO 企业而言,上市的选择性增加了,那么该如何选择最适合的上市板块也成了一个非常重要的问题。

从过往的案例可知,一些企业选择了上市板块后,可能最后发现并不适合这一板块而终止 IPO,有时甚至因为上市板块原因在上市申核时被否,此时这些企业可能会考虑变更申报板块,选择更加符合自身定位和特点的板块,这时候上会的成功率也就更高了。

但,也存在发行人变更板块后依然被否的,所以,发行人和中介机构对企业的规范性、真实性要更加审慎,只有这样才能确保在合适的板块成功通过。

1. 原申请主板后创业板过会

北京建工环境修复股份有限公司(建工修复、300958)于 2017 年 6 月 27 日首次在上海证券交易所主板上会被暂缓表决,2018 年 1 月 16 日再次上会被否;2020 年 7 月 2 日,该公司申请创业板上市。

能辉科技(301046)曾于 2017 年 12 月申报上海证券交易所主板上市并受理,2018 年 3 月 5 日,公司撤回了上市申请;2020 年 8 月 11 日,该公司申请在创业板上市,于获受理,并于 2021 年 3 月 11 日通过创业板上市委员会审议。

另外,赣州腾远钴业新材料股份有限公司(深主板被否后转战创业板过会),

国科恒泰(北京)医疗科技股份有限公司(沪主板被否后转战创业板过会),哈尔滨森鹰窗业股份有限公司(沪主板被否后转战创业板过会)也在申请主板后创业板过会。

2. 原申请创业板后主板过会

深圳市德明利技术股份有限公司申报创业板上市于 2020 年 10 月 13 日获受理,未经过问询与回复,2021 年 2 月 5 日申请撤回,深圳证券交易所于 2021 年 2 月 9 日终止其上市审核。

2021 年 6 月 8 日,该公司披露招股说明书,拟申请在深圳证券交易所主板上市,2022 年 4 月 21 日通过核准。

3. 原申请科创板后转创业板

上海冠龙阀门节能设备股份有限公司主要从事节水阀门的研发、设计、生产和销售,该公司的主要产品包括蝶阀、闸阀、控制阀、止回阀等阀门产品及其他配套产品,其产品主要应用于城镇给排水、水利和工业等下游领域,原申请科创板终止后转战创业板过会。

冠龙股份申报科创板上市于 2020 年 11 月 16 日获受理,经过 3 轮问询与回复,于 2021 年 5 月 6 日申请撤回,上海证券交易所于 2021 年 5 月 10 日终止其上市审核。科创板终止不到 2 个月后,冠龙股份转板创业板申请上市,于 2021 年 6 月 29 日获受理,同年 12 月 17 日创业板上会获通过。

4. 原申请创业板后申请科创板

博拉网络股份有限公司于 2016 年 11 月曾在新三板挂牌(代码 834484. OC),2017 年 9 月 15 日终止新三板挂牌冲刺创业板,2017 年 11 月 29 日创业板上会未获通过。

创业板失败后,博拉网络转战科创板,于 2019 年 4 月 24 日受理,同年 11 月 14 日科创板上会再次未通过。

5. 上海证券交易所主板转深圳证券交易所主板

海湾环境科技(北京)股份有限公司,曾在沪主板上市申请终止后转战深主板被否,涉及的反馈或问询主要问题包括股份代持问题、持续经营能力问题、业务成长性问题、客户依赖、关联交易及利益输送、财务数据问题、坏账问题、交易真实性问题等。

（三）曾新三挂牌问题

发行人曾在新三板挂牌或者属于未摘牌的新三板公司属于普遍现象。对于发行人是否选择新三板挂牌对发行人上市无实质性影响，同时按照目前的政策，如果是新三板挂牌公司，反而上市板块能够增加北交所的选择机会。

在北交所推出之前，多数机构不建议先在新三板挂牌而选择直接选择 IPO，主要原因是担心在新三板挂牌期间的信息披露问题，不容易更改。如果公司的规范性较高则不存在相关的顾虑。

关于曾在新三板挂牌，最核心的关注点就是新三板挂牌期间的合法合规性以及相关的信息披露的差异等，其主要的审核关注点如下：

（1）披露新三板挂牌期间规范运作情况，是否受到证券监管部门或机构的行政处罚或监管措施；结合监管意见函（若有）涉及的具体内容，披露发行人及实际控制人收到监管意见函是否构成重大违法违规，监管意见函所涉及内容是否会引起行政监管部门进一步监管或处罚措施，发行人采取的整改措施。

（2）说明本次申报材料与新三板公开披露材料的差异情况，以对照表形式予以分析并披露，并说明会计工作是否规范、内部控制制度是否健全有效。

（3）披露新三板挂牌的交易方式，是否存在融资行为，挂牌期间股权转让的发生原因、交易定价依据，实际控制人是否存在申报前半年内转让股权的情形；说明发行人现有股东中是否存在“三类股东”，如存在，请说明具体情况及对发行人股权清晰的影响。

（4）截至招股说明书签署日，公司最近 1 年新增的股东的情况。请披露最近 1 年新增股东股权转让或增资的股份定价存在较大差异的原因及合理性，新股东与发行人及关联方、本次发行中介机构负责人及其签字人员是否存在亲属关系、关联关系、委托持股、信托持股或其他利益输送安排。请保荐人、发行人律师核查上述问题并发表明确意见。

（5）发行人申报材料认定的关联方与新三板挂牌期间认定的关联方是否存在差异，相关的差异原因等。

（6）新三板挂牌期间存在的股份代持情况，代持形成的原因，是否依法解除等。

（7）公司申请上市时认定的实际控制人与新三板挂牌期间不一致的，是否构成实际控制人变更，是否符合上市条件。

案例3-448 问询与港交所、新三板披露材料的差异

依据《关于深圳市朗坤环境集团股份有限公司首次公开发行股票并在创业板上市申请文件的审核问询函的回复》，审核问询意见："一、关于其他证券市场挂牌和上市情况。申报文件显示：

"（1）2016年8月16日，发行人在新三板挂牌，2017年4月10日，发行人在新三板终止挂牌。发行人在新三板挂牌时与本次发行时披露的主要信息因报告期不同、信息披露规则不同、发行人变更及业务扩展等原因存在差异。

"（2）2019年12月23日，香港联交所通过朗坤环境H股上市聆讯；2020年3月18日，因战略调整和经营发展的需要，发行人向香港联交所提交了撤回申请。2020年3月20日，香港联交所回函收到了撤回申请。发行人申请在香港联交所发行上市的申请文件并与本次发行申报文件存在一定差异。

"请发行人：

"（1）说明通过H股上市聆讯后提出撤回申请的原因，发行人战略调整和经营发展需要的具体含义。

"（2）说明在新三板、H股挂牌、上市申请过程中的信息披露与本次发行申报文件存在的主要差异及产生差异的具体原因，差异对主要财务数据的影响，是否存在会计基础薄弱情形。

"（3）说明新三板挂牌、H股上市申请过程中在信息披露、董事会及股东大会决策等方面的合法合规性，是否存在违反承诺或相关法律法规的情形、是否存在被处罚的风险。

"请保荐人、发行人律师发表明确意见。"

案例3-449 问询发行人的风险因素与新三板挂牌时不一致的原因

依据《关于珠海天威新材料股份有限公司首次公开发行股票并在创业板上市申请文件的审核问询函的回复》（后于2022年1月终止审核），审核问询意见："问

题4.关于重大事项提示与风险因素。发行人向本所申报的招股说明书‘重大事项提示’部分披露了六类风险,为新产品研发风险、核心技术泄密和核心技术人员流失风险、应用领域的数字化进程不达预期风险、原材料价格波动风险、受新型冠状病毒肺炎疫情影响的风险、实际控制人控制风险。发行人在新三板披露的文件显示,风险因素共8项,其中包括‘关联交易风险、关联方依赖风险、关联往来风险’3项。

“请发行人:(1)说明招股说明书与新三板信息披露出现上述风险披露差异的原因,是否需要在招股说明书中补充披露相关风险提示内容。(2)对照《公开发行证券的公司信息披露内容与格式准则第28号——创业板公司招股说明书》(2020修订)第二章第四节的规定,自查并完善相关风险披露。结合企业特点对风险因素进行有针对性的披露,相关风险按照重要性原则予以排序,量化分析原材料价格波动、受新冠肺炎疫情影响等风险,对新产品研发风险、应用领域的数字化进程不达预期风险作出有针对性的描述,重新撰写相关内容。

“请保荐人、发行人律师、申报会计师发表明确意见。”

案例3-450 问询新三板挂牌建的关联方问题

依据《关于新乡拓新药业股份有限公司首次公开发行股票并在创业板上市申请文件第二轮审核问询函的回复》(拓新药业、301089),审核问询意见:“问题28.关于新三板情况。经核查,保荐人认为:

“1.发行人新三板挂牌期间未将畅通实业、海登姆作为关联方披露,属于新三板信息披露遗漏,在本次申报时发行人已经进行积极改正,发行人与上述企业均不存在同业竞争;在完成对畅通实业收购前,发行人与畅通实业存在交易关系,不存在非经营性资金往来,与畅通实业的相关交易真实、作价公允,关联交易已经内部补充审议,不存在利益输送,且发行人已完成畅通实业收购;发行人与海登姆未发生关联交易和资金往来;除已披露信息外,发行人实际控制人杨某宁不存在其他股权代持情况,发行人不存在潜在同业竞争或关联交易非关联化情况。

“2.发行人新三板挂牌期间未将畅通实业、海登姆作为关联方披露属于新三板信息披露遗漏,但报告期内发行人与海登姆未发生任何交易,与畅通实业的交易真实、定价公允,不存在利益输送,未损害发行人的利益。通过对畅通实业的收购,与畅通实业相关的交易对发行人财务报表的影响已消除。发行人制定了《关联交易管理制度》等相关内部控制制度,对关联交易履行了内部审议与决策程序,截至报告期末,发行人已建立与关联交易相关内部控制并有效执行。”

案例 3 - 451 新三板挂牌期间存在代持、差错更正等

依据《关于成都盛帮密封件股份有限公司首次公开发行股票并在创业板上市申请文件的审核问询函的回复》,审核问询意见:“4. 关于新三板挂牌。申报材料显示:

“(1)新三板挂牌期间(2014 年 10 月至今),发行人的股票转让方式先后为协议转让、做市商转让、协议转让、集中竞价转让、协议转让方式。2015 年 2 月,发行人向 4 家做市券商定向发行 200.00 万股股票,发行价格为 4.60 元/股。2017 年 7 月,为回购做市商持有的公司股票用于员工持股激励,发行人委托张某新作为受让方代持 28.10 万股股票;2020 年 7 月,张某新将其所代持的 28.10 万股股票转让给外部自然人梁某。2020 年 3 月,发行人向 22 名核心员工定向发行 32.00 万股股票。

“(2)发行人对前期的会计处理和列报事项进行了梳理,发现存在收入、成本费用跨期和重分类错误等事项,公司于申报前进行了会计差错更正处理。

“请发行人:

“(1)结合股票不同转让方式及期间,补充说明新增股东入股的背景和原因,是否具备法律法规规定的股东资格,入股定价依据、价格及公允性;2015 年定向发行价格低于同期入股价格的原因及合理性,是否构成股份支付。

“(2)披露 2020 年 3 月发行人向 22 名核心员工定向增发的背景和主要内容,是否构成股权激励;如构成,请披露发行人股权激励方案的主要内容及合法合规情况,是否涉及股份支付。

“(3)结合梁某的履历情况,补充披露 2020 年 7 月张某新将其所代持的 28.10 万股股票转让给自然人梁某的背景和原因,股份转让价格的公允性,是否构成股权激励和股份支付。

“(4)如上述(2)~(3)涉及股份支付,请披露发行人股份支付的计算结果和

过程，股权激励涉及的股份支付权益工具的公允价值的计量方法和结果是否合理，与同期外部投资者入股价格和PE、PB倍数对比情况，相关会计处理是否符合企业会计准则相关规定。

“(5)说明本次申请文件和财务报告信息披露内容是否与新三板披露的信息存在较大差异，列表说明差异及其原因；是否存在被新三板采取监管措施或者处罚的情形；发行人历史是否存在‘三类股东’，是否存在股东超过200人情形。

“(6)披露上述收入、成本及费用跨期和重分类错误的具体情况，发生后的具体整改措施，收入确认相关内部控制制度的建立情况，相应内部控制措施是否可以有效防范跨期确认收入、成本及费用。

“请保荐人、申报会计师发表明确意见，并详细说明上述(6)的核查过程、所获证据、分析过程及结论。请发行人律师对问题(1)～(3)及问题(5)发表明确意见。”

另外，成大生物(688739)、亿华通(688339)、德固特(300950)、康泰医学(300869)、山大地纬(688579)、君实生物(688180)、湘佳股份(002982)、阿尔特(300825)、哈尔滨森鹰窗业股份有限公司等均存在新三板挂牌的相关问题。

二、分拆上市

上市公司分拆上市是指上市公司将部分业务或资产，以其直接或间接控制的子公司的形式，在境内或境外证券市场首次公开发行股票并上市或者实现重组上市的行为。

上市公司分拆，应当参照中国证监会、证券交易所关于上市公司重大资产重组的有关规定，充分披露对投资者投资决策和上市公司证券及其衍生品种交易价格可能产生较大影响的所有信息，包括但不限于：分拆的目的、商业合理性、必要性、可行性；分拆对各方股东特别是中小股东、债权人和其他利益相关方的影响；分拆预计和实际的进展过程、各阶段可能面临的相关风险，以及应对风险的具体措施、方案等。

(一)上市公司分拆条件

1. 分拆上市的基本条件

《上市公司分拆规则(试行)》第3条规定，上市公司分拆，应当同时符合以下条件：

(1)上市公司股票境内上市已满 3 年。

(2)上市公司最近 3 个会计年度连续盈利。

(3)上市公司最近 3 个会计年度扣除按权益享有的拟分拆所属子公司的净利润后,归属于上市公司股东的净利润累计不低于人民币 6 亿元(本规则所涉净利润计算,以扣除非经常性损益前后孰低值为依据)。

(4)上市公司最近 1 个会计年度合并报表中按权益享有的拟分拆所属子公司的净利润不得超过归属于上市公司股东的净利润的 50%;上市公司最近 1 个会计年度合并报表中按权益享有的拟分拆所属子公司的净资产不得超过归属于上市公司股东的净资产的 30%。

2. 不得分拆上市的要求

《上市公司分拆规则(试行)》第 4 条规定,上市公司存在以下情形之一的,不得分拆：

(1)资金、资产被控股股东、实际控制人及其关联方占用或者上市公司权益被控股股东、实际控制人及其关联方严重损害。

(2)上市公司或其控股股东、实际控制人最近 36 个月内受到过中国证监会的行政处罚。

(3)上市公司或其控股股东、实际控制人最近 12 个月内受到过证券交易所的公开谴责。

(4)上市公司最近 1 年或 1 期财务会计报告被注册会计师出具保留意见、否定意见或者无法表示意见的审计报告。

(5)上市公司董事、高级管理人员及其关联方持有拟分拆所属子公司股份,合计超过所属子公司分拆上市前总股本的 10%,但董事、高级管理人员及其关联方通过该上市公司间接持有的除外。

《上市公司分拆规则(试行)》第 5 条规定,上市公司所属子公司存在以下情形之一的,上市公司不得分拆：

(1)主要业务或资产是上市公司最近 3 个会计年度内发行股份及募集资金投向的,但子公司最近 3 个会计年度使用募集资金合计不超过子公司净资产 10% 的除外。

(2)主要业务或资产是上市公司最近3个会计年度内通过重大资产重组购买的。

(3)主要业务或资产是上市公司首次公开发行股票并上市时的主要业务或资产。

(4)主要从事金融业务的。

(5)子公司董事、高级管理人员及其关联方持有拟分拆所属子公司股份,合计超过该子公司分拆上市前总股本的30%,但董事、高级管理人员及其关联方通过该上市公司间接持有的除外。

前款第(1)项所称募集资金投向包括上市公司向子公司出资或者提供借款,并以子公司实际收到募集资金作为判断标准。上市公司向子公司提供借款的,子公司使用募集资金金额,可以按照每笔借款使用时间长短加权平均计算。

3. 分拆上市应当充分说明并披露的事项

《上市公司分拆规则(试行)》第6条规定,上市公司分拆,应当就以下事项作出充分说明并披露:

(1)有利于上市公司突出主业、增强独立性。

(2)本次分拆后,上市公司与拟分拆所属子公司均符合中国证监会、证券交易所关于同业竞争、关联交易的监管要求;分拆到境外上市的,上市公司与拟分拆所属子公司不存在同业竞争。

(3)本次分拆后,上市公司与拟分拆所属子公司的资产、财务、机构方面相互独立,高级管理人员、财务人员不存在交叉任职。

(4)本次分拆后,上市公司与拟分拆所属子公司在独立性方面不存在其他严重缺陷。

(二)上市公司分开的基本程序

1. 董事会审议且经股东大会特别决议通过

上市公司分拆,应当由董事会依法作出决议,并提交股东大会批准。

上市公司董事会应当就所属子公司分拆是否符合相关法律法规和《上市公司分拆规则(试行)》、是否有利于维护股东和债权人合法权益,上市公司分拆后能否保持独立性及持续经营能力,分拆形成的新公司是否具备相应的规范运作能力等作出决议。

上市公司股东大会应当就董事会提案中有关所属子公司分拆是否有利于维护股东和债权人合法权益、上市公司分拆后能否保持独立性及持续经营能力等进行逐项审议并表决。

上市公司股东大会就分拆事项作出决议,必须经出席会议的股东所持表决权的2/3以上通过,且须经出席会议的中小股东所持表决权的2/3以上通过。

上市公司董事、高级管理人员在拟分拆所属子公司安排持股计划的,该事项应当由独立董事发表独立意见,作为独立议案提交股东大会表决,并须经出席会议的中小股东所持表决权的半数以上通过。

法律依据详见《上市公司分拆规则(试行)》第8条、第9条等。

2. 应当遵守上市公司重大资产重组的有关规定

上市公司分拆,应当参照中国证监会、证券交易所关于上市公司重大资产重组的有关规定,充分披露对投资者投资决策和上市公司证券及其衍生品种交易价格可能产生较大影响的所有信息。

案例3-452 公司的控股股东为我国香港特别行政区注册公司,同时间接控股股东为离岸公司

心脉医疗(688016)的控股股东为香港心脉,香港心脉系维尔京心脉的全资子公司,维尔京心脉系微创医疗的全资子公司。维尔京心脉和微创医疗分别注册于英属维尔京群岛和开曼群岛。微创医疗作为发行人间接控股股东,于2010年9月在香港联交所首次公开发行股票并在主板上市交易,其注册地位于开曼群岛,系为满足在香港联交所上市所需,并非为持有心脉有限股权专门设立的境外控制主体。微创医疗通过两家全资子公司维尔京心脉和微创投资合计间接持有发行人61.79%股份,上述股份权属清晰,不存在委托持股、信托持股或其他影响控制权稳定的协议。

另外,微创医疗于2019年曾分拆心脉医疗(688016.SH)在科创板上市之外,2021年又分拆心通医疗(02160.HK)和微创医疗机器人(02252.HK)在港交所上市,又分拆微创电生理医疗科技股份有限公司(以下简称电生理)在科创板申请上市。电生理是港股上市公司微创医疗旗下专注于电生理介入诊疗与消融治疗领

域的平台。

案例3-453　分拆子公司在创业板上市

依据《关于江苏瑞泰新能源材料股份有限公司首次公开发行股票并在创业板上市申请文件的审核问询函之回复》,审核问询意见:

“1. 关于分拆上市申报文件显示:

“(1)江苏国泰于2006年12月8日在深圳证券交易所中小板上市,分拆发行人在创业板上市。

“(2)报告期内发行人投入波兰4万吨/年锂离子电池电解液项目的1.50亿元资金为江苏国泰2016年重组的配套募集资金变更用途后的投向之一。截至2020年6月30日,发行人合并报表归属于母公司股东的净资产为18.52亿元,发行人所使用的江苏国泰前次募集资金1.50亿元占瑞泰新材截至2020年6月30日合并报表归属于母公司股东净资产的比重为8.10%,低于10%。截至2019年12月31日,发行人归属于母公司股东的净资产为10.45亿元。

“(3)发行人现有业务主要由下属企业华荣化工、超威新材等实施,发行人主要负责整体发展战略的制定,以及对子公司的控制与管理。发行人利润主要来源于对子公司的投资所得,若未来各子公司未能及时、充足地向发行人分配利润,将对发行人向股东分配现金股利带来不利影响。

“(4)报告期各期发行人的现金分红分别为19,519.31万元、0万元、581.25万元、537.00万元。

“请发行人:

“(1)披露发行人是否取得江苏国泰所在地证监局按照《上市公司分拆所属子公司境内上市试点若干规定》(已失效)要求出具的持续监管意见;分拆上市是否符合上市公司监管和信息披露要求,是否符合国资管理规定,是否存在损害江苏国泰及中小投资者合法利益的情形。

“(2)结合2019年年末、2020年6月末的净资产情况,披露发行人是否符合

《上市公司分拆所属子公司境内上市试点若干规定》①的'上市公司最近3个会计年度内发行股份及募集资金投向的业务和资产,不得作为拟分拆所属子公司的主要业务和资产,但拟分拆所属子公司最近3个会计年度使用募集资金合计不超过其净资产10%的除外'的要求,并披露计算依据、计算过程。

"(3)说明报告期内发行人控股子公司的分红情况,该等子公司的财务管理制度和公司章程中规定的分红条款,能否保证发行人未来具备持续稳定的现金分红能力;发行人资产重组后的公司治理结构是否健全,发行人对其控股子公司是否实际具有控制能力,是否存在经营管理风险;发行人2017年大额分红资金去向、具体用途,2018年未进行现金分红的原因,发行上市前公司章程中关于股利分配的政策以及发行人上述股利分配实施是否符合公司章程等相关规定,是否履行了必要的审批程序;实施现金分红对发行人财务状况、生产运营的影响。

"(4)结合报告期内发行人及其子公司财务数据和业务数据,披露各子公司的定位和功能,在业务体系中发挥的作用;母公司、各子公司之间的交易情况,转移定价的价格是否公允,是否存在通过子公司之间不公允交易定价规避税负的情况;控股子公司其他股东是否与发行人控股股东、实际控制人、董事、监事、高级管理人员、主要客户、供应商以及中介机构存在关联关系或其他利益安排,是否与发行人存在业务或资金往来。

"(5)披露发行人控股股东和实际控制人及其控制的各级企业与发行人客户、供应商是否存在业务或资金往来;发行人对控股股东、实际控制人在技术、业务、资产、人员等方面是否存在依赖,发行人的内部控制制度是否健全,是否具有独立经营能力。

"(6)说明发行人控股股东、实际控制人报告期内是否存在违法行为,被行政处罚、被司法机关立案侦查、被中国证监会立案调查,或者被列为失信被执行人的情形,如是,请说明事由、基本事实、结果及执行情况、已采取的整改或补救措施、对发行人的影响、是否构成重大违法行为。

"请保荐人、发行人律师发表明确意见,请申报会计师对问题(2)、问题(4)发表明确意见。"

① 已失效,下同。

发行人反馈回复：

“一、问题 1

“发行人已经在招股说明书中补充披露如下：

“（八）发行人是否取得江苏国泰所在地证监局按照《上市公司分拆所属子公司境内上市试点若干规定》要求出具的持续监管意见。

“本次江苏国泰分拆符合《上市公司分拆所属子公司境内上市试点若干规定》第 1 条规定的相关条件，中国证监会江苏监管局已出具《江苏证监局关于就江苏国泰国际集团股份有限公司分拆所属子公司创业板上市出具持续监管意见的函》（苏证监函〔2020〕791 号）。

“（九）分拆上市是否符合上市公司监管和信息披露要求，是否符合国资管理规定，是否存在损害江苏国泰及中小投资者合法利益的情形。

“1. 分拆上市是否符合上市公司监管和信息披露要求

“监管和信息披露方面，江苏国泰及董事会已对本次分拆履行了必要的上市公司决策及披露程序。本次分拆方案已经由江苏国泰于 2020 年 4 月 29 日、2020 年 6 月 6 日、2020 年 10 月 13 日分别披露了《江苏国泰国际集团股份有限公司关于分拆所属子公司江苏瑞泰新能源材料有限公司至创业板上市的预案》或其修订稿及相关文件，充分披露了对投资者决策和上市公司证券及其衍生品种交易价格可能产生较大影响的所有信息、分拆上市的影响及风险，履行了相关信息披露义务。

“2. 分拆上市是否符合国资管理规定

“国资管理规定方面，江苏国泰亦已就分拆推进中就本次分拆上市所涉及的需报请国资审批事项，履行了必要的审批及备案程序。2020 年 3 月起，江苏国泰就本次分拆事项与上级国有资产授权主体国际贸易公司及张家港国资办充分沟通和汇报，并于 2020 年 4 月 29 日首次披露预案前取得上级国有资产授权主体国际贸易公司的原则性同意及张家港国资办的原则性同意。2020 年 10 月 16 日，为充分发挥资本市场在促进转型升级方面的重要作用，江苏国泰正式请示张家港国资办并提交《关于江苏瑞泰新能源材料股份有限公司首次公开发行股票并在创业板上市相关事项的请示》（苏国泰〔2020〕59 号）及相关材料，拟将下属瑞泰新材分拆并于创业板上市。本次发行并上市完成后，瑞泰新材将成为江苏国泰旗下独立的化工新材料业务上市平台。2020年11月10日，张家港国资办正式出具《关于同意江苏瑞泰新能源材料股份有限公司首次公开发行股票并在创业板上市的批复》(张国资办〔2020〕71号)，同意江苏国泰本次分拆瑞泰新材至创业板上市。

"3.分拆上市是否存在损害江苏国泰及中小投资者合法利益的情形

"本次分拆已经由江苏国泰第八届董事会第四次(临时)会议、第八届董事会第六次(临时)会议决议、第八届监事会第五次(临时)会议、第八届董事会第十一次(临时)会议决议、第八届监事会第九次(临时)会议、2020年第四次临时股东大会决议通过，相关会议的召开程序符合有关法律、行政法规、部门规章、规范性文件和公司章程的规定。

"江苏国泰董事、监事或股东均已就分拆所属子公司是否符合相关法律法规、是否有利于维护股东和债权人合法权益、上市公司分拆后能否保持独立性及持续经营能力、分拆形成的新公司是否具备相应规范运作能力等作出决议。

"同时，江苏国泰及江苏国泰控股股东国际贸易公司为减少和规范本次分拆后的关联交易情形，均作出相关书面承诺，未来在瑞泰新材的董事会或股东会对涉及江苏国泰及其关联方的关联交易进行表决时，关联董事或关联股东将回避表决。

"因此，本次分拆上市不存在损害江苏国泰及中小投资者合法利益的情形。综上所述，发行人已取得江苏证监局出具的分拆持续监管意见；分拆上市符合上市公司监管和信息披露要求，符合国资管理规定，不存在损害江苏国泰及中小投资者合法利益的情形。"

声　　明

本书的案例主要来源于证券交易所、中国证监会、荣大二郎神、市场公开数据等，对相关的引用信息仅为客观陈述，对相关内容或信息的真实性不作评判，对引用相关的信息不承担责任。